LOUIS XIV

JEAN-CHRISTIAN PETITFILS

LOUIS XIV

ÉDITIONS FRANCE LOISIRS

Édition du Club France Loisirs,
avec l'autorisation des Éditions Perrin

Éditions France Loisirs,
123, boulevard de Grenelle, Paris.
www.franceloisirs.com

ISBN : 978-2-298-00545-5

A Fabien

Préface

Ce nouveau Louis XIV se trouve être aussi un Louis XIV nouveau : loin des célébrations délirantes comme de leur inverse, loin des anecdotes infatigablement répétées, des banalités convenues et jamais repensées, et naturellement du charabia encore plus prétentieux que pédant dont on serait presque contraint de se repaître sans un grain de bon sens.

Le Louis XIV de Jean-Christian Petitfils présente au moins trois traits d'originalité, le premier consistant évidemment à écrire en français, ce qui n'est pas tellement répandu. L'essentiel consiste pourtant en ce que l'auteur a carrément dessiné l'objet de son travail : une histoire foncièrement politique. Il a en effet décidé que les aspects économiques, démographiques et jusqu'à un certain point sociaux et culturels ne seraient pas abordés isolément en tant que tels, et de fait ils ne le sont pas. Mais ils apparaissent lorsqu'il le faut, constituent comme une trame bien nette, et surtout ne sont ni inconnus ni méprisés. Ainsi, les ouvrages fondamentaux de Françoise Bayard et de Daniel Dessert, qui portent sur les financiers, ces indispensables soutiens du pouvoir et donc de la guerre, sont enfin parfaitement compris et mis à leur place. Et cette place n'est pas mince puisqu'ils conduisent à reconsidérer les structures mêmes du XVIIe siècle, et à laisser de côté les vieilles lunes de la « société d'ordres », cette courte évidence « vidée de sa substance » (écrit l'auteur) et naturellement de la société dite uniquement « de classes », au sens vaguement marxiste du terme. Évoquant d'autre part les catastrophes de 1709 et surtout de 1693-1694 (dont on a omis de célébrer le tricentenaire) qui coûtèrent plus de vies au royaume d'alors que les deux guerres mondiales à ce qu'on a baptisé « hexagone », il se réfère au seul livre qui en ait traité scrupuleusement et calmement, celui de Marcel Lachiver, l'historien impeccable qui, par ailleurs, connaît le mieux ces paysans de qualité que sont les vignerons français.

Ce que l'auteur n'ignore pas non plus, et là gît aussi une puissante originalité, que ne révélait pas l'énorme apologie parue voici bientôt dix ans, ce sont les nombreuses et souvent remarquables études consacrées à la France du XVIIe siècle par les historiens anglais et américains. Depuis une quinzaine d'années surtout, libres de toutes traditions, manies, paresses et béatitudes françaises et franco-idolâtres, ils ont exploré des archives inconnues ou négligées – ces indispensables ferments –, et envisagé les problèmes de fond du royaume des Bourbons sous un angle inattendu et le plus souvent enrichissant et judicieux. Jean-Christian Petitfils ne cache pas que ces livres anglo-saxons l'ont beaucoup amené à réfléchir, et souvent inspiré d'assez près.

On laissera au lecteur le plaisir de retrouver l'inspiration de l'auteur, qui juge naturellement assez utile, mais fort insuffisante, l'histoire du droit et des institutions, feint de ne pas bien comprendre ce que signifient les étiquettes d'absolutisme (même Mousnier s'en était aperçu au congrès de Rome 1955, en montrant qu'« absolu » signifiait en fait « limité »), de mercantilisme, de colbertisme et surtout de « monarchie administrative », qu'il voit tout juste s'amorcer dans le dernier tiers du règne. Il ose même affirmer que Louis XIV ne fut en rien le « grand révolutionnaire du XVIIe siècle », qu'il a utilisé la vieille machine bien lourde du régime (en la chargeant autant qu'en tentant de la régler) ; il ne craint pas d'avancer en outre que le gouvernement vraiment personnel de Louis XIV ne commença qu'en 1691, à la mort de Louvois. On comprendra mieux cette assertion apparemment sacrilège lorsqu'on aura bien saisi la conception centrale de M. Petitfils, à savoir que le roi gouverna trente ans en s'appuyant sur de puissants ministres qui disposaient de réseaux solides et ramifiés de créatures leur faisant allégeance : ce qu'avaient fait, en somme, et plus difficilement, Mazarin et Richelieu, dans la nécessité où ils se trouvaient de lutter contre d'autres clans, ou sectes, ou groupes de fidèles et de provinces attachés à de très grandes maisons princières, en jouant souvent de leurs oppositions ou de leur rapacité. Bref, une conception dynamique et neuve, apparemment exacte, mais qui fera crier plus d'un traditionaliste paresseux... On ne peut s'empêcher de se réjouir de voir secouer de temps à autre quelque cocotier académique.

Cette interprétation neuve – du moins en France – n'empêche naturellement pas l'auteur de traiter, à sa façon, de l'écoulement du règne et de dresser à plusieurs reprises, par touches successives, un portrait historique des divers aspects de Louis XIV, dans sa magnificence écrasante, sa culture à la fois sûre et incomplète, ses coups de génie et ses coups de force, son courage persévérant dans les douleurs et les revers, et ce qu'il faut bien appeler ses erreurs, ici reconnues calmement et sans avancer de jugements de valeur *a posteriori*. Ainsi, Jean-Christian Petitfils souligne l'inutilité de la guerre de Dévolution, puisqu'il y avait accord (secret) avec l'empereur sur la question espagnole, l'énorme erreur de la guerre de Hollande, si décevante et quasiment perdue ; en revanche, il interprète raisonnablement la quasi-fatalité des deux guerres suivantes, à peu près imposées de l'extérieur, mais entachées par des coups de force inutiles. Avec beaucoup d'acuité d'esprit, il explique avec une probable justesse, et loin des polémiques, la révocation de l'édit de Nantes, replacée dans l'atmosphère de contre-Réforme triomphale du temps, et approuvée généralement, sauf par les intéressés, par quelques belles âmes et quelques adversaires extérieurs, malheureusement de poids... En outre, et justement encore (sans évoquer l'absurde testament final), il insiste sur le caractère désastreux de la bulle *Unigenitus*, quasiment extorquée au pape, qui allait gâter l'élite du pays et une bonne partie du clergé au siècle dit, par antiphrase, des « Lumières ».

En fin de compte, pour l'auteur, ce Roi, « fédérateur, diviseur et niveleur » à l'intérieur, souvent imprudent et mal inspiré à l'extérieur, n'aura, il y insiste, rien renouvelé en profondeur dans la vieille machine du royaume : surtout, il n'a ni pu ni su modifier l'absurde et pesant système des offices et l'incroyable non-système fiscal, qui grossit seulement. Encore ne faut-il point exagérer, puisqu'on a soutenu que la pression fiscale fut plus forte en Angleterre qu'en France, ce dont on peut douter.

Certes ce livre, contrairement à trop d'autres, ne voile pas les lourdes défaites subies par les derniers généraux hélas choisis par le roi lui-même, et n'ose pas soutenir que la belle marine française, malgré des exploits, domina l'Atlantique. Il ne voile ni Blenheim qui fit perdre à Louis XIV les pays allemands, ni Ramillies qui lui fit perdre les Pays-Bas espagnols, et Turin l'Italie du Nord... Blenheim surtout, escamoté dans tels ouvrages français, qui valut à l'illustre vainqueur, Marlborough, l'immense domaine et l'imposant château appelés justement Blenheim, toujours debout du côté d'Oxford, un nom et un lieu que les Anglais ont révéré et révèrent sans doute encore, dans le même registre, mais en mineur, que celui de Waterloo.

A ce livre si riche, dont on ne vient d'évoquer que quelques aspects, il manque (mais c'est trop exiger) une sorte de réplique, ou d'élargissement : la présentation plus approfondie des hommes et des pays qui ont souvent tenu tête à Louis XIV : Guillaume d'Orange devenu William III, que l'historiographie française aime abaisser, sans doute parce qu'il connut surtout le succès ; l'immense Marlborough et sa saisissante épouse ; le glorieux et fastueux prince Eugène, dont le souvenir et le culte marquent Vienne, et que Louis XIV, qu'il aurait aimé servir, ignora et méprisa, sans doute parce qu'il était laid, assez fat en sa jeunesse, et fils d'une de ces mazarinettes que cajola le jeune monarque – ce prince Eugène qui fut, avec des rois intelligents et un financier juif, à la source de la grandeur de ce qui s'appela plus tard l'Empire d'Autriche-Hongrie. Autant dire que c'est l'Europe, avec l'Espagne et les Turcs et la Hollande toujours opulente et victorieuse, naturellement présente ici, qui exigerait un autre livre, ainsi que ce gros morceau de siècle qui commença tout de même dès 1601. La qualité de l'ouvrage de M. Petitfils conduit à espérer, ou à envisager une tentative de cette ampleur, esquissée naguère, à rajeunir pourtant, en tenant compte des travaux récents, même s'ils ne sont pas forcément écrits dans ce qui fut la langue de Voltaire. Un Anglais, Munck, et un Espagnol, Eiron Roël, ont récemment montré le chemin... à suivre!

Pierre GOUBERT.

Avant-propos

Louis XIV est un personnage qui enflamme, passionne, dérange, embarrasse, divise, agace, excède parfois, mais laisse rarement indifférent. Comment comprendre sinon les milliers de monographies – articles savants, thèses universitaires, ouvrages de vulgarisation – qui lui ont été consacrées et celles qui sortent chaque année? Il a ses admirateurs enthousiastes comme ses détracteurs acharnés, ses thuriféraires résolus qui lui pardonnent tout et ses adversaires convaincus qui ne lui passent rien, les uns qui cherchent constamment à le réhabiliter et les autres qui peignent au noir son âme et son œuvre. Il y a les adeptes du « roi de gloire » et les contempteurs de « l'envers du soleil ». Il y a le Louis XIV côté cour et le Louis XIV côté jardin, l'orgueilleux conquérant de l'Europe, l'agresseur de la petite Hollande, aspirant à la cosmocratie, et le héros d'alcôve, petit-fils du Vert-Galant, dont on énumère la liste impressionnante des maîtresses; l'immortel créateur de Versailles, le protecteur des arts et des lettres, l'ami de Molière, de Boileau, de Le Nôtre, de Mansart, celui qui écoute le *Miserere* de Lully ou assiste à la représentation d'*Esther* à Saint-Cyr et l'incendiaire du Palatinat, l'implacable persécuteur de Fouquet et des protestants, l'exterminateur des Camisards luttant pour leur foi. Louis-Dieudonné ne serait-il qu'un miroir brisé reflétant les mille et une contradictions de son temps comme du nôtre?

En 1979 l'écrivain Michel de Grèce publiait une mordante et ironique critique dénonçant les insuffisances de « ce personnage faible et complexé, timide et changeant », qui aurait cherché à se glisser dans la peau d'un « grand monarque absolu [1] ». Livre d'humeur, féroce sans doute, partial, mais bien enlevé. Sept ans plus tard, dans un autre style et avec une meilleure documentation, François Bluche livrait au public une talentueuse plaidoirie, ample apologie fougueuse et passionnée, pourfendant les plumes réticentes de ses adversaires comme autant d'« alliés posthumes » de Marlborough et de Guillaume d'Orange [2] ! Sa réhabilitation, convaincante sur bien des points, allait dans le sens d'une meilleure appréciation du roi et de l'environnement international de l'époque entreprise par l'école historique contemporaine (Nous pensons aux travaux de Mme Ragnhild Hatton, de Lucien Bély, de Jean Bérenger, d'André Corvisier, etc.).

Ce ne sont que deux exemples parmi les plus connus. Auparavant, il y avait eu le « Mandrou » et le « Labatut », tout aussi opposés. Au début de ce siècle, Ernest Lavisse produisait sa monumentale synthèse, toujours utile mais pas toujours exempte de partialité, tandis que l'académicien Louis Bertrand écrivait une mièvre hagiographie du « grand homme » et que Félix Gaiffe, excédé de ceux qui le statufiaient, faisait visiter les « égouts » du Grand Siècle. Historiens socialistes, républicains, nationalistes, royalistes, tous se sont emparé du plus célèbre monarque de l'Histoire de France et l'ont utilisé pour justifier leur discours. L'analyse historiographique, fort instructive, de ces différents Louis XIV, de Voltaire à l'école des *Annales,* a d'ailleurs été faite voici quelques années par un historien américain [3].

A quoi bon ajouter un livre de plus à cette bibliothèque impressionnante? Tout et son contraire n'ont-ils pas été dits? Chacun, en fonction de ses opinions ou de ses préjugés, a le loisir de trouver le Louis XIV de son goût (encore que souvent ce genre d'ouvrage révèle plus sur l'auteur que sur le sujet !). Notre propos n'est pas de reprendre l'inusable procès du roi devant le tribunal de l'Histoire. Il n'est ni d'encenser ni de critiquer systématiquement, ni même de chercher une voie moyenne. Il n'est pas de présenter une biographie descriptive du « roi tout seul », ni une étude sur

1. Michel de GRÈCE, *Louis XIV, l'envers du Soleil,* Paris, 1979.
2. François BLUCHE, *Louis XIV*, Paris, 1986.
3. William F. CHURCH, *Louis XIV in Historical Thought, from Voltaire to the Annales School*, New York, 1976.

« Louis XIV et vingt millions de Français », comme l'a fait naguère Pierre Goubert [1] Les soubassements économiques et sociaux du règne ont été mis en valeur depuis la dernière guerre par d'excellentes monographies. Nous n'y reviendrons que de façon marginale, tenant ces données pour acquises, de même que nous éviterons les répétitions sur la vie anecdotique de la cour, les banalités sur Versailles ou les poncifs sur le mécénat de Louis XIV.

Alors, quel est notre sujet? C'est une réflexion – autour d'une biographie classique – sur le Pouvoir. Il s'agit de savoir ce qu'a été le gouvernement royal, de comprendre concrètement ce qu'on désigne par ce terme ambigu d'absolutisme. L'intime confrontation du roi et du pouvoir touche au cœur de ce qu'a vécu Louis XIV. Paradoxalement, cela reste une zone peu connue de son existence. C'est donc un Louis XIV vu sous l'angle de ce qu'on appelle aujourd'hui la nouvelle histoire politique : non pas la sempiternelle histoire des batailles ni l'histoire des idées ou des mentalités ni même l'histoire institutionnelle, que l'on trouve dans les manuels mais l'histoire, à la fois mouvante et structurée, du système politique de la monarchie (y compris dans sa dimension sacrée), l'étude des rapports entre le roi et ses ministres, l'analyse socio-politique des jeux de forces, des rivalités de clans et de coteries, l'évaluation du poids des clientèles parisiennes ou provinciales, du mécanisme de promotion et de contrôle des élites... Louis XIV a été un acteur politique particulièrement bien placé : il a fait des choix, rendu des arbitrages qui ont engagé le pays. Mais d'un autre côté, vivant dans un contexte déterminé, son éducation lui a fait commettre des erreurs, il a subi des pressions de la part de la cour ou de son entourage immédiat. Comment a-t-il réagi au milieu de ce champ de forces? A partir des exemples offerts par la trame ordinaire des événements nous nous sommes interrogé sur le pouvoir réel du roi, sur la façon dont il a été informé, sur sa manière de prendre des décisions. Nous avons cherché à comprendre de la sorte la lente gestation de la monarchie administrative et la formation de l'Etat moderne. Bref, au-delà de l'histoire-récit, purement descriptive, ce livre veut suggérer les grandes lignes d'une « science politique de l'ancien régime » – pour reprendre une expression d'Emmanuel Le

1. Pierre Goubert, *Louis XIV et vingt millions de Français*, Paris, 1965, nouvelle édition augmentée, 1991.

Roy Ladurie [1]. Nous avons tenté d'expliquer, de démonter, de mettre à nu les mécanismes du pouvoir royal qui, obéissant à sa logique propre, cherchait constamment à s'imposer à la foisonnante société « plurielle » de corps et de communautés du XVIIe siècle. Cette entreprise téméraire dérangera certaines idées reçues, proposera des interprétations nouvelles, modifiera quelques perspectives. Peut-être fera-t-elle mentir ceux qui estiment qu'il n'y a rien de nouveau sous le Soleil?

1. Emmanuel LE ROY LADURIE, *Le Territoire de l'historien*, Paris, 1978, t. II p. 275.

CHAPITRE PREMIER

L'Enfant de la raison d'État

Louis Dieudonné

Dominant un méandre de la Seine, du haut de sa terrasse ourlée des premières frondaisons de la forêt de Laye, le Château-Neuf de Saint-Germain était l'un des lieux de séjour préférés des Bourbons, alors que le Château-Vieux – le seul à subsister aujourd'hui – ne servait qu'aux cérémonies d'apparat. C'était une élégante maison de plaisance aux lignes harmonieuses et aérées, bâtie par Philibert de l'Orme sous le règne de Henri II, et complétée par Louis Métezeau, l'architecte de Henri IV. Encadrant une cour à plan tréflé s'étiraient deux ailes agrémentées d'une colonnade servant de promenoir. Sur la façade regardant le fleuve le pavillon central, composé d'un rez-de-chaussée surmonté de combles élancés, se prolongeait par deux ailes, qui s'achevaient par des portiques conduisant à deux pavillons en saillie servant de chapelles, au nord celui du Roi (l'actuel « pavillon Henri IV », unique vestige du château), au sud celui de la Reine. La vue s'étendait sur la vallée de la Seine, la verdoyante plaine du Vésinet et la croupe boisée du mont Valérien. Descendant vers le fleuve, c'était une succession de terrasses à l'italienne et d'escaliers impressionnants, bordés de fontaines d'eaux jaillissantes, le tout construit d'après les plans et dessins de la villa d'Este à Tivoli. Dans leurs flancs les terrasses offraient une curiosité qui faisait la réputation de ce domaine : des grottes – celles de Neptune, du Dragon, des Orgues et d'Orphée – abritant des automates baroques animés par des jeux hydrauliques, chefs-d'œuvre des frères Francini. Au-dessous descendait un jardin en pente douce, avec des arbres fruitiers et des arabesques de buis taillés, s'ouvrant en bordure du fleuve sur les vasques et les parterres de fleurs du jardin des Canaux. Si « gracieux » – comme on disait alors –, si enchanteur était ce lieu que les contemporains, le comparant non sans quelque exagération aux jardins suspendus de Babylone, le tenaient pour la huitième merveille du monde [1].

C'est dans la chambre du roi au Château-Neuf, décorée de peintures allégoriques de Simon Vouet, que naquit Louis XIV, le 5 septembre 1638. La veille, le samedi 4, vers onze heures du soir, la reine Anne d'Autriche avait ressenti les premières douleurs. Celles-ci redoublèrent au cœur de la nuit. A quatre heures du matin, tandis que les sieurs Bouvard, premier médecin de Sa Majesté, et Honoré, chirurgien, attendaient dans l'antichambre en cas d'incident, l'évêque de Lisieux vint dire une messe sur un petit autel dressé dans les appartements de la royale parturiente. Il fut bientôt relayé par Dominique Séguier, évêque de Meaux et premier aumônier du roi. L'effervescence s'accroissait au rythme suffocant des douleurs, car selon un antique usage la reine de France devait accoucher en présence des princes et princesses du sang ainsi que des grands officiers de la Couronne. Louis XIII aussi était là, épuisé, rongé d'angoisse. Trois jours auparavant il avait été pris d'un accès de fièvre à la suite d'une rude chevauchée en forêt. Au milieu de la matinée on l'encouragea à se retirer pour prendre son dîner [2]. Vers onze heures, comme il venait de se mettre à table, il fut averti de se rendre au plus vite chez la reine. Mme de Seneçay, dame d'honneur de sa femme, lui annonça que c'était un garçon. « C'est un dauphin! C'est un dauphin! » répétait-on triomphalement sur son passage, en le couvrant de félicitations. Dans la chambre il faisait une chaleur étouffante. Dame Péronne, la sage-femme, lui présenta l'héritier du trône, un robuste bambin de belle taille. L'heureux père, transporté d'émotion, mit genoux à terre afin de rendre grâce à Dieu. La joie se lisait sur son visage, d'ordinaire si triste. Monsieur, autrement dit Gaston d'Orléans, frère du roi, encore abasourdi d'avoir vu « par raisons physiques » que le nouveau-né était bien de sexe mâle, s'efforçait de faire bonne

1. Le Château-Neuf, mal entretenu, tomba en ruine sous le règne de Louis XV et fut démoli de 1777 à 1782.

2. Rappelons qu'au XVIIe siècle le dîner correspondait à notre déjeuner et que le souper était notre actuel dîner.

contenance devant un événement qui le rétrogradait de la première à la seconde place dans la liste des héritiers du trône. Rapidement ondoyé par l'évêque de Meaux, le dauphin fut confié à sa nourrice, Mme de la Giraudière, et porté jusqu'à l'appartement prévu pour l'accueillir, qu'on avait tendu de damas blanc. Vers une heure, le roi quitta enfin l'enfant vagissant, dont la contemplation ne cessait de l'enchanter, et se rendit au Château-Vieux pour y entendre un *Te Deum*.

Dès la naissance les courriers étaient partis pour Paris à bride abattue annoncer la grande nouvelle. Arrivés au pont de Neuilly, qui était « ruiné », ils firent virevolter longuement leurs chapeaux à plumes au-dessus de la tête : c'était le geste convenu pour prévenir ceux qui attendaient sur la rive droite que l'enfant était un garçon (pour une fille ils devaient croiser les bras!). La nouvelle gagna Paris à la vitesse de la poudre enflammée. Les cloches des églises sonnèrent à toutes volées, relayées de proche en proche par celles des autres villes. En ce dimanche ensoleillé, le royaume en liesse vibrait d'une céleste allégresse, comme transporté par l'immense onde sonore de ce carillonnement. Trois jours durant, Paris et Saint-Germain connurent des festivités exceptionnelles : danses, feux de joie aux carrefours, tonneaux en perce, fontaines de vin dans les rues, *Te Deum* à Notre-Dame et dans les principales paroisses de la capitale, processions de reliques. Chaque maison illumina ses fenêtres d'une lanterne ou d'une chandelle. Le cardinal de Richelieu, qui était à Saint-Quentin avec les troupes, apprit la nouvelle avec une joie sincère : « Je crois, mandait-il à son maître, que Dieu vous l'ayant donné, il l'a donné au monde pour de grandes choses. » En attendant, le petit prince, blond et joufflu, déchirait les mamelles de ses nourrices avec une surprenante ardeur : on dut changer sept fois de victimes en quelques mois, au point que l'ambassadeur de Suède conseilla aux voisins de la France de « se précautionner d'une rapacité si précoce »... Selon l'habitude du temps on dressa son horoscope : le médecin Jean-Baptiste Morin, le juriste hollandais Hugo Grotius et le dominicain Tommaso Campanella (sorte de Nostradamus calabrais chassé d'Italie, qui avait fini par voir dans la monarchie française l'instrument providentiel chargé de réaliser son utopie eschatologique, *La Cité du Soleil*) s'essayèrent à cet exercice assez conventionnel, qui avait pour but de parer le caractère de l'enfant et son futur règne des traits les plus prometteurs. La naissance du dauphin – bientôt surnommé « Louis Dieudonné », tant on voyait dans sa venue une grâce du Ciel, comme celle dont bénéficièrent le vieillard Zacharie et sa femme Élisabeth, mère de saint Jean-Baptiste – était un événement majeur qui comblait les Français d'un profond ravissement : la pérennité de la dynastie paraissait assurée et le bien commun sauvegardé. C'en était fini, pensait-on, des cabales et des conspirations qu'avait dû combattre inlassablement le pouvoir monarchique. Mais que d'obstacles avant d'en arriver là !

La reine stérile

Qui ne connaît le portrait de Louis XIII en armure sombre incrustée de fleurs de lys d'or, barrée d'une écharpe blanche et du cordon du Saint-Esprit, peint par Philippe de Champaigne ? Sa longue moustache et sa barbe à la royale, sa chevelure noire doucement ondulée, nous sont familières. Représenté dans une pose avantageuse, une main sur la hanche, l'autre serrant un bâton de commandement, le monarque donne une impression de fermeté virile et de calme souveraineté. Mais regardons de plus près : les traits osseux et oblongs du visage, empreints d'une mystérieuse froideur, la lèvre épaisse et mélancolique trahissent un caractère solitaire, ombrageux, taciturne. Cet être lointain, apathique, lent à réagir et à s'émouvoir fut marqué plus qu'on ne l'a dit par l'assassinat de son père et le manque d'affection de sa mère. C'était un rêveur triste, plus que triste, sombre, hypocondriaque, habité de tourments intérieurs qu'il n'est pas facile de comprendre, malgré les curieuses notations consignées de 1601 à 1628 par son médecin Jean Héroard dans son volumineux *Journal*, aujourd'hui publié dans son intégralité. Vrai névropathe, Louis XIII calmait sa mélancolie chronique par la chasse, par de longues chevauchées dans la campagne et de constants voyages aux armées, qui prenaient l'allure d'une éternelle errance. Vis-à-vis des femmes il était gauche, timide (on sait qu'il était affligé de bégaiement) et, à vrai dire, misogyne. Il eut pourtant deux « favorites », avec lesquelles il n'entretint qu'une chaste et sentimentale liaison, Marie de Hautefort et Louise Angélique de la Fayette. Cette dernière, douce et pure jeune fille effarouchée par la troublante inclination de son roi, était devenue religieuse au couvent de la Visitation Sainte-Marie, rue Saint-Antoine. Que Louis XIII ait eu des tendances homosexuelles est indéniable. Ses amitiés masculines s'appelèrent Luynes, Toiras, Baradat, Claude de Saint-Simon (le père du mémorialiste), Cinq-Mars. C'étaient des confidents, des compagnons de chasse ou de guerre, qui l'aidaient à combler son manque d'affection, mais, en dépit des malveillances de Tallemant des Réaux, on peut douter que cet homme pudique, scrupuleux sur le péché de la chair, soit jamais passé à l'acte. Dans le privé, Louis avait des mœurs simples, des goûts ancillaires, ce qui ne l'empêchait pas de témoigner d'une fierté farouche et d'une conscience aiguë de la grandeur et de la dignité de sa fonction. Mesquin et rancunier, il savait se montrer implacable à l'égard de ceux qui lui manquaient de respect.

Fille de Philippe III d'Espagne et de Marguerite d'Autriche, née une semaine plus tôt que Louis XIII, Ana Maria Mauricia d'Espagne – autrement dit Anne d'Autriche – était tout le contraire de son austère époux. Elle aimait la vie, aspirait à un bonheur paisible auquel sa condition d'infante aînée ne la prédisposait guère. Elle était coquette, gourmande, avec des goûts raffinés pour le beau linge, les vêtements luxueux et les appartements richement décorés. Au physique, malgré un nez un peu lourd et un précoce double menton, elle paraissait plutôt jolie, sans être d'une parfaite beauté, avec sa peau d'albâtre, ses grands yeux verts expressifs, une lèvre inférieure sensuelle légèrement proéminente – signe indiscutable de son ascendance habsbourgeoise – et une somptueuse chevelure châtain clair. Ses mains, longues et délicates, dont elle prenait grand soin, étaient réputées pour leur modelé et leur finesse exquise, que tous ses portraitistes, de Rubens à Mignard, se sont attachés à rendre sur la toile.

Comment deux êtres aussi différents qu'Anne et Louis auraient-ils pu s'entendre, à supposer même que la politique ne s'en fût mêlée ? Leur seul point commun, mais qui ne les rapprochait guère, était leur piété. Celle d'Anne, très marquée par la sensibilité espagnole, était au moins aussi profonde que celle de Louis, sinon plus. La messe, les prières, les oraisons, les dévotions particulières, les aumônes aux pauvres, les visites de sanctuaires et de couvents, la vénération des reliques de saints, rythmaient sa vie quotidienne. En janvier 1612, dès l'âge de dix ans, tous deux furent fiancés et, trois ans et demi plus tard, le 18 octobre 1615, mariés. Ces deux enfants gauches et inexpérimentés furent contraints de consommer leur mariage le soir même de leur rencontre à Bordeaux, le 25 novembre. Telle avait été la volonté de la reine mère, Marie de Médicis, afin de rendre cette union – signe tangible de la nouvelle alliance franco-espagnole – indissoluble. Cette expérience traumatisante, qui avait été un échec, ne se renouvela pas de trois ans. Il y eut ensuite quelques années de vie commune. A la cour, la position d'Anne devint précaire quand on la soupçonna de stérilité : pendant les vingt-deux premières années de son mariage, elle fit deux – peut-être quatre – fausses couches. Une reine de France qui n'est pas capable de donner un héritier à la Couronne manque à son premier devoir et est comme marquée du sceau de la condamnation divine. Louis XIII le lui fit sentir. La mésentente conjugale se trouva renforcée pour des raisons politiques. Anne, tout espagnole de cœur, n'approuvait pas la lutte contre la maison d'Autriche, sa propre famille, menée sans rémission par le cardinal de Richelieu. Elle ne supportait pas les manières autoritaires de ce ministre fier et dominateur, les répressions, les exécutions sanglantes des Grands, l'atmosphère de terreur qui régnait autour de lui, la façon dont il avait pris barre sur le roi, au point de se mêler de tout, y compris de sa vie privée. Puis il y eut l'affaire Buckingham, l'empressement du galant ambassadeur de Charles Ier, le baiser volé par le bellâtre dans le jardin d'Amiens : roman bien innocent, mais qui attisa la jalousie de Louis XIII et marqua le début de sa persécution. Traitée en étrangère, délaissée par son mari qui ne songeait qu'à la prendre en défaut, constamment humiliée, se sentant incomprise, rejetée, haïe, « Chesnelle », comme Louis XIII et son complice Richelieu la surnommaient dans leurs lettres, entra alors dans le dangereux engrenage des intrigues, poussée par son mauvais ange, Marie de Rohan, duchesse de Chevreuse. Cela commença par des enfantillages, des cachotteries, des correspondances clandestines, pour glisser insensiblement à des actes frisant la haute trahison. La reine avoua un jour qu'elle aurait laissé assassiner le cardinal s'il n'avait été prêtre ! En 1635, quand éclata la terrible guerre entre la France, l'Espagne et l'Empereur, elle continua ses correspondances, dans lesquelles elle se lamentait surtout de sa disgrâce et de sa position de proscrite (heureusement, elle ne connaissait rien des secrets d'État!). Elle avait un besoin vital de se raccrocher à sa famille et à ses amis du parti espagnol. Deux ans après, elle était encore en relation clandestine avec son frère, Philippe IV, avec son autre frère, Ferdinand, le cardinal-infant, gouverneur des Pays-Bas, avec le marquis de Mirabel, ancien ambassadeur d'Espagne, avec Gerbier, résident d'Angleterre en Flandre, tous ennemis du pays sur lequel elle régnait. Les lettres étaient chiffrées et transcrites à l'encre sympathique au Val-de-Grâce, où la reine aimait à se rendre, sous prétexte de pieuses retraites. Ce travail incombait à La Porte, portemanteau de la reine, qui avait ses entrées au couvent. Naturellement, Richelieu, qui avait truffé la cour d'espions, ne fut pas long à découvrir les « cabales chesnelliques ». Sa réaction fut immédiate : perquisition au Val-de-Grâce, embastillement de La Porte, menacé de la question, visite minutieuse de l'appartement de la reine à Chantilly. Pour s'emparer d'une lettre qu'Anne venait de dissimuler, on raconte que le chancelier Séguier poussa l'audace – et l'indécence – jusqu'à fouiller dans son royal corsage! On imagine l'orgueil meurtri de l'arrière-petite-fille de Charles Quint! A bout, elle jura – contre toute évidence – n'avoir jamais entretenu d'intelligences avec l'ennemi. A ce moment-là, elle paraissait bien près de la répudiation et de l'internement en forteresse. Elle s'en sortit en rédigeant des aveux écrits, comme une écolière prise en faute, regrettant ses mensonges et promettant de ne plus recommencer. Au bas de cette singulière confession, le roi avait noté qu'il acceptait de n'« avoir jamais souvenance » du passé et de vivre « comme un bon roi et bon mari doit faire avec sa femme ». Cet étrange pacte avait l'air d'un traité de paix signé par deux puissances ennemies...

L'enfant du miracle

Cette situation menaçait d'avoir de terribles conséquences pour le royaume : Louis XIII avait pour héritier direct son frère Gaston d'Orléans, ce prince léger, veule, chimérique, velléitaire, enragé fauteur de troubles, conspirateur impénitent, qui achetait son pardon en se faisant le délateur de ses amis et partisans. Lui sur le trône, c'en était fini de l'œuvre de redressement opiniâtrement menée par Richelieu : à l'extérieur, c'était l'inéluctable capitulation devant l'Espagne, à l'intérieur, le royaume vendu à l'encan au bénéfice des Grands. Le cardinal aborda certainement ce sujet brûlant et délicat avec le roi : quels que fussent ses griefs, Louis devait se réconcilier avec la reine, dans l'intérêt de l'État. Lorsqu'il se rendait au couvent de la Visitation pour confier ses inquiétudes et ses soucis à la tendre Mlle de la Fayette, la jeune religieuse, poussée par son confesseur, l'engageait également à se rapprocher de sa femme. Anne aussi songeait depuis longtemps à cette nécessaire maternité. Elle avait compris qu'avoir un enfant était le meilleur moyen de mettre fin à son cauchemar et l'assurance de demeurer reine de France. Dans ce but, elle avait multiplié les dévotions et les pèlerinages. On l'avait vue prier à Notre-Dame de Liesse, à Félicy, dans d'autres sanctuaires encore. Elle ne savait plus à quel saint ou sainte se vouer : sainte Anne, saint François, saint Léonard, saint Fiacre, saint Norbert...

Enfin, au début de février 1638, les lecteurs de la *Gazette* furent informés que, le 30 du mois précédent, les princes et les courtisans s'étaient allés « conjouir avec Leurs Majestés à Saint-Germain, sur l'espérance conçue d'une très heureuse nouvelle, de laquelle, Dieu aidant, nous vous ferons part dans peu de temps »... Quelques semaines plus tard, confirmation fut donnée que la reine Anne, après vingt-deux ans d'union stérile, était enceinte.

Le rédacteur anonyme d'une Vie de Marie de Hautefort, Montglat dans ses *Mémoires*, le père Griffet dans son *Histoire de Louis XIII* ont conté la légende de la conception de Louis XIV, qui a longtemps fait figure de version officielle. Dans la soirée du 5 décembre 1637, le roi, en route vers le château de Saint-Maur, où il devait coucher, s'était attardé au couvent de la Visitation Sainte-Marie, où il avait rencontré Mlle de la Fayette. Survint alors une terrible tempête. Où se rendre? Ses meubles étaient déjà sur la route. On sait qu'à l'époque les châteaux étaient vides, le monarque emportant avec lui son mobilier dans ses déplacements. Guitaut, son capitaine des gardes, lui suggéra d'aller souper et coucher au Louvre, chez la reine. A peine Louis était-il arrivé dans l'appartement de sa femme qu'un message envoyé par les Filles de la Visitation mettait tous les couvents de Paris en prière... La chronologie dément cette complaisante version qui fait du Roi-Soleil l'enfant de l'orage : le couple royal séjourna à Saint-Germain du 9 novembre au 1er décembre et se rendit ensuite à Paris. Le 2 décembre, le roi partit pour Crosne (et non pour Saint-Maur), puis gagna seul Versailles le 5. Selon Bouvard, le médecin du roi, la grossesse de la reine remontait au 23 ou au 30 novembre. C'est cette dernière date que semble retenir Louis XIII dans une lettre à Richelieu.

Ecartons les ragots d'alcôves, les rumeurs extravagantes ou fantaisistes qui ont couru sur la conception de l'enfant. Non, Richelieu, le persécuteur d'Anne d'Autriche, ne fut pas le père de Louis XIV, pas plus que Mazarin, qui se trouvait alors en Italie et ne reparut en France qu'en janvier 1640, ni un quelconque rival imaginaire du roi. Louis XIV est bien le fils de Louis XIII, et l'hypothèse de l'adultère de la reine ne tient pas : d'abord, à cause de l'extrême piété d'Anne, qui n'aurait toléré aucune aventure extra-conjugale, ensuite parce que après l'affaire du Val-de-Grâce, elle était traitée en recluse, surveillée, espionnée jour et nuit. Au reste, le jaloux et soupçonneux Louis XIII ne douta jamais un seul instant de sa paternité au point de se montrer agacé par les bruits attribuant la naissance du dauphin à une intervention divine! Quand les courtisans devant lui s'extasiaient sur ce miracle, il répondait « avec chagrin que ce n'en était point un qu'un mari qui couchait avec sa femme lui fît un enfant » (Goulas).

Le 15 août 1638, la France célébra avec éclat la consécration que le roi avait faite à la Vierge, en lui remettant sa personne, son État, sa couronne et ses sujets : tel fut le « Vœu de Louis XIII », grandiose action de grâces et signe d'abandon à Dieu par Marie, que le monarque prenait pour protectrice spéciale du royaume. L'idée remontait à 1636, la fameuse « année de Corbie », où la France, après avoir failli périr, avait rétabli miraculeusement sa situation militaire. L'annonce du vœu avait été faite le 10 février 1638, à peu près en même temps que la nouvelle de la grossesse de la reine, si bien que les Français firent une relation entre les deux événements.

La naissance du dauphin avait elle-même été prophétisée par plusieurs mystiques comme la révérende mère Jeanne de Matel, fondatrice de la maison du Verbe Incarné, ou cet augustin déchaussé, le frère Fiacre de Sainte-Marguerite, qui avait eu plusieurs visions à ce sujet en octobre et novembre 1637 et en avait fait part à la reine. Le 15 décembre de la même année, à Beaune, une carmélite, Marguerite du Saint-Sacrement, qui entretenait une dévotion particulière à l'Enfant-Jésus, apprit miraculeusement de celui-ci qu'Anne d'Autriche était enceinte d'un fils.

Pendant la grossesse de la souveraine de nombreuses prières publiques furent dites dans toute la France pour une heureuse délivrance et surtout pour la naissance d'un dauphin. Cette attente, expression fervente d'un patriotisme populaire qui s'incarnait dans la dynastie royale, correspondait au renouveau religieux, fruit de la Contre-Réforme, qui s'était manifesté dans les premières décennies. Dès 1611 le cardinal de Bérulle fondait la congrégation de l'Oratoire. Un peu plus tard, un de ses disciples, Jean Eudes, prêchait des missions en Normandie, en Bretagne, en Bourgogne, et même à la cour. Le père Jean-Jacques Olier, cherchant les voies d'une réforme du clergé, allait bientôt animer la compagnie des prêtres de Saint-Sulpice. François de Sales et Jeanne de Chantal faisaient fleurir une nouvelle spiritualité, tandis que Vincent de Paul, d'abord disciple du grand Bérulle, se mettait à l'écoute des pauvres et à l'évangélisation des déshérités. Cette attente prophétique doit être rapprochée également de la situation politique du moment : au regard de l'unité de la chrétienté la France se trouvait dans une position délicate en affrontant deux princes catholiques, le roi d'Espagne, Philippe IV, et l'empereur germanique, Ferdinand III, et en s'alliant avec le « diable », c'est-à-dire la Suède protestante... Les esprits étaient troublés. Les dévots tenaient le choix de Richelieu pour un sacrilège. Louis XIII lui-même, inquiet devant la souffrance et le désarroi de ses peuples, n'était pas sans éprouver des états d'âme. L'acte de consécration à la Vierge plaçait la France sous une protection exceptionnelle. On attendait fébrilement de la Providence un geste d'approbation de la politique du royaume. C'est à cela que répondit la naissance royale. Elle confortait la politique de la raison d'État et prouvait que l'Espagne n'avait pas « le monopole de la cause de Dieu [1] ».

1. Pierre CHAUNU, préface au livre de René LAURENTIN, *Le Vœu de Louis XIII, passé ou avenir de la France. 1638-1988 : 350ᵉ anniversaire*, Paris, 1988, p. 10.

Fin de règne

Pour Anne d'Autriche la situation avait bien changé : ayant donné un dauphin à la France, elle occupait une place privilégiée dans l'État et n'avait plus à craindre sa répudiation. Son comportement également s'était modifié : elle avait mis un terme à ses coquetteries, à ses enfantillages, à ses menées souterraines. Elle s'était réconciliée avec le cardinal, au moins en apparence. Le 21 septembre 1640, elle avait même eu un second fils, le futur Philippe d'Orléans, qu'on nomma d'abord duc d'Anjou. Hélas, l'ère des soupçons n'était pas close. Elle se sentait toujours en butte à la méfiance et à la brusquerie de son mari, à la sourde hostilité du cardinal-duc. C'étaient eux qui surveillaient l'éducation de l'héritier du trône, par l'intermédiaire de la gouvernante des Enfants de France, Mme de Lansac, eux qui lui ôtèrent sa dame d'honneur, Mme de Seneçay, eux qui songèrent à lui arracher le dauphin. Le petit, qui vivait dans les jupes de sa mère, s'effarouchait à la vue de son père, ce grand vieillard de quarante-trois ans, triste et sombre. Louis XIII était à ce point susceptible qu'au lieu d'en rire et de chercher à reconquérir l'enfant par des jeux et des amusements il en conçut de la jalousie. « Je suis très mal satisfait de mon fils, écrivait-il à Richelieu. Dès qu'il me voit, il crie comme s'il voyait le diable et crie toujours à maman. Il faut lui faire passer ces méchantes humeurs et l'ôter de la reine le plus tôt qu'on pourra. » L'alerte fut chaude : il fallut que le dauphin demandât pardon à genoux à Sa Majesté! Enfin, le 4 décembre 1642, miné par la maladie, le cardinal de Richelieu s'éteignit dans sa cinquante-huitième année. A cette nouvelle, le peuple alluma des feux de joie. Quant à Anne, comme tout le monde, elle poussa un soupir de soulagement.

Mû par un désir de réconciliation, Louis XIII rappela les anciens conspirateurs, les proscrits, ennemis du défunt, en particulier son demi-frère bâtard, César de Vendôme, fils de Henri IV et de Gabrielle d'Estrées, et ses deux fils, le duc de Mercœur et le duc de Beaufort, mais il se garda de faire revenir les amies de la reine. Surtout, il ne changea pas de politique et ne désigna pas de nouveau premier ministre. Au conseil d'État, composé du chancelier Séguier, de Sublet de Noyers, secrétaire d'État à la guerre, de

Claude Bouthillier, surintendant des finances, de son fils, Léon Bouthillier de Chavigny, secrétaire d'État aux affaires étrangères, et de Louis Phélypeaux de la Vrillière, il se contenta d'adjoindre le cardinal Mazarin, proche collaborateur de Richelieu. En avril 1643, à la démission de Sublet de Noyers, le roi nomma pour le remplacer Michel Le Tellier, un protégé de Mazarin, signe de la progressive ascension de ce dernier. L'arrivée dans le cercle des « décideurs » proches du souverain de Le Tellier, père du futur marquis de Louvois né en 1641, mérite un intérêt particulier, car il sera l'un des principaux et des plus efficaces collaborateurs de Louis XIV. Entré au conseil en avril 1643, il y restera pendant plus de quarante-deux ans jusqu'à sa mort en octobre 1685, quelques jours après la révocation de l'édit de Nantes.

Il descendait d'un vieux lignage de marchands et de bourgeois parisiens qui avaient accédé à la robe – les Le Tellier, anoblis en 1545, portaient « d'azur à trois lézards d'argent posés en pal au chef cousu de gueules, chargés de trois étoiles d'or ». Ce lignage avait tissé d'importants liens avec des familles proches du pouvoir, notamment les Le Peletier, les Dugué de Bagnols, les d'Estrades, les d'Aligre (cette dernière à laquelle appartenait le chancelier de France, Etienne II). Poussé par le clan familial, il était devenu conseiller d'État au Grand Conseil en 1624, procureur du roi au Châtelet de Paris en 1631, maître des requêtes en 1639. Grâce à la protection de Claude de Bullion, mort surintendant des finances en 1640, il fut promu intendant de justice dans l'armée de Piémont : ce fut une expérience exceptionnelle pour son apprentissage de l'administration militaire. L'appui de Mazarin, qui l'avait apprécié dans cette dernière charge, le propulsait au sommet de l'État et marquait le début du règne des « dynasties bourgeoises », celles des grands commis. Avec lui la fonction ministérielle connaîtra une mutation décisive : les anciens « scribes du roi, qui, encrier et plume à la ceinture, se tenaient à ses côtés prêts à accourir à son appel et à écrire sous sa dictée [1] », deviendront des personnages omnipotents, chefs de clans et de réseaux.

En proie à la tuberculose, épuisé par les hémorroïdes et une maladie intestinale, Louis XIII savait qu'il ne tarderait pas à rejoindre le grand et terrifiant prélat qui avait été son mentor. Le 20 avril, il convoqua à Saint-Germain son frère Gaston, son cousin

1. Carl FEDERN, *Mazarin, 1602-1661*, éd. fr. Paris, 1978, p. 85.

Henri II de Bourbon, prince de Condé, les ministres et les grands officiers de la couronne, pour leur faire part de ses décisions concernant sa succession. Cette déclaration conférait la régence à la reine – il ne pouvait faire autrement –, confiait les fonctions de lieutenant général du royaume à Monsieur, duc d'Orléans, et instituait un « conseil souverain de la régence » composé, outre de sa femme et de Gaston, du prince de Condé, du cardinal Mazarin, du chancelier Séguier, de Bouthillier et de Chavigny. En l'absence de Monsieur et de Condé, la direction en reviendrait à Mazarin. Ce conseil inamovible devait décider à la pluralité des voix des grandes orientations du royaume et procéder aux nominations aux charges civiles et militaires. Sa création répondait à un double souci : assurer la continuité de l'œuvre de Richelieu, dont les créatures – le quatuor Mazarin-Séguier-Bouthillier-Chavigny – représentaient la majorité des voix, et brider l'autorité de la reine et de Monsieur, qu'il jugeait incapables de gouverner selon de saines « maximes d'État ». Anne d'Autriche, dépouillée de la réalité du pouvoir, signa cette déclaration offensante mais rédigea une protestation secrète, qu'elle fit enregistrer chez un notaire, à toutes fins utiles. Le 21 avril, le Parlement reçut le testament royal sans broncher, bien décidé lui aussi à s'émanciper le plus tôt possible.

Le même jour, dans la chapelle du château, le monarque fit baptiser le dauphin qui n'avait été qu'ondoyé à sa naissance. La princesse de Condé, née Charlotte de Montmorency (le dernier amour de Henri IV), fut la marraine. Quant au parrain, à défaut du pape Urbain VIII qui tardait à répondre, Louis XIII choisit un autre homme d'Église, le cardinal Mazarin, manifestant par là son désir d'unir à sa famille par des liens sacrés celui qu'il considérait comme le meilleur élève du grand cardinal. C'est ici que se place la fameuse anecdote (assez douteuse, il est vrai) du roi interrogeant son fils : « – Comment vous appelez-vous à présent ? – Louis XIV, mon papa. – Pas encore, mon fils, pas encore ! Mais ce sera peut-être bientôt, si c'est la volonté de Dieu. »

La bonne régente

Le monarque mit six semaines à mourir, après de terribles crises de vomissements et de coliques. Le 14 mai, il rendit son âme à

Dieu. Anne pleura et, en pleurant, s'étonna de sa propre douleur. Avant de s'éteindre Louis l'avait priée de s'appuyer sur Mazarin et surtout de ne jamais faire revenir à la cour sa vieille amie, Mme de Chevreuse, cette peste, ce diable incarné. Le roi est mort, vive le roi ! Après la reine, tout le monde vint se prosterner devant son fils, âgé de quatre ans et huit mois. Alors, dit Goulas, « l'on vit le soleil levant adoré ».

Si Louis XIV ne fut pas l'enfant du miracle, la métamorphose d'Anne d'Autriche fut bien le fruit du « miracle capétien » ! L'instinct maternel lui avait communiqué la fibre patriotique, son accession à la régence lui donna le sens de l'État. Elle, qui avait si longtemps conspiré contre son pays d'adoption, se mit soudain à défendre les droits de son fils avec l'acharnement d'une mère possessive. Elle se donnera désormais pour mission sacrée de lui restituer intact le royaume à sa majorité, en maintenant si possible la couronne hors de portée des factieux. « La fonction saisissait la femme, écrit Claude Dulong. Elle comprenait que ceux qui avaient servi Richelieu n'avaient fait que servir l'État, que ceux qui avaient intrigué contre lui étaient capables d'intriguer contre elle... [1] » Un jour, regardant un portrait du grand cardinal, qui pourtant avait été son plus implacable ennemi, elle aura cette phrase étonnante : « Si cet homme eut vécu jusqu'à cette heure, il aurait été plus puissant que jamais ! »

C'est avec une maîtrise vraiment extraordinaire que cette faible femme, inexpérimentée, réputée indolente, organisa les débuts de sa régence. Elle comprit qu'elle n'avait aucun intérêt à s'appuyer sur l'une des deux grandes maisons princières, celle d'Orléans et celle de Condé, qui se neutralisaient par leur rivalité, et choisit de faire assurer sa sécurité par le troisième lignage, celui des Vendôme, qui ambitionnait d'accroître sa puissance. C'est la raison pour laquelle elle désigna le duc de Beaufort, galant blondin, vide et chimérique mais brave, pour conduire l'escorte qui la ramena de Saint-Germain à Paris. Elle craignait un coup d'éclat de Monsieur et mit les suisses en alerte. D'emblée, Anne avait compris les jeux de bascule du pouvoir et la nécessité, lorsqu'on n'est pas en situation de force, de composer avec les clans.

Ce fut un cortège magnifique, rassemblant les troupes de la mai-

1. Claude DULONG, *Anne d'Autriche, mère de Louis XIV*, Paris, 1980, p. 219.

son du roi. Follement applaudi par une foule en délire se pressant le long de la route, il fut arrêté par tant de marques de sympathie qu'il mit sept heures à parcourir le chemin de Saint-Germain à Paris.

Le plus dur restait à faire : récupérer pleinement la régence avec liberté de composer le conseil à sa guise. La reine entra alors en négociation avec son beau-frère, Gaston, et Henri II, prince de Condé. Au premier elle promit de conserver sa charge de lieutenant général du royaume et d'accorder un gouvernement de province, à la place de celui d'Auvergne que Louis XIII lui avait ôté après la conspiration de Cinq-Mars. Au second, déjà pourvu du gouvernement de Bourgogne, elle s'engagea à en donner un autre à son fils, le duc d'Enghien, qui venait de recevoir, à vingt-deux ans, le commandement de l'armée de Flandre.

Au Parlement, dont Richelieu avait rabaissé les prétentions, il fallut rendre le droit de remontrance. En échange, celui-ci écarta les dispositions gênantes du testament royal. Le lit de justice inaugural du 18 mai fut un triomphe personnel pour la reine, qui se vit restituer la plénitude de la souveraineté. Les présidents et conseillers des diverses chambres, en robe écarlate doublée d'hermine, s'assemblèrent dans la grande salle du palais, en présence de la reine, du duc d'Orléans, du prince de Condé, du chancelier Séguier, des ducs et pairs. Le petit roi, vêtu de violet, fut déposé sur le trône surélevé de trois marches par le duc de Joyeuse, grand chambellan, et le duc de Charost, capitaine de ses gardes du corps. Il bredouilla quelques mots : « Messieurs, je vous suis venu voir pour vous témoigner mes affections; M. le chancelier vous dira le reste. » La reine prit un savoureux plaisir à entendre le chancelier Séguier, âme damnée de Richelieu, qui l'avait si odieusement persécutée, lire un discours qui contredisait tout ce qu'il avait naguère approuvé. Les magistrats, à l'unanimité, enregistrèrent la déclaration qui anéantissait les dernières volontés du défunt et conférait « l'administration libre, absolue et entière des affaires du royaume » à la reine-régente. Ce fut la revanche de « Chesnelle »!

Après cette mémorable séance, on attendait avec impatience de connaître le nom du principal ministre choisi pour prendre avec elle la direction des affaires. A la stupéfaction générale, elle désigna un homme du clan Richelieu, le cardinal Mazarin...

Né en 1602 dans les Abruzzes, Giulio Mazzarini appartenait à une famille d'origine modeste mais qui s'était élevée à la génération précédente. Son père, Pietro, intendant de Filippo Colonna, prince de Balliano, connétable du royaume de Naples, avait épousé la filleule de son puissant « patron », noble demoiselle Hortensia Bufalini. Giulio fit d'abord ses études au collège romain des Jésuites, puis partit se perfectionner en Espagne avec l'un des fils Colonna et revint dans la Ville Eternelle, où il fut reçu docteur en droit. Il commença sa carrière comme capitaine d'infanterie dans l'armée pontificale, mais il bifurqua bientôt vers la diplomatie, où son caractère souple et habile, doublé d'une remarquable intelligence, put donner toute sa mesure. On était en 1630. La grande affaire internationale de l'époque était la rivalité franco-espagnole autour de la succession de Mantoue. Afin d'empêcher une guerre entre les deux puissances catholiques, le pape Urbain VIII dépêcha à Lyon, en compagnie du cardinal Barberini, Mazarin, qui rencontra alors pour la première fois Louis XIII et Richelieu. Un peu plus tard, devant la place de Casal, dans le Montferrat, comme les deux armées allaient s'affronter, on vit surgir au galop un jeune officier pontifical brandissant un crucifix ou agitant une écharpe blanche (on ne sait trop) : « *Pace! Pace!* La paix! La paix! » criait-il. Ce courageux cavalier, c'était bien entendu Mazarin, qui faisait son entrée dans l'Histoire avec fracas et non sans panache. La paix de Cherasco en 1631 (qui valut Pignerol à la France) vit le triomphe du jeune héros, qui fut fait l'année suivante chanoine de Saint-Jean-de-Latran et de Sainte-Marie-Majeure. Puis il endossa l'habit ecclésiastique aussi facilement que le titre de « monsignore ». En 1634, le voilà vice-légat du pape résidant en Avignon, puis de 1634 à 1636 nonce à Paris. Richelieu, ébahi par son habileté, sa virtuosité, ses talents de négociateur, se l'attacha et, après la disparition du fameux père Joseph, « l'Éminence grise », en fit un de ses principaux collaborateurs à Rome. En 1638 Mazarin obtint des lettres de naturalité et, trois ans plus tard, le 16 décembre 1641, fut récompensé de ses nombreux services par le chapeau de cardinal que la France avait demandé pour lui. Giulio Mazzarini devenu Jules Mazarin s'installa auprès du cardinal de Richelieu.

On a beaucoup glosé sur le choix de la reine. Ses ennemis y ont vu un effet de la « galanterie » et du charme du personnage. Il est vrai que Mazarin à quarante ans était un homme séduisant, plein de douceur, raffiné, délicat, cultivé, déjà grand collectionneur. Il avait l'art de plaire. Au physique, il ressemblait un peu à Buckingham, avec sa fine moustache, ses yeux rêveurs et ses cheveux soyeux. Tout en appartenant à l'« équipe politique » de Richelieu il avait eu l'habileté de ne pas s'aliéner la reine. Pendant son séjour à Rome de 1636 à 1640, il lui avait envoyé aimablement des « bagatelles » d'Italie : eaux de toilette, gants parfumés, rosaires médailles, éventails, toutes choses propres à combler cette coquette En réalité, son accession au pouvoir ne devait rien aux sentiments mais à ses manœuvres politiques. Entre la mort de Richelieu et celle de Louis XIII, avec une habileté consommée, le « seigneur Jules » avait pris peu à peu le contrôle de l'entourage catholique de la reine, jouant moins sur sa qualité de disciple du défunt premier ministre que sur sa formation romaine et son titre de cardinal pour circonvenir le petit groupe de dévots qui la conseillaient et apparaître à leurs yeux comme un homme d'Église attaché à la paix, capable de s'entendre avec les Espagnols, qu'il connaissait bien. Lorsque Anne d'Autriche consulta son entourage pour savoir sur qui elle devait s'appuyer, elle entendit cette réponse unanime : Mazarin ! C'est ce nom que prononcèrent le nonce Grimaldi, Augustin Potier, évêque de Beauvais et son aumônier, le père Vincent de Paul, son confesseur, Loménie de Brienne et Henri de Béringhen, ses fidèles. Le plus convaincant fut lord Walter Montaigu, abbé de Saint-Martin de Pontoise, qui lui assura qu'il était « en tout l'opposé du cardinal de Richelieu ». Mazarin avait d'ailleurs une autre qualité : il n'était inféodé à personne. Il n'avait ni fortune ni fidèles, ne dépendait ni du Parlement ni de Monsieur ni du prince de Condé ni d'aucun autre Grand. La reine se persuada — et elle eut raison — qu'il lui serait totalement dévoué.

Au départ, Anne et Jules formèrent un couple politique : deux « étrangers » gouvernant la France, une Espagnole et un Italien, dont la mission sacrée était de défendre l'État et de protéger l'enfant-roi. Le 29 octobre 1651, Mazarin écrivait à la reine : « Nous sommes unis ensemble par des liens que vous êtes tombée d'accord plus d'une fois avec moi qu'ils ne pouvaient être rompus ni par le temps ni par quelque effort qu'on y fît. » Les sentiments vinrent après, assez vite si l'on en croit Mme de Motteville, la femme de chambre de la reine : « Dans son cœur, dit-elle à propos de celle-ci, il acquit le premier degré de la faveur. » Lorsqu'en octobre 1644 il tomba gravement malade, le jeune Loménie de Brienne fut frappé de voir « l'inquiétude quasi inexprimable qui remplit la reine ». Elle allait tous les jours lui rendre visite et prenait un soin infini de sa santé. Un peu plus tard, à sa mère, Mme de Brienne, elle confiera : « Je t'avoue que je l'aime, et je puis même dire tendrement, mais l'affection que je lui porte ne va pas jusqu'à l'amour, ou si elle y va sans que je le sache, mes sens n'y ont pas de part; mon esprit seulement est charmé de la beauté de son esprit. Cela serait-il criminel? Ne me flatte point. S'il y a dans cet amour l'ombre du péché, j'y renonce dès maintenant devant Dieu et devant les saints dont les reliques reposent dans cet oratoire. » Est-ce si sûr? Leur correspondance montre des formules enflammées, passionnées. Sans doute convient-il de tenir compte de l'époque, de l'exagération du langage dû à la préciosité, mais certains textes laissent échapper d'évidence des cris sensuels déchirants, des cris presque impudiques. Une certitude est acquise : l'hypothèse d'un mariage secret auquel ont cru certains doit être écartée. Mme Laurain-Portemer a montré que Mazarin sur la fin de sa vie envisagea de recevoir la prêtrise et même... la tiare : c'eût été évidemment impossible s'il avait été marié [1]. Anne et Giulio furent-ils amants? Mme Claude Dulong pense que leur liaison devint totale du 28 janvier au 19 août 1652 [2]. Georges Dethan, le biographe de Mazarin, ne croit qu'à un « vif attrait mutuel [3] ». Quant à l'historienne américaine, Ruth Kleinman, à qui l'on doit une étude très sensible sur Anne d'Autriche, elle fournit à notre avis un argument péremptoire en insistant sur l'exceptionnelle piété de la reine, tertiaire de saint François. « Comment concevoir qu'elle ait pu communier en état de péché mortel chaque dimanche, chaque jour de fête, pendant plusieurs décennies? Elle n'était pas, par ailleurs, de ces personnalités torturées qui mêlent le péché et l'expiation. Elle possédait au contraire un tempérament plutôt placide, et toutes les sources s'accordent à dire qu'elle se sentait à l'aise dans le confort de la routine, que celle-ci fût spirituelle ou matérielle. » A cela, Ruth Kleinman ajoute d'autres réflexions : Mazarin était parrain de Louis XIV, et ce fait créait, au regard de l'Église, entre la

1. Madeleine LAURAIN-PORTEMER, *Le Statut de Mazarin dans l'Église. Aperçus sur le haut clergé de la Contre-Réforme*, Paris, tiré à part, 1970.
2. Claude DULONG, *op. cit.*, p. 342-350.
3. Georges DETHAN, *Mazarin, un homme de paix à l'âge baroque, 1602-1661*, Paris, 1981, p. 188-189.

reine et lui, un « état prohibé de parenté »; par ailleurs, Mme de Chevreuse, « experte en la matière », émit toujours des doutes sur leur liaison [1].

A peine désigné pour entrer au conseil, Mazarin ne voulut pas siéger sans titre. Connaissant sa position et les soutiens dont il bénéficiait, il exigea une autorité totale. La reine dut s'exécuter et lui accorder un brevet de ministre d'État. Elle disgracia en revanche deux créatures de Richelieu, qu'elle considérait comme ses ennemis personnels, Bouthillier et Chavigny. Ce dernier, qui était devenu partisan de Gaston d'Orléans, fut contraint de céder sa charge de secrétaire d'État aux affaires étrangères à Henri Auguste de Loménie de Brienne. Quant à Séguier, l'odieux, l'implacable Séguier, qui lui rappelait de si cuisants souvenirs, elle aurait bien aimé s'en débarrasser, mais Mazarin l'en dissuada. Séguier occupait la chancellerie, c'est-à-dire à ce moment-là le cœur de l'État. Sa parfaite connaissance des affaires intérieures et de l'administration rendait son maintien indispensable. Anne céda.

Les Importants

En cinq jours s'était effectué le changement de règne. Le 19, tandis que le corps du défunt roi s'en allait ballotté sur les mauvais chemins de Saint-Denis, où l'attendait la crypte humide de ses ancêtres, le jeune duc d'Enghien remportait l'éclatante victoire de Rocroi sur le général Don Francisco de Mello et les célèbres *tercios*. La réputation de l'armée espagnole, la première du monde, était enfin entamée, et un génie militaire venait de naître, qu'on appellera bientôt le Grand Condé. La régence commençait donc sous les meilleurs auspices : la bataille de Rocroi, suivie de la prise de Thionville, desserrait le carcan habsbourgeois et mettait le royaume à l'abri de l'invasion. Pas question, par conséquent, de négocier avec l'Espagne. Le pays avait retrouvé la paix intérieure, après tant d'années de déchirements. Il respirait. C'en était fini des échafauds, du sang versé, de l'exil des Grands. Les libertins affûtaient leur plume, les salons à nouveau s'amusaient et les proscrits rentraient les uns après les autres, y compris Mme de Chevreuse. Monsieur

1. Ruth KLEINMAN, *Anne d'Autriche*, trad. franç., Paris, 1993, p. 406 et suiv.

s'était assagi, la reine couvait ses enfants d'une vraie tendresse maternelle : ce bonheur familial qu'on n'avait pas vu depuis longtemps renforçait le sentiment de soulagement général. Anne était accueillante, ouverte, gaie, sans malice, pleine de mansuétude. Il n'y avait plus que quatre petits mots dans la langue française, disait Retz, « la reine est si bonne ». Bref, on avait l'impression que l'âge d'or allait revenir. Ceux qui avaient souffert de « l'homme rouge » avaient-ils quelque chose à craindre de l'éminence seconde, cet homme doux, timide, bienveillant, qui semblait vouloir s'excuser de son origine étrangère?

Pourtant, les extrémistes, les aigris, la cohorte des éternels conspirateurs qui avaient souffert sous Richelieu, et qu'on surnommait non sans dérision les « Importants », trouvaient que la « bonne régente » n'allait pas assez vite. La vieille noblesse, à la fois grincheuse et orgueilleuse, aux idées féodales d'héroïsme, de bravade et de parade, nourrie du sublime cornélien, n'aimait guère cet esprit de raison et de régularité que la monarchie absolue cherchait à inoculer à la société. Les bannis, de retour, voulaient non seulement rentrer dans leurs charges mais voir les anciens partisans du grand cardinal, sa famille et ses alliés, les Condé notamment, dépouillés de leurs biens, de leurs privilèges et mordre la poussière. Ils gémissaient contre l'ingratitude de la reine. Ne parvenant pas à imposer son amant Châteauneuf au gouvernement, la duchesse de Chevreuse avait repris ses brigues et machinations. Aux Importants, dont le chef de file était le duc de Beaufort, elle apporta le soutien de trois clans familiaux, les Guise, les Luynes et les Rohan. Tel était le parti de l'étranger – le parti espagnol –, qui réclamait la signature immédiate d'une paix séparée avec Philippe IV.

Ces gens avaient tissé des liens avec le clan des dévots, qui entourait la reine, et avait des ramifications jusque dans la maison du petit roi, que les dames élevaient dans la haine de Richelieu en lui répétant que ce monstre avait voulu occuper le trône. Les attaques se concentraient surtout contre Mazarin dont on mesurait l'influence sur la régente. Lui chassé du pouvoir, Anne, pensait-on, femme aisée à gouverner, retomberait sous l'influence de ses anciens amis. Les Importants et Mme de Chevreuse s'obstinaient à croire qu'elle n'avait pas changé et demeurait, comme eux, ennemie de l'absolutisme. Contre Mazarin, dont on testait les capacités politiques, ce fut donc un déluge de calomnies qui anticipaient les mazarinades de la Fronde. Les lettres anonymes traînaient jusque dans la chambre de la reine. Avec Potier, évêque de Beauvais, les évêques de Limoges, de Lisieux, Vincent de Paul et le valet de chambre La Porte s'échafauda une cabale destinée à persuader la reine que son attitude équivoque créait un scandale qu'il fallait faire cesser au plus vite. La vérité est que Potier espérait la place. Anne, n'ayant rien à se reprocher, tint bon avec un certain courage, car on lui glissait des insinuations malveillantes jusqu'au Val-de-Grâce et dans les antichambres des couvents où elle se rendait. Les plus déterminés conçurent d'assassiner l'Italien. Le complot fut éventé, Beaufort arrêté et enfermé au donjon de Vincennes. Son père et son frère furent priés de regagner leur château d'Anet. Mmes de Chevreuse et de Montbazon, Mlle de Hautefort furent exilées, comme le roide Châteauneuf, privé de ses espérances ministérielles. Quant aux évêques, on les renvoya dans leur diocèse, M. de Beauvais en tête. Ce fut un coup de tonnerre qu'on n'attendait pas d'un homme aussi doux, aussi humble, aussi onctueux que le *signore Mazzarini*. Chacun, dit Retz, fut saisi « d'un étonnement respectueux ». Le souple roseau s'était révélé un homme de fer.

Le 7 octobre 1643, la cour quitta le vieux Louvre pour s'installer au Palais-Cardinal, rebaptisé Palais-Royal. Au gouvernement siégeait une équipe ramassée, qui semblait avoir bien en main les affaires de l'État : Pierre Séguier, chancelier de France, Michel Le Tellier, secrétaire d'État à la guerre, Henri Auguste de Loménie de Brienne, secrétaire d'État aux affaires étrangères, Henri de Guénégaud du Plessis, secrétaire d'État à la maison du roi, Louis Phélypeaux de la Vrillière, secrétaire d'État aux affaires de la Religion Prétendue Réformée, et Nicolas Bailleul, surintendant des finances, assisté d'un contrôleur général, Michel Particelli d'Émery. La cohésion du pouvoir était nécessaire, car les temps s'annonçaient difficiles : la guerre avec l'Espagne coûtait cher, les armées étaient mal payées, les impôts ne rentraient pas, et quatre années de recettes fiscales étaient consommées d'avance...

La formation du caractère du roi

L'éducation d'un roi n'est pas celle d'un enfant ordinaire. Il est capital de le comprendre. Jamais Louis XIV ne se trouva placé dans les conditions de vie habituelles d'un fils de grand seigneur ou de prince. L'expérience qu'il vivait était unique. La façon dont il était entouré, vénéré tel un demi-dieu, le cercle de respect et de silence qui se faisait autour de sa personne sacrée, et ce dès les premières années, ne pouvaient manquer d'avoir des répercussions sur son caractère. Un roi apprend très vite qu'il est seul, face à Dieu, face à son destin. Psychologiquement, c'est parfois écrasant. Constamment il doit paraître, figurer, demeurer attentif, sourire, réciter des phrases convenues. La mécanique royale est un rude esclavage : réceptions des ambassadeurs, des corps constitués, lits de justice (après celui de 1643 Louis en tiendra deux autres avant la Fronde, en septembre 1645 et janvier 1648), inspection des troupes, visite des frontières, grand-messes, *Te Deum*... Pour un jeune enfant, que de cérémonies longues et lassantes ! Un roi ne doit pas seulement remplir un rôle, il doit s'identifier à celui-ci, à chaque heure de la journée. Sa vie privée doit s'effacer devant sa vie publique. François Bluche le dit pertinemment : « Nous croyons parfois qu'un prince de cinq ans ou sept ans consacre une part de sa vie quotidienne à *représenter*, tenant un rôle comme ferait un comédien, c'est oublier qu'il ne représente pas, il *incarne.* S'il incarne, il ne peut dédoubler vraiment son personnage. Il est toujours le roi. Il est enfant et roi ensemble, non alternativement [1]. »

Il serait d'un grand intérêt de connaître comment s'est fait le premier apprentissage du roi, comment s'est structurée sa personnalité dans le subtil rapport qui s'opère entre l'inné et l'acquis, quelles dispositions, quels réflexes sociaux lui ont été inculqués, quelles attitudes fondamentales, quelles réactions conditionnées lui ont été instillées. Comprendra-t-on un jour les mécanismes de sa perception sélective ? Un exemple : sa réaction viscérale à l'égard des jansénistes s'explique par l'opinion religieuse de son confesseur, le père Charles Paulin, supérieur de la maison professe des Jésuites, ainsi que par celle, plus politique, de Mazarin.

Malheureusement les sources sont assez pauvres. On ne dispose pas pour Louis XIV de l'équivalent du *Journal* d'Héroard où se trouvent notés les mots d'enfant, les colères, les bizarreries de son père. Les écrits de ses deux valets de chambre, La Porte et Du Bois,

1. François Bluche, *Louis XIV*, Paris, 1986, p. 41.

sont insuffisants pour se faire une idée du développement psychologique du roi. Les *Mémoires* de La Porte sont intéressants mais à utiliser avec précaution en raison de sa haine contre Mazarin. Les écrits de Du Bois ne commencent qu'en 1647 [1]. Les deux premiers médecins du roi, Jacques Cousinot et François Vaultier, ne nous ont rien laissé sur leur royal patient. Le suivant, Antoine Vallot, en revanche, a écrit un intéressant *Journal*, de 1647 à sa mort en 1671. A ces notations s'ajoutent les lettres du père Paulin, les correspondances des ambassadeurs, les témoignages de quelques courtisans, peu de matière en fait.

Dans la formation psychologique d'un jeune garçon, on sait l'importance du père et du mécanisme d'identification à ce dernier. Or, de ce père, disparu très tôt, Louis ne gardait qu'un souvenir vague et lointain. Dans son entourage il n'y eut personne pour entretenir son culte ou lui apprendre à tirer de son règne un enseignement quelconque. On cite souvent l'exemple du petit château de briques de Versailles conservé par Louis XIV pour prouver sa piété filiale. Cela n'est guère probant. Les rarissimes allusions qu'il fera à son sujet au cours de sa vie – une seule référence dans ses *Mémoires* destinés au dauphin – témoignent au contraire de son absence de vénération, voire de son indifférence.

L'influence de sa mère fut, en revanche, considérable et durable. Anne avait pour ce fils adoré une vraie et profonde tendresse. Le dauphin ne fut jamais privé de caresses. Dans sa prime jeunesse la reine s'occupa beaucoup de lui ; elle le promenait en voiture dans le parc de Saint-Germain, jouait avec lui. Quand, en novembre 1647, il fut gravement atteint de la petite vérole, au point que l'on crut qu'il y laisserait la vie, elle fut bouleversée. En retour, Louis éprouva de sincères sentiments d'affection. Ils vécurent longtemps en étroite communion, particulièrement dans les premières années.

Anne marqua son fils au moins dans deux domaines, religieux et politique. Elle s'attacha d'abord à développer en lui de solides qualités morales, à lui inculquer le respect des principes, l'horreur du blasphème et du mensonge, du péché en général. Ambitieuse pour

1. Marie Du Bois, sieur de Lestourmière et du Poirier, a écrit un journal en deux gros volumes. En dehors d'un fragment sur la maladie et la mort de Louis XIII, il ne reste presque rien du premier volume. Le second a été publié à Vendôme en 1936 et réédité à Paris en 1994 sous une forme abrégée sous le titre : *Moi, Marie Du Bois, gentilhomme vendômois, valet de chambre de Louis XIV*, présentation de F. LEBRUN.

lui, passionnément attachée à l'autorité souveraine et absolue des rois, elle nourrit dans son cœur l'orgueil monarchique, la fierté intraitable, le mépris des factieux, qui contrastaient avec les attitudes de douceur et l'esprit de conciliation de Mazarin. Si Louis avait déjà dans son tempérament une impétuosité naturelle, un caractère entier, Anne, par son exemple pendant la Fronde, ne fit que les développer. Sévère sur l'éducation morale et religieuse, elle le fut moins dans la vie courante et, par une indulgence excessive, ne chercha pas à contrecarrer ses caprices ni sa vanité. La Porte le lui reproche. Elle allait, en réalité, dans le même sens que l'entourage de l'enfant qui flattait son amour-propre et son goût de la domination, sans lui rappeler qu'un souverain a au moins autant de devoirs que de droits. « Ceux qui avaient l'honneur de l'approcher, écrit Mme de Motteville dans ses *Mémoires*, lui disaient trop souvent, ce me semble, qu'il était le maître. »

Selon les habitudes du temps, le jeune roi resta dans les mains des femmes jusqu'à l'âge de sept ans. On ne le surveillait pas toujours. Il jouait avec la petite fille d'une des femmes de chambre de sa mère, Marie, qui prenait des airs de reine, tandis qu'il « lui servait de page et de valet de pied, lui portant la queue, la roulant dans une chaise et tenant le flambeau devant elle ». Quand elle apprit le personnage qu'il incarnait, Anne d'Autriche le réprimanda : ce n'était point à lui à singer les domestiques! A six ans, on lui donna quelques compagnons de jeu : les fils du comte de Loménie de Brienne, du lieutenant général du Plessis-Praslin, du duc de Coislin, le jeune Vivonne, fils du marquis de Mortemart, et le marquis de la Châtre.

Le petit Louis avait beaucoup de sérieux et de gravité, avec un air parfois alangui qui contrastait avec la vivacité de son frère. N'était-il pas trop raisonnable pour son âge? Ses compagnons se plaignaient qu'il riait peu. Mais il avait bon cœur et se montrait spontanément généreux. Dans l'ensemble, c'était un enfant facile et obéissant, aimable et gracieux. On remarquait déjà sa patience, sa maîtrise de soi. « Parfois seulement, écrit Du Bois, quand le roi passait la mesure et disait trop haut : *Je veux*, il se heurtait à l'autorité maternelle. » N'en faisons pas un ange. Il lui arrivait de se chamailler avec son frère, le duc d'Anjou (le futur Monsieur). La Porte fut le témoin d'un de leurs pugilats :

« Un jour que la cour était en voyage, le roi voulut que Monsieur couchât dans sa chambre, laquelle était si petite qu'il n'y avait que le passage d'une personne. Le matin, lorsqu'ils furent éveillés, le roi, sans y penser, cracha sur le lit de Monsieur, qui, aussitôt, cracha sur le lit de son frère, lequel un peu en colère cracha au nez de son cadet. Sur quoi, Monsieur sauta sur le lit du roi et pissa dessus. Le roi en fit autant sur le lit de Monsieur. Quand ils n'eurent plus de quoi cracher ni pisser, ils se mirent pour se battre. Pendant ce démêlé, je faisais tout ce que je pouvais pour les séparer, mais, n'en pouvant venir à bout, je fis avertir M. le maréchal de Villeroy qui vint mettre le holà! Je dois dire que Monsieur s'était plus tôt fâché que le roi, mais le roi fut bien plus difficile à apaiser que Monsieur. »

Parfois perçait un trait d'autorité. Un jour, il avait accompagné sa mère au monastère carmélite de Saint-Joseph, à Pontoise, dont la prieure, la révérende mère Jeanne, était la sœur du chancelier Séguier. « Le roi étant dans notre récréation, lit-on dans la chronique du monastère, s'amusait à jouer avec le loquet de la porte, du côté de l'infirmerie, sans parler ou répondre à tout ce que les dames lui disaient. La reine s'en apercevant lui en fit la guerre. – *Voyez ce qu'il fait beau voir le roi qui boude et qui ne dit mot!* Sur quoi le prince piqué de ce reproche dit en fronçant le sourcil et en tapant du pied : *Je ne dis mot, mais je parlerai un jour si haut que je me ferai entendre!* Bien sûr, on se gardera d'attacher trop d'importance à ces propos d'enfant... »

L'éducation de Louis XIV

Dans la France de l'ancien régime, primordiale était la question de l'éducation de l'héritier du trône puisqu'elle conditionnait l'avenir du pays. A chaque naissance royale on voyait fleurir des traités, des ouvrages éducatifs, des manuels pédagogiques ou des épîtres dédicatoires traçant le portrait du « prince parfait ». Leurs auteurs ambitionnaient naturellement de devenir « instituteurs » royaux. Ce genre littéraire, au-delà du flot des lieux communs, du florilège des banalités insipides et des fades dissertations sur la sagesse de Salomon, produits par de besogneux plumitifs, est riche d'enseignements : il nous éclaire sur les méthodes proposées pour instruire le dauphin et indirectement sur la fonction royale elle-même. Ces « institutions », loin d'insister sur le droit divin ou l'héritage du sang, soulignaient au contraire l'importance de la formation. Elles reflétaient la conception du prince pieux et vertueux, modéré dans ses passions, politiquement sage, imprégné du sens de la justice, sachant se faire aimer de ses peuples par sa clémence et sa tempérance. Le contenu des ouvrages parus dans la prime jeunesse de Louis XIV ne différait pas des précédents [1], mais leur nombre était plus grand, marquant l'apogée d'un genre qui s'épuisera au XVIIIe siècle. Beaucoup s'inspiraient de l'antiquité classique ou de l'écriture sainte, multipliaient les références historiques : *Le Catéchisme royal* de Fortin de la Hoguette, *L'Institution du prince* de Vauquelin des Yveteaux, le traité *De l'instruction de Mgr le dauphin* de La Mothe le Vayer, l'*Institutio principis* de Péréfixe, le *Recueil de maximes véritables et importantes pour l'institution du roi* de Claude Joly.

A la mort de Louis XIII rien n'avait été réglé quant à l'éducation de l'enfant-roi. En mai 1644 l'abbé Hardouin de Beaumont de Péréfixe, ancien camérier du cardinal de Richelieu et futur archevêque de Paris, fut désigné comme précepteur, mais, comme il était de santé fragile, à partir de 1652 il dut partager ses fonctions avec La Mothe le Vayer, qui dirigeait déjà l'éducation du jeune Philippe d'Anjou. En mars 1646 la reine créa en faveur de Mazarin la charge de « surintendant au gouvernement et à la conduite de la personne du roi et de celle de M. le duc d'Anjou ». C'est à lui que revint le soin de superviser l'éducation des enfants royaux. La reine choisit également un gouverneur, le marquis de Villeroy, et deux sous-gouverneurs, les sieurs du Mont et de Saint-Etienne, ce dernier bientôt remplacé par Georges Guiscard de la Bourlie.

L'abbé de Péréfixe apprit au roi le latin tout en lui enseignant la morale. La Bibliothèque Nationale conserve un recueil de thèmes, écrit de la main du jeune élève et composé de 43 maximes, dont la première était celle-ci : « Je scay que le principal deuoir d'un Prince chrestien est de seruir Dieu et que la piété est le fondement de

1. Isabelle FLANDROIS, *L'Institution du Prince au début du XVIIe siècle*, préf. de P. Chaunu, Paris, 1992.

toutes les vertus royalles. *Scio praecipuum officium Principis christiani esse colere Deum et pietatem esse fundamentum omnium uirtutum regiarum. LUDOUICUS* ». Louis atteignit en cette matière un assez bon niveau – mais pas exceptionnel pour l'époque –, puisque à l'âge de treize ans, spontanément, il traduisit quelques chapitres des *Commentaires* de César consacrés à *La Guerre des Suisses.* L'abbé de Péréfixe lui enseignait aussi l'histoire. Dans ce but il avait entrepris une importante *Histoire de Louis le Grand*, dont il lui lisait les chapitres à mesure qu'il les avait achevés. Il s'attachait à lui faire prendre goût à ses devoirs de souverain et lui conseillait de « tenir lui-même le timon de l'État ». Louis avait en outre un « lecteur de la chambre », poste successivement occupé par les sieurs Bernard, Bertaut (frère de Mme de Motteville) et de la Ménardière, un « maître pour enseigner les mathématiques », le sieur Le Camus, un « écrivain », c'est-à-dire un professeur d'écritures, Jean Le Bé, un professeur d'italien, Antoine Oudin, ainsi qu'un « maître pour enseigner à dessiner », Henri Davire.

Il faut dissiper ici une légende accréditée par l'intéressé et reprise avec un malin plaisir par Saint-Simon : celle de son éducation totalement négligée. « A peine apprit-on au roi à lire et à écrire, écrit ce dernier, et il demeura tellement ignorant que les choses les plus communes d'histoire, d'événements, de fortunes, de conduites, de naissances, de lois, il n'en sut jamais un mot. Il tomba, par ce défaut et quelquefois en public, dans les absurdités les plus grossières. » Ces méchancetés visaient à dénigrer systématiquement l'œuvre de Mazarin [1]. En réalité, Louis reçut une solide éducation, moins poussée cependant en raison des circonstances qu'on aurait pu l'espérer. Le roi manquait, en revanche, de l'application dont avait fait preuve par exemple son cousin, le Grand Condé, de dix-sept ans son aîné, prince particulièrement doué, qui avait été élevé comme s'il devait un jour monter sur le trône. Il faut en convenir, Louis ne fut pas très studieux. Il préférait les distractions : la danse, les promenades, les exercices physiques. Ici une anecdote : Son précepteur, l'abbé de Beaumont, avait consenti à abréger la durée de ses leçons à condition qu'il se montrât attentif. Un jour, il dépassa l'horaire, pris « par le plaisir excessif de raisonner avec un tel disciple ». L'enfant se permit de lui rappeler poliment qu'un prélat

1. G LACOUR-GAYET, *L'Éducation politique de Louis XIV*, Paris, 1923, p. 67 et suiv.

doublé d'un gentilhomme ne devait en aucune façon manquer à sa parole... Cela dit, Saint-Simon a grand tort de stigmatiser son ignorance : Louis suppléa rapidement ce manque de formation intellectuelle par l'observation et par la mémoire, qu'il avait excellente. Il goûtait peu l'enseignement livresque mais manifestait en revanche une grande curiosité de la vie. Il aimait l'*Histoire de France* de Mézeray, que lui lisait d'un « ton de conte » La Porte, le soir avant de souffler la chandelle. Si Louis XIV regretta plus tard de ne pas avoir eu une solide éducation théorique et classique, ce fut moins par orgueil, afin de souligner ses mérites personnels, que par une sorte de « complexe d'infériorité » dont il souffrit toute sa vie vis-à-vis des « beaux esprits ». Dans sa correspondance avec M. de Montausier, gouverneur de son fils, le Grand Dauphin, il expliquera combien il s'était « senti dans les conversations avec les *savants* un ignorant incapable de s'élever à la hauteur de ses interlocuteurs [1] ». A plusieurs reprises, il s'adressa des reproches rétrospectifs.

Il prit quelques cours de guitare avec Bernard Jourdan de la Salle, et de luth, avec Fleurent Indret, mais lui qui plus tard devait adorer la musique se montra moyen dans ces deux instruments. Il surprit davantage son maître à danser, Henri Prévost. A l'âge de treize ans, après six ans de pratique, il fit ses débuts dans le ballet de *Cassandre*, comme « danseur seul ».

La pratique des exercices physiques faisait partie intégrante de l'éducation et en était même un des volets essentiels, car il n'était pas question de faire du roi un érudit mais un homme accompli. En cette matière Louis se sentit plus à l'aise. Très jeune il apprit l'équitation avec l'un des maîtres écuyers les plus réputés de son temps, Arnolfini, natif de Lucques. Aimant la vie de plein air, Louis excellait dans tous les exercices. Il joua à la paume avec Jean Dauchin sur un terrain aménagé dans le jardin du Palais-Royal. La chasse bien sûr – le sport le plus prisé des Bourbons – fut vite au centre de ses distractions. Tout enfant il allait tirer les moineaux aux Tuileries avec une petite arquebuse que lui avait fabriquée son père. On l'emmenait s'entraîner dans la plaine de Grenelle, réputée pour ses lièvres, ses faisans et ses perdrix. Quand il sut monter à cheval, il fit des battues aux bois de Boulogne et de Vincennes.

1. Jean Meyer, *Bossuet*, Paris, 1993, p. 157.

Son éducation aurait été incomplète si dès son jeune âge on ne lui avait appris les jeux militaires. Le souverain, à cette époque, n'est pas seulement un roi justicier, c'est un « roi de guerre ». La fonction militaire fait partie intégrante de la souveraineté [1]. Ce sera même l'un des traits essentiels de l'absolutisme français jusque dans les dernières années du XVIIe siècle. Louis XIV eut donc un « maître pour enseigner les exercices de guerre », le sieur de Bretonville.

Remontons quelques années en arrière. Voici une scène martiale : l'enfant-roi, en longue robe bleue ornée de boutons de perles, une écharpe de soie blanche frangée d'or, parcourt la grande galerie du Louvre avec la troupe de ses compagnons. Tandis que bat le sourd tambour, il défile, portant au côté une fine épée d'argent et à la main une pique miniature : Tremble, vieille Europe ! C'est Louis XIV qui passe ! Mme de la Salle, femme de chambre de la reine, était la « capitainesse » de ces bambins, « un chapeau à plumes noires sur la tête et le hausse-col sur sa gorgerette bien tirée et bien empesée, conte le jeune Brienne dans ses *Mémoires*. Ce fut elle qui nous mit le mousquet sur l'épaule et cela de fort bonne grâce. S'accommodant à la jeunesse du roi, elle faisait l'enfant avec les enfants. Ensuite, elle nous fit faire l'exercice et je remarquai que le prince encore à la bavette y prenait un extrême plaisir ». Les jouets royaux étaient en rapport : petits pistolets, fusils miniatures, modèles réduits de canons en cuivre, l'un d'eux en or. Un orfèvre de Nancy lui avait offert une collection de soldats d'argent, avec piquiers, hallebardiers, mousquetaires et canonniers...

A sept ans, on passa aux choses sérieuses : un maître d'armes, Vincent de Saint-Ange, lui enseigna le maniement de l'épée tandis que Bretonville lui apprit à présenter la pique et à tirer avec des armes véritables, conçues pour sa taille. Mazarin lui fit passer en revue les troupes et lui donna le goût des parades militaires. Quand il eut neuf ans, il lui fit bâtir un fort en réduction dans les jardins du Palais-Royal, avec son enceinte bastionnée, ses demi-lunes. Louis adorait jouer au soldat – « Lafleur » était le nom de guerre qu'il s'était choisi. Avec ses compagnons il partait « fourrager » dans les bosquets voisins, revenant au fort l'épaule chargée de bois. Puis c'étaient les opérations poliorcétiques, les attaques des assail-

1. Joël CORNETTE, *Le Roi de guerre. Essai sur la souveraineté dans la France du Grand Siècle, Paris*, 1993.

lants, la bandoulière chargée de balles, les sorties des assiégés, les cris, les drapeaux déchirés et les vêtements froissés. On y sentait l'odeur grisante de la poudre, car les canons du fort tiraient à blanc dans de grands nuages de fumée âcre. La réalité, hélas! appelait à des jeux plus meurtriers. La Fronde, en effet, s'annonçait...

CHAPITRE II

Les acteurs sociaux

Comprendre la Fronde

La Fronde – ce nom vient du jeu de lance-pierres que pratiquaient les gamins de Paris à la barbe du guet – évoque l'idée d'une révolte à la fois brouillonne et frivole, dominée par les intrigues sentimentales et le « ballet » étourdissant de quelques amazones galantes et capricieuses comme Mmes de Longueville, de Montbazon, de Châtillon, la princesse palatine ou la princesse de Condé. A première vue, elle n'offre aucune idée directrice. C'est l'anarchie en permanence renouvelée : enchevêtrement calamiteux de luttes intestines, déchaînement désordonné de jalousies et d'ambitions échevelées, rivalités de clans et de leur clientèle, chassés-croisés de complots et de brouilles spectaculaires, imbroglios houleux de bassesses, de trahisons, de coups de théâtre, de réconciliations surprenantes. On conçoit que la reine, le petit roi et surtout Mazarin, véritable « tête de Turc », soient les cibles de la rébellion mais on perçoit malaisément les contours et les enjeux de ce qui fut la plus grande catastrophe politique du XVIIe siècle.

La lecture des mazarinades, ces opuscules, libelles, placards orduriers, complaintes irrévérencieuses, dont la folle explosion marque cette période – on en a dénombré plus de 5 000 –, ajoute à la confusion. Christian Jouhaud l'a fort bien montré, ce ne sont pas des textes d'opinion, mais de propagande, des textes « d'action » remplissant une fonction tactique, collant à l'actualité convulsive, s'insérant dans la mise en scène à la fois baroque et festive du combat politique. La loi du genre est l'imprécation, l'invective ou la calomnie. Dans certains de ces textes, la haine de Mazarin – et accessoirement celle de la reine, à laquelle s'accrochent les fantasmes les plus débridés – s'enfle jusqu'au délire. Mais cette violence n'est que défoulement : il devient « inutile de tuer Mazarin puisqu'on l'assassine journellement sur le papier [1] ». Si ces brûlots éphémères offrent peu d'intérêt pour l'histoire des idées politiques, du moins témoignent-ils de l'extraordinaire libération de la parole et de l'écrit en ce bref moment. Chaque faction eut ses officines d'imprimerie, ses colporteurs, ses écrivains à gages ou « engagés » (Scarron, Cyrano, Chapelain, Sarazin).

Au milieu de l'écume bouillonnante des événements, il n'est pas simple, au premier abord, d'expliquer la Fronde, période d'une importance fondamentale pour une bonne compréhension du règne personnel de Louis XIV. Afin d'en saisir les causes profondes et sa nature réelle, il est utile de planter le décor et de faire un rappel de l'assise socio-politique du royaume dans la décennie 1635-1645.

Les réseaux de clientèles

On n'insistera jamais assez sur la place prépondérante qu'occupaient dans cette première moitié du XVIIe siècle les Grands, héritiers des feudataires, fiers de leur antique lignage, comblés de dignités et de faveurs, jaloux de leurs services passés, ivres de leur propre gloire. Solidement « possessionnés », titulaires en général d'un prestigieux duché-pairie, ces importants et superbes personnages disposaient de richesses immenses, de fiefs, de revenus domaniaux, de rentes foncières, de placements financiers, de pensions royales, mais aussi de parcelles de la puissance publique. Ils étaient gouverneurs de province, grands officiers de la couronne, détenteurs de charges dans la maison du roi, cumulant parfois toutes ces dignités.

Les gouverneurs de province, pièces essentielles de la France post-féodale, étaient apparus au XVe siècle quand les liens de vassalité s'étaient estompés. Leur rôle s'était renforcé dans la seconde moitié du XVIe siècle par les pouvoirs qui leur avaient été délégués pour l'imposition des taxes, la levée des troupes et l'administration de la guerre. Ces dignitaires, nommés par lettres de provision,

1. Christian JOUHAUD, *Mazarinades : la Fronde des mots*, Paris, 1985, p. 242.

n'étaient pas de simples fonctionnaires. Ils avaient été choisis à cause de leur statut social, de l'assise de leur famille, de leur réputation, de leur fortune, de leur rayonnement local, de leur capacité à se faire obéir. C'étaient de véritables vice-rois dans leur zone d'influence, d'autant plus puissants qu'ils restaient en place en général toute leur vie. Une tendance à l'hérédité de leur charge commençait même à se faire jour, le roi prenant l'habitude de désigner le fils pour succéder au père.

A la mort de Louis XIII, les Grands – princes du sang, ducs et pairs – se partageaient l'administration du royaume. La Bourgogne « appartenait » à Henri II, prince de Condé, la Champagne à François de L'Hospital, comte de Rosnay, le Dauphiné à François de Créqui, duc de Lesdiguières, la Guyenne à Bernard de Nogaret, duc d'Epernon et de la Valette, l'Ile-de-France à Hercule de Rohan, duc de Montbazon, le Languedoc à Charles de Schomberg, comte d'Haldwin, le Lyonnais à Nicolas de Neufville, marquis de Villeroy, la Normandie à Henri II d'Orléans, duc de Longueville, la Picardie à Honoré d'Albert, duc de Chaulnes, la Provence à Louis-Emmanuel de Valois, comte d'Alais, duc d'Angoulême... Le rayonnement de ces grands seigneurs se mesurait à l'importance de leur maison (parentèle, entourage noble, domesticité...) ainsi qu'au nombre de partisans qu'ils pouvaient rameuter.

C'était une forme de la sociabilité nobiliaire que de se grouper en réseaux d'amitiés : cousinages, camaraderies de collège et de combat, compagnonnages, affinités diverses, rencontres de voisinage, constituaient pour un gentilhomme un réseau d'interdépendance dans lequel il s'insérait dès sa naissance, se mariait et qui lui permettait de soutenir voire d'accroître la réputation de sa maison. C'est un capital qu'il avait en partie hérité de ses parents, qu'il devait faire fructifier, avant de le transmettre à son tour à ses enfants. Le goût des relations, le culte de l'amitié, comptaient tout autant que le sens de l'honneur et du dévouement.

Se rattacher aux sources du pouvoir et du profit était l'objectif primordial de la stratégie patrimoniale des familles. Pour cette raison, ces réseaux « horizontaux » cherchaient à s'agréger à des réseaux « verticaux », à trouver, en d'autres termes, l'appui d'un ou plusieurs Grands. Ainsi se nouaient les liens de fidélité et de clientèle. Les correspondances, les mémoires, la littérature de l'époque sont emplis des mêmes expressions : on se « donne » à un maître, on « est à quelqu'un », on est sa « créature », son « domestique », on lui « appartient »...

De façon générale, ces chaînes de solidarité, ces systèmes réticulaires, mettaient en relation trois types de personnages : le « patron », le « client » et ce que les historiens anglo-saxons appellent le « broker », c'est-à-dire le « courtier ». Comme du temps de Cicéron, le patron est l'homme qui aide son client, au besoin l'habille, le nourrit, l'héberge, lui procure un emploi, lui prête ou lui donne de l'argent pour acheter une charge, le pousse dans son ascension sociale, le défend contre ses adversaires. Parfois c'est lui qui organise son mariage, élève ou case ses enfants. Ce patron est, sinon un homme riche, du moins quelqu'un d'influent, capable d'intervenir en faveur de son protégé en le recommandant à de plus puissants que lui [1].

En échange de la protection et des bienfaits reçus, le client doit servir son patron avec docilité et loyauté, l'aider à atteindre son but, par exemple en lui fournissant des informations, en le servant par la plume ou l'épée, en adoptant ses inclinations, ses ambitions, et parfois en le suivant dans l'adversité. La relation patron/client repose sur la réciprocité des services. C'est un contrat tacite d'homme à homme, un jeu d'appuis et de soutiens mutuels, fait d'un équilibre de droits et de devoirs. L'absence de réciprocité peut être source de rupture, de trahison, d'ingratitude. Exemple célèbre : la rupture de Bussy-Rabutin avec le Grand Condé à la suite d'une blessure d'amour-propre (son protecteur avait voulu lui faire vendre sa charge de capitaine-lieutenant de ses chevau-légers d'ordonnance à Guitaut qu'il méprisait : « *J'avais toujours fort aimé ce prince jusqu'à ce qu'il se fût refroidi pour moi et qu'il m'eût préféré ce petit garçon sans naissance* »).

Le courtier est un « sous-patron » qui met au service d'un patron plus puissant sa propre clientèle, locale ou régionale, ou encore un client qui se sert de sa bonne connaissance du terrain, de

1. Le clientélisme a existé de tout temps et en tout lieu. Ses implications politico-historiques commencent à être étudiées très sérieusement. Un bon exemple en est donné pour la révolution mexicaine par François-Xavier GUERRA dans sa thèse : *Le Mexique. De l'ancien régime à la Révolution*, Paris, 1985, t. I, p. 113 et suiv. Voir du même : « Pour une nouvelle histoire politique : acteurs sociaux et acteurs politiques », *Structures et cultures des sociétés ibéro-américaines. Au-delà du modèle socio-économique.* Actes du colloque international en hommage au professeur François Chevalier, 1990. Voir également Steffen SCHMIDT et autres, *Friends, Followers and Factions : A Reader in Political Clientelism*, Berkeley, 1977.

ses relations, de ses attaches auprès d'une communauté ou d'une corporation. Par définition, c'est un intermédiaire dont l'intervention s'avère souvent indispensable compte tenu des distances. Il présente, introduit, facilite les négociations. Le patron principal a besoin de ces entremetteurs nombreux et efficaces pour étendre son influence, s'assurer du soutien de milieux ou de réseaux qu'il ne peut directement approcher. Le courtier trouve son avantage en faisant fructifier son propre capital de relations, en monnayant au prix fort son rôle de médiateur et en cherchant à son tour à s'assurer une position de monopole du courtage (ce que le patron n'a pas toujours intérêt à accorder).

Ces chaînes d'influence sont l'un des traits essentiels de la société du XVIIe siècle. Elles servent de grille de lecture pour comprendre le fonctionnement des relations de pouvoir dans un système étatique incomplètement institutionnalisé, comme la France de cette période, pour rendre intelligibles les mécanismes de formation de la fameuse « monarchie administrative » [1]. Ces structures ont moins été étudiées par les historiens français – à l'exception de Roland Mousnier et de ses collaborateurs [2] – que par leurs homologues anglo-saxons (Orest Ranum, Julien Dent, Robert Harding, William Beik, Kristen B. Neuschel, Sharon Kettering...). Tous admettent que les liens de proximité, qui unissent les membres de la petite gentilhommerie (nobles hommes, écuyers, hobereaux ou petits châtelains...) aux membres de la « noblesse seconde » (barons, comtes ou marquis), plus solide, plus fortunée, et ceux-ci aux catégories supérieures des ducs et pairs, des princes du sang, sont des survivances de la féodalité, mais présentant avec cette dernière de notables différences. Ces liens, apparus vers le XVe siècle, naissent de rapports volontaires. Ils sont dépourvus de tout carcan normatif : il n'y a ni serment ni hommage ni relation touchant, de près ou de loin, aux fiefs ou aux censives, bref à la propriété du sol.

1. On a généralement tendance à ne voir dans le phénomène du clientélisme que son aspect négatif : injustice, favoritisme, népotisme, corruption. Mais il ne manque pas d'aspects positifs : sa souplesse, son dynamisme, son utilité dans un système étatique et bureaucratique encore embryonnaire. Même dans les sociétés modernes très centralisées comme les nôtres, ces amitiés, ces réseaux, ces « pistons », permettent de dénouer certains conflits, d'obtenir une meilleure coopération entre les groupes, facilitent la circulation de l'information, bref, comme l'a montré Michel Crozier, servent d'huile dans les rouages de la « société bloquée ».

2. *Hommage à Roland Mousnier. Clientèles et fidélités en Europe à l'époque moderne*, sous la direction d'Yves DURAND, Paris, 1981 (avec des études notamment d'Yves-Marie Bercé, Madeleine Foisil, Maurice Gresset, André Corvisier...).

Les services que se rendent patrons et clients ne sont formalisés par aucun rite, aucun engagement précis.

Roland Mousnier insiste sur l'attachement exclusif et les considérations sentimentales qui unissent le fidèle à son maître. C'est une amitié qui le lie corps et âme et peut aller jusqu'au sacrifice suprême. Ces relations, très fortes, se distingueraient d'après lui de celles, plus lâches, entre la « créature » et son « protecteur », par exemple entre un ministre et l'un de ses dévoués serviteurs ou commis. En d'autres termes, il conviendrait de séparer les « fidélités », d'origine aristocratique, plus solides, des « clientèles », plus fragiles, qui en seraient « une adaptation au monde de la magistrature et au cercle gouvernemental [1] ». Pour l'Américaine Sharon Kettering les liens personnels de fidélité ont été plus rares que ceux fondés sur la recherche d'avantages matériels réciproques. Dans de nombreux cas, les protégés ne restaient pas loyaux envers leur protecteur. Ils n'hésitaient pas à changer de maître ou à appartenir en même temps à deux ou trois réseaux (ce qui n'était pas sans soulever de délicats conflits de loyalisme lorsque les patrons étaient rivaux ou poursuivaient des objectifs différents [2]).

La réalité est sans doute nuancée. Dans les grandes clientèles du XVIIe siècle on devait trouver aussi bien des motivations d'ordre affectif qu'une recherche du pur profit. Comme dans toute structure relationnelle, intérêt et amitié se mélangeaient dans une palette aux nuances infinies, avec tous les dégradés possibles, selon la variété des situations et des personnages [3]. Certaines clientèles – celles des princes notamment – présentaient des liens de loyauté personnelle et d'allégeance extrêmement solides : la maison de Condé, vaste réseau de parents, d'amis, de féaux, de camarades de combat (les « petits maîtres »), de commensaux, de pensionnés, en est le meilleur exemple [4]. Elle résistera assez bien aux violentes bourrasques qui s'abattront sur elle pendant la Fronde. En

1. Roland MOUSNIER, *Les Institutions de la France sous la monarchie absolue, 1598-1789*, t. I, Paris, éd. de 1990, p. 90.

2. Sharon KETTERING, *Patrons, Brokers and Clients in Seventeenth-Century France*, New York, Oxford, 1986, p. 58-60.

3. Sur la question du clientélisme, ses difficultés d'interprétation et les divergences entre historiens (R. Mousnier, R. Harding, S. Kettering...), voir Kristen B. NEUSCHEL, *Word of Honor. Interpreting Noble Culture in Sixteenth-Century France*, Ithaca et Londres, 1989 (notamment l'introduction : « The Problem of Clientage »).

4. Pierre LEFEBVRE, « Aspects de la fidélité en France au XVIIe siècle : le cas des agents du prince de Condé », *Revue historique*, n° 250, 1973, p. 59-106.

revanche, considérée dans une perspective à long terme – mettons le siècle –, l'évolution de ces réseaux se fera manifestement dans le sens d'un clientélisme plus souple, avec des chassés-croisés et des ruptures, au détriment du système post-féodal de la fidélité, plus représentatif de la société hiérarchisée des temps baroques.

Les Grands, courtiers du patronage royal

Faute de pouvoir disposer d'une véritable administration composée de serviteurs dévoués à la cause publique et jetant un filet au maillage serré sur tout le pays, la monarchie française fut donc contrainte au XVe siècle de se servir de la médiation des Grands, de s'appuyer sur le crédit personnel de ces chefs locaux traditionnels. Elle les intéressa à la haute administration en leur confiant des postes de gouverneurs de provinces ou de grandes villes. Ils devinrent des courtiers, redistribuant charges, places, honneurs, pensions à leurs amis, à leurs serviteurs. Des châteaux, des compagnies, des régiments finirent ainsi par « appartenir » à ces personnages imbus de leur grandeur, qui ne détestaient pas de temps en temps faire sentir au monarque qu'il devait compter avec eux. Partout ils étendirent leurs réseaux, achetèrent les consciences, investirent les états et les parlements provinciaux. A terme, se profilait la menace de voir se reconstituer une nouvelle féodalité, différente de la précédente mais tout aussi dangereuse, car la fidélité du client envers son patron l'emportait sur celle due au roi en tant que loyal sujet.

Une famille de grande noblesse, solidement implantée dans une province, était capable de mobiliser, du haut en bas de l'échelle sociale, des centaines voire des milliers de partisans, tant le clientélisme nobiliaire agissait à tous les niveaux, dans une cascade d'obligations réciproques. Il suffisait à un prince ou à un duc de battre le ban de ses féaux et de ses amis pour mobiliser l'arrière-ban des seigneurs de moindre rang et, de proche en proche – parfois au son du tocsin –, toute la paysannerie d'une région, qui servait de piétaille aux armées privées. Ces réseaux d'alliance pouvaient s'étendre à de vastes territoires. Selon que cette famille était ou non soumise au roi, elle contribuait soit à enrayer soit, au contraire, à attiser la révolte. La stabilité du système dépendait donc de l'humeur des Grands.

Le monde des offices

Depuis longtemps les rois de France avaient entamé le processus d'unification du royaume en mettant en place une organisation judiciaire et fiscale. Les juridictions royales, tribunaux de bailliages et sénéchaussées, se superposaient aux tribunaux seigneuriaux et servaient de cours d'appel. Un réseau de parlements, de cours des aides, de chambres des comptes, et, sur le plan fiscal, de bureaux des finances, couvrit peu à peu le pays. L'extension de cette toile d'araignée supposait l'existence de fonctionnaires royaux. C'est ainsi que naquit le monde des « officiers ». L'office peut se définir à la fois comme une dignité ordinaire, vendue par le souverain à un particulier, et une fonction de service public rétribuée.

Ces offices très divers, ordinairement groupés en compagnies, se répartissaient en une hiérarchie verticale, selon leur valeur financière et le prestige social qui leur était reconnu : présidents des parlements, présidents des autres cours souveraines, maîtres des requêtes de l'Hôtel, conseillers au Parlement, trésoriers généraux de France représentaient le « gratin ». Venaient ensuite les conseillers de présidiaux et de bailliages, les « élus » (officiers de finance d'une circonscription administrative appelée « élection », elle-même subdivision de la « généralité ») appartenant à la moyenne bourgeoisie, puis enfin la nuée des huissiers, notaires, sergents, où se retrouvaient la petite bourgeoisie des villes et la riche paysannerie. Ces administrateurs, ces juges, ces agents de finance avaient tendance à supplanter les élites traditionnelles, la bourgeoisie libérale : riches marchands, avocats, médecins. Le système des offices donna indiscutablement à la monarchie l'assise administrative qui lui faisait défaut. Attachés aux charges qu'ils avaient payées, aux avantages fiscaux qui en découlaient, comment les officiers ne l'auraient-ils pas été également à l'État qui les entretenait? En 1515 il y avait en France près de 4 100 officiers, soit 1 pour 115 km^2 et 4 700 habitants. Un siècle et demi plus tard, en 1665, il s'en trouvait douze fois plus : environ 48 000, soit 1 pour 10 km^2 et 380 habitants [1]. Parmi eux, près de 9 000 magistrats et 5 000 officiers de finance, le reste se composant des huissiers, notaires, sergents, jaugeurs,

1. Roland Mousnier, *Le Conseil du roi de Louis XII à la Révolution*, Paris, 1970, p. 17 et suiv.

mesureurs et contrôleurs divers... Cette progression, considérable en valeur relative – preuve de l'avancée du pouvoir central –, reste fort limitée en valeur absolue. La France de l'ancien régime était un agrégat de communautés, de corps, corporations, groupes professionnels, provinces, seigneuries, en grande partie auto-administrés, dont les règles de fonctionnement, les coutumes, les privilèges – c'est-à-dire au sens étymologique les lois particulières – limitaient très sensiblement la sphère d'application de la législation royale. A travers ce maquis touffu, ce jeu de résistances et de pressions en perpétuelle évolution, l'idée, venue du droit romain, d'une loi rationnelle, valable pour tous, imposée par l'autorité centrale, ne se frayait pas sans mal un chemin.

Peu à peu, le système des offices finit par échapper au contrôle de l'État. L'office, qui témoignait déjà du goût des Français pour la fonction publique, fut recherché, moins pour le revenu, en général médiocre et irrégulièrement versé, que pour le prestige, le moyen de promotion et les privilèges fiscaux qui lui étaient attachés. Le gouvernement monarchique, toujours aux abois, profita de cet engouement pour dédoubler, multiplier et vendre des offices. Sans doute était-ce une méthode douce pour fiscaliser des groupes sociaux aisés qui ne l'étaient pas. Mais de vénal et de collégial l'office eut tendance à devenir patrimonial, à se céder à l'intérieur d'une même famille, avec toutefois une restriction légale qui freinait sa transmission : le titulaire devait survivre au moins quarante jours après l'obtention par son successeur des lettres de provision (faute de quoi l'office revenait au roi).

En 1604 Henri IV et son ministre Rosny (Sully) acceptèrent d'abolir ce délai, moyennant le paiement d'un « droit annuel » – sorte de prime d'assurance contre la mort subite – correspondant au 60e de la valeur de la charge. Telle fut la fameuse « paulette », ainsi surnommée à cause du riche traitant Paulet à qui la perception de ce droit fut affermée. Cette taxe, apparemment anodine, représente un tournant capital dans l'émergence d'un « quatrième ordre » au sein de la société. Grâce à la vénalité et au trafic des offices, des familles de robe, des juristes, des financiers firent en quelques générations voire en quelques années une ascension sociale fulgurante. L'exemple le plus typique est celui de Pierre Séguier, qui devint chancelier de France et, ce qui étonna plus encore, duc de Villemor [1].

A l'exception des hautes charges de la cour et de l'armée, des postes de gouverneurs, de baillis, de sénéchaux et de quelques fonctions de « robes courtes » (par opposition à celles de « robes longues » de la magistrature) qui lui furent réservés, l'aristocratie se trouva, faute d'argent, écartée de l'administration du pays au profit d'une élite nouvelle, souvent mieux éduquée, plus brillante intellectuellement, aux revenus diversifiés et à l'appétit féroce. Mais c'était précisément l'un des objectifs recherchés, en plus de son intérêt fiscal : réduire le poids de la noblesse d'épée au sein de l'État, soustraire la fonction publique de son emprise au profit des couches supérieures du tiers état. On comprend que les vrais gentilshommes, vivant – vivotant pour les plus pauvres – des revenus de leurs terres, aient souffert de la montée de ces notabilités urbaines cumulant les activités et les biens, alors qu'eux-mêmes devaient s'endetter pour partir à la guerre ou se présenter à la cour. Aussi ne cessèrent-ils d'exiger l'abolition de la paulette et le rachat des offices par l'État. Ce fut l'un des thèmes majeurs des états généraux, fort houleux, de 1614, où ils rappelèrent bruyamment que, par leur origine franque et leurs fonctions militaires, ils avaient vocation à exercer le pouvoir à côté du roi.

Or le monde de l'office avait tendance à son tour à se structurer en castes indociles. Avides de respectabilité, de privilèges et d'honneurs, les gens « de robe longue et d'écritoire » cherchaient à s'agréger à la noblesse. Certaines charges étaient anoblissantes comme l'office de « notaire et secrétaire du roi » (surnommé la « savonnette à vilain » car il conférait la noblesse dès la première génération, après vingt ans d'exercice) ou celui de président de parlement ou de cour souveraine.

De noblesse personnelle, ces charges prirent peu à peu le caractère de noblesse transmissible. Sans doute la gentilhommerie considérait-elle avec mépris ces assauts de la robe, mais elle n'avait pas toujours les moyens de résister à la dot rondelette qu'on lui proposait et qui venait redorer ses blasons. Un autre moyen d'accéder à la noblesse consistait à acheter une seigneurie à son titulaire endetté et à régler le droit fiscal de « franc-fief », permettant d'exercer la plé-

1. Denis RICHET, *De la Réforme à la Révolution. Etudes sur la France moderne*, Paris, 1991, p. 155 et suiv.

nitude des droits seigneuriaux. Puis, en deux ou trois générations, ces gens vivant noblement, portant le nom de leur terre, oubliaient la taxe et finissaient par être considérés par tous comme des nobles authentiques. En Normandie, la coutume fixait à 40 ans le droit pour un roturier propriétaire d'un fief de passer automatiquement dans les rangs de la noblesse. Par ailleurs, avec les nombreux mariages exogamiques mêlant les lignages, l'entrée dans l'armée et l'épiscopat de certaines familles d'origine roturière, il n'était pas simple de distinguer l'épée de la robe. Néanmoins, une frontière invisible, une barrière mentale demeuraient. A la Révolution, la fusion entre les deux noblesses n'était pas encore totalement réalisée.

La vente par le pouvoir de nombreux offices, leur transmission patrimoniale contribuaient à affaiblir les clientèles de la haute aristocratie : c'étaient autant de charges en moins à distribuer. Cependant les Grands restaient suffisamment puissants pour intégrer dans leurs réseaux les propriétaires d'offices par le mécanisme de la protection et de la recommandation. Au moment de la Fronde le parlement de Bourgogne était très largement tenu par les « créatures » du prince de Condé, dont le fidèle Lenet, procureur général. Celui de Rouen était majoritairement dévoué au gouverneur de la province, le duc de Longueville. Bref, si la paulette avait fait du mal aux Grands, elle ne les avait pas abattus.

L'absolutisme ministériel

Désormais menacé par les forces centrifuges de l'épée et de la robe, le pouvoir central se devait de réagir. Il y parvint, non en forgeant de toutes pièces une infrastructure administrative, composée de fonctionnaires probes, désintéressés et dévoués – il en était bien incapable –, mais en se servant pour son propre compte des moyens des autres, en constituant à son tour des fidélités et des clientèles. C'est ce que fit, le premier, le cardinal de Richelieu. D'abord il poussa sa famille, cette famille élargie aux petits-neveux, aux arrière-petits-cousins, aux alliés, qui se répartissait les honneurs, les dignités, les charges, les emplois, les pensions. Puis venaient les amis, les protégés, qui appartenaient au cercle des dirigeants : les Bouthillier, père et fils (Chavigny), les Sublet de

Noyers, les Bullion. Ces hommes étaient surintendant des finances, secrétaires d'État aux affaires étrangères ou à la guerre, mais, avant tout, ils étaient des « créatures », des « domestiques » dévoués corps et âme à leur patron et dont les compétences s'étendaient bien au-delà de leurs fonctions officielles. Chavigny s'occupera des affaires personnelles du cardinal, tout comme Henri de Sourdis, archevêque de Bordeaux, ou Léonor d'Etampes, évêque de Chartres puis archevêque de Reims.

En cherchant à se créer une clientèle au sein de l'élite régionale (états provinciaux, parlements, municipalités, communautés...), en l'intéressant par des récompenses, Richelieu affaiblissait la tendance naturelle à l'autonomie de la bourgeoisie d'office. En y glissant des hommes à lui il neutralisait ses velléités de faire bloc contre la volonté royale. Ses réseaux infiltraient également l'armée, l'administration militaire, la noblesse d'épée. Richelieu passait par-dessus la tête de ces grands « féodaux », qui avaient jusque-là exercé le monopole du courtage du patronage royal. L'attribution des grades, des lettres de noblesse, des bénéfices ecclésiastiques, l'octroi de privilèges ou de monopoles dépendaient de Son Éminence et de ses dévoués serviteurs. D'où la haine de ces « féodaux » pour le « ministériat » qui, en détournant la manne royale, entamait leur influence.

Ce mouvement allait de pair avec l'accroissement sensible de la puissance financière de la couronne : la hausse régulière des revenus du domaine, les rentrées d'impôts, les revenus des « parties casuelles » (paulette et vente d'offices...) donnaient au pouvoir central une suprématie qu'il était difficile de lui disputer. La quantité et la qualité des « bienfaits du roi » rendaient moins attractifs ceux des autres. Déjà au temps de Louis XIII Paris était devenu le centre des grâces. Les Grands ne s'y trompaient pas, qui venaient résider à la cour la majeure partie du temps : prélude au système versaillais. Les gentilshommes de moindre rang, les élites provinciales l'avaient compris aussi. Le « principal ministre » étant plus riche patron que les autres, il devenait avantageux de rechercher son amitié.

L'idée sous-jacente à la création de ce réseau protéiforme était d'offrir au monarque une chaîne de fidélités dont il serait sûr, beaucoup plus en tout cas que de celle des Grands, toujours prêts à trahir. Mais la proposition pouvait se retourner et le système s'inverser. Choisi par le monarque, Richelieu n'en profitait-il pas pour écarter tous ceux qui ne lui étaient pas soumis? Débaucher les hommes de Louis XIII pour les prendre sous sa protection fut pratique courante de sa part. Richelieu rêvait d'être le maire du palais d'un nouveau roi fainéant, qui ne se ferait obéir que par la médiation de son principal ministre.

Malgré tout, le roi restait le roi, avec son aura, son prestige, sa dimension sacrée. Richelieu n'en faisait pas son pantin. Les rapports entre les deux hommes, faits de respect, d'admiration, mais aussi de méfiance réciproque ont été fort complexes. On a dit que les quatre coins du cabinet royal étaient pour Richelieu plus durs à conquérir que les quatre coins du royaume. Un mot du souverain, et la toute-puissante Éminence pouvait se retrouver à nouveau dans un évêché « crotté », disgraciée, abandonnée de tous.

C'est l'une des raisons pour lesquelles Richelieu a poursuivi l'édification de sa gigantesque fortune. Sans doute l'argent contribuait-il au maintien du statut social, et l'on n'imagine pas au XVIIe siècle un ministre sans fortune : à cette époque, il n'était pas de pouvoir sans richesse, sans magnificence, sans éclat ni dépenses somptuaires. Sans doute aussi, en accumulant les gouvernements, les offices, les terres, les seigneuries, les abbayes, les châteaux, les hôtels particuliers, les diamants, les pierreries, en mariant sa nièce, Claire Clémence de Maillé-Brézé, au duc d'Enghien (le futur Grand Condé), membre éminent de la famille royale, Armand Jean du Plessis cherchait-il à hisser sa maison, modeste famille de noblesse d'épée, au niveau des plus hauts lignages de France.

Mais en devenant l'un des Grands du royaume, un Grand plus riche et plus puissant que tous les autres puisqu'il était auréolé de la confiance royale, il visait également à se rendre indispensable à l'État, à amortir une disgrâce éventuelle. Car c'était bien dans ces termes que se posait le problème. La fortune du cardinal de Richelieu n'était pas une « grosse » fortune, comme celles du prince Henri II de Condé (14 millions de livres) ou du chancelier Séguier (4 millions de livres), elle était un défi au bon sens, comme celles, actuelles, de certains potentats africains : 22,4 millions d'actif pour 6,5 millions de passif déclarés à sa succession.

Il serait vain et surtout erroné de juger cet enrichissement stupéfiant au regard de la morale de nos sociétés développées. La confusion entre patrimoine privé et public, entre service de l'État et profit individuel, le népotisme, l'absence de séparation entre le pouvoir politique exercé par un patron et la loyauté personnelle exigée de ses serviteurs sont présents dans un grand nombre de régimes et sous d'autres cieux. Ils correspondent à un stade de développement embryonnaire de la bureaucratie, que Max Weber a étudié sous le nom de régime patrimonial.

Le même système se reproduit à l'identique avec le second cardinal, plus avide encore que son prédécesseur à remplir ses fontes et qui, lui aussi, glissera ses nièces dans les lits des princes, dépècera l'État, raflera à bas prix les billets de l'Epargne, se fera munitionnaire, trafiquant d'armes, grapillera sur la solde des troupes, détournera les produits du domaine royal, bref accumulera, au prix de manœuvres obliques et de friponneries en tous genres, une fortune gigantesque, la plus importante de toute l'histoire de l'ancienne France : 38 millions d'actif pour 1,4 de passif. Trente-huit millions, le tiers du budget annuel de l'État! Dans cette stratégie, il va de soi que le réseau d'acolytes des deux ministres n'était pas seulement conçu pour suppléer une administration défaillante, mais pour rabattre des affaires, aimanter toute la richesse du pays vers leur maître. Il n'y a pas de doute : les cardinaux-ministres du XVIIe siècle furent les plus grands prédateurs de l'État. Ils ont confisqué la monarchie à leur profit, l'ont aliénée, l'ont mise en coupe réglée, ont créé un véritable État dans l'État, profitant l'un d'un souverain maladif et peu porté à gouverner, l'autre d'une régente inexpérimentée. D'un autre côté, ils ont mis leur fortune au service de leur ambition, qui était celle du pays, ils ont usé de leur surface financière pour conforter le crédit de l'État, notamment auprès des habituels bailleurs de fonds de la monarchie, ils ont consenti des avances, ont payé de leur poche des dépenses budgétaires. Spéculation ou soutien de l'État? Les deux à la fois sans doute! Cette logique n'a rien à voir avec la nôtre [1].

On voit combien, en tout cas, avec ces personnages hors du commun il est difficile de parler d'absolutisme : absolutisme ministériel ou absolutisme royal? A la limite, l'analyse politique tradi-

1. Joseph BERGIN, *Pouvoir et fortune de Richelieu*, préface de P. Goubert, Paris, 1987. Claude DULONG, *La Fortune de Mazarin*, Paris, 1990. Daniel DESSERT, « Pouvoir et finance au XVIIe siècle : la fortune du cardinal Mazarin », *Revue d'Histoire moderne et contemporaine*, vol. 23, avril 1976, p. 160 et suiv. D'après ce dernier Mazarin avait davantage d'actif « liquide », sous forme de pièces d'or et d'argent, que l'encaisse métallique de la banque d'Amsterdam.

tionnelle s'inverse et on peut présenter l'opposition de la grande noblesse comme une réaction contre le démantèlement du pouvoir [1]. Si on laisse de côté cet aspect de la question, un fait est certain : l'effort constant de l'État monarchique à renforcer son emprise sur la société. C'est cela que l'on désigne ordinairement sous le terme vague et ambigu d'« absolutisme ». Pas plus avec Henri IV, Louis XIII ou son successeur la monarchie française n'a brutalement changé de nature juridique. Comme dans les siècles précédents, comme du temps de Philippe le Bel ou de Louis XI, le pouvoir royal reste une « *potestas absoluta* », c'est-à-dire, comme le définit Jehan Bodin en 1576, une souveraineté législative sans partage, n'ayant de compte à rendre à aucune institution représentative qui, quand elle existe, ne peut que lui servir de conseil.

Depuis des temps immémoriaux le prince en France est libre, indépendant, au-dessus des groupes sociaux. Son pouvoir n'est cependant ni arbitraire ni despotique, les légistes et les théoriciens du droit royal insistent sur ce point. Il a pour seule limite la loi divine et naturelle ainsi que la coutume (dont les fameuses lois fondamentales du royaume, non écrites). Ce qui change dans le courant du XVIIe siècle, c'est la pratique gouvernementale, sa tendance à centraliser, à niveler, à user, à raboter tous les pouvoirs locaux ou sociaux, à faire disparaître les anciens usages. Certes, les Capétiens directs et les Valois avaient agi de même, mais les Bourbons, dans leur projet de former un État unifié, allèrent plus loin, merveilleusement aidés par les progrès des moyens de communication et l'évolution des mentalités. L'absolutisme se révèle moins dans les traités de morale politique ou les considérations théoriques – fussent-elles celles de Bodin, de Cardin Lebret, de Richelieu (dans son *Testament politique*) ou de Bossuet – que dans l'action quotidienne, lente et obscure de l'État. « C'est en vain, observe Richard Bonney, qu'on cherchera un moment privilégié où l'absolutisme aurait été définitivement introduit ou bien où il aurait atteint son apogée [2]. »

1. Daniel DESSERT, *Louis XIV prend le pouvoir. Naissance d'un mythe ?*, Paris, 1989, p. 33.
2. Richard BONNEY, *L'Absolutisme*, Paris, 1989, p. 79.

Le nerf de la guerre

Dans cette marche vers l'absolutisme il est des moments où le pas brusquement s'accélère : ce sont les temps de guerre. Comme toujours, la guerre est l'implacable révélateur des tensions latentes, la grande accoucheuse de la « modernité ». L'entrée en guerre contre la maison d'Autriche en 1635 eut des conséquences considérables, dont la Fronde. Pour lever, entretenir les armées, payer les mercenaires et leurs condottieri, passer des marchés avec les munitionnaires, subventionner les Suédois, entretenir la troupe du landgrave de Hesse, il fallait, selon la célèbre formule de Montecuccoli, « premièrement de l'argent, deuxièmement de l'argent, troisièmement de l'argent ».

Quelques chiffres donnent une idée de l'ampleur de la brutale ponction fiscale, sans exemple dans l'Histoire, que Louis XIII et Richelieu opérèrent. Au milieu du règne, entre 1620 et 1630, le budget de l'État dépassait rarement les 40 millions de livres. En 1634 la préparation de la guerre coûta 120 millions. En 1635 on atteignit le chiffre record de 208 millions, soit cinq fois plus que pendant la période 1620-1630. Puis on retomba aux environs de 90 millions en 1642. Sous le ministère de Mazarin la croissance reprit : 124 millions en 1643, 141 en 1644 [1].

Le système fiscal de l'ancien régime cumulait tous les défauts : il était à la fois complexe, hérissé d'exemptions et de particularités, archaïque, irrationnel, improductif, d'une injustice criante, laissant de surcroît la monarchie dans de chroniques embarras d'argent et l'obligeant, dans un mouvement perpétuel d'improvisation et de fuite en avant, à multiplier les expédients douteux, les artifices dangereux, les subterfuges désespérés, et finalement à manger son blé en herbe. Le gâchis permanent ! Depuis longtemps l'exploitation du domaine royal, de ses biens-fonds, ses seigneuries, ses forêts, ses droits annexes (contrôle des actes, greffe...) ne représentait qu'une faible part des ressources publiques. Il fallait lever des impôts... La taille, le plus ancien des impôts directs, de lointaine origine féodale et militaire, ne se justifiait plus guère. Ceux qui avaient les moyens de la payer en étaient exemptés : les nobles parce qu'ils acquittaient en principe l'impôt du sang, le clergé parce

1. Françoise BAYARD, *Le Monde des financiers au XVII*^e^ *siècle*, Paris, 1988.

qu'il consentait au souverain un « don gratuit », fort modeste du reste, les magistrats, les membres des maisons royales, les bourgeois de certaines grandes villes comme Paris, Lyon, Bordeaux ou Tours. La taille pesait essentiellement sur les ruraux, laboureurs, fermiers, petits et moyens propriétaires. Dans les pays dits de « taille réelle » (pays d'états notamment) elle était assise sur les biens qualifiés de roturiers (des gentilshommes pouvaient la payer), tandis que dans les pays de « taille personnelle » elle était répartie uniquement entre les gens de roture.

Dépourvu de moyens efficaces, l'État avait renoncé à percevoir lui-même les impôts indirects, dont les aides sur les boissons, les entrées ou octrois des villes et la fameuse gabelle, l'impopulaire impôt sur le sel. Tous avaient été affermés. Puis il avait fallu recourir aux « affaires extraordinaires », comme les ventes d'offices, la reprise et la revente de parties aliénées du domaine royal. Dans ce système, qui avait l'avantage de la simplicité, les traitants versaient d'avance au roi une somme convenue, à charge pour eux de recouvrer l'impôt ou le produit des offices vendus en prélevant au passage une « juteuse » commission. Enfin, comme l'argent ne rentrait pas assez vite, pour boucler le budget, trouver la trésorerie nécessaire, le surintendant des finances devait recourir aux avances, à taux usuraire bien entendu, des « traitants » et « partisans » (c'est-à-dire signataires avec l'État de « traités » ou de « partis »).

Ces manieurs d'argent, qui accumulaient des fortunes, excitaient la jalousie des officiers de judicature. Entre la robe et la finance existait une sourde rivalité, dont on pourrait à première vue s'étonner car les unions matrimoniales étaient nombreuses et les membres des cours souveraines ne dédaignaient pas d'entrer dans les « partis », afin de diversifier leurs placements. En fait, les robins faisaient grief aux manieurs d'argent de se réserver les meilleurs traités et d'inciter le pouvoir à réduire leurs gages, en vendant de nouveaux offices !

Poussant plus avant l'exploration du petit monde discret de la finance royale, deux historiens, Françoise Bayard et Daniel Dessert, ont démonté avec brio les mécanismes d'arrière-boutique du système fisco-financier français, réduisant à néant le cliché du financier méprisable, homme sorti de la « lie du peuple », ayant réussi à s'agréger au monde des puissants [1].

Ces gens de finance – les Bonneau, Catelan, Feydeau, Gruyn, Monnerot, Tabouret... – étaient des gens issus de la robe, parfois de l'aristocratie, et leur famille avait travaillé dans le maniement des « espèces du roi » depuis une ou deux générations. La plupart avaient servi comme officiers comptables, receveurs ou trésoriers. Beaucoup avaient acheté la charge anoblissante de secrétaire du roi. Ils formaient un milieu homogène de publicains, unis par des liens de parenté et d'argent, représentant, avec leurs associés, croupiers, sous-traitants et sous-fermiers, quelques milliers d'individus.

Ces affairistes apparaissaient rarement au grand jour : ils préféraient laisser la place à des hommes de paille – bourgeois de Paris, commis, voire simples domestiques – qui étaient, pour leur compte, les adjudicataires du bail ou du traité. Même groupés en « partis », comme ils le faisaient ordinairement, ils étaient incapables à eux seuls de relayer la défaillance chronique de l'État et de mobiliser les millions de livres que demandait le roi. Derrière eux se dissimulaient des bailleurs de fonds beaucoup plus puissants, qui étaient les véritables protagonistes du jeu financier. Qui donc étaient ces prêteurs fortunés? Tous ceux qui en France bénéficiaient de revenus substantiels, la haute aristocratie d'épée, les princes, les ducs et pairs, l'élite de la noblesse de robe, les grands dignitaires ecclésiastiques, les abbés commendataires. Des noms? Les Sully, les La Trémoille, les Guise, les Montgomery, les Crussol, les d'Uzès, les Bouillon, les Gramont, les d'Estrées, les Valençay, les Créqui, les d'Effiat, les d'Albert, les Montmorency-Laval, les Chaulnes, les Phélypeaux, les Bouthillier, les Séguier, les Colbert, les Mesmes, les Bautru, les Servien, les Bailleul..., et la liste est loin d'être close. La famille royale elle-même participait au jeu : le duc d'Orléans, sa fille la Grande Mademoiselle, le prince et la princesse de Condé. Tous ces gens, à la recherche de profits sans risques et d'un supplément de rente, participaient aux lucratives « affaires du roi » : revenus domaniaux, aides, sous-participations dans les fermes et traités, grâce à des compagnies discrètes, à des conventions de croupiers ou à des prêts simples d'argent. La surprise n'est pas moins grande de

1. Daniel DESSERT, *Argent, pouvoir et société au Grand Siècle*, Paris, 1984. Françoise BAYARD, *op. cit.* Voir également Richard BONNEY, *The King's Debts. Finance and Politics in France, 1589-1661*, Oxford, 1981.

voir les ministres eux-mêmes, les cardinaux-ministres, Richelieu puis Mazarin, investir massivement dans ce capitalisme fiscal, prêtant à bon taux l'argent qu'ils avaient capté, faisant main basse sur les grands offices, les revenus du domaine royal, les bénéfices ecclésiastiques, ou touchant des pots-de-vin lors de l'affermage des impôts.

Ainsi, faute d'une banque centrale capable de lui consentir des avances, faute d'une administration des finances efficace et incorruptible, le crédit de l'État se trouvait-il à la merci de ces riches particuliers. On en conviendra, toutes les considérations banales des manuels scolaires sur l'absolutisme royal, dans la lignée du vieux Lavisse et de l'historiographie républicaine du siècle dernier, s'effondrent devant ces perspectives. Voilà donc cette monarchie française, si majestueuse, si sûre d'elle-même, si autoritaire, réduite à n'être que l'otage des puissants, des grandes familles et des multiples groupes qu'elle prétendait dominer et domestiquer...

Faut-il en conclure que ce « mur d'argent » a limité implacablement sa prépondérance, au point de la réduire à n'être qu'une inconsistante « superstructure » placée sous la tutelle de puissances occultes? Le croire serait méconnaître la nature même du pouvoir qui, par sa légitimité, sa mainmise sur la distribution des récompenses, des titres, grades, honneurs, ordres de chevalerie, pensions, bref des « grâces », transcende très largement les forces qui le soutiennent. Des « grâces » mais aussi des disgrâces : d'un trait de plume le roi peut jeter en prison un financier ou un grand seigneur. Il peut soumettre telle ou telle catégorie de traitants ou de financiers à une chambre de justice. Ne croyons pas qu'il tarira pour autant le crédit. Il trouvera d'autres bailleurs de fonds. Anne d'Autriche n'hésitera pas à faire arrêter le prince de Condé malgré les prêts importants que sa mère lui avait consentis sur sa cassette personnelle. La monarchie française n'est pas la simple émanation de quelques groupes de financiers, de grands seigneurs et de riches ecclésiastiques tirant les ficelles. Ce serait négliger son prestige, la nature transcendante du monarque (lieutenant de Dieu sur la terre), qui se situe très au-dessus d'eux et dispose, par conséquent, d'une marge de manœuvre satisfaisante. Attention : ceci n'est vrai qu'en temps normal. Une crise comme la Fronde, où l'on vit, à certains moments, se coaliser les intérêts de la noblesse d'épée et de la robe, pouvait lui être redoutable. L'union, suivie de la grève générale des bailleurs de fonds, était en mesure de mettre à genoux le roi. C'était bien là, dans la conjugaison des oppositions, que résidait, pour l'autorité centrale, le principal danger. Nous voyons apparaître ici une des lois du fonctionnement de l'ancien régime : pour exister, pour subsister, le pouvoir est conduit nécessairement à se dégager de l'emprise des groupes qui le soutiennent. La coalition des corps sociaux est pour lui le danger mortel : il lui faut diviser pour régner. Ce sera l'une des grandes leçons que Louis XIV tirera de la Fronde.

Les intendants

La dure nécessité des temps ne contraignait pas seulement le pouvoir à accroître le montant des impôts. Encore devait-il accélérer leur rentrée, bousculant au besoin la routine de l'administration fiscale. Celle-ci reposait sur un certain nombre d'officiers comme les trésoriers de France et les élus. La guerre avait révélé leur incompétence, leur lenteur, leur concussion. Ils étaient constamment soumis aux pressions de leurs parents, de leurs amis, des riches « coqs de paroisse », qu'ils déchargeaient au détriment des autres (puisque la taille était un impôt de répartition). Les trésoriers de France, membres du bureau des finances installé dans la généralité, étaient des personnages mal commodes, imbus de leurs prérogatives, qui s'agitaient beaucoup : ils discutaient du « brevet » des tailles avec le surintendant, dressaient mille obstacles au recouvrement des « crues » extraordinaires, bref étaient responsables en grande partie des retards et de l'insuffisance des rentrées.

Pour suppléer les carences de ces officiers, devenus des privilégiés et souvent des seigneurs terriens, la monarchie fut amenée à utiliser un autre type de serviteurs : les « commissaires » investis d'abord de pouvoirs temporaires et limités, mais dont la commission, toujours révocable, devint de plus en plus étendue.

Tel fut le cas des célèbres intendants, dont l'origine remonte à Henri II. D'abord subordonnés aux grands dignitaires provinciaux, ils furent plus autonomes à partir de Sully. De 1635 à 1648 ces « commissaires départis » furent mis en place, à titre permanent, dans les vingt-deux généralités du royaume. Précisons que Richelieu puis Mazarin avaient agi par empirisme, dans un souci immédiat de « salut public », sans vouloir créer de nouveaux rouages administratifs. C'était au départ une juxtaposition et non une surimposition. Quand on parle des intendants, on a trop tendance, sous l'influence de Tocqueville, à les dépeindre comme d'omnipotents « préfets » d'ancien régime [1]. Il n'en était rien, surtout au milieu du XVIIe siècle. Leurs pouvoirs s'étendaient aux questions de justice, parfois à celles de police et de finance. Dans ces domaines, ils avaient mission de faire observer les ordonnances royales, de rendre eux-mêmes des ordonnances de justice et d'assister les gouverneurs qui n'arrivaient plus à suffire aux tâches administratives [2]. Choisis en général dans le monde très particulier des maîtres des requêtes et des conseillers d'État, ces juges délégués, férus de leur science juridique, étaient de trop petits personnages pour entrer en concurrence avec les gouverneurs, chefs politiques et militaires et uniques représentants du roi dans leur province. Au contraire, ils furent pour eux d'actifs et de loyaux collaborateurs. Mais ils correspondaient avec les secrétaires d'État et relevaient du chancelier.

C'est vers la fin du ministère de Richelieu que le rôle de ces « commissaires départis » s'accrût, non pas au détriment du gouverneur, mais des officiers de finance et des juges ordinaires. Leur commission leur confiait la direction des présidiaux et des prévôtés. En outre, un règlement du 22 août 1642, complété par une déclaration royale du 16 avril 1643, leur donna le contrôle effectif du recouvrement de l'impôt direct, en lieu et place des trésoriers de France, dépossédés, réduits au rôle d'exécutants [3]. C'était le tournant capital : d'inspecteur réformateur, l'intendant devenait administrateur [4]. Le commissaire, révocable, supplantait l'officier, inamovible. Désormais les intendants allaient établir les rôles de répartition des tailles entre villes, bourgs, paroisses et particuliers. Avec des brigades musclées d'huissiers et de « fuzeliers », ils se

1. Dans un sens contraire, François-Xavier EMMANUELLI (*L'Intendance du milieu du XVIIe siècle à la fin du XVIIIe siècle*, Aix, 1981) refuse d'en faire, y compris sous le règne de Louis XIV, des agents de l'État centralisateur. C'est là un paradoxe difficile à défendre.

2. Robert R. HARDING (*Anatomy of a Power Elite : The Provincial Governors of Early Modern France*, New Haven et Londres, 1978) montre que ce fut le manque de compétence des gouverneurs qui amena le développement des intendants (p. 217).

3. Jean-Paul CHARMEIL, *Les Trésoriers de France à l'époque de la Fronde. Contribution à l'histoire de l'administration financière sous l'ancien régime*, Paris, 1964, p. 375 et suiv.

4. Roland MOUSNIER, « Recherche sur les syndicats d'officiers pendant la Fronde », *La Plume, la Faucille et le Marteau*, Paris, 1970, p. 301 et suiv.

chargeront du recouvrement des impôts, y compris des arriérés. La violence deviendra « la forme habituelle de l'impôt » et partout se répandra le « terrorisme fiscal »[1]. Dans une société rurale, encore habituée à considérer la taille comme une mesure exceptionnelle, consentie seulement pour les temps de guerre, ce sera un choc violent.

L'envoi d'intendants dans les provinces ne fut pas la panacée. Si dévoués, si compétents qu'ils fussent, que pouvaient cette vingtaine d'agents royaux, même assistés de la force armée, pour faire rentrer l'argent dans un pays d'une vingtaine de millions d'habitants? La disproportion était trop grande. Pour échapper à la débâcle financière qui menaçait l'État, il n'y avait plus qu'un remède : mettre la taille en « partis », c'est-à-dire en confier le recouvrement à des partisans. C'est ce que fit Mazarin en 1645. Les violences des traitants rapaces se substituèrent donc à celles de l'administration directe.

Les fureurs paysannes

De tels bouleversements détruisirent l'équilibre fragile des communautés locales, rétives aux changements, aimant leurs traditions et vivant en vase clos au rythme de l'angélus. L'exaspération contre les nouvelles pratiques fiscales fut la cause principale des grandes révoltes populaires qui marquèrent la dernière partie du règne de Louis XIII.

Certes, l'agitation de la paysannerie n'est pas une nouveauté. L'extension de la gabelle au milieu du XVIe siècle, l'accroissement des prélèvements seigneuriaux, de la taille, de la dîme ecclésiastique avaient donné presque un caractère régulier aux « émotions » et aux « fureurs paysannes » : « Croquants » du Massif central, « Tard Venus » du Périgord, « Gautiers » de Normandie. En 1624 encore, les « Croquants » du Quercy se soulevaient pour protester contre la substitution du régime de l'« élection » royale à celui des états provinciaux.

Mais le nouveau cycle de séditions qui s'ouvrit après l'entrée de la France dans la guerre européenne (1635) fut beaucoup plus

1. Yves-Marie BERCÉ, *Histoire des croquants. Etudes des soulèvements populaires au XVIIe siècle dans le sud-ouest de la France*, Paris, 1974, t. I, p. 96.

violent et difficile à mater : grandes traînées de croquanderie en Guyenne, Périgord, Poitou, Limousin (1636-1637), terrible explosion des « Nu-pieds » de Normandie (1639-1642), jacqueries dans le Maine et l'Anjou (1639), flambée de violence en Auvergne (1640) et à nouveau dans le Poitou (1641). Certaines révoltes s'apaisèrent à la suite de discussions et de concessions provisoires. D'autres furent impitoyablement noyées dans le sang (le chancelier Séguier s'acquit une réputation de bourreau en réprimant sans clémence le mouvement des Nu-Pieds). Les débuts de la « bonne régente » ne furent pas épargnés par les soulèvements, bien au contraire : le changement de règne avait fait espérer le retour à la paix et la fin des tensions fiscales. A ces déconvenues s'ajoutèrent une série de mauvaises récoltes. La Normandie, l'Anjou, le Poitou, la Guyenne, le Languedoc, le Rouergue, la Provence, le Dauphiné furent à nouveau à feu et à sang. Dans certaines régions les troubles persistèrent près de deux ans.

Il s'agissait pour l'essentiel de révoltes antifiscales, unissant dans un même combat les habitants d'une aire géographique déterminée, toutes classes confondues : seigneurs, propriétaires terriens, marchands, paysans, métayers qui faisaient taire leurs rivalités devant un intrus agressif et déstabilisateur, l'impôt royal. Pour les propriétaires de seigneuries (et rappelons que beaucoup de titulaires d'offices en étaient), la fiscalité royale menaçait la rentrée habituelle de leurs fermages, de leurs cens et redevances, d'où leur alliance naturelle avec les paysans [1].

Tout se passe comme si les communautés locales, se sentant menacées par le centralisme étatique, représenté par l'appareil de coercition du fisc, soudaient leurs forces, faisaient corps pour mieux défendre leurs intérêts vitaux menacés. Ces collectivités très structurées avaient le sentiment non seulement qu'on portait atteinte à des droits immémoriaux, mais que le pacte non écrit les liant à l'État royal – pacte fait d'un tissu de droits et de devoirs réciproques – était rompu. Toute atteinte à un privilège sous l'ancien régime était ressentie comme une intolérable agression et, plus que la misère ou le dénuement, tragiquement ordinaires, elle pouvait servir de détonateur à une explosion sociale. Bref, dès lors qu'il s'agissait de défendre des intérêts locaux, des immunités tenues pour invio-

1. Roland Mousnier, *Fureurs paysannes. Les paysans dans les révoltes du XVIIe siècle (France, Chine, Russie)*, Paris, 1967.

lables, les solidarités de clochers – les solidarités « verticales » – l'emportaient sur les solidarités sociales. Gardons-nous de projeter sur le XVIIe siècle le schéma des révoltes agraires des années 1789-1790 contre les seigneurs, d'anticiper la réaction nobiliaire du XVIIIe en imaginant une frustration campagnarde contre les restes du régime féodal. Les historiens ont souligné le caractère passéiste et régressif de ces fièvres insurrectionnelles, davantage chargées « d'imaginaire et d'illusoire que de raisonnable ou de solide [1] ». Contre les progrès étatiques les émeutiers se battaient pour revenir à l'âge d'or, au bon vieux temps. Ils s'en prenaient non pas au souverain, « père du peuple », dont la tutelle était douce et paternelle, mais à ses agents, à ses ministres, à ses mauvais conseillers qui trahissaient ou n'informaient pas ce bon justicier. Le roi, disait-on, ne sait pas! Ainsi se propageait dans les assemblées de village, les communautés paysannes, l'« utopie du roi sans ministres, du royaume sans impôts [2] ». Dernier cri d'un monde en déclin plutôt qu'anticipation des révolutions agraires et prolétariennes de l'époque contemporaine, telle est la signification de ces grandes secousses de l'âge baroque, qui connaîtront de violents regains sous le règne personnel de Louis XIV.

Nature de la Fronde

Et la Fronde, comment la situer, comment la caractériser? Si elle plonge ses racines dans le vaste cycle des « émotions » populaires, nées de la guerre de Trente ans, elle est loin d'en être la simple réplique urbaine. Ce fut une révolte des couches moyennes contre la pression fiscale, un refus de la bourgeoisie de financer la poursuite de la lutte, et, contrairement aux séditions rurales, un mouvement de nantis, de citadins privilégiés – Paris, avons-nous dit, était exempt de taille –, auquel s'agrégèrent des princes, des ducs, des gentilshommes titrés, amateurs d'aventures. La volonté des frondeurs de s'opposer à l'absolutisme royal se comprend si l'on veut bien définir l'absolutisme comme la pression exercée par le pouvoir central pour imposer une plus grande solidarité entre les groupes sociaux, solidarité rendue indispensable par la situation extérieure.

1. Pierre GOUBERT, *La Vie quotidienne des paysans français au XVIIe siècle*, Paris, 1982, p. 286.
2. Yves-Marie BERCÉ, *Histoire des croquants*, Paris, éd. de 1986, p. 359.

Réaction égoïste, sans doute. Encore convient-il de préciser que Paris, qui comportait un nombre exceptionnellement élevé de rentiers (près d'un Parisien sur quatre : 100 000 personnes sur 430 000), se trouvait privé d'une bonne partie de ses revenus. En effet, le paiement de ces rentes, émises par l'Hôtel de Ville (à la place de l'État, qui en était le bénéficiaire mais n'avait pas assez de crédit pour les garantir), était assigné sur une recette particulière, celle des gabelles, elle-même donnée à bail à des fermiers. Or, en raison des difficultés économiques et des troubles de la province, l'impôt sur le sel ne rentrait plus et la contrebande se répandait. Le versement des rentes, qui se faisait en principe par « quartier » (trimestre), fut réduit puis étalé et enfin suspendu. En 1648 on avait trois ans de retard ! Comme les élus et les trésoriers de France, les rentiers se groupèrent en un syndicat, résolus à défendre leurs droits au besoin par des manifestations de rue [1].

La Fronde s'inscrit aussi dans le mouvement général de résistance des corps d'officiers contre les innovations – les « novelletés » – de la monarchie : intendants, traitants et partisans. Certaines catégories d'officiers souffraient dans leur dignité et leurs revenus. La valeur de leur patrimoine s'amenuisait comme une peau de chagrin par la création et la mise en vente de charges identiques, les découpages administratifs, les « augmentations de gages », piège infernal qui était en réalité une nouvelle ponction (contre la promesse, vite oubliée, d'augmenter les revenus de sa charge, l'officier était tenu de verser sans délai un capital supplémentaire !).

L'organe de toutes les contestations devint le parlement de Paris et, dans une moindre mesure, les parlements provinciaux, qui se présentèrent comme les défenseurs des rentiers opprimés et des officiers spoliés. Installé dans l'ancien palais des rois, dans l'île de la Cité, le Parlement était une puissante machine servant de cour des pairs et surtout de cour de justice (notamment de cour d'appel) pour à peu près le tiers du royaume. Il comprenait la Grand-Chambre, les cinq chambres des enquêtes, les deux des requêtes et les « gens du roi », qu'on appellerait aujourd'hui le Parquet (le procureur général, les deux avocats généraux, les avo-

1. A la baisse des rentes s'ajoutait, pour les bourgeois parisiens, le sensible tassement des loyers de 1645 à 1647 (Emmanuel Le Roy Ladurie, *Le Territoire de l'historien*, Paris, 1973, t. I, p. 128).

cats du roi et leurs substituts). Au total ces « messieurs » étaient au nombre de 220, auxquels s'ajoutaient parfois l'archevêque de Paris, les princes du sang, les ducs et pairs avec voix délibératives. Les séances étaient publiques, dans la limite des places disponibles dans les petites loges dites « lanternes ». Mais les nouvelles se répandaient vite dans la salle des pas perdus, où traînait toujours, bruyante et bigarrée, une foule d'avocats, de plaideurs et de badauds...

Excessivement jaloux de ses privilèges, le Parlement, dont la lointaine origine remontait à la *curia regis* médiévale, tirait sa puissance du droit d'enregistrer les actes royaux. Car c'était un fait reconnu que les rois de France, seuls et uniques détenteurs du pouvoir législatif, étaient liés – à la différence des autocrates de Turquie ou de Moscovie – par leur propre législation voire par celle de leurs prédécesseurs. En outre, ils ne pouvaient jamais s'affranchir des lois fondamentales du royaume, permanentes et immuables par définition (bien qu'aucune sanction positive n'existât en cas de violation). Pour être applicable, une ordonnance (loi générale) ou un édit (loi particulière) devaient être enregistrés par le Parlement après vérification de leur cohérence interne et de leur conformité aux règles du droit public. En cas de désaccord, les magistrats étaient autorisés à présenter d'« humbles remontrances » puis des « remontrances itératives » que le monarque, en définitive, pouvait écarter en vertu de son droit de suprême justice, mais selon la procédure solennelle du « lit de justice », en venant personnellement présider la séance du Parlement, accompagné de son chancelier-garde des sceaux, des princes, des ducs et pairs et des grands officiers de la couronne. La *curia regis* était alors considérée comme reconstituée, et le souverain se trouvait légitimement autorisé à écarter les avis de ses vigilants « conseillers » et à imposer l'enregistrement.

Il est certain que le Parlement, fort de ses compétences et prérogatives grignotées au fil des âges, cherchait à devenir une sorte de sénat constitutionnel, gardien reconnu des lois. Les plus audacieux de ses membres, la confusion de nom aidant, rêvaient de transformer leur assemblée en *Parliament* anglais, qui, lui, était une authentique assemblée représentative des corps de la nation. Mais les rois avaient toujours refusé de reconnaître à ces fiers juristes la moindre bribe de pouvoir législatif. Louis XIII avait même menacé un jour de « placer sept ou huit d'entre eux dans un régiment de mousquetaires pour apprendre l'obéissance »! La tension persistant, en février 1641 leur droit de remontrance avait été supprimé. Avec la régence, régime structurellement faible, tout changea. Anne d'Autriche, pour casser le testament politique de son époux, avait dû les flatter en le leur rendant et en accordant la noblesse au premier degré aux magistrats du Parlement, à ceux du Grand Conseil, de la Chambre des comptes et de la Cour des aides [1].

Politiquement, les magistrats ne formaient pas un bloc. Beaucoup étaient d'un loyalisme total à l'égard de la couronne – à l'image de leur premier président, le digne et intègre Mathieu Molé –, tout en restant attachés à leurs privilèges et à leurs droits; d'autres, au contraire, comme les conseillers des enquêtes, jeunes chahuteurs impatients qui se prenaient très au sérieux, s'inquiétaient des mesures « extraordinaires » prises par la monarchie et parlaient de réformer l'État. La grande masse flottait entre ces deux pôles. L'un des plus radicaux était un conseiller septuagénaire, Pierre Broussel : vieillard modeste, désintéressé, très charitable, mais vrai Romain, têtu, déchaîné contre les « traitants » et les « maltôtiers », et dont les discours fiévreux étaient toujours lardés de citations latines. Un jour qu'il s'était heurté à la reine, à l'égale intransigeance, il avait lancé cette formule : *Junonem iratam habemus*! (Nous avons une Junon en furie). Ce vieux faquin, « blanchi, comme le dit le cardinal de Retz, entre les sacs (de procès), dans la poudre de la Grand-Chambre », était vénéré comme saint du Paradis par le petit peuple de son quartier Saint-Landry, dans l'île de la Cité. Il deviendra, malgré lui, l'un des héros de la Fronde.

Pour gérer les finances de l'État, Mazarin avait pris appui sur un personnage de mœurs douteuses, que lui avait légué le cardinal de Richelieu, le contrôleur général Particelli d'Emery. Issu d'une famille de banquiers lyonnais de souche lucquoise, cet ancien traitant devenu intendant ne cherchait que « des noms pour trouver des édits »(Retz). Or, à partir de 1644, il avait entrepris de faire payer la bourgeoisie parisienne et les détenteurs d'offices, très nombreux dans la capitale. D'où une série de taxes comme le Toisé, les Aisés, le Tarif (taxes sur le domaine, octrois divers...), qui avaient entraîné la mauvaise volonté ou la farouche résistance du Parlement. Ces graves messieurs en toques et mortiers y avaient gagné

1. François BLUCHE, *Louis XIV*, Paris, 1986, p. 60.

une franche popularité, qui leur avait valu le nom flatteur de « pères de la Patrie ». La régente avait dû se fâcher, exiler quelques conseillers, envoyer le président Barillon mourir à Pignerol et même, après la victoire de Nordlingen, le 7 septembre 1645, venir au Parlement avec le petit roi, vêtu d'un costume martial, pour y imposer, par un lit de justice, tout un train d'édits bursaux.

Parmi les acteurs collectifs de la Fronde on aurait garde d'oublier le petit peuple de Paris, artisans, ouvriers, colporteurs, cochers, crocheteurs, portefaix, marchands ambulants, qui seront de tous les attroupements, de toutes les « émotions ». Cette « populace », comme l'appellent les contemporains, n'obéit à aucune idéologie cohérente, n'a aucune suite dans les idées. Un jour, elle applaudit les robes rouges du Parlement défilant dans la rue, un autre, elle les couvre d'injures. Elle allume des feux de joie à l'arrestation de Condé mais les rallume à sa libération. Cette foule versatile, hésitante, ballottée entre les démagogues et les agents provocateurs, s'emballe vite pour un meneur – Beaufort, Broussel, Retz, Condé... –, sans s'apercevoir qu'elle sert de piétaille et de chair à canons à des coteries qui se moquent de son sort. En province, ce sera la même chose : les frondeurs chercheront à utiliser les passions populaires, canalisant à leur profit les mécontentements locaux (comme la haine du gouverneur d'Epernon en Guyenne). Armé, ameuté, mais oublié par les trêves et les accords conclus entre adversaires, le peuple fut la grande victime de la guerre civile. C'est lui qui en paya le plus lourd tribut.

Les partis

On voit ainsi se dessiner le portrait des grands acteurs sociaux de la Fronde : les gentilshommes prêts à entrer dans la clientèle des Grands, les officiers, divisés entre gens de robe et gens de finance, les rentiers parisiens mécontents et colériques, les parlementaires imbus de leurs prérogatives, le petit peuple toujours prêt à s'agiter. Ces acteurs collectifs n'interviendront pas spontanément : ils seront mobilisés par des « clans » pour former des « partis », au sens ancien du terme, que seuls quelques personnages ou quelques familles étaient capables de constituer. C'était le cas de Gaston d'Orléans, oncle du roi, en raison de sa position primordiale au sein de l'État et des amitiés qu'il savait cultiver. C'était aussi le cas de la famille de Condé, jalouse et rivale des Orléans : le jeune et impétueux Louis II de Bourbon, le vainqueur de Rocroi, grand fauve brûlé d'orgueil mais éduqué par Richelieu dans un esprit de soumission au pouvoir absolu, son frère cadet, Armand de Conti, d'abord destiné à l'Église mais qui n'avait aucune vocation, et leur sœur, la blonde et lascive Anne Geneviève, qui n'aimait pas « les plaisirs innocents » et avait épousé le duc de Longueville, gouverneur de Normandie, descendant de Dunois (le bâtard d'Orléans), de trente ans son aîné. Loin derrière venait la tige bâtarde des Bourbons, les Vendôme, dont le chef était César, duc de Vendôme, fils naturel de Henri IV et de Gabrielle d'Estrées, qui avait payé sa participation à la conspiration Chalais de quatre années d'emprisonnement et de la perte de son gouvernement de Bretagne. D'où son désir de revanche. Vendôme avait deux fils, Louis, duc de Mercœur, et François, duc de Beaufort, le populaire « roi des Halles », que les jeux de la Fronde sépareront. A ces trois grands partis nobiliaires venaient s'agréger de nombreuses clientèles et des gentilshommes de haut rang comme les La Tour d'Auvergne (le duc de Bouillon et son frère Turenne), les Guise (le duc d'Elbeuf), les La Rochefoucauld, les Rohan...

Indépendamment des lignages princiers, un personnage joua un rôle actif dans les événements, même s'il fut bien moindre qu'il ne le prétendit dans ses fameux *Mémoires* – chef-d'œuvre de mensonges et d'onctueuses perfidies –, Paul de Gondi, futur cardinal de Retz. Neveu et coadjuteur de l'archevêque de Paris, Jean-François de Gondi, archevêque de Corinthe *in partibus*, il était issu d'une famille florentine ayant suivi Catherine de Médicis en France. Etonnant personnage que ce petit homme noiraud, laid, contrefait, mais doué d'une belle intelligence, d'une vive imagination, d'une sensualité exacerbée et plus encore d'un étonnant pouvoir de séduction. Cet agité, cet ambitieux prince de l'Eglise (et prince des lettres!), évêque botté, duelliste enragé, rêvait de troquer la mitre de coadjuteur contre le chapeau à gland de cardinal. Sans doute aussi convoitait-il la place de Mazarin auprès de la reine. Mais ce raté magnifique restera toujours un homme de l'ombre, un manœuvrier tortueux et cynique, utilisant le pavé parisien comme champ d'expérimentation de ses théories du coup d'État inspirées de Catilina ou de Fiesque.

Il réussira cependant à grouper sous sa houlette une clientèle nombreuse et fort disparate : les curés parisiens, qu'il galvanisait par de vibrantes harangues, le petit peuple, qu'il achetait par des distributions d'aumônes, et quelques clans nobiliaires comme celui des Rohan (Mme de Chevreuse, revenue une nouvelle fois d'exil, Mme de Montbazon ou la princesse de Guéméné). Mais surtout il était l'homme du parti dévot, ce parti opposé à l'édit de Nantes, à la monarchie absolue et à la politique de Richelieu contre l'Espagne [1]. Depuis la brutale disgrâce du garde des sceaux Michel de Marillac en 1630, lors de la fameuse « Journée des dupes », les dévots, ces lointains héritiers de la Ligue, n'existaient plus en tant que force politique, mais restaient présents – et très présents – en tant que courant d'idées. Certains d'entre eux s'étaient reconvertis dans les œuvres sociales et caritatives. Ils faisaient partie de la Compagnie du Saint-Sacrement, fondée par le pieux duc de Ventadour en 1629, qui, dans la lignée de la Contre-Réforme, visait à la conversion des élites laïques et cléricales. Constitués en réseaux clandestins et décentralisés, ramifiés en sociétés satellites quadrillant une soixantaine de villes, les « confrères », inquiets de la sécularisation progressive de la société, aspiraient à en être le ferment catholique, rêvant à terme de rechristianiser l'État et de soumettre la politique du Prince aux intérêts de la religion. On connaît, surtout par le *Tartuffe* de Molière, ces ultra-dévots, obscurantistes et sournois, leur vigilante intolérance, qui leur faisait dénoncer aux autorités de police, aux curés ou aux magistrats les impies, les libertins, les duellistes, les blasphémateurs, les piliers de cabarets. Mais il faut ajouter que ces gens vivaient intensément leur foi chrétienne – avec les déformations de leur époque –, pratiquaient l'aumône, œuvraient au soulagement des pauvres ou des forçats condamnés aux galères [2].

Sans être tous des frondeurs, ils ne portaient guère Mazarin dans leur cœur, ce cardinal qui n'était pas prêtre, qui avait laissé le jeu se propager en France et qui, surtout, avait poursuivi la politique étrangère de Richelieu. Paul de Gondi, le coadjuteur, partageait les idées de ces milieux dévots et pacifistes, qui jugeaient intolérable

1. Simone BERTIERE, *La Vie du cardinal de Retz*, Paris, 1990, p. 112 et suiv.
2. Alain TALON, *La Compagnie du Saint-Sacrement*, Paris, 1990, p. 57. Voir l'organigramme du « système dévot » avec ses multiples ramifications caritatives dans Louis CHATELLIER, *L'Europe des dévots*, Paris, 1987, p. 119-120. La reine, de même que le duc d'Orléans, était plutôt favorable aux objectifs de la Compagnie.

que puisse perdurer la guerre entre des princes catholiques. Ces naïfs défenseurs de la chrétienté n'envisageaient pas que le roi d'Espagne aussi bien que l'Empereur pussent se servir de la croix du Christ pour légitimer leurs ambitions dynastiques!

En dernier lieu, la situation extérieure mit le comble à l'exaspération. Davantage que l'influence des révoltes de Sicile, du Portugal, de Catalogne, de Naples ou d'Angleterre, c'est le désir de paix qui remua l'opinion. La guerre était interminable. Les discussions des diplomates s'éternisaient en Westphalie depuis 1644. En janvier 1648, la signature d'un traité mettant fin au conflit hispano-néerlandais souleva d'immenses espoirs. On ne se rendait pas compte que l'Espagne, libérée d'un front, allait au contraire se montrer intraitable. On crut la paix toute proche. On essaya de l'anticiper en poussant le pouvoir monarchique à renoncer à ses expédients et à ses procédés coercitifs. Comme elle ne vint pas, on accusa Mazarin, l'étranger abhorré, de poursuivre les hostilités pour s'enrichir davantage... La Fronde, au fond, voulut changer l'ordre des priorités de la politique royale : Richelieu, conscient de la menace européenne, avait dit : « La France d'abord! » Les frondeurs, par lassitude de la grandeur, répondirent : « Les Français d'abord! »

Résumons-nous. La Fronde se présente comme un mouvement de réaction d'une partie de l'aristocratie et du monde de la robe contre la transformation en profondeur du royaume depuis au moins un demi-siècle, en particulier contre la forte poussée centralisatrice qui s'était manifestée pendant le règne de Louis XIII.

Ce ne fut pas une anticipation de la Révolution française – même si certains événements y font étrangement songer – mais, au contraire, une tentative vaine et chimérique d'arrêter le temps et l'Histoire, de figer les statuts sociaux. Contre-révolution portée par une utopie rétrograde, la Fronde – il faudrait plutôt dire les Frondes tant les conflits ont été atomisés – s'oppose donc à la marche, sans doute tâtonnante, empirique, mais progressive du pouvoir royal. Essai infructueux de mise sous tutelle de la monarchie par les corps privilégiés, elle fut avant tout, comme l'a dit Denis Richet, « la maladie infantile de l'absolutisme [1] ». Loin de

1. Denis Richet, *La France moderne : l'esprit des institutions*, Paris, 1973, éd. 1980, p. 113.

trouver son origine dans le peuple, elle naît essentiellement de conflits internes au sein des élites dirigeantes : aspiration du microcosme parlementaire à jouer un rôle politique majeur, révolte des officiers contre les commissaires royaux, conspiration des Grands et de leurs fidèles contre la concurrence du clientélisme ministériel...

Ce ne fut pas non plus une vraie révolution, au sens d'un bouleversement du tissu politique et social du pays. Contrairement à l'Angleterre de Cromwell, n'existaient en France ni idéologie ni prise de conscience révolutionnaires. Dans un système où, par le jeu subtil des contreforts, tout se tient, où les propriétaires d'offices, les courtisans, l'élite militaire du pays sont unis par des intérêts communs si nombreux, personne n'était disposé à aller jusqu'à la rupture complète. C'eût été une attitude suicidaire. Toutefois, par son ampleur, son caractère de guerre civile, la Fronde ne saurait être assimilée ni réduite à l'une des nombreuses séditions de l'âge baroque, ces flambées de colère endémiques qui ont secoué les campagnes depuis le dernier quart du XVIe siècle. Ce fut une crise générale du régime et de la société, aux conséquences démographiques, économiques, sociales et culturelles durables, une crise qui représente un moment crucial de l'évolution de la France.

CHAPITRE III

La crise de l'État

La révolte des juges

Le processus qui aboutira au cours de l'été 1648 à la naissance de la Fronde s'enclenche dans les premiers jours de janvier. Ce n'est pas le Parlement qui est alors le moteur des troubles, mais la petite et moyenne bourgeoisie parisienne [1]. Du 7 au 9 janvier, quelques centaines d'individus, en particulier des marchands des rues Saint-Denis et Saint-Martin, manifestèrent au Palais de Justice contre la saisie de leurs loyers, faite en application d'un édit sur la censive royale [2]. Ils s'en prirent au premier président du Parlement, Mathieu Molé, qui, pour éviter de subir un mauvais sort, dut se réfugier dans la Sainte-Chapelle. Le 11, un décret de prise de corps fut établi contre quelques meneurs, notamment un procureur du Châtelet. Le même jour, comme chaque samedi, la reine, se rendant à la messe à Notre-Dame, fut assaillie par 200 femmes qui la poursuivirent de leurs hurlements jusque dans la nef. Dans la nuit du 11 au 12, des mousquetades éclatèrent dans la ville. Pour rétablir l'ordre, le régiment des gardes-françaises et celui des gardes suisses quadrillèrent les rues. Le dimanche matin, le roi, guéri de sa petite vérole, devait se rendre à la cathédrale pour une action de grâces. On décida de l'entourer d'une escorte impressionnante.

1. Robert DESCIMON et Christian JOUHAUD, « La Fronde en mouvement : le développement de la crise politique entre 1648 et 1652 », *XVIIe siècle*, n° 145, oct.-déc. 1984.

2. Ces terrains, qui relevaient du domaine royal, avaient été occupés puis bâtis au cours des âges, sans autorisation ni versement de droits seigneuriaux.

L'effet escompté fut nul. Les 13 et 14, manifestations et mousquetades reprirent.

Dans cette conjoncture difficile, dominée par la nervosité, l'erreur du gouvernement fut de prendre des mesures frappant de plein fouet les compagnies d'officiers. L'une d'elles, la vente de douze nouvelles charges de maîtres des requêtes, mit en émoi la soixantaine de titulaires, qui cherchèrent à mobiliser le Parlement en leur faveur [1]. Les trésoriers de France, organisés en syndicat, voulaient, de leur côté, obtenir la suppression des intendants et autres commissaires.

Mazarin, préoccupé par les négociations de paix, crut mater ces oppositions par la flatterie, la corruption, les intrigues obliques et les ruses de couloir. Comme le bail de la paulette avait expiré le 31 décembre 1647, il comptait en marchander le renouvellement pour rendre compréhensifs ces messieurs du Palais.

C'était du chantage! Mais la coupe était pleine, et la révolte du Parlement éclata par son refus d'enregistrer le train des édits litigieux. Le lit de justice du 15 janvier 1648, au cours duquel Louis XIV leur donna force de loi, fut houleux. Même les « gens du roi » appuyèrent les opposants.

Le lendemain, le Parlement déclara que l'enregistrement effectué sous la contrainte était une « formalité sans valeur » : l'épreuve de force était engagée. Le refus de Mazarin de renouveler la paulette échauffa les esprits. Cette suppression privait les titulaires d'offices de la faculté de transmettre à leurs héritiers ce qui parfois était leur seul bien.

La Chambre Saint-Louis

A la fin d'avril Mazarin rétablit la paulette pour les membres de trois des cours souveraines (Grand Conseil, Chambre des comptes, Cour des aides) contre un « retranchement » de quatre années de gages, dont il dispensa le Parlement. Le piège parut grossier. On vit bien qu'il voulait diviser la magistrature. Le 13 mai, par l'« arrêt d'Union », les parlementaires se déclarèrent solidaires des trois autres cours et invitèrent leurs collègues à élire des députés,

1. Assesseurs du chancelier de France, les maîtres des requêtes étaient réputés faire partie du parlement de Paris.

qui les rejoindraient au Palais dans la Chambre Saint-Louis, pour délibérer sur la « réformation » de l'État. La reine s'étrangla de fureur ! La Chambre Saint-Louis, s'écria-t-elle, ferait une cinquième compagnie souveraine, « une espèce de république dans la monarchie » ! Le conseil supprima à nouveau la paulette, fit embastiller les six trésoriers de France qui avaient envoyé à leurs confrères une lettre circulaire incendiaire. Le 16 juin, les parlementaires furent convoqués au Palais-Royal et reçus debout. Louis était entouré de la reine, du duc d'Orléans, du cardinal, des princes du sang, des ducs et pairs, des maréchaux de France et des grands dignitaires de la cour. Le chancelier communiqua aux magistrats l'arrêt du conseil cassant leur délibération et leur ordonna de ne plus se mêler des affaires de l'État. Cette tentative d'intimidation fit long feu. L'après-midi du même jour, se sentant soutenus par les Parisiens venus les acclamer en foule, les magistrats confirmèrent l'arrêt d'Union et se réunirent dans la Chambre Saint-Louis, sous la haute charpente azur et or.

La régente aurait voulu réprimer avec fermeté la révolte de la robe, mais Mazarin et Monsieur lui démontrèrent qu'il n'y avait d'autre solution que de plier, en attendant la fin de la bourrasque. Anne dut se résigner et, le 30 juin, accepta – ou plutôt fit mine d'accepter – les résolutions des parlementaires.

Du 30 juin au 9 juillet furent rédigés les vingt-sept articles d'une sorte de pacte, que l'on se proposait de faire avaliser par la régente et où l'on sent la patte des « broussellistes ». Les deux premiers articles donnaient satisfaction aux revendications des titulaires d'offices : les intendants et autres commissaires extraordinaires étaient supprimés. Tous les baux des fermiers, tous les traités des « tailles, taillon et subsistances » étaient annulés, et la levée des impôts rétablie « en forme ancienne », c'est-à-dire par l'intermédiaire des trésoriers de France et des élus. Quant au montant de la taille, il était diminué du quart. L'article 3 conférait aux cours souveraines le droit de consentir la levée de l'impôt en toute « liberté de suffrages », nonobstant, par conséquent, la tenue d'un lit de justice. L'article 6 abolissait les lettres de cachet pour les officiers et instituait l'*habeas corpus* pour tous les sujets : personne ne pourrait être détenu plus de vingt-quatre heures sans être interrogé et rendu à son « juge naturel ». L'article 17 supprimait le pouvoir de cassation des arrêts des cours souveraines par le conseil du roi.

D'autres articles annulaient les prêts, avances sur rentes ou sur gages des officiers, interdisaient toute création d'offices sans vérification préalable des cours souveraines, révoquaient les monopoles économiques, instauraient la liberté du négoce à l'intérieur du royaume et des mesures protectionnistes aux frontières.

En résumé, ces dispositions revenaient à nier la pleine souveraineté royale et à ériger face au monarque un contre-pouvoir indépendant, chargé de voter les impôts, de surveiller leur levée et de rendre la justice, sans laisser subsister sur ce dernier point le principe d'une « justice retenue » revenant au roi [1]. Ainsi, ces gens de « robe longue », qui avaient reçu par délégation une fraction de l'autorité judiciaire, prétendaient-ils se l'approprier en totalité et contrôler par ce moyen le gouvernement. Car la singularité de ce contre-pouvoir résidait dans le fait qu'il n'était pas formé de représentants des différents corps de la nation, mais d'une simple oligarchie de fonctionnaires propriétaires de leurs charges. Il faut donc se méfier d'une analogie avec des modèles constitutionnels modernes. L'arrêt d'Union n'est pas le serment du jeu de Paume, et le projet de monarchie limitée des vingt-sept articles n'a que de très lointains rapports avec le « juste milieu » et la monarchie parlementaire de 1814, contrairement à ce que pensaient naïvement Saint-Aulaire et les historiens libéraux de la Restauration [2]. Dans la longue histoire des théories constitutionnelles, l'idée d'installer le « pouvoir des juges » au centre du dispositif était en soi une impasse [3].

« Sur toutes les affaires, s'affligeait le chancelier Séguier, on parlait comme si on eût été en pleine paix [4]! » Mais sans doute était-ce là ce que souhaitaient les ultra-dévots et bons bourgeois pacifistes. Appliqués à la lettre, leurs projets politico-financiers contraignaient le roi à signer la paix à n'importe quel prix avec Ferdinand III et

1. Sur cette « révolte des juges », voir A. Lloyd Moote, *The Revolt of the Jugdes. The Parlement of Paris and the Fronde, 1648-1652*, Princeton, 1971.

2. De même, la thèse de Louis Madelin (*La Fronde*, Paris, 1931), qui voit dans la Fronde une « révolution manquée », un 1789 ayant échoué, est aujourd'hui totalement dépassée. Voir à ce sujet l'étude de l'historien néerlandais Ernest Kossmann, *La Fronde* (en français), Leyde, 1954.

3. E. Le Roy Ladurie, *L'Ancien Régime, de Louis XIII à Louis XV, 1610-1770*, t. III, Paris, 1991, p. 96.

4. Cité par Richard Bonney, « La Fronde des officiers : mouvement réformiste ou rébellion corporatiste? », *XVIIe siècle*, octobre-décembre 1984, n° 145, p. 332.

Philippe IV, à licencier l'armée et à se débarrasser de ce qui restait de la cour.

Deux dispositions surtout heurtaient cette dernière, la touchaient, comme dit Retz, « à la prunelle de l'œil » : la révocation des intendants (elle ne parvint à en sauver que six pour des raisons militaires, ceux des provinces frontières) et la suppression des lettres de cachet.

Néanmoins, Mazarin fit mine de se plier aux *diktats* des robins. Il sacrifia l'impopulaire Particelli d'Émery, le remplaça par l'honnête mais incompétent maréchal de la Meilleraye, désigna une chambre de justice, rétablit les droits et gages des trésoriers de France et enfin décida le moratoire des dettes, la suspension de tous les traités, prêts et avances consentis par les particuliers. Le 31 juillet 1648, la reine tint avec le roi un nouveau lit de justice au cours duquel furent transformées en ordonnances presque toutes les dispositions de la Chambre Saint-Louis, à l'exception de l'*habeas corpus* des officiers. Il avait fallu « céder au torrent » (Retz).

En effet l'horizon s'assombrissait. L'État s'en allait en déliquescence. A la contestation insolente des robins s'ajoutait l'impudence des Grands étalant sans vergogne leurs convoitises. Le duc de Bouillon réclamait à cor et à cri sa principauté de Sedan, confisquée par Richelieu lors de l'affaire Cinq-Mars. Marcillac quémandait le gouvernement du Havre, le duc d'Elbeuf celui de Montreuil, le duc de Longueville celui de Pont-de-l'Arche, le duc d'Orléans celui du Languedoc. Paul de Gondi rêvait d'ajouter à sa puissance spirituelle la charge du duc de Montbazon, gouverneur de Paris et de l'Ile-de-France. Généralissime des armées françaises, le prince de Condé avait hérité de son père Henri II de Bourbon les fonctions de chef du conseil pendant la minorité du roi ainsi que les charges de Grand Maître de France et de gouverneur du Berry et avait cédé à son frère cadet, le prince de Conti, le gouvernement de Bourgogne. La reine avait ajouté à sa demande les places de Clermont-en-Argonne, Stenay, Dun et Jamets. Insatiable jeune homme! Il désirait encore la charge de grand maître et surintendant général de la Navigation, qu'avait possédée son beau-frère, Maillé-Brézé, tué au siège d'Orbitello en 1646, et caressait l'idée de se tailler une principauté indépendante en Franche-Comté, qu'il aurait enlevée aux Espagnols. Anne d'Autriche refusa de céder à ces deux derniers caprices.

Tous ces mécontents et leurs amis venaient renforcer l'opposition à Mazarin qui, en juin, subit un nouveau camouflet avec l'évasion spectaculaire du duc de Beaufort du donjon de Vincennes, où il végétait depuis cinq ans.

La journée des barricades

La brillante victoire remportée à Lens par Condé sur les Espagnols, le 21 août 1648, modifia la situation. Condé, certes, avait la boulimie des grands rapaces féodaux, mais on ne pouvait s'en passer. « Ces messieurs du Parlement vont être bien fâchés ! » remarqua Louis XIV en apprenant la nouvelle. Que comprenait de la situation ce garçon qui n'avait pas dix ans ? Sans doute pas grand-chose, sinon que ces magistrats, dont on lui rebattait les oreilles, étaient de bien méchantes gens et des « ennemis de l'État » ! Mais il écoutait, observait, gravait tout dans son étonnante mémoire. La reine et Mazarin pensèrent – à tort – que l'heure de la reprise en main était venue. Ils décidèrent de profiter du *Te Deum* chanté le 26 à Notre-Dame pour déployer des troupes et se saisir des principaux meneurs. Le président Charton parvint à s'échapper, mais les gardes du corps arrêtèrent le président Potier de Blancmesnil et le vieux conseiller Broussel. Aussitôt l'agitation s'empara de l'île de la Cité et gagna toute la ville. Ce vieux Paris, enserré dans ses remparts comme dans un corset de pierre, avec ses ruelles fétides et grouillantes, ses quais toujours bondés, ses ponts croulants, ses îlots surpeuplés, ses quartiers mal famés, où les coupe-jarrets égorgeaient plusieurs passants par nuit, était une métropole fébrile et bilieuse, sombrant volontiers dans le désordre et la frénésie. Comme une traînée de poudre, les auvents des boutiques se fermèrent ; par précaution, le Bureau de la Ville (conseil municipal) fit tendre les chaînes dans les rues. Le mouvement était parti des classes moyennes, de la petite bourgeoisie commerçante, de la basoche, des confréries et compagnies de milice et non du menu peuple des Halles ou de la canaille du Pont-Neuf, qui ne firent que suivre [1]. Bien que le prix du pain eût doublé en un an, les préoccupations économiques n'étaient pas au centre des revendications.

1. Jean-Louis BOURGEON, « L'île de la Cité pendant la Fronde. Structures sociales », *Mémoires publiés par la Société historique et archéologique de Paris et de l'Ile de France*, t. XIII, 1962, p. 122 et suiv.

Au cours de l'émeute, qui fit deux ou trois morts, le maréchal de la Meilleraye, envoyé rétablir l'ordre avec 200 gardes, se trouva un moment bombardé par une grêle de pierres et cerné par une foule excitée qui scandait : « Broussel! Broussel! »

Libérer ce faquin? Il n'en était pas question! Au Palais-Royal Anne sentait couler dans ses veines le sang de Charles-Quint! « Je l'étranglerai plutôt de ces deux mains! » s'écria-t-elle de la « voix de fausset aigre et élevée » qu'elle prenait lorsqu'elle était en colère. Elle était belle, frémissante d'exaspération, blessée dans sa dignité de souveraine! Gondi, qui, la veille, 25 août, jour de la Saint-Louis, avait lancé du haut de sa chaire une sévère admonestation au pouvoir et réclamé d'urgence la signature de la paix, voulut s'interposer et jouer les bons offices, mais il fut congédié avec dédain. Il résolut de se venger...

Le lendemain, Paris se réveilla hérissé de centaines de barricades, faites de tonneaux, de pavés, de moellons, de fumier et de vieilles charrettes renversées [1]. Les milices bourgeoises pactisaient avec le peuple en armes, prêt à se battre contre les soldats venus de nuit protéger les abords du Palais-Royal, ce Palais-Royal si facile à prendre en raison de l'absence de fossés. Molesté par la foule, le chancelier Séguier dut se réfugier à l'hôtel de Luynes, quai des Augustins, où sans doute il aurait péri rôti tout vif si M. de la Meilleraye avec quelques compagnies de gardes et de chevau-légers ne l'avait délivré des flammes.

Dans une longue et solennelle théorie de robes rouges et d'hermine, le Parlement, venu réclamer Broussel et Blancmesnil, fut acclamé par les émeutiers. Mais à sa sortie de chez la reine, n'étant pas parvenu à ses fins, il subit le feu roulant des injures et des menaces. Pressée par son entourage, y compris Mazarin, Anne finit par consentir à l'élargissement des deux magistrats, qui furent accueillis par des cris de joie et des tonnerres d'applaudissements. Quel fiasco! Dans cette opération de police tout avait été mal conçu, mal exécuté. La sédition ne s'apaisa que le lendemain soir, après quelques mousquetades incontrôlées.

1. Certains ont parlé de plus de douze cents barricades, ce qui semble excessif. Selon Jean de Toulouse, prieur vicaire de Saint-Victor, il y aurait eu environ six cents barricades (Robert DESCIMON, « Les barricades frondeuses, 26-28 août 1648 », *La Fronde en questions*, actes du 18ᵉ colloque du Centre méridional de rencontres sur le XVIIᵉ siècle, 28-31 janvier 1988, pub. par Roger DUCHÊNE et Pierre RONGEAUD, Aix, 1989).

La régente, déterminée à juguler l'opposition parlementaire, organisa la riposte. Le 12 septembre, prétextant l'assainissement du palais après la variole qui avait frappé son second fils, le duc d'Anjou, elle fit partir ses enfants avec Mazarin pour le château de Rueil et les rejoignit peu après. Loin de ce Paris turbulent et fiévreux elle arrêta les premières mesures, exila l'ancien garde des sceaux, Châteauneuf, fit emprisonner Chavigny, tous deux soupçonnés de complicité avec les émeutiers, et fit converger vers Paris les 4 000 mercenaires allemands de l'armée de Condé.

Cette dernière nouvelle sema l'effroi dans la capitale, mais, au lieu d'assagir le Parlement, elle le poussa à la révolte. Sur son instigation le peuple reprit les armes. La régente comptait sur M. le Prince pour ramener les insoumis dans le droit chemin. Celui-ci plaida qu'il ne disposait pas des moyens suffisants, qu'il ne fallait pas compromettre la paix en cours de négociation, bref qu'on devait transiger. Mazarin en convint. Condé fut donc chargé de servir de médiateur avec les rebelles. Les conférences commencèrent à Saint-Germain à la fin de septembre. Le 22 octobre, Anne d'Autriche, la mort dans l'âme, signait la déclaration donnant force de loi aux articles de la Chambre Saint-Louis, revus, corrigés et réduits à une quinzaine. Placée sous la tutelle de l'oligarchie des officiers – ses propres officiers ! –, la monarchie française paraissait pour l'heure très affaiblie : tel était le tribut qu'elle avait dû payer à la sécurité extérieure du pays. Deux jours plus tard, à Munster et Osnabrück, les traités de Westphalie étaient avalisés. Et, comme il fallait boire la coupe jusqu'à la lie, Châteauneuf fut rappelé d'exil, Chavigny retrouva la liberté et la cour rentra à Paris. Fin du premier acte !

La Fronde parisienne

Simple cliché d'une situation en évolution, l'accord de Saint-Germain vola vite en éclats. D'un côté, les robins protestaient contre le retour des mercenaires allemands en région parisienne, de l'autre, la reine ne songeait qu'à fuir à nouveau, avant d'assiéger et affamer Paris. Cette fois, rien ne l'arrêterait : pour sauver le trône de son fils elle était résolue à aller jusqu'au bout, jusqu'à la guerre civile s'il le fallait. Quant au prince de Condé, il perdait patience et aurait bien voulu imposer silence à ces diables de « bonnets carrés ». Chaque camp se préparait à la rupture.

Tandis que, dans les rues, les premières mazarinades faisaient leur apparition, le coadjuteur multipliait les conciliabules, trottant de ses jambes torses d'un hôtel à l'autre, de jour comme de nuit, pour s'assurer du concours des aigris et des mécontents : le comte de Montrésor, le marquis de Noirmoutiers, MM. de Saint-Ibar, de Laigue, de Fontrailles, de Varicarville, d'Argenteuil, toute la vieille garde qui avait jadis conspiré contre Richelieu. Pour trouver une tête à cette Fronde, il tenta de débaucher Condé en personne, malgré son mauvais caractère et l'hostilité des magistrats à son égard. M. le Prince ricana. Il répondit « qu'il ne voulait pas ébranler l'État (...) et qu'il ne pouvait se résoudre à devenir le général d'une armée de fous ». Faute de Condé, ce fut son frère cadet, qui hérita du rôle, un rôle qui n'était guère taillé à sa mesure. Chétif et contrefait, jaloux des lauriers de son aîné, Conti était, avouera Retz, toujours cynique et lucide, « un zéro qui ne multipliait que parce qu'il était prince du sang »! Mû par un amour quasi incestueux pour sa sœur, la trop belle Anne Geneviève, duchesse de Longueville, il la suivit. La rébellion se nourrissait donc au départ des déchirements de la famille princière la plus proche du pouvoir.

Anne d'Autriche, de son côté, fourbissait ses armes. Sa seule force résidait dans les quelque milliers d'hommes de la maison du roi. Il lui fallait des alliés. Condé, qui commandait face à l'ennemi? Anne ne doutait pas du loyalisme de ce héros national, son « troisième fils » comme elle l'appelait. Atout capital : l'avoir de son côté, c'était avoir avec soi l'armée de Flandre, ou du moins la partie que l'on pourrait raisonnablement distraire du front, car la guerre, ne l'oublions pas, continuait avec l'Espagne. Monsieur, toujours ondoyant et insaisissable, qui n'avait jamais voulu se couper du Parlement, où il comptait de nombreux amis et partisans? Il n'était pas facile de garder dans son parti deux princes aussi dissemblables, jaloux l'un de l'autre! Pour y parvenir, la régente s'attacha le proche conseiller de Monsieur, l'ambitieux abbé de la Rivière, dont elle fit un ministre.

Pendant que des unités ramenées de Flandre sur ordre de M. le Prince prenaient position autour de la capitale, la reine mettait au point le scénario de sa seconde fuite, pour Saint-Germain cette fois. Elle choisit la nuit du 5 au 6 janvier 1649, après la fête des Rois. A trois heures du matin, le maréchal de Villeroy arracha le jeune Louis à son sommeil, l'habilla en silence puis, à la lueur des torches, le mena avec son frère jusqu'à la petite porte du Palais-Royal donnant sur le jardin. Il faisait un froid coupant. Trois carrosses les conduisirent, avec la reine et le cardinal, au Cours-la-Reine, lieu de rassemblement des troupes. Arrivé à destination, on coucha, on grelotta sur des bottes de paille vendues à prix d'or. Seuls le roi, la reine, le duc d'Anjou et Mazarin eurent droit à des lits de camp. Le lugubre Château-Vieux était totalement vide, sans meuble, sans feu, sans linge de rechange. Certaines fenêtres n'avaient plus de vitres. Les jours suivants, on dut mettre en gage les diamants de la Couronne.

Paris se réveilla abasourdi. Le peuple courut aux armes. L'ordre d'exil des cours souveraines en province, qui venait d'être donné, sema la consternation. La grande majorité des magistrats ne voulaient pas de cette guerre civile.

Décidée à organiser le siège de la capitale, la reine donna des instructions strictes afin d'empêcher l'arrivée des bœufs et des moutons de Poissy, des farines de Gonesse et de Créteil. Et pourtant, malgré ce masque de fermeté, elle se sentait en position de faiblesse : à preuve sa décision de convoquer les états généraux à Orléans pour le 15 mars. Il s'agissait de faire pièce au programme politique du Parlement, au risque, en réunissant cette incommode assemblée, d'ouvrir la boîte de Pandore. Mais les premiers succès remportés contre les assiégés la firent changer d'avis.

A Paris, le Parlement, un instant hésitant, se rallia au clan ultra, mené par les présidents Le Coigneux, Viole, de Longueil, de Novion et le conseiller Broussel. Le 8 janvier, les magistrats bannissaient Mazarin, lui donnaient huit jours pour quitter le royaume comme « perturbateur du repos public », « ennemi du roi et de l'État ». Car c'était toujours au nom du « roi » que chaque camp se battait, et ceux qui ne l'avaient pas auprès de lui affectaient de n'agir que pour le délivrer !

Pendant ce temps, le parti des aristocrates factieux, soudé dans sa haine envers le cardinal, se gonflait de toutes sortes d'aventuriers dont Beaufort, le roi des Halles, auréolé de son prestige d'évadé des geôles royales. L'avorton Conti, grisé d'avoir été proclamé généralissime, s'était mis à la tête des troupes et des milices : quelques milliers de fripiers et boutiquiers, d'artisans et de laquais dépenaillés, équipés de hallebardes et de mousquets rouillés, encadrés de conseillers au Parlement. C'est avec cette cohorte extravagante qu'il comptait prendre sa revanche sur la vie et battre ce frère aîné trop brillant qui lui avait tout pris!

Ce n'était pas une guerre en dentelles! Autour de Paris, le vainqueur de Rocroi faisait régner la terreur avec ses 12 000 hommes, écrasant la plupart des tentatives de sortie des assiégés. Rien ne lui résistait. Les prisonniers étaient jetés nus dans la Seine qui charriait des glaçons. Les reîtres de ses régiments allemands ravageaient les campagnes avec une sauvagerie dont la mère Angélique Arnauld se faisait l'écho dans sa correspondance. Quant à Paris, il ressemblait à Venise, l'insouciance et la gaieté en moins. « On allait par bateaux dans les rues », écrit Mme de Motteville. Terrible hiver et terrible blocus! Le merveilleux Monsieur Vincent, malgré son inlassable charité, ne parvenait pas à soulager l'océan de misère. En vain il supplia la reine de laisser entrer un peu de blé.

La paix de Rueil

Une fois de plus Mazarin amena la reine à composition : qu'elle songe donc à l'épouvantable sort du roi d'Angleterre, Charles Ier, qui, après avoir perdu son trône, venait d'être décapité [1]! Une autre politique était possible : la division de l'adversaire. La coalition parisienne était en effet hétérogène, les bourgeois s'inquiétant des pillages, les parlementaires modérés supportant de plus en plus mal la politique aventureuse des meneurs, leur démagogie populiste.

De leur côté, Bouillon et Gondi se rendaient compte que la seule façon de sauver la Fronde – leur Fronde – était d'appeler à l'aide les troupes espagnoles qui combattaient dans les Flandres. Dans l'idée de faire endosser par le Parlement la responsabilité de cette trahison, ils introduisirent en séance un envoyé secret de l'archiduc Léopold-Guillaume, gouverneur des Pays-Bas espagnols, muni de fausses lettres de créance. Conti se prêta à cette mascarade. Au

1. Oncle de Louis XIV et beau-frère d'Anne d'Autriche, Charles Ier Stuart fut exécuté le 9 février 1649. Cette nouvelle, connue le 19, glaça d'horreur la cour de Saint-Germain. La reine d'Angleterre, Henriette de France (sœur de Louis XIII), avait trouvé refuge en France avec sa fille, Henriette d'Angleterre (future belle-sœur de Louis XIV), et ses deux fils, le prince de Galles et le duc d'York (les futurs Charles II et Jacques II d'Angleterre).

même moment le frère du duc de Bouillon, le vicomte de Turenne – le plus brillant homme de guerre de son temps avec Condé –, décidait de rejoindre la Fronde avec l'armée d'Allemagne, la meilleure d'Europe ! Inadmissible, monstrueuse, criminelle folie de la part du général en chef de l'armée du roi ! Mécontent en effet de ne pas voir les La Tour d'Auvergne reconnus comme princes étrangers, excédé des vaines promesses de Mazarin, l'orgueilleux maréchal avait déclaré qu'il ne pouvait plus être le « serviteur de M. le cardinal [1] » ! La régente mise à genoux par la Fronde, une paix blanche signée avec l'Espagne, et son frère Bouillon recouvrerait sa belle principauté de Sedan !...

Les modérés virent le royaume perdu : la conjonction de l'armée espagnole, des troupes d'Allemagne et des frondeurs allait sauver Philippe IV, ruiner près de quinze ans d'efforts de guerre et livrer le pays à l'anarchie des Grands. Les présidents Molé et de Mesmes supplièrent la reine de consentir à quelques concessions, afin de ne pas leur faire perdre la face. Mazarin appuya leur démarche. Le 11 mars, Molé et lui signèrent un accord de paix. Le 17, Paris apprit qu'une bonne partie de l'armée de Turenne – six régiments de mercenaires weimariens et trois régiments d'infanterie –, débauchée pour 1 500 000 livres par Barthélemy Herwart, banquier munitionnaire de Mazarin, avait tourné bride et abandonné son chef, qui s'était réfugié en Hollande. Réaliste, Gondi comprit qu'il valait mieux négocier et arracher à la régente un codicille donnant à ses amis un maximum d'avantages immédiats, quitte à reprendre plus tard la lutte contre Mazarin. La liste des nominations, des gouvernements, des places, des sûretés, des honneurs, des titres exigés – que Molé prit un soin malicieux à divulguer – fit une impression désastreuse dans Paris. Ces gens mendiaient, ils mendiaient « à main armée [2] ».

Après cela, la reine n'eut aucun mal à balayer la plupart de ces exigences. Moyennant l'annulation de l'arrêt pris contre son premier ministre, elle accorda une amnistie générale, couvrant les généraux rebelles, y compris Turenne pourtant proclamé criminel

1. Contrairement à ce que l'on a souvent dit, ce ne fut pas pour les « beaux yeux turquoise » de la duchesse de Longueville que Turenne rejoignit le camp de la Fronde, mais pour des raisons personnelles, familiales et patrimoniales (voir à ce sujet la mise au point de Jean BÉRANGER, *Turenne*, Paris, 1987, p. 269 et suiv.).

2. Arvède BARINE, *La Jeunesse de la Grande Mademoiselle (1627-1652)*, Paris, 1902, p. 286.

de lèse-majesté! Le 1er avril, le Parlement enregistra la paix de Rueil, transformée en paix de Saint-Germain.

Tout compte fait, Anne n'avait remporté qu'une victoire à la Pyrrhus : les insurgés échappaient au châtiment, et la déclaration royale du 22 octobre 1648, ratifiant les décisions de la Chambre Saint-Louis, gardait force de loi. Quant à Mazarin, toujours aussi vilipendé, il était rendu responsable des souffrances et des malheurs du temps. Le vrai vainqueur était Condé : c'est à sa redoutable épée que la monarchie chancelante devait sa survie!

Le retour du roi dans la capitale n'eut lieu que le 18 août 1649, après huit mois d'absence, dans la liesse. Les harengères du Marché-Neuf, qui avaient tant couvert Beaufort de fleurs et de lauriers, pleurèrent de joie en voyant leur jeune souverain, et le cardinal lui-même eut droit à de belles ovations. Tournant casaque, Gondi-Tartuffe, à la tête du clergé, ces messieurs du Parlement, les échevins, les membres des Six-Corps marchands vinrent tous faire leur soumission, le sourire crispé aux lèvres. Ce n'était que génuflexions et courbettes, baise-mains et serments de fidélité! Quelle revanche pour Anne et pour Louis! Tout semblait pardonné, oublié. Le gros Particelli d'Émery revint aux finances. Le 5 septembre, pour les onze ans du roi, un grand bal fut donné à l'Hôtel de Ville, haut lieu de la chienlit nobiliaire. Le jour de Noël 1649, Louis fit sa première communion à Saint-Eustache, sa paroisse, avec une pompe voulue. Il vint en carrosse à la cérémonie, précédé de la compagnie du grand prévôt et des cent-suisses tambour battant.

L'arrestation des princes

Il fallait le prévoir : rapidement la zizanie s'installa entre Mazarin et Condé. M. le Prince ne s'était évidemment pas battu pour rétablir la popularité de Son Éminence! Sa puissance, son prestige, ses exploits militaires inouïs lui permettaient d'espérer exercer le pouvoir de concert avec la reine. Très vite il se réconcilia avec les princes et ducs révoltés qui, de leur côté, n'avaient pas pris les armes pour le Parlement. Son mauvais ange, l'ensorcelante Anne Geneviève, avait repris le dessus et lui dictait sa conduite. Usant de son influence, Condé força la régente à déverser sur les chefs frondeurs la pluie de grâces jusque-là refusées. C'est ainsi que son frère

Conti eut le gouvernement de Champagne, Marcillac la place de Damvillers et Longueville le gouvernement de Pont-de-l'Arche.

Pis encore, le 2 octobre 1649, Son Éminence dut signer un traité aux termes duquel il était convenu qu'aucun office important à la cour, aux armées, au-dedans ou à l'extérieur du royaume, ne serait pourvu « sans avoir au préalable l'avis de M. le Prince », qui pourrait y placer ses serviteurs et ses amis.

Louis de Bourbon, triomphant, suscita vite la jalousie et le mécontentement général : le peuple lui en voulait de conserver à sa place, même affaiblie, le cardinal; la petite et la moyenne noblesse s'inquiétaient de ses prétentions; chacun souffrait de son orgueil, de ses foucades, de ses sarcasmes, de ses violences tyranniques. Cet homme impulsif, tragiquement insociable, avait le don de venir à bout des plus angéliques patiences! Anne et Jules n'attendaient qu'une occasion pour le faire trébucher. C'est pour cette raison qu'ils accédèrent à une ancienne revendication du prince de Marcillac, présentée par Condé : le tabouret pour son épouse au cercle de la reine et le droit d'entrer au Louvre en carrosse, deux privilèges réservés aux princes ou aux ducs et pairs. La « principauté » de Marcillac, titre familial de complaisance, ne plaçait évidemment pas son titulaire à ce rang, d'autant que le vieux duc de La Rochefoucauld, chef de la maison, vivait encore. Ne sourions pas trop vite de ces futiles querelles de préséance, de cet attachement infantile à des prérogatives qui peuvent nous paraître dérisoires : ces vanités sont révélatrices des acteurs politiques de cette époque. Trois clans se dressèrent immédiatement contre Condé : celui des princes, pour défendre leurs droits face à cette usurpation scandaleuse, celui des ducs et pairs, pour obtenir l'extension de ce privilège à leurs propres personnes, enfin celui des gentilshommes de la « seconde noblesse » (barons, comtes ou marquis), pour empêcher, au nom du principe de l'égalité, que ne se créât un nouveau degré entre eux et les princes. Mazarin, bien entendu, ne fut pas le dernier à souffler sur le feu. Les ducs et pairs tinrent des conférences houleuses chez MM. d'Uzès et de Chevreuse, la noblesse d'épée chez le marquis de Montglat, grand maître de la garde-robe. Si l'« acte d'Union » signé par 800 personnes des différents clans – selon la vieille tradition des pactes médiévaux – allait dans le sens souhaité, c'est-à-dire l'affaiblissement de Condé, le texte adopté n'en était pas moins inquiétant pour la monarchie, car il sous-entendait une sorte d'antériorité du pouvoir seigneurial sur le pouvoir royal. On avait ressorti en effet l'idée d'une réunion des états généraux pour réformer le royaume. Cette menace était plus grave que les dispositions de la Chambre Saint-Louis, que Louis XIV, lorsqu'il serait majeur, pouvait supprimer d'un trait de plume : la monarchie tempérée par le pouvoir de juges héréditaires, propriétaires de leur office, ne s'enracinait en effet dans aucune légitimité populaire. En revanche, une monarchie contrôlée par des états généraux périodiques – comme le soutiendra un prêtre audacieux, Claude Joly – pouvait bien faire évoluer la France vers un système politique déjà pratiqué dans d'autres pays, notamment en Pologne et dans le Saint-Empire, le *Ständestaat*, un « État d'états », dans lequel le principe autocratique se trouvait étroitement bridé sinon paralysé par une diète à représentation corporative [1]. Il y avait là en germe ce que d'aucuns nommeront la « Fronde des gentilshommes » ou « troisième Fronde », mouvement autonome se développant à l'intérieur d'une crise plus générale [2].

Mazarin, en tout cas, aperçut le gouffre, et Condé aussi. Ce dernier, ne voulant pas jouer les apprentis sorciers, recula et renonça à soutenir les prétentions hardies de M. de Marcillac. Les assemblées de la noblesse, d'abord encouragées par le pouvoir, furent interdites, et tout rentra dans l'ordre.

Tout, hormis la lutte Condé-Mazarin ! La vieille Fronde relevait la tête et se servait du mécontentement des rentiers de l'Hôtel de Ville pour réveiller l'agitation. Le cardinal, de son côté, usait d'obscures intrigues (dont l'exploitation d'une fausse tentative d'assassinat de Condé sur le Pont-Neuf) pour brouiller Condé et Gondi, ses deux ennemis jurés.

M. le Prince commit l'erreur – impardonnable celle-là ! –, de vouloir humilier la reine dans sa dignité de femme. Il encouragea un de ses fidèles, le marquis de Jarzé, présomptueux imbécile, à la courtiser avec ostentation. Anne, outragée, évinça l'extravagant petit maître en se moquant de lui. Alors Condé exigea de la souve-

1. Roland MOUSNIER, *La Monarchie absolue en Europe du ve siècle à nos jours*, Paris, 1982, p. 109 et suiv. Claude Joly avait accompagné le duc de Longueville dans sa longue mission diplomatique à Munster et avait pu étudier sur place ce système.

2. Jean-Marie CONSTANT : « La troisième Fronde : les gentilshommes et les libertés nobiliaires », *XVIIe siècle*, octobre-décembre 1984, n° 145, p. 341-354. Le duc de Beaufort avait tenté de « noyauter » le mouvement en y envoyant ses amis Montrésor, Béthune, Laigue et Fiesque.

raine qu'elle pardonnât à l'amoureux éconduit et le reçût à nouveau, faute de quoi « il y aurait bien du bruit ». Odieuse, grossière insolence !

Anne, profondément blessée, résolut son arrestation ainsi que celle de son frère et de son beau-frère, malgré la crainte de réactions de la part des princes et des parlements. Pour réaliser une telle opération, le pouvoir royal réduit au « parti Mazarin » devait se trouver des alliés. Or, la seule puissance à opposer aux Condé envahissants était celle du coadjuteur et de l'ancienne Fronde, hier encore ennemis.

Autour du cauteleux prélat s'était agrégée une petite cohorte d'opposants : la duchesse de Chevreuse (sa fille, la blonde Charlotte, était la maîtresse de Gondi), le vieux Châteauneuf, les familles de Lorraine, de Luynes et de Rohan. Cette coterie, qui trouvait ses troupes dans les rentiers de l'Hôtel de Ville, s'était rapprochée du duc d'Orléans. Grâce à Mme de Chevreuse, Gondi avait pris la place du conseiller intime du prince, l'abbé de la Rivière.

C'était donc un spectaculaire renversement d'alliance qu'il convenait d'opérer ! Certes, le coadjuteur restait aux yeux de la reine un être antipathique et méprisable mais, dans sa haine de Condé, elle se serait alliée au diable en personne s'il l'avait fallu ! Par l'intermédiaire de son amie Mme de Chevreuse, elle entra en contact avec lui, le rencontra secrètement à deux reprises au cloître Saint-Honoré. Le trublion machiavélique accueillit avec satisfaction ses avances, convaincu qu'après avoir éliminé du pouvoir le vainqueur de Rocroi et de Lens il se débarrasserait sans peine de Mazarin dans la foulée. En échange de ses services, il obtint la promesse du chapeau de cardinal, son rêve. Ainsi se noua le complot anti-condéen.

Le 18 janvier 1650, convoqués à un conseil au Palais-Royal, les trois princes, Condé, Conti et Longueville, furent arrêtés par Guitaut, capitaine des gardes de la reine, et conduits incontinent à Vincennes. La nouvelle fut accueillie par l'immense soupir de soulagement du peuple de Paris, qui alluma des feux de joie. Tout était fini ? Non, tout recommençait ! Techniquement réussie, à la différence du coup de force du mois d'août 1648, cette opération de police était en réalité une erreur tactique majeure, un véritable séisme...

CHAPITRE IV

La Fronde : suite et fin

La guerre des princesses

La guerre civile se ralluma en province, avec, cette fois, une intensité exceptionnelle, car l'influence des princes y était infiniment plus forte que celle des parlements. La duchesse de Longueville et Marcillac s'enfuirent en Normandie. Turenne s'enferma à Stenay, sur la Meuse, avec des troupes restées fidèles à Condé. La reine et Mazarin comprirent qu'il fallait agir vite et dépouiller les princes de l'une de leurs principales sources de pouvoir : les gouvernements. Ceux-ci furent distribués à des fidèles : Harcourt eut la Normandie, Vendôme, la Bourgogne, Comminges, la ville de Saumur. Au maréchal de l'Hospital échut la Champagne, à Saint-Aignan le Berry, à Mercœur la Catalogne, ôtée au comte de Marsin, général liégeois qui y commandait pour M. le Prince. On paya l'alliance des ex-frondeurs au prix fort : Châteauneuf retrouva les sceaux, dont Richelieu l'avait dépouillé dix-sept ans plus tôt; le président de Maisons remplaça Particelli d'Emery à la surintendance des finances; Le Febvre, ami de Gondi, fut promu prévôt des marchands.

Nous avons insisté sur la puissance au Grand Siècle des liens de fidélité et de clientèle. Ceux-ci jouèrent un rôle primordial au cours de cette seconde guerre civile, que l'on désigne ordinairement sous le nom de « Fronde des princes ». En effet, la reconquête d'une province, entrée en dissidence, ne pouvait s'effectuer par l'envoi de quelques maîtres des requêtes en mission, même accompagnés de la force armée. Elle nécessitait que le roi tissât, à son tour, des liens de fidélité avec les seigneurs et les notabilités locales.

C'est ainsi que la soumission de la Normandie, dont le duc de Longueville était le gouverneur aimé et respecté, ne se réduisit pas à une banale expédition militaire commandée par le comte d'Harcourt. Il fallut encore rallier au souverain la gentilhommerie, dévouée à son duc. Pour cela la reine et le cardinal décidèrent de partir avec le roi, afin de le montrer à ses sujets normands et de créer ainsi un sentiment de révérence et d'obéissance [1].

Cette politique s'avéra payante : l'ordre revint peu à peu en Lorraine, en Berry, en Anjou. Après la reddition de Bellegarde (aujourd'hui Seurre), en Bourgogne, où s'était retranchée la fine fleur des petits maîtres condéens (21 avril 1650), les partisans des princes ne tenaient plus que deux places, Stenay en Lorraine et Montrond en Berry.

La duchesse de Longueville avait rejoint Turenne à Stenay et, sans honte ni vergogne, avait signé une alliance avec les Espagnols. Trahison ? Objectivement oui, mais dans son esprit elle faisait appel au cousin Philippe IV pour réparer l'odieuse injustice commise par un ministre étranger, usurpateur et tyrannique, à l'encontre du premier prince du sang ! Bientôt l'armée de Turenne sortit de Stenay. Elle fit sa jonction avec celle de l'archiduc Léopold-Guillaume, s'empara du Catelet et vint mettre quelque temps le siège devant Guise.

De son côté, s'enfuyant de façon rocambolesque de Chantilly, où elle était sous surveillance, la jeune épouse de M. le Prince, Claire Clémence de Maillé-Brézé, gagna Montrond et rejoignit en Auvergne les troupes de Bouillon et de La Rochefoucauld. Après avoir bousculé les unités loyalistes du chevalier de la Valette, les séditieux gagnèrent Bordeaux, où la foule, acquise aux condéens par haine du duc d'Épernon, les accueillit à bras ouverts.

Vu le danger, il n'y avait pas à tergiverser. Le 4 juillet, Louis, la reine, le duc d'Anjou et Mazarin partirent pour la Guyenne. Ils laissèrent juste ce qu'il fallait de troupes en Picardie et confièrent le gouvernement à Monsieur, avec le titre de « lieutenant général du

1. Madeleine FOISIL, « Parentèles et fidélités autour du duc de Longueville, gouverneur de Normandie, pendant la Fronde », *Hommage à Roland Mousnier. Clientèles et fidélités en Europe à l'époque moderne*, sous la direction de Yves DURAND, Paris, 1981, p. 168.

roi en toutes ses provinces et armées », assisté de Le Tellier, Servien et Châteauneuf.

En chemin, on apprit que Monsieur, inconsistant, grand amateur de pirouettes, Monsieur, à qui l'on n'aurait jamais dû laisser la moindre bribe de pouvoir, cherchait à ménager tout le monde et à se tailler le beau rôle. Il autorisa le Parlement, mené par un ardent condéen, le président Viole, à critiquer ouvertement Mazarin. Lui-même proposait un « accommodement » avec les frondeurs de Bordeaux et les Espagnols. Les violences se multipliaient. Plus grave, les troupes espagnoles avançaient dans la plaine picarde en répandant la terreur, les paysans refluaient vers Paris avec femmes et enfants, et Turenne fonçait sur Vincennes à marches forcées. L'invasion fut évitée de justesse, grâce à la mésentente des chefs ennemis. Mais il fallut transférer d'urgence les prisonniers au donjon de Marcoussis, près de Monthléry.

Le 5 septembre 1650, l'attaque de Bordeaux commença. Contre toute attente, la ville résista, malgré le manque de pain et de fourrage. Mais, à mesure que l'automne s'annonçait, l'insupportable perspective de ne pouvoir faire les vendanges sapa le moral des assiégés, bien plus que les bombes du maréchal de la Meilleraye. La princesse de Condé et les ducs durent négocier. Ils obtinrent une amnistie, mais point ce qui les avait jetés sur le chemin de la guerre : la libération des princes. Le 5, la cour fit son entrée dans Bordeaux pacifiée.

La coalition anti-Mazarin

A Paris, le paysage politique se polarisait autour de trois grands partis, ceux de Mazarin, de Gondi et de Condé. Les deux premiers, provisoirement alliés, s'observaient avec méfiance : chacun craignait que l'autre ne s'entendît avec les princes à ses dépens. Le coadjuteur était particulièrement amer. En raison de son alliance secrète avec la reine il avait perdu une bonne partie de sa popularité et exigeait sa récompense. Mazarin, sur la route du retour, différa sa réponse jusqu'à ce qu'il eût fait transférer les illustres prisonniers au Havre, hors de portée de Monsieur ou de Gondi. Alors il refusa dédaigneusement la fameuse barrette (25 novembre 1650). Insigne maladresse, qui poussa le conspirateur professionnel vers le camp des princes, dont la cause ne cessait de gagner du terrain : c'était non seulement la vieille et la nouvelle Fronde qui se rapprochaient, mais encore une partie des soutiens naturels du trône. Mathieu Molé, Châteauneuf étaient désormais convaincus de l'urgente nécessité de libérer les trois prisonniers, retenus sur une vague accusation de conspiration contre l'État, mais à qui on ne pouvait intenter de procès légal. Monsieur, jusque-là défenseur – hésitant, certes, mais défenseur tout de même – du pouvoir, rejoignit la position de Gondi.

Ainsi, dans le chaos de cette période se poursuivait l'interminable jeu de bascule des groupes rivaux, qui n'arrivaient jamais à imposer seuls leur hégémonie. Tous – la haute aristocratie, les propriétaires d'offices, les magistrats, la petite noblesse, les rentiers – s'entendaient pour tirer profit de la faiblesse de la régence. Mais, s'ils parvenaient à s'unir pour limiter le pouvoir central, ils étalaient, en revanche, une incapacité chronique à former une alliance durable, tant ils redoutaient de renforcer la puissance du voisin. Alors les négociations secrètes, l'union inattendue des ennemis d'hier ou tout simplement la banale trahison renversaient la situation, au moment où on croyait la voir se consolider. L'équilibre du champ social se modifiait constamment, un peu comme, au théâtre, la machinerie baroque faisait se succéder scènes et tableaux à l'étonnement des spectateurs. La défiance à l'égard du Grand Condé, superbe et arrogant, qui avait voulu capter à son profit la source des grâces, avait fait place à la crainte non moins vive de la « tyrannie » ministérielle de l'Italien honni.

Pour ce dernier, la coalition des deux seigneurs les plus puissants du royaume, Monsieur et Condé, était la pire conjoncture possible. En décembre le Parlement, saisi à la requête de la princesse de Condé, demanda la libération des princes. Le 20 janvier 1651, Molé – le fidèle Molé qui avait sauvé la monarchie deux ans plus tôt en signant la paix de Rueil – vint avec une délégation de magistrats présenter cette réclamation à la reine. Louis XIV, qui assistait à l'audience, fut choqué du ton employé : « Maman, s'écria-t-il après le départ de la délégation, si je n'eusse pas craint de vous fâcher, j'eusse par trois fois fait taire et sortir le Président! » « Point de Mazarin! » : le leitmotiv du début était redevenu celui de la coalition.

Le cardinal n'avait que deux solutions, la prison ou la fuite; il préféra la fuite. Vêtu en cavalier, il s'esquiva discrètement du Palais-Royal dans la nuit du 6 février et gagna Saint-Germain, où Anne d'Autriche et le roi devaient le rejoindre. Mais Châteauneuf, qui se voyait déjà premier ministre, dénonça le projet à Monsieur, lequel, à son tour, ameuta Gondi et Beaufort. L'émotion gagna Paris; on battit le tambour; les milices bourgeoises prirent les armes pour garder les portes de la capitale. Dans la nuit du 9 au 10, Des Ouches, capitaine des suisses de Monsieur, se présenta au Palais-Royal pour vérifier si la famille royale se préparait ou non au départ. La reine, en toilette de nuit, fit promptement recoucher le roi, tout habillé, tira le rideau, et, approchant une bougie, montra à l'officier son fils qui dormait du sommeil du juste! A peine dehors, la foule, échauffée par Gondi, ne crut pas un mot du compte rendu de Des Ouches. Pour éviter l'émeute il fallut rouvrir les portes et laisser le peuple défiler devant le lit du jeune roi. Une partie de la nuit, deux des meneurs, dont un ancien laquais, attendris et intimidés, veillèrent à son chevet, la reine à leurs côtés. Nuit romanesque et tragique, qui resta gravée dans la mémoire de Louis XIV et qu'il ne pardonna jamais au coadjuteur!

Le lendemain matin, tandis que le jeune souverain était prisonnier des Parisiens (dans une libre prison, comme dit Omer Talon!), l'ordre de libération des princes fut signé par la reine, sous la contrainte de Gaston, devenu la puissance principale du royaume. La chute de Mazarin et le retour des trois héros furent accueillis à Paris dans l'allégresse. Le 17 février, le Parlement commença le procès du fugitif.

La troisième Fronde

Cependant l'agitation des gentilshommes avait repris. Convoquée par Gaston d'Orléans, une nouvelle assemblée de la noblesse se tint du 6 février au 25 mars. Les 463 participants arrêtèrent un programme visant ni plus ni moins à transformer la monarchie française en un régime « mixte », contrôlé par l'aristocratie et laissant au roi un pouvoir symbolique. Ils aspiraient à restaurer les libertés et les lois fondamentales du royaume, bafouées selon eux par les cardinaux-ministres. Tel fut ce premier libéralisme politique, déjà présent au temps de Louis XIII, libéralisme aristocratique et éminemment rétrograde, très caractéristique des aspirations profondes comme de la crise d'identité de la noblesse d'épée. Ces gens réclamaient la suppression de la vieille obligation féodale du ban et de l'arrière-ban, la disparition des traitants et partisans, le droit de faire commerce sans déroger, l'atténuation des effets de la vénalité, la réunion des états généraux... [1]. Devant les progrès de l'État moderne, les gentilshommes se trouvaient déchirés entre leur fidélité naturelle à la couronne et ce qu'ils considéraient comme un « devoir de révolte » [2]. Leurs revendications traduisaient leur désir de se structurer en courant politique autonome et de s'affranchir des réseaux de dépendance des Grands. Réaction spontanée de la sociabilité nobiliaire, des amitiés et des solidarités traditionnelles contre l'embrigadement dans de grandes clientèles princières : tel fut le moteur principal de ce mouvement, dont les meneurs étaient les comtes de Montrésor et de Fiesque, le baron d'Annery et le marquis de Sourdis.

A l'exception de Monsieur et de Gondi, qui tiraient les ficelles, les revendications de la gentilhommerie avaient consterné la cour, le prince de Condé et surtout le Parlement, qui ne voyait pas l'intérêt de parler d'états généraux puisqu'il représentait à lui seul la nation. A quoi bon, dès lors, réunir cette désuète institution? Le principe en avait pourtant été arrêté dès janvier 1649, nous l'avons vu. Pour calmer les esprits, les états furent convoqués pour le 8 septembre 1651, à Tours, mais la date fut plusieurs fois repoussée jusqu'au... 5 mai 1789, comme chacun sait.

La seule consolation que le gouvernement tira de cette crise fut de constater sinon la loyauté, du moins la relative passivité du clergé, qui tenait alors son assemblée générale quinquennale. Si les critiques contre la politique financière du gouvernement y furent nombreuses, la perspective d'une « union » avec la noblesse turbulente et brouillonne suffit à éveiller une salutaire inquiétude. Dès le XVe siècle le pouvoir avait su trouver avec l'Eglise de France, le premier ordre de l'État, un modus vivendi réglant au mieux leurs rapports institutionnels. En échange du « don gratuit », voté pério-

1. Jean-Marie CONSTANT, *Les Conjurateurs. Le premier libéralisme politique sous Richelieu*, Paris, 1987; « La noblesse et la Fronde », *L'Histoire*, n° 115, octobre 1988, et « L'assemblée de la noblesse de 1651 : une autre conception de la monarchie », *La Fronde en questions*, actes du 18e colloque du Centre méridional de rencontres sur le XVIIe siècle, pub. par Roger DUCHÊNE et Pierre RONGEAUD, Aix, 1989, p. 275-286.

2. Arlette JOUANNA, *Le Devoir de révolte. La noblesse française et la gestation de l'État moderne, 1559-1661*, Paris, 1989, p. 262 et suiv.

diquement par l'assemblée du clergé, celui-ci conservait ses privilèges. C'est la raison pour laquelle les milieux ecclésiastiques ne tenaient nullement à voler au secours de l'agitation nobiliaire.

Est-il besoin de souligner l'extrême danger qu'aurait représenté pour la monarchie la coalition de deux voire des trois ordres constitutifs de la société : sous l'ancien régime, le pouvoir royal, dans son essence même, se nourrit de la diversité des ordres et de l'organisation hiérarchisée des rangs et des groupes. Il ne s'affirme, ne construit sa sphère d'autonomie, son espace politique propre qu'en se situant au-dessus des divisions, qu'il lui faut cependant entretenir, ne serait-ce que pour subsister. Le front uni des trois ordres, en vue d'imposer, par exemple, une mesure dont il ne veut pas ou, au pire, de réformer l'État, est pour lui redoutable et peut lui être fatal : ce fut le cas en 1789.

Le renversement des alliances

Réfugié au château de Brühl, en Allemagne, chez son ami l'archevêque-électeur de Cologne, Mazarin renoua avec Anne d'Autriche, placée sous la férule de M. le Prince, et tenta de reconquérir son esprit – le cœur, point n'était besoin de le reprendre, il lui demeurait acquis. Bientôt ils entretinrent une correspondance presque quotidienne, où se mêlaient aux considérations politiques les formules cabalistiques et les signes hiéroglyphiques derrière lesquels les deux amoureux cachaient leur ardente et cérébrale passion. Même de loin Giulio s'intéressait à l'éducation de son filleul, le « Confident », selon le nom de code. Il questionnait, conseillait souvent la reine à ce sujet.

Si la grandeur d'un homme d'État se mesure à son aptitude à essuyer les avanies et les déboires, assurément Mazarin atteignit alors des sommets ! Sa soif du pouvoir lui faisait supporter l'amère rigueur du moment. Il n'avait aucune chance, il le savait, de revoir le Palais-Royal tant que M. le Prince resterait tout-puissant. Il fallait donc le déstabiliser. La seule voie était de se réconcilier derechef avec son ennemi d'hier, Gondi, aujourd'hui brouillé avec M. le Prince. Par les alliés du coadjuteur, Châteauneuf et Mme de Chevreuse, on pourrait atteindre Monsieur et le convaincre de la nécessité d'un revirement...

Anne suivit le conseil et retrouva à la nuit tombante Gondi au cloître Saint-Honoré, dans le petit oratoire où ils s'étaient rencontrés seize mois auparavant. Et, pour prix de ses loyaux services, elle lui promit à nouveau le couvre-chef tant convoité. Ainsi recommençait le jeu de bascule des clans et des coteries! Tel était le « ballet de la Fronde où les mêmes figures se reproduisent sans cesse [1] ». Mazarin ayant quitté le pouvoir, c'était désormais à M. le Prince de passer, aux yeux des groupes rivaux, pour l'homme à abattre. Depuis son incarcération celui-ci avait perdu son loyalisme d'autrefois, il était amer, prêt à faire toutes les folies que lui conseillerait sa sœur.

Le 31 juillet fut marqué par un grave incident : au Cours-la-Reine, sur le pavé qui bordait la Seine, Condé et le duc de Nemours, qui se promenaient en carrosse, croisèrent celui du roi sans s'arrêter. Insolence suprême! M. le Prince méprisait ce jeune jouvenceau mal dégrossi, aux joues un peu flasques, qui ne disait rien et ne brillait pas par l'intelligence. Il trouvait bien pénible d'obéir à un « sot ». Erreur! S'il n'avait pas la fulgurance du génie, l'élève de Mazarin gagnait chaque jour davantage en aisance et en majesté. Son sens politique commençait à s'aiguiser. Un jour qu'il passait par ses appartements en revenant de chez la reine, Gaston d'Orléans fut surpris de se faire interpeller par cet adolescent de treize ans à peine : « Mon bon oncle, lui lança-t-il, il faut que vous me fassiez une déclaration si vous voulez être dans mon parti ou dans celui de M. le Prince! » Monsieur se récria, protesta de son attachement, mais Louis, qui n'était point dupe, insista : « Mon bon oncle, puisque vous voulez demeurer dans mon parti, donnez lieu que je n'en puisse douter! » Tout en restant obéissant, il supportait mal la poigne de sa mère. Un jour que celle-ci lui avait interdit de se promener à cheval avec sa cousine, Mlle de Montpensier, et une de ses dames, la trop coquette Mme de Frontenac, dont elle redoutait le charme insinuant, il répliqua avec aigreur : « Quand je serai le maître, j'irai où je voudrai et ce sera bientôt! » « La reine pleura fort, écrit Mademoiselle, et lui aussi; l'on les raccommoda. »

Anne, en tout cas, ressentait plus que jamais la menace que le Grand Condé faisait peser sur son fils. Le 17 août, elle contre-attaqua. Une déclaration lue au Parlement confirmait l'éloigne-

1. Pierre-Georges Lorris, *La Fronde*, Paris, 1961, p. 235.

ment de Mazarin mais dénonçait les manœuvres subversives du prince, accusé de vouloir prendre le pouvoir et de négocier avec les ennemis du royaume.

Le 5 septembre, cependant, à la demande des magistrats, elle accepta de lui accorder – dernière humiliation ! – une grâce amnistiante et de prononcer le bannissement « à perpétuité » de Mazarin. Le même jour, Louis XIV atteignait ses treize ans, âge auquel une ordonnance de Charles V avait fixé la majorité des rois en France. La régence s'achevait.

La majorité de Louis XIV

Le peuple, qui vibrait aux mystères sacrés de la monarchie, raffolait de ces cérémonies officielles qui scandaient un règne. C'était une occasion de voir le roi dans sa majesté divine, tout auréolé d'une gloire céleste. La reine profita de ce goût du faste et de l'ostentation pour faire du cérémonial de la majorité une démonstration de force afin de bien souligner, pour ceux qui l'auraient oublié, que là où se trouve la légitimité, là est la puissance.

Ce fut une radieuse journée que celle de ce 7 septembre 1651. Dès les premières heures de la matinée, une foule frémissante, s'accrochant par grappes aux fenêtres, aux toits et aux gouttières, s'était massée sur l'itinéraire du cortège, du Palais-Royal à l'île de la Cité. Vers neuf heures, le féerique défilé commença. En tête marchaient les guides, puis les gentilshommes du roi, les chevau-légers, les huissiers, les massiers, les pages et les valets de pied de Sa Majesté, dans un étourdissant chatoiement de velours, de brocarts, de dentelles galonnées d'or ou d'argent, de casaques bleues, d'uniformes écarlates, de plumes multicolores, de harnachements et de caparaçons rutilants. Précédant le monarque, le comte d'Harcourt, grand écuyer de France, chevauchait seul, portant, relevée sur le bras, l'épée du roi dans son fourreau de velours bleu semé de lys. Louis, ruisselant de broderies, était, bien sûr, le point de mire. On le trouva grand pour son âge, à la fois plein de grâce et d'assurance, tenant avec fermeté la bride de son cheval isabelle, couvert d'une housse parsemée de croix du Saint-Esprit et de lys d'or.

Au Palais de Justice, l'évêque de Bayeux accueillit le souverain et le conduisit à la Sainte-Chapelle, où fut célébrée une messe basse. La cérémonie proprement dite commença dans la Grand-Chambre. La reine, se tournant vers son fils, s'inclina légèrement et en quelques mots annonça qu'elle lui remettait le gouvernement de la monarchie, « avec grande satisfaction ». Louis répondit : « Madame, je vous remercie du soin qu'il vous a plu prendre de mon éducation et de l'administration de mon royaume. Je vous prie de continuer à me donner vos bons avis, et je désire qu'après moi vous soyez le chef de mon conseil. » Le roi alors descendit de son trône et alla embrasser tendrement sa mère. Ensuite il reçut l'hommage de son frère, du duc d'Orléans, du prince de Conti, des ducs et pairs, des ecclésiastiques, des maréchaux de France et des grands officiers de la couronne. Cette grandiose cérémonie s'acheva par l'enregistrement de quelques édits et, comme prévu, de la déclaration royale innocentant Condé. La foule se pressa sur le chemin du retour, tandis que toutes les cloches de la capitale carillonnaient joyeusement et qu'au loin grondait le canon de la Bastille.

La guerre de Monsieur le Prince

Un seul homme manquait à cette mémorable journée, où le jeune souverain semblait avoir conquis le cœur de tout son peuple : le prince de Condé, retiré la veille à Trie-en-Vexin chez son beau-frère Longueville ! Pour s'excuser, il avait chargé Conti de remettre une lettre au roi. Louis la reçut dans le jardin du Palais-Royal, au moment où il s'apprêtait à monter à cheval. Il ne daigna pas la lire et la remit cachetée à son gouverneur, le maréchal de Villeroy. La reine mère explosa de fureur à cette nouvelle insolence. Elle ordonna au maréchal d'Aumont de dissoudre, au besoin par la force, les régiments de Condé stationnés en Champagne, notamment à Stenay.

Le lendemain 8 septembre, Louis XIV, conformément au traité conclu avec le clan Gondi-Chevreuse, nomma premier ministre M. de Châteauneuf, confia les sceaux à Mathieu Molé et la surintendance des finances au marquis de la Vieuville. Monsieur, qui voulut mettre son veto, en menaçant de ne plus paraître au Palais-Royal si ces mesures n'étaient pas rapportées, en fut pour ses frais et dut se tenir coi. Perdant sa qualité de lieutenant général du royaume, il n'était plus que l'oncle du roi régnant : peu de chose en fait !

Le comte de Palluau, impressionné par « le sérieux du jeune roi, son mépris pour les bagatelles et son discernement des hommes », écrivait à Mazarin : « Ses actions et son raisonnement sont d'un homme de vingt-cinq ans. » Sans doute y avait-il flatterie dans cet éloge, mais le cardinal, du fond de son exil, jubilait. « Vous savez combien de fois, rappelait-il au maréchal de Villeroy, je vous ai dit que nous pouvions attendre que Sa Majesté serait un prince aussi accompli que l'on eût vu depuis plusieurs siècles. J'en suis présentement persuadé plus que jamais, et continuant comme il a commencé avec l'assistance de la reine, sa mère, il rétablira bientôt l'ordre et l'obéissance dans le royaume au point qu'il est nécessaire, pour se rendre partout redoutable et obliger ses ennemis à rechercher la paix. »

Anne d'Autriche, de son côté, était soulagée de voir s'achever cette période si difficile de la régence. Désormais, son fils, investi de la plénitude de l'autorité royale, allait prendre en main la conduite des affaires. Malheureusement, si la légitimité monarchique avait prévalu à Paris, ce n'était pas le cas partout ailleurs. Louis de Bourbon, la haine au cœur, tenant le jeune roi, tout majeur qu'il était, pour quantité négligeable, s'apprêtait à relancer la guerre civile avec le concours actif de l'Espagne. Il mobilisait ses réseaux, renforçait la défense de ses places, dont Montrond – où sa femme, son fils et sa sœur s'étaient réfugiés. Son dévoué factotum, Lenet, envoyé en Espagne pour demander des secours en hommes et en argent, revint avec un projet de traité, que le vainqueur de Rocroi signa sans le moindre état d'âme. Le félon se voyait promettre une subvention de 500 000 écus pour lever des troupes et le commandement des armées coalisées qui marcheraient sur Paris. En échange, il devait livrer un port pour la sécurité de la flotte de Sa Majesté Catholique.

En dehors de la haine viscérale de Mazarin, les objectifs des condéens s'égaraient dans l'épais brouillard des ambitions personnelles. On était loin des revendications de la Chambre Saint-Louis. M. le Prince n'avait aucune vision politique véritable, pas plus que la noblesse qui le suivait et qui sautait à cheval pour un rien, se battait pour se battre, par habitude ancestrale, par goût de la chimère et de l'odeur de la poudre, pour montrer sa force, pour s'affirmer, pour exister.

Il fallait réagir. Le roi se mit à la tête d'une petite armée de 4 000 hommes, qui se rendit à Bourges puis à Poitiers. La situation était périlleuse. Au nord, les troupes françaises, dégarnies par la désertion des régiments condéens, durent abandonner Dunkerque et Gravelines. Au sud, la trahison de Marsin acheva la perte de la Catalogne. Par contre, les défections de Bouillon et de Turenne, négociées par Mazarin, furent un rude coup porté au parti du prince [1]. Partout les armes de Condé subirent des revers : Cognac, La Rochelle... L'armée de Stenay, conduite par Tavannes, faute de l'être par Turenne, fut repoussée par le maréchal de la Ferté. Dijon et Bellegarde firent leur soumission, de sorte qu'au début de 1652 Condé n'avait plus que quelques points d'appui isolés, comme la forteresse de Montrond, qui résistait au siège que lui faisait le comte de Palluau.

La volte-face de Monsieur

C'est alors que la reine commit l'erreur de rappeler Mazarin. Son entrée inopinée en France, en décembre 1651, à la tête d'une armée levée par ses soins en Allemagne, enflamma à nouveau les esprits. Le parlement de Paris, qui avait mis une lenteur infinie à enregistrer les lettres patentes du roi déclarant Condé, Conti, Mme de Longueville, Nemours et La Rochefoucauld « désobéissants, rebelles et criminels de lèse-majesté », s'empressa de mettre sa tête à prix – 150 000 livres – à qui le présenterait mort ou vif! Monsieur, consommant sa rupture avec la reine, signa avec Condé un manifeste réclamant l'expulsion de l'Italien, tout en protestant de son désaccord sur « l'union avec les Espagnols ».

Gaston d'Orléans avait à sa disposition quelques troupes en région parisienne, levées sur ses propres deniers et le produit de la vente de sa vaisselle d'argent; il donnait surtout à son cousin en rupture de ban un semblant de légitimité. L'association d'un Fils de France et du premier prince du sang valait bien celle d'un roite-

1. Rebelles et orgueilleux, les La Tour d'Auvergne ne se sentaient pas traités avec suffisamment de considération par les Condé, qui voulaient tout accaparer. En échange de sa principauté de Sedan, à laquelle il renonçait avec regret, le duc de Bouillon reçut la promesse des duchés d'Albret et de Château-Thierry, les comtés d'Auvergne, d'Evreux et de Gisors, le titre de prince et le rang de ministre d'État au conseil. Turenne, satisfait lorsque l'aîné de la famille l'était, se contenta du commandement de la moitié des armées françaises...

let inexpérimenté retenu « prisonnier » par le vil « gredin de Sicile » ! On s'exposerait à ne rien comprendre à ces tumultueux soubresauts si l'on ne prenait en compte l'amour et le respect infinis que portait spontanément le peuple au sang de France. Gaston d'Orléans et Louis de Bourbon étaient vénérés. Très au-dessus des lois, ils participaient par leur naissance au mystère sacré du pouvoir, faisaient partie intégrante de l'État. Les suivre dans leur combat contre Mazarin – ce prévaricateur, ce tyran étranger, ce nouveau maréchal d'Ancre ! – ne passait nullement pour un acte de sédition, mais au contraire pour un devoir ! Cela explique pourquoi un si grand nombre de seigneurs se précipitèrent dans le parti des deux rebelles et levèrent des troupes.

Bléneau

Le roi ne pouvait s'imposer en comptant sur sa seule légitimité. A l'image d'un grand seigneur, il lui fallait s'appuyer sur des fidèles – en les tenant au besoin par des promesses d'argent ou d'emplois. Mais il disposait d'un atout qui manquait aux autres : une armée, fort peu nombreuse – comme toutes les armées de cette guerre civile –, mais très aguerrie, dont le noyau composé de gardes du corps, de chevau-légers, de gardes-françaises et suisses était excellent. Surtout, il avait à ses côtés un chef hors pair : Turenne, qui réussit à se rendre maître de la plupart des places de la Loire, à l'exception d'Orléans. La cour suivait l'armée avec ses meubles, sa literie, sa garde-robe, dans une indescriptible cohue de chariots et de mulets.

La restauration de l'autorité royale aurait été plus ardue si la discorde ne s'était emparée du camp adverse. Au nord, les deux chefs, les deux beaux-frères ennemis, Beaufort et Nemours, se chamaillaient et se paralysaient mutuellement. Au sud, Bordeaux était la proie des factions. Le Parlement se divisait entre « petite » et « grande » Fronde. Conti éprouvait maintenant une haine féroce envers sa sœur, à la mesure de l'étrange passion qui l'avait naguère consumé. Tous deux dans les mois suivants, faisant assaut de surenchère et de démagogie, chercheront à manœuvrer une sorte de « confrérie » ou « fraternité » urbaine, l'Ormée, composée de quelques milliers de ligueurs prêts à se battre. Ces gens, qu'on a qualifiés un peu vite de « communistes » ou de « communards » parce que quelques-uns d'entre eux, subissant l'influence des « Niveleurs » (*Levellers*) anglais, rêvaient d'une utopique république bordelaise, étaient en réalité de petits-bourgeois attachés à leur communauté citadine et désireux de s'emparer des institutions municipales. Pour faire peur à la riche bourgeoisie de robe de la ville, les princes s'appuyèrent sur cette faction populiste, sans toujours la contrôler.

Pendant la semaine de Pâques de 1652 (du 24 au 31 mars), plusieurs événements lourds de conséquences se produisirent. D'abord l'entrée d'Anne Marie d'Orléans, duchesse de Montpensier – la Grande Mademoiselle –, dans le fameux ballet des amazones de la Fronde. Grande, laide, le visage ingrat, disgracié par un nez bourbonien prononcé, la fille aînée de Gaston avait vingt-cinq ans. Elle était bonne de nature, à la fois naïve et romanesque, mais terriblement emportée. Une idée l'obsédait : faire un beau et grand mariage, entreprise fort malaisée lorsqu'on est la plus riche héritière de France! Dans cette longue quête elle avait déjà épuisé un certain nombre de prétendants, dont quelques têtes couronnées qui ne lui avaient pas paru dignes de sa grandeur! Le prince de Condé ne lui aurait pas déplu, mais il lui fallait attendre la mort de sa femme. Alors qui? Le roi? Naturellement, c'était le parti rêvé, bien qu'il fût son cadet de onze ans. Dès la naissance de celui-ci, elle y avait songé, mais Anne d'Autriche avait dit un jour : « Ce n'est pas pour son nez, quoiqu'il soit bien long! » Du coup, elle avait pris en haine Mazarin, qu'elle soupçonnait de faire obstacle en sous-main à ce projet, et adopté le parti des princes. Dans la vaste partie d'échecs qui se déroulait, elle voulut jouer son rôle, prouver à tous, au cardinal, aux frondeurs, à son père, qu'elle existait et que dans la négociation qui suivrait il faudrait prendre en compte ses intérêts.

Levant son nez au vent des batailles, coiffée d'un saladier à larges plumes, vêtue d'un « habit gris tout couvert d'or », accompagnée de ses « maréchales de camp », Mmes de Fiesque, de Frontenac et de Bréaucé, la nouvelle Pucelle prit la tête d'une petite troupe de « gens d'armes » et de chevau-légers. Elle alla se jeter dans Orléans, chef-lieu de l'apanage de son père, où elle remporta à bon compte un triomphe!

Au même moment, mais plus discrètement, Condé et La Rochefoucauld, déguisés en domestiques, quittaient Agen et dans une romanesque épopée traversaient la France du sud au nord pour rejoindre l'armée de Beaufort et de Nemours et y rétablir l'ordre [1].

Le jour de Pâques, à Sully-sur-Loire, le roi recevait une délégation du Parlement venue lui rappeler l'engagement qu'il avait pris à sa majorité – ou plutôt qu'on lui avait forcé de prendre – de bannir le cardinal Mazarin du royaume. Le jeune Louis, de méchante humeur, arracha le texte des mains du président de Nesmond en lui disant qu'il en parlerait à son conseil. Interloqué, le digne magistrat s'exclama qu'il n'était point d'exemple en France qu'un roi eût refusé d'entendre son Parlement. D'un ton vif, il se contenta de répondre : « Retirez-vous, messieurs, retirez-vous ! » Louis semblait manifester le même caractère brusque et entier, la même fougue que sa mère...

On allait vers l'affrontement décisif. Les 6 et 7 avril, l'armée des frondeurs tomba à l'improviste sur quelques escadrons du maréchal d'Hocquincourt, s'empara d'un joli butin et marcha sur Bléneau où se trouvait l'infanterie royale. Au château de Gien, où la cour s'était transportée, ce fut une nuit dramatique. Des fenêtres on voyait les fuyards courir sur la route, au milieu des chariots en déroute. Face aux 12 000 hommes de Condé, Turenne n'avait à opposer que 4 000 combattants. Le roi était à leur portée ! Une fois encore, il fallait fuir honteusement et se replier sur Bourges. Tristes, humiliantes perspectives ! Et, au bout de la route, quel espoir ? Louis XIV, petit roi de Bourges comme Charles VII ! La reine laissait éclater ses sanglots, Mazarin son angoisse. Le jeune garçon, bravement, sauta à cheval avec le duc de Bouillon et rejoignit l'arrière-garde, prêt à mourir l'épée à la main, tandis qu'on commençait à charger les bagages. Turenne, seul, ne se résigna pas à la défaite. Quelle ville voudrait encore d'un monarque battu et en fuite ? Aucune. Il fallait jouer son va-tout, vaincre ou périr ! Bon tacticien, ayant le goût des lentes et savantes manœuvres – alors que son dangereux rival n'était que fougue, hardiesse et précipitation –, Turenne choisit avec soin son champ de bataille : un bois,

1. La Fronde aussi est un roman baroque, un jeu de masques, dans lequel princes et princesses se travestissent en domestiques et en soubrettes. Yves-Marie BERCÉ, « Les princes de Condé héros de roman : la princesse amazone et le prince déguisé », *La Fronde en questions*, actes du 18e colloque du Centre méridional de rencontres sur le XVIIe siècle, pub. par Roger DUCHÊNE et Pierre RONGEAUD, p. 131-141.

des marécages, une étroite chaussée. Enfin il usa de ruse, feignant une retraite, avant de jeter ses escadrons sur Condé et de découvrir au dernier moment son artillerie. Victoire! La petite chaussée de Bléneau changea le destin du pays. « Monsieur le maréchal, lui dit la reine en pleurant, vous avez sauvé l'État et vous venez de mettre une seconde fois la couronne sur la tête de mon fils! »

Le 11 avril, Condé, remis de son échec, faisait son entrée dans la capitale. Paris aimait bien M. le Prince, mais de loin! Le savoir présent dans ses murs l'inquiétait. N'amenait-il pas avec lui la guerre civile? Le Parlement, l'Hôtel de Ville, la bourgeoisie marchande, le redoutaient. Gondi le haïssait, et Monsieur ne tenait guère à partager son pouvoir. Il n'y eut que la populace, excitée par ses agents et ses libelles, à se ranger du côté de l'illustre rebelle. Hélas! Ce fut suffisant pour répandre la terreur et soumettre Paris.

Les fureurs condéennes

Le dernier grand épisode de la Fronde se joua sous ses murs le 2 juillet 1652, par une canicule accablante. Ce fut le sanglant combat du faubourg Saint-Antoine, qui mit aux prises les 12 000 hommes de Turenne aux 5 000 de Condé, dont quelques compagnies d'infanterie espagnole. Pendant que la reine passait la journée en prière, chez les carmélites de Saint-Denis, Louis XIV et Mazarin s'installèrent sur les hauteurs de Charonne et firent charger l'infanterie et la cavalerie. Au moment où les frondeurs allaient tous périr écrasés, les deux battants de la porte Saint-Antoine s'ouvrirent comme par enchantement, sauvant leur armée du désastre. C'était la Grande Mademoiselle qui avait arraché cette décision aux magistrats municipaux. Puis, une cravache d'amazone à la main, elle se rendit à la Bastille, où elle donna l'ordre à M. de Richau, commandant l'artillerie, de faire feu sur la cavalerie royale et d'envoyer une salve sur les hauteurs de Charonne, ce qui fut fait :

– Elle a tué son mari! s'exclama ironiquement Mazarin, en voyant s'abattre autour de lui une pluie de boulets.

Deux jours plus tard, le 4 juillet, des centaines de gueux, de tire-laine, de coupe-bourses et de soldats condéens déguisés en ouvriers, arborant des brins de paille à leur chapeau, s'attaquèrent à l'Hôtel de Ville, où, autour du maréchal de l'Hospital et du prévôt des marchands, se tenait l'assemblée des édiles parisiens, majoritairement favorables à la cause royale. Ils firent un affreux carnage (estimé à une centaine de morts) suivi de l'incendie du bâtiment. A ce prix Condé devint le maître absolu du guêpier parisien, Broussel fut élu prévôt des marchands et Monsieur promu lieutenant général du royaume.

De Pontoise, le 6 août, le roi avait ordonné au Parlement de venir le rejoindre. Sur son refus, il réunit, autour des présidents Molé, Novion, Le Coigneux et du procureur général Fouquet, un semblant de parlement. Dès sa première séance cette assemblée demanda le renvoi de Mazarin, qui fut accordé sans délai : c'était la dernière et subtile comédie imaginée par le cardinal pour priver l'opposition parisienne de son principal argument ! De bonne grâce, cette fois – et pour cause ! –, Son Éminence prit la route de Bouillon, assurée qu'elle reviendrait sous peu en triomphatrice... Restait autour du roi, outre la reine et le protecteur militaire Turenne, le solide carré des grands commis de l'État : Abel Servien, Michel Le Tellier et Henri Auguste de Loménie de Brienne.

A Paris, dans la magistrature, le clergé séculier, les communautés religieuses, les corporations marchandes, les jurandes artisanes, l'idée de la légitimité royale, longtemps occultée, fit une soudaine réapparition. On attendait, on espérait le retour du roi. Ainsi s'organisa peu à peu un parti de l'ordre autour de quelques notables, d'échevins, de colonels de la milice, de dizainiers et de quarteniers, qui poussa M. le Prince à décamper. Toujours impétueux et intraitable, celui-ci partit pour les Flandres afin d'y prendre le commandement des troupes espagnoles. Sa trahison avait atteint son ultime étape.

Après treize mois d'absence, le 21 octobre 1652 au soir, à la lumière des flambeaux, Louis XIV, à cheval, se présenta à la porte Saint-Honoré, où il fut accueilli par le prévôt Le Febvre. L'accueil inoubliable des Parisiens, leurs ovations au passage de ses troupes et du cortège chamarré des ducs, des pairs, des maréchaux de France et des dignitaires de la couronne, le joyeux carillon des cloches, les salves d'artillerie lui firent l'effet d'un baume délicieux. Merveilleuse explosion d'allégresse ! Tout était bien fini ! Le roi s'installa au Louvre, grandiose et insalubre, mais protégé par un bon fossé. Monsieur et sa fille furent exilés, de même que les principaux meneurs de la révolte, Beaufort, La Rochefoucauld, Rohan, le président Viole. Condamné à mort, Condé perdit le nom de Bourbon et sa qualité de prince du sang. Son frère Conti n'échappa au naufrage familial qu'en épousant une nièce de Mazarin, Anne Marie Martinozzi. La Grande Mademoiselle, retirée dans sa solitude de Saint-Fargeau, ne rentrera en grâce qu'en 1657. La reine l'embrassera et la présentera ainsi au roi : « Voici une demoiselle qui est bien fâchée d'avoir été méchante ; elle sera bien sage à l'avenir »!...

Le pouvoir monarchique, qui avait manqué de disparaître dans la tourmente, avait un besoin impérieux de manifester et de magnifier sa légitimité retrouvée dans une de ces grandes cérémonies officielles qui rendaient presque tangibles sa puissance et sa gloire. La cérémonie de l'entrée – joyeuse entrée du roi dans une ville avec réception par les magistrats municipaux suivie d'un défilé et d'une fête – avait été écartée : on ne donne pas de réjouissances à un peuple rebelle! On se rabattit sur un lit de justice, solennel et réparateur, non pas dans la Grand-Chambre du palais comme le voulait l'usage, mais au Louvre – ce qui ne s'était jamais vu depuis 1527 [1] –, au Louvre, où les robes rouges garnies d'hermine, vaincues et humiliées, vinrent enregistrer, sans mot dire, une déclaration royale amnistiant les frondeurs – à l'exception des chefs –, interdisant aux magistrats d'entrer dans la clientèle des Grands et de prendre à l'avenir « aucune connaissance des affaires de l'État ». C'était la revanche!

Le 26 octobre 1652, par une belle lettre diffusée dans tout le royaume, le monarque rappelait de son exil volontaire le cher parrain. Le cardinal, sous prétexte de pacifier la Picardie et la Champagne, attaquées par les bandes de Condé, céda à la coquetterie de se faire désirer. Une autre raison le retenait : il refusait de gagner la capitale tant que s'y trouverait son vieil ennemi Gondi, devenu entre-temps cardinal de Retz. Le 25 novembre, le conseil décida son arrestation, et Mazarin, par retour de courrier, l'approuva. Le 19 décembre, convoqué au Louvre, où il se rendit avec une pointe d'inquiétude, Retz fut arrêté par Villequier, capitaine des gardes du corps : « Rien ne branla dans la ville », constata-t-il avec amertume. Le « vent de Fronde » était retombé, si bien que Mazarin, le

1. Sarah Hanley, *Le Lit de justice des rois de France*, trad. franç., Paris, 1991.

3 février 1653, fit un retour triomphal à Paris, dans un débordement d'enthousiasme qui laissa pantois les derniers frondeurs grincheux. Selon le mot de Guy Patin, Son Eminence paraissait alors « aussi puissante que Dieu le Père au commencement du monde » !

La Fronde condéenne, qui s'était poursuivie dans le Bordelais, s'acheva, à la fin de juillet 1653, par la défaite et la capitulation du prince de Conti, de Mme de Longueville et de Madame la Princesse, femme du Grand Condé. Les drapeaux rouges de l'Ormée, qui flottaient insolemment sur les derniers clochers, furent « dépendus » et remplacés par des écharpes blanches...

Les leçons de la Fronde

Le bilan de cette folle guerre civile était accablant. La ruine des provinces venait avant tout du comportement des gens de guerre, que ce fussent ceux du roi, du prince de Condé, les Espagnols ou les Lorrains. Ces troupes dévastatrices rançonnaient, pillaient, saccageaient, incendiaient villes et villages, violaient filles et femmes, éventraient ou mutilaient paysans et bourgeois. Les survivants, fuyant la peste qui suivait de peu les armées en furie, quittaient leur maison en ruine, erraient dans la forêt parmi les loups, se nourrissaient de racines, d'écorces ou de la chair corrompue des chevaux. Les récoltes, le bétail, les semences, tout était gâté, détruit, volé. Des campagnes entières dévastées n'offraient plus que le spectacle du deuil et de la désolation, et le peu qui restait était la proie du brigandage. Étampes, exsangue, victime de la guerre de l'été de 1652, sera la ville martyre par excellence. La région parisienne, la Picardie, la Champagne figurent parmi les zones les plus touchées [1]. L'approvisionnement était totalement désorganisé. Les rentes n'étaient plus payées, les caisses de l'État étaient vides. L'anarchie régnait. On comptait 12 000 familles dans la détresse, plus de 60 000 mendiants à Paris. Une telle période était naturellement propice à de rapides mutations sociales. Les historiens ont mis à nu le mécanisme implacable permettant à la bourgeoisie des villes

1. J. JACQUART, « La Fronde des princes dans la région parisienne et ses conséquences matérielles », *Revue d'Histoire moderne et contemporaine*, octobre 1960, p. 257-290.

d'investir le monde rural : on prête, le débiteur ne peut rembourser, on saisit... D'un autre côté, le mouvement de charité qui s'ensuivit fut immense, à la hauteur des vertus du Grand Siècle. On citera, bien entendu, les œuvres de Vincent de Paul, saint homme d'un inlassable dévouement, celles des Filles de la Charité, des prêtres de la Mission, l'action de la Compagnie du Saint-Sacrement et de nombreux jansénistes issus de la bourgeoisie de robe. Mais le courage, l'abnégation de ces actifs et généreux chrétiens ne pouvaient être à la mesure de la catastrophe. Les démographes ont insisté sur le tragique dépeuplement consécutif à ces années de misère. A ce moment-là la population française serait tombée de 20 à 18 millions d'habitants.

La guerre n'avait fait qu'aggraver le marasme économique lié à la baisse des arrivages de métaux précieux en provenance de l'Amérique espagnole, marasme qui persista bien au-delà de la Fronde [1]. Encore ne faut-il point sombrer dans le misérabilisme et brosser, à partir des régions dramatiquement sinistrées, un tableau sans nuance de la conjoncture. La Bretagne, le Dauphiné, le Lyonnais, le Languedoc, la Provence, d'autres provinces encore ne connurent ni crise frumentaire grave ni mortalité exceptionnelle. Plus des deux tiers des paroisses n'avaient pas été touchées par la guerre civile. Il faut tenir compte aussi de l'étonnante faculté de récupération de l'économie rurale. A partir de 1653-1654, à l'exception de certaines zones totalement dévastées en Ile-de-France, en Champagne, en Picardie, de bonnes récoltes permirent le retour à la normale. Aux halles de Paris, le prix des blés diminua. L'activité manufacturière reprit et, avec elle, le commerce de ports comme Bordeaux, La Rochelle, Nantes, qui profitèrent des difficultés socio-politiques de l'Angleterre et de la torpeur de la flotte espagnole. Pierre Goubert l'a souligné : « La France était infiniment plus riche qu'on ne le dit ou l'avoue. Les autres rois d'Europe ne l'ignoraient pas et jalousaient ses ressources [2]. » N'oublions pas que c'était le seul pays européen où, bon an mal an, le système fiscal dans son ensemble parvenait à drainer environ mille tonnes d'argent fin ! Sans cette richesse en profondeur, le roi n'aurait pu ni survivre ni vaincre.

1. Michel MORINEAU, *Incroyables gazettes, fabuleux métaux. Les retours des trésors américains d'après les gazettes hollandaises (XVIe-XVIIIe siècles)*, Cambridge, Paris, 1984, p. 578.
2. Pierre GOUBERT, *Mazarin*, Paris, 1990, p. 189.

Et Louis XIV ? Il sortait de l'épreuve le cœur ulcéré mais durci, mûri par la longue série des humiliations endurées, les draps humides et troués, les aubes glaciales de Saint-Germain, la faim, la souffrance, la rage impuissante et les sanglots émouvants de sa mère, le spectacle des brutalités, du désordre généralisé. Qui pourra jamais dire la tristesse, la douleur, la colère que ce garçon de quatorze ans éprouva devant ce qu'il appellera les « agitations terribles » de son adolescence ? De toute évidence, c'est de la révolte des corps sociaux, de l'ambition cupide et frénétique des princes, de sa propre vie d'errance et d'aventure à travers les campagnes dévastées, dans des carrosses brimbalants, qu'il tira son horreur de l'insubordination, sa soif passionnée du pouvoir absolu. Après tant de tragiques événements, Louis, comme le dit François Bluche, était « voué à l'ordre [1] ». On ne choisit pas son éducation. Mais à tout prendre, cette implacable leçon de choses, que l'école de l'adversité lui avait imposée, ne valait-elle pas tous les manuels et l'érudition glacée de ses précepteurs ?

1. François BLUCHE, *Louis XIV*, Paris, 1986, p. 98.

CHAPITRE V

Le retour à l'ordre

La politique mise en spectacle

De toutes les qualités de Mazarin – son immense capacité de travail, ses talents de diplomate, son sens inné de la mesure et du compromis, son art d'utiliser le temps ou d'user ses adversaires... –, il en est une que le roi appréciait particulièrement, car elle répondait à ses affinités : c'était son goût de cardinal romain pour la pompe et la mise en scène. La reine mère aussi, marquée par sa jeunesse madrilène, partageait cette passion du spectacle. Ce furent Anne et Jules qui, sur ce plan, montrèrent au roi le chemin à suivre. Gouverner, c'est paraître : tous les hommes politiques d'aujourd'hui le savent. La gestion de la « communication » était une des pièces essentielles dans la stratégie de survie du pouvoir monarchique. Pour exister, face à la diversité des groupes sociaux, pour accroître son emprise sur la société, celui-ci avait un besoin impérieux et vital de discours, d'apparat, de rites, de cérémonies, ces « cérémonies de l'information » sur lesquelles les historiens commencent à se pencher [1]. Naturellement, Mazarin ne fut pas l'inventeur de la propagande politique. Avant lui, les souverains et leurs ministres avaient utilisé la plume des écrivains à gages, les récits apologétiques des historiographes, le faste de la cour pour éblouir et convaincre. Ainsi Richelieu avait-il développé une manière de génie dans l'art de la persuasion et du pieux mensonge : se servant de la fameuse *Gazette* de Renaudot et de ses supplé-

1. Michèle FOGEL, *Les Cérémonies de l'information dans la France du XVIe au XVIIIe siècle*, Paris, 1989.

ments, les *Extraordinaires*, des ouvrages d'écrivains pensionnés, des récits ruisselant d'éloges de ses propres fidèles, il avait organisé le concert des louanges et des hyperboles afin de justifier sa politique et d'immortaliser sa propre personne! Les intentions de Mazarin furent sans doute moins égoïstes, en tout cas davantage centrées sur la personne du jeune roi, dont il fallait consolider l'autorité. Après le trou noir dans lequel l'État avait failli se précipiter, le temps était venu de réaffirmer haut et fort la puissance restaurée de la monarchie, et cela dans tous les domaines, arts, littérature, musique, peinture, sculpture, architecture.

Le cadre royal d'abord : il devait être éclatant et magnifique. L'installation de Louis XIV et de sa famille au Louvre en servit d'occasion. L'architecte Le Mercier puis son successeur, Le Vau, aménagèrent l'appartement du roi au premier étage du pavillon sud-ouest et ceux de la reine mère au rez-de-chaussée de l'aile sud de la Petite Galerie. Ce programme aurait pu avoir pour titre : « La décoration comme instrument de propagande ». Partout ce n'était que glorification du Prince, allégories montrant le triomphe de la souveraineté sur les ténèbres et le chaos, l'instauration du règne de la Justice et de la Clémence. Dans l'appartement des Bains d'Anne d'Autriche on choisit le thème mythologique de Junon, allusion vraisemblable à la *Junonem iratam* du vieux Broussel : *Junon et les Grâces, Junon répandant ses bienfaits*, mais aussi, *Junon foudroyant Troie...* Dans le cabinet de travail, *La Chasteté chassant l'Amour* n'avait-elle pas pour but de démentir la rumeur de sa liaison avec le cardinal [1]?

Anne et Jules enseignèrent au roi qu'en raison de la distance qui le séparait de ses sujets il avait pour premier devoir de se donner en spectacle, de s'offrir à la curiosité populaire. Il fallait de fastueuses cérémonies et des gestes symboliques. Le 4 juillet 1653, par exemple, jour anniversaire du massacre de l'Hôtel de Ville, Louis, après une messe à Notre-Dame, vint assister à une représentation du *Cid* dans la grande salle municipale. Puis il procéda à l'inauguration dans la cour du bâtiment d'une statue de marbre blanc, œuvre du sculpteur Gilles Guérin. Le roi était représenté en César

1. Alain MÉROT, « Décor pour le Louvre de Louis XIV : la mythologie politique à la fin de la Fronde », *La Monarchie absolutiste et l'Histoire de France. Théorie du pouvoir, propagandes monarchiques et mythologies nationales*, actes du colloque tenu en Sorbonne les 26-27 mai 1986.

« foulant aux pieds une figure représentant la rébellion ». L'œuvre était inspirée du *Saint-Michel* de Raphaël.

Ces thèmes triomphalistes étaient relayés par quantité d'estampes allégoriques, généreusement distribuées. Dans une société où dominait l'analphabétisme (80 % de la population environ), l'image l'emportait sur l'écrit, le spectacle sur le discours, ce qui n'empêchait pas Mazarin de s'assurer, comme Richelieu autrefois, le concours de quelques plumes bien taillées pour chanter la gloire du roi sans oublier la sienne.

Le sacre

Mais nulle cérémonie ne revêtit plus grand déploiement de magnificence que le sacre de Reims. On l'avait longtemps différé à cause des menaces que les troupes hispano-condéennes avaient fait peser sur la Champagne. Ces nuages étaient désormais dissipés. Certes, l'ensemble du pays n'était pas encore pacifié, mais c'était une raison de plus pour ne pas retarder un événement qui devait, dans l'esprit de Mazarin et de la reine mère, contribuer à stabiliser la monarchie et consacrer le « mariage mystique » de Louis et de la France. Cela faisait onze ans que le roi était monté sur le trône, près de trois qu'il avait été déclaré majeur. Il était temps de procéder à cet émouvant et antique rituel qui était un acte politique et religieux de première importance, à valeur hautement symbolique. On en arrêta la date au dimanche 7 juin 1654.

Tôt dans la nuit le décor avait été planté. Depuis les hautes galeries jusqu'au sol, de somptueuses tapisseries couvraient murs et piliers de la cathédrale. On avait installé le prie-Dieu et la chaire royale dans le chœur et le trône au sommet du jubé, sur une plateforme surmontée d'un dais de velours semé de lys d'or.

La cérémonie commença par le rituel du prince dormant, dont l'origine se perdait dans la nuit des temps [1]. A six heures du matin, les évêques-pairs de Beauvais et de Châlons, en grands ornements pontificaux, accompagnés des chanoines du chapitre, se rendirent en procession au palais archiépiscopal. De son bâton d'argent le

1. E. H. Kantorowicz y voit un symbolisme solaire, l'éveil du roi correspondant à la levée de l'astre (« *Oriens Augusti* – Lever du roi », *Dumbarton Oaks Papers*, t. XVII, 1963, p. 119-177), et rattache la cérémonie du lever du roi à Versailles à ce rite primitif.

grand chantre frappa à l'huis : « Que demandez-vous? » fit derrière la porte le grand chambellan, duc de Joyeuse. « Nous demandons le roi! » répondit le comte-évêque de Beauvais. « Le roi dort! » répliqua le chambellan. Par trois fois ce dialogue fut répété. A la troisième, le prélat ajouta : « Nous demandons Louis Quatorze, fils du grand roi Louis Treize, que Dieu nous a donné pour roi. » Alors, comme par enchantement, les deux battants de la porte s'ouvrirent. Précédé du grand maître des cérémonies, le marquis de Rhodes, les deux évêques s'avancèrent jusqu'au lit de parade où le jeune homme feignait de dormir. C'était un vrai roi de conte de fées : il portait une longue robe de toile d'argent et, dessous, une tunique de satin rouge galonnée d'or et une chemise de toile de Hollande. Tunique et chemise étaient fendues aux différents endroits où devaient se pratiquer les onctions saintes. Sa tête était couverte d'une toque de velours noir ornée d'une rangée de diamants et surmontée d'une aigrette blanche. Louis était entouré du maréchal d'Estrées, du chancelier Séguier, du maréchal de Villeroy, du duc de Joyeuse et du comte de Vivonne, premier gentilhomme de la chambre en exercice.

Un fastueux cortège accompagna le souverain à la cathédrale. En tête marchait le grand prévôt de l'Hôtel avec ses archers, suivi des douze tambours et trompettes de la musique du roi, des joueurs de flûtes, musettes et saquebutes. Venaient ensuite les hérauts des provinces de France, en cotte d'armes fleurdelisée et bas de soie blancs, puis la compagnie des cent gentilshommes au bec de corbin. Précédant directement le roi, entouré des deux comtes-évêques, le maréchal d'Estrées s'avançait l'épée nue au poing, encadré de deux huissiers avec leur lourde masse en vermeil. Suivaient le chancelier Séguier en soutane de satin cramoisi, le maréchal de Villeroy, le duc de Joyeuse, le comte de Vivonne, le marquis de Charost, capitaine des gardes du corps, et le comte de Noailles, capitaine des gardes écossaises.

Passant entre deux rangées de cent-suisses, Louis fit son entrée dans la nef sous le tonnerre des grandes orgues et alla s'agenouiller sur son prie-Dieu, face à l'autel. L'une des deux tribunes était occupée par la reine mère, la reine d'Angleterre, Henriette de France, veuve de Charles Ier, et les dames de la cour, l'autre par les ambassadeurs. Placé devant le brillant parterre des invités de marque, un banc était réservé au cardinal Mazarin, qui surveillait la cérémonie comme sa propre œuvre.

Quand tout le monde eut pris place, le clergé de la cathédrale se rendit en procession sous le porche afin d'accueillir la sainte Ampoule, qui avait été remise selon la tradition par une colombe à saint Rémi, évêque de Reims, pour le baptême de Clovis. Signe visible et mystérieux du caractère sacré de la royauté française, la relique conservée dans l'église voisine de Saint-Rémi était apportée en grande solennité par le prieur, monté sur une haquenée blanche et protégé par quatre chevaliers de la Sainte Ampoule. Elle fut placée sur l'autel principal à côté des insignes royaux : la couronne, le sceptre, l'épée, la main de justice, les éperons et les vêtements du sacre.

A l'intérieur de la cathédrale la cérémonie commença par les deux serments en latin, que le roi prononça devant l'officiant, Simon Le Gras, évêque de Soissons. Louis jura devant Dieu de maintenir les privilèges de l'Église, de conserver la foi catholique reçue de ses pères. A l'égard de ses sujets il s'engagea à leur rendre parfaite justice. Tels étaient le serment de l'Église et celui du royaume. Puis venaient les trois serments particuliers : aux représentants de la sainte Église le roi promettait de conserver « le privilège canonique, avec la loi, et la justice qui leur est due ». A son peuple chrétien il promettait d'apporter la paix, et, en tout jugement, d'ordonner l'équité et la miséricorde. Enfin il jurait de « conserver la souveraineté, les droits et noblesse de la couronne de France, sans les aliéner ou les transporter à personne; et d'exterminer de bonne foi selon son pouvoir tous hérétiques notés et condamnés par l'Église ». Ce serment contre les « hérétiques » datait du XIIIe siècle et visait les cathares, mais comment n'aurait-on pas songé pour l'heure aux protestants, ces membres de la R.P.R. – la « Religion Prétendue Réformée » – qui empêchaient par leur culte ouvertement toléré depuis l'édit de Nantes l'unité spirituelle du royaume [1]?

Assis dans son fauteuil, le roi fut chaussé par le duc de Joyeuse de bottines de velours, auxquelles le duc d'Anjou attacha les éperons d'or. Puis il s'agenouilla, baisa l'épée nue de Charlemagne et promit qu'elle serait utilisée pour la défense et la protection de l'Église, des veuves et des orphelins.

1. Ce fut d'ailleurs l'un des thèmes de la harangue véhémente qu'adressa le lendemain au prince l'évêque de Montauban, Pierre de Bertier, conseillant la plus implacable rigueur à l'égard des protestants de Guyenne et du Languedoc.

Commença alors la cérémonie du sacre proprement dite. A l'aide d'une aiguille, l'officiant tira une goutte de l'huile sacrée qui, mêlée au saint chrême dans une patène d'or, devait servir pour les onctions royales. Le grand chambellan ôta au roi sa tunique, et l'archevêque fit les sept premières onctions : sur le haut de la tête, la poitrine, entre les deux épaules, sur l'épaule droite, sur l'épaule gauche, à la jointure du bras droit et à celle du bras gauche, pendant que les prêtres récitaient l'oraison traditionnelle. Ensuite Louis se releva et revêtit une tunique et une dalmatique de diacre. Sur son épaule on accrocha le grand manteau royal de velours violet semé de lys d'or, fourré et brodé d'hermine. Il reçut les deux dernières onctions sur les paumes des mains.

Après la bénédiction des gants, de l'anneau, du sceptre et de la main de justice, l'officiant mit au roi les gants et lui passa l'anneau au quatrième doigt de la main droite. C'était le symbole du mariage indissoluble de la France et de son souverain. Selon la théorie du corps mystique de la monarchie, « comme les époux ne doivent être qu'une seule chair, roi et royaume ne doivent faire qu'un [1] ». Sacrement lourd de conséquences, on l'imagine : aidé des grâces du ciel, le roi, par ses actes, ne fait qu'énoncer la volonté réelle de son peuple. La tête exprime les vœux du corps. Telle est l'infaillibilité royale, qui prend sa source dans le droit divin.

L'officiant remit ensuite au roi le sceptre dans la main droite et la main de justice dans la gauche. Puis il alla chercher sur l'autel la couronne de Charlemagne. Les pairs de France, appelés par le chancelier, avancèrent la main en faisant mine de la soutenir, manifestant par ce geste l'union de la noblesse autour du monarque. Après le couronnement, l'archevêque, accompagné des onze autres pairs ecclésiastiques et laïques, conduisit le roi jusqu'au trône installé au sommet du jubé. La queue du lourd manteau de cérémonie était soutenue par le prince de Savoie-Carignan, comte de Soissons, le chancelier et le grand chambellan.

Siégeant en majesté, Louis reçut le baiser et l'hommage des Grands. *Vivat rex in aeternum !* s'écria l'évêque de Soissons. « Vive

1. Roland Mousnier, *Les Institutions de la France sous la monarchie absolue, 1598-1789*, Paris, 1990, 2e éd., t. I, p. 508. Les comptes des dépenses d'orfèvrerie mentionnent à l'occasion du sacre de 1654 « le diamant pour épouser la France ». Il avait été prêté par Anne d'Autriche sur sa cassette personnelle et lui fut restitué après la cérémonie (G. Lacour-Gayet, *L'Éducation politique de Louis XIV*, Paris, 1923, p. 241).

le roi ! » reprit la foule, admise enfin dans la cathédrale, tandis que les oiseleurs parisiens, installés dans une des galeries supérieures, lâchaient cinquante douzaines d'oiseaux. Le *Te Deum* fut suivi de trois salves de mousqueterie tirées par le régiment des gardes rangé sur le parvis. Les hérauts d'armes jetaient à la foule des piécettes d'or et d'argent représentant l'image du roi et de la Sainte Ampoule.

Ensuite commença la grand-messe, à l'issue de laquelle le roi se confessa et reçut la communion. Reprenant son sceptre et sa main de justice, la tête couverte d'une couronne plus légère, il traversa la nef sous les acclamations populaires, dans le déchaînement des orgues et l'envolée joyeuse des carillons.

Tous les témoins furent frappés du recueillement, de l'émotion profonde qui avaient étreint ce jeune homme de quinze ans pendant la cérémonie, une cérémonie qui avait duré six heures ! On admira sa patience à supporter stoïquement la lourde couronne de Charlemagne. Comme on lui chuchotait à l'oreille qu'il devait la garder bien enfoncée sur la tête, il répondit qu'elle tenait bien et qu'avec l'aide de Dieu elle ne lui tomberait jamais. On était prévenu !

Le lendemain fut le jour de la traditionnelle et brillante « cavalcade » jusqu'à l'église Saint-Rémi, où le monarque assista à la messe. Dans l'après-midi, de retour à la cathédrale, il reçut aux accents du *Veni creator* le manteau chamarré de flammes d'argent ainsi que les insignes de grand maître de l'ordre du Saint-Esprit.

Le 9 juin, dans le parc de Saint-Rémi, il participa à la cérémonie des écrouelles au cours de laquelle, en vertu de son pouvoir de thaumaturge, il était censé guérir miraculeusement les malades atteints d'adénites tuberculeuses. « Le roi te touche, Dieu te guérit ! » disait-il en faisant le signe de croix sur le visage du patient [1]. Tout au long de son règne, Louis XIV n'oubliera jamais ce pouvoir divin reçu de l'onction sainte et touchera les scrofuleux qu'on lui présentera [2].

1. Le XVIIIe siècle, plus sceptique, transformera la formule en : « Le roi te touche, Dieu te guérisse ! »

2. Le toucher des écrouelles, qui assimilait les pouvoirs surnaturels du roi à ceux d'un saint guérisseur (notamment saint Marcoul), avait lieu aux quatre grandes fêtes religieuses, Pâques, Pentecôte, Toussaint, Noël, parfois aussi au Jour de l'An, à la Chandeleur et à l'Assomption.

Le sens politique du sacre

Le sacre de 1654 ne fut pas la réplique exacte de celui du Moyen Age [1]. La nécessité des temps obligea à modifier quelque peu l'antique cérémonial. Primitivement, douze des principaux pairs du royaume devaient y participer : six pairs ecclésiastiques – l'archevêque-duc de Reims, les évêques-ducs de Laon et de Langres, les évêques-comtes de Beauvais, de Châlons et de Noyon – et six pairs laïques – les ducs de Bourgogne, de Normandie et d'Aquitaine, les comtes de Toulouse, de Flandre et de Champagne. Chacun de ces éminents personnages jouait un rôle bien déterminé : l'un portait le sceptre, l'autre le manteau, l'épée, le baudrier ou l'étendard de guerre. Pour les pairs ecclésiastiques on dut opérer quelques substitutions bénignes en raison des sièges vacants. Ainsi l'archevêque titulaire de Reims, Henri de Savoie-Nemours, à qui revenait le privilège de sacrer et de couronner le roi, n'ayant pas reçu les ordres, fut remplacé par son premier suffragant, Simon Le Gras, évêque de Soissons. Pour les pairs laïques la situation était plus embarrassante, car tous ces grands féaux avaient disparu. Les personnages de la famille royale n'étaient pas tous disponibles. Gaston d'Orléans, Fils de France, restait en exil. Condé combattait dans les rangs ennemis. Au duc de Bourgogne on substitua le duc d'Anjou, au duc de Normandie le duc de Vendôme, au duc d'Aquitaine le duc d'Elbeuf, au comte de Champagne le comte de Candale, au comte de Flandre le duc de Roannez, au comte de Toulouse le duc de Bournonville. Faute de mieux, on avait choisi des figurants! Mais, après tout, le roi avait-il encore besoin des grands barons du royaume pour paraître dans tout l'éclat de sa majesté?

Le peuple aussi avait été soigneusement escamoté. On l'avait tenu à l'extérieur de la cathédrale, tandis que les officiers de la maison du roi et les dignitaires de la cour occupaient la nef. Lorsque l'évêque de Soissons demanda aux « seigneurs assistants et au peuple » s'ils acceptaient pour roi le jeune prince ici présent, comme prévu un silence approbateur remplaça le cri d'acquiescement que l'on poussait aux premiers âges de la dynastie capé-

1. Richard A. JACKSON, *Vivat Rex. Histoire des sacres et couronnements en France*, Strasbourg, 1984; Marina VALENSISE, « Le sacre du roi », *Annales ESC*, mai-juin 1986, p. 547 et suiv.

tienne : *Laudamus, volumus, fiat!* (Nous louons, nous approuvons, qu'il soit roi!). On avait voulu gommer tout souvenir de l'élévation primitive du monarque sur le pavois, toute réminiscence de l'élection par acclamation populaire [1], et la foule n'eut droit d'entrer dans la cathédrale qu'après l'intronisation du souverain au jubé. Récusant les formes anciennes de participation du peuple au mystère du pouvoir – même réduites, comme ici, à de purs vestiges –, la monarchie française se contentait donc de se montrer en spectacle. On ne demandait plus aux sujets d'approuver mais d'admirer!

En plus du déclin des marques féodales de la cérémonie, une inversion du sens religieux s'était produite. Autrefois, le rôle de l'Église était primordial. Cela ressortait du rituel et du texte mêmes des serments. La puissance souveraine n'était établie que pour le service de la loi divine. Par le sacre elle se trouvait revêtue du sceau liturgique, en quelque sorte « baptisée », comme le rude Clovis l'avait été avec tous ses guerriers. Le sacre, sorte d'ordination sacerdotale, n'avait d'autre but que de soumettre le pouvoir royal au contrôle ecclésiastique, le temporel au spirituel. Au XVIe siècle, le sens se modifia. Luther et les théologiens calvinistes plaidèrent si bien pour le respect de la puissance temporelle des gouvernants, émancipée de la tutelle pontificale, que leur pensée devint l'une des sources – involontaires – de la théorie du droit divin. Les princes en rupture avec Rome s'attribuèrent la pleine propriété du droit souverain, débarrassé de la notion de mandat sous contrôle, et les princes catholiques ne firent que suivre. Comme le disait l'historien britannique J.N. Figgis, « sans Luther, pas de Louis XIV [2]! ». Sous Louis XIV, précisément, la sacralisation du pouvoir, loin de renforcer l'Église, accroîtra la puissance de l'État. Bien évidemment, le sacre n'était pas une cérémonie d'investiture. Il ne conférait pas la royauté, qui était transmise dès la mort du précédent souverain à l'aîné des enfants mâles, mais il la manifestait au peuple de façon solennelle. Il la rendait, comme dit Louis XIV dans ses *Mémoires*, « plus auguste, plus inviolable et plus sainte ». De même que l'autorité centrale créait son propre champ politique en contenant l'ambition et l'appétit vorace des corps intermédiaires, de même,

1. Les paroles du consentement populaire avaient disparu avec le couronnement du premier Bourbon, Henri IV, en 1594.

2. J.N. FIGGIS, *Studies of Political Thought from Gerson to Grotius*, Cambridge, 1907, p 71.

en prenant une dimension transcendantale, cette autorité gagnait un espace politique nouveau lui permettant d'affirmer sa spécificité et de se placer au-dessus, hors de portée des autres groupes sociaux. En s'arrimant directement au Ciel, le pouvoir n'avait plus rien à redouter de ses concurrents éventuels. Revêtu d'une vertu sacrée, il devenait inaccessible. Louis Dieudonné n'était pas seulement le premier gentilhomme de son royaume, mais l'Oint du Seigneur. Il était roi par la grâce de Dieu, « évêque du dehors », ce qui explique pourquoi il pouvait communier, comme les prêtres, sous les deux espèces. Mais c'était moins le thème du « roi thaumaturge », cher à Marc Bloch, que celui, plus politique, du « lieutenant de Dieu sur la terre » qui s'imposait alors. Cette théorie du droit divin ne contestait pas au pape sa mission spirituelle ni son inspiration divine. Elle affirmait simplement que, dans le domaine temporel, les princes avaient reçu même autorité, ce qui les plaçait sur un pied d'égalité avec la puissance ecclésiastique. Le mimétisme entre la cour de France et la cour pontificale, pompeuse et majestueuse, était évident. Sans doute ces idées étaient déjà présentes au Moyen Age (en particulier dans la déclaration de Philippe le Bel aux états généraux de 1302), mais il faudra attendre le XVIIe siècle pour qu'elles connaissent leur complet développement. Cette sacralisation de l'autorité légitime fut l'un des plus puissants moyens de cohésion sociale que le pouvoir eût jamais entre ses mains. Être quasi divin, investi par Dieu pour régner en maître absolu sur son peuple, le prince attendait de ses sujets soumission et adulation. Par le sacre il devenait le maître des âmes de son royaume. Tout ce que Bossuet développera plus tard dans son traité de la *Politique tirée des propres paroles de l'Écriture sainte* – l'idée du mandat direct confié par Dieu au roi Très-Chrétien, le caractère sacrilège de la désobéissance civile, la comparaison avec la monarchie davidique... – se trouve déjà en filigrane dans le cérémonial du sacre de 1654. La puissance divine mise au service du pouvoir, et cela si peu de temps après la Fronde, c'était le principe de légitimité doté de l'« arme absolue »...

Le ballet de cour

L'imaginaire occupe en politique une place essentielle. Ce qui est vrai de nos jours l'était davantage au Grand Siècle, dont la civilisation raffinée se trouvait au confluent d'influences diverses, hellénique, latine, médiévale, baroque, classique. La référence mythologique n'était pas qu'un simple rappel d'un passé gréco-romain, elle était toute chargée d'actualité brûlante. Derrière les signes apparemment anodins, les images emblématiques les plus futiles, se cachait le dessein d'exalter la monarchie absolue. Ainsi les cérémonies et les fêtes qui scandaient la vie du jeune roi échappent-elles à l'anecdotique pour devenir partie prenante de l'idéologie royale. Le ballet de cour en est la meilleure illustration.

Grand amateur d'opéras italiens qu'il avait essayé d'acclimater en France non sans difficulté, Mazarin n'avait aucun goût pour ce spectacle allégorique venu de la Renaissance française, qui mêlait musique, danse et poésie. Le genre était composite, mi-sérieux, mi-burlesque, combinant la mascarade exotique et la mythologie de fantaisie, dans un grand déploiement de machineries et d'habits pompeux. Mais le public français et la noblesse de cour raffolaient de ces divertissements, où les danseurs amateurs ne craignaient pas de s'exhiber en scène avec des gens de théâtre, abolissant, le temps du spectacle, toute hiérarchie sociale. Mazarin céda : il faut bien que jeunesse se passe ! C'est alors que l'idée lui vint d'utiliser ce bizarre engouement à des fins politiques pour redonner du lustre à l'autorité et montrer la suprématie royale dans tout son éclat. Louis, rayonnant de jeunesse, superbe danseur, adroit à tous les exercices du corps, fut l'instrument consentant de ce projet. La féerie baroque comme moyen de pédagogie politique pour asservir la noblesse encore remuante, telle fut sa trouvaille !

Voici le *Ballet de la nuit*, écrit par un poète qui va devenir le spécialiste du genre, Isaac de Bensérade, et donné pour le carnaval de 1653. Grand spectacle à effets, divisé en quatre veilles de quarante-trois entrées. Au lever de rideau, tandis que le *Soleil* se couche, on voit s'avancer la *Nuit* sur un char tiré par des hiboux et escorté par les *Heures du jour*. Les scènes exotiques, bucoliques, mythologiques, se succèdent : bergers de retour des champs, galants et coquettes surpris par la tombée de la nuit, apparition de *Venus* escortée des *Jeux* et des *Ris*, de la *Lune* et des *Étoiles*, puis de *Ptolémée* et de *Zoroastre*, qui scrutent la voûte céleste et ses mystères. Viennent ensuite l'heure des *Nains* et des *Sorcières*, qui se rendent au sabbat sur leurs balais, et celle des *Loups-Garous*. Au *Sommeil* et au *Silence* succèdent les songes de l'*Amoureux transi*, du *Sanguin* et du *Colé-*

rique. Louis XIV jouait plusieurs personnages de ces tableaux, mêlé à la foule anonyme des comédiens. Enfin, l'aurore tant attendue arrive, annoncée par le duc d'Anjou en *Étoile du jour*. L'*Aurore*, l'astre naissant, c'est évidemment le roi qui dissipe les ombres et les ténèbres. Et le cadet de clamer :

... Le Soleil qui me suit c'est le jeune Louis.
La troupe des astres s'enfuit,
Dès que ce grand Roi s'avance;
Les nobles clartés de la Nuit,
Qui triomphaient en son absence,
N'osent soutenir sa présence :
Tous ces volages feux s'en vont évanouis,
Le Soleil qui me suit, c'est le jeune Louis.

Il n'était point besoin d'être grand expert pour saisir les allusions à la situation du moment. Le ballet eut un tel succès que cinq représentations se succédèrent, les portes de la salle du Petit-Bourbon étant ouvertes à tous. Par le truchement du théâtre le roi se donnait à son peuple; par la fiction du spectacle il rappelait son autorité; par le symbolisme du déguisement il montrait son éclat!

Deux ans plus tard, le *Ballet des Plaisirs et délices de la Ville et de la Campagne* fut plus curieux encore. Composé par l'aimable M. de Saint-Aignan, il comportait vingt-quatre entrées. Louis en *Génie de la Danse*, entouré de ses principaux courtisans, mimait sur scène son propre rôle. La danse étant assimilée à la conduite de l'État, se singulariser par des faux pas devenait crime de lèse-majesté! Ingénieuse allégorie, riche en symboles politiques. L'impeccable horlogerie du ballet incorporait la mécanique du pouvoir, organisait l'espace social comme on distribue les rôles. « Le ballet redessinait donc le réel [1]. » L'harmonie du spectacle était censée reproduire l'harmonie du corps politique :

Place à ce demi-dieu qui triomphe aujourd'hui,
Ses charmes déployés vont être en évidence,
Qu'on ne s'y trompe point : il est bon que celui

1. Jean-Pierre NÉRAUDAU, *L'Olympe du Roi-Soleil. Mythologie et idéologie royale au Grand Siècle*, Paris, 1986, p. 123.

Qui ne se sent point juste ait un peu de prudence,
Et malheur à qui ne danse
De cadence avecque lui !

Le ballet des *Noces de Thétis et de Pélée*, qui suivit, représentait le roi en *Apollon* triomphateur, entouré des neuf *Muses* (parmi elles, Henriette d'Angleterre, cousine du roi, les duchesses de Créqui et de Roquelaure, la princesse de Conti, nièce de Mazarin). Dès 1655, toutes les musiques de ballets étaient écrites par le fils d'un artisan florentin, le « baladin Baptiste », autrement dit Jean-Baptiste Lully [1].

Ces fictions galantes et brillantes, ces fantaisies mêlées de dithyrambes et d'appels à la gloire répondaient à l'attente d'un public qui, après tant d'années de désordre, semblait irrésistiblement gagné par la ferveur patriotique incarnée dans la dynastie royale. Il ne faut pas donner trop d'importance au sens littéral de ces textes, généreusement distribués au cours des représentations, qui étaient destinés avant tout à mobiliser l'opinion autour de la couronne et, plus encore, à créer un lien d'attachement et de fidélité à la personne du jeune monarque, mais on n'a pas assez souligné à quel point les fêtes mazarines annoncent le règne personnel du roi.

La cavalcade ou course de bagues de mars 1656 dans les jardins du Palais-Royal, poursuivie plusieurs jours dans les rues de Paris, était une préfiguration du fameux carrousel de 1662. Au milieu de cette joyeuse sarabande, Louis, âgé de dix-huit ans, était vêtu d'un costume à la romaine, scintillant d'or et d'argent. Il avait choisi le soleil pour emblème et cette formule pour devise : *Ne piu ne par* (Il n'en est de plus grand ni de pareil), qui fait songer au *Nec pluribus impar* de la maturité...

La guerre avec l'Espagne

Passés inaperçus en raison des troubles intérieurs, les traités, signés à Munster et Osnabrück le 24 octobre 1648, revêtaient une importance exceptionnelle pour l'équilibre européen. La paix était conclue entre la France alliée à la Suède et le Saint-Empire. Ces traités consacraient de façon indiscutable la victoire de la France. Toutefois Mazarin, en bon diplomate soucieux de ménager la stabilité

1. Philippe Beaussant, *Lully ou le musicien du soleil*, Paris, 1992.

du vieux continent, avait tenu à ce qu'ils ne fussent point trop humiliants pour les vaincus, principalement pour l'Empereur. Celui-ci, néanmoins, renonçait à toutes ses prétentions sur les évêchés de Metz, Toul et Verdun acquis par la France en 1552. En outre il cédait au roi les landgraviats de haute et basse Alsace, à l'exception de Strasbourg, la « préfecture » des villes de la Décapole (dont Landau, Wissembourg, Haguenau, Colmar et Turkheim). Il lui abandonnait Brisach, sur la rive droite du Rhin, et un droit de garnison à Philippsbourg. La Suède, alliée de la France, recevait la Poméranie occidentale avec le port de Stettin, les seigneuries de Verden et de Brême ainsi qu'une indemnité de guerre de cinq millions de thalers.

Sortant d'une étroite vassalité à l'égard de l'Empereur, le vaste corps germanique se trouvait profondément remanié. Les princes et les États allemands se voyaient reconnaître non la pleine souveraineté internationale, mais une large autonomie avec droit de faire la guerre et de nouer des alliances avec des puissances étrangères, à condition que ce ne fût ni contre l'Empire ni contre l'Empereur, leur désormais lointain suzerain [1]. Le collège des Électeurs chargé de désigner l'Empereur comprenait huit sièges. Cinq catholiques : les archevêchés de Mayence, Cologne et Trèves, le royaume de Bohême (reconnu possession héréditaire des Habsbourg) et le duché de Bavière. Deux luthériens : le duché de Saxe et le margraviat de Brandebourg. Un réformé (calviniste) : le Palatinat du Rhin. A la vérité, le Saint-Empire romain, ruiné, exsangue, épuisé par l'épouvantable guerre de Trente Ans, n'était plus qu'une mosaïque féodale de 350 États, duchés, villes libres, principautés et principicules, sans volonté politique clairement affirmée [2]. Pour deux siècles le centre de l'Europe devenait un « ventre mou », une zone de faiblesse ouverte à toutes les influences (y compris à la langue et à la culture françaises), et non la grande monarchie moderne dont Vienne avait rêvé. Ainsi l'étau des Habsbourg s'était-il desserré autour de la France. C'était là une très belle et très grande victoire pour Mazarin et, à titre posthume, pour Louis XIII

1. Lucien BÉLY, *Les Relations internationales en Europe. XVIIe-XVIIIe siècles,* Paris, 1992, p. 161.

2. Le Saint-Empire n'avait plus qu'une population d'une quinzaine de millions d'habitants (contre dix-huit ou dix-neuf millions pour la France). En trente ans, selon certaines estimations, la guerre et les épidémies lui avaient coûté 40 % de sa population rurale et près du tiers de sa population urbaine.

et Richelieu, mais une victoire chèrement payée, à la limite du supportable.

Pourtant, les traités de Munster et d'Osnabrück ne réglaient pas tout. Ils étaient loin d'instaurer une paix générale. La guerre continuait avec le Roi Catholique, qui comptait reconquérir ses places perdues de l'Artois et signer une paix blanche. La Fronde, il est vrai, avait sensiblement affaibli la France et lui avait fait perdre la Catalogne, qui s'était donnée à Louis XIII, les places de Dunkerque, Gravelines, Mardyck et Furnes, la garnison de Casal, en Italie, et les présides de Toscane. Elle restait menacée au nord par les Pays-Bas espagnols et au sud par l'Espagne elle-même.

En juillet 1653 Turenne s'empara de Rethel et parvint à contenir l'avancée des troupes de Condé, bien supérieures en nombre, qui tentaient, en remontant l'Oise, de marcher sur Paris. Louis XIV tint à passer ses régiments en revue. Le 16 juillet, il se mit en route avec le cardinal. Arrivé au camp de Saint-Algis, près de Marle, quartier général de Turenne, il fut reçu dans un débordement de joie, au bruit du canon et des salves de mousquets. Turenne porta une partie de ses troupes vers Ribemont, sur la rive gauche du fleuve, où l'on escarmoucha les avant-postes de M. le Prince. Installé sur une hauteur, à une « portée de mousquet », Louis put assister à toute l'action. Ravi de cet engagement, pendant trois jours il ne lâcha pas son mentor. Au conseil des généraux, comme on parlait de rompre un pont de pierre afin d'empêcher une attaque ennemie, l'adolescent de quinze ans s'écria avec enthousiasme : « Faisons-en plutôt une douzaine pour aller à eux [1] ! » C'était un jeune chien fou ! Antoine Vallot, son médecin, s'épuisait en vaines recommandations, car le jeune homme avait de temps à autre des fatigues et des « flux de ventre ». Aux remontrances de l'homme de l'art il répondait qu'il « aimait mieux mourir que de manquer la moindre occasion où il y allait de sa gloire et du rétablissement de son État [2] ».

En octobre, il était sous les murs de Sainte-Menehould, avec le maréchal de la Ferté-Senneterre. Au cours du siège, qui s'acheva par la reddition de la place le 25 novembre, le roi se dépensa sans compter, passant une partie de ses journées à cheval, malgré le

1. *Journal de Jean Vallier*, Paris, 1918, t. IV, p. 277.
2. VALLOT, D'AQUIN et FAGON, *Journal de la santé du roi Louis XIV*, intr. et notes par J.-A. LE ROI, Paris, 1862, p. 16-17.

brouillard, le temps pluvieux et les mauvais chemins boueux. Chacun admirait son endurance et sa pugnacité. L'année suivante (1654), au début de juillet, Louis assista au côté du maréchal Fabert à l'ouverture de la tranchée devant Stenay et, un mois plus tard, fit son entrée dans cette place, la dernière qui appartînt à Condé. Pendant ce temps, trois corps d'armée composés d'Espagnols et de Lorrains pénétraient en Artois et entamaient le siège d'Arras. Les combats furent violents. Le gouverneur de la place, Jean de Schulemberg, comte de Mondejeu, opposa une énergique résistance. Dans la nuit du 24 au 25 août, Turenne réussit à forcer les lignes de circonvallation espagnoles et mit les assiégeants en déroute. Ils abandonnèrent sur le terrain 2 000 à 3 000 tués ou prisonniers, 64 pièces d'artillerie, 2 000 chariots, 9 000 chevaux, 600 tentes, toute la vaisselle d'argent des officiers supérieurs et le bagage des soldats. Le 25, jour de la Saint-Louis, le roi quitta le quartier général de Péronne et entra dans la ville. La libération d'Arras marque le début de l'irrémédiable crépuscule de la puissance militaire espagnole.

En juin 1655 on fit le siège de Landrecies, une des principales villes du Hainaut, qui se rendit au bout de quelques jours. « Le *Confident* est infatigable, écrit du camp de Marolles Mazarin à la reine le 31 juillet : il a marché toute la journée avec l'armée et, en arrivant ici pour se reposer, il est allé voir toutes les gardes avancées du corps que M. le maréchal de la Ferté commande, c'est-à-dire près d'Avesnes. Il vient de retourner, et, ce que j'admire, c'est qu'il n'est pas las après être resté quinze heures à cheval ; mais s'il continue de la sorte, il est impossible que ceux qui le suivent y puissent fournir. Toute notre espérance est qu'il se lassera à la fin [1]. »

A la mi-août, pendant le siège de la place de Condé, un détachement tomba sur la cavalerie espagnole. Les Français pris de panique s'enfuirent, abandonnant les précieux étendards de satin bleu semé de lys d'or du régiment du roi. Le prince de Condé, se souvenant qu'il était du sang de France, les fit rendre à Montpezat, mestre de camp du régiment, en lui écrivant qu'il n'avait pu supporter de voir les fleurs de lys aux mains des Espagnols. Louis XIV renvoya les étendards à leur expéditeur en l'assurant « que c'était une chose si rare de voir les Espagnols battre les Français qu'il ne fallait pas,

1. *Lettres du cardinal Mazarin*, éd. Avenel, Paris, 1843, t. VII, p. 25-26.

pour le peu que cela arrivait, leur enveler le plaisir d'en garder les marques [1] »!

Après la capitulation de la ville de Condé, Saint-Ghislain tomba. La campagne de 1656 fut moins brillante. En juin Turenne échoua devant Valenciennes, capitale du Hainaut, et eut toutes les peines du monde à organiser la retraite. En 1657, au siège de Cambrai, M. le Prince força les défenses royales et se jeta dans la place avec 2 000 cavaliers. Son génie militaire, sa fougue ne faisaient que retarder l'échéance fatale. Ce triste jeu des places perdues ou gagnées risquait de se prolonger encore longtemps. Pour s'emparer de la Flandre maritime, il fallait une armée navale que la France n'avait pas. Depuis la disparition de Richelieu, la marine avait été dramatiquement négligée. Les ports français n'abritaient plus que quelques vaisseaux vieillis, mal équipés et médiocrement entretenus.

Mazarin n'avait ni l'argent ni surtout le désir de relever cette flotte, pour ne pas chatouiller la méfiance atavique des Anglais dont il recherchait l'alliance depuis quelque temps. Un premier traité de commerce avait été signé avec Cromwell, à Westminster, le 3 novembre 1655. Une clause secrète, peu glorieuse, prévoyait l'expulsion de France des enfants Stuart, Charles et Jacques. Restait à négocier un rapprochement militaire. Cela fut fait le 23 mars 1657.

Ce n'était vraiment pas l'entente cordiale : la convention, valable un an, était limitée aux conquêtes de Dunkerque, Mardyck et Gravelines. Dans ce but, la France devait fournir 20 000 hommes, l'Angleterre 6 000 « têtes rondes » et l'escadre nécessaire au blocus naval. En contrepartie de l'appui des Anglais, il était convenu que Dunkerque et Mardyck, une fois conquises, leur seraient remises. Comme le craignait Mazarin, le traité souleva de vives réprobations en France, notamment au sein du parti dévot, où l'on admettait mal que l'on pût s'acoquiner avec des régicides protestants. Mazarin jugeait la situation avec réalisme. S'il avait couru le risque de prendre cette voie escarpée, c'était parce qu'il mettait l'objectif de la paix par-dessus tout. Depuis vingt-deux ans que le pays s'épuisait à lutter contre la maison d'Autriche, il fallait en finir au plus tôt pour épargner aux Français un surcroît de souf-

1. MONTGLAT, *Mémoires*, éd. MICHAUD et POUJOULAT, Paris, 1838, t. IV, p. 308-309

frances inutiles. Après bien des difficultés avec les Anglais, qui n'envoyèrent que la moitié du contingent promis, Turenne put s'emparer de Saint-Venant et de Mardyck.

A l'est, cependant, de grands changements étaient intervenus. L'empereur Ferdinand III était mort à Vienne le 1er avril 1657. La France ne pouvait évidemment se désintéresser de sa succession. La couronne impériale était élective, mais il était de tradition qu'elle revînt aux Habsbourg. En général l'empereur prenait soin de faire élire de son vivant son fils « roi des Romains », de sorte qu'il n'ait plus qu'à lui succéder à son décès. Or, cette formalité n'avait pas été accomplie pour Léopold, roi de Hongrie, fils de Ferdinand. Les électeurs allaient donc être convoqués pour se prononcer sur sa candidature. Mazarin craignait que celui-ci poursuivît la politique antifrançaise de son père. C'est pourquoi, un moment, il songea à poser la candidature de Louis XIV à la couronne impériale. Dans ce but, il se rendit à Metz avec le roi et y resta deux mois, en septembre et octobre 1657. Mais il comprit la vanité d'une telle démarche. On ne bousculait pas ainsi les traditions du vieux corps germanique habitué à rendre hommage à un suzerain habsbourgeois. Le mieux était encore de s'appuyer sur les électeurs favorables à la France pour lier les mains du candidat autrichien. Les députés des princes se réunirent à Francfort au printemps de 1658. Finalement, le texte d'une « capitulation électorale » fut mis au point. Léopold dut la ratifier et jurer sur les saints Évangiles de s'y conformer. Aux termes de cet accord signé le 18 juillet 1658, le candidat s'engageait à ne pas appuyer par les armes les ennemis de la France. Le même jour, il fut élu empereur.

Comme deux précautions valent mieux qu'une, Mazarin œuvra à lier tous ses clients et alliés germaniques par un pacte défensif d'assistance mutuelle, chargé de faire respecter ces engagements, au besoin par la force. L'acte constitutif de cette « Ligue du Rhin » fut signé à Francfort le 14 août par les archevêques-électeurs de Mayence et de Cologne, le duc de Neubourg, les trois ducs de Brunswick-Lunebourg, le roi de Suède en tant que duc de Brême et de Verden, auxquels se joignirent peu après le roi de France, le landgrave de Hesse, l'électeur de Trèves, l'évêque de Munster, le comte de Waldeck et le duc de Würtemberg. Si la Ligue du Rhin était conçue par les Français comme un instrument d'influence au sein de la nébuleuse germanique, pour les princes allemands qui y adhéraient elle était perçue moins comme un lien d'allégeance à l'égard des Bourbons que comme un acte patriotique destiné à tenir les Habsbourg à distance des affaires de la région.

Le traité d'alliance avec l'Angleterre avait été renouvelé en mars 1658. Une flotte britannique, forte de 18 vaisseaux, commença le blocus de Dunkerque. A la fin de mai, Turenne investit la place après avoir pris Cassel. L'entreprise n'était pas aisée. L'arrière-pays était envahi par les eaux. De leurs places de Bergues, Furnes et Nieuport les Espagnols envoyaient de nombreux détachements pour essayer de couper les communications et gêner l'approvisionnement des troupes françaises. Le roi s'était installé à Calais avec sa mère et le cardinal. Il voulut assister au siège

« J'ai tâché de faire connaître au roi, ce matin, écrivait Mazarin à la reine le 27 mai, que son séjour ici, au lieu d'avancer le bien du service, le reculait; que tout le monde était du même avis et que la cour consommait ce qui aurait plus utilement servi pour l'armée, sans parler des incommodités que Sa Majesté souffrira en ce lieu, qui augmenteront toujours. Mais vous croirez aisément que la harangue que je lui ai faite n'a produit aucun effet et ne lui a pas plu. Il est le maître, mais rien ne me peut empêcher de lui dire toujours ce que je croirai de son service. » Cette lettre laisse deviner des tensions entre le premier ministre et son élève de dix-neuf ans qui s'affirme.

Les troupes de secours conduites par Condé et don Juan d'Autriche, fils naturel de Philippe IV, marchèrent sur Dunkerque. Le 14 juin, elles subirent une cinglante défaite lors de la bataille des Dunes, où elles laissèrent 1 300 morts ou blessés sur le terrain, abandonnant 4 000 prisonniers entre les mains des Français. Le 23 juin, Dunkerque capitula. Louis assista à la sortie des vaincus et passa en revue les troupes avant de faire son entrée solennelle dans la ville.

Conformément aux engagements pris, mais à contrecœur, il fit remettre les clés de la ville conquise aux Anglais. Poursuivant sa marche victorieuse, Turenne s'empara de Bergues, Furnes, Dixmude en juillet, Gravelines en août, Audenarde et Ypres en septembre. Chassés des places maritimes, battus par les Portugais dans la province d'Alentejo, menacés dans le Milanais, les Espagnols n'avaient d'autres ressources que de s'asseoir à la table de négociation s'ils ne voulaient pas voir la chute de Bruxelles et la fin de leur présence dans les Pays-Bas...

Une sérieuse alerte

Le roi, cependant, ne vit pas la fin de la campagne. Une grave maladie le surprit en effet à Mardyck. La chaleur intense, le manque d'eau, l'odeur pestilentielle des marais rendaient le séjour dans cette place particulièrement malsain. Louis, qui avait passé des journées entières à cheval, ressentit soudain une profonde lassitude, suivie d'une poussée de fièvre pourprée. Mazarin eut toute les peines du monde à le persuader de revenir à Calais, où il arriva le 1er juillet. Ni les habituels lavements ni les saignées ne vinrent à bout de sa terrible migraine, du redoublement de la fièvre, de l'éruption de taches pourpres et de bouffissures sur tout le corps. Il s'agissait de la scarlatine, maladie mortelle à l'époque. L'état du patient plongea les Diaphoirus en robe noire et bonnet carré dans l'angoisse : le roi passait de la torpeur à l'agitation extrême. Il délirait, et ses délires s'accompagnaient de convulsions. La purgation et les vésicatoires ne produisirent aucun effet. Vallot en perdait son latin. Mazarin, accablé, entrevoyait la catastrophe qui mettrait à bas son œuvre et ruinerait le royaume. D'évidence, le cadet, Philippe, duc d'Anjou, le petit prince aux beaux yeux noirs, à la bouche vermeille et aux boucles brunes, n'était pas préparé pour monter sur le trône. Anne d'Autriche, bouleversée, abîmée de douleur, songeait à se retirer dans un couvent.

Dans la nuit du 6 au 7 juillet, l'état du roi empira. On lui apporta le saint viatique. Il communia pieusement, envisageant la mort avec un calme et une fermeté de caractère surprenants de la part d'un jeune homme si robuste et débordant de vie.

La perspective d'un nouveau règne ouvrait la porte à toutes les cabales. Craignant d'être devancés, des courtisans étaient allés faire leur compliment au futur roi, le duc d'Anjou. Une intrigante, Mme de Fiennes, se posait en égérie du jeune prince. D'anciens frondeurs comme le président Perraut, le duc de Brissac et M. de Jarzé se réjouissaient publiquement de la disparition prochaine de Louis XIV.

Un aréopage de six membres de la Faculté discuta longuement des remèdes à utiliser. Guénaut, médecin d'Anne d'Autriche, proposa d'essayer l'émétique, potion à base d'antimoine et de vin. C'était d'une grande audace, car certains tenaient l'antimoine pour un poison! Mazarin donna son accord, et Vallot se rallia au projet. Le lundi 8 juillet, conte Vallot, « incontinent après cette délibération, je fis mêler trois onces de vin émétique avec trois prises de tisane laxative et sur-le-champ je lui fis prendre une tierce partie de tout ce mélange qui réussit si bien et si heureusement que le roi fut purgé vingt-deux fois d'une matière séreuse, verdâtre et un peu jaune, sans beaucoup de violence, n'ayant vomi que deux fois, environ quatre ou cinq heures après la médecine [1] ». Miracle! Le mal s'arrêta net et, en quelques jours, la santé du roi se rétablit. L'émétique avait conquis ses lettres de noblesse. Il fera fureur tout le siècle!

A Paris, les processions publiques s'étaient multipliées. Dans les églises on avait exposé le saint sacrement aux prières de la foule. On avait envoyé à Calais les reliques de saint Roch, et les échevins avaient fait le vœu de participer le jour de la Saint-Louis à une procession et d'assister à une messe dans la chapelle des Tuileries, tradition qui se perpétua jusqu'à la Révolution.

Cette grave maladie marqua profondément le jeune roi et endurcit son caractère. Il se rendit compte du prix de la vie et de la fragilité de certaines fidélités humaines...

Les queues de Fronde

Retz était un gêneur. Emprisonné à Vincennes pour des motifs politiques, on n'avait rien à lui reprocher. Son dossier était vide, ses agissements antérieurs, couverts par l'amnistie. D'ailleurs, si on avait à lui faire un procès, c'était à un tribunal ecclésiastique de le juger et même au pape, puisqu'il était membre du sacré collège. Mazarin, qui l'exécrait, multipliait promesses et menaces pour le contraindre à signer sa lettre de démission. Mais le captif savait bien que ses fonctions de coadjuteur étaient sa seule bouée de sauvetage. Un parti favorable à ses intérêts s'était organisé autour de son frère Pierre, duc de Retz, et de son cousin Brissac. Il inondait le roi, la reine, Mazarin, le pape, les cardinaux de larmoyantes suppliques clamant son innocence et exigeant la fin de son injuste emprisonnement. Un peu partout des amis se faisaient connaître. Les dévots, les curés de Paris, les chanoines de Notre-Dame, la Sor-

1. VALLOT, d'AQUIN et FAGON, *op. cit.*, p. 59.

bonne, Port-Royal priaient ou faisaient prier pour sa libération. Prenant à cœur sa cause, le pape Innocent X adressa au roi plusieurs brefs pour lui demander son indulgence.

Lorsqu'en mars 1654 son oncle Jean-François de Gondi, archevêque titulaire de Paris, passa de vie à trépas, Retz signa enfin sa renonciation : c'était une ruse. Le texte était assorti de clauses suffisamment restrictives pour que, sitôt libéré, il pût révoquer sa signature comme lui ayant été extorquée. Placé en résidence surveillée au château de Nantes, il n'attendit d'ailleurs pas l'ordre de libération. Le 9 août, aidé de quelques complices, il s'évada en se laissant glisser le long d'une grosse corde qu'il avait dissimulée sous sa simarre. Diable de cardinal!

Ce camouflet fouetta Mazarin. Les amis de l'évadé furent pourchassés, persécutés, y compris les chanoines et curés de Paris, l'archevêché fut déclaré vacant. Retz avait gagné l'Espagne puis Rome, où il s'était mis sous la protection du pape. Le coup de force de Mazarin déclarant vacant le siège de Paris avait choqué la plupart des membres ecclésiastiques, attachés aux libertés de l'Église gallicane. Retz en profita pour nommer de nouveaux grands vicaires dont Chassebras, fort combatif, qui parvint à gouverner à peu près tout le diocèse au nom de l'exilé. Recherché par toutes les polices – on le croyait à l'abri derrière les murs inviolables du couvent de Port-Royal ou de la nonciature romaine à Paris –, il se cachait en réalité dans le clocher de Saint-Jean-en-Grève! Avec l'appui du petit peuple, cette « Fronde des curés » dura plusieurs mois [1].

Condé et Retz n'étaient pas seuls à donner du souci au roi. Il fallait aussi se débarrasser de quelques personnages troubles, qui avaient profité de la guerre pour mener un jeu personnel. Ainsi le vice-amiral de Foucault, comte du Daugnon [2]. En 1646, à la mort de son « patron », le jeune marquis de Maillé-Brézé, il s'était installé dans son gouvernement de Brouage et s'y était barricadé, comptant l'échanger contre un bâton de maréchal. Comme on avait besoin de la flotte de La Rochelle, qu'il contrôlait, on n'osa

1. Richard M. GOLDEN, *The Godly Rebellion. Parisian Curés and the religious Fronde, 1652-1662,* Chapel Hill, 1981, a sans doute exagéré l'importance de cette « Fronde ecclésiastique ».

2. René LA BRUYÈRE, *Maillé-Brézé, général des galères, grand amiral, 1616-1646,* Paris, 1945, p. 227.

l'arrêter. Lors de la première Fronde bordelaise, Mazarin accepta de régulariser sa situation en le confirmant dans ses fonctions de lieutenant général des « Isles et tours » d'Aunis, en lui laissant sa part dans les gabelles du pays mais, en 1651, l'ingrat, tournant casaque, rallia le camp de Condé, moyennant 100 000 livres. Il renforça alors les défenses de Brouage, de l'île d'Oléron et de La Rochelle, n'hésitant pas à mêler « sa » flotte aux voiles du roi d'Espagne. Louis de Bassompierre, évêque de Saintes, s'entremit pour le réconcilier avec la cour. A la fin de 1652, Servien et Le Tellier lui proposèrent d'échanger l'espèce de souveraineté navale qu'il s'était constituée contre le titre d'intendant de la navigation et du commerce, la couronne de duc, le bâton de maréchal, la promesse de recevoir le collier des ordres du roi à la prochaine promotion et 530 000 livres de gratification. Marché conclu ! Un an plus tard, devenu maréchal, Foucault vint à la cour remercier Sa Majesté. Le cauteleux se jeta à ses genoux, protestant de son indéfectible fidélité : « Dieu le veuille ! » lui répondit sèchement le jeune roi qui lui tourna le dos.

On le voit, les comportements féodaux de l'aristocratie n'avaient pas encore disparu. Voici un autre exemple : Henri de Lorraine, comte d'Harcourt, Grand Écuyer de France, celui-là même qui avait porté l'épée du souverain lors de sa majorité, avait été chargé de réduire Bordeaux en 1652. Arrêté en route par la résistance de Villeneuve-sur-Lot, il entra subitement en rébellion contre le pouvoir, sous prétexte qu'on lui avait mesuré les renforts, en réalité parce qu'il estimait ne pas avoir reçu de récompense digne de ses mérites. Quittant l'armée, il gagna l'Alsace et s'enferma dans Brisach, place qui appartenait à Mazarin, avec la ferme intention de se tailler une principauté indépendante aux frontières du royaume. Il entra alors en négociation avec l'Espagne, qui lui promettait 200 000 écus s'il s'engageait à ses côtés. Cette dangereuse dissidence se termina par un arrangement : Harcourt consentit à rendre Brisach moyennant 220 000 livres, une rente de 150 000 livres et le gouvernement de l'Anjou. A Louis XIV qui s'indignait de ce que c'était payer cher son crime de haute trahison, Mazarin rappela que son aïeul, le roi Henri, n'avait pas agi autrement en achetant M. de Villars-Brancas, gouverneur de Normandie, pour 1 600 000 livres, et le duc de Mayenne pour un million. Les prix avaient même baissé !

En 1648 Charles de Monchy, marquis d'Hocquincourt, avait été sur le point de livrer Péronne à la Fronde pour les beaux yeux de Mme de Montbazon. Finalement il s'était ravisé, et son excellente conduite militaire lui avait valu le maréchalat de France et la vice-royauté de Catalogne. Mais il jalousait les grands chefs de guerre comme Turenne et La Ferté. Mécontent de ne pas avoir été employé pendant la campagne de 1655, il proposa à Condé de lui livrer Ham et Péronne, moyennant rétribution. Cette fois, ce n'était pas Mme de Montbazon qui l'avait entraîné, mais, semble-t-il, la duchesse de Châtillon, maîtresse de Condé, dont il était tombé follement amoureux! Avide et sans scrupule, Hocquincourt poussa le cynisme jusqu'à révéler à la cour les offres de M. le Prince, pour faire monter les enchères. Il traita à 600 000 livres avec le roi, contre la promesse que le gouvernement de Péronne irait à son fils et que la duchesse de Châtillon, l'impénitente frondeuse, serait libérée, mais en 1658, se jugeant maltraité, il rallia le camp de Condé. L'honneur de la famille fut sauvé par son fils, Georges, qui lui avait succédé à Péronne. Celui-ci refusa de livrer la ville aux Espagnols et, aux vaines tentatives armées de son père, ne répondit que par le canon!

Exemples parmi d'autres de l'indiscipline de la noblesse. Comment restaurer l'État quand Balthasar de Fargues, lieutenant de roi de Hesdin, négociait avec l'ennemi la reddition de sa place pour conserver ses fonctions et recevait le roi à coups de canon, que le duc d'Épernon réclamait 300 000 livres pour ne point « traverser les affaires du roi » et que le duc de Vendôme exigeait 30 000 livres de pension aux adjudicataires des gabelles « avec menaces de ruiner leurs fermes et de soutenir le faux saunage s'il n'était pas satisfait »?

Le « grand renfermement » des pauvres

Comme toutes les grandes secousses sociales, la Fronde avait provoqué un flot de misère. Fuyant les troubles militaires et les mauvaises récoltes, des armées de gueux, venues des campagnes avoisinantes, s'étaient abattues sur la capitale. Les œuvres de charité, les vieux hôtels-Dieu, le bureau des pauvres, créé par François Ier, l'hôpital de la Pitié, fondé par Catherine de Médicis, avaient bien dispensé des soins et distribué des vêtements et de l'argent, mais leurs moyens s'étaient avérés insuffisants pour soulager l'effrayante pauvreté. Dans les années 1650-1660 on estimait à environ 40 000 le nombre des indigents, soit près d'un Parisien sur quatre !

Naturellement grands et petits délits se multipliaient : vols à l'étalage, effractions, attaques de passants dans la rue. A chaque instant les « honnêtes gens » se trouvaient accostés par de vrais ou faux mendiants, des coupe-bourses, des filles des rues qui offraient, jusque sous le porche des églises, le spectacle de leur repoussante saleté ou de leur vice.

L'ère des grands saints et saintes, celle des François de Sales, des Vincent de Paul, des Jeanne de Chantal, mus par la vraie « charité », c'est-à-dire l'amour de Dieu étroitement uni à la compassion envers le prochain, s'achevait. Un changement de mentalité était perceptible. Les dévots, les laïques, qui avaient pris la direction des œuvres et des confréries de charité, se souciaient avant tout de l'ordre public. Loin d'être l'image de Jésus-Christ humilié et souffrant, les pauvres, les vagabonds, les infirmes, les incurables, les enfants abandonnés représentaient un scandale social : ces marginaux, incapables de s'adapter à la normalité, étaient des « fainéants » responsables de leur état, que la société devait dresser et remettre dans le droit chemin. Il fallait nettoyer les rues et les taudis de ce fléau. Aussi mirent-ils au point un vaste programme de moralisation et d'épuration. L'objectif était double : en enfermant les vagabonds on améliorait la sécurité de la ville en même temps qu'on essayait de les éduquer chrétiennement.

Sous la pression des membres de la Compagnie du Saint-Sacrement, Anne d'Autriche et Mazarin, par édit du 27 avril 1657, créèrent l'Hôpital général, institution administrative qui regroupait un ensemble d'établissements comme la Grande et Petite Pitié au faubourg Saint-Victor, le château de Bicêtre, la Savonnerie de Chaillot, l'hôpital de Scipion et surtout la Salpêtrière, qui avait une capacité d'accueil de 6 000 personnes (à six par lit ou paillasse). Dans ces centres on logea, sans toujours faire de distinction, des vieillards, des infirmes, des orphelins, des enfants trouvés, des prostituées, des filles célibataires, des mendiants. Les lépreux, les malades contagieux, les vagabonds mariés en étaient écartés. Placée sous le patronage royal, l'institution avait pour responsable Pomponne de Bellièvre, premier président au parlement de Paris, et Nicolas Fouquet, procureur général. Ils étaient assistés de 26 directeurs dont une douzaine de membres de la Compagnie du Saint-Sacrement. L'œuvre était gérée par le Parlement et l'archevêché. Elle vivait de dons, de legs, d'une taxe sur les spectacles et d'une autre sur les vins.

Le règlement était contraignant. En échange du gîte et du couvert – et quel gîte et quel couvert! – les « hôtes » de l'Hôpital général, revêtus d'une blouse de toile grossière en guise d'uniforme, étaient soumis au travail obligatoire en ateliers, en fonction de leur âge et de leurs aptitudes. Horaires réguliers, fouet pour les récalcitrants. On cherchait aussi à les éduquer moralement – particulièrement les personnes de mauvaise vie – par des sermons, des prières collectives.

Sans doute ne faut-il pas trop exagérer la thèse du « grand renfermement des pauvres ». On pouvait sortir de la Salpêtrière. Ce n'était pas un « camp de concentration » comme on l'a dit, mais plutôt une grande caserne, à la fois hospice, asile d'aliénés et maison de correction, où, dans l'esprit de ce siècle de fer, on ne badinait pas avec la discipline [1].

Au début, l'idéal de charité n'était pas encore totalement étouffé par la crainte « sécuritaire ». Les internements ne duraient qu'une à deux semaines. On s'occupait activement des nécessiteux. Vincent de Paul et les animateurs des œuvres de la Réforme catholique collaboraient à l'entreprise. Mais ils s'en écartèrent au bout de quelques mois ou de quelques années, lorsque le caractère policier et répressif s'accentua. L'édit de 1656 interdisait le vagabondage et la mendicité dans les rues. Dès le 18 avril 1657 le parlement de Paris enjoignit aux errants nécessiteux de se retirer à l'Hôpital général sous peine d'y être conduits de force. Ce n'était pas de vaines menaces. Bientôt une police privée, les archers des pauvres, opéra des rafles. L'oisiveté était partout pourchassée. En août 1661 un édit royal menaça du fouet les mendiants et des galères les récidivistes. L'internement des indésirables prit le pas sur les soins donnés aux indigents. On enferma dans les hôpitaux des gens parce qu'ils étaient pauvres et non pour une quelconque faute ou maladie. En 1662 une déclaration royale annonçait la création d'un hôpital général dans chaque ville ou gros bourg de France.

1. Jean-Pierre GUTTON, *La Société et les pauvres en Europe*, Paris, 1974.

Tout cela allait dans le sens du contrôle toujours plus étendu du pouvoir sur la société. On était passé insensiblement d'une société d'ordres, au pluriel, à une société d'ordre, au singulier. Les années 1650-1660 marquent une étape importante dans l'évolution des sensibilités. C'est la fin d'un certain type de sociabilité villageoise, héritée du Moyen Age, la substitution à l'âge baroque d'une société classique, marquée par la rationalité. Dans les campagnes, certaines traditions festives, certaines coutumes – les charivaris, les joyeuses processions des confréries artisanales, les courses de taureaux, les joutes, les cérémonies burlesques prisées de la jeunesse mais jugées bruyantes, désordonnées ou peu convenables – ont tendance à s'estomper ou à tomber dans l'oubli. La foi religieuse elle-même, sous l'influence de la Contre-Réforme, s'épure, se libère des traditions païennes et des superstitions ancestrales. Bientôt l'arrivée dans les campagnes de nouvelles générations de prêtres mieux formés dans les séminaires, imprégnés d'un sens nouveau de l'autorité et du respect de la hiérarchie que n'avaient pas les curés ignares et débraillés du début du siècle, modifiera les mentalités. Insensiblement, une sociabilité politique nouvelle se met en place. Comme l'aurore attend la levée du soleil, la France est prête à l'absolutisme louis-quatorzien...

CHAPITRE VI

Le pouvoir restauré

Une monarchie trifonctionnelle

Considérée dans son ensemble, la société d'ancien régime offre la vision d'une vaste pyramide ou, si l'on préfère, d'une impressionnante cascade de pouvoirs, d'une hiérarchie de provinces, de corps municipaux, de communautés villageoises, de seigneuries, de compagnies d'officiers, de corps de marchands et d'artisans, de manufactures et de confréries de toutes sortes... A cet enchevêtrement de corps intermédiaires s'ajoute celui des procédures, des statuts personnels ou collectifs, des traditions, des privilèges, titres, dignités, honneurs. Dominant le tout, rassemblant sous sa houlette ses bons et loyaux sujets, le monarque a pour devoir principal de rendre à tous parfaite justice. Telle est la vieille « société d'ordres et d'estats » dont parlait Loyseau au début du XVIIe siècle.

Disons-le tout de suite, cette vision idyllique d'une société immobile, ordonnée et harmonieuse, ne reflète que très imparfaitement la réalité sociale, et imaginer le roi seulement comme l'arbitre paternel entre les familles, le protecteur des vassaux et arrière-vassaux, assurant à tous la sécurité, la justice et la liberté, serait un point de vue réducteur. Le pouvoir n'a pas uniquement pour fonction de fédérer les corps sociaux, d'harmoniser l'action des diverses communautés. Par nature, il est ambivalent et ambigu.

Dans les régimes démocratiques modernes, le champ du politique s'étend à toute la société. Les citoyens sont partie prenante du fonctionnement de l'État : ils choisissent librement leurs représentants, désignent directement ou indirectement leurs dirigeants, arbitrent par leur vote les grandes orientations gouvernementales. La séparation des pouvoirs assure le contrôle démocratique et la régulation de l'action gouvernementale. Sous l'ancien régime il en allait autrement. Une cloison étanche séparait, d'un côté, la société civile, avec ses structures hiérarchiques, ses ordres, ses corps, et, de l'autre, l'État royal, faible mais concentré, exerçant la *potestas absoluta*, la souveraineté absolue et sans partage. Entre cette puissance étatique et la société civile existaient, bien entendu, des relations, mais celle-ci dans son ensemble n'entrait pas dans le champ du politique, qui restait l'attribut et le lieu d'expression du prince.

Aspirant à représenter l'intérêt général, le « bien commun » comme disaient les théologiens médiévaux, le pouvoir central se situait en dehors de la société – et non à l'intérieur –, au-dessus des groupes et des collectivités particulières. S'il n'avait pas à s'interroger sur sa mission – elle était claire –, il devait constamment prendre ses distances par rapport aux pouvoirs sociaux. Une vigilance élémentaire l'incitait à contrôler son champ d'action, à délimiter sa sphère d'influence, afin d'empêcher l'empiétement des intérêts privés. Sans cet effort incessant il ne pouvait disposer d'un espace suffisant pour se déployer, voire exister : songeons par exemple à l'autorité du malheureux Charles Ier d'Angleterre, constamment battue en brèche par le « long Parliament » qui lui mesurait les subsides au compte-gouttes, comme un tortionnaire étouffe sa victime avec un garrot. Voilà pourquoi le pouvoir central, tout en étant « fédérateur », se devait d'être aussi « diviseur ». C'est la condition essentielle de sa survie. A lui d'organiser les rivalités, d'attiser les divers antagonismes qui sous-tendent les groupes sociaux, d'exploiter les dissensions entre les coteries, de jouer des différences, des susceptibilités de rangs et de prestiges, à lui de régler, par la distribution des grâces et des faveurs, l'émulation des familles et des individus, de réguler l'élévation ou l'abaissement de certains clans au sein de la société stratifiée, tout en veillant à maintenir l'équilibre des forces centrifuges, car l'excès de désordre peut lui nuire, de même que l'entente trop parfaite de ses sujets peut lui faire perdre la maîtrise de la situation. Fédérateur mais aussi diviseur, le pouvoir, comme Janus, offre deux faces contradictoires.

Il présente un troisième aspect, qu'il ne faut pas confondre avec sa fonction de « diviseur », celui de « niveleur », car, comme tout pouvoir, le pouvoir royal a une tendance hégémonique : il cherche non à ruiner – ce n'est pas son intérêt –, mais à amoindrir les môles de résistance. Le pouvoir, écrit Bertrand de Jouvenel, est « niveleur en tant qu'il est État, parce qu'il est État. Le nivellement n'a pas besoin d'être à son programme : il est dans sa destinée. Dès lors qu'il veut s'emparer des moyens existant dans la communauté, il se voit aussi naturellement amené à détruire les édifices sociaux que l'ours en quête de miel à briser les cellules de la ruche [1] ». Ainsi la monarchie française apparaît-elle comme une *monarchie trifonctionnelle*, dotée d'un pouvoir à la fois *fédérateur, diviseur* et *niveleur*, sans qu'aucun de ces termes antinomiques ne puisse paraître l'emporter, au moins à courte échéance [2]. Les écrivains et les historiens conservateurs ne verront que le premier aspect du système : la foisonnante diversité des corps, de leurs immunités et privilèges, et, au-dessus, le principe d'unité, qui agit comme le ciment sur les pierres d'un vieux mur. Maurras, par exemple, ne cessera de répéter que la France de l'ancien régime était « toute hérissée de libertés » et que le roi servait de fédérateur à l'infinité des petites républiques, des institutions domestiques, des magistratures indépendantes qui composaient le tissu social. Au contraire, les libéraux, derrière Tocqueville, mettront l'accent sur l'empiétement tentaculaire de la bureaucratie royale, le rôle destructeur de l'État, ce nouveau Minotaure qui se nourrit de la chair de la nation et annonce le pouvoir jacobin. Dans les deux cas, cette approche unidimensionnelle méconnaît la réalité trivalente du pouvoir. Celle-ci, pourtant, est indéniable : par exemple, le comportement du roi de France à l'égard de la noblesse, de *sa* noblesse. Le roi est le premier gentilhomme du royaume, le seigneur des seigneurs : jamais il ne sera question de renier cette donnée première. De cette noblesse il est le rassembleur et le protecteur. Il veille jalousement à sa survie, au maintien des différences de rangs. Il tient même à conserver la cloison qui la sépare des autres couches sociales, car la société élitiste est celle dans laquelle il vit, dont il partage pour une bonne part les valeurs et les comportements. Mais, en même temps, il

1. Bertrand de Jouvenel, *Du pouvoir. Histoire naturelle de sa croissance*, Paris, éd. de 1972, p. 194.

2. Afin d'éviter toute méprise ou ambiguïté, précisons que le terme de « trifonctionnel » employé ici s'applique uniquement aux fonctions remplies par le pouvoir politique et n'a rien à voir avec la division trifonctionnelle de la société, telle que l'envisageait Georges Dumézil.

élève contre elle le monde des offices, qu'il encourage dans ses revendications et ses aspirations. Grâce à la mobilité sociale qu'il organise au travers des ventes d'offices et des anoblissements, il bâtit par touches successives une élite concurrente. Il crée des structures parallèles. Il divise pour régner, non par machiavélisme, mais parce que sa fonction le veut ainsi, par une nécessité inhérente à sa nature, par égoïsme bien compris. Enfin – troisième aspect de son action –, il se méfie des puissants, des Grands, qu'il écarte des hautes fonctions, qu'il exile au besoin. Saint-Simon, avec sa singulière myopie, n'a décrit que ce dernier aspect de la politique royale : le prodigieux abaissement des rangs, l'élévation scandaleuse des conseillers et des commis bourgeois au détriment des pairs de France et de la haute aristocratie de cour. Il n'a vu que l'avilissement de la noblesse, sans comprendre que le monarque ne veut pas sa disparition mais sa parfaite soumission.

Cette politique ne s'applique pas seulement au second ordre. Le roi balaie d'un revers les prétentions des parlements, réduit le pouvoir des municipalités et des corporations ; il cesse de convoquer les états provinciaux, supprime les coutumes, les usages anciens lorsqu'il le peut, c'est-à-dire lorsque ses coups de boutoir ne rencontrent pas trop de résistance. Il taille, nivelle par le haut sans réaliser que, de ce fait, il dépossède progressivement le pays de ses moyens traditionnels d'expression. Quand il ne peut supprimer les privilèges d'une ville ou d'un corps, il en marchande le renouvellement contre un « don gratuit ».

Cette situation n'avait en soi rien d'anormal sous l'ancien régime. A la fois moteur et frein, révolutionnaire et conservateur, tissant « une dialectique de subversion à l'intérieur du corps social [1] », le pouvoir se devait de gérer habilement ses contradictions internes, dans un état de perpétuelle tension dynamique. Contradictions ne signifie pas nécessairement autodestruction. Ne pouvant anéantir d'un seul coup la société traditionnelle, les rois de France ont été contraints de transiger avec les groupes, renégociant, contre espèces, les franchises des villes, les privilèges corporatifs, les exemptions fiscales, bref les « relations pactées » auxquelles tenaient tant ses interlocuteurs séculaires.

L'absolutisme n'a rien à voir avec le jacobinisme révolutionnaire, despotique, égalitaire, essentiellement niveleur. Cela étant, à la

1. François Furet, *Penser la Révolution française*, Paris, éd. de 1988, p. 176.

longue, le fait est que la monarchie bourbonienne commettra l'erreur de privilégier sa fonction niveleuse. Prise à la gorge par la gabegie fiscale, elle vendra trop d'offices, multipliera de façon spectaculaire les anoblissements, créant de ce fait des tensions sociales insupportables, notamment au sein de la noblesse. Or, une fois qu'elle aura trop écrêté les différences, raboté les particularismes, affaibli les corps intermédiaires, vidé de leur substance les cadres organiques de la société, elle ne sera plus en état de jouer sa propre partition, de s'appuyer sur les uns contre les autres, selon son jeu de bascule traditionnel. Sa base sociologique, à force de rétrécir, finira par lui manquer. Elle paraîtra extraordinairement faible face à la société civile, qui aura su tisser toutes sortes de liens et de relations à ses dépens [1]. Ayant brisé les solidarités verticales, tronçonné, disloqué les restes de la société d'ordres, elle perdra partiellement la maîtrise de la mobilité et de la promotion sociale, qui se fera en dehors d'elle, à l'intérieur du vaste groupe multiclasse du tiers état. Du coup, la fonction de diviseur de la vieille monarchie ne pourra plus se manifester. Sa capacité d'autonomie, tout comme son emprise sur la société souffriront gravement de ces dysfonctionnements et elle ne tardera pas à perdre son rôle premier, celui de fédérateur, que plus personne ne lui reconnaîtra. Le chef d'orchestre se retrouvera soudain seul devant des pupitres vides : les musiciens seront partis ailleurs ! Une crise financière un peu plus grave, une coalition des forces sociales un peu mieux soudée, une idéologie porteuse d'une nouvelle légitimité suffiront alors à briser cette coquille vide : telle sera, implacable, la Révolution française, conséquence logique d'un pouvoir royal qui aura perdu la capacité de maîtriser et de gérer ses propres contradictions.

Mais la machine n'avançait que lentement. Sous le règne de Louis XIV, le meilleur frein à la croissance du pouvoir résidait dans cette contrainte à assumer simultanément ses fonctions contradictoires. L'État royal, ligoté par une série de « pactes » immémoriaux, ne pouvait subsister que doté de contre-pouvoirs. La nécessité de maintenir l'organisation sociale et la hiérarchie des corps intermédiaires, qu'il devait par ailleurs combattre pour éviter l'étouffement, lui imposait des limites, dont la Révolution se

1. « Plus l'absolutisme se renforce, écrit très justement Denis Richet, plus il s'affaiblit » (Denis Richet, *La France moderne : l'esprit des institutions*, Paris, éd. de 1980, p. 57).

débarrassera allègrement par la « table rase », c'est-à-dire par la suppression de toutes les entités rivales. Nous voici au cœur du paradoxe : l'absolutisme se révèle, par nature, un régime limité et tempéré, certainement pas la matrice d'un pouvoir totalitaire. Ce n'est pas lui qui parviendra à imposer la fiscalisation généralisée de la population, la conscription obligatoire, la levée en masse et le concept de guerre totale...

La « triarchie »

A l'aube du règne personnel de Louis XIV, nous étions bien loin de ces perspectives : la révolte des corps sociaux au temps de la Fronde, les palinodies orgueilleuses du Parlement, l'anarchie ravageuse des Grands, tirant à hue et à dia sans se soucier de l'intérêt général, avaient failli ôter à la monarchie sa raison d'être. En concurrence avec les partis et les clans, celle-ci avait dû reconquérir sa légitimité, ou plus exactement l'imposer petit à petit dans la conscience des Français, gagnant par le *consensus* ce qu'elle ne pouvait imposer par la force. Une fois sa puissance restaurée et son autorité reconnue, elle allait reprendre ce triple rôle de fédérateur, de diviseur et de niveleur. Mazarin s'y attela très vite entre 1653 et 1660. C'est pendant ces années obscures que se sont préparées les bases de l'absolutisme louis-quatorzien, de même qu'ont été éteintes les dernières flamèches de l'incendie frondeur. Assurément, la reprise de l'œuvre centralisatrice et unificatrice de la monarchie bourbonienne ne se fit point de manière fracassante et violente, comme du temps de Richelieu. Elle commença en sourdine. C'était une question de style personnel, Mazarin étant plus homme de dialogue et diplomate que son prédécesseur, mais aussi parce que les queues de Fronde prouvaient qu'il fallait agir en douceur.

Parlons d'abord du pouvoir central. Le roi, la reine et le cardinal formaient la « trinité régnante », selon le mot de Guy Patin. La répartition des rôles s'était faite tout naturellement. Anne et Jules veillaient amoureusement sur le « Confident ». Leur couple, au fond, n'existait que par lui et l'espoir qu'il représentait pour la France. Louis était le roi de parade : on le montrait aux peuples, aux armées, aux ambassadeurs. Il plaisait par sa jeunesse, sa majestueuse prestance, mais c'était encore un figurant ! Il se contentait de petits discours toujours brefs, qu'on lui préparait. Parfois, il lui arrivait d'avoir quelques mouvements d'impatience, mais sa mère et le cardinal savaient le rappeler à la modération. Lui-même avait la sagesse de se résigner. Sachant qu'il avait encore beaucoup à apprendre, il se contentait du rôle qu'on lui faisait jouer. Son application, d'ailleurs, n'était pas constamment soutenue. Il aimait les ballets, les danses, les comédies et ne s'en privait pas. Saint-Simon et la princesse Palatine (seconde femme de Philippe d'Orléans) ont prétendu que Mazarin, voulant conserver le pouvoir, l'avait tenu dans l'ignorance. Rien n'est plus faux! Le cardinal remplissait consciencieusement son rôle de surintendant de l'éducation royale. C'était son intérêt bien compris. Connaissant le caractère déjà autoritaire du jeune homme, il savait que le meilleur moyen de rester en place était de l'associer graduellement au processus de décision, de lui faire croire qu'il participait au gouvernement alors même qu'il en tenait solidement les rênes. Dès sa seizième année, le cardinal le fit assister aux conseils. D'après les souvenirs du valet de chambre Du Bois, tous les matins il recevait le prince durant une heure ou une heure et demie, et demandait à un secrétaire d'État de présenter ses rapports, y compris les affaires secrètes.

Anne d'Autriche veillait aussi à l'éducation de son cher fils. Si elle avait un désir évident de se retirer progressivement du monde et de se consacrer à la dévotion, elle gardait sa fierté espagnole et son caractère impulsif, que Mazarin savait circonvenir. Avec le poste de premier ministre, ce dernier conservait toute la réalité du pouvoir : il disposait des charges, des bénéfices, menait les négociations diplomatiques, prenait les décisions importantes, ne sollicitant l'agrément de la reine et du jeune roi que lorsque cela paraissait nécessaire, et encore en suggérant les réponses. Probablement avait-il alors plus de pouvoir que Richelieu? Un roi qui approuve et qui admire – qui ne peut faire autre chose, d'ailleurs –, un premier ministre qui gouverne à sa guise, fort de l'appui et de l'amour de la reine mère, ainsi fonctionnait la trinité régnante!

C'est l'époque où Mazarin, aidé de son intendant et homme de confiance Jean-Baptiste Colbert, commença la seconde phase de son enrichissement. Il ne se contenta pas de larges dédommagements pour les pertes subies, il voulut bien davantage. Pour ce faire, tous les procédés lui furent bons : les *combinazione*, les tours de passe-passe, les ruses, les mensonges, les indélicatesses, les irrégularités, l'usage de comptabilités occultes et de prête-noms. Son avarice congénitale le conduisait à cumuler les appointements de charges civiles et militaires, les pensions, les gratifications extraordinaires, les bénéfices ecclésiastiques, les revenus de propriétés foncières ou immobilières, les prises de guerre, les captures en mer, le produit de la piraterie, le trafic d'armes... Se souciant peu de la détresse financière du royaume, il faisait argent de tout, confondant sans vergogne deniers publics et privés. Sans bourse délier il touchait des « donatifs » – c'est-à-dire des pots-de-vin – sur les traités ou les fermes qu'il accordait, sur les ventes d'offices. Il encaissa même le produit de la vente de toutes les charges de la future reine sans que le roi eût son mot à dire ! Naïve parce qu'amoureuse, Anne d'Autriche lui reversait ses appointements du gouvernement d'Auvergne, avant de le lui céder officiellement, comme elle lui cédera en pleine propriété à peu près tout son douaire (les gouvernements de La Fère, Marle, Ham, la forêt de Saint-Gobain...). Au passage, l'Éminence rafla le duché de Mayenne, celui de Rethel et du Nivernais. Il profita de la faillite de ses amis banquiers, les Cantarini et Cenami, en retenant au titre de ses créances, sous prétexte qu'ils étaient dépréciés, des quantités de billets de l'Épargne, qu'il réassigna immédiatement sur de nouveaux et bons fonds pour les ramener à leur valeur nominale !

A ce train, sa magnifique bibliothèque, dispersée pendant la Fronde, fut vite reconstituée. Dans son palais de Rome, dans celui de Paris il entassait à l'infini des Titien, des Caravage, des Raphaël, des Véronèse, des Van Dyck..., des étoffes, des damas, des brocarts, des tapis de Perse ou de Turquie, des tapisseries (dont les dix pièces superbes du *Grand Scipion*, d'après les cartons de Jules Romain), des cabinets d'ébène, des statues, des bronzes importés d'Italie par bateaux entiers, des médailles, des camées, de l'or et des pierres précieuses... En même temps, celui qui fut probablement le plus grand collectionneur de tous les temps ne cessait de gémir sur ses frais, sur ses pertes, sur ses sacrifices qui le réduisaient, disait-il sans rire, à la mendicité. La lecture de sa correspondance laisse plus qu'un malaise, un début de nausée [1].

1. Sur cet accablant tableau, voir le livre déjà signalé de Mme Claude DULONG, *La Fortune de Mazarin*, Paris, 1990.

Le retour à la centralisation monarchique

Il serait injuste cependant de ne voir en Mazarin qu'un profiteur cynique, uniquement attaché à conforter sa situation et à étendre sa fortune. Il prenait à cœur son rôle de premier ministre et se montrait très soucieux de restaurer l'appareil de l'État. A cet égard la renaissance du rôle arbitral du souverain facilita les choses. Les jalousies, les zizanies constantes entre les corps avaient repris leur cours naturel. Au lieu de chercher à s'unir pour limiter l'emprise du pouvoir royal, les plaignants préféraient faire appel à lui pour trancher leurs différends. En ces années 1653-1660, en effet, le monde des offices restait en effervescence, mais ce qui avait été le malheur du pouvoir dans la période précédente devint sa chance. Élus et trésoriers de France, par exemple, qui avaient été à la pointe du combat contre les commissaires, avaient repris leurs rivalités séculaires. Les trésoriers de France se considéraient comme les successeurs des hauts fonctionnaires des finances existant avant les réformes de François Ier et d'un rang bien supérieur aux élus. Au contraire, ces derniers, par leur niveau social, le caractère judiciaire de leur charge, leur déniaient cette prétention. Tous portèrent leur cause devant le conseil qui se garda de trancher de façon trop brutale. Plus le pouvoir arbitral du roi était reconnu, plus il se renforçait.

La question du retour des intendants dans les provinces était primordiale. Dès 1651 Mazarin avait envoyé un peu partout en France des commissaires extraordinaires, de façon à assurer la levée des impôts qui rentraient très mal. Deux ans plus tard, il s'enhardit à confier à des maîtres des requêtes des missions identiques à celles des intendants, dans les domaines de justice, police et finance, mais il évita de ressusciter le nom de ces administrateurs honnis. On les appela les « commissaires départis pour l'exécution des ordres du roi », ce qui n'empêcha pas l'irritation des officiers. En août 1653, constatant la violation des déclarations royales des 16 juillet et 22 octobre 1648, jamais abrogées, qui donnaient force de loi aux décisions de la Chambre Saint-Louis, l'assemblée générale des trésoriers de France décida de frapper d'une amende de 500 livres tout officier qui entrerait en relation avec l'un de ces envoyés en mission. Le roi cassa immédiatement leur ordonnance comme attentatoire à son autorité. Trois ans plus tard, la généralisation des intendants, auxquels furent subordonnés les trésoriers de France, marqua la victoire définitive des commissaires sur les compagnies d'officiers.

La période qui suit la Fronde fut pour Mazarin celle où il étendit de façon significative ses réseaux de fidèles, qui s'enflèrent de tous les opportunistes, ralliés de la dernière heure. Les troubles lui avaient montré la nécessité de renforcer son contrôle sur l'administration locale, notamment dans les lointaines provinces. Or, comment faire sinon en se ménageant le concours des notables et de l'aristocratie terrienne, en les incorporant dans son système de clients? Habilement, Mazarin distribua les absolutions, les certificats de bonne conduite, fermant les yeux sur les errements des uns ou des autres, pratiquant le pardon, monnayant par des faveurs le soutien de puissants courtiers repentants, susceptibles de lui procurer un surcroît d'influence.

C'est au cours de cette période que l'on perçoit le mieux le déclin des fidélités nobiliaires au profit du clientélisme ministériel. Il apparaît alors que servir l'Italien, malgré l'aversion que l'on peut avoir pour la personne de ce parvenu, c'est avoir des chances sérieuses d'acquérir les faveurs du roi, source de toutes les grâces. Appartenir à la maison d'un haut personnage voire d'un prince du sang perdait de son intérêt à mesure que ceux-ci s'intégraient dans l'appareil d'État et se trouvaient ramenés au rang de simples solliciteurs. Les réseaux de notables se réorientaient donc vers le service du roi. Tout l'art du pouvoir fut de ne pas heurter de front ces bonnes volontés. Pour montrer concrètement comment fonctionnait le clientélisme mazarinien, penchons-nous sur deux provinces éloignées de Paris, le Languedoc et la Provence [1].

Depuis 1644 le Languedoc était gouverné par Gaston d'Orléans, qui avait installé dans la plupart des postes clés des amis sûrs. En 1653 un agent de Mazarin, Claude Bazin de Bezons, ancien inspecteur général en Catalogne, en fut nommé intendant. Malgré ses qualités d'administrateur, il eut du mal à s'imposer.

1. William Beik, *Absolutism and Society in Seventeenth-Century France. State Power and Provincial Aristocracy in Languedoc*, Cambridge, 1985. René Pillorget, *Les Mouvements insurrectionnels de Provence entre 1596 et 1715*, Paris, 1975.

Le problème le plus délicat était celui du « don gratuit » que devaient consentir les états pour couvrir l'entretien des troupes stationnées dans la province. Avant de le voter, ils exigeaient des garanties. La crise prit une tournure aiguë en 1656 et 1657, lors du cantonnement de l'armée de Catalogne en quartiers d'hiver et de la demande d'un don de 2 750 000 livres pour payer son séjour. Cela engendra une sévère explication entre Mazarin et le baron de Lanta, ami du duc d'Orléans et député à Paris par les états. L'émissaire défendit avec chaleur les libertés locales, évoquant l'idée presque sacrilège d'une « union », c'est-à-dire d'un front de défense des ordres. Le cardinal répliqua que les états du Languedoc semblaient se comporter à l'égard de leur souverain comme une puissance étrangère! La vérité était que le pouvoir central voulait bien conclure des « traités » avec les communautés – comment aurait-il pu faire autrement? –, mais désirait par-dessus tout sauver les apparences : chaque concession devait donc passer pour un geste librement octroyé par le monarque et non arraché dans la discussion. Le même souci d'indépendance poussait les états à considérer que c'était à eux de voter le don gratuit et qu'il n'appartenait à personne – fût-ce le roi – de leur en imposer le montant. Mazarin insista auprès de Lanta : Louis XIV avait presque vingt ans; il était fort et respecté; s'il le voulait, il pourrait renverser d'une pichenette toutes les entreprises des séditieux. Lanta se récria sur la fidélité des sujets languedociens : il n'était question que de défendre les libertés locales! Ainsi, subtilement, se déroulaient les discussions entre pouvoir central et pouvoir local. Sur place, dans la localité d'Avignonet, il y eut des heurts meurtriers entre soldats du régiment d'Estrades et représentants du parlement de Toulouse. Mais vite les esprits se calmèrent, et les états consentirent un don gratuit de deux millions de livres. En fait, dans la vieille province le parlement n'avait plus les moyens de ses ambitions; les états, composés de bons évêques et de sages barons, étaient surtout intéressés dans les « affaires du roi ». La structure administrative du gouvernement provincial, avec sa hiérarchie de notables bénéficiant d'offices ou de privilèges accordés par le pouvoir, était davantage orientée vers le soutien de la monarchie « absolue » que vers la défense des intérêts de la population. Ce qui se négocia alors fut un compromis entre la couronne et l'élite dirigeante, pacte qui profita à l'absolutisme tout en donnant satisfaction aux oligarchies provinciales et aux grandes familles aristocratiques régionales, qui continuèrent à jouer leur rôle naturel. C'est ainsi que fonctionna le régime louis-quatorzien, fruit d'une collaboration définie sur de nouvelles bases entre le sommet et la multitude des autorités locales.

Si Mazarin réussit à limiter les désordres en Languedoc, ce fut grâce, non pas à son intendant Bazin de Bezons, encore isolé, mais à son réseau d'agents et de clients locaux, bien introduits dans les milieux du parlement ou des états. Lorsqu'en 1653 mourut le premier président, Jean de Bertier, le choix du cardinal se porta sur le procureur général Gaspard de Fieubet, lié aux milieux financiers parisiens. Ce choix s'avéra judicieux, car Fieubet étendit rapidement son pouvoir sur les magistrats et les capitouls toulousains. Mazarin s'appuya aussi sur un ancien protégé de Richelieu, Pierre de Marca, pointilleux juriste, ancien président du parlement de Navarre, ancien intendant de Catalogne, devenu prêtre, évêque de Couserans puis archevêque de Toulouse. On notera que les ecclésiastiques liés à l'administration et à la finance étaient nombreux à le soutenir : François Fouquet, frère du procureur général et surintendant, évêque d'Agde, qui devint archevêque de Narbonne en 1659, Louis Fouquet, nommé évêque d'Agde en 1656, Michel Tubeuf, frère de l'intendant des finances, évêque de Saint-Pons, Pierre de Bonzi, évêque de Béziers en 1659, que Mazarin avait envoyé en ambassade à Venise, en Toscane et en Pologne.

Le particularisme provençal était encore plus tranché. Avec ses communautés autonomes, ses consuls élus, ses viguiers attachés à leurs prérogatives, ses corps de marchands, ses confréries artisanales la Provence affichait une volonté jalouse de défendre les usages, les statuts, la langue et la culture du pays. Elle faisait partie du royaume, mais ce n'était pas tout à fait la France, et le temps n'était pas si éloigné où l'on ne considérait le roi que comme comte de Provence. Face au puissant parlement d'Aix, le gouverneur, représentant l'autorité royale, se trouvait isolé. Une étroite collaboration entre eux deux s'avérait indispensable. Cela passait nécessairement par des ententes avec les clans et les factions, souvent rivales, qui dominaient le microcosme de la magistrature aixoise. Les états provinciaux (la Provence, comme le Languedoc, était pays d'états) n'étant plus réunis, c'était à l'assemblée des communautés que revenait le soin de voter le don annuel gratuit. Telle était la situation lorsque Mazarin tenta de reprendre en main le pouvoir en Provence à la suite de la défection du gouverneur, le comte d'Alais, duc d'Angoulême, rallié à la cause de son cousin Condé.

En mars 1652 il y envoya son neveu par alliance, le duc de Mercœur, avec le simple titre de commandant pour ménager les susceptibilités. A son arrivée, Mercœur n'avait pour toute escorte qu'une troupe de 400 hommes. Ce n'était évidemment pas avec elle qu'il pouvait s'imposer. On comptait sur son nom et sa qualité de petit-fils de Henri IV pour impressionner les notables et les gouverneurs des places fortes. Le ralliement du Grand Sénéchal, Jean de Pontevès, comte de Carcès, fut déterminant. Il lui amena la gentilhommerie et une bonne partie des parlementaires, ravis d'apporter leur concours à un homme dont la seule présence les prémunissait contre le retour du comte d'Alais. En outre, Mazarin trouva quelques puissants patrons locaux, comme Charles Grimaldi, marquis de Raguse, président au parlement, Rascas du Canet, premier consul d'Aix, ou Antoine de Valbelle, lieutenant de l'Amirauté de Marseille. Mais tous ces courtiers étaient des affairistes du Midi, des potentats, qui cherchaient à préserver les intérêts de leurs clients provençaux plus qu'à devenir des serviteurs fidèles et obéissants. Pour pénétrer ces réseaux et ces clans méditerranéens, il était nécessaire d'avoir un homme du cru, un « domestique » inconditionnel. Le cardinal crut trouver l'oiseau rare en la personne de Henri de Forbin-Meynier, baron d'Oppède, l'un des plus gros propriétaires terriens de la région, qui avait été le chef de file des « Sabreurs », ces parlementaires dissidents qui avaient jusque-là appuyé Condé. En soi, la manœuvre était habile, car le baron repentant était condamné à faire de l'excès de zèle.

La principale pomme de discorde entre le pouvoir central et les Provençaux était, comme en Languedoc, d'ordre fiscal. Les communautés avaient consenti à verser au roi un don gratuit pour payer les garnisons royales, mais elles ne voulaient pas entendre parler de charges supplémentaires pour le séjour des troupes en quartiers d'hiver. Mazarin s'était heurté à l'intransigeance de l'assemblée des communautés, réunies à Manosque (1653) et à Brignoles (1654). Il comptait sur Oppède pour normaliser la situation. Celui-ci révéla vite ses excellentes qualités d'administrateur. Ses rapports, riches, précis, concrets le montraient à l'écoute de la

Provence profonde, surveillant les suspects, dénonçant les « malintentionnés ». S'associant sans difficulté avec Mercœur, il fit un remarquable travail sur le plan financier et militaire. Signe de confiance qui ne trompe pas, il entra bientôt dans les « affaires » privées du cardinal, lui avança de l'argent, s'occupa de gérer au mieux son temporel de l'abbaye Saint-Victor. En retour, se reconnaissant « créature » de Son Éminence, il mendia des faveurs et des grâces pour sa famille. Malheureusement, Oppède avait mauvais caractère. Ambitieux, vaniteux, avec des goûts fastueux, l'ancien Sabreur était d'un tempérament autoritaire, avide de reconnaissance et de respect, conseillant toujours à Son Éminence d'user de la manière forte. Sous couvert de servir le roi, on le soupçonnait de vouloir régler ses comptes personnels. Très vite il se discrédita aux yeux des populations, qui se rendirent compte qu'en devenant « mazarin » il s'était transformé en un serviteur aveugle du pouvoir central, en agent implacable de la fiscalité royale.

En 1657 une opposition menée par le cardinal Grimaldi, archevêque d'Aix, la plus haute autorité morale de la province, rallia les consuls de Tarascon et de Draguignan, qui refusaient de payer l'« ustensile » des troupes en garnison dans leur ville. A l'assemblée des communautés d'Aubagne, en septembre, alors qu'il demandait un don gratuit de 900 000 livres, Oppède essuya un refus catégorique et humiliant. Mazarin regretta alors le choix qu'il avait fait.

Le jansénisme

Si l'absolutisme royal peut composer avec les corps, les ordres, les communautés, qui trouvent leur place dans la hiérarchie traditionnelle, en revanche il ne saurait tolérer l'existence de groupes de pensée, de sociétés secrètes ou discrètes, de confréries occultes. Même si ces mouvements n'affichent aucune prétention politique et se veulent exclusivement religieux, le pouvoir verra en eux des ferments de désagrégation, donc des menaces pour son autorité. Il y a là une incompatibilité radicale entre une structuration verticale de la société, fondée sur les intérêts et les rangs, et une structuration horizontale des individus, s'appuyant sur les opinions et les croyances, qui présupposent l'égalité civile. Le seul organisme que l'État accepte dans ce domaine c'est l'Église, l'Église gallicane, qui fait du reste partie intégrante de lui-même. L'exemple le plus frappant de ce rejet des groupes suspects ou des systèmes de pensée hétérodoxes est naturellement celui du jansénisme.

Le jansénisme fut un mouvement considérable dans l'histoire des idées religieuses, philosophiques, morales, sociales et politiques. Son contenu spirituel et temporel évoluera d'ailleurs au fil du temps. Amalgamé à des idées cartésiennes et mécanistes, s'imprégnant peu à peu de principes gallicans, il constituera dans la société classique puis dans celle des Lumières un mélange proprement détonnant...

Sans entrer dans de longues considérations théologiques, il importe de dire que la doctrine janséniste touchait au difficile problème des relations entre la grâce divine et la liberté humaine. Dieu connaissant de toute éternité les élus et les réprouvés, dispensant sa grâce pour le salut des hommes, qu'en est-il de leur liberté, du mérite ou du démérite de leurs actes? Quelle est la nature de la grâce? Au ve siècle, un ascète d'origine celte, Pélage, avait soutenu le rôle essentiel de la liberté dans l'œuvre du salut. Pour lui, le péché originel n'ayant nullement corrompu sa nature, l'homme pouvait atteindre par lui-même un état de perfection morale sans recourir à la grâce divine. Critiquant vigoureusement Pélage, saint Augustin avait montré que cette théorie ruinait les fondements mêmes du message chrétien : si l'homme est capable de se sauver lui-même, pourquoi l'incarnation divine en Jésus-Christ, le sacrifice sanglant et rédempteur du Fils envoyé par le Père pour racheter les péchés? Saint Augustin et l'Église soutenaient l'idée de « prédestination gratuite » des hommes au salut et celle de la « grâce efficace » qui, sans ôter la liberté humaine, produisait infailliblement son effet. A la cité de Dieu Augustin opposait la cité des hommes, à la grâce, la vanité de toutes les vertus humaines. La scolastique médiévale et saint Thomas d'Aquin adoptèrent le point de vue de l'évêque d'Hippone, mais sans l'excès de certaines de ses formules, cherchant une voie moyenne et équilibrée entre la liberté humaine et la prédestination divine.

Avec la Renaissance et l'éclosion de l'humanisme, le balancier eut tendance à revenir du côté de la liberté humaine contre l'augustinisme. Une conception rationnelle et philosophique de la vie morale risquait alors de remplacer la notion du salut par le Christ. Dans leur volonté de retrouver la pureté du christianisme primitif,

Luther et Calvin réagirent contre cette orientation, réaffirmant, durcissant (surtout Calvin) l'idée de prédestination. Contre les erreurs protestantes le Concile de Trente tint à réaffirmer la réalité des deux notions de libre arbitre et de grâce divine. Parmi les adversaires de la Réforme, les Jésuites se distinguaient par leur combativité. Ils défendaient avec vigueur la liberté humaine contre les « prédestinatiens ». A la notion de « grâce efficace » des augustiniens et des thomistes (grâce qui s'impose de manière irrésistible), le jésuite Molina tenta de substituer celle de « grâce suffisante », qui ne produit son effet que par l'adhésion de la volonté humaine. Par là même il réhabilitait la liberté humaine et minimisait les effets de la souillure originelle. Dans la pratique, il parut à beaucoup que les Jésuites prêchaient une religion trop humaine, opposée à la « vision tragique » du salut, et surtout une morale de circonstance, aimablement accommodée par la casuistique, n'appelant guère à la sainteté. En 1644, par exemple, le père Héreau admettait si bien la morale de « l'honneur » qu'il autorisait le duel des gentilshommes et l'avortement de la fille séduite et abandonnée... Sans songer à rejoindre le protestantisme, tout un courant nouveau, au début du XVIIe siècle, s'inquiéta de la montée de ces thèses laxistes, s'affligeant de voir l'esprit du siècle, futile et mondain, pénétrer l'Église de France. Il préconisait un renouveau du clergé paroissial, mieux formé, plus soucieux de perfection chrétienne et du salut des âmes. Sur le plan théologique, il appelait à un retour aux Pères de l'Église, notamment à saint Augustin. Ce fut le courant de la « Réformation catholique », qu'illustrèrent des hommes aussi divers que le cardinal Pierre de Bérulle, fondateur de l'Oratoire, François de Sales, Vincent de Paul ou Sébastien Zamet, évêque de Langres.

Se situant au départ dans ce courant, le Flamand Cornelius Jansen dit Jansénius (1585-1638), prêtre, docteur en théologie, évêque d'Ypres, avait écrit un traité latin en trois volumes appelé l'*Augustinus*, qui se voulait un exposé impartial de la doctrine de saint Augustin, mais qui, en réalité, en était une interprétation rigide. Sous couvert d'attaquer l'hérésie pélagienne, Jansénius s'en prenait vigoureusement à l'optimisme philosophique de Molina et des théologiens jésuites. L'ouvrage ne parut qu'après sa mort, en 1640 à Louvain et l'année suivante à Paris.

Au plan pratique, on pourrait dire expérimental, le jansénisme avait été appliqué en France, avant même la parution de l'*Augustinus*, à l'abbaye de Port-Royal-des-Champs, dirigée par une jeune et énergique abbesse, mère Angélique Arnauld. Avec le consentement enthousiaste de cette dernière, Port-Royal se tourna vers le pur augustinisme, lorsqu'en 1636 Jean Duvergier de Hauranne, abbé de Saint-Cyran, ami de Jansénius mais très influencé par Bérulle, en devint le directeur spirituel. La communauté avait alors quitté la vallée de Chevreuse et s'était installée au faubourg Saint-Jacques où elle exerçait un grand rayonnement. La rigueur de l'abbé, ennemi de la dévotion mondaine, très attaché à l'atmosphère de la primitive Église, son érudition, son rayonnement intellectuel attirèrent un petit groupe de Solitaires, les Messieurs de Port-Royal, dont les frères Le Maître, le jeune grammairien Lancelot, le père Antoine Singlin, qui s'établirent près de l'abbaye, dans l'idée d'y mener une vie retirée. Il y eut des rumeurs, des critiques contre la discipline sacramentelle du couvent, des accusations d'hérésie. Richelieu, qui n'aimait pas Saint-Cyran, en qui il voyait le successeur possible de Bérulle à la tête du parti dévot, hostile à sa politique antiespagnole, le fit arrêter et interner au château de Vincennes, sans trop savoir que lui reprocher. Les Solitaires se retirèrent alors dans les bâtiments de Port-Royal-des-Champs. En 1648, une partie des religieuses étant revenues, ils s'installèrent dans la ferme voisine des Granges.

Saint-Cyran mourut en octobre 1643, quelques mois après sa libération. Dès juin la bulle pontificale *In Eminenti* avait condamné certaines thèses de l'*Augustinus*. Peu après, en France, parut un ouvrage d'Antoine Arnauld (qu'on appellera le Grand Arnauld), docteur en théologie, l'un des nombreux frères de la mère Angélique, intitulé *De la fréquente communion*. C'était un traité de morale, clair et bien écrit, qui dénonçait la religion mondaine et le manque de respect de certains fidèles devant la sainte table. Bien qu'il ait été approuvé par une quinzaine de prélats et de docteurs en Sorbonne, ce livre fut violemment attaqué par les Jésuites en raison de ses formules polémiques.

Jusque-là, le jansénisme était cantonné à quelques cercles de théologiens. Ce fut après les remous créés dans l'opinion par le livre d'Antoine Arnauld que le mouvement gagna les milieux ecclésiastiques et la haute société parisienne, influença plusieurs communautés monastiques. Dénonçant les « Janséniens » ou « Ypriens »,

Vincent de Paul, qui n'avait pourtant pas été hostile à Saint-Cyran, rendit responsable la *Fréquente communion* de l'affaiblissement de la pratique sacramentelle et de la baisse des communions dans les paroisses parisiennes. En juillet 1649 Nicolas Cornet, syndic de la Sorbonne, acquis aux thèses molinistes, présenta à l'examen de la Faculté sept propositions sur la grâce qui lui paraissaient hérétiques et qui, sous-entendu, se trouvaient dans l'*Augustinus* de Jansénius. Soixante-douze docteurs augustiniens en appelèrent alors au Parlement, qui écarta le projet. Mais la querelle continuant, 83 évêques sollicitèrent un jugement du pape Innocent X sur cinq des sept propositions de Cornet.

Conciliant par tempérament, peu intéressé par les querelles théologiques, Mazarin avait des amis des deux bords. Son approche était pragmatique. Tout changea à partir de 1653 quand il vit le bénéfice qu'il pourrait tirer de la crise. Avec une habileté consommée et une absence totale de scrupules, il se servit du jansénisme pour montrer à bon compte sa docilité envers Rome [1].

En mai 1653 la bulle d'Innocent X *Cum occasione* condamnait les cinq propositions sans préciser qu'elles figuraient dans l'*Augustinus*. Mazarin s'empressa de faire recevoir le document romain dans tout le royaume et présida au Louvre une assemblée de 38 évêques et archevêques, qui décida que les cinq propositions se trouvaient bien dans l'ouvrage de Jansénius, ce que les Augustiniens, forcés d'admettre la bulle, contestaient avec subtilité. Le pape n'en demandait pas tant!

L'avènement d'Alexandre VII en janvier 1655 ne ralentit pas le zèle romain de Mazarin, qui s'efforçait pour l'heure de discréditer Retz, évadé et réfugié dans la Ville éternelle. Pratiquant l'amalgame, il clamait partout que le prétendu archevêque de Paris était un janséniste enragé, ce que le Souverain pontife contestait. En février, le marquis de Liancourt, ami de Port-Royal, se vit refuser l'absolution par un vicaire de Saint-Sulpice. Cela fit scandale. Le marquis protesta qu'il n'avait jamais lu une seule ligne de Jansénius. Antoine Arnauld prit alors feu et flamme pour lui et publia deux lettres polémiques. Quelques mois plus tard, en janvier 1656, la Sorbonne condamna à nouveau le bouillant docteur et le chassa de son sein, sans vouloir entendre ses justifications ni même ses regrets.

1. Paule JANSEN, *Le Cardinal Mazarin et le mouvement janséniste français, 1653-1659*, Paris, 1967.

En appuyant chaudement les molinistes Mazarin avait voulu contrebalancer à Rome l'effet désastreux produit par le traité signé avec Cromwell. Ce faisant, cet apprenti sorcier avait libéré des forces que personne n'était capable de maîtriser. La polémique rebondit, puissante et vive, avec la parution des *Lettres à un provincial*, rédigées par Blaise Pascal avec le concours d'Antoine Arnauld et de Le Maître. Elles dénonçaient avec une ravageuse et mordante ironie la casuistique, infidèle à l'esprit de l'Évangile, et la nouvelle morale « païenne » des Jésuites. Les dix-huit *Provinciales* eurent un retentissement considérable, y compris au-delà des frontières. L'opinion se passionnait, se divisait. Enquêtes, perquisitions vexatoires, incarcérations d'imprimeurs, tout était bon pour arrêter la diffusion de ces écrits incendiaires. Un climat délétère de calomnie et de fausses rumeurs se répandait. Les nuages s'amoncelaient au-dessus du petit monastère de Port-Royal, où priaient en silence les religieuses fidèles à l'esprit de Saint-Cyran. La reine, le père Annat, confesseur du roi, Pierre de Marca, les abbés de cour y voyaient le centre d'un complot contre l'État.

En mars 1656 le gouvernement décréta la dispersion des « petites écoles », qui avaient été créées par les Solitaires pour l'instruction des enfants des amis de Port-Royal. Mais le mouvement continuait à se répandre. Un véritable parti commençait à naître dans la haute société aristocratique et bourgeoise, dans la magistrature, à la Sorbonne, parmi les curés parisiens et les Oratoriens. Le pape, qui avait préparé depuis longtemps une nouvelle bulle – *Ad Sacram* – pour affirmer que les cinq propositions se trouvaient bien dans l'*Augustinus*, se résigna à la publier. Pour avoir force de loi en France, la bulle devait être enregistrée par le Parlement. Elle le fut avec toute la solennité possible en un lit de justice que tint le roi le 19 décembre 1657. L'assemblée du clergé avait décidé que tous les prêtres et religieux devraient signer un formulaire désavouant les thèses de Jansénius. Pour ne point semer le trouble Mazarin avait renoncé à l'imposer, d'autant que Rome ne l'exigeait pas. Mais la « secte » n'arrivait pas à s'éteindre. Le 13 décembre 1660, le cardinal, malade, reçut au lit dans ses appartements du Louvre les présidents de l'assemblée du clergé. « Louis XIV, en phrases cassantes, déclara que l'heure était venue d'anéantir le jansénisme, que trois raisons l'y obligeaient, sa conscience, son honneur et le bien du royaume [1]. » En février 1661 l'assemblée du clergé reprit son projet de formulaire qui, cette fois, fut imposé par le roi. En avril on expulsa les pensionnaires, novices et postulantes des deux Port-Royal. Après la mort de la mère Angélique, en août, les religieuses refusèrent de signer le formulaire sans une clause de réserve. En avril 1664 l'installation de Mgr Hardouin de Péréfixe, ancien précepteur du roi, à l'archevêché de Paris, marqua le début des persécutions. Les 21 et 26 août, l'archevêque fit deux visites marquées et suivies de scènes dramatiques : la dispersion par la force de douze religieuses, la signature résignée du formulaire par quelques-unes, la résistance obstinée des autres, la privation des sacrements et la mise sous surveillance policière du monastère...

A cette époque, l'hostilité de Louis XIV n'avait plus le caractère opportuniste de son parrain. Elle était franche, sans complaisance, totale. Poussé par son confesseur, ardent polémiste anti-augustinien, il redoutait l'aspect frondeur du mouvement. Il y avait, en effet, une incompatibilité radicale entre le jansénisme et l'absolutisme monarchique. Fondé sur l'indépendance de la conscience et la sévérité intérieure, la morale rigoureuse des disciples de Saint-Cyran et du Grand Arnauld mettait en cause, de manière insidieuse, l'obéissance à la puissance publique, à la société civile, à toute contrainte extérieure. A Port-Royal, s'il y avait soumission et loyalisme apparents, il n'y avait ni docile abandon ni franche adhésion, et cela paraissait insupportable à Louis XIV. Par leur désir d'autonomie morale les jansénistes étaient immanquablement conduits à s'opposer à la puissance romaine, à l'infaillibilité pontificale, au droit divin. Par leur disposition d'esprit, ils avaient tendance à se soustraire aux injonctions de l'autorité, à tout ce qui constituait le socle de la monarchie absolue. De plus, comment un roi tel que Louis XIV, grand amateur de divertissements, accoutumé à la pompe baroque, aurait-il apprécié l'austérité de Port-Royal ? Dans sa radicalité et sa négation des valeurs terrestres, le jansénisme semblait remettre en cause le développement des arts, des sciences, de la culture, bref de la civilisation brillante du Grand Siècle... [2]

1. Antoine ADAM, *Du mysticisme à la révolte. Les jansénistes du XVIIe siècle*, Paris, 1968, p. 242.
2. Paul BÉNICHOU, *Morales du Grand Siècle*, Paris, éd. de 1988, p. 101-174.

La fin de la Compagnie du Saint-Sacrement

Le 13 décembre 1660, jour où le roi annonçait de façon si brutale aux représentants de l'assemblée du clergé qu'il comptait rapidement en finir avec le jansénisme, un arrêt du Parlement interdisait les réunions non autorisées qui se faisaient « sous le voile de piété et de dévotion ». C'était le premier acte portant atteinte à la Compagnie du Saint-Sacrement, qui comprenait dans ses rangs autant de jansénistes que de molinistes. A cette décision il y avait plusieurs raisons. Outre le fait que depuis longtemps Mazarin n'aimait pas les dévots, de nombreux évêques s'inquiétaient de la création dans une soixantaine de villes de comités clandestins échappant à leur tutelle, centralisant de nombreuses informations, diffusant des consignes d'action. Apparemment, c'était un cadeau que le pouvoir politique faisait au clergé. En réalité, cette disparition était inscrite dans la logique de l'absolutisme, qui ne pouvait tolérer l'existence d'un groupe socio-religieux échappant à son contrôle, d'un corps politique étranger au sein de l'État. Mazarin craignait un renouveau de la Ligue. Aussi la reine, malgré son insistance, ne parvint-elle pas à sauver la Compagnie.

Celle-ci, en pleine expansion, ne disparut pas du jour au lendemain. Elle se mit en veilleuse et entra en clandestinité. Officiellement dissoute en 1666, on en trouve trace encore à Paris en mai 1667. Les milieux de la jeune cour, avides de plaisirs et de divertissements, méprisaient ces censeurs puritains, que le prince de Conti, tombé dans la bigoterie la plus extravagante, incarnait jusqu'à la caricature. Louis XIV partageait leur point de vue. D'aucuns le soupçonnent d'avoir soufflé à Molière l'idée du premier *Tartuffe* (1664). L'esprit dévot persistera tout au long du règne, et il devra compter avec lui.

Naissance d'une nouvelle résistance parlementaire

Les affaires religieuses n'étaient pas seules à occuper le gouvernement. Le nœud des questions politiques et militaires résidait toujours dans les dramatiques questions d'argent. Les données n'avaient pas changé depuis la Fronde. La politique extérieure imposait sa loi d'airain. Tout se passait comme si la France avait pris conscience que, dans la gigantesque confrontation militaire qui l'opposait à l'Espagne, faute d'avoir un puissant empire colonial et une noria de galions lui apportant l'or et l'argent nécessaires à l'entretien de ses troupes, il lui fallait renforcer son appareil dominateur, intensifier, rationaliser la pression coercitive sur ses peuples, de façon à faire sortir des bas de laine les précieuses espèces métalliques et les convoyer vers la capitale. Le renforcement de l'absolutisme fut aussi le fruit direct de cet affrontement. Si la France sortit victorieuse de l'épreuve, ce n'est pas seulement parce qu'elle était, au tréfonds de ses provinces, plus riche que les autres nations européennes, mais parce qu'elle réussit mieux qu'elles à ponctionner le revenu national, à renforcer autour de la dynastie la cohésion du pays, bref à accroître le centralisme royal. A quel prix, hélas! A certains moments on fut au bord de la rupture. En 1654 on avait consommé d'avance les revenus des années 1655 et 1656. Les bailleurs de fonds, devenus timorés, se souvenaient de la banqueroute partielle de 1648. On ne parvenait plus à payer les soldats de la maison du roi. En 1656 et 1658 les armées durent suspendre leurs opérations dans l'attente d'argent frais collecté. Sans les financiers et les traitants, sans les munitionnaires, qu'aurait valu le génie de Turenne? Une troupe non payée se débande.

La Fronde, dira-t-on, avait eu au moins le mérite d'éradiquer toute velléité de résistance du Parlement. Eh bien, pas du tout! Forts de leur indépendance, les magistrats profitèrent de la situation pour relever la tête. Afin d'assurer de nouvelles rentrées fiscales le pouvoir avait inventé des taxes sur les actes de baptême et d'enterrement, les parchemins et les papiers marqués; il avait créé 46 nouveaux offices de secrétaires du roi. Au total, 17 édits bursaux avaient été présentés à la signature de Louis XIV qui, pour briser la grogne prévisible du Parlement, s'était rendu au palais avec son chancelier le 20 mars 1655 et les avait fait enregistrer par lit de justice.

Mais, dès le lendemain, l'agitation s'empara des esprits. Les jeunes conseillers de la Chambre des enquêtes – toujours les mêmes! – réclamèrent la tenue d'une nouvelle assemblée afin de réexaminer, en l'absence du roi et par conséquent en toute liberté de suffrage, les édits « pour voir s'ils étaient conformes à la justice ». Une première réunion se tint au début d'avril, à la grande colère de Louis XIV, qui y vit, à juste titre, une intolérable atteinte à son autorité.

Le 13 avril, il chassait à Vincennes lorsqu'il apprit que le Parlement allait à nouveau s'assembler. Rentrant aussitôt, il décida de tenir le jour même un lit de justice. Il fit annoncer sa venue aux magistrats par ses capitaines des gardes et ne se donna pas la peine de changer de costume : justaucorps rouge, grosses bottes, chapeau gris sur la tête. Précédé de M. de Rhodes, grand maître des cérémonies, du chancelier, des ducs et pairs, des maréchaux de France, le roi cependant respecta les formes : il fit d'abord ses dévotions à la Sainte-Chapelle avant de pénétrer dans la Grand-Chambre. Là, il s'assit et d'un « air sévère et hautain » déclara : « Messieurs, chacun sait les malheurs qu'ont produits les assemblées du Parlement. Je veux les prévenir et que l'on cesse celles qui sont commencées sur les édits que j'ai apportés, lesquels je veux être exécutés. Monsieur le premier président, je vous défends de souffrir aucunes assemblées, et à pas un de vous de les demander [1]. » Puis il se leva et, laissant ces messieurs abasourdis, s'en revint au Louvre.

La fermeté de ton surprit tellement que la légende, bientôt, s'empara de cette scène et en crayonna une image d'Épinal aussi fausse que ridicule. Combien de récits décrivent Louis XIV, un fouet à la main, venant dompter le Parlement en lui déclarant : « L'État, c'est moi ! » En fait, jamais de sa vie le roi ne prononcera cette parole prétendue historique.

Au lieu de rentrer sous terre, le Parlement continua sa rébellion. Dès le lendemain, le premier président Pomponne de Bellièvre se rendit auprès de Mazarin, accompagné de tous les présidents à mortier, et lui marqua son étonnement devant cette séance cavalière. Le cardinal se prétendit étranger au coup de colère du roi et s'en tira par des pirouettes et de vagues promesses. Pourtant, compte tenu de tout ce que l'on sait de Louis XIV à cette époque, de sa soumission extrême aux vues de son mentor, on ne peut douter que cette scène ait été entièrement écrite par ce dernier.

Le 21 avril, le Parlement, toutes chambres réunies, décida d'envoyer de nouvelles remontrances à propos des édits enregistrés. Les jeunes conseillers, nullement désarmés, voulaient en découdre !

1. C'est le texte officiel qui figure dans les registres du Parlement (François BLUCHE, *Louis XIV vous parle*, Paris, 1988, p. 35). Ce texte est assez voisin de celui donné par l'auteur anonyme du *Journal d'un bourgeois de Paris pendant la Fronde* (Bib. Nat. Ms. franç. 10 275, p. 328).

On n'imagine pas combien la vénalité des offices avait rendu puissante et indépendante la justice de l'ancien régime ! Bien entendu, Louis XIV rejeta ces remontrances – qui étaient illégales puisqu'un lit de justice avait entériné les décisions –, mais il lui fallut batailler dur contre l'esprit d'insoumission. Un conseiller fut jeté à la Bastille et neuf autres exilés. La Fronde parlementaire allait-elle renaître de ses cendres ? Pour apaiser la situation, le roi protesta qu'il n'avait aucune aigreur contre son parlement et qu'il ne songeait nullement à lui ôter ses privilèges. Turenne, choisi par Mazarin comme médiateur, déploya toute sa persuasion à convaincre le premier président du danger que courraient les armées si l'application des édits fiscaux était retardée. Finalement, le pouvoir recula. Il retira les édits sur le papier timbré et les actes de baptême, et Bellièvre fut gratifié de 100 000 écus pour avoir fait preuve de conciliation.

Gentilshommes et sabotiers

A la renaissance des résistances parlementaires s'ajouta le regain de l'agitation nobiliaire. Pour des raisons fiscales, le pouvoir avait décidé de rechercher et de sanctionner les « usurpateurs de noblesse » qui s'étaient frauduleusement soustraits à la taille. Ils étaient légions. Une première déclaration royale du 30 décembre 1656 avait annoncé la taxation des faux nobles d'une amende forfaitaire de 2 200 livres. Une autre, du 17 septembre 1657, ordonnait à tout anobli depuis 1606 de verser une taxe de 1 650 livres. Pourquoi ne pas remonter encore plus haut ? Une grande partie de la noblesse, incapable d'apporter la preuve de son état, s'émut.

Les gentilshommes reprirent leurs assemblées en Anjou, en Bretagne, dans le Maine, le Perche, en Beauce, en Normandie, menaçant de « monter à cheval » si on ne les écoutait pas. Dans cette dernière province, ils avaient un grief supplémentaire contre le roi qui venait de supprimer les états provinciaux. En prononçant leur dissolution, Louis XIV avait fait la vague promesse de les réunir à nouveau quand il le jugerait à propos. On avait compris – et l'on n'avait pas tort – qu'ils disparaissaient à jamais... Un peu partout, ces institutions oligarchiques et archaïques, où la noblesse pouvait s'exprimer en corps et, aux côtés du clergé et du tiers état, voter l'impôt dû au roi, tombaient en désuétude. Elles ne subsistaient guère que dans quelques provinces périphériques qui résistaient davantage à la marche du centralisme parisien (Bretagne, Bourgogne, Languedoc...). En Provence, nous l'avons vu, elles avaient été remplacées par une « assemblée des communautés », moins puissante et moins solennelle.

Comme au temps de la Fronde, le mouvement nobiliaire connut un grand succès à la base, à tel point que les gentilshommes, d'ordinaire indisciplinés, acceptèrent de s'organiser en cantons et d'élire leurs délégués à des assemblées régionales plus ou moins clandestines.

L'agitation avait gagné le monde rural, où la misère était grande. Les échecs des armées françaises en Flandre en 1656 et 1657 avaient redonné espoir à tous les mécontents, victimes du centralisme, du terrorisme fiscal, des intendants et de leurs fusiliers. En 1656 le maréchal de Clérambault avait été envoyé avec François de Fortia, intendant du Poitou, pour réprimer la rébellion de Marennes. En mai 1657 plusieurs villages près de Sens et de Saint-Fargeau s'étaient insurgés contre les collecteurs des tailles. En septembre 1658 le marquis de Montpezat avait dû partir pacifier la Normandie. L'Auvergne était en « émoi » et la Chalosse, et l'Astarac, et le Médoc et la Saintonge aussi!

Le mouvement le plus puissant prit naissance en Sologne, où, le 29 mai 1658, 7 000 paysans se soulevèrent pour protester contre la dévaluation de trois à deux deniers d'une piécette de monnaie, le liard de cuivre, suivie de son cours forcé. De ce fait, le menu peuple était spolié d'un tiers de son revenu [1]. Ces paysans s'avancèrent jusqu'en Beauce, menaçant d'attaquer Chartres. Sully-sur-Loire subit un siège en règle qui dura deux mois, de mai à juin 1658, sans qu'aucune armée royale – elles se trouvaient toutes aux frontières – ne pût venir à son secours. De Sully le mouvement gagna Sancerre et Jargeau. A Orléans, où des bateaux chargés de sel avaient été pillés, l'émeute éclata, contraignant le duc d'Orléans, qui s'y trouvait, à se retirer en son château de Blois. Équipés de haches et de gaffes ferrées, les bateliers de la Loire se joignirent aux paysans solognots.

1. Louis JARRY, *Les Suites de la Fronde. La guerre des Sabotiers de Sologne et les assemblées de la noblesse 1653-1660*, Orléans, 1880, p. 10. Jules LAIR, *Nicolas Fouquet, procureur général, surintendant des finances, ministre d'État de Louis XIV*, Paris, 1890, t. I, p. 437.

Cette explosion rurale avait été préparée de longue date par des gentilshommes conspirateurs. Le chef des révoltés, qu'on appelait les « Sabotiers », était un petit seigneur protestant, propriétaire du fief de Basfour, près de Sully-sur-Loire, Gabriel de Jaucourt de Bonnesson. Le comte d'Harcourt qui, dans sa retraite d'Anjou, remâchait son amertume depuis l'échec de son aventure de Brisach, soutenait le mouvement. De Bruxelles, Condé, qui lui aussi veillait au grain, avait chargé son adjoint, le maréchal d'Hocquincourt, d'entrer en Picardie avec 4 000 cavaliers et de rejoindre les « malcontents » devant Orléans, Gien et Sully. Ce beau plan échoua. D'abord, parce que Sully tint bon et resta fidèle au roi. Ensuite, parce qu'en juin 1658 le surintendant Fouquet réussit à trouver un officier général, M. de Pilois, de passage à Paris, à le placer à la tête de 2 000 hommes de troupe et à l'envoyer disperser les Sabotiers.

Malgré un arrêt du conseil du 23 mai, qui avait interdit les assemblées de la noblesse sous peine de mort, celles-ci se poursuivirent. On se réunissait la nuit dans les forêts, les fermes isolées ou les auberges de campagne. A Conches, à Orléans, à Royaumont, à Ingrandes en Anjou, à Péray en Vendômois, à Guitry en Normandie on signa des actes d'union réclamant la tenue des états généraux. En 1659, fédérant tous ces groupes, une « Union de la noblesse » réussit à couvrir la Normandie, le Poitou, la Bourgogne, le Nivernais, la Touraine, l'Orléanais, l'Anjou, le Vexin, la Picardie, la Marche, le Bourbonnais et le Limousin. Le chef nominal de cette ligue était le comte d'Harcourt, qui se tenait en étroite liaison avec Condé, mais ses véritables animateurs avaient noms Gabriel de Bonnesson et Charles d'Ailly, sieur d'Annery. La trahison d'un des participants, M. de Neuvy, en Dunois, conduisit à l'arrestation de Bonnesson. Le chef des Sabotiers fut condamné à avoir la tête tranchée à la Croix du Trahoir, à Paris. Il mourut fièrement, le 13 décembre 1659, « martyr des vieilles libertés ». Ses biens furent confisqués et son château rasé. « Pour la noblesse, avait écrit le surintendant Fouquet à Mazarin, j'ose dire à Votre Éminence que, s'il ne s'en fait exemple, il n'y a plus d'autorité et j'estime la monarchie en péril. »

Ce mouvement était loin d'être négligeable, comme on peut le constater, mais il avait deux faiblesses qui finalement le perdirent. D'abord, après l'échec de la jacquerie des paysans solognots, il se montra incapable de déclencher la moindre insurrection d'envergure. Ensuite, et c'est un trait caractéristique de l'évolution des mentalités, aucune des grandes figures de l'époque précédente ne voulut se mêler de cette affaire, ni Monsieur ni le duc de Longueville ni le marquis de Sourdis. Condé était trop loin. Quant à Retz, s'il fut mis au courant lors d'une visite à Bruxelles, il n'eut aucune part à cette agitation. Pourtant, à l'époque, on eut très peur. Que se serait-il passé sans la mort du maréchal d'Hocquincourt à la bataille des Dunes et sans la victoire de Turenne sur Condé? « Si la bataille de Dunkerque avait eu un succès contraire, avouait Servien à Mazarin, le royaume était menacé d'un soulèvement général. » L'un des meneurs échappa aux sanctions en s'enfuyant à l'étranger : cet aventurier normand, bretteur et conspirateur, qui avait tenté de soulever Le Havre avec son ami le marquis de Créqui-Berneuille, pour le livrer à Hocquincourt, s'appelait Gilles du Hamel, sieur d'Hatréaumont ou de Latréaumont. Nous le retrouverons, quinze ans plus tard, avec le même Créqui-Bernieulles, au cœur de la conspiration Rohan! Décidément, la troisième Fronde n'en finissait pas de mourir!

CHAPITRE VII

Devenir roi

Portrait

Louis XIV jouissait d'un atout exceptionnel, celui de sa jeunesse, qui offrait l'image d'une royauté renouvelée. Il atteignait alors ses vingt ans. C'était un jeune homme vigoureux, solide, au corps d'athlète, aux larges épaules, au visage régulier, à l'abondante chevelure châtain foncé. Une ombre de moustache, une lèvre inférieure charnue, un rien dédaigneuse, donnaient un air noble et viril à des traits encore enfantins. Les yeux, à la fois brillants et doux, nuançaient d'une note rêveuse l'allure robuste de la silhouette. Sans doute n'était-il pas d'une parfaite beauté : le nez était un peu long, les joues grêlées par la petite vérole, les dents gâtées. Mais imaginez-le avec une chemise à manches de dentelle, une rhingrave couverte de rubans, un chapeau à plumes, une épée sertie de diamants au côté, une canne fine à pommeau d'or à la main, et vous avez le prince charmant tel que se l'imaginaient les lecteurs de l'Astrée. « Le roi! » annoncent d'une voix sonore les huissiers de la chambre tandis que les portes s'ouvrent à deux battants devant ce demi-dieu grave, à la démarche lente et étudiée, au calme olympien. Sous cet ensemble de fierté sérieuse, de dignité sereine, d'aisance naturelle, il n'est pas difficile de deviner sa jubilation profonde d'être ce qu'il est, c'est-à-dire le maître, par la grâce de Dieu. Ah! comme la Grande Mademoiselle regrettait d'avoir fait tirer le canon contre un si beau jeune homme! Vraiment, il l'enthousiasmait : « La taille de ce monarque, écrit-elle, est autant par-dessus celle des autres que sa naissance, aussi bien que sa mine. Il a l'air haut, relevé, hardi, fier et agréable, majestueux dans le visage, les plus beaux cheveux du monde en leur couleur et en la manière dont ils sont frisés. Les jambes belles, le port beau et bien planté; enfin, à tout prendre, c'est le plus bel homme et le mieux fait de son royaume et assurément de tous les autres. »

Alvise Grimani, ambassadeur de la Sérénissime République à Paris, complétait ainsi le portrait : « Il est de complexion vigoureuse, de grande taille, d'aspect majestueux; son visage est ouvert et imposant à la fois, son abord courtois et sérieux; il est de tempérament sanguin mais point trop vif, car il est mêlé de tempérament mélancolique, ce qui le rend pondéré. »

Rectifions ici une légende qui s'est développée récemment, celle du roi de petite taille, inventée au vu d'une armure en fer poli offerte par la République de Venise et faite pour un homme mesurant tout au plus 1,68 m. Tous les contemporains attestent le contraire : le « grand roi » était grand. A Saint-Jean-de-Luz Mme de Motteville écrivit qu'on n'eut aucune peine à le voir car il dépassait d'une tête don Luis de Haro et Mazarin, qui pourtant étaient des hommes de belle prestance. La Grange-Chancel estimait sa taille à cinq pieds huit pouces, soit 1,84 mètre [1].

Pour porter un jugement sur son caractère, il faut d'abord rappeler que, comme tout roi, il n'est pas un être comme les autres. Ce n'est pas une excuse, c'est une constatation : dès l'enfance il a été marqué de façon indélébile par son statut de souverain, qui fait de lui le centre du monde. La nature sacrée de sa personne à nulle autre comparable, la dévotion passionnée dont on entoure ce dieu vivant, l'éducation qu'on lui dispense, les informations qu'on lui distille, les inévitables flatteries des courtisans, tout contribue à l'isoler du reste des hommes. Comment sa personnalité n'en serait-elle pas affectée? Cette solitude du pouvoir est un gouffre qui donne parfois d'étranges vertiges : de nos jours, les présidents de la République en savent quelque chose et peut-être, de ce fait, sont-ils les seuls à vraiment comprendre les rois, leurs lointains prédécesseurs!

1. A l'origine de cette fausse opinion, popularisée en 1966 par Philippe Erlanger et Roberto Rossellini dans leur célèbre film « La prise du pouvoir par Louis XIV », se trouve l'étude de Louis Hastier, « Le " Grand Roi " était-il grand? », *Vieilles histoires, étranges énigmes*, deuxième série, Paris, 1957, qui n'hésite pas à écrire que « Louis XIV n'avait pas une taille supérieure à 1,62 mètre » (p. 17).

Sous prétexte que c'était un magnifique athlète, aux larges épaules, aux joues vermeilles, d'une vitalité campagnarde, qui éprouvait quotidiennement le besoin de dépenser son énergie dans l'équitation, la chasse, le tir ou le jeu de paume, il serait erroné de ne voir en lui qu'un simple amateur de grand air. Même s'il n'avait pas toujours le goût de l'étude, il brûlait du désir d'apprendre son métier de roi et ce jusqu'à la perfection, avec ce goût du détail qui le caractérisera toute sa vie. Ce hardi cavalier était capable de s'enfermer des heures entières dans son cabinet pour éplucher un dossier difficile ou démêler une situation épineuse. Mazarin ne doutait pas de son éclosion politique. Il était convaincu qu'avec un peu d'effort il pourrait devenir un « grand roi » et faire de « grandes choses », plus grandes que celles qu'il avait lui-même entreprises, car un roi, dominant ses sujets de très haut, n'avait nul besoin de s'user à imposer et conserver son autorité. Il avait dit un jour à Gramont : « Vous ne le connaissez pas ; il y a en lui de l'étoffe de quoi faire quatre rois et un honnête homme ! » A son gouverneur Villeroy, après une audience donnée aux députés des états de Bourgogne, il ajoutait : « Il se mettra en chemin un peu tard, mais il ira plus loin qu'un autre [1]. »

Il est vrai que ce n'était pas un homme brillant, à l'imagination vive et rapide. Il avait l'esprit lent, mais certainement pas « au-dessous du médiocre », comme le prétend malignement Saint-Simon (même si le mot n'avait pas un sens aussi fort qu'aujourd'hui). A cause de cette lenteur il eut à supporter dans son adolescence le secret mépris de ses compagnons de jeu – Guiche, Tréville, Lesdiguières, Rohan, Brienne –, qui le trouvaient gauche, balourd. « Ces jeunes gens, dit Boileau dans une conversation notée par Brossette, ne trouvant pas dans le roi la vivacité qu'ils avaient eux-mêmes, s'imaginaient que Sa Majesté n'avait pas beaucoup d'esprit. Cette pensée leur donna une espèce de mépris pour le jeune roi, qui s'en aperçut bientôt. Dès lors il commença lui-même à les haïr. » Tous d'ailleurs seront disgraciés ou tenus à distance. « Il se cachait à moi comme à tout le monde, écrit le jeune Brienne, et je lui trouvais parfois si peu d'intelligence que j'en étais étonné. J'avoue que je m'y mépris. »

La dissimulation était, en effet, l'un de ses traits saillants. Louis

1. Abbé de CHOISY, *Mémoires pour servir à l'histoire de Louis XIV*, éd. G. MONGRÉDIEN, Paris, 1966, p. 52.

étudiait ses gestes, ses pauses, sa démarche volontairement calme et sereine. Il cherchait à donner l'image d'un prince sérieux, pondéré, droit, digne, attaché à son devoir, bref en tout soumis à la raison. Il avait hérité de sa mère le goût du secret. Celui-ci s'était singulièrement renforcé en grandissant. « Ne vous méprenez pas, confiait l'archevêque de Lyon à Brienne, il ne dit pas un mot de ce qu'il pense. » On connaît le fameux « Je verrai » qu'il répondait ordinairement aux sollicitations : cette manière de ne pas se lier, de conserver sa pleine liberté renforçait le caractère insaisissable du personnage. Pour tous il voulait être un sphinx indéchiffrable. Sa Majesté, écrivait en 1660 Giovanni Batista Nani, ambassadeur de Venise à Paris, « aime le secret et est capable de dissimulation totale. Il n'est personne qui l'ait vue s'emporter d'indignation ou qui l'ait entendue se plaindre ou mentir, fût-ce en manière de plaisanterie. Elle affecte avec tout le monde la plus parfaite indifférence au point que nul parmi ses familiers ne peut se vanter d'une manifestation de partialité et de méfiance [1] ». Indifférence, dit Nani. Et pourtant il avait la larme facile et la gardera longtemps, avant qu'il ne parvienne à cuirasser son cœur. Ces crises de larmes ne l'empêchaient pas de rester inflexible. Quand, en 1670, il refusa, après l'avoir accepté, de donner son consentement au mariage de Lauzun et de la Grande Mademoiselle, celle-ci raconte qu'il demeura auprès d'elle trois quarts d'heure, à genoux, joue contre joue, en pleurs : il était sincèrement désolé du mal qu'il faisait à sa cousine, pourtant il ne revint pas sur sa décision. Prenant du recul, il s'efforçait de porter un jugement sans passion sur les hommes et les événements. Cette sagesse se retrouvait jusque dans son comportement religieux : « Il a beaucoup de piété et de dévotion, notait la Grande Mademoiselle; elle est d'exemple, d'édification et tout comme il la faut pour être suivie, n'étant point trop austère ni trop sévère. »

On le voit, ce n'était pas un surdoué, mais il avait une mémoire prodigieuse; il parlait peu, mais il aimait briller; il avait un abord un peu froid, mais il cherchait à plaire, compensant sa raideur native par une exquise politesse, une courtoisie raffinée, avec les dames en particulier; il était docile, mais sommeillait en lui une nature de rebelle; émotif et cordial, il savait afficher une insensibi-

1. Cité par Georges MONGRÉDIEN, *Louis XIV*, Le Mémorial des siècles, Paris, 1963, p. 259-260.

lité rogue et bourrue ; il avait du bon sens et une approche pragmatique des problèmes, et pourtant que d'erreurs et de folies ne fera-t-il pas !

Derrière le masque d'impassibilité, le fond du tempérament était la timidité et ce qui lui fait cortège : la fierté, l'orgueil, la grande méfiance. Pour échapper au regard des autres, il cherchait à impressionner, à intimider, ce qui n'était point trop difficile étant donné sa position. Quand il était en confiance et en restreinte compagnie, c'était un tout autre homme, spirituel, malicieux, railleur, aimant gentiment, sans méchanceté, relever les travers des courtisans. Ses familiers pouvaient l'aborder sans cérémonie, badiner et rire avec lui. Lui-même ne dédaignait pas les plaisanteries de collégien. Un jour il avait offert à la future duchesse de la Vieuville, Anne Lucie de la Mothe-Houdancourt, cinq souris blanches dans une boîte bien apprêtée, pour lui faire peur. En retour, celle-ci lui avait glissé une grenouille, alors qu'elle lui servait à boire. Une autre fois, cette demoiselle facétieuse lui avait pincé les fesses dans la chambre de la reine : « La chienne ! » s'était écrié le roi. Nous ne sommes pas loin ici de l'atmosphère détendue et un peu grivoise de la cour de Henri IV.

Mais ce qu'il avait de plus remarquable était la volonté : volonté de se dompter lui-même, de maîtriser sa sensibilité, ses impulsions, sa vivacité naturelle, de se contrôler en toutes circonstances, au détriment de la spontanéité, de la fantaisie ou du caprice, qu'il jugeait indignes de la majesté royale.

Et les femmes ? C'est un sujet sur lequel on a disserté abondamment, souvent de la plus détestable façon, en imaginant ou romançant de manière débridée l'histoire des amours royales, de ses maîtresses ou de ses liaisons supposées. Il est certain que les troubles de l'adolescence l'avaient rendu craintif. Mais au lieu de se détourner d'elles, comme son frère Philippe, il avait commencé à leur porter grand intérêt. La galante Catherine Bellier, baronne de Beauvais, surnommée Catau la Borgnesse, l'avait, dit-on, déniaisé. C'est sans doute de cette aventure – ou d'une autre restée inconnue – qu'il attrapa à dix-sept ans une blennorragie qui dura sept mois et mit en émoi son médecin Vallot. Ce fut le grand secret d'État. Le docte Esculape, un peu naïf, ne savait à quoi attribuer ce mal étrange « puisque le roi vivait en une chasteté toute pure et sans exemple ».

Si le roi, timide et réservé, restait sage – hormis probablement une ou deux expériences sensuelles –, que de tentations ne rencontrait-il pas à la cour! Autour de lui tourbillonnait un bruyant essaim de jeunes demoiselles qui ne songeaient qu'à plaire. Parmi elles il y avait les nièces du cardinal, les « Mazarinettes » : Laure Victoire et Olympe Mancini, Anne Marie Martinozzi étaient venues avant la Fronde. A cette première génération avait succédé une seconde quand la situation de Son Éminence s'était consolidée : Laure Martinozzi, Marie, Hortense et Marianne Mancini. Grâce à leur oncle elles feront de prestigieux mariages : Laure Victoire Mancini avec Louis de Vendôme, duc de Mercœur, Anne Marie Martinozzi avec Armand, prince de Conti, Laure Martinozzi avec Alfonso d'Este, duc de Modène. Marianne Mancini deviendra duchesse de Bouillon et Hortense, duchesse de Mazarin.

En 1655 le roi tomba amoureux d'Olympe Mancini, brunette piquante, très éveillée, ambitieuse et intrigante. Leur aventure n'alla pas très loin. Olympe, dit Mme de Motteville, s'aperçut que « l'amitié du roi n'était qu'un amusement ». Comme elle avait la tête solide, elle préféra épouser le prince Eugène Maurice de Savoie, descendant de Charles-Quint par sa grand-mère et du sang de France par sa mère, la princesse de Carignan. Pour lui, le cardinal releva le titre prestigieux de comte de Soissons, et Olympe sera appelée « Madame la Comtesse » [1].

Trois ans plus tard, en juin 1658, le roi se trouvait à Calais, frappé par la scarlatine qui, on s'en souvient, avait mis en péril ses jours. A son chevet pleurait une petite Italienne, Marie Mancini, autre nièce de la « tribu Mazarin » [2]. Avec ses jambes maigres, son teint de pruneau, ses cheveux de jais, son regard de sauvageonne et sa grâce d'adolescente un peu acide, elle n'était pas d'une grande beauté. Mais la douleur sincère qu'elle avait éprouvée durant sa maladie le persuada qu'il était aimé pour lui-même. A l'automne, leur idylle prit l'allure d'une flamboyante passion. A Fontainebleau, ce n'étaient que fêtes, bals, chasses, promenades en barque ou dans la forêt. Ivre de bonheur, Louis s'absentait avec elle, en restreinte compagnie, des journées entières. Marie n'était pas seulement une excellente cavalière, elle avait l'esprit vif, beaucoup de

1. De la même manière que la femme du Grand Condé était appelée « Madame la Princesse » et que sa belle-fille portera le nom de « Madame la Duchesse ».
2. Yvonne Singer-Lecocq, *La Tribu Mazarin*, Paris, 1989.

mémoire et une vaste culture. Influencée par la Préciosité, elle dévorait les romans à la mode, ceux de Mlle de Scudéry, d'Honoré d'Urfé, de La Calprenède, récitait des tirades du *Cid* et d'*Horace*. Comment Louis, encore mal dégrossi intellectuellement, aurait-il pu négliger les leçons d'un aussi charmant professeur? C'est elle qui éveilla son goût de la musique, de la peinture, de la littérature. Il est possible même que, sans son action, le rayonnement ultérieur de la cour de Versailles n'eût pas été aussi brillant. Entre deux confidences et des soupirs ils parlaient de poésie, de littérature, rêvaient de chastes et nobles aventures, échangeaient des recueils de vers ou des billets doux délicatement ciselés. Sous l'effet de l'Italienne au regard brûlant, ce roi de vingt ans se transformait un peu plus chaque jour en héros de roman au cœur tendre, faible et sentimental.

L'appât savoyard

Cependant la guerre continuait et il fallait l'achever. Après la brillante victoire des Dunes, où Condé avait été battu par Turenne, rien ne semblait arrêter la marche conquérante des armées françaises en Flandre maritime. Mais le royaume était à bout. Un effort supplémentaire aurait peut-être permis de s'emparer du reste des Pays-Bas espagnols, mais avec le risque de se heurter aux Anglais et aux Hollandais. Mazarin préféra remettre l'affaire à d'autres temps, quitte à endurer la grogne des officiers généraux.

Pour instaurer la paix – une paix solide et durable – Anne d'Autriche, aussi bien que son frère Philippe IV, savait qu'il fallait reparler du projet de mariage de Louis XIV et de l'infante Marie-Thérèse, tous deux de même âge. L'idée avait été débattue lors de premiers pourparlers en 1656. Afin d'inciter le Roi Catholique à offrir sa fille aînée, le cardinal fit annoncer le projet de mariage de Louis avec Marguerite de Savoie, fille de Chrétienne de France, Madame Royale (elle-même fille de Henri IV). Sans se douter qu'elles servaient d'appâts dans une bien curieuse partie de chasse, les deux femmes acceptèrent avec plaisir de se rendre à Lyon, Louis ayant déclaré qu'il voulait d'abord voir la demoiselle avant de donner son consentement.

Le jeune roi quitta Paris le 26 octobre 1658 en compagnie de sa mère et du cardinal, heureux à l'idée de ce mariage, ce qui ne l'empêcha pas durant tout le voyage de chevaucher au côté de son égérie, à qui il témoignait les soins les plus assidus. Les Espagnols mordirent à l'hameçon. *Esto no puedo ser y no sera!* (Cela ne peut être et ne sera!), s'exclama Philippe IV en apprenant le projet savoyard. Aussitôt, il dépêcha en France son secrétaire d'État aux relations extérieures, Antonio Alonzo Pimentel, avec mission d'offrir la paix et la main de sa fille. Déguisé en marchand, voyageant sans passeport, couchant au hasard de la route dans les auberges ou les monastères, Pimentel arriva à Lyon en décembre, en même temps que les princesses.

Mazarin paya sa victoire en allant expliquer aux deux Savoyardes, d'un air embarrassé, que la demande espagnole annulait tout. Son devoir et celui de la reine n'étaient-ils pas de rendre avant tout la paix à la France? Madame Royale se fâcha. On dut lui reconnaître par écrit qu'en cas de rupture, le roi épouserait sa fille Marguerite. On eut quelque difficulté alors à convaincre l'intéressé, qui s'était fait à l'idée de ce mariage. Il résista, déclara qu'il était le maître puis, finalement, céda...

Presque reine

Bientôt Marie Mancini, fiévreuse et dominatrice, reprit le dessus. De tous côtés le roi était manœuvré. Son esprit flottait entre les influences de sa mère et du cardinal, son sens inné du raisonnable et sa passion amoureuse. Pendant le voyage de retour, on le revit chevauchant avec Marie en tête du cortège, sans l'ombre d'un souci protocolaire.

A Paris, l'idylle se poursuivit au milieu des fêtes, des mascarades et des divertissements de la cour. Marie chantait, Louis l'accompagnait à la guitare. Pour eux Lully composait de petits airs de danse. Au cours d'un bal, où elle parut avec un corsage serti d'émeraudes, une houlette ornée de rubans argentés à la main, le roi se précipita vers elle pour la complimenter : « Ma reine, lui dit-il, cet habit vous sied à ravir! »

Reine? C'était bien là le but que s'était assigné la petite campagnarde des Abruzzes. Elle était admirée de tous, elle avait Louis XIV à ses pieds : même un esprit moins chimérique aurait caressé ce rêve ahurissant! D'audacieuse et d'impétueuse elle était devenue impertinente, provocante, boudeuse. Elle avait le sentiment d'avoir vaincu, par son seul charme, la prétendante de Savoie; elle fut persuadée qu'elle se débarrasserait avec la même aisance de la fille de Philippe IV.

Dès février 1659 Anne d'Autriche s'irrita vivement de cette amourette ridicule, qui rendait son fils si indocile. Mazarin, au contraire, resta placide longtemps, au moins jusqu'au début de juin. Pourtant il ne pouvait ignorer l'empressement et les tendres sentiments du roi pour Marie, surtout depuis le retour de Lyon. Pourquoi n'intervenait-il pas? Était-ce par penchant naturel pour la temporisation? Pensa-t-il, en attendant l'infante, occuper le cœur et les pensées du jeune homme avec cette passade sans importance? Eut-il, au contraire, l'idée de devenir le cousin du roi par alliance, au cas où échoueraient les tractations avec l'Espagne, comme l'ont suggéré plusieurs contemporains? On ne saurait trancher. Psychologiquement, quelles qu'aient été les tentations du cardinal, il est difficile d'admettre qu'il ait envisagé froidement, durablement cette union au moment crucial où il allait conclure la grande œuvre de sa vie, la paix de l'Europe, et ce pour cette jeune folle – la plus rétive des Mazarinettes – qui ne lui avait jamais obéi et sur laquelle, il le savait, il n'aurait jamais aucune prise.

Quand il découvrit l'ampleur des ravages, il en fut effrayé. Marie, avec une impudente ingénuité, dressait ses dix-neuf ans et sa petite personne au milieu du jeu subtil et délicat des grandes puissances, au risque d'anéantir ses efforts pour des années et de rallumer la guerre. Aussi chargea-t-il sans délai une personne de confiance, Mme de Venel, la gouvernante de Marie, de surveiller étroitement son élève.

Vexé d'être traité en enfant irresponsable, poussé par Marie, qui tisonnait insidieusement son amour-propre, Louis se révolta. Pour la première fois de sa vie il osa tenir tête à sa mère et à son parrain. Le mariage espagnol? Il y renonçait! Oui, il épouserait Marie, envers et contre tous. N'était-il pas le maître? N'était-il pas libre de choisir son destin? Dans un dernier entretien il menaça même le cardinal, son parrain, d'une foudroyante disgrâce. Ces propos atterrèrent Anne et Jules. Ils tentèrent de le raisonner. Ne voyait-il pas que par ce mariage il se discréditerait aux yeux des pays étrangers? Et son devoir d'État, y avait-il songé? Imaginait-il la responsabilité écrasante qu'il allait prendre devant ses peuples, épuisés par vingt-cinq ans de conflit armé? La guerre reprendrait. Elle durerait des générations peut-être, tout cela par son caprice! D'ailleurs, on ne pouvait plus reculer. Les préliminaires de la paix étaient signés (4 juin 1659), et le cardinal s'apprêtait à se rendre à Saint-Jean-de-Luz pour arrêter, avec le ministre don Luis de Haro, les termes du traité. Le roi tenta une ultime démarche. Il se jeta à genoux aux pieds de sa mère et de son parrain, supplia, mais en vain. Malgré la promesse qu'il fit encore à Marie de la faire monter sur le trône, celle-ci comprit que le jeune homme ne parviendrait pas à ses fins.

Partant pour un si long voyage, Mazarin ne fut pas assez sot pour laisser cette dangereuse gamine comploter dans son dos. Il décida qu'elle serait éloignée avec ses deux sœurs, Hortense et Marianne. Elles quittèrent donc la cour le 22 juin pour Fontainebleau et, de là, prirent la route de La Rochelle. Au moment de se séparer, les amoureux échangèrent de déchirants serments. Mais tous deux se sentaient impuissants, broyés par le destin.

Fiévreux et amer, Louis fit retraite à Chantilly puis à Fontainebleau, écrivant lettre sur lettre à la pauvre exilée. Le cardinal, qui cheminait vers le sud à petites étapes en compagnie de ses nièces, les remettait cachetées à Marie, s'affligeant de leur nombre et de la faiblesse de son royal élève. Mais il ne capitulait pas. Il insufflait un regain d'énergie à la reine, qu'il sentait mollir devant les chagrins de son fils, et tançait le roi sans ménagement. A Poitiers, au soir de Pâques, Mazarin fit ses adieux à ses nièces et, le lendemain, à demi rassuré, prit la direction de Saint-Jean-de-Luz tandis qu'elles-mêmes s'en allaient vers La Rochelle sous la surveillance de Mme de Venel. Assailli par la goutte, préoccupé de mener à bien les négociations avec l'Espagne, il était tenaillé par l'inquiétude : non seulement il n'avait pas réussi à raisonner Marie, mais l'attitude de ce jeune écervelé, dont il ne parvenait à faire son disciple, le désorientait. Des heures durant sa plume nerveusement grattait le papier : huit, neuf, dix pages, que les courriers emportaient à peine sèches vers Fontainebleau.

Louis enrageait de recevoir ces lassantes mercuriales. Naïvement, pour se justifier, il répondait qu'il était parfaitement capable de maîtriser ses passions, à l'exception d'« une qui lui tenait la tête ». « C'est à proprement parler pour ne rien dire, lui répliquait Mazarin le 2 juillet; car vous aurez toujours une passion qui vous dominera et vous direz de ne pouvoir pas vaincre celle-là et que vous serez maître des autres qui ne feront aucune peine. Je vous conjure donc de vous bien appliquer pour vous rendre maître de toutes. »

Le 16 juillet, il lui rappelait gravement que « Dieu a établi les rois (...) pour veiller au bien, à la sûreté et au repos de leurs sujets, et non pas pour sacrifier ce bien-là à leurs passions particulières, et, quand il s'en est trouvé d'assez malheureux qui aient obligé par leur conduite la providence divine à les abandonner, les histoires sont pleines des révolutions et des accablements qu'ils ont attirés sur leurs personnes et sur leurs États ».

La conduite du roi étonne, bien sûr, surtout quand on pense au futur personnage olympien. Le jeune Louis XIV ressemblait assez peu à l'image que, par des efforts de volonté et de dissimulation, il laissera à la postérité. Le Roi-Soleil n'est pas né avec un sceptre et une perruque! Il lui a fallu construire sa personnalité. Avant cela, il est passé par bien des orages. Dans la crise sentimentale qui l'a bouleversé de 1658 à 1659 se trouvent rassemblés tous les ingrédients de la tragédie classique : la force des passions, l'entraînement destructeur des destins qui s'embrasent, l'amour contrarié qui saigne comme une blessure béante, le sens du devoir, la raison d'État, l'appel à la lucidité, l'effort fait pour se dépasser soi-même. Tout cela ne fut ni du roman ni du spectacle. Exploitant cette réalité vécue, Jean Racine fera dire par Bérénice à Titus presque mot pour mot ce que Marie, la petite Italienne partant pour La Rochelle, avait confié dans un soupir : « Vous êtes empereur, seigneur, et vous pleurez [1]! »

Louis XIV ne céda qu'à demi, avec des réticences et des arrière-pensées : il accepta de se rendre à Bordeaux, dans l'attente de la fin des négociations franco-espagnoles. Il ne disait plus non au mariage avec l'infante, mais il espérait qu'un grain de sable en arrêterait l'implacable processus. En attendant, il avait obtenu de sa mère qu'il reverrait au moins une fois la nièce chérie. Quand la cour parvint à hauteur de La Rochelle, Anne dut s'exécuter. Les 13 et 14 août, à Saint-Jean-d'Angély, les jeunes gens se retrouvèrent, échangèrent de brûlants serments, bien décidés à surmonter les obstacles et à triompher des efforts conjugués de la reine et du cardinal. De

1. *Bérénice*, acte IV, scène 5. Marie Mancini aurait dit : « Vous pleurez! Et vous êtes le maître!... » (selon Mme de Motteville) ou encore : « Ah, sire, vous êtes roi et je pars! » (selon l'abbé de Choisy).

Bordeaux le roi se mit à envoyer à Marie non plus des lettres mais des « volumes entiers ». Oui, à ce moment-là, Louis faillit prendre la mauvaise voie. On mesure combien l'affaire Mancini fut plus qu'une amourette relevant de la « petite histoire » du règne. Mazarin parlait de démissionner et de se retirer avec ses nièces en Italie. Le 11 septembre marqua la fin de cette terrible crise. Avec douleur Louis renonça à Marie pour toujours, et celle-ci, voyant s'évanouir son espoir d'être reine, se résigna. Elle alla cacher son chagrin à Brouage, face à l'océan gris et tumultueux, dans un paysage mélancolique de landes et de marais salants.

Le mariage de Saint-Jean-de-Luz

Le 7 novembre 1659, le traité des Pyrénées scella le retour de la paix, de la « paix générale » cette fois [1]. Philippe IV cédait le Roussillon, une partie de la Cerdagne et de l'Artois, les places de Gravelines, Bourbourg, Bergues et Saint-Venant, du Quesnoy, de Landrecies, Thionville, Montmédy et Damvillers. Condé, pardonné, recouvrait son rang, ses honneurs et son gouvernement de Bourgogne et rendait au roi son maître quelques places que le souverain de toutes les Espagnes lui avait fictivement remises (Avesnes, Mariembourg et Philippeville). Le duc de Lorraine se voyait imposer la cession du Barrois, du comté de Clermont-en-Argonne, de Dun, Stenay et Jametz ainsi que l'obligation de mettre à la disposition des Français une route reliant l'Alsace.

Le mariage de Louis XIV et de l'infante Marie-Thérèse paraissait être le gage de la nouvelle entente entre les deux grandes puissances de la chrétienté. En réalité, il n'en était rien. Il était convenu, en effet, que la jeune épousée recevrait une dot de 500 000 écus d'or et que, « moyennant » le versement de cette somme, elle renoncerait à ses droits sur la couronne d'Espagne au décès de son père. Ce « moyennant », insidieusement glissé dans le texte à la demande du secrétaire d'État Hugues de Lionne, établissait un lien juridique entre le renoncement et le paiement de la dot. Il hypothéquait l'avenir et fournissait un prétexte à la France pour reprendre ulté-

1. La guerre du Nord entre la Suède et la Pologne, le Brandebourg, le Danemark s'acheva dans la foulée avec la signature de la paix d'Oliva, le 3 mai 1660, et celle de Copenhague, le 4 juin.

rieurement le dépeçage de l'Empire espagnol, car le Roi Catholique, endetté jusqu'au col, ne paierait jamais le premier doublon. C'était une bombe à retardement, dissimulée dans le texte, bombe qui explosera en son temps.

Comme on allait aborder l'hiver, on préféra repousser au printemps la cérémonie officielle. Après un long séjour à Toulouse et en Languedoc à l'automne et au début de l'hiver de 1659, le roi, la reine mère et Mazarin se rendirent en Provence, où « l'extresme misère » et « l'épuisement » de certaines communautés avaient fait éclater la colère contre l'agent trop zélé du cardinal, le baron d'Oppède. Le 14 février 1659, jour de la Saint-Valentin, à Aix, la jeunesse de la ville s'était déchaînée contre le « traître » et « tyran » et avait assiégé sa maison. Au cours de l'affrontement il y avait eu un mort et des blessés. Le duc de Mercœur réprima les troubles, destitua les consuls suspects et réforma l'institution municipale. Mais les esprits n'étaient pas apaisés. Marseille, de son côté, fière et indépendante, attachée à ses privilèges, dominée par des solidarités claniques, formait une sorte de « république », où la faction dominant le corps de ville ne reconnaissait aucune autorité. Le roi fut magnifiquement reçu à Tarascon, en Arles, à Salon et même à Aix. Le 20 janvier 1660, dans cette cité, le Grand Condé fit son retour à la cour. Il s'agenouilla devant le roi, qui le releva. « Mon cousin, lui dit-il avec élégance, après les grands services que vous avez rendus à ma couronne, je n'ai garde de me ressouvenir d'un mal qui n'a apporté du dommage qu'à vous-même. » Quelques jours plus tard on apprit la mort, dans son château de Blois, de l'autre grand rebelle, Gaston d'Orléans. C'était la fin d'une époque.

Contrairement à Aix revenue au calme, Marseille, qui avait accordé asile à des séditieux, fut promise à une punition exemplaire. Un messager du roi n'y avait-il pas été molesté et un ordre émanant de lui déchiré? En janvier 6 000 hommes commandés par Mercœur occupèrent la ville. Une chambre de justice fut installée avec mission de frapper les coupables. Le conseil de ville fut cassé. Pour bien souligner que l'on traitait la cité phocéenne en rebelle, « trois toises de muraille » furent abattues de chaque côté de la Porte royale, et, comme dans une ville conquise de haute lutte, Louis entra « par la brèche » avec le mépris du vainqueur. Pour tenir en respect ces sujets indisciplinés, on résolut de construire la citadelle Saint-Nicolas et le fort Saint-Jean.

En mai la cour arriva à Saint-Jean-de-Luz pour les préparatifs de la cérémonie. Petite, assez enveloppée, le bas du visage lourd comme tous les Habsbourg, Marie-Thérèse n'avait pour elle que la fraîcheur de la jeunesse, des yeux bleus, des cheveux blonds argentés et la pâleur nacrée des infantes. On fut rassuré lorsque Louis XIV déclara qu'il la trouvait à son goût. Quant à Marie-Thérèse, elle se préparait depuis de longues années à cette union.

Malgré l'impécuniosité des deux cours, les cérémonies furent fastueuses. Sur les rives de la Bidassoa les Français voulaient surpasser le luxe austère de l'orgueilleuse Castille. Ils arboraient avec ostentation des pourpoints de brocart, des habits de moire ou de vénitienne, avec pasquenilles, dentelles d'or et d'argent, le tout acheté à crédit...

Le dimanche 6 juin, Louis XIV et Philippe IV jurèrent sur l'Évangile de respecter les clauses du traité de paix, puis s'embrassèrent en se promettant une éternelle amitié. Le lendemain, le roi et sa mère allèrent chercher l'infante, accompagnés d'un grand déploiement de troupes : archers, gardes du corps, mousquetaires, chevau-légers, en habits bleus ou écarlates, cravatés de dentelles. La jeune princesse ne quitta pas son père sans un serrement de cœur. Trois fois elle se mit à genoux devant lui, trois fois Philippe lui donna sa bénédiction, la larme à l'œil. Les Grands d'Espagne, désolés de la perdre, baisaient sa main et sa traîne.

La messe de mariage fut célébrée le mercredi 9 juin dans l'église de Saint-Jean-de-Luz. Le roi, vêtu d'un habit noir étincelant de pierreries, et la future reine, en robe semée de lys d'or, échangèrent leurs consentements devant l'évêque de Bayonne. La Grande Mademoiselle portait l'offrande, ses demi-sœurs, Mlles d'Alençon et de Valois, la traîne brodée d'argent de l'infante. Anne d'Autriche était pour sa part radieuse. A cinquante-neuf ans elle avait atteint le but de sa vie.

L'entrée de 1660

Le 26 août 1660, Louis XIV et Marie-Thérèse furent officiellement accueillis dans leur bonne ville de Paris, qui leur offrit une fête exceptionnelle. Dans l'histoire des pompes et solennités de l'ancien régime, cette mémorable journée est la dernière des grandes cérémonies d'« Entrée royale ».

En début de matinée, les souverains furent reçus, en dehors des murs, sur la place qu'on appellera plus tard pour cette raison place du Trône. Le siège royal, couvert de brocart d'or, fut placé au sommet d'une estrade de dix-huit marches, protégée d'un haut dais de taffetas bleu semé de lys. Louis rayonnait de grâce et de jeunesse : l'épée au côté, la tête coiffée d'un chapeau à plumes dont le bouquet était tenu par une agrafe de diamants, il portait un habit d'argent et de soie incarnat. La jeune reine était couverte de tant d'or, d'argent, de perles et de pierreries qu'à peine pouvait-on apercevoir l'étoffe noire de sa robe. Un troisième personnage était à leurs côtés, le chancelier Séguier.

Devant eux, durant toute la matinée, défilèrent les délégations des corps constitués : les quatre ordres mendiants suivis du clergé des 39 paroisses de la ville, brandissant leurs croix et leurs bannières et chantant la litanie des saints, l'université conduite par le recteur, avec la cohorte de ses 42 docteurs en médecine, ses 116 docteurs en théologie, ses 6 docteurs en droit canon, revêtus de la toge et de l'hermine. Venaient ensuite le prévôt des marchands et les Six-Corps [1] puis les autres corporations et jurandes, avec leurs riches enseignes. Derrière eux, la troupe austère des commissaires du Châtelet, les membres des quatre cours souveraines : Cour des monnaies, Cour des aides, Chambre des comptes et Parlement; enfin les anciens Bourgeois de Paris et le corps des tailleurs aux pourpoints magnifiquement décorés.

Le couple royal écouta avec bienveillance les interminables et redondantes harangues de bienvenue des délégués de chaque groupe, qui montaient les degrés de l'estrade et se mettaient à genoux avant de parler. Louis et Marie-Thérèse reçurent sur un coussin les clés de la ville et, dans un coffret d'argent, les sceaux de l'État. Enfin ils assistèrent au traditionnel lâcher de colombes.

Dans l'après-midi, le cortège mit quatre longues heures à atteindre le Louvre, en passant par l'île de la Cité. Gigantesque et rutilant cortège. En tête marchaient les 72 mules de Son Éminence, somptueusement harnachées, suivies de sa litière et de ses équipages; mais la litière était vide, le spectacle en trompe-l'œil, car le cardinal, épuisé, avait préféré contempler le défilé d'un balcon de

1. Drapiers, épiciers, merciers, pelletiers, marchands de vin et orfèvres.

l'hôtel de Beauvais, rue Saint-Antoine, en compagnie de la reine, de Henriette de France et de Turenne.

Les écuries de Monsieur, de la reine et du roi soulevèrent des murmures d'admiration. Le chancelier Séguier s'avançait, tel que l'a peint Le Brun dans un tableau célèbre, sur une haquenée immaculée, vêtu d'une soutane de drap d'or, avec un chapeau de velours orné d'un cordon d'or. Pour le protéger du soleil, deux pages près de lui brandissaient des parasols de tabis violet à franges d'or. Ensuite défilèrent les chevau-légers, les pages de la chambre, les gouverneurs de province, les gentilshommes au bec de corbin, les cent-Suisses, les hérauts d'armes, les mousquetaires de Son Eminence, le grand maître de l'artillerie, le grand écuyer, les mousquetaires du roi.

Le roi caracolait fièrement sur un cheval bai brun, dont la housse était brodée d'argent et le harnais semé de pierreries. Il était suivi de Monsieur et des princes du sang, y compris le Grand Condé. La reine se trouvait dans une voiture découverte, tirée par six chevaux. Elle était entourée des princes de Lorraine, Guise et Elbeuf, et de l'ambassadeur d'Espagne. Prodigieuse cavalcade, dans un frémissement de dentelles et de plumes. Les cloches de la capitale égrenaient au vent leurs joyeuses notes tandis qu'au loin le canon de la Bastille ébranlait l'air de son grondement sourd et régulier. Paris était en liesse! Des troupes formaient la haie jusqu'au Pont-Neuf. Sur le passage du cortège des grappes humaines s'entassaient dans les rues et sur les ponts. Un nombre considérable de provinciaux étaient venus en renfort. La ville était transformée en décor de théâtre, avec des arcs de triomphe en toile peinte et en bois imitant la pierre.

Mêlant en une somptueuse apothéose le triomphe des guerriers romains et la mythologie grecque, cette mise en scène célébrait à la fois l'allégeance de la capitale au couple royal, la prise de possession par le roi de sa bonne ville et l'incorporation des peuples et des organes de l'État au corps mystique et symbolique du monarque. Au faubourg Saint-Antoine se dressait un grand portique dorique avec deux immenses tableaux, l'un représentant un soleil d'or dissipant les nuées, l'autre une lune d'argent, le tout surmonté de figures allégoriques : la Joie, l'Obéissance, la Fidélité, la Reconnaissance, la Concorde et la Constance. A la porte Saint-Antoine deux statues d'Hercule et de Pallas accueillirent le cortège, qui rencontra ensuite un autre arc de triomphe soutenant, en une savante composition, le buste de Louis XIV, d'après un dessin de Poussin, les statues de la Marne et de la Seine, celles de la France et de l'Espagne réunies par l'Hymen, et le vaisseau de la ville de Paris. Devant le cimetière Saint-Jean, au carrefour Saint-Gervais, un autre arc de triomphe, plus étrange encore, symbolisait le mont Parnasse, avec des pilastres en forme de troncs de palmiers enguirlandés. Des amours ailés entouraient les médaillons du roi et de la reine avec cette légende : *Iungit Amor* (L'amour les unit). Au sommet, deux rochers superposés, couverts de lauriers, où figuraient Apollon et les sept Muses, composaient une volumineuse pièce montée. Au passage des souverains un chœur se mit à chanter. Au pont Notre-Dame, où l'on jouait un concert de musettes, la suite de bustes des rois de France rappelait la continuité monarchique jusqu'à Louis XIV et l'entrée de celui-ci dans cette longue histoire. Sur l'itinéraire d'autres arcs s'élevaient encore : au débouché du pont Notre-Dame une arche ionique, avec pour thème l'amour conjugal vainqueur du dieu Mars; au Marché-Neuf un grand portique supportant un immense tableau représentant Hercule sous les traits du roi, et Minerve sous ceux de la reine; place Dauphine, un dernier arc, le plus riche et exubérant de tous, conçu par Le Brun, où se mêlaient des motifs égyptiens, grecs, romains et italiens.

Critiqué par les dévots, qui reprochaient le mélange des genres sacré et profane, et par les puristes, qui gémissaient devant les surcharges de l'italianisme baroque, ce triomphe au sens romain du terme, avec son cortège d'anciens frondeurs vaincus et soumis, exprimait, dans ses hésitations et la profusion de ses inspirations, le bouillonnement artistique et intellectuel du pays. « Ce n'était pas un hommage de cour. Dans cette fête parisienne, l'opinion nationale s'affirmait [1]. »

La leçon politique en était claire : le rituel médiéval de l'Entrée servait de prétexte pour rappeler le pacte primitif unissant le monarque et son peuple, pacte fait de droits et de devoirs réciproques. Le 26 août, les harangues des édiles et des représentants des corps constitués insistaient sur le triomphe de l'amour, sur la paix retrouvée, dont Louis était implicitement institué le « garant et le protecteur », enfin sur « l'unité, la concorde, l'obéissance »

1. Victor-Lucien Tapié, *Baroque et classicisme*, Paris, 1980, p. 215.

envers un roi qui avait mis fin aux guerres et pacifié le royaume [1]. Entièrement offerte par la ville, cette cérémonie était donc une invite à la monarchie tempérée, fort éloignée de la pratique absolutiste.

La mort du « Grand Turc »

Vanté dans toutes les chancelleries, célébré en héros de la paix dans toute la chrétienté, adulé, vénéré à la cour de France, Mazarin, après le traité des Pyrénées, avait atteint le pinacle où bien peu d'hommes d'État parviennent à se hisser. Élargissant ses ambitions à toute l'Europe, il songea alors à organiser une nouvelle croisade des nations chrétiennes réconciliées contre les Turcs. Chassés du « royaume de Candie » – c'est-à-dire de Crète – les Vénitiens appelaient au secours [2]. Profitant de la nouvelle entente franco-espagnole, envisagea-t-il de se faire élire pape ? Quelle fabuleuse fin de carrière c'eût été pour le fils du domestique de Colonna ! Mais, sur le trône de Pierre, Alexandre VII n'eut pas l'élégance de mourir à temps ! Le 20 août 1660, Mazarin annonça son intention de devenir prêtre. Malheureusement la maladie le rattrapa plus vite que prévu. Il était d'une maigreur effrayante, et ses jambes étaient marbrées de plaques violettes. Aux maux anciens s'ajoutèrent de nouveaux : une insomnie continuelle, un œdème pulmonaire, une néphrite aiguë, enfin une crise d'urémie qui l'expédia dans l'au-delà.

Les derniers mois, il se montra plus despote que jamais, présidant le conseil des ministres dans sa chambre tandis qu'on lui faisait la barbe et qu'on l'habillait ; avec désinvolture il laissait le roi faire antichambre, ne le raccompagnait pas lorsqu'il le quittait, traitait la reine mère en époux acariâtre et refusait de donner un peu d'argent à la jeune reine alors qu'il se montrait prodigue avec sa nièce Olympe.

Son bilan politique n'était pas mince : la paix européenne, le rang de la France en Europe, l'hydre des Frondes écrasée, les pro-

1. Marie-Christine MOINE, *Les Fêtes à la cour du Roi-Soleil, 1653-1715*, Paris, 1984, p. 19-20.

2. Mazarin envoya de l'argent et 4 200 hommes. L'expédition – insuffisamment préparée – se solda par un échec en décembre 1660.

vinces pacifiées. Malgré des vents contraires et une mer démontée, il était parvenu à ramener à bon port la barque des lys. Sans son habileté diplomatique, son génie manœuvrier, tout autre aurait été la France de Louis XIV. Sur le plan intérieur, le jugement mérite d'être nuancé. La nation sortait saine et sauve de la guerre mais épuisée. Ses démons intérieurs n'étaient pas tous jugulés. Les revenus des années 1661 et 1662 et d'une partie de 1663 étaient envolés, l'Église était plus que jamais divisée par la querelle du jansénisme, la noblesse, toujours remuante, et certaines régions, encore sous le coup des « émotions » antifiscales, prêtes à se soulever. Le cardinal ne laissait ni successeur ni « grand dessein », qu'il fût financier, économique ou politique. Sa pratique gouvernementale restait trop marquée du sceau de l'improvisation permanente. Avec lui la France aura vécu dans « une espèce de bohême étincelante »[1].

Le 8 février, le cardinal se fit transporter à Vincennes pour y mourir au milieu de toute la cour. Pour ce rendez-vous avec la Parque, le « grand saltimbanque », comme l'appelle Retz, s'était fait laquer les moustaches, frisotter les cheveux au petit fer et tamponner de fard rouge ses joues creuses et cireuses. Dodelinant du chef dans la chaise à porteurs qui lui faisait faire un tour de parc, il avait l'air d'un pitoyable Mascarille ou d'une demi-mondaine délabrée.

Bientôt il ne quitta plus la chambre et se préoccupa de sa succession et du sort de sa fortune. Il arrangea les fiançailles de sa nièce Marie Mancini avec Lorenzo Colonna, duc de Talliaco et de Castiglione, Grand d'Espagne, chevalier de la Toison d'or et connétable du royaume de Naples[2] et, le 28 février, organisa le mariage d'Hortense Mancini avec Armand de la Porte de la Meilleraye, fils du maréchal. Il désigna pour légataire universel ce médiocre et extravagant personnage, obsédé sexuel, l'obligeant à porter son nom et ses armes. Il fit des legs particuliers au roi, à la reine mère, à Monsieur, aux nombreux membres de sa famille, à son chenapan de neveu Philippe Mancini, à sa sœur Martinozzi, à ses deux nièces, la duchesse de Modène et la princesse de Conti, aux trois autres Mancini, Olympe, comtesse de Soissons, Marie et Marianne

1. Selon l'expression de Marcel Boulanger (*Nicolas Fouquet*, Paris, 1933, p. 16).
2. Claude Dulong, *Marie Mancini. La première passion de Louis XIV*, Paris, 1993.

(future duchesse de Bouillon). Il n'oublia pas non plus ses amis, ses serviteurs, les couvents, les hôpitaux, les pauvres...

Politiquement, la fortune du cardinal risquait de poser de sérieux problèmes. Sur la suggestion de Colbert, Mazarin fit un dernier tour de passe-passe : il proposa au roi de tout lui léguer, mais, en même temps, sachant sa bonté, il lui demanda de pouvoir en faire profiter sa pauvre famille ! Par ce simulacre il espérait un refus empressé, qui confirmerait implicitement la légitimité de tous ses biens. Habile requête, car Louis XIV ne pouvait recevoir un legs aussi important d'un de ses sujets. Il le comprit mais se paya le luxe de faire attendre deux jours Son Éminence avant de signer l'acte de restitution !

La santé du cardinal déclinait, gaillardement aidée par les archiâtres qui lui firent prendre quelque quatre-vingts lavements et de bonnes rasades de vin émétique. Le 3 mars, le malade reçut le viatique. Le 5, on fit réciter les prières des quarante jours dans toutes les églises de Paris : faveur inouïe, car ce privilège était réservé de tout temps aux personnes de sang royal. Le 7, Claude Joly, curé de Saint-Nicolas-des-Champs, lui donna l'extrême-onction. Le roi, en larmes, aurait voulu assister à cette cérémonie sacramentelle, mais le père Bissaro, confesseur du cardinal, le supplia de n'en rien faire, ce qu'il accepta, « mais il resta à regarder par la fente de la porte [1] ».

Le même jour Mazarin signa son testament, agrémenté de quelques codicilles et, abusant de son état de mourant, obtint de la princesse Palatine, Anne de Gonzague, sa démission de surintendante de la reine en faveur de sa nièce, la comtesse de Soissons. Une de ses autres nièces, la princesse de Conti, fut pourvue de la surintendance de la maison de la reine. Ces changements et quelques autres, le roi n'eut qu'à les approuver. Jusqu'à la fin le cardinal resta maître des grâces. Aussi la cour du château de Vincennes et les prairies avoisinantes étaient-elles emplies des carrosses des solliciteurs, pressés de lui arracher quelques faveurs avant son dernier souffle. Dans les antichambres bondées on suffoquait.

Mazarin fit appeler les trois ministres d'État, Le Tellier, Fouquet

1. Relation du P. Bissaro, in Raymond DARRICAU et Madeleine LAURAIN, « La mort du cardinal Mazarin », Extrait de l'*Annuaire-Bulletin de la Société de l'Histoire de France*, 1960, p. 106.

et Lionne et, en présence du roi, prononça un éloge appuyé de chacun d'eux, les présentant comme « des serviteurs fort capables et d'une entière fidélité ». A propos du surintendant Fouquet il vanta sa parfaite connaissance des matières financières, ajoutant suavement qu'il était capable de donner d'excellents conseils « sur toutes les autres affaires de l'État, de quelque nature qu'elles fussent ».

Un homme pouvait tout naturellement prétendre à la succession du cardinal : Michel Le Tellier, âgé de cinquante-huit ans, fidèle parmi les fidèles, dévoué, compétent, qui avait la confiance de la reine mère et du jeune roi. Durant la Fronde il avait servi le pouvoir royal avec la plus parfaite loyauté, révélant d'excellentes qualités d'administrateur et d'organisateur. Malheureusement il était trop modeste, trop timide. Le pieux, le sage, l'honnête Michel Le Tellier était destiné à rester un éternel second.

L'ambitieux procureur général au parlement de Paris et surintendant des finances Nicolas Fouquet avait donc la voie libre pour devenir le principal ministre. Mais c'était compter sans l'action de ses ennemis, Colbert, Le Tellier, Herwart, Ondedei, évêque de Fréjus et créature de Mazarin, qui se liguèrent. Que se passa-t-il? Arrachèrent-ils au mourant des paroles de condamnation? Y eut-il des pressions sur les gens d'Église qui entouraient le cardinal, avec la promesse d'« un legs considérable »? Ce qui est certain, c'est que les propos du 7 mars sur Fouquet furent singulièrement tempérés le 8. Le moribond conseilla au roi de se montrer circonspect : si on pouvait lui « ôter les bâtiments et les femmes de la tête », le surintendant serait « capable de grandes choses », mais qu'il prenne garde à son ambition, qu'il lui donne le temps de s'amender en lui montrant que l'on n'ignore rien « de sa mauvaise conduite [1] ». Il lui recommanda de se servir de son intendant Colbert, qui « réglerait l'État comme une maison particulière ». On connaît sa fameuse parole, rapportée par l'abbé de Choisy : « Je vous dois tout, sire; mais je crois m'acquitter en quelque manière en vous donnant Colbert. » On ne sait si elle est authentique. L'intéressé, en tout cas, s'en vanta auprès de ses amis.

1. Jean-Baptiste COLBERT, *Lettres, instructions et mémoires*, éd. P. Clément, Paris, 1861-1882, t. II, p. 33.

Giulio s'éteignit le 9 mars, à deux heures du matin, pieusement, au dire des témoins, après avoir montré durant sa maladie une grande force d'âme. Louis avait passé la nuit dans un petit lit, près de sa chambre. Son ancienne nourrice, Pierrette Dufour, devenue femme de chambre de la reine, lui apprit la nouvelle. Il se leva, s'habilla en silence pour ne point réveiller son épouse et alla se recueillir devant la dépouille de son parrain et tuteur. Il était entouré des maréchaux de Villeroy, Gramont et Noailles. Les larmes lui noyaient les yeux et il montrait plus de douleur qu'il était convenable pour un prince. Dans le palais les gardes du cardinal avaient retourné leur fusil en signe de deuil. A Besmaux, vieux fidèle du défunt, il dit : « Console-toi, Besmaux, et me sers bien dans ton gouvernement de la Bastille ; tu as retrouvé un bon maître. »

« A moi, monsieur l'archevêque ! »

En l'absence de Fouquet, qui n'était pas encore prévenu, il s'enferma pendant trois heures dans son cabinet avec Le Tellier et Lionne. Il inaugurait ainsi la formule du « conseil étroit » ou « conseil d'en haut », restreint aux seuls ministres d'État, excluant les membres de la famille royale et les princes du sang. La reine mère, qui avait toujours participé à cet organe du temps de Mazarin, fut « outrée de douleur » mais se résigna : « Je m'en doutais bien, dit-elle, qu'il serait ingrat et voudrait faire le capable [1] ! » Quatre jours auparavant, Louis avait communiqué à Le Tellier son intention de supprimer le « ministériat », c'est-à-dire le poste de premier ministre, et d'assurer seul la conduite des affaires. On connaît la réponse qu'il fit à l'archevêque de Rouen, président de l'assemblée du clergé, venu lui demander à qui il devrait désormais s'adresser pour toutes les questions ecclésiastiques : « A moi, monsieur l'archevêque ! »

Cela faisait longtemps qu'il méditait cette prise de pouvoir. Dans ses *Mémoires* il énumère les raisons pour lesquelles il avait différé sa décision : un ministre (*Mazarin*) habile et adroit, qu'il aimait, qui lui avait rendu de grands services et qu'il ne pouvait écarter sans susciter « les mêmes orages qu'on avait eu tant de

1. Abbé de CHOISY, *op. cit.*, p. 73.

peine à calmer », la crainte personnelle d'avoir à prendre en charge le fardeau de l'État, sans bien connaître ses propres forces, la peur de mal faire au début et d'anéantir à tout jamais son prestige...

Alors qu'il s'apprêtait à stupéfier l'univers, Louis n'était pas si assuré qu'il en avait l'air. Ainsi, le lendemain de la mort de son cher tuteur, il avait tenu à consigner sur le papier, de peur de l'oublier, le « testament politique » du grand homme et avait convoqué son secrétaire Rose pour le lui dicter. Testament politique est un bien grand mot pour désigner cette plate collection de conseils lénifiants, d'une affligeante banalité : je me devais, note-t-il, « ... de maintenir l'Église dans tous ses droits, immunités et privilèges, comme en étant le fils aîné, sans permettre qu'ils soient affaiblis sous quelques prétextes que ce puisse être ; (...) à l'égard de la noblesse, que c'était mon bras droit, que j'en devais faire cas et la traiter avec confiance et bonté en toutes rencontres (...) ; que, pour la magistrature, il était juste de la faire honorer, mais qu'il était très important d'empêcher que ceux de cette profession ne s'émancipent et de les obliger de se tenir dans les bornes de leur devoir (...) ; que, par tous les devoirs d'un bon roi, j'étais obligé de soulager mon peuple non seulement sur la taille, mais aussi sur toutes les impositions de quelque nature qu'elles soient, autant, néanmoins, que le pourraient permettre les dépenses nécessaires et indispensables pour la conservation générale de l'État (...) ; que j'avais auprès de ma personne des serviteurs fort capables d'une entière fidélité ; que c'était à moi de discerner à quoi chacun d'eux est propre, pour les employer selon leurs talents ; que je devais bien prendre garde que chacun soit persuadé que je suis le maître, qu'on ne doit attendre les grâces que de moi seul, et surtout ne les distribuer qu'à ceux qui les méritent par leurs services, par leur capacité et par leur attachement à ma seule personne... [1] ».

On ne peut s'empêcher de penser que Louis XIV restait encore bien docile, pour avoir voulu conserver trace d'un tel message ! Ce qui changea, dès le premier jour, ce fut moins la politique que le style, le ton, sa façon de parler en maître. Aux princes allemands il fit écrire que « les choses se feront avec plus d'autorité et moins de retardement et de lenteur que par le passé ». Pour le reste, Louis

1. « Mémoire dont le roi dicta la substance au sieur Rose, secrétaire de son cabinet, et relut tous les articles après les avoir fait étendre en sa présence au château du Louvre, le 10 mars 1661 », Jean-Baptiste Colbert, *op. cit.*, t. I, p. 535-536.

restait prisonnier du carcan mazarinien. Il héritait de ses habitudes, de ses leçons, de son personnel politique. Avant de mourir, le cardinal lui avait fait promettre de distribuer un certain nombre d'évêchés vacants, de bénéfices et de charges aux personnes qu'il lui avait désignées. Louis, scrupuleux, se fit un devoir d'obéir, y compris à propos de l'important gouvernement de Bretagne, que Mazarin destinait à son légataire universel, le marquis de la Meilleraye. Il fit préparer le sceau mais recula devant le refus de son titulaire – sa propre mère – de démissionner. « L'on pourra dire de Mazarin ce que l'on disait d'Alexandre, écrit Guy Patin : *Etiam mortuus adhuc imperat* (Même mort il règne encore). » Ce n'est que progressivement que Louis trouva sa voie propre. Mais déjà le romanesque amoureux de Marie Mancini, fragile et velléitaire, était mort...

Revenons au 10 mars 1661, jour où se tint, à sept heures, la fameuse séance du conseil élargi, convoquée à Vincennes, à laquelle assistaient le chancelier Séguier, le surintendant Fouquet, Michel Le Tellier, Hugues de Lionne, MM. de la Vrillière, Duplessis-Guénégaud, Loménie de Brienne et son fils. Ce dernier, qui avait alors la survivance du secrétariat d'État de son père, nous a laissé le texte du discours que tint le jeune roi : « Monsieur, dit-il, en s'adressant à son chancelier, je vous ai fait assembler avec mes ministres et mes secrétaires d'État pour vous dire que, jusqu'à présent, *j'ai bien voulu laisser gouverner* mes affaires par feu M. le cardinal; *il est temps* que je les gouverne moi-même. Vous m'aiderez de vos conseils quand je le demanderai. Hors le courant du sceau, auquel je prétends ne rien changer, je vous prie et vous ordonne, M. le chancelier, de ne rien signer en commandement que par mes ordres et sans m'en avoir parlé, à moins qu'un secrétaire d'État ne vous les porte de ma part (...). Et vous, mes secrétaires d'État, je vous ordonne de ne rien signer, pas même une sauvegarde, ni un passeport, sans mon commandement; de me rendre compte chaque jour à moi-même, et de ne favoriser personne dans vos rôles du mois. Et vous, M. le surintendant, je vous ai expliqué mes volontés; je vous prie de vous servir de Colbert, que feu M. le cardinal m'a recommandé. Pour Lionne, il est assuré de mon affection, et je suis content de ses services... » Il ajouta : « La face du théâtre change. Dans le gouvernement de mon État, dans la régie de mes finances et dans les négociations au-dehors, j'aurai d'autres principes que ceux de feu M. le cardinal. Vous savez mes volontés, c'est à vous maintenant, messieurs, à les exécuter...[1] »

Le cardinal mort, le roi qui commande seul, le conseil d'en haut réformé, un chancelier qui scelle les ordres, des ministres qui travaillent, des secrétaires d'État qui tiennent la correspondance de leur département : tout semblait huilé mais en réalité, malgré les changements et les efforts déployés, Louis avait le sentiment de ne pas gouverner vraiment, de ne pas être pris au sérieux. On s'était incliné, mais on demeurait persuadé qu'il lâcherait le timon de l'État au bout de quelques semaines et reprendrait le cours de ses plaisirs. Il comprit alors qu'on ne fait pas de révolution sans, d'une façon ou d'une autre, exorciser le passé. Il fallait une victime : ce fut Fouquet...

1. Louis Henri de LOMÉNIE, comte de BRIENNE, *Mémoires*, Paris, 1828, t. II, p. 155-158.

CHAPITRE VIII

Fouquet

« Quo non ascendet ? »

A quarante-six ans, dans la plénitude de sa puissance et de sa séduction, avec un visage long et fin, des lèvres sensuelles surmontées d'une fine moustache, un regard caressant et légèrement sournois, Nicolas Fouquet avait les traits d'un seigneur florentin de la Renaissance. Il était issu d'une riche famille de marchands de drap angevins, qui s'était peu à peu agrégée au monde de l'office et de la robe, avant de se tourner vers le service du roi. Liés à la magistrature bretonne par les femmes, les Fouquet formaient un lignage ambitieux et solidaire, progressant selon l'immuable règle de l'entraide « clanique » : le groupe poussait en avant ses éléments les plus doués, et ceux-ci en retour appuyaient l'ascension sociale du groupe, y compris les traînards. Formant une famille de robe très typée, ils étaient dévots, attachés à l'idéal de la Contre-Réforme, proches de la Compagnie du Saint-Sacrement (la chute du surintendant fut l'un des aspects de la lutte du pouvoir contre cette tentaculaire confrérie). François Fouquet, père de Nicolas, maître des requêtes, devint l'un des hommes de confiance de Richelieu, qui le désigna comme juge au procès Chalais. S'attribuant une ascendance nobiliaire mythique, celle des Fouquet des Moulins-Neufs, il avait ajouté aux armes parlantes de ses ancêtres, l'écureuil – le *fouquet* en patois de l'Ouest –, la fière devise : *Quo non ascendet ?* (Jusqu'où ne montera-t-il pas ?), qui traduisait bien l'ambition inassouvie de la famille. Né en 1615, Nicolas était le second fils des quinze enfants de François et de Marie de Maupeou.

Intelligent, travailleur, brillant, souple et charmeur, il avait toutes les qualités pour prendre la tête du clan et assurer la relève. Il commença sa carrière comme avocat, puis conseiller au parlement de Metz, maître des requêtes, intendant à l'armée du Nord, dans le Dauphiné et en Catalogne, avant d'être promu à la généralité de Paris. Le tournant de sa carrière se situe en novembre 1650 lorsque, avec le soutien de Mazarin, il acheta la charge de procureur général du Parlement, un poste éminemment politique, qui faisait de lui l'homme du roi au sein de la turbulente assemblée, en compagnie des avocats généraux Talon et Bignon. Durant la Fronde, il s'acquitta de ses fonctions avec une grande habileté, servant d'intermédiaire entre les partis, tout en demeurant l'un des plus fermes soutiens du pouvoir. Son frère Basile, abbé mondain sans prêtrise, vieux sacripant retors et débauché, était devenu, de son côté, l'un des principaux collaborateurs de Mazarin, en quelque sorte l'intendant de sa police secrète et de ses basses œuvres. Nicolas s'était marié en premières noces à une riche héritière, Louise Fourché, fille d'un conseiller au parlement de Bretagne. A sa mort, il convola avec une demoiselle plus fortunée encore, Marie-Madeleine de Castille, cousine de Nicolas Jeannin de Castille, trésorier de l'Épargne, et du maréchal de Villeroy, gouverneur de Louis XIV. C'était alors un homme puissant, propriétaire du domaine de Vaux-le-Vicomte, près de Melun (qu'il agrandira durant quinze ans par des acquisitions successives), dont le patrimoine était évalué à environ quatre millions de livres (soit à peu près celui du chancelier Séguier). Homme d'influence, il était bien introduit dans les milieux des traitants et des financiers intéressés aux « affaires du roi ». C'est la raison pour laquelle, en février 1653, à la mort du surintendant des finances La Vieuville, Mazarin le choisit pour exercer cette charge, non pas seul, mais de concert avec l'un de ses « fidèles », Abel Servien, le négociateur de Munster [1]. Le cardinal, méfiant de nature, leur avait adjoint un troisième larron chargé de l'enregistrement des fonds, Guillaume de Bor-

1. D'après Julian DENT, Fouquet avait la plus grosse clientèle financière de Paris : 116 clients, contre 114 pour Mazarin, 69 pour Nicolas Monnerot, 56 pour François Jacquier, 55 pour Colbert, 17 pour Servien et 15 pour Gourville. Monnerot était d'ailleurs le courtier de Fouquet, tandis que Jacquier prêtait son concours aussi bien à Mazarin qu'à Fouquet. Julian DENT, « The role of Clienteles in the Financial Elite of France under Cardinal Mazarin », *French Government and Society, 1500-1800. Essays in Memory of Alfred Cobden*, éd. John BOSHER, Londres, 1973. Du même, *Crisis in France : Crown, Financiers and Society in Seventeenth-Century France*, Londres, 1973.

deaux, bientôt remplacé par le banquier Herwart. Ce système paralysant de surveillance mutuelle dura peu. Fouquet supplanta son collègue et rival Servien et, à sa mort en février 1659, devint le seul tenant du titre.

L'état des finances royales était dramatique : depuis la quasi-banqueroute de 1648, les bailleurs de fonds avaient perdu confiance dans la signature de l'État. La poursuite des campagnes militaires, les désordres politiques n'avaient fait qu'aggraver le mal. Même les expédients coûteux et les taux usuraires ne suffisaient plus. La situation était d'autant plus préoccupante que dans le pays régnait une tragique pénurie des espèces, due aux faibles arrivages en Europe des cargaisons d'or et d'argent d'Amérique [1]. La disette monétaire engendrait le resserrement du crédit, le ralentissement du commerce, la contraction de l'économie, l'anémie du royaume. Or, en dépit de cette conjoncture désespérante, Fouquet, le magicien, réussit à renflouer les caisses du Trésor royal, à restaurer la confiance. La confiance! Tel était son maître mot : pour avoir du crédit, il faut respecter les contrats, tenir sa parole, payer à bonne date gages, rentes et intérêts. Menant rondement, habilement ses affaires, risquant sa fortune personnelle, prélevant sur les biens de sa femme, il parvint, au prix de fortes remises et de revenants-bons, à obtenir le concours des partisans là où le roi, démuni, eût été incapable de lever le moindre sol. En 1656 par exemple, lors de la déroute de Valenciennes, en quatre jours il réussit le tour de force de mobiliser auprès de ses amis et courtiers 900 000 livres en pièces d'or et d'argent, qu'il fit charroyer par les chemins défoncés jusqu'à La Fère, où se trouvait Son Éminence. En règle générale, il avait recours aux « affaires extraordinaires » (émissions de rentes, ventes d'offices, augmentations de gages, aliénations de droits ou de biens domaniaux...), plus indolores que les impôts directs et pouvant être aisément affermées et mises en partis.

Tout ceci générait des abus, abus inhérents au système fisco-financier de l'époque. Fouquet, qui n'agissait pas seulement comme responsable politique mais comme financier privé, considé-

1. Michel Morineau, *Incroyables gazettes et fabuleux métaux*, Londres-Paris, 1984, p. 582. Les années 1640-1660 correspondent à la zone d'étiage de ces arrivages. Cette diminution joua, bien entendu, un rôle considérable dans l'affaiblissement de l'Espagne et finalement dans sa défaite, car l'Espagne continentale, penplée de huit millions d'habitants seulement, n'avait qu'une agriculture délabrée et une industrie pauvre. Les métaux précieux d'outre-mer, venus de La Havane par convois de galions, se diffusaient à travers toute l'Europe par le biais des importations espagnoles.

rait qu'il rendait service au roi. Il était donc naturel qu'il y trouvât son compte. L'imbrication malsaine des deux fonctions menait à des abus dangereux. Mettant à bail des impôts, il touchait des adjudicataires des pots-de-vin, appelés « donatifs ». Pratiques choquantes, mais si courantes que tout le monde au sein du groupe dirigeant en profitait, non seulement Mazarin – on s'en serait douté ! – mais la reine et même le roi ! Fouquet en arrivait à des jongleries aventureuses, des pratiques acrobatiques, où se confondaient son propre argent et celui de l'État. Le système était conçu de telle façon que ce n'était pas à lui qu'incombait le soin de comptabiliser recettes et dépenses, mais au contrôleur général, charge que Mazarin avait fait acquérir à Herwart. Son rôle consistait à veiller à l'ordonnancement des dépenses et à l'arrivage régulier des rentrées fiscales dans les caisses des trésoriers de l'Épargne. Or, l'absence de banque centrale et d'unité budgétaire (chaque dépense étant « assignée », c'est-à-dire affectée à un fonds particulier) posait des problèmes de liquidité insurmontables. Pour remplir sa mission, le surintendant devait consentir au Trésor royal des prêts à taux usuraires, prendre certains droits à ferme sous des noms supposés, ramasser à vil prix des créances de l'État irrécouvrables gagées sur de mauvais fonds, qu'il réassignait sur des fonds productifs, toutes manipulations que, du reste, Mazarin et son complice Colbert pratiquaient sans vergogne sur une échelle au moins aussi large, sans avoir l'excuse de soutenir le crédit public.

Dans ce tracassant métier où il faut, jour et nuit, penser au lendemain, calmer les créanciers, faire face aux pressants besoins des armées et de la cour, répondre aux harcèlements de Colbert, aux incessantes jérémiades de Son Éminence, tout occupée de ses rapines et qui exige de bonnes espèces sonnantes et trébuchantes, Fouquet, contrairement à une légende accréditée par ses ennemis, ne fera pas fortune. Au moment de son arrestation il avait 500 créanciers. Son actif, évalué à 15,4 millions de livres par D. Dessert, ne couvrait pas le passif, légèrement supérieur (15,5 millions) [1]. L'argent lui filait entre les doigts. Cela ne l'empêchait pas d'afficher une opulence choquante, de mener un train de vie fastueux, source de jalousies et de calomnies. Il avait arrondi son domaine breton – les terres de Kerraoul, de Langarzeau, de Pléhédec dans les diocèses de Dol et de Saint-Brieuc – par l'achat, sous

1. Daniel Dessert, *Fouquet,* Paris, 1987, p. 350.

différents prête-noms, du comté de Largouët, de la seigneurie de La Guerche, de la terre de Coercanton, du domaine de Rosporden, de la seigneurie de Trévérac et du fief de Lanvaux... [1]

Grâce à son influence il était devenu une sorte de mécène, protecteur des arts et des lettres, grand ami des artistes, à qui sa demeure était toujours ouverte. Il vivait entouré d'un cénacle d'érudits, de littérateurs, de savants, de beaux esprits, ciseleurs de madrigaux ou amateurs de poésie élégiaque. Il pensionnait le vieux Boisrobert, Gombaud, Brébeuf, Scarron, Loret, Mlle de Scudéry, protégeait Corneille, Molière, Saint-Evremond, Maucroix, Perrault, La Fontaine, Quinault. Vrai découvreur de talents, c'est lui qui révéla, avec la construction du superbe château de Vaux, des artistes de premier plan : l'architecte Le Vau, le peintre Le Brun, les sculpteurs Anguier, Puget et Girardon, le jardinier Le Nôtre, le botaniste La Quintinie...

Esprit souple, fécond, plein de charme, élégant, Nicolas était un séducteur-né. Bien qu'il fût très lié au parti dévot, il menait une vie riche en aventures galantes, se révélant, comme dit l'abbé de Choisy, « insatiable sur le chapitre des dames ». Mme de Sévigné, qu'il courtisa sans vergogne, fut l'une des rares à faire mentir l'aphorisme de La Fontaine selon lequel, pour un surintendant, il n'est point de « cruelles ». Outre les rendez-vous avec de jeunes beautés, il aimait le jeu et surtout les bâtiments. Pour Vaux, il n'hésitera pas à contracter de nombreux emprunts. Il était dévoré par le goût du faste, du luxe, la passion du beau, la quête du pouvoir, le besoin de se faire valoir. Bref, la folie des grandeurs l'habitait. Il est vrai qu'afficher un train de vie munificent et ostentatoire était, pour un pourvoyeur d'argent tel que lui, une nécessité : il devait soutenir son rang et inspirer confiance.

Suivant la loi des clans, sa famille bénéficia de sa prodigieuse réussite et se trouva richement pourvue de charges et de bénéfices : son frère François devint archevêque de Narbonne et, de ce fait, président de droit des états de Languedoc; Louis fut évêque d'Agde et maître de l'oratoire du roi; Basile fut promu chancelier et garde des sceaux de l'ordre du Saint-Esprit; Gilles, le cadet, fut admis comme premier écuyer de la grande écurie du roi... La famille en profita aussi pour s'agréger à la vieille noblesse d'épée : Gilles épousa Anne d'Aumont, fille du gouverneur de Touraine et

1. *Ibid.*, p. 157-158.

nièce du maréchal du même nom, tandis que la fille aînée de Nicolas, Marie, dotée de 600 000 livres, s'unit à Armand de Béthune, marquis de Charost, capitaine des gardes du corps du roi, petit-neveu de Sully.

A l'été de 1657, dans la crainte d'une soudaine disgrâce de la part de Mazarin, dont il redoutait l'ingratitude, il élabora un plan d'action, que ses amis et obligés pourraient suivre afin d'obtenir sa libération. Tel fut le fameux « projet de Saint-Mandé », jeté à la diable sur un papier, qui devait lui être reproché comme crime de lèse-majesté. Brouillon confus de Fronde rebouillie où, dans son imagination inquiète, Fouquet s'improvise stratège en chambre et fait manœuvrer les membres de sa famille, ses relations, des magistrats, des financiers, des grands seigneurs, comme les soldats d'une garde prétorienne. Sa meilleure amie, la marquise du Plessis-Bellière, née Suzanne de Bruc, en était le pivot ainsi qu'une autre femme de tête, Jeanne Pélagie de Rieux, marquise d'Asserac, qui lui avait servi de prête-nom pour l'achat du duché de Penthièvre et de l'île d'Yeu (qu'il avait fortifiée). Les places de Concarneau et de Ham, l'îlot de Tombelaine devaient se mettre en défense. On pourrait compter sur Charost à Calais, sur M. de Bar à Amiens, sur M. de Mondejeu à Arras. Ses amis et pensionnés Gourville, Brancas, Langlade, La Rochefoucauld, Arnauld d'Andilly, Harlay ou encore le vice-amiral de Neuchèze, dont il avait acheté la charge, l'aideraient, soit en organisant la résistance en province, soit en intervenant auprès de la reine ou du Parlement, soit encore en répandant des manifestes... Rêverie politico-militaire d'un mégalomane!

Bientôt ses craintes se dissipèrent. En septembre 1658, avec la bénédiction de Mazarin, il acquit la terre et marquisat de Belle-Ile, pour 1,3 million. Insensiblement, le surintendant se constituait une sorte de « réduit breton », allant du golfe du Morbihan à l'arrière-pays nantais. Après le duché de Penthièvre et le port de Concarneau, il fit main basse sur les gouvernements de Guérande, du Croisic et même, au nord, du Mont-Saint-Michel. La flotte de la Manche du commandeur de Neuchèze lui était acquise. Remplaçant Ham dans une version modifiée du plan de Saint-Mandé, Belle-Ile devait servir de retraite en cas de coup dur et, en attendant, de base de commerce vers les Antilles. Nicolas n'avait-il pas acquis le titre de vice-roi et gouverneur de l'Amérique? Ne négociait-il pas l'achat pour son compte de l'île de Sainte-Alouzie (Sainte-Lucie) dans les Antilles?

Tout en continuant à servir loyalement le roi et à lui assurer les financements dont il avait besoin, le surintendant, avec une étrange obstination, travaillait à se constituer un réseau de fidèles. Le 2 juin 1658, Deslandes, gouverneur de Concarneau, lui remettait une promesse « de n'être jamais à autre personne que lui, (...) de le servir généralement contre toutes sortes de personnes sans exception, de n'obéir à personne qu'à lui ». Peu après, Maridor, président au parlement de Bretagne, signait le même engagement de demeurer « parfaitement attaché à ses intérêts, *sans aucune réserve ni distinction de personne, de quelque qualité et condition qu'elles puissent être*, étant dans la résolution d'exécuter *aveuglément* ses ordres... ».

Même Richelieu n'avait pas tant exigé de ses créatures! Il y avait quelque chose d'archaïque, de féodal et en même temps de puéril dans l'entreprise de ce bourgeois parvenu, dépourvu de la moindre parcelle de légitimité, qui imposait à ses fidèles de si ahurissants serments d'allégeance. Cet homme, par ailleurs si fin, si intelligent, avait-il bien compris l'évolution de la France depuis les grands heurts de clientèles de la Fronde?

Sans doute n'était-il pas un factieux. Ce mondain délicat ne rêva jamais de fomenter une rébellion ni une guerre civile, encore moins de ceindre la « couronne fermée », comme eut l'audace, un jour, de lui suggérer un de ses agents. Sa stratégie était purement défensive. Il voulait être une force avec laquelle Mazarin puis son successeur devraient compter. Dans sa quête fiévreuse d'informations, il avait truffé la cour d'espions et surtout d'espionnes (les plus belles passaient pour ses maîtresses) : Mlle de Trécesson, nièce de Mme du Plessis-Bellière, Mlle de Menneville, Mlle du Fouilloux ou, à un plus bas niveau, la femme La Loy, vieille entremetteuse chevronnée, installée au pavillon de la Mi-Voie, dans le parc du château de Fontainebleau...

L'étonnant est que cet homme, si bien informé, ne verra pas venir la chute. Trop confiant dans ses capacités, soigneusement dupé par le roi et Colbert, il tombera dans toutes les chausse-trapes que ceux-ci lui prépareront et que, pourtant, des rapports secrets lui signalaient avec insistance.

La couleuvre jalouse

C'est alors que Colbert entre en scène. De l'habile factotum de Mazarin, qui ne connaît le portrait? Regardons les tableaux de Mignard, de Nanteuil, de Lefebvre ou de Philippe de Champaigne : il n'y a rien d'éthéré ni de rêveur dans ce visage bourru aux traits durs, lourds, au menton volontaire, aux sourcils épais, à la bouche sensuelle et dédaigneuse, aux yeux sans éclat. Tout y respire, au contraire, la solidité, la pesanteur, l'excès de confiance en soi, l'autoritarisme. Les contemporains l'attestent : Jean-Baptiste Colbert était un homme brutal, hautain, insociable, d'une froideur glaciale, « l'homme de marbre », dit Guy Patin. Le « Nord », ce surnom que lui a donné Mme de Sévigné, a traversé les siècles. Derrière cet abord rebutant, dont beaucoup firent l'amère expérience, se cachaient pourtant une belle intelligence, une ardeur, une ambition peu communes, doublées d'une passion dévorante d'agir et de servir. Technocrate sec et méthodique, patient, appliqué, tenace même, ayant le goût inné de l'économie, de l'effort et du travail bien fait, exprimant des vues de bon sens avec une clarté, une précision et une concision remarquables, Colbert reste le prototype des grands serviteurs bourgeois de l'État. Gardons-nous de crier au génie, comme ces historiens radicaux de la IIIe République qui ont fini par l'étouffer sous les fleurs de la rhétorique. Le personnage ne manque pas de défauts qui entravaient parfois ses immenses qualités : il était cupide, avare, envieux, jaloux, colérique. Dans l'affaire Fouquet il montrera son cynisme, son absence de scrupules. Il ne donnera la pleine mesure de ses capacités qu'une fois l'ennemi mortel abattu, révélant alors des vues clairvoyantes, sans doute supérieures à celles de son rival malheureux. Même débarrassé de son piédestal et en dépit de ses insuffisances, Colbert reste un grand, un très grand ministre.

Les recherches de Jean-Louis Bourgeon sur sa famille nous ont heureusement délivrés des stéréotypes, des poncifs des vieux manuels scolaires, de l'image d'Épinal du *self-made man* dont le grand-père, marchand drapier, vendait des laines et des serges dans une obscure échoppe de Reims à l'enseigne du « Long vestu » [1].

1. Jean-Louis BOURGEON, *Les Colbert avant Colbert, destin d'une famille de marchands*, Paris, 1973.

M. Bourgeon a montré que Jean-Baptiste ne fut pas le fondateur mais au contraire le produit d'un clan déjà existant, un clan puissant et prolifique de grands merciers, de négociants internationaux, de banquiers et de traitants, introduit dans le milieu des patriciens et participant largement aux « affaires du roi ». L'histoire de cette famille – plus encore que celle de la tribu Fouquet – illustre les mécanismes multiformes de la promotion sociale, jette un éclairage révélateur sur les filières d'ascension et le jeu subtil des solidarités. Chez ces bourgeois, point de droit d'aînesse : une branche déclinante est vite remplacée par une autre, pour le meilleur profit de tous. Les mariages endogamiques assurent la pérennité de la fortune. L'Église, ses couvents et ses multiples ordres, permettent de caser – vocation ou non –, les cadets et les filles trop nombreuses, évitant ainsi la dispersion des richesses par la dot ou l'héritage. Parvenue à un certain stade, la *gens*, pour continuer sa croissance, doit s'insérer dans le jeu politique, d'abord régional puis national. L'office y pourvoit. Oudard Ier, l'ancêtre commun, mort en 1573, devint échevin de Reims. Sous le règne de Louis XIII, le groupe se subdivise en trois sous-groupes : un sous-groupe parisien, avec Gérard III et son fils Gérard IV, qui trouve les moyens de son ascension sociale en acquérant des offices de finances et en participant aux juteuses opérations des traitants ; un sous-groupe troyen, qui a pour chef de file Oudard II de Villacerf (un million et demi de livres de fortune), fondateur à Lyon d'une manufacture de toiles d'or et d'argent, anobli en 1603. Ses enfants, installés à Paris, intègrent le monde des officiers. Le dernier sous-groupe, celui des enfants de Jehan V Colbert et de Marie Bachelier, resté à Reims, est le moins riche et le moins brillant. C'est de lui qu'est issu Jean-Baptiste, deuxième des dix-huit enfants de Nicolas Colbert, sieur de Vandières, et de Marie Pussort, né le 29 août 1619.

S'intégrer à la haute et vénérable noblesse d'épée était, dans le cursus de ces grandes familles bourgeoises, l'étape ultime, venant couronner richesse et pouvoir. Elles y réussissaient généralement par des alliances matrimoniales destinées à redorer le blason de ces authentiques gentilshommes ruinés par la guerre, le jeu ou les femmes. Nous avons vu le mariage de Mlle Fouquet avec le marquis de Charost. Colbert fera mieux en unissant ses filles à deux ducs et pairs, Chevreuse et Beauvillier. Parfois, pour accélérer ce processus d'intégration, ces familles s'inventaient de mythiques et prestigieuses ascendances. Jean-Baptiste, qui avait pour armes « la couleuvre (*coluber* en latin) en pal tortillée d'azur », se créera ainsi, de toutes pièces, un fabuleux ancêtre, roi d'Écosse.

Dans sa jeunesse Jean-Baptiste reçut une formation diversifiée. Après des études à Reims il fut envoyé en apprentissage à Lyon chez un banquier, puis à Paris chez un notaire et un procureur. De là il passa chez François Sabatier, trésorier des parties casuelles, avant d'entrer dans les bureaux du secrétariat d'État à la guerre, où se trouvait son cousin Jean-Baptiste Colbert de Saint-Pouange, alors chef du clan. On a souvent tendance à oublier, lorsqu'on parle de Colbert, la carrière qu'il fit dans l'ombre de Le Tellier et les compétences qu'il acquit dans le domaine militaire. Grâce à ses nombreux déplacements, à ses contacts sur le terrain, les problèmes d'intendance n'eurent bientôt plus de secret pour lui, ce qui explique que, plus tard, il saura discuter d'égal à égal avec son grand rival, Louvois, le fils de Le Tellier.

En attendant, ayant acquis un office de commissaire des guerres et un brevet de conseiller d'État, Jean-Baptiste s'était introduit dans le milieu des munitionnaires et des affairistes en épousant Marie Charron, nièce de Guillaume Charron, trésorier de l'extraordinaire des guerres, petite-nièce de Jean Charron, contrôleur général des guerres, et cousine de Guillaume Brossier, trésorier de l'extraordinaire des guerres.

Dans la stratégie de pouvoir des groupes il arrive parfois qu'un haut personnage « donne » l'un de ses protégés à un ministre pour acquérir sa bienveillance ou resserrer ses liens avec lui. C'est ce que fit Le Tellier avec Mazarin lorsqu'en mars 1651 il accepta de se séparer de Colbert, qui passa alors au service du cardinal. Le plus longtemps possible l'intéressé s'efforça de maintenir cette double fidélité, jusqu'au moment où il dut choisir les intérêts de son nouveau patron. Jean-Baptiste avait d'ailleurs une vocation de chien fidèle : client de Mazarin, dont il fut le précieux collaborateur, il deviendra à sa mort, et tout naturellement, le client du roi, ne faisant que changer de maître. Ses fonctions d'« intendant des maisons et affaires de Son Éminence » lui donnèrent un rôle occulte considérable, couvrant tous les domaines d'activité du cardinal, tant privés que publics, et lui permirent d'approcher les grands acteurs politiques du temps : le roi, la reine mère, Le Tellier, Servien, Fouquet...

Les premières années, il eut avec ce dernier des relations cordiales et confiantes. Mais l'ambition de Jean-Baptiste grandissant, celles-ci se dégradèrent. L'intendant de Mazarin, qui aspirait à prendre la place de son rival, chercha alors à exploiter tout ce qui pourrait nuire à sa réputation. Il fut à l'origine des attaques malveillantes, des campagnes de diffamation qui incitèrent à plusieurs reprises le surintendant à offrir sa démission, démission naturellement refusée par Son Éminence, qui estimait trop utile ce nouveau Midas. A la mort du cardinal, Colbert se trouvait dans une position stratégique des plus favorable : il n'était pas assez élevé pour passer aux yeux du roi pour un obstacle à son pouvoir personnel, mais suffisamment au courant des affaires du royaume, y compris des plus secrètes, pour jouer le rôle indispensable du vieux conseiller qui guide en coulisse, sans paraître sur scène.

Le piège

Pour bien comprendre les motifs de l'arrestation de Fouquet il convient de revenir un instant à la mort du cardinal. Celui-ci, on l'a dit, avait recommandé quatre hommes au roi : Colbert, Le Tellier, Lionne et Fouquet, tout en faisant, dans un entretien particulier, des réserves sur ce dernier. C'est pourquoi, le jour même, Louis XIV nomma Colbert intendant des finances avec mission d'éplucher les comptes de son patron direct, le surintendant. Dès la disparition de Mazarin le roi eut un entretien approfondi avec Fouquet, au cours duquel celui-ci reconnut les expédients peu orthodoxes qu'il avait utilisés pour financer le fardeau insupportable de la guerre. Il promit de revenir à plus de rigueur. Le monarque le rassura par de belles paroles, « nobles et dignes d'un grand roi », lui donna quitus de sa gestion passée et l'admit au conseil d'en haut. Pour éprouver ses talents diplomatiques il lui confia quelques missions confidentielles, notamment un projet d'aide secrète contre l'Espagne, en arrangeant le mariage de Charles II d'Angleterre avec l'infante de Portugal et en versant, à cette occasion, des subsides conséquents à ce pays. La réussite de cette mission encouragea son rêve d'être le successeur de Mazarin.

C'était compter sans Colbert. D'abord, parce que au moment où l'on procédait à l'inventaire de la mirifique fortune du défunt cardinal, il fallait jeter au plus vite un voile pudique sur ses origines inavouables. Fragilisé par la disparition de son maître, Colbert, qui avait amassé sans bruit une fortune aussi rondelette qu'inexpliquée, risquait d'être mis en cause et d'avoir à rendre des comptes. Ce passé gênant lui collait à la peau. Comme le démontre Daniel Dessert, il était primordial d'attaquer préventivement en désignant un bouc émissaire. Et quel meilleur bouc émissaire que ce prodigue Crésus, dont le mode de vie était une insulte à la misère des peuples? Ensuite, parce que Colbert avait ses propres idées sur la réorganisation des finances et l'assainissement des comptes. N'étant pas parvenu à les faire partager par son ancien maître, il bouillait d'impatience de les faire appliquer par le roi.

Sa première démarche fut de mettre à la disposition de son nouveau « patron » les quelques millions en liquide que Mazarin avait entassés, à toutes fins utiles, dans les caves de Vincennes : tant pis pour les héritiers Mancini! Ses nouvelles fonctions d'intendant des finances lui permit d'instiller dans l'esprit du roi le doute sur l'honnêteté de son grand argentier. Humblement, il se rendait chez le monarque avec un sac de velours sous le bras : dans ce sac se trouvait le livre des comptes qui était censé prouver les irrégularités du surintendant, et qu'il commentait sous les yeux de ce néophyte ébloui.

Le 4 mai, le roi, enfin convaincu, consentit à ôter la surintendance à Fouquet lorsqu'il aurait bouclé les derniers financements du trimestre. Ce résultat, pour Colbert, était insuffisant. Il fallait emprisonner l'ennemi, lui faire rendre gorge ainsi qu'à l'escouade de financiers et de maltôtiers prévaricateurs dont il s'était servi. A la fin d'avril il avait demandé à son cousin Charles Colbert du Terron, gouverneur de Brouage, de se renseigner sur les travaux de fortification que Fouquet avait entrepris à Belle-Ile. L'île étant interdite aux étrangers, Terron dut y envoyer quelques espions déguisés en pêcheurs ou en ouvriers. Les informations recueillies furent des plus inquiétantes : « Monseigneur » entretenait une garnison de 200 hommes; la citadelle était armée comme une place de guerre : 400 canons, 5 mortiers, des armes, des bombes, des munitions achetées en Hollande; on travaillait jour et nuit aux fortifications; les habitants du pays faisaient la garde à tour de rôle dans l'île et le bourg du palais...

C'est vers la mi-juin que ce rapport très détaillé, accompagné d'un plan des ouvrages en cours, parvint sur le bureau de Colbert, qui s'empressa de le montrer au roi. Preuve était faite qu'aux malversations financières s'ajoutait le crime de lèse-majesté ! Fouquet se constituait une base navale puissante sous couvert de commercer avec les îles d'Amérique et d'accroître le négoce des poissons de Terre-Neuve [1].

Louis ne pouvait tolérer une telle mainmise sur l'appareil de l'État. La personnalité du fastueux ministre, son art de vivre, sa grâce d'écureuil agile, son ambition démesurée avaient fini par l'irriter. Il se rangea à l'avis de Colbert et résolut de le faire arrêter et traduire devant une juridiction extraordinaire. Le roi avait une autre raison de faire ce coup d'éclat : depuis la mort de Mazarin il souffrait, nous l'avons dit, de ne pas être pris au sérieux. On doutait de son application et surtout de sa persévérance, il le sentait bien. Son dessein de se passer de premier ministre avait paru un caprice de jeune homme. L'élimination de Fouquet et de son groupe de financiers attesterait de façon spectaculaire sa volonté de rompre avec un passé de désordre, de corruption, d'improvisation et de laxisme.

Mais comment arrêter Fouquet ? Colbert, son nouveau mentor, lui suggéra l'idée de se rendre à Nantes présider les états de Bretagne et de l'attirer en ce lieu, loin de sa résidence, de ses amis, de ses papiers, le plus près possible de sa base de Belle-Ile, dont on pourrait se saisir par la même occasion.

Colbert, pourtant, n'était sûr de rien. Qui sait si, manquant d'expérience et d'assurance, le fils d'Anne d'Autriche n'hésiterait pas au dernier moment ? Un obstacle de taille se dressait en la personne de la reine mère, discrète protectrice du surintendant, qui lui avait toujours versé avec ponctualité ses pensions. Fouquet avait une grande influence sur elle. Le Rémois se rapprocha des dévots, des Jésuites, du père Annat, tous amis d'Anne d'Autriche et fermes soutiens de l'homme à abattre. Il s'aboucha avec le tortueux Basile Fouquet, brouillé à mort avec son frère, puis avec la duchesse de Chevreuse. L'alliance avec la vieille intrigante fut déterminante (elle portera même d'autres fruits puisque, plus tard, Colbert unira par deux fois ses enfants aux Chevreuse). Comme l'a noté Mme de

1. Lettre de Charles Colbert du Terron du 28 juillet 1661, publiée par Mme Inès MURAT, *Colbert*, Paris, 1980, p. 99.

la Fayette, c'est au cours d'une visite d'Anne d'Autriche au château de Dampierre, propriété de Mme de Chevreuse, le 27 juin 1661, que la perte du surintendant fut scellée. La reine mère, encore très influente sur son fils, consentit à laisser faire...

Fouquet commit alors une série de fautes tactiques qui précipitèrent sa chute. Ayant eu écho de l'entrevue de Dampierre, il osa reprocher à Anne d'être allée chez ses « ennemis » et de l'avoir dénigré. Comme celle-ci s'en défendait, il lui conseilla d'en parler à son confesseur, dévoilant ainsi, avec une insigne maladresse, sa source d'information (le père cordelier Philippe Leroy). Résultat : la reine interdit à son confesseur d'avoir « aucun commerce » avec lui, déclarant qu'il avait « un million pour corrompre ses gens [1] ». Seconde erreur, l'affaire des galères de Méditerranée. Pour quelle raison Fouquet voulait-il obtenir pour l'un de ses obligés, le marquis de Créqui, gendre de Mme du Plessis-Bellière, la charge de général des galères, sinon pour compléter son plan de défense? Belle-Ile, la Bretagne du Sud, la flotte de la Manche et maintenant les galères de Toulon et de Marseille! A Créqui, impécunieux, il fit verser les 200 000 livres lui permettant d'acheter discrètement cette charge au marquis de Richelieu. Mais le roi le sut... Troisième erreur : ses tentatives d'approche de Mlle de la Vallière. Par son espionne, Mlle du Fouilloux, par le père Leroy, peut-être par d'autres voies il avait appris que le roi « se relâchait sur la dévotion, qu'il ne se confessait ni ne communiait pas aussi souvent », qu'il courtisait une demoiselle d'honneur de sa belle-sœur, qu'il avait même fini par coucher avec elle : chuchotis et cachotteries, tout se sait à la cour [2]! Ce que le surintendant ne comprit pas, c'est que cette jeune fille de dix-sept ans, Louise de la Vallière, follement éprise de Louis XIV, n'était ni une courtisane ni une intrigante. Il crut qu'elle serait facile à acheter. Si l'on en croit l'abbé de Choisy, il lui proposa, par l'intermédiaire de Mme du Plessis-Bellière, une gratification de 20 000 pistoles. Voulait-il supplanter le roi dans le cœur de la jeune Tourangelle? Sûrement pas. Il cherchait tout simplement à s'en faire une alliée, de la même manière qu'il s'était attaché, du moins le croyait-il, nombre de courtisans. Fièrement, la jeune fille lui fit répondre que vingt millions ne lui feraient pas

1. Rapport de Mme d'Huxelles à Fouquet, Bib. Nat., Ms. fonds Baluze 149.
2. Bib. Nat. Ms. fonds Baluze 149, f° 340. La lettre de l'informateur secret est datée du 22 juillet 1661. Elle est attribuée à l'abbé de Belébat (Albert SAVINE et François BOURNAND, *Fouquet, surintendant général des finances*, Paris, 1908, p. 28).

commettre un faux pas ! Et, le soir même, gênée et tremblante, elle se plaignit à son amant, dont on imagine la fureur. Cette atteinte portée à sa vie privée ne fut pas déterminante, comme d'aucuns l'ont cru : la décision du roi de faire arrêter le surintendant était antérieure, mais elle éclaire sa terrible vindicte et l'acharnement implacable, étrangement passionnel, qu'il mettra à vouloir l'abattre.

A vrai dire, Fouquet était un homme fatigué, torturé périodiquement par la malaria, un cyclothymique partagé entre l'enthousiasme, qui embrasait sa trop vive imagination, et la dépression qui le réduisait à néant. Son esprit fébrile passait de la félicité à l'inquiétude, du défi au découragement. Dans les meilleurs moments il croyait devenir premier ministre ou garde des sceaux. Naturellement, il ne pourrait cumuler ces futures fonctions avec celle de procureur général du Parlement. Le roi, parfait comédien, lui fit comprendre que sa démission lui permettrait de réorganiser le Parlement et de le cantonner dans un rôle purement judiciaire. Fouquet crut y voir la promesse d'une prochaine promotion : c'est ainsi qu'il tomba, avec la plus déconcertante candeur, dans le guet-apens que lui avait tendu Colbert, car cette charge de procureur général le rendait justiciable de ses pairs, donc à peu près invulnérable. Le surintendant la vendit au début d'août à Achille de Harlay pour 1 400 000 livres, sur lesquelles – grand seigneur –, malgré ses dettes criantes, il prêta un million au roi, sans reçu ni décharge. Mme d'Huxelles, inutile Cassandre, l'avait pourtant dissuadé de faire cette transaction : « Vous devez même, lui répétait-elle, vous défier du bon accueil et du bon visage que vous fait le roi. » Mais Fouquet ne pouvait imaginer un tel esprit de dissimulation chez cet adolescent prolongé, qu'il voyait plongé dans les délices de Capoue. La cour, installée à Fontainebleau depuis le mois d'avril, vivait dans un tourbillon de bals, de danses, de chasses, de divertissements champêtres. Madame, la jeune belle-sœur de Louis XIV, qui étrennait ses dix-sept printemps, était la reine des plaisirs. Par les chaleurs de l'été, elle partait se baigner tous les jours dans la Seine, se promenait en carrosse dans la forêt et revenait à cheval accompagnée du roi, de ses demoiselles d'honneur et des dames, « habillées galamment, avec mille plumes sur leur tête » (Mme de la Fayette). Le soir, elle recherchait la fraîcheur au bord du grand canal ou dans de petites galiotes illuminées, tandis que les vingt-quatre violons de Lambert donnaient la sérénade. En voyant ce vigoureux garçon sans malice participer aux amusements de cette jeunesse, comment Fouquet aurait-il pu penser qu'il était autre qu'un simple amateur de chasse, de ballets et de concerts de viole? Une scène pourtant semble lui avoir échappé : celle du prince de Condé et du duc de Beaufort servant, dans une de ces galiotes dorées, des rafraîchissements au monarque, à sa mère, à son frère et à sa belle-sœur! La vision des deux plus enragés frondeurs réduits au rang de domestiques aurait pu lui donner matière à réflexion sur la place que la monarchie triomphante entendait désormais réserver aux Grands! Colbert, lui, plus psychologue que son rival, avait compris le caractère jaloux et susceptible du jeune maître, sa passion pour la gloire et la politique, son inquiétante griserie de tout savoir et décider. Plus le surintendant faisait étalage de sa superbe, plus le renfrogné Jean-Baptiste se lovait dans l'ombre, jouant les valets obscurs et besogneux...

La chute de la maison Fouquet

En cet été de 1661 c'était la mode d'offrir un « régal » à son souverain : Monsieur, le prince de Condé, M. de Saint-Aignan l'avaient fait avec bonheur. Nicolas se devait de les surpasser. Au début d'août, il invita le roi à une collation et à une soirée dans sa maison de Vaux. La réception du 17 août fut une étrange apothéose, une suprême folie. « Vaux ou le songe d'une nuit d'été », comme dit Paul Morand! Vers les six heures du soir, le roi, accompagné de ses gardes et de ses mousquetaires, suivi de toute la cour, arriva dans un carrosse attelé de six chevaux blancs. Madame voyageait en litière. Seule la reine Marie-Thérèse, enceinte du dauphin, était restée à Fontainebleau. Il y eut un ballet, une loterie, un souper extraordinaire servi à 3 000 personnes par le fameux Vatel. Dans le parc, dans un théâtre de verdure, la troupe de Molière inaugura la formule de la comédie-ballet avec *Les Fâcheux,* et l'éblouissante soirée s'acheva par un feu d'artifice. Au dernier moment, Fouquet crut habile d'offrir au roi son domaine, comme Mazarin sa fortune. Peine perdue! Le château, le parc et ses parterres, ses grottes, ses cascatelles, ses fontaines jaillissantes, son orangerie, ses jardins odorants, ses charmilles bruissantes, tout avivait la jalousie de Louis. Alors que ses propres maisons étaient vides et qu'on arrivait à peine, comme dit Colbert, à trouver une paire de chenets d'argent pour sa chambre, comment ne se serait-il pas senti humilié et envieux? Il souffrait comme un manant de devoir admirer! Qu'un autre que lui, dans son royaume, eût osé se prendre pour l'arbitre souverain du bon goût lui paraissait insoutenable, insupportable! La gorge nouée, il prit congé de son hôte. « Ah! Madame, dit-il à sa mère, est-ce que nous ne ferons pas rendre gorge à tous ces gens-là? »

En réalité, tout était déjà joué. Dans un long et minutieux mémoire Colbert avait exposé le plan de l'arrestation avec, à son habitude, un luxe de détails et de précautions à prendre : on incarcérerait en même temps Bruant des Carrières et Pellisson, les deux commis de Fouquet; on exilerait Mme Fouquet et Mme du Plessis-Bellière; une escouade de mousquetaires apposerait les scellés sur les différentes résidences du surintendant, à Paris, Saint-Mandé et Vaux, où l'on se saisirait de ses papiers; quelques compagnies de gardes-françaises se rendraient à Belle-Ile et exigeraient la reddition de la place. Pour procéder à l'arrestation même, Colbert, en accord avec le roi, avait choisi le sous-lieutenant des mousquetaires, Charles de Batz-Castelmore, sieur d'Artagnan (le héros d'Alexandre Dumas), ancien agent de Mazarin, à qui l'intendant du cardinal avait prêté quelque argent cinq ou six ans auparavant. Tout avait été prévu par Colbert : le carrosse fermé d'un treillis de fer, le séjour du prisonnier au château d'Angers, le bouillon qu'on lui ferait prendre, les habits et le linge qu'on lui ferait parvenir. C'était merveille que d'avoir à soi un tel homme, si précis dans la pensée, si net dans l'expression! L'arrestation sitôt faite, le roi déclarerait la suppression des fonctions de surintendant et la création d'un conseil royal des finances. Colbert s'était même donné la peine de rédiger le brouillon du discours que Louis prononcerait devant cette nouvelle institution [1]...

Le 27 août, le roi quitta Fontainebleau pour Nantes. Le surintendant, chargé d'obtenir des Bretons un don gratuit de trois millions, prit la route de son côté, frissonnant de sa fièvre paludéenne et ne réalisant pas l'imminence du danger. Toute l'affaire avait été soigneusement réglée entre Colbert et le roi. Le Tellier ne fut mis au courant des détails que peu de jours auparavant, le temps de

1. Inès MURAT, *op. cit.*, p. 105.

préparer les ordres nécessaires à cette opération de haute police. Afin de préserver le secret, les copistes de son département furent retenus sous clé durant quarante-huit heures.

La suite est bien connue. Le lundi 5 septembre 1661, jour anniversaire de Louis XIV, qui fêtait ses vingt-trois ans, Fouquet fut arrêté à la sortie du conseil, vers midi, sur la place de la cathédrale. Le sire de Belle-Ile ne fit aucune difficulté pour se rendre, déclarant même à d'Artagnan qu'il était persuadé « d'être dans l'esprit du roi mieux que personne ». Quelques instants plus tard, celui-ci s'avança dans la grande salle où se tenaient Condé, Turenne, Lionne et plusieurs courtisans et leur annonça l'arrestation. Lionne, joyeux affairiste et grand ami de Fouquet, devint livide, « comme un homme à demi mort ». Mais le roi le rassura.

Jubilant d'avoir ainsi révélé son autorité, le jeune homme, en fils dévoué, s'empressa d'apprendre la nouvelle à sa mère, restée à Fontainebleau : « J'ai discouru ensuite sur cet accident avec ces Messieurs qui sont ici avec moi (...). Je leur ai déclaré que je ne voulais plus de surintendant mais travailler moi-même aux finances avec des personnes fidèles qui agissent sous moi (...). Il y en eut de bien penauds, mais *je suis bien aise qu'ils voient que je ne suis pas si dupe qu'ils s'étaient imaginé et que le meilleur parti est de s'attacher à moi*... » Le roi achevait sa lettre par cette note empreinte de naïveté et d'excessive vanité : « J'ai déjà goûté le plaisir qu'il y a de travailler soi-même aux finances, ayant, dans le peu d'application que j'y ai donnée cette après-dînée, remarqué des choses importantes dans lesquelles je ne voyais goutte, et l'on ne doit pas douter que je continue... »

Comme prévu, on fit main basse sur les papiers compromettants du prisonnier. Séguier, dans le bâtiment de la surintendance, mit les scellés partout, faisant murer portes et fenêtres. Derrière une glace, à Saint-Mandé, on trouva le fameux plan de défense, ce criminel enfantillage, qu'il croyait avoir brûlé.

Au conseil réuni le 12 septembre à Fontainebleau Louis répéta la leçon apprise de Colbert : la suppression de la surintendance et son remplacement par un conseil royal des finances de cinq personnes, la création d'une chambre de justice pour juger le prisonnier et ses complices.

La mort de Mazarin avait été accueillie par l'opinion avec un immense soulagement, comme toujours lorsqu'un homme occupe trop longtemps le devant de la scène. L'élimination du surintendant fut perçue comme le second acte de cette « révolution royale » de 1661. La France profonde, y compris les plus lointaines provinces, respira. Moment de joie, de bonheur où la politique rejoint l'utopie. En deux ans, tout semblait avoir basculé : le retour de la paix, la disparition d'un cardinal étranger, la suppression du ministériat et de la surintendance, la poursuite des financiers voleurs, le gouvernement direct du roi légitime et sacré, Oint du Seigneur. N'était-ce pas, pour les peuples qui avaient tant souffert, les signes annonciateurs d'un nouvel âge d'or, sans fusiliers ni impôts? On crut que Louis XIV allait être l'« exécuteur testamentaire de la Fronde », selon l'expression de Denis Richet [1]. Évidemment, on se trompait...

La chambre de justice

Le procès Fouquet fut un procès politique, au sens fort du terme, c'est-à-dire un sommet d'iniquité, une parodie de justice menée par un tribunal d'exception, sans respect des règles élémentaires de la défense. Même les plus inconditionnels admirateurs du Roi-Soleil en conviennent. Il fallait que Fouquet disparût pour que Louis XIV existât! Un homme tel que lui, avec son intelligence, son expérience, sa connaissance des dossiers, ses goûts de gloire, ses liens avec le parti dévot et les différents clans robins, n'aurait jamais pu servir de faire-valoir à ce jeune roi impatient d'affirmer son autorité. Qu'importât dès lors l'innocence ou la culpabilité de l'accusé, puisqu'il était nécessaire d'immoler cette victime expiatoire sur l'autel de la raison d'État? On ne détaillera pas ici les irrégularités inadmissibles qui vicièrent la procédure, la falsification éhontée des inventaires, le détournement scandaleux – couvert par le roi – de pièces capitales (par exemple toutes les lettres de Mazarin, de Servien et de Colbert à Fouquet, qui auraient permis au grand argentier de se défendre, disparurent), l'adjonction malhonnête de documents compromettants, les faux commis sur les registres de l'Épargne par Louis Berryer, âme damnée de Colbert,

1. Denis Richet, « Où situer la Fronde parmi les troubles européens des années 1640-1650? », *La Fronde en questions*, actes du 18e colloque du Centre méridional de rencontres sur le XVIIe siècle, 1989, p. 126.

les silences coupables du greffier Joseph Foucault, les pressions exercées sur les magistrats, les caresses, les menaces, l'achat des consciences défaillantes, la subornation de témoins, les extravagantes entraves au droit de la défense... Sans aucun titre et avec le cynisme le plus parfait l'ancien factotum de Mazarin orchestra tout, tentant de prendre le contrôle de la machine judiciaire pour assouvir sa propre vengeance. Il tria sur le volet des juges serviles, d'une partialité haineuse, glissa dans la cour à un poste clé son oncle Pussort, juriste rigoureux mais tyran féroce, fit remplacer le procureur général Denis Talon, jugé trop maladroit, par Chamillart, zélé à souhait, écarta même le président de la cour, Lamoignon, premier président au parlement de Paris, trop attaché aux formes, au profit du vieux chancelier Séguier, vénérable potiche, somnolant toujours au bon moment.

Pourtant, il ne réussit pas comme il l'aurait souhaité. Fouquet mit une ardeur insoupçonnée à se défendre, stigmatisant les coups bas de ses accusateurs, chargeant Colbert, son adversaire masqué, dénonçant les faussaires Berryer et Foucault, invoquant, pour justifier le passé, les ordres décousus et l'impéritie de Mazarin, ne ménageant finalement que le roi, dont il croyait – ou feignait de croire – qu'on l'avait dupé. Un des deux magistrats instructeurs, Olivier Lefèvre d'Ormesson, homme intègre, lié à la Compagnie du Saint-Sacrement (ou ce qu'il en restait), se distingua entre tous par son courage et son sens de l'honneur.

Dans son malheur l'ancien surintendant eut la chance d'avoir des amis fidèles, notamment des gens de lettres qui se mobilisèrent pour organiser sa défense : que l'on songe à Mme de Sévigné, à Mlle de Scudéry, à Pellisson (bien qu'embastillé celui-ci osa rédiger un courageux *Discours au roi*), ou encore à La Fontaine, auteur de l'émouvante *Élégie aux Nymphes de Vaux*. Serrant les coudes, le clan Fouquet passa à la contre-offensive en répandant dans le public les *Défenses* de son héros, écrites derrière les barreaux et imprimées clandestinement, des mémoires, des factums, des épigrammes attaquant les basses manœuvres de la couleuvre et du lézard contre le petit écureuil.

Ainsi se fit jour, de 1662 à 1665, une sorte d'opposition sourde et diffuse au régime nouveau, à Colbert et à ses suppôts. Dans cette opposition se retrouvaient des financiers, des gens d'affaires, des rentiers, des dévots, qui faisaient prier pour lui dans les églises de Paris. On n'avait pas vu cela depuis la Fronde! En 1664 l'opinion s'était retournée et manifestait clairement son soutien au ministre déchu. Le pouvoir répliqua en organisant la chasse aux imprimeurs clandestins, aux libraires, aux gazetiers, aux colporteurs de nouvelles à la main. Louis, adulé en 1661, vécut avec cet épisode la fin de son état de grâce.

Devant la lenteur de l'instruction il s'impatienta. Il y allait de sa réputation à l'étranger. Enfin, l'arrêt tomba : sur les vingt-deux juges, treize opinèrent pour le bannissement, neuf pour la peine capitale. Fouquet sauvait sa tête! La majorité des magistrats – pour la plupart des dévots, amis du président de Lamoignon – avaient suivi les conclusions modérées du rapporteur Lefèvre d'Ormesson, qui avait admis l'accusation de malversation et d'abus mais écarté celle de lèse-majesté. Ce verdict clément, au moins dans le contexte de ce procès truqué, fut accueilli avec beaucoup de joie dans les rues de Paris. La décision des juges était un camouflet pour le pouvoir, qui s'était tant acharné à écraser cet homme à terre. Le jour de l'arrêt, le roi, qui se trouvait chez Mlle de la Vallière, au palais Brion, déclara : « S'il eut été condamné à mort, je l'aurais laissé mourir! » et, au nom de la raison d'État, il commua la peine de bannissement en celle d'emprisonnement à vie. Il n'est pas dans l'Histoire d'autre exemple d'un droit de grâce utilisé pour aggraver une peine.

Nicolas fut conduit au donjon de Pignerol, où il mourut en 1680. Les juges indociles furent stoppés dans leur carrière. D'Ormesson se vit refuser la succession de son père à la charge de conseiller d'État. Du Verdier fut renvoyé à Bordeaux, Roquesante, exilé à Quimper-Corentin et les Pontchartrain père et fils, disgraciés.

La chambre de justice, créée par édit royal du 15 novembre 1661, avait également pour mission de rechercher les malversations perpétrées dans les affaires de finances publiques depuis 1635. On arrêta une soixantaine de partisans avec leurs commis, tous accusés de gains exorbitants, et l'on instruisit leur procès. Les trésoriers de l'Épargne, des officiers comptables, des publicains comme les frères Guénégaud, Catelan, Lempereur eurent à rendre compte de leur gestion. En juillet 1665 on renonça à poursuivre les fermiers et les traitants, moyennant le versement d'une taxe individuelle forfaitaire. Ces dispositions traduisaient en réalité la vraie nature de cette instance : après avoir semé la panique chez le groupe des financiers amis de Fouquet, il s'agissait d'effectuer à leurs dépens une quasi-banqueroute en annulant les traités et en récupérant par la taxation une centaine de millions de livres. Cette taxation se fit de manière sélective, selon le désir d'allégeance au nouveau pouvoir financier représenté par Colbert. Ce dernier, comme l'a montré Daniel Dessert, réalisa ainsi un « véritable *spoil system* [1] », restructurant à son profit le monde de la finance. Et lui, qui avait dit pis que pendre du système existant, afferma sans scrupule la récupération des taxes de la chambre à un groupe de partisans. Ce fut même le plus gros traité de l'ancien régime [2] !

Les débris du « système solaire » créé par Fouquet servirent à la construction d'un nouvel ensemble planétaire gravitant autour de l'astre royal. Louis s'empara de tout ce qu'il put : l'argent liquide, les billets de l'Épargne, les rentes sur l'Hôtel de Ville. Les vaisseaux, les flûtes et la frégate acquis par le surintendant furent incorporés à la marine royale. Les statues de Vaux allèrent peupler les jardins de Versailles. L'atelier de tapis, créé par Nicolas au village de Maincy, fut transféré à Paris et devint la manufacture royale des Gobelins. Le Brun, Le Vau, Le Nôtre, La Quintinie, leurs élèves, leurs assistants passèrent au service du roi.

Quant à la famille Fouquet, elle fut dispersée en province, sa mère et sa femme exilées à Montluçon, le marquis et la marquise de Charost à Ancenis François, l'archevêque, fut relégué à Alençon, Louis, évêque d'Agde, à Villefranche, Gilles consigné à Joinville, en Champagne. Basile, lui-même, qui pourtant avait contribué à la chute de son frère, dut aller à Bazas. Ces gens n'étaient en rien coupables. Ils étaient simplement victimes de la dure loi des clans. *Vae Victis !* « Déplaire au roi ou avoir tort, dira Bussy-Rabutin, c'est la même chose [3] ! »

1. Daniel DESSERT, *op. cit.*, p. 270.

2. *Ibid.* Voir également du même « A propos de la Chambre de Justice de 1661 », *Annales ESC*, n° 4, juil.-août 1974, p. 872-881.

3. Témoin de la force des solidarités familiales, le clan Fouquet parviendra à remonter la pente en faisant taire ses divisions et ses ressentiments et en tentant de sauver les derniers lambeaux de sa fortune. Il refera surface par la voie des armes : Louis Charles Auguste, duc de Belle-Isle (1684-1761), petit-fils de Nicolas, deviendra maréchal de France, et son cadet, Louis Charles Armand (1693-1747), chevalier de Belle-Isle, sera lieutenant général des armées du roi.

CHAPITRE IX

Le pouvoir et les clans

La pensée politique de Louis XIV

Composés pour servir à l'instruction du Grand dauphin, les *Mémoires* de Louis XIV portent sur les années 1661-1662 et 1666 à 1668. En 1859, un universitaire, Charles Dreyss, avait émis des doutes sur leur valeur. Selon lui, ils seraient entièrement dus à la plume prolixe du président Octave de Périgny, lecteur de la chambre et précepteur du dauphin et, à sa mort, en 1670, auraient été revus par Pellisson. Grâce aux travaux de Jean Longnon, de Paul Sonnino et de Jean-Louis Thireau, plus personne aujourd'hui ne met en doute le rôle essentiel joué par le roi dans la mise au point de ce document ni sa participation à toutes les phases de la rédaction [1]. Colbert fournissait des notes et documents tandis que Louis griffonnait au jour le jour des feuillets. Sur instructions précises du monarque, qui donnait les thèmes et les réflexions, Périgny rédigea une première ébauche, que le roi revit et que Pellisson relut au cours de l'année 1671. La première partie du texte fut composée dès la fin de 1664 [2]. Ainsi, en l'espace de trois ans et demi – le fait mérite d'être souligné –, le roi avait acquis une extraordinaire maturité politique, car il n'y a aucune commune mesure

1. *Mémoires de Louis XIV pour les années 1661 et 1666*, par Jean Longnon, Paris, 1923. Une édition plus complète date de 1927, une autre de 1978. Paul SONNINO, « The dating and authorship of Louis XIV's Mémoires », *French Historical Studies*, vol. III, n° 3, 1964, p. 303-337. Voir également l'annexe intitulée « Mémoires de Louis XIV, érudits et historiens », due à la plume de Pierre Goubert dans la dernière édition des *Mémoires*, Paris, 1992.
2. Jean-Louis THIREAU, *Les idées politiques de Louis XIV*, Paris, 1973, p. 18.

entre le contenu des *Mémoires* et les conseils lénifiants de Mazarin retranscrits par le jeune béjaune de 1661. Sorti de sa chrysalide, Louis XIV était devenu pleinement roi ! Entre 1663 et 1666 il avait développé sa culture politique et historique. Ce fut probablement la lecture des philosophes politiques qui lui donna l'idée de consigner, dans un ouvrage destiné à son tout jeune fils, les réflexions et leçons tirées de son expérience personnelle. Une analyse fouillée permet de repérer la trace de quelques ouvrages bien connus à l'époque : *Le Monarque, ou les Devoirs d'un souverain* du père Senault, *L'Art de régner* du père Le Moyne, les *Mémoires pour un souverain* d'Arnauld d'Andilly, le *Catéchisme royal* de Fortin de la Hoguette. L'influence de Hobbes, connu en France par la traduction de Bonneau du Verdus, ne laisse aucun doute, celle de Machiavel est probable. Les écrits postérieurs de Louis XIV, comme ses *Réflexions sur le métier de roi* (1679) rédigées pour justifier la disgrâce de Pomponne, ses *Instructions au duc d'Anjou* (1700) composées à l'intention de son petit-fils Philippe V et de façon plus générale sa correspondance montrent une grande continuité dans sa pensée. Essayons d'en résumer les principaux thèmes. Partout le roi laisse éclater la jubilation profonde qu'il ressent à exercer le « métier de roi », qu'il trouve « grand, noble et délicieux ». Et de donner des conseils pratiques à son fils pour l'exercer : ne jamais quitter ses affaires pour son plaisir, s'en remettre à son intuition pour le choix des hommes mais ne point céder aux impulsions lorsqu'il s'agit de conduire le char de l'État. Là, un esprit de raison, de modération, de prudence doit prévaloir. Le grand roi est celui qui maîtrise son caractère, juge les affaires avec sérénité, écoute attentivement les points de vue, prend conseil, réfléchit, évite les a priori et pratique un sage empirisme. « Tout l'art de la politique, écrit-il, est de se servir des conjonctures. »

Louis XIV n'est pas le créateur de la doctrine du droit divin, qui prend sa source dans la maxime de saint Paul : « Toute autorité vient de Dieu et celles qui existent ont été établies par Dieu » (Rom. XIII, 1). Il ne formule même pas un exposé complet de cette théorie, mais il demeure persuadé du caractère divin du pouvoir qu'il exerce. Il sait que Dieu l'a investi d'une autorité spécifique pour le gouvernement des hommes, qu'il est son lieutenant sur la terre, icône vivante de la majesté céleste, que sa justice participe à la sagesse divine et en manifeste la puissance.

Dans ce domaine il s'exprime avec retenue et modération et ne va pas jusqu'à faire siennes certaines formules outrancières de Bossuet, le chantre du droit divin, formules qui, prises à la lettre, conduisent à une divinisation de la personne royale, incompatible avec la foi chrétienne : « Le trône royal n'est pas le trône d'un homme, mais le trône de Dieu même », écrivait le prélat dans sa *Politique tirée des propres paroles de l'Écriture sainte.* « Vous êtes des Dieux, s'exclamait-il dans son *Sermon sur les devoirs des rois*, encore que vous mouriez. » Louis sait faire la distinction entre la royauté et sa propre personne. La royauté française est sacerdotale, mais le roi n'est pas Dieu. En revanche, il insiste sur le rôle de la Providence divine, qui inspire le monarque et l'assiste de sa grâce dans les grandes décisions à prendre. « Dieu qui vous a fait roi, disait-il à son petit-fils *(Instructions au duc d'Anjou)*, vous donnera les lumières qui vous sont nécessaires tant que vous aurez de bonnes intentions. » Pourtant, les secours de la Providence ne sont pas constants. Les rois ne sont nullement infaillibles et doivent se garder de confondre leurs intuitions avec des illuminations divines.

De la doctrine de droit divin découlent plusieurs conséquences : l'indépendance absolue des rois en matière temporelle. « Le roi, selon la formule de Louis XIV dans ses *Mémoires* (1661), ne tient que de Dieu et de son épée. » Il n'est pas soumis à la puissance temporelle du pape ou de l'Empereur. Deuxièmement, l'obéissance devient un principe sacré, puisque désobéir au roi, dépositaire de l'autorité divine, revient à désobéir à Dieu. Enfin, les sujets se voient dénier tout droit à contrôler la politique royale, le monarque n'ayant de compte à rendre qu'au Souverain Juge.

Un autre fondement de l'absolutisme monarchique, selon Louis XIV, réside dans la nécessité de faire prévaloir le bien commun par une autorité incontestée se situant au-dessus du commun des mortels. Livré à lui-même, l'homme n'est conduit qu'à suivre ses passions et son intérêt personnel. Le sens de l'intérêt général lui étant inaccessible, il va laisser s'instaurer la désunion, l'anarchie, l'insécurité. D'où l'idée exprimée dans les *Mémoires* de 1662, reprise des *Éléments de la politique de M. Hobbes* parus en France en 1660 : pour satisfaire leur besoin d'ordre, les individus ont renoncé à leurs droits naturels au profit du prince qui dispose de l'autorité pour agir en vue du bien de l'État.

De toutes les formes d'autorité, la monarchie est celle qui permet le plus efficacement et le plus sûrement d'atteindre le bien commun. Pourquoi? Parce que c'est le seul régime où l'intérêt des gouvernants se confond avec celui de l'État. En travaillant pour la collectivité, le roi, père de son royaume, travaille pour lui-même, pour ses enfants, pour sa famille. Cette identité d'intérêts explique la supériorité de la monarchie héréditaire sur les autres régimes. Le roi n'agit pas au nom d'un lointain et inaccessible idéal. Il y va de sa réputation que les honnêtes gens soient protégés, que l'économie soit prospère, que la concorde règne dans ses états. Ce postulat sera repris par tous les théoriciens du pouvoir royal, de Bossuet à Charles Maurras. Les particuliers, absorbés par la recherche de leur bien-être personnel, ne peuvent s'élever à la hauteur du souverain. « Nous décidons avec plus de succès par notre propre suffrage que par celui de nos conseillers, parce que étant postés dans une sphère supérieure nous sommes plus éloignés qu'eux des petits intérêts qui nous pourraient porter à l'injustice » (*Mémoires* de 1666). Les exigences du bien commun peuvent d'ailleurs contraindre le monarque à sacrifier les avantages immédiats de sa famille, voire sa propre gloire au bien de l'État et au repos de ses peuples. Louis en a conscience. L'État transcende sa personne mortelle.

Mais durant toute sa vie le monarque doit concentrer en lui la totalité du pouvoir, qui est un et indivisible. D'où le refus de Louis XIV d'admettre un régime de contrôle ou de partage des responsabilités. Si la monarchie française peut s'accommoder des états généraux, c'est qu'ils sont purement consultatifs. Les parlements ne sont en rien des assemblées représentatives mais des démembrements anciens du conseil du roi. Ils ne peuvent juger que par délégation royale et doivent se soumettre aux arrêts du conseil.

Les prérogatives du monarque sont le pouvoir d'injonction, celui d'édicter les lois, d'accorder des privilèges, de remettre les peines, de gérer les finances publiques comme il l'entend, d'établir et de percevoir les impôts sans le consentement des peuples. Les rois ne pouvant subsister sur leurs seuls domaines, le paiement des impôts est un devoir exigé désormais de façon permanente des sujets — et non plus seulement en temps de guerre. L'usage qu'ont, dans les pays d'états, les assemblées provinciales de voter les subsides n'est pas un « droit » établi mais une simple « concession », librement accordée par le souverain et révocable par lui.

Si le roi a le droit d'exiger de ses sujets une soumission absolue, il a des devoirs envers eux, car il n'est pas propriétaire de son royaume. Il remplit une fonction au service de tous. Il ne règne pas pour lui-même mais pour le bien de ses peuples. Outre le devoir de vivre en bon chrétien et de servir la sainte Église catholique, il existe entre le monarque et ses sujets un « nœud sacré » : « Ces obéissances et ces respects que nous recevons de nos sujets, écrit Louis XIV, ne sont pas un don gratuit qu'ils nous font, mais un échange avec la justice et la protection qu'ils prétendent recevoir de nous. Comme ils nous doivent honorer, nous les devons conserver et défendre... » (*Mémoires* de 1661). On retrouve ici l'idée très hobbesienne du contrat primitif, fondateur de l'autorité politique, fondé sur la réciprocité des services. Pour jouir de la sécurité l'individu a renoncé à sa liberté native au profit du prince. Les devoirs de celui-ci découlent de cet accord. Il doit d'abord assurer la paix et la tranquillité des honnêtes gens, la protection des personnes et des biens, la concorde entre les familles et les corps sociaux. Maintenir l'ordre, cela veut dire aussi protéger le faible du plus fort. Le roi n'a pas à mépriser une condition particulière, à favoriser l'une au détriment de l'autre. A tous il doit bonne justice, mieux encore, le bonheur. Contrairement à une idée reçue, Louis XIV ne se désintéresse ni des humbles ni des pauvres. On trouve dans ses écrits la volonté de lutter contre la misère, notamment cette page des *Mémoires* de 1662 : « Si Dieu me fait la grâce d'exécuter tout ce que j'ai dans l'esprit, je tâcherai de porter la félicité de mon règne jusqu'à faire en sorte, non pas à la vérité qu'il n'y ait plus ni pauvre ni riche, car la fortune, l'industrie et l'esprit laisseront éternellement cette distinction entre les hommes, mais au moins qu'on ne voie plus dans le royaume ni indigence ni mendicité, je veux dire personne, quelque misérable qu'il puisse être, qui ne soit assuré de sa subsistance, ou par son travail ou par un secours ordinaire et réglé. » Le Roi-Soleil, précurseur du RMI? Qui y aurait songé! Vue généreuse, sans doute, mais utopique à l'époque. Le gouvernement royal était déjà bien incapable de maîtriser les variations brutales de l'économie rurale d'une année sur l'autre et plus encore de faire face aux catastrophes naturelles. Lors de la terrible famine de 1662, qui fit des milliers de morts au nord de la Loire, le roi put tout au plus faire distribuer un peu de blé ou de pièces d'argent dans la cour du Louvre et faire venir de Bretagne, d'Aquitaine et de Dantzig quelques cargaisons de céréales destinées aux affamés. Une goutte d'eau dans cet océan de misère!

Dans l'esprit du roi la monarchie n'a rien à voir avec la tyrannie à l'antique ou le despotisme à l'oriental. Simple dépositaire de la couronne, le souverain doit respecter les lois fondamentales du royaume et le droit naturel, notamment le droit de propriété auquel il ne peut porter atteinte qu'en cas de nécessité publique.

La difficulté vient de ce qu'il n'existe pas de sanction aux manquements du roi et que, de ce fait, les sujets paraissent démunis de droits. Là réside la grande faiblesse de la constitution coutumière de l'ancien régime. Le monarque est renvoyé face à ses responsabilités et à sa conscience. Louis XIV, à ce propos, a cette belle formule : « Il est bien plus facile d'obéir à son supérieur que de se commander à soi-même, et quand on peut tout ce que l'on veut, il n'est pas aisé de ne vouloir que ce que l'on doit. » Qui donc pourra arrêter un roi sur la mauvaise pente ? Le sens de l'honneur ? Le souci de sa réputation ? L'idée qu'il est comptable de ses actes devant ses successeurs ? Bien fragiles barrières assurément. Reste la sanction divine. Dire que les rois sont jugés par Dieu, ce n'est pas les convoquer au Jugement dernier. S'il n'y avait eu que la perspective lointaine de l'enfer, c'eût été probablement sans grand effet. Mais Louis XIV, comme ses contemporains, croit à l'intervention de la Providence dans la vie terrestre. La justice divine est immanente, terribles sont ses arrêts. Le Dieu du Grand Siècle, ne l'oublions pas, c'est encore – malgré François de Sales, le saint de la douceur de Dieu et tant d'autres – le Dieu implacable de l'Ancien Testament. Épreuves familiales, séditions, guerres ruineuses, défaites humiliantes, calamités et fléaux en tous genres peuvent s'abattre comme les sept plaies d'Égypte sur un royaume pour punir son mauvais souverain. Afin de châtier le méchant le Seigneur permet aux puissances du Mal de se déchaîner. Louis craint ces terribles perspectives. N'en doutons pas, la peur de la malédiction divine était, au plan politique, un puissant frein aux abus et aux détournements de pouvoir. A contrario, le scepticisme des Lumières, sur lequel s'appuie le « despotisme éclairé » – que l'on présente d'ordinaire comme un régime plus « moderne » et plus rationnel –, a contribué non pas à la limitation de l'arbitraire mais à son extension. Il était sans doute plus pénible de vivre sous la botte de Frédéric II ou le knout de la Grande Catherine que sous la houlette du Roi-Soleil !

Le gouvernement selon Louis XIV

On le voit, la conception qu'avait Louis XIV du pouvoir royal ne différait guère de celle de ses prédécesseurs. Elle restait dans la tradition capétienne. C'est dans la pratique gouvernementale que se situe sa véritable originalité. Ce qu'on a appelé la « révolution de 1661 » est la réappropriation des prérogatives royales par le souverain, qui a supprimé le ministériat et la surintendance des finances. Ainsi, la puissance cesse d'être séparée de la souveraineté : dans son esprit rien n'est plus sain ni plus naturel, puisqu'un ministre ne sera toujours qu'un simple particulier, dépourvu du pouvoir sacré et dont les intérêts, contrairement à ceux des rois, ne coïncident pas nécessairement avec ceux de l'État.

Il n'y aura donc plus de premier ministre. Le roi seul sera l'animateur du gouvernement. A lui reviendra de prendre les décisions importantes et de s'informer de tout, y compris des détails, auprès de ses ministres, qui ne seront plus que de simples rapporteurs et conseillers. Le vrai danger selon Louis XIV ne réside pas dans l'absolutisme, puisque le roi sait mieux que quiconque où se trouve le bien commun, mais dans le despotisme ministériel. « Nous n'avons pas affaire à des anges, disait-il à propos des ministres, mais à des hommes à qui le pouvoir excessif donne presque toujours à la fin quelque tentation d'en user. » On comprend pourquoi l'admiration de Colbert pour Richelieu l'irritait tant : « Voilà Colbert, s'exclamait-il en conseil, qui va nous dire : *Sire, ce grand cardinal de Richelieu*...! » A l'âge mûr, d'ailleurs, on n'entendra plus Louis rendre d'hommage excessif à Mazarin.

Le roi sage doit savoir choisir ses collaborateurs parmi les gens compétents mais de modeste extraction, incapables de lui porter ombrage : des « créatures », totalement dépendantes, sorties du néant et prêtes à y retourner à sa seule volonté. C'est ainsi que Louis justifie auprès de son fils le changement intervenu en 1661 : « Pour vous découvrir même toute ma pensée, il n'était pas de mon intérêt de prendre des sujets d'une qualité plus éminente. Il fallait, avant toute chose, établir ma propre réputation et faire connaître au public, par le rang même d'où je les prenais, que mon intention n'était pas de partager mon autorité avec eux. Il m'importait qu'ils ne conçussent pas eux-mêmes de plus hautes espérances que celles qu'il me plairait de leur donner : ce qui est difficile aux gens d'une grande naissance... »

La structure du conseil du roi est inspirée directement de ces principes. Organe essentiel du gouvernement dans la monarchie capétienne, il a pour objet d'aider le monarque dans ses décisions. Inséparable de sa personne, il n'est qu'une institution consultative dont les délibérations restent secrètes. Bien qu'il soit composé de différentes « séances », il est considéré comme formant un tout. Quelles sont donc ces séances ou sections?

Voici d'abord le conseil d'en haut (ou conseil d'État) qui se réunissait les mercredi, jeudi, dimanche de chaque semaine et le lundi tous les quinze jours. Il traitait des affaires générales du royaume. La « révolution de 1661 » avait écarté du conseil la reine mère, Monsieur, les cardinaux, les princes du sang, le chancelier, tous ceux qui avaient reçu des lettres ou brevets de ministre. Désormais ne furent admis à siéger que les collaborateurs désignés par le roi ou un de ses huissiers, non par lettre mais oralement. Les membres du conseil d'en haut portaient tous le titre de ministre d'État. Si l'on cessait d'être convoqué, on cessait d'être ministre. Ce « conseil étroit » était assisté de quatre secrétaires d'État, qui avaient mission de correspondre chacun avec le quart du royaume et de s'occuper d'affaires agrégées progressivement en départements ministériels : affaires étrangères, guerre, marine et maison du roi, RPR (Religion Prétendue Réformée). Les secrétaires d'État n'avaient pas accès au conseil d'en haut, mais pouvaient fort bien cumuler un tel poste avec celui de ministre. En 1661 y siégeaient, autour du roi, Michel Le Tellier, secrétaire d'État à la guerre, Hugues de Lionne et Jean-Baptiste Colbert. Lionne ne participa à l'expédition des actes royaux qu'en 1663 et Colbert, qu'en 1669. Le conseil d'en haut n'eut jamais que trois à sept membres. Le Grand Dauphin y entra en juillet 1691 et le duc de Bourgogne, son fils, en décembre 1702.

Par ordre d'importance venait ensuite le conseil royal des finances, dit « Conseil royal », qui avait repris les affaires de la surintendance. Le roi le présidait. Il comprenait le chef du conseil royal (le premier maréchal de Villeroy puis le duc de Beauvillier) et trois conseillers dont un intendant des finances (Colbert). Le chancelier y était parfois invité. Ce conseil se réunissait trois fois par semaine. Au conseil des dépêches, également présidé par le roi, étaient lus les rapports des intendants et des gouverneurs. On y rédigeait les réponses. En faisaient partie le chancelier, les ministres d'État, le chef du conseil royal des finances et les secrétaires d'État. D'autres sections existaient mais avaient moins d'importance : le conseil royal de commerce créé en 1664, qui disparut en 1676, le conseil de conscience, chargé d'étudier la feuille des bénéfices, qui finit par se réduire à un tête-à-tête entre le roi et son confesseur. Quant aux autres parties du conseil, ce n'étaient que des organes de contentieux et d'administration, où le roi ne venait jamais : le conseil d'État privé ou conseil des parties, le conseil d'État et des finances, la grande direction ou conseil des finances, la petite direction...

Outre une clarification et une meilleure hiérarchie entre les différents organes, la réforme de Louis XIV touchait aussi le chancelier. Comme l'a souligné Michel Antoine, celui-ci se mua en un personnage d'apparat (ce qui convenait fort bien au vieux Séguier dont les capacités intellectuelles allaient en déclinant). Il perdit son fauteuil au conseil d'en haut, son autorité sur les eaux et forêts, sa participation aux affaires militaires, son contrôle sur les lettres patentes en finances et de façon plus générale ses prérogatives en matière d'administration financière. En outre, on lui ôta le choix des intendants, qui fut dévolu à Colbert (à l'exception des intendants des provinces frontalières placés sous la dépendance du secrétaire d'État à la guerre). Le contrôle général devenait ainsi l'organe principal de l'administration centrale. Sur les ruines du vieil État de justice allait s'édifier l'État de finance.

La faveur de Colbert

Louis XIV a acquis en peu de temps une grande maturité de réflexion, ses écrits sont emplis de notations intéressantes, mais s'est-il toujours conformé à cet idéal? Non, son comportement privé ne fut pas constamment celui d'un prince chrétien : dans certaines circonstances il s'est montré étroit, mesquin. Sut-il toujours bien choisir entre la guerre et le soulagement de ses peuples? Sûrement pas. Quant aux lois fondamentales du royaume, il n'hésita pas à les écorner dangereusement en 1714 lorsqu'il intégra ses bâtards à l'ordre successoral. On pourrait aisément étaler la liste des manquements. Cela n'aurait pas grand intérêt. Il est plus important de se poser la question de la réalité du pouvoir royal. Quel a été le principal bénéficiaire du double « coup » de mars et de septembre 1661? En d'autres termes, qui gouverne réellement en France après la mort de Mazarin et la mise à l'écart de Fouquet? En supprimant le ministériat, en se débarrassant d'un personnage encombrant, jugé irrécupérable, en excluant de manière durable du conseil les princes du sang et les Grands Louis XIV a la certitude d'avoir saisi personnellement les rênes du gouvernement, d'être seul maître à bord après Dieu. Mais ne s'illusionne-t-il pas? Il voulait des collaborateurs de souche robine, zélés, entièrement dévoués à son service et révocables d'un mot. Il les a. Mais est-ce suffisant pour gouverner seul? En 1661 la naissance n'est pas tout, n'est plus tout! Un grand commis peut être aussi un puissant personnage. Jean-Baptiste Colbert n'en est-il pas la preuve? N'est-ce pas lui en réalité qui commande? Il est clair qu'il a été l'instigateur et le réalisateur de l'opération montée contre le surintendant. De même ce qui s'est ensuivi : la chambre de justice, la mise au pas des traitants, la réforme des finances publiques... Louis, parfait comédien, a joué le premier rôle sur la scène, mais ce n'est pas lui qui a écrit la partition.

La suite des événements semble confirmer cette analyse. « A peine Colbert fut-il au conseil, écrit l'abbé de Choisy, qu'il voulut presque y être le maître. » Or, le plus étonnant est de voir le roi encourager cette ambition. L'ascension de l'ancien factotum de Mazarin est impressionnante.

A la fin de 1661 il était officiellement conseiller d'État, intendant des finances, membre du conseil d'en haut et du conseil royal des finances. De fait, il était beaucoup plus que cela. Outre les finances, ses compétences s'étendaient officieusement aux domaines des bâtiments, des arts, des lettres, de la marine. En 1664, régularisant en quelque sorte sa situation antérieure, il acheta la charge de surintendant des bâtiments royaux à Antoine de Ratabon. Les finances étant liées à l'économie du royaume, il prit la haute main sur l'économie, puis sur le commerce et devint membre à part entière du nouveau conseil de commerce, qui se réunit pour la première fois le 4 août 1664. En décembre 1665 il acquit de Barthélemy Herwart une des deux charges de contrôleur général des finances (l'autre, appartenant à Louis Tonnelier de Breteuil, fut bientôt supprimée). De secondaire le contrôle général devint sous Colbert un vrai ministère des finances, puissant et centralisé.

Elu à l'Académie française en 1667, Jean-Baptiste fut nommé en février 1669 secrétaire d'État à la maison du roi, en remplacement de Henri de Guénégaud, marquis du Plessis-Belleville, qui avait dû lui vendre sa charge pour payer les 600 000 livres que lui réclamait la chambre de justice (c'est-à-dire les amis de Colbert). L'opération s'était faite à bon compte avec l'agrément du roi. Le 7 mars 1669, les compétences de son secrétariat d'État s'étendirent à la marine, aux galères, à la Compagnie des Indes et au commerce. Enfin, en août 1670, il devint grand maître et surintendant des mines et minières de France. Non content d'avoir ravi au chancelier la correspondance avec les intendants, il empiéta sur ses attributions en s'occupant des grandes réformes judiciaires et de la codification des ordonnances royales.

En sus de ces multiples tâches officielles ou officieuses, Jean-Baptiste recevait des missions touchant aux affaires privées du roi. Ainsi, lorsque Louis partait en campagne, c'est lui qui veillait sur la famille royale, réglait les détails domestiques. Autrefois, l'ancien commis de Mazarin avait servi de messager entre Louis et Marie Mancini. Après 1661 il continua à s'occuper des amours royales. A l'automne de 1663, avec l'aide de sa femme, il prit des dispositions pour l'accouchement clandestin de Mlle de la Vallière, se chargea de trouver un chirurgien-accoucheur et, pour l'enfant à naître, des parents adoptifs (un couple d'anciens domestiques de sa famille) ainsi qu'une lingère. Il fit de même pour le second, né en janvier 1665. Sa femme, Marie Charron, éleva avec ses propres enfants les deux derniers, Mlle de Blois et le comte de Vermandois. Lorsqu'en janvier 1671 Louise de la Vallière fit une fugue au couvent de Chaillot, ce fut encore Colbert qui reçut mission de la persuader de revenir.

Le « lobby Colbert »

Jean-Baptiste avait un instinct « clanique » très développé. Il œuvrait pour la plus grande gloire des couleuvres. Déjà en août

1659 il écrivait à son frère Charles, futur marquis de Croissy : « Je vous assure que je brûle d'envie de voir notre famille s'élever par les voies d'honneur et de vertu et que tout le monde demeure d'accord que la fortune que nous avons nous est due. »

Pour lui, dont la rapide ascension n'avait pas permis de consolider le clan par des alliances matrimoniales prestigieuses, le népotisme était sinon une garantie absolue de loyauté, du moins une sécurité supplémentaire : la famille passera donc avant les alliés ou les amis. « Il veut tout pour lui, pour ses parents et son fils », notait le marquis de Saint-Maurice.

Son fils aîné, Jean-Baptiste, dont la terre de Seignelay fut érigée en marquisat, obtint la survivance du secrétariat d'État à la marine et à la maison du roi. Un autre de ses fils, Jules Armand, marquis d'Ormoy et de Blainville, reçut celle de la surintendance des bâtiments. Son troisième fils, Jacques Nicolas, fut gratifié dès l'âge de neuf ans de l'abbaye du Bec, bientôt complétée par le prieuré de la Charité-sur-Loire et l'abbaye d'Ambierle. Docteur en théologie, prêtre, ce Jacques Nicolas entra à l'Académie française et fut nommé en 1680 coadjuteur de l'archevêque de Rouen. Quatre autres de ses enfants firent une carrière militaire avec des grades plus qu'honorables. Un de ses frères, Nicolas, reçut un joli lot d'abbayes et de prieurés ainsi que la charge de bibliothécaire du roi, l'évêché de Luçon en 1661 puis celui d'Auxerre dix ans plus tard. Son autre frère, Edouard François Colbert de Vandières, comte de Maulevrier, devint capitaine-lieutenant des mousquetaires noirs (1665), lieutenant général (1676) et gouverneur de Tournai (1682). Son frère Charles, marquis de Croissy – le préféré –, après avoir été intendant d'armée (1654), conseiller au parlement de Metz (1656), président du conseil souverain et intendant d'Alsace (1658), représentant accrédité à Vienne et Rome (1660), fut intendant de plusieurs généralités, négociateur de la paix d'Aix-la-Chapelle, ambassadeur à Londres de 1668 à 1674, et remplaça cinq ans plus tard Arnauld de Pomponne comme ministre et secrétaire d'État aux affaires étrangères. Le bon oncle Henri Pussort, qui avait si bien aidé Jean-Baptiste dans les basses œuvres de la chambre de justice, fut promu conseiller d'État en 1666 et membre du conseil royal des finances en 1672.

Parvenu au faîte des honneurs, Jean-Baptiste put enfin envisager une politique d'alliances. Il casa ses trois filles dans des familles ducales : Jeanne Marie Thérèse épousa Charles Honoré d'Albert, futur duc de Chevreuse, fils unique de Louis Charles d'Albert, duc de Luynes, pair de France. Quatre ans plus tard, Henriette Louise s'unit à Paul, comte de Saint-Aignan, futur duc de Beauvillier, qui avait reçu de son père, François, duc et pair de France, la survivance de sa charge de premier gentilhomme de la chambre. En 1679, Marie-Anne Colbert devint la femme de Louis de Rochechouart, fils de Louis Victor, duc de Vivonne, maréchal de France, général des galères et frère de Mme de Montespan. Bon prince, le monarque paya la moitié de la dot de ces jeunes filles qui s'élevait à 400 000 livres. L'argent du roi et de Colbert venait redorer le blason des ducs. Jean-Baptiste, marquis de Seignelay, appelé à prendre la direction du clan, épousa Marie-Marguerite d'Alègre, d'une riche et vieille famille d'épée, puis, au décès de celle-ci, convola avec Catherine Thérèse, fille de Henri de Matignon, comte de Thorigny. Autre fils de Colbert, Jules Armand, marquis de Blainville, prit pour épouse Marie-Gabrielle de Rochechouart. Pour ces descendants de marchands et banquiers rémois pouvait-on rêver plus éblouissante réussite?

Le groupe familial structurait fortement l'appareil administratif. Les charges des deux intendants des finances servant sous les ordres du contrôleur général furent occupées par des cousins par alliance, Vincent Hotman et Denis Marin, puis par son neveu Nicolas Desmarets, maître des requêtes. Son secrétaire particulier était un parent, Jean-Hyacinthe Hocquart. Dans l'administration provinciale, nombre d'intendants étaient des parents ou des alliés : Colbert de Croissy, déjà cité (successivement intendant d'Alsace, de Touraine, Maine, Anjou, Picardie, Soissonnais, Flandre, Paris), Michel Colbert (Alençon), Colbert de Saint-Pouange (Soissonnais, Picardie, Artois), Louis Béchameil de Nointel (Tours), Michel André Jubert de Bouville (Limoges, Moulins, Orléans), Vincent Hotman (Tours, Paris), Bernard de Fortia, Jean Le Camus et Bernard Hector de Marle (Riom), Claude Pellot (Dauphiné), Claude Méliand (Alençon, Caen, Rouen), Jean-Jacques Charron de Ménars (Orléans, Paris)...

L'emprise était la même, sinon plus forte, sur l'administration de la marine. Rochefort et La Rochelle étaient des fiefs colbertiens. Charles Colbert du Terron, cousin germain de Jean-Baptiste, que nous avons vu jouer un rôle discret mais capital dans la chute du surintendant Fouquet, exerça les fonctions d'intendant général de la marine du Ponant, avec sous sa responsabilité l'arsenal de Rochefort. Il fut remplacé par un autre cousin, Honoré Lucas de Demuyn, sieur de Courcelles, ancien trésorier de France à Amiens, ancien commissaire pour les ponts et chaussées et les fortifications. A Brest, l'intendance de la marine fut longtemps exercée par un autre fidèle cousin, Pierre Chertemps de Seuil. Un allié, cousin germain de sa femme, Michel Bégon, président au présidial de Blois, occupa successivement les fonctions de commis du trésorier de la marine à Toulon, de commissaire général de la marine à Brest et au Havre, avant de devenir intendant des îles d'Amérique, intendant des galères à Marseille et enfin intendant de marine à Rochefort et à La Rochelle.

Tous ces individus changaient fréquemment de fonctions : d'intendants de provinces ou de marine ils devenaient conseillers d'État, intendants de finance ou présidents de parlement. Cette mobilité accroissait la puissance de la *gens*, qui se renforçait en même temps « par l'entrée en lice, dans tous les types de fonctions, d'enfants et de parents de ceux qui étaient déjà en place [1] ».

Cet écheveau familial de frères, beaux-frères, cousins et alliés était le point de départ d'un réseau extrêmement ramifié de clients et de dévoués. En raison des origines mêmes de Colbert, la plupart de ses créatures étaient des officiers comptables associés au maniement des deniers royaux. Aussi trouvaient-ils place sans difficulté dans l'administration financière. Ils noyautaient la trésorerie des pays d'états, notamment celle du Languedoc (Louis Reich de Pennautier, par ailleurs receveur général du clergé de France), celle du Dauphiné (Samuel Dalies de la Tour), les recettes générales des pays d'élection (René Aubry, Simon Bachelier de Beaubourg, Paul Dujardin de Broussart, Claude Chevalier de Morsan, Claude de la Croix, Jean de Turményes de Nointel, Jean Migne de Morsan, Jean Solu...), la trésorerie de la marine (Georges Pellissari, Pierre de Saint-André, François Usson de Bonrepaus)... Depuis le grand coup de torchon de la chambre de justice, qui avait permis à Colbert d'éliminer les partisans trop voyants de Fouquet et de restruc-

1. Charles ENGRAND, « Clients du roi. Les Colbert et l'État (1661-1715) », *Un nouveau Colbert*, actes du colloque pour le tricentenaire de la mort de Colbert, sous la direction de R. MOUSNIER, Paris, 1985, p. 93.

turer les groupes de financiers autour de sa personne, les fermes elles-mêmes étaient aux mains d'amis et de dévoués du contrôleur général : Bachelier, Chevalier, Dalies, Frémont, Rioult d'Ouilly, Saint-André, Solu... Il va de soi que tous ces gens étaient intéressés aux « affaires du roi », sur lesquelles ils réalisaient des fortunes comme traitants, prête-noms, sous-participants ou associés, et qu'ils se retrouvaient à de bons postes dans les compagnies commerciales et coloniales, les manufactures créées ou animées par l'infatigable Jean-Baptiste. Il y aura quelques scandales.

D. Dessert et J.-L. Journet ont démonté la mécanique de ce « lobby Colbert », qui étendait très loin ses ramifications au sein de l'appareil administratif du royaume [1]. Ces amis, ces ralliés, marchands-banquiers ou manieurs d'argent, venaient seconder le noyau dur du clan, uni par les liens du sang ou les alliances matrimoniales, notamment dans la marine, chasse gardée des Colbert : Nicolas Arnoul, intendant des galères, poussa son fils Pierre à lui succéder grâce à la protection de Jean-Baptiste. Saint-André, Usson de Bonrepaus, Dalies de la Tour servaient de munitionnaires des armées navales, et le puissant François Berthelot, commissaire général des poudres, avait le monopole de la fourniture des poudres pour les escadres royales [2].

Ainsi, au fil des ans, le pouvoir de Colbert était devenu considérable : il s'occupait des finances, de l'économie du royaume, du quart de l'administration générale, d'une bonne partie des affaires de justice, des bâtiments, des manufactures, de la maison du roi, de la cour, de la ville de Paris, de la marine, des colonies, sans compter les missions spéciales dévolues par le monarque [3]. Son clan occupait – obstruait – les principales allées du pouvoir à tel point que, périodiquement, on se demandait si Jean-Baptiste n'allait pas être proclamé premier ministre, malgré la résolution du roi de gouverner seul.

1. D. Dessert et J.-L. Journet, « Le lobby Colbert, un royaume ou une affaire de famille? », *Annales ESC*, n° 6, nov.-déc. 1975, p. 1303-1336.

2. D. Dessert, *Argent, pouvoir et société au Grand Siècle*, Paris, 1984, p. 535.

3. Jean Villain évalue sa fortune à 4,4 millions de livres, ce qui faisait de lui l'un des hommes les plus riches de son temps (Jean Villain, *La Fortune de Colbert*, Paris, 1994).

La lutte des clans

Comment le jeune Louis XIV, qui n'a ni compétence particulière ni formation technique, pourrait-il exercer le pouvoir face à un grand commis expérimenté, qui sait le prendre par son goût des détails et lui donner l'illusion de trancher alors que les décisions sont déjà prises? La tentation est grande d'en faire un simple jouet aux mains de son tout-puissant ministre. D'autant plus que leur façon de travailler vient renforcer cette hypothèse : dans les lettres et mémoires du ministre, où tout est finement suggéré, une grande marge est laissée au souverain pour qu'il puisse y mettre ses appréciations. Celui-ci écrit constamment : « Je me remets à vous... Comme vous le jugerez à propos... C'est à vous de juger ce qui est le mieux... » Une fois même, il lui écrira : « Je vous ordonne de faire ce que vous voudrez »! Ce serait pourtant une erreur de prendre le roi pour un naïf soliveau. Il ne faut jamais oublier son attachement à tenir les rênes, son ombrageuse susceptibilité, sa volonté implacable d'être le maître, son goût certain pour le maniement des hommes, bref son art de commander. Louis XIV imposa certaines décisions à Colbert, malgré ses nombreuses remontrances : les fêtes, les dépenses des troupes de sa maison, la création de Versailles. A son fils, dans ses *Mémoires*, il recommandait trois moyens pour prévenir les excès de pouvoir des « créatures » : savoir ses affaires à fond, persuader ses conseillers que tout dépend de lui seul et surtout partager sa confiance entre plusieurs car « la jalousie de l'un sert souvent de frein à l'ambition de l'autre ». Le meilleur moyen de résister à l'immense puissance du clan Colbert était d'élever un autre clan, celui des Le Tellier-Louvois.

Sa brillante carrière comme ministre d'Anne d'Autriche et de Mazarin avait permis à Michel Le Tellier d'accumuler les honneurs, les titres et les richesses, et de propulser sa parentèle dans le cercle étroit des grandes familles de la robe proches du pouvoir. Derrière une fidélité inébranlable, une modestie affichée se cachaient un patient calcul et, comme chez son jeune protégé et allié, Jean-Baptiste Colbert, un instinct clanique développé. Plusieurs mariages jalonnaient le cheminement du groupe : celui de Michel avec Elisabeth Turpin, fille de Jean, seigneur de Vaudremont, qui le rapprochait d'Étienne II d'Aligre, chancelier de France, celui de sa sœur Claude avec Jean-Baptiste Colbert de Saint-Pouange, celui de sa belle-sœur, Marie-Angélique Turpin, avec François Dugué de Bagnols, futur conseiller d'État, intendant à Caen, Lyon et Grenoble, celui de son autre sœur, Madeleine, avec Gabriel de Cassagnet-Tilladet, qui sera lieutenant général, gouverneur de Bapaume et de Brisach. Deux enfants de ce dernier couple s'illustreront aux armées sous le règne de Louis XIV : Jean-Baptiste, marquis de Tilladet, capitaine-lieutenant des cent-suisses, lieutenant général, et Gabriel, chevalier de Tilladet, lieutenant général, gouverneur d'Aire-sur-la-Lys. D'autres mariages suivirent et resserrèrent les liens tissés avec la robe : celui de Claude Le Peletier, fils de l'ancien tuteur de Michel, avec Marguerite Fleuriau d'Armenonville, celui de Claudine Colbert de Saint-Pouange, nièce de Michel, avec Jacques Olier, seigneur de Verneuil et de Maison, conseiller au parlement de Paris. Le clan étendait son influence sur les grandes familles parlementaires, les Lamoignon, les Talon, les Ormesson, les Fleuriau, les Phélypeaux, les Molé. Un mariage avec une famille d'épée témoigne de la progression du clan : celui de la fille unique de Michel Le Tellier, Madeleine Fare, à quatorze ans, avec l'héritier du duc d'Aumont, Louis Marie Victor, marquis de Villequier, âgé de dix-huit ans.

Michel Le Tellier verrouilla très tôt son pouvoir sur l'administration militaire, installant ses parents dans les postes clés des six bureaux de la guerre, choisissant les commis et les commissaires des guerres au sein de sa propre clientèle. Parmi ses principaux parents figuraient Claude Bazin de Bezons, Philibert Baussan, Louis Robert, Michel Le Peletier de Souzy. Les Colbert faisaient partie du noyau primitif du clan : Gilbert Colbert de Saint-Pouange sera chef de bureau et premier commis de Louvois, Jean-Charles Colbert du Terron intendant d'armée (Guyenne, Sicile), Charles Colbert de Croissy également intendant d'armée (Provence, Catalogne, Flandre). La volonté de Jean-Baptiste Colbert – le grand Colbert – de constituer un nouveau clan autonome autour de sa personne sera considérée par ses cousins de Villacerf et de Saint-Pouange comme une sorte de trahison. Eux-mêmes resteront fidèles aux Le Tellier. S'ils n'étaient pas des parents ou des alliés, les intendants d'armée (qui doublaient les officiers généraux dans la fourniture des informations) étaient choisis parmi les familles amies : les

Ormesson, les Voyer d'Argenson, les Chauvelin, les Talon, les Caumartin, les Gobelin, les Mesmes d'Avaux, les Tonnelier de Breteuil, les Aubray, les Voysin, les Aligre... Parmi les clients du clan, citons Charpentier, Darbon de Bellou, chefs de bureau de la guerre, Élie Dufresnoy, promu premier commis grâce aux charmes de sa femme, Marie Collot, maîtresse de Louvois, Étienne Carlier, Jacques Charuel, intendants d'armée, les frères Camus – Jacques Camus des Touches, Germain Michel Camus de Beaulieu et Charles Camus du Clos –, tous trois commissaires des guerres.

Le noyautage systématique de l'armée par les Le Tellier marque la prééminence de la bureaucratie et de l'intendance sur les chefs de guerre, issus généralement de l'aristocratie d'épée : « Je n'étais pas assez docile pour n'être que le prévôt de M. l'intendant et je retournai à la cour, écrit Bussy-Rabutin, quand on n'est pas serviteur obéissant des ministres, ajoutait amèrement Coligny-Saligny, c'est temps perdu que de se dévouer au service du roi. » Tous se plaignaient de l'écran que formaient les commis du clan.

L'influence des Le Tellier s'étendait au-delà des domaines militaires. Elle touchait à la diplomatie par Alexandre de Sève, ancien intendant d'armée devenu ambassadeur, ou même par Hugues de Lionne, qui s'était rapproché du clan par reconnaissance envers Michel Le Tellier qui l'avait sauvé du naufrage de Fouquet. Honoré Courtin, seigneur de Menus et de Chanteraine, sera l'une des pièces maîtresses utilisées par le clan dans le domaine diplomatique : ambassadeur en Angleterre, en Hollande, en Suède, plénipotentiaire à Bréda et à Cologne... On retrouvait ses clients jusque dans les colonies, terres colbertistes s'il en fut : ainsi Jean Talon, ancien commissaire des guerres, ancien intendant d'armée, nommé intendant du Québec et de la Nouvelle-France en mars 1665.

N'étant pas parvenu à succéder à Mazarin, Michel Le Tellier ne songea plus qu'à bien servir le jeune roi dans ses fonctions ministérielles. Il avait reporté son ambition sur son troisième fils. Qui ne connaît le célèbre portrait de François Michel Le Tellier, sieur de Chaville et marquis de Louvois par Lefebvre ? Une lourde perruque châtain à grosses boucles tombe sur un visage épais à la mine bourrue, au front bombé, au menton gras ; une ombre de moustache orne une bouche sensuelle figée dans un air de sévérité ; le regard impérieux est plein de suffisance. On sent un tempérament sanguin, nerveux, tendu. L'homme est concret, sûr de lui, expéditif, n'aimant ni les bavardages ni les spéculations intellectuelles. Bourreau de travail, débordant d'énergie comme Colbert – en témoignent ses déplacements nombreux –, Louvois est un administrateur hors pair, une sorte de superintendant général des armées, aux vues nettes et précises, au jugement clair et lucide. S'il excelle dans la préparation d'une campagne ou la mobilisation d'une armée de siège, il n'a pour autant aucun trait de génie. C'est une pure mécanique dépourvue d'imagination et d'audace, tout le contraire d'un cérébral, d'un sensible, d'un amoureux des beaux-arts ou des belles lettres. Il cultive avec délectation le goût du secret dans une époque où on l'aimait déjà trop. Il suffit de lire au Service historique de l'armée les minutes de sa correspondance – qui occupe des dizaines de gros volumes – pour comprendre son âme de policier tortueux : ses formules impérieuses, ses repentirs, ses ratures, son art d'enrober dans des circonlocutions volontairement vagues, de signifier à mi-mot ce qui doit être caché, trahissent l'homme mieux qu'aucune toile. Cassant dans les rapports avec ses inférieurs, il n'a ni la souplesse intellectuelle de son père ni son sens aigu de la diplomatie. Flattant chez le roi son désir de gloire, c'est lui qui lui fera commettre le plus de fautes. Ce brutal, très attaché à la discipline, savait cependant être bon compagnon, mais il ne lui déplaisait pas de paraître plus méchant qu'il n'était. C'était sa manière à lui de servir.

Dans sa jeunesse il avait fait preuve d'une forte tendance à la dissipation, d'un manque d'application dans le travail et d'un goût prononcé pour la débauche, que les Jésuites se chargèrent de corriger. Le Tellier n'eut de cesse de pousser ce fils dont il pressentait les qualités. En décembre 1655, alors qu'il atteignait ses quatorze ans et demi, il obtint pour lui la survivance de sa charge de secrétaire d'État à la guerre, bientôt complétée par un poste de conseiller d'État. En 1658, François Michel devint conseiller au parlement de Metz. Associé à l'administration de la guerre dès 1660, le 24 février 1662 il reçut le pouvoir de signer en l'absence de son père.

Le 19 mars de la même année, titré à cette occasion marquis de Louvois, il épousa Anne de Souvré. Cette prestigieuse union ne permettait pas seulement aux Le Tellier d'élargir leur domaine aux terres seigneuriales apportées en dot par la jeune épousée – celles de

Souvré, Maulne, Cruzy, Pacy, le marquisat de Courtanvaux –, elle scellait aussi l'alliance de cette dynastie de robe avec les Villeroy, les Aumont, les Séguier, les Courtin, les Avaux et les Montmorency-Laval. Succès d'une stratégie matrimoniale bien menée! Le maréchal de Villeroy était chef du conseil royal des finances depuis 1661. Le maréchal d'Aumont, gouverneur de Paris en 1662, fut fait duc et pair en 1665.

Cette année-là, Louvois est pour ainsi dire installé aux commandes. Il signe toute la correspondance. Son père, qui s'efface progressivement, n'intervient plus qu'à titre de suppléant. Un personnage aussi envahissant ne pouvait que se heurter à Jean-Baptiste Colbert.

On ne retracera ici que brièvement les étapes de la rivalité entre les deux clans, qui se déroula comme une implacable partie d'échecs. Le rôle joué par Louvois dans les gigantesques préparatifs militaires de la guerre de dévolution donna lieu aux premières frictions avec Colbert, qu'inquiétaient les folles dépenses des revues et parades : « Sire, à l'égard de l'assemblée des troupes et de leurs marches, écrivait au roi ce dernier en 1666, je n'ai pas cru qu'une affaire si importante serait confiée à un jeune homme de vingt-quatre ans, sans expérience sur cette matière, fort emporté, et qui croit qu'il est de l'autorité de sa charge de ruiner le royaume et qui veut le ruiner parce que je le veux sauver! »

Rien n'y faisait. La faveur de Louvois grandissait. Le 2 mai 1667, le marquis de Saint-Maurice notait : « L'on croit que M. Colbert n'est plus si bien; il a de puissants ennemis, et des personnes ont donné au roi des mémoires contre lui, par lesquels ils font voir qu'il prenait plus de dix millions chaque année; le roi leur répondit que la prune n'était pas encore mûre... » Pour contrer son rival Louvois avait pris la précaution de s'allier à une personnalité indépendante, hors clan, qui tirait son prestige de ses victoires militaires : Turenne. « M. de Louvois est bien avec M. de Turenne, écrivait Saint-Maurice, et tous deux mal avec M. de Colbert et le traitent de haut en bas... » Cette alliance fut de courte durée. Au cours de la campagne de 1667, le vieux maréchal lui reprocha de graves insuffisances sur le plan logistique. Il allait en résulter une rupture durable entre les Turenne-Bouillon et les Le Tellier-Louvois, qui incita ceux-ci à répondre favorablement aux offres de service du prince de Condé, le seul militaire capable de rivaliser avec le vainqueur de Fribourg et de Nordlingen. C'est la raison pour laquelle M. le Prince reçut la direction de la campagne de Franche-Comté en 1668.

La situation de Colbert connaissait d'importantes fluctuations. La rivalité Louvois-Turenne à l'automne de 1667 remit en selle l'ancien intendant de Mazarin : « M. de Colbert, écrivait Saint-Maurice le 18 novembre 1667, est toujours parfaitement bien, et le roi est très satisfait de lui pour le bon ordre qu'il a donné à la direction des finances. » Louis XIV ne manquait aucune occasion de lui témoigner son amitié. En octobre 1668, comme le contrôleur général était cloué au lit par une attaque de goutte, il lui rendit une « visite éclatante » à son hôtel, accompagné de « tous ses gardes avec l'épée nue » (Guy Patin). En 1670 sa position s'était encore consolidée : « Il n'y a pas de ministre qui soit mieux que M. Colbert, écrivait alors Saint-Maurice; s'il voulait, dès cette heure il serait le premier et gouvernerait tout avec plus d'autorité que n'a jamais fait le cardinal Mazarin. » Mais, l'année suivante, le même observateur remarquait que son crédit était ébranlé.

A partir de 1671, époque où se prépare activement la guerre de Hollande, un coup de frein est donné à la carrière de Colbert. Sa puissance régresse au profit du clan adverse. L'influence sur le roi du jeune Louvois, qui n'a que trente et un ans – soit deux ans de moins que lui – devient perceptible. D'une certaine façon, c'était pour Louis XIV une manière d'affirmer sa primauté : quel que fût son esprit de soumission, Colbert, qui appartenait à la génération antérieure (né en 1619, il avait dix-neuf ans de plus que le monarque), faisait figure de mentor. Avec Louvois, le roi pouvait se donner l'illusion du maître expérimenté formant son disciple.

Ainsi, en 1671, lorsque la charge de chancelier des ordres du roi devint vacante, des deux rivaux qui s'étaient mis sur les rangs ce fut Louvois qui l'emporta : « M. de Louvois, écrit Saint-Maurice, a été visité de toute la cour pour sa nouvelle dignité, sauf de M. Colbert; ils sont très mal ensemble et on croit que le père et le fils ont voulu rendre des mauvais offices auprès du roi. »

L'exacerbation de la rivalité Colbert-Louvois était évidemment le corollaire de l'ascension de ce dernier. Au conseil d'en haut, le perdant laissa exhaler sa mauvaise humeur. Louis XIV ne lui répondit pas sur-le-champ, mais le 24 avril, de Chantilly, il lui fit porter une lettre qui mérite d'être citée, car elle est révélatrice de ses sentiments comme de ses procédés :

« Je fus assez maître de moi avant-hier, lui disait-il, pour vous cacher la peine que j'avais d'entendre un homme que j'ai comblé de bienfaits comme vous me parler de la manière que vous faisiez. J'ai beaucoup d'amitié pour vous, il y paraît par ce que j'ai fait; j'en ai encore présentement, et je crois vous en donner une assez grande marque en vous disant que je me suis contraint un seul moment pour vous, et que je n'ai pas voulu vous dire moi-même ce que je vous écris, pour ne vous pas commettre à me déplaire davantage. C'est la mémoire des services que vous m'avez rendus et mon amitié qui me donnent ce sentiment; profitez-en et ne hasardez plus de me fâcher encore, car après que j'aurai entendu vos raisons et celles de vos confrères, et que j'aurai prononcé sur toutes vos prétentions, je ne veux plus en entendre parler. Voyez si la marine ne vous convient pas, si vous ne l'avez pas à votre mode, si vous aimeriez mieux autre chose; parlez librement. Mais après la décision que je donnerai, je ne veux pas une seule réplique... [1]. »

Tout y est : l'amertume, la retenue, la maîtrise de soi, le sens de la justice, la politesse empreinte de majesté, le pardon, la confiance et l'amitié témoignés à un vieux serviteur égaré, et, par-dessus tout, la volonté absolue de rester le maître.

Le 1er septembre 1671, Hugues de Lionne s'éteignit à l'âge de soixante ans. Son fils, qui avait la survivance de sa charge de secrétaire d'État aux affaires étrangères, ne passait pas pour une lumière. Aussi le roi le força-t-il à renoncer à ces fonctions contre d'autres, bien moins prestigieuses, de maître de la garde-robe. C'était la fin d'une dynastie ministérielle, celle des Servien-Lionne. A la place du défunt, Louis XIV mit Pomponne, ambassadeur à Stockholm.

Ce choix – ce « changement extraordinaire » dit Mme de Sévigné – étonna à plus d'un titre; Simon Arnauld, marquis de Pomponne, était en effet le fils de Robert Arnauld de Pomponne et le neveu du célèbre Antoine Arnauld, le « Grand Arnauld ». Comment Louis XIV a-t-il pu nommer à de si importantes fonctions, qui le mettaient presque quotidiennement en rapport avec lui, un représentant d'une famille à ce point compromise dans l'aventure janséniste (car la récente « paix de l'Église » n'avait rien enlevé à

1. Pierre CLÉMENT, *Lettres, instructions et mémoires de Colbert*, Paris, 1870, t. VII, p. 53-54.

l'aversion profonde qu'il éprouvait pour cette faction)? A cela Pomponne ajoutait encore une impardonnable tare : celle d'être un ancien ami et, par sa femme, Catherine Ladvocat, un parent de Nicolas Fouquet. Par quel mystère faisait-il donc une si fracassante rentrée politique? La raison de ce choix venait de la décision du roi de faire la guerre aux Provinces-Unies, où Pomponne avait été ambassadeur, mais il est clair que cet homme n'aurait pas été choisi s'il n'avait bénéficié de l'appui de l'un des clans, en l'occurrence celui de Le Tellier.

La succession du chancelier Séguier, mort le 28 janvier 1672, donna lieu encore à de rudes combats. L'opinion s'attendait à la nomination de Le Tellier, en raison de son âge, de son expérience, de son long dévouement à la monarchie. Colbert y fit obstacle. Finalement, le roi se prêta à un compromis en désignant comme garde des sceaux (fonction révocable, contrairement à celle de chancelier) un cousin germain de Mme Le Tellier, Étienne III d'Aligre, dont le nom avait reçu l'agrément de Colbert. Louis XIV, on le voit, se devait, à certains moments, de composer avec le sérail! L'homme choisi était insignifiant et surtout très âgé, ce qui laissait un espoir à Le Tellier et du temps pour calmer les esprits [1]. Louis XIV ne cherchait pas systématiquement à aviver les tensions. Il devait veiller à la sérénité de son conseil.

Louvois, cependant, continuait son ascension. Il commençait à cumuler les fonctions les plus diverses, signe indiscutable de sa faveur : surintendant des postes en décembre 1668, chancelier de l'ordre du Saint-Esprit en janvier 1671, grand vicaire des ordres de Saint-Lazare et du Mont-Carmel en 1672, en même temps que membre du conseil d'en haut au côté de son père. Désormais, il y avait donc au conseil, face à Colbert, deux Le Tellier et un allié, Pomponne.

A la fin de 1673, à cause des déboires de la guerre de Hollande, Louvois manqua servir de bouc émissaire. Une dangereuse cabale réunissant Colbert, Pomponne et Turenne se noua contre lui. Turenne, violemment irrité des prétentions et des hauteurs du « Connétable », comme on le surnommait, en était l'animateur. Il tenta d'y attirer Condé, persuadé que, devant un tel front, Louis XIV serait contraint de sacrifier son ministre. La manœuvre

1. STURDY (D.J.), *The d'Aligres de la Rivière, Servants of the Bourbon State in the Seventeenth Century*, New York, 1986.

fut déjouée *in extremis* par Le Tellier, averti par Mgr Gabriel de Roquette, évêque d'Autun et aumônier de Condé. Ainsi Louvois fut sauvé, mais l'alerte avait été chaude. A la fin de mars 1674, Turenne se plaignait encore de Louvois qui n'était bon ministre, disait-il, que « pour les choses qui sont bagatelles [1] ». La mort du maréchal en 1675 renforça l'emprise du clan sur l'armée. Sur les huit maréchaux promus à cette époque, six appartenaient au clan : Rochefort était le mari de la maîtresse de Louvois, Estrades était parent de Le Tellier, Navailles et Schomberg des amis de la famille, La Feuillade et Luxembourg des dévoués. Quant aux deux autres, Duras, neveu de Turenne, et Vivonne, frère de Mme de Montespan, ils n'étaient pas assez puissants pour s'opposer aux Le Tellier.

La paix de Nimègue marqua leur triomphe. Le 27 octobre 1677, à la mort d'Étienne III d'Aligre, Michel Le Tellier devint enfin chancelier de France. Unissant leurs forces, les Colbert et les Louvois se débarrassèrent de Pomponne, disgracié le 18 novembre 1679 sous prétexte du retard apporté dans la transmission d'une lettre. De fait, il indisposait depuis longtemps Louis XIV, qui lui reprochait sa faiblesse et son manque d'application. « Tout ce qui passait par lui, avouait-il, perdait de la grandeur et de la force. » A ce coup de théâtre, comme il les aimait, en succéda un autre. Au lieu de le remplacer par Courtin, il choisit Charles Colbert de Croissy, immédiatement appelé au conseil d'en haut. Le jeu de bascule continuait. Les Le Tellier furent dépités : « On bat les buissons, et les autres prennent les oiseaux », commentait, ironique, Mme de Sévigné. Heureusement, au même moment, un prestigieux mariage, agréé par le roi, leur donna du baume au cœur : celui de la fille de Louvois, Madeleine Charlotte, avec François VIII de la Rochefoucauld, petit-fils du frondeur, titré par Sa Majesté duc de la Roche-guyon. Il n'y avait pas plus belle alliance! Louvois vivait d'ailleurs en grand seigneur. Cette même année 1679 il s'installa à Meudon, où son château rivalisait de splendeur avec celui de Sceaux, appartenant aux Colbert. En 1682 il acquit les domaines immenses d'Ancy-le-Franc et de Tonnerre.

1. *Correspondance du nonce en France Fabrizio Spada (1674-1675)*, éd. par Ségolène de DAINVILLE-BARBICHE, Rome, 1982, p. 163.

Colbert mourut le 6 septembre 1683, au comble de l'impopularité. Ce fut un coup d'autant plus rude pour le clan que son brillant neveu Nicolas Desmarets, intelligent et travailleur, conseiller d'État et intendant des finances, qui aurait pu reprendre le contrôle général, fut peu après compromis dans l'affaire du trafic des pièces de quatre sols, disgracié et contraint de se retirer dans sa terre de Maillebois. Il n'est d'ailleurs pas exclu que cette manœuvre ait été ourdie par les Le Tellier. Louvois reçut une partie des dépouilles de son rival. Il hérita de la surintendance des bâtiments, arts et manufactures, qui aurait dû revenir au dernier fils de Colbert, Jules Armand, marquis d'Ormoy et de Blainville. Dans les cercles du pouvoir, les Colbert n'étaient plus représentés que par Seignelay, secrétaire d'État à la marine, et Colbert de Croissy, ministre d'État et secrétaire d'État aux affaires étrangères. La prédominance de Louvois était devenue écrasante. Le contrôle général passa dans son orbite avec la nomination à ces fonctions de son cousin Claude Le Peletier, qui ne se gêna pas pour critiquer âprement la gestion de son prédécesseur. Mais ce triomphe fut de courte durée. Bientôt, avec l'appui de Mme de Maintenon, hostile à Louvois, l'étoile de Seignelay se mit à grandir. En octobre 1689 celui-ci fut appelé au conseil d'en haut. Le roi commençait à se lasser du caractère irascible de son commis, et le conciliant Le Tellier, mort le 30 octobre 1685, n'était plus là pour recoller les morceaux. La brutale disparition du marquis de Seignelay, le 3 novembre 1690, ne renversa pas la tendance. Louvois, à son tour, mourut l'année suivante. Ainsi disparut en peu de temps l'une des plus brillantes équipes ministérielles que la France eût jamais.

Qui gouverne ?

Les clans Le Tellier et Colbert ne sont pas des partis politiques au sens moderne du terme. Ils présentent un aspect familial et patrimonial qu'on ne retrouve pas en ceux-ci. En revanche, ils s'en rapprochent sur deux points au moins. Comme eux, ils ont implicitement pour but d'occuper les allées du pouvoir, de se répartir les places et les honneurs. En outre, ils représentent des options idéologiques différentes. Pour le clan Le Tellier, c'est le « programme nationaliste-continentaliste [1] », l'option d'une France terrienne, ramassée sur elle-même, soucieuse de frontières sûres et protégeant solidement son « pré carré ». Les Colbert, au contraire, défendent la vision d'un pays plus ouvert, se développant grâce au commerce international et à des comptoirs coloniaux drainant les richesses d'outre-mer vers la métropole. Les deux groupes incarnent aussi deux conceptions différentes de la société : les Le Tellier tiennent à une société d'ordres avec une noblesse militaire solidement organisée, fière de ses traditions ancestrales, mais mobilisant désormais toutes ses énergies au service du roi, une noblesse « à la prussienne » en quelque sorte. Les Colbert penchent pour une société moins cloisonnée, avec une noblesse active et dynamique ayant le droit de déroger et se lançant dans les affaires industrielles et commerciales, bref une noblesse « à l'anglaise ».

Les clans sont donc des embryons de partis mais, à la différence de l'Angleterre de la fin du XVIIe siècle où émergeront les *Whigs* et les *Tories*, ces clans, tout en étant rivaux, sont intégrés au pouvoir. Ils ne forment nullement un système bipartisan, offrant une alternance claire (l'un étant au pouvoir, l'autre dans l'opposition). Dans un régime absolutiste il ne peut y avoir d'opposition politique, fût-elle une « opposition de Sa Majesté », puisque tout l'espace politique revient au souverain. La volonté du roi de maintenir l'équilibre entre le clan Colbert et le clan Le Tellier l'empêche d'opter franchement pour l'une ou l'autre vision de la France. Au gré de ses humeurs et de ses préoccupations il favorise tantôt l'une, tantôt l'autre. Cette absence de choix rend le pouvoir apparemment plus solide, mais, à terme, représente pour le pays une grande faiblesse. Faute d'une ligne de conduite délibérément arrêtée, le système louis-quatorzien conduit le gouvernement à l'immobilisme et au conservatisme. L'absolutisme d'un Richelieu n'avait pas ce défaut. Il était monolithique et permettait donc à la France d'emprunter une route bien définie. La volonté du fils d'Anne d'Autriche de se passer de premier ministre a rendu le pouvoir plus hétérogène car, dans la pratique, celui-ci est contraint de s'appuyer sur des clans et des clientèles opposés, qui se livrent dans les coulisses à d'impitoyables luttes d'influence. D'un côté, son assise paraît renforcée – Louis XIV n'aura pas à combattre une opposition aussi vigoureuse

1. Luc-Normand TELLIER, *Face aux Colbert, les Le Tellier, Vauban, Turgot... et l'avènement du libéralisme*, Québec, 1987, p. 146.

que celle du grand cardinal –, mais, de l'autre, son action se trouve paralysée.

Cela dit, il ne convient pas de forcer le trait. Les clans savent conclure des *modus vivendi*, se répartir les postes et parfois nouer des alliances, matrimoniales ou autres. Les ministres restent les serviteurs du souverain. S'ils ont été choisis, c'est bien parce qu'ils reflètent chacun à leur manière les états d'âme de leur maître, expriment ses penchants, incarnent ses hésitations. Au reste, Colbert et Louvois, qu'on oppose en général pour magnifier le premier et accabler le second, se ressemblaient jusque dans leurs manies, leurs brutalités, leurs tics de bureaucrates pesants, savourant le pouvoir dans la pénombre de leur cabinet. N'opposons surtout pas, comme l'a fait naïvement Lavisse, le pacifique, l'économe Colbert, soucieux d'une vertueuse gestion économique, à son rival Louvois, belliqueux et violent, préoccupé de prolonger les guerres pour maintenir son influence. Chef d'un clan d'« affairistes », Colbert n'est-il pas aussi l'homme de la traite des Noirs, le pourvoyeur cynique des galères de Marseille? Tous deux, à la vérité, hommes de leur temps, vivent au diapason de leur roi, partagent avec lui le goût du détail, le désir constant d'efficacité, la soif de tout connaître, de tout savoir de leurs subordonnés, le besoin perfectionniste de ne rien laisser au hasard, à l'improvisation ou à la fantaisie. D'une certaine façon, ces deux technocrates n'ont été que les masques du Roi-Soleil, ce qui explique, malgré la diversité de leurs opinions, la cohérence profonde de leur action.

A la question : qui gouverne réellement la France? on serait tenté de répondre : ce n'est pas le roi prétendu « absolu », ce n'est pas Colbert ni Le Tellier ni Louvois, ce sont les clans qui donnent l'impulsion, puisque toutes les grandes affaires sont débattues en conseil. Il y aurait ainsi une sorte de responsabilité collective des « décideurs ». Cette approche ne nous livre-t-elle pas une vision trop unanimiste? N'est-ce pas faire fi de l'ambition des hommes, de la rivalité des coteries, qui sont bien réelles? N'est-ce pas aussi négliger le rôle arbitral du roi? Car Louis XIV, de même qu'il joue vis-à-vis des corps sociaux un rôle de « diviseur », joue vis-à-vis de ses ministres un rôle d'émulateur. C'est l'apport essentiel du monarque : il a introduit les clans au cœur de l'État, mais il les surveille par sa présence continuelle. Souvent la décision en conseil n'est qu'une formalité : elle a déjà été prise par le roi dans l'entretien qu'il a eu avec un ministre ou un secrétaire d'État.

La rivalité Colbert-Louvois n'était pas l'œuvre du souverain, mais elle ne l'affligeait pas car il pensait en retirer un surcroît de zèle et un meilleur service. Il maintenait en haleine ses ministres, jouait de leur jalousie et de leurs ambitions rivales, leur faisait ressentir l'extrême précarité de leur position. Pour être mieux servi il semait avec discernement l'inquiétude, veillait à ce qu'aucune position ne fût définitivement acquise. D'instinct, les ministres se pliaient à la règle, déployaient des trésors d'habileté et de persévérance pour rester en grâce, épiaient les moindres désirs royaux, les anticipant si possible.

Colbert jouait la carte de la transparence et de la loyauté. « Il porte tout à la connaissance de Sa Majesté, écrivait Alvise Grimani, ambassadeur de Venise à Paris, ce qui l'avance de plus en plus dans sa faveur... Il a de toute façon le plus grand pouvoir ; mais loin d'abuser de la faveur de Sa Majesté, il lui fait voir chaque chose, pour sa propre sûreté, et ainsi il échappe bien mieux à tous les désagréments, rapportant tout au roi et se couvrant de ses ordres. » D'un tempérament inquiet, Colbert considérait la disgrâce éventuelle comme une épée de Damoclès. « Les rois, écrivait-il à son fils Seignelay en 1678, sont capables d'excuser une ou deux fautes, mais si leur service ne va pas comme ils le désireraient, alors malheur à celui qui s'en mêle. » Tout ceci ne l'empêchait pas de développer son propre pouvoir, de fortifier ses réseaux à l'ombre de la tutelle royale.

Louvois fut certainement plus indépendant. Il flattait son maître, mais préférait agir et rendre compte plutôt que solliciter en permanence l'avis préalable du monarque. On a de nombreux exemples de décisions prises par lui, sous couvert de volonté royale. Lorsqu'il écrit : « Sa Majesté désire... » ou « Le roi a décidé que... », il n'exprime souvent que sa propre volonté. Il faut se méfier de ces formules suspectes. Bien sûr, pour les décisions d'importance Louvois agissait autrement, dans la crainte du maître, mais il n'hésitait pas à faire connaître son point de vue. Ne croyons pas que les relations entre les deux hommes aient été plus simples qu'avec le grincheux et bilieux Colbert. Il y avait des discussions, des tensions. Louvois était loyal et fidèle mais il n'était pas question de le faire obéir au doigt et à l'œil. Il en résultait des disputes et des cris. « Nous avons eu cent fois des disputes fort aigres, avouait le ministre à l'abbé de Choisy ; je sortais du cabinet et le laissais fort en colère ; et le lendemain, quand il fallait travailler, il reprenait un air gracieux. » Louis XIV et ses deux grands ministres avaient des relations passionnelles, jalouses, violentes, mais ils semblaient inséparables.

A côté des fonctions de surintendant des finances qu'il s'était réservées, un des moyens les plus sûrs pour Louis XIV d'asseoir son pouvoir était la distribution et le contrôle des grâces. Pas plus Louvois que Colbert n'étaient certains d'obtenir ce qu'ils demandaient pour leurs protégés ou pour eux-mêmes. Saint-Simon explique que le souverain refusait par principe un dixième des placets qu'on lui soumettait, et ceci au hasard, de façon à rappeler aux ministres qu'ils ne pouvaient faire la moindre promesse sans son accord.

Comment le roi était-il mis au courant de l'état de son royaume, des préoccupations de ses sujets, par quels canaux l'information circulait et remontait jusqu'à lui ? Était-il informé de tout ce que faisaient ou décidaient ses ministres ou, au contraire, était-il tenu à l'écart par son entourage ? Malgré les précautions prises par le roi de ne choisir ses ministres et secrétaires d'État que parmi des gens de modeste origine, ne dépendant que de lui, il est certain que ceux-ci ont tamisé l'information et ont eu, de ce fait, un surcroît de pouvoir non prévu au départ. Ils devaient annoncer les bonnes et les mauvaises nouvelles : qu'ils aient eu tendance à valoriser les premières et à minimiser ou à retarder les secondes est évident. Tout vigilant qu'il était, Louis XIV ne pouvait se faire lire toutes les dépêches des ambassadeurs, tous les rapports des intendants, toutes les lettres des gouverneurs, tous les mémoires des maîtres des requêtes en mission. Il revenait à ses proches collaborateurs d'en faire la sélection ou la synthèse. Il n'est pas toujours aisé de dire la vérité à un monarque de droit divin. Mieux vaut parfois biaiser, attendre ou se taire. Peut-être Colbert eut-il plus de courage que les autres ? Le prétexte donné à la disgrâce de Pomponne fut son retard à communiquer au roi une nouvelle que celui-ci apprit par ailleurs. Le fait n'était pas unique. En outre, les ministres se servaient de la remontée des informations par le biais de leurs réseaux pour récompenser les « donneurs d'avis » et conforter ainsi leur clientèle. Cela n'encourageait pas l'aveu des mauvaises nouvelles par leurs subordonnés, si bien que les filtres d'autocensure dont on constate l'existence au niveau gouvernemental se retrouvaient aux niveaux inférieurs. Ce mur du silence était d'autant plus difficile à percer que les relais traditionnels avaient été plus ou moins abandonnés par l'absolutisme triomphant (élimination des princes du conseil, absence de réunion des états, abaissement des parlements, concentration de la haute noblesse à la cour...). Tous ceux qui auraient pu émettre une opinion discordante étaient suspects et impitoyablement écartés. La flagornerie de l'entourage royal faisait le reste, de sorte que, s'il n'y avait pris garde, Louis eût été aisément isolé dans sa tour d'ivoire. Pour lutter contre l'étouffement qui le menaçait, il était nécessaire d'aviver les rivalités, de créer un sentiment d'insécurité chez ses collaborateurs. Instinctivement il était conduit à rechercher des informations par la bande, en écoutant les confidences des courtisans, la rumeur des ruelles, en payant des valets de chambre pour regarder par le trou des serrures. Le fameux « secret du roi », que l'on verra éclore sous le règne suivant dans le domaine de la politique étrangère, faisait en réalité partie intégrante du système. Le premier valet de chambre Bontemps rivalisa ainsi dans la quête des informations avec le « cabinet noir », aux mains de Louvois. A sa solde, il avait les « garçons bleus » et un certain nombre de suisses. Autant que possible Louis XIV cherchait à garder le contact direct avec le peuple, ce qu'il appelle « l'accès libre et facile des sujets au prince ». Quand il le pouvait, il se faisait lire les placets et prenait connaissance des plaintes. Voici par exemple ce qu'il écrivait à Honoré Courtin, alors intendant, en août 1664 : « Je vous ordonne, par cette lettre écrite de ma propre main, de m'aller attendre en Artois, et non seulement d'y publier que je recevrai moi-même les plaintes des habitants des villes et de la campagne, mais aussi de leur faire comprendre que j'y pourvoirai de telle sorte, et pour le passé et pour l'avenir, que jusques aux moindres particuliers pourront, en toute assurance, me représenter leurs raisons et me demander justice, sans craindre qui que ce soit. » Pourtant il ne pouvait agir comme Saint Louis sous son chêne ! Les temps avaient changé. Il fallait bien passer par les relais habituels des ministres et de l'administration. Certaines de ses grandes décisions – la révocation de l'édit de Nantes en est le meilleur exemple – montrent à l'évidence que, malgré sa volonté et ses efforts, il maîtrisait mal l'information et ne parvenait pas toujours à empêcher l'asphyxie ou la paralysie du pouvoir. C'est le paxadoxe de la monarchie absolue que d'être condamnée à étendre ses tentacules moins pour dominer que pour survivre !

En conclusion, ce ne sont ni les clans ni les ministres qui détiennent la plénitude du pouvoir, c'est-à-dire la décision suprême, mais bien le roi. Est-ce pour autant qu'il est capable d'exercer un vrai gouvernement personnel et de maîtriser l'appareil d'État ? On en doutera. S'il donne l'impulsion, le souverain a besoin de collaborateurs qui ne soient pas de simples commis fidèles et obéissants comme il les rêvait, mais de vrais chefs de clans et de clientèles. Sans ces clans, sans ces clientèles l'administration centrale n'est rien ou pas grand-chose. Les liens d'homme à homme subsistent. Même si les fidélités princières de la première moitié du siècle se sont estompées, les réseaux administratifs restent aux mains des ministres, comme au temps de Richelieu et de Mazarin, et n'obéissent qu'à eux. Saint-Mars, par exemple, gouverneur du donjon de Pignerol, pourtant officier des mousquetaires du roi, écrivait à Louvois : « Comme étant *l'ouvrage de vos mains*, je ferai *tout ce qu'il vous plaira* comme une créature tout à fait *soumise à vos volontés.* » Michel Le Peletier de Souzy mandait au même Louvois : « *Je fais profession d'être à vous et je veux tout tenir de vous et n'avoir d'obligations qu'à vous.* » On a quantité d'exemples identiques dans la correspondance de Colbert. Les intendants épousaient ses opinions (sa méfiance à l'égard des dévots en particulier). Les relations étaient paternelles. Les commis se souciaient de la santé du ministre, le félicitaient pour une naissance ou un mariage. Bien entendu tous étaient censés servir le roi, mais celui-ci paraissait loin. Et lui, nécessairement, devait passer par la médiation de ses ministres pour recueillir l'information et faire appliquer ses décisions. La prise du pouvoir par Louis XIV en 1661 n'a rien modifié en ce domaine. Il faudra attendre une trentaine d'années pour que les choses évoluent.

CHAPITRE X

Les années Colbert

La prétendue « offre de Colbert »

Ce n'est pas sans arrière-pensées politiques – l'exaltation de l'œuvre pacifique et bienfaisante de la bourgeoisie, la condamnation du pouvoir absolu – qu'Ernest Lavisse, au début de ce siècle, avait élaboré sa fameuse théorie de l'« offre de Colbert » : plan grandiose de modernisation et d'enrichissement de la France, fondé sur le développement du commerce et des manufactures, que Louis XIV, obnubilé par la guerre et la gloire, méprisant de surcroît les questions d'intendance, aurait dédaigneusement rejeté, portant ainsi la responsabilité de l'échec de son génial et clairvoyant ministre...

Cette théorie n'est pas recevable. D'abord parce que Jean-Baptiste Colbert, quelles que soient sa personnalité et ses convictions – différentes parfois de celles de Louis XIV –, fut avant tout un serviteur du roi, un « fidèle » travaillant constamment en étroite liaison avec son « patron », dont il subissait l'influence. Il n'a pu, par conséquent, développer seul ni mettre en œuvre de façon autonome un projet politique ou économique n'ayant pas reçu l'aval de ce dernier. S'il est légitime de chercher dans ses écrits, ses mémoires, sa correspondance administrative les linéaments de sa pensée, on ne saurait envisager son action de façon indépendante : Colbert n'existe que par la volonté et le soutien du roi. En second lieu, ce serait une grave illusion que de faire de l'ardent Rémois, issu d'un puissant lignage enrichi par l'office et la finance, un bourgeois progressiste dans la tradition du personnel politique de la

IIIe République. Certes, Colbert a longuement bataillé pour convaincre son maître que la puissance économique était au moins aussi importante que la conquête de nouveaux territoires, mais il n'était pas homme à considérer la prospérité comme une fin en soi. Le « colbertisme » ne vise pas en priorité le bonheur des particuliers. L'économie n'est qu'un moyen au service de la grandeur de l'État. Qu'on ne s'y trompe pas, Louis XIV et son ministre poursuivent le même objectif. La grandeur de l'État, cela veut dire, avant tout, au XVIIe siècle, le succès des armes, la suprématie militaire. Grandeur mais aussi faste et magnificence : le roi doit avoir les plus beaux palais – Colbert, plutôt que de construire Versailles, aurait préféré faire du Louvre « le plus noble et le plus superbe édifice du monde » –, il doit collectionner les œuvres d'art, les toiles de maîtres, les bijoux, les parures, bref, susciter l'admiration du monde entier par son opulence. Rayonnante et triomphante, sur terre comme sur mer, la France doit étonner son siècle en produisant les plus belles toiles, les plus belles glaces, les plus belles tapisseries, les meubles les plus riches. Au bas d'un austère mémoire de 1669 où il est question de moquette, de camelot, de chanvre et de fils de fer et de laiton, Colbert, enthousiaste, a griffonné de sa main ces mots : « Grandeur et magnificence ! » C'est le cri du cœur ! Ce pour quoi il travaille de dix à douze heures par jour ! Cette politique ostentatoire, qui ne diffère pas de celle des autres nations européennes (à l'exception des Provinces-Unies tournées davantage vers la recherche du confort bourgeois), nécessite de l'argent, beaucoup d'argent : la tâche principale du contrôleur général est précisément d'en faire rentrer le plus possible dans les caisses de l'État. L'augmentation des revenus du roi, tel est le but principal de sa politique financière et, indirectement, de sa politique économique. Le reste, c'est-à-dire l'enrichissement des sujets, ne vient que de surcroît.

Améliorer l'outil fiscal

La politique financière devait illustrer qu'à la « maxime de la confusion » (celle de Fouquet naturellement !) se substituait la « maxime de l'ordre ».

Ordre dans la présentation des comptes : Colbert établit trois registres, l'un pour les prévisions de recettes, l'autre pour les prévisions de dépenses, le troisième pour les ordonnances de dépenses engagées. Les deux premiers seront fusionnés quelques années plus tard dans un « grand livre ». Au début de chaque année, un bilan des douze mois précédents – « l'état au vrai » – était soumis à l'examen de la Chambre des comptes. En outre, le ministre fit dresser un tableau synoptique des recettes et des dépenses de l'État sous forme d'agenda, que le roi pouvait porter dans sa poche.

Ordre dans les finances royales : en 1661 les revenus de 1662 et une partie de ceux de 1663 étaient consommés d'avance. L'effort porta principalement sur la réduction des charges de l'État : les rentes de l'Hôtel de Ville, les rentes sur les tailles, les aides, les gabelles, les fermes, qui avaient fait l'objet de maints trafics et malversations. D'un trait de plume Colbert amputa leur taux du quart ou de la moitié, amortit d'autorité certaines émissions, remboursa les autres à des cours dépréciés. Une telle banqueroute ne lui causa aucun état d'âme : il haïssait les rentiers, en majorité des petits-bourgeois parisiens qui avaient soutenu les troubles de la Fronde. Ceux-ci, moins audacieux que leurs parents, protestèrent, s'agitèrent mais se gardèrent de descendre dans la rue. Quant à leurs députés, ils furent tout bonnement embastillés. Le Tellier, défenseur naturel de la robe parisienne et qui craignait la renaissance des « émotions » urbaines, se montra très sévère à l'encontre de cette politique brutale et spoliatrice.

L'inflation d'offices – dont beaucoup s'avéraient inutiles – avait été depuis 1635 un efficace moyen de financer la guerre, mais leur rémunération annuelle obérait le Trésor de plusieurs millions de livres. Colbert racheta pour une centaine de millions le quart du capital des charges et supprima nombre de celles qui faisaient double ou triple emploi. Il fixa région par région les effectifs maximum des notaires, tabellions, procureurs et huissiers. Il aurait aimé aller plus loin, abolir la vénalité des charges et le droit annuel, jubilant à l'idée de voir « quarante mille familles » tomber « de tout à rien », mais il n'eut pas les moyens de frapper un si « grand coup », auquel l'encourageait son oncle, l'implacable Pussort.

Ayant ainsi réduit les dépenses, le contrôleur général s'attaqua aux recettes. Au début du règne personnel de Louis XIV, le domaine royal était dans son immense majorité aliéné, vendu à vil prix ou occupé par usurpation. Les redevances n'étaient plus payées. Bois, terres, seigneuries, moulins, péages, aides, droits de justice se trouvaient entre des mains étrangères, souvent celles de grands seigneurs. Très tôt Colbert attira l'attention du conseil sur la nécessité de faire « rentrer le roi dans ses droits », afin d'accroître les revenus du domaine, et entreprit un travail conséquent dans cette voie : vérification des droits domaniaux, récupération autoritaire des domaines ou des droits que le roi s'était fait voler, définition d'une authentique politique de la forêt (qui fit l'admiration de tous), constitution d'un bail unique (la ferme générale des domaines), mise en route d'un terrier général du domaine (dans certaines régions, on ne savait même plus ce qui appartenait au roi !)...

Sur le plan fiscal Colbert fut guidé par la volonté de déplacer le poids de l'impôt direct sur les taxes indirectes frappant la circulation et la consommation, plus indolores et plus justes socialement car elles fiscalisaient les privilégiés. Néanmoins, en pays de taille réelle (généralités de Grenoble, Aix, Montpellier, Toulouse, Montauban, Bordeaux, élections d'Agen et de Condom), où le poids de la taille était moins lourd qu'en pays de taille personnelle, le ministre chercha à accroître le nombre des terres assujetties à l'impôt, en perfectionnant les cadastres. Il n'est pas sûr qu'un de ses projets ait été d'uniformiser la taille et de la rendre partout « réelle » mais il avait conscience que la taille personnelle, très impopulaire en pays d'élection, donnait lieu à des abus, des violences, de criantes inégalités entre paroisses et particuliers. Rien n'avait changé depuis Richelieu. Les lettres qui lui parvenaient de province lui montraient une réalité difficilement supportable, car c'était au nom du roi que se pratiquaient les exactions quotidiennes (saisies de bétail, logements des gens de guerre...). Même si son souci d'accroître les ressources l'emportait sur tous les autres, il était sensible à la détresse des humbles. Les intendants reçurent mission de veiller équitablement aux levées. Les trésoriers généraux et les élus, qui répartissaient la taille entre généralités et élections, les receveurs généraux et particuliers, les collecteurs et les huissiers, qui se chargeaient de la recette, furent priés de travailler en étroite liaison avec lui.

Le ministre s'efforça également d'accroître le corps des contribuables en réintégrant sur le rôle des tailles personnelles la kyrielle des exemptés, officiers, bourgeois des villes franches et surtout faux gentilshommes. L'édit du 22 mars 1666 reprit la politique de Mazarin contre les « usurpateurs de noblesse » en l'étendant à tout le royaume, à l'exception de la Navarre et du Béarn. Dans chaque généralité les intendants furent chargés de débusquer ceux qui s'étaient insidieusement glissés dans les rangs du second ordre, en général les puissants des villes, des bourgs et des vigueries. Ceux-ci eurent à présenter leurs titres – chartes, actes notariés, lettres royales... –, à prouver qu'ils avaient au moins une centaine d'années de noblesse en ligne paternelle, qu'ils vivaient noblement et que leurs ascendants n'avaient point dérogé dans le petit commerce ou l'artisanat. Seuls les gentilshommes employés aux armées bénéficièrent d'un moratoire. Malgré sa lourdeur et ses lenteurs cette « grande recherche » élimina dans certaines régions 25 à 40 % des nobles voire davantage. En Beauce, par exemple, les anoblis par charges représentaient à cette époque 61 % du second ordre. A Paris, plus des trois quarts des familles reconnues nobles y étaient entrées entre 1560 et 1690. Mais, comme toujours, il y eut des abus et des vexations : faute de preuves écrites, d'authentiques seigneurs furent déboutés (certains se faisaient un point d'honneur de ne pas produire leurs titres), tandis que des imposteurs avérés, moyennant finance, furent reconnus nobles par les commissaires examinateurs. Cette vaste liquidation fut arrêtée en 1674 en raison de la guerre de Hollande. Elle ne reprendra qu'en 1696 de façon plus modérée.

En ce qui concerne les impôts indirects, Colbert fit la chasse aux fraudeurs. Il réforma l'administration des officiers en pays de « grandes gabelles », accrût la répression contre le faux saunage, tenta de clarifier le régime multiforme des aides (droits sur les boissons, le bétail, la marée, le papier, les métaux...). Il regroupa les fermes et augmenta leurs baux. En 1681 fut signé le bail Falconnet unifiant en un seul traité les aides, les gabelles, les domaines, les traites et les entrées (les cinq « grosses fermes ») : c'est l'origine de la ferme générale qui s'épanouira au XVIIIe siècle.

Le bilan des dix premières années de la gestion colbertiste, jusqu'à la guerre de Hollande, est important : les revenus nets du roi firent plus que doubler. Le budget resta en équilibre sauf en 1667, à cause de la guerre de dévolution. Les charges budgétaires tombèrent de 52 à 24 millions de livres. La taille qui avait atteint 53 millions en 1657 continua sa décrue, entamée par Fouquet. Elle fut réduite à 42 millions en 1661 et à 33-35 à partir de 1663-1665. Parallèlement, les remises aux receveurs tombèrent de 25 à 4 % environ. En revanche, le revenu des fermes progressa de 26,6 à 55 millions. Quant aux revenus du domaine, ils bondirent de 80 000 livres en 1661 à 5,5 millions dix ans plus tard. Indiscutablement, Colbert a rationalisé le système financier, restauré son équilibre, amélioré sa productivité. On peut lui reprocher toutefois de ne pas avoir mis à profit ces années sans guerres ruineuses pour le modifier en profondeur. Ainsi n'a-t-il jamais touché au capitalisme fiscal ni démantelé le réseau des traitants et partisans, qui constituait l'ossature secrète du régime. Avec les amendes de la chambre de justice mises en parti, avec les traités sur les rentes, sur les offices supprimés et les usurpateurs de noblesse on vit renaître et proliférer la faune dorée des gens d'affaires, les Frémont, les Solu, les Rioult d'Ouilly, les Coquille ou les Dalibert. Dans ce domaine Jean-Baptiste se garda bien d'appliquer les grandes idées réformatrices qu'il avait agitées au moment de la chute de Nicolas Fouquet ! La pompe fiscale tournant à plein, dans la limite de sa puissance, pour accroître davantage les revenus de l'État il fallait favoriser l'enrichissement du pays.

Le mercantilisme

Les conceptions économiques du contrôleur général reposent sur des postulats simples. La richesse et la puissance d'un pays se mesurent à son stock de métaux précieux, or et argent. Le stock cumulé de toutes les nations civilisées est à peu près invariable : il augmente de temps en temps par les arrivages des galions des Indes occidentales, mais une partie s'investit dans la thésaurisation (bijoux, objets d'art ou de culte). Bref, grosso modo, il n'y a « qu'une même quantité d'argent qui roule dans toute l'Europe ». Le pessimisme de Colbert s'explique par le contexte de la raréfaction, à partir des années 1640, de la production de métaux précieux d'Amérique et de la « famine monétaire » qui s'ensuit en Europe. Toute l'économie lui semble dominée par les départs et les retours des flottes atlantiques. Mais il ne voit pas la reprise des arrivages d'or et d'argent à partir de 1659 et ne comprend pas que la baisse des prix provient des récoltes relativement abondantes (1665, 1666, 1667, 1672, 1675, etc.).

La France se trouve quasiment dépourvue de mines d'or ou d'argent : le ministre fera faire quelques recherches en province, mais ce n'est pas là-dessus qu'il fonde ses espoirs. Le meilleur moyen d'accroître la quantité de monnaie métallique, c'est d'avoir une balance commerciale favorable, en développant les exportations et en entravant les importations. « Le commerce, écrit-il à son cousin Colbert du Terron en une phrase qui résume bien sa vision économique, est la source de la finance et la finance est le nerf de la guerre [1]. » La grandeur du royaume reste donc l'objectif final. Cette politique suppose une production de biens manufacturés à vendre à l'étranger et de produits de substitution à offrir à la consommation intérieure. Il s'agit, en d'autres termes, d'acheter moins de fer, moins de goudron, moins de chanvre aux Anglais, aux Hollandais ou aux Brandebourgeois, de cesser de faire venir des produits de luxe d'Italie, de Flandre ou d'ailleurs. « La grandeur, la puissance de l'État et la magnificence du roi » passent par l'organisation de cette nouvelle économie commerciale, qui se fera nécessairement au détriment des autres nations, puisque, dans son esprit, la notion d'expansion économique n'existe pas. Ainsi le commerce mondial se partage-t-il entre un nombre limité de navires marchands, 20 000 environ selon lui : 15 000 à 16 000 hollandais (en réalité 7 000 à 8 000), 3 000 à 4 000 anglais et 500 à 600 français. Le nombre total « ne peut augmenter », mais l'essor économique du royaume en modifiera la répartition grâce à une guerre économique et commerciale sans merci, « une guerre d'argent contre tous les États d'Europe », particulièrement contre l'insolente prospérité des deux voisins abhorrés, l'Angleterre et les Provinces-Unies.

Le système colbertien repose sur la création de manufactures royales, de compagnies commerciales, la conquête de nouvelles colonies (afin de se procurer à bon compte des matières premières ou des richesses dont la France manque), la production de biens de qualité à des prix compétitifs, l'imitation des produits de luxe étrangers, l'accélération du rythme du travail, une meilleure circulation des biens et des richesses à l'intérieur du royaume, la

1. Cité par Inès MURAT, *Colbert*, Paris, 1980, p. 206.

mise en place de tarifs protecteurs aux frontières, la pratique du *dumping* à l'extérieur...

Tout ceci implique le renforcement du corset administratif et réglementaire, l'organisation minutieuse de la productivité, la surveillance constante de la qualité. Il faut s'attaquer à ce qui entrave l'essor du commerce : les mauvaises routes, les douanes intérieures, les péages abusifs, la diversité ahurissante des poids et mesures d'une province à l'autre. Des groupes sociaux, qu'il rêve de briser impitoyablement, font obstacle à la croissance : les oisifs – vagabonds, faux pèlerins et « mauvais sujets » abonnés à l'aumône publique –, les rentiers, les titulaires d'offices, en particulier de charges de judicature, cette caste de gens de robe qui paralyse la justice et retient « plus d'un million » d'individus dans la chicane. De façon plus générale, Colbert estime que l'engouement extravagant des Français pour l'office détourne les capitaux du commerce et de l'industrie. Le clergé lui-même, propriétaire d'immenses domaines, ne trouve pas grâce à ses yeux : il y a trop de moines, trop de nonnes, trop de prêtres (266 000 clercs dont 181 000 religieux et religieuses, selon une enquête de l'époque). Plus du tiers des revenus du pays, se lamente-t-il, sert à « nourrir toutes ces âmes paresseuses et infructueuses, pour ne pas dire inutiles ». S'il est farouchement anticlérical, Colbert n'est pas anticatholique [1]. Mais rien ne lui est plus étranger que l'esprit mystique et contemplatif! Ce serait commettre un grossier anachronisme que de voir en lui un militant « laïc », un précurseur du petit père Combes égaré au « siècle des saints ». Ce dévot de la productivité rêve d'un austère monachisme ouvrier mariant à la mode protestante ou janséniste la religion et le capitalisme, le culte divin et l'éthique du travail. « Le travail, dit-il, est la source de tous les biens spirituels et temporels. » Certaines de ses idées comme l'opposition entre les professions « utiles » et

1. Les Colbert étaient une famille pieuse. Un des frères du ministre, Nicolas, fut évêque de Luçon, André, son cousin, évêque d'Auxerre. Trois de ses sœurs étaient abbesses ou supérieures de couvents. Son neveu, Jacques Desmarets, fut agent général du clergé et évêque d'Auch. Un de ses fils, Jacques Nicolas, fut archevêque de Rouen, un autre devint commandeur de Malte. Lui-même était fort charitable et, dit-on, trouvait le temps de lire chaque jour des passages de l'Ecriture et d'un bréviaire qu'il s'était fait faire. Ses conceptions à l'égard des prêtres et des moines ne l'empêchaient pas, par des générosités appuyées, d'avoir fortement développé son réseau de clients et de fidèles au sein du clergé (Jean de VIGUERIE, « Colbert et le clergé, la religion de Colbert », *Un nouveau Colbert*, actes du colloque pour le tricentenaire de la mort de Colbert, sous la direction de R. MOUSNIER, Paris, 1985, p. 309-322).

« inutiles » annoncent la fameuse parabole du comte de Saint-Simon, l'économiste du XIXe siècle, sur les « abeilles » et les « frelons ». N'en faisons pas cependant un socialiste, étatiste à outrance, comme l'a cru le naïf et confus Boissonnade [1]. Il souhaite sincèrement le développement du capitalisme privé, d'une classe d'entrepreneurs capables de rivaliser avec leurs homologues néerlandais ou anglais. C'est lui qui écrit en septembre 1671 : « La liberté est l'âme du commerce » et qui ajoute deux ans plus tard : « Tout ce qui tend à restreindre cette liberté et le nombre des marchands ne peut rien valoir. » En attendant il faut créer, investir, stimuler par des subventions ou des commandes. L'ancien collaborateur de Mazarin est, par conséquent, plus interventionniste que dirigiste. L'État doit servir de tuteur, avant que les ressources privées prennent le relais. Cela dit, la philosophie générale de son système, avec son arsenal réglementaire et répressif, ne va pas dans le sens du laisser-faire-laissez-passer. Il y a dans sa pensée quelque chose qui préfigure les formules modernes de l'économie mixte et de la planification souple. A la fois technocrate et libéral, Colbert fut plus pragmatique qu'on ne l'a cru : le colloque qui lui fut consacré en octobre 1983, à l'occasion du tricentenaire de sa mort, l'a bien mis en valeur [2]. Ne croyons pas que ses idées sont révolutionnaires. Il n'a fait qu'appliquer sur une grande échelle les vieilles recettes de la réglementation médiévale. Ce qu'on a appelé le « colbertisme » n'est qu'une des nombreuses manifestations du mercantilisme, qu'ont pratiqué les cités italiennes de la Renaissance ou l'Angleterre élisabéthaine. William Cecil, lord Burleigh, haut trésorier de la reine, en fut l'un des premiers théoriciens. Ses conceptions combinaient la création d'un espace politique et économique unifié, le protectionnisme, la production manufacturière et la dictature du travail. Mieux qu'une simple idée économique, ce qui sous-tendait le système était le sentiment national, un nationalisme puissant et xénophobe, à une époque où les États-nations cherchaient à se développer égoïstement derrière des frontières sûres. En France, de telles conceptions n'étaient pas sans racines : l'historien Henri Hauser en a trouvé trace dans les déclarations des états généraux ou les assemblées de notables de 1576, 1596 et 1614. C'est sous Henri IV que l'on

1. P. Boissonnade, *Colbert, le triomphe de l'étatisme*, Paris, 1932.
2. *Un nouveau Colbert, op. cit.*

tenta de les appliquer sur une grande échelle. L'initiative en revint à un riche commerçant, Barthélemy de Laffemas, ancien valet de chambre du roi, nommé en 1602 contrôleur général du commerce et des manufactures. Il inspira Antoine de Montchrestien, auteur en 1615 d'un *Traité de l'œconomie politique.* Toutes ces théories, dont on trouve trace dans le Code Michau (1629) et dans la politique de Richelieu, influencèrent Colbert, qui rêvait d'asseoir la grandeur française sur deux fondements, la puissance terrestre et la puissance maritime.

Les réalisations

Ce qui différencie Colbert de ses prédécesseurs, c'est la constance, l'obstination, la cohérence, la redoutable rigueur avec lesquelles il appliqua ces recettes anciennes [1]. Pour créer les bases de l'enrichissement national il s'occupa d'améliorer l'infrastructure routière. Dans la moitié sud-ouest de la France, séparée par une ligne allant de Saint-Malo à Briançon, l'état des grands chemins était catastrophique. De gros efforts de restauration furent entrepris. Grâce à lui le pays put disposer de meilleures voies de communication terrestres, notamment autour de Paris. Le ministre se soucia également d'accroître les voies navigables et fit réaliser de nombreux sondages fluviaux. A l'imitation des Hollandais il s'attacha à faire creuser de nouveaux canaux : sa plus belle réussite fut le canal des deux mers, dû à l'un de ses protégés, l'ingénieur Pierre Paul Riquet, le « Moïse du Languedoc » comme il s'intitulait lui-même. Cette entreprise pharaonique, unissant la Méditerranée et l'Océan par la Garonne, permit, à partir de 1681, à des flottilles marchandes de bonne taille d'éviter le détour par le détroit de Gibraltar. Elle coûta 20 millions de livres, employa jusqu'à 12 000 travailleurs et donna occasion au vieux Corneille de magnifier, une fois de plus, la gloire du souverain : « France, ton Grand Roi parle et les rochers se fendent... »

Une grande politique industrielle et commerciale suppose une politique nataliste vigoureuse. Faute de statistiques fiables, le sen-

1. Charles W. COLE, *Colbert and a Century of French Mercantilism*, New York, 1939.

timent prévalait que la population stagnait ou diminuait. C'est la raison pour laquelle Colbert ne se montra pas favorable à la « peuplade » des colonies, à l'exception de quelques implantations au Canada et dans les Antilles (où l'on envoya des filles « saines et fortes »). Ardent populationniste, il interdit aux ouvriers qualifiés d'émigrer, encouragea les mariages avant l'âge de vingt ans, réduisit les impôts pesant sur les familles nombreuses, pensionna de 1 000 livres les gentilshommes ayant dix enfants vivants « qui ne seront ni prêtres ni religieux » et de 2 000 ceux qui en avaient douze.

Ses attaques contre les gens d'Église, en revanche, firent long feu. Il aurait voulu limiter l'âge des ordinations à 25 ans pour les hommes et celui des vœux à 20 ans pour les femmes, retrancher leurs dots et pensions annuelles, réduire le nombre des jours chômés et des fêtes religieuses, prétextes à paresse et débauche. Son projet se heurta au début de 1667 à de fortes résistances de la part de Guillaume de Lamoignon, premier président du Parlement, de Mgr Hardouin de Péréfixe, du père Annat et du nonce Roberti. Louis XIV n'osa braver ces opposants, si bien que le projet de son ministre s'acheva par un édit anodin interdisant la fondation de tout nouveau couvent sans la permission royale.

L'agriculture, échappant en partie aux circuits monétaires à cause du troc, n'intéressa que peu Colbert, mais il veilla avec soin à l'état des récoltes et au commerce des grains. Dans ce domaine, il agit avec empirisme, tout en demeurant fidèle aux postulats mercantilistes, qui étaient de contenir à un bas niveau le prix du pain, sur lequel se réglait le salaire du manouvrier. D'où sa politique d'importation massive de céréales et d'interdiction des exportations. Résultat, au bout de quelques années la production baissera et de nombreuses terres retourneront en friche, ce qui lui sera reproché par les économistes de la fin du règne. Les cultures industrielles l'intéressèrent davantage. Il les développa énormément. Son souci était d'associer à l'effort d'exportation le monde rural et les petites industries locales.

Par un édit de mars 1673 le roi ordonna à « tous marchands, négociants, gens de métier et artisans » de s'établir en « corps, maîtrise et jurande ». On a fait grand cas de cette prescription en voulant croire que Colbert désirait généraliser le système corporatiste. En fait, cette mesure de circonstance, vague et ambiguë, prise en pleine guerre de Hollande, n'était qu'un expédient fiscal destiné à pousser les municipalités à se racheter de cette contrainte! Le ministre savait que les corporations et jurandes ne regroupaient qu'un petit nombre de travailleurs, habitant principalement les grandes villes. Loin de lui l'idée de vouloir embrigader les boutiquiers indépendants, les ouvriers des faubourgs ou les producteurs ruraux dans des organismes professionnels conservateurs et solidement verrouillés par l'oligarchie héréditaire des maîtres des métiers dont il se méfiait comme peste.

L'action de Colbert en faveur des manufactures fut par contre l'une des pièces essentielles de son dispositif économique. En vingt ans elles reçurent environ seize millions de livres de subventions. Le modèle reste celui des Gobelins, cette maison de tapisserie achetée par le roi, regroupant les ateliers de Paris et de Maincy, transformée en 1667 en « manufacture royale des meubles de la Couronne » et confiée à la direction du peintre Charles Le Brun. Son programme? Produire du mobilier, des cabinets, des serrures, des ouvrages d'argenterie, des tapisseries pour les résidences royales, afin de contribuer à la magnificence de la monarchie. On peut citer aussi la manufacture des tapisseries de Flandre, de Hinard, implantée à Beauvais, celle de draps « façon d'Espagne et de Hollande » du Hollandais Josse Van Robais, créée à Abbeville en octobre 1665. Quinze ans plus tard, ce patron de combat, impitoyable despote, employait près de 1 700 personnes réparties en 80 métiers intégrés : c'était la naissance du monde ouvrier. La prestigieuse fabrique de glaces de Saint-Gobain, créée en 1665, qui comptait un millier d'employés, ne deviendra manufacture royale qu'en 1692, après la mort de Colbert par conséquent. Elle existe toujours et forme, comme l'on sait, l'un des plus puissants groupes industriels français. Un peu partout on vit surgir des manufactures de fer-blanc, de tricot, de drap, de serge, de point de France, de bas d'Angleterre, de damas, de futaine, de poudres, de mèches, d'ancres, de mâts, des tanneries, des fonderies, des sucreries, des moulins, des scieries, des ateliers de marine. A certaines de ces entreprises le roi accordait des subventions pour couvrir leurs frais d'établissement, des exemptions de droits de traite et de péage, des monopoles de production, voire d'autres privilèges.

Vis-à-vis de l'étranger, Colbert n'eut aucun scrupule à pratiquer le débauchage et l'espionnage industriel. On fit venir à prix d'or des souffleurs de Murano (afin de percer le secret des glaces de Venise), des dentellières flamandes, des tisserands néerlandais, des chapeliers espagnols, des spécialistes du point de Venise, des orfèvres germaniques. Pour améliorer le travail de la soie et des tissus, on confia à des artisans venus de Florence, de Gênes ou de Milan le soin de former des techniciens français. De robustes mineurs, des métallurgistes vinrent de Suède ou d'Allemagne, des cordiers, des charpentiers de marine, des voiliers, des calfats d'Angleterre ou de Hollande. Ce grand racolage des compétences européennes avait également pour but de désorganiser la production étrangère. On imita les cuirs à l'anglaise, les draps, les fromages, les beurres de Hollande, la ferblanterie allemande, jusqu'aux tapis persans que l'on ne parvenait, disait-on, à distinguer des originaux. Naturellement, aucun brevet de marque ne protégeait les industries nationales de contrefaçons si légalement organisées.

Multiplier les ateliers, attirer les meilleurs travailleurs étrangers, former de bons apprentis français ne suffisait pas. Encore fallait-il veiller à la qualité de la production dont une partie était destinée à l'exportation. En parfait bureaucrate Colbert s'y employa de son mieux. On a dénombré 38 règlements et 150 édits à ce sujet, qui reprenaient en les uniformisant les prescriptions de métiers, édictées par les municipalités, les bailliages et les sénéchaussées, vieilles parfois de deux siècles. Un grand règlement général du 13 août 1669 fixait la longueur, la largeur, la qualité, la teinture des draps fins, serges, étoffes de laine et de fil, « camelots, droguets, tiretaines et draps de bas prix ». D'autres réglaient jusqu'au moindre détail la fabrication ou la commercialisation. Pour faire respecter un système normatif aussi contraignant, en 1670 le ministre constitua un corps d'inspecteurs des manufactures, qui reçurent pouvoir d'infliger des sanctions, allant du blâme au carcan pour les personnes, en passant par la confiscation et la destruction des marchandises.

Par protectionnisme Colbert renouvela les ordonnances somptuaires de ses prédécesseurs : il fallait empêcher l'achat par la bonne société de tapisseries de Flandre, de verreries de Venise, de dentelles de Malines ou de Bruges... Puis il mit en place des tarifs douaniers restrictifs. L'édit de 1664 taxait les produits transportés par les vaisseaux anglais et hollandais : étain, cire, huile, savon, certaines pièces de tissus et produits de bonneterie. Trois ans plus tard, sous la pression des manufacturiers, un second édit doubla voire tripla les droits. Par mesure de rétorsion, les Hollandais frappèrent les produits français, notamment le vin et le sel.

La situation du grand commerce maritime était affligeante. Sur les côtes de Guinée, Anglais et Hollandais faisaient la traite des Noirs à la barbe des Français, monopolisaient le commerce des pelleteries au Canada, pillaient la Guadeloupe et la Martinique. La Guyane, les comptoirs d'Afrique et de Madagascar étaient à l'abandon. Pour ouvrir de nouveaux marchés et rapporter dans les caisses de l'État les précieuses espèces, signes tangibles de puissance, Colbert misa sur la constitution de grandes compagnies maritimes à monopoles placées sous le patronage royal. Elles devaient être les « béquilles du commerce ». Cette politique tentée par Richelieu avec la Compagnie du Morbihan, la Compagnie de la « nacelle de saint Pierre fleurdelysée », la Compagnie d'Orient, avait échoué faute de moyens. Jean-Baptiste crut réussir en agissant d'emblée sur une vaste échelle. En 1664 furent créées la Compagnie des Indes occidentales et celle des Indes orientales, en 1669 la Compagnie du Nord, en 1670 la Compagnie du Levant, en 1673 la Compagnie du Sénégal... Ces sociétés rassemblèrent des capitaux privés et des fonds publics (pas moins de six millions de livres pour la Compagnie des Indes orientales). Elles furent dotées de privilèges, d'exemptions fiscales, et ces messieurs de la noblesse furent chaudement invités à participer à leurs activités (une ordonnance royale de 1669 leur précisait que le grand commerce n'entraînait nulle dérogeance).

Le bilan

Les résultats de cette entreprise furent mitigés. L'essor économique et industriel du pays fut indéniable. Les échanges s'accrurent, l'or et l'argent rentrèrent, les entreprises vivant des commandes de l'État comme les arsenaux ou les Gobelins prospérèrent. Système de pouvoir autant que théorie économique, on ne s'étonnera pas non plus que le mercantilisme colbertien ait eu des conséquences politiques d'importance. Il contribua à l'unification nationale, à l'instauration d'un espace et d'un corps politique uniques et ce malgré les résistances locales, la survivance tenace des douanes intérieures et des postes de péage.

Mais à côté de quelques belles réussites, que de déceptions ! Les lois somptuaires furent très mal appliquées. Plus grave : Colbert ne parvint pas à intéresser ses compatriotes à l'industrie et au commerce. Sa volonté d'orienter la noblesse vers le grand négoce se heurta à l'hostilité de l'aristocratie traditionnelle, attachée au prestige des armes. On ne réforme pas les mentalités par décret ! Au lieu d'investir massivement dans les nouvelles manufactures, les riches continuèrent à privilégier la rente et l'office, y compris les fils de négociants, ce qui explique que nombre de ces entreprises, vivant sous perfusion des deniers publics, ne survécurent pas aux premières difficultés de la guerre de Hollande. Les ateliers de textile essuyèrent maints déboires et vécurent bien des langueurs. L'interventionnisme tatillon et le capitalisme de caserne montraient leurs limites. Les ateliers, pour réaliser des profits supérieurs, préférèrent fabriquer des droguets plutôt que des draps fins, malgré les injonctions du ministre qui s'entêtait à s'opposer aux tendances du marché. Quant aux ouvriers, on ne put leur interdire de retourner au cabaret...

Les exportations traditionnelles d'eaux-de-vie, de vin, de vinaigre, de fruits, de fer, de quincaillerie, de toiles et de soieries souffrirent de la guerre des tarifs. A la mort de Colbert, la flotte commerciale française ne dépassait pas les six cents navires. Les bailleurs de fonds, plus ou moins contraints d'entrer dans le capital des compagnies maritimes (la noblesse de cour, les membres des cours souveraines, les ports, les municipalités urbaines...), n'avaient qu'une hâte, celle d'en sortir. Tout autre était la situation des compagnies anglaises ou hollandaises concurrentes. Elles avaient cinquante ou soixante ans d'avance, disposaient de solides comptoirs coloniaux, abondamment peuplés d'expatriés, distribuaient des dividendes alléchants : de 25 à 50 % de la mise de fonds, parfois davantage! Les compagnies françaises, quant à elles, sous-capitalisées, sous-équipées, bureaucratisées à l'excès, firent de mauvaises affaires et ne distribuèrent aucun dividende. Certaines, comme la Compagnie des Indes orientales, eurent du mal à boucler leur « tour de table ». Le commerce colonial, n'attirant guère les Français, périclita. Le mouvement de colonisation resta limité (l'île Bourbon, Surate, Pondichéry, Gorée, Bantam). L'œuvre remarquable de l'intendant Jean Talon en Nouvelle-France, l'exploration de la baie d'Hudson et du Mississippi, la fondation de la Louisiane par Cavelier de la Salle ne rencontrèrent qu'un écho très mitigé dans la métropole. Les tentatives d'implantation à Ceylan et à l'île Dauphine (Madagascar) se soldèrent par des désastres.

La pusillanimité des marchands, la routine des artisans et gens de métier, l'aveuglement des coureurs d'offices, l'oisiveté des populations désespéraient Jean-Baptiste! Il se heurtait à une « société bloquée » assise sur des tabous, comme de nos jours.

Le « jacobin » et le roi

Un mot sur ce que l'on pourrait appeler la « méthode Colbert ». On le sait, le successeur de Fouquet était un homme froid, brutal, expéditif. La façon dont, au début de 1667, il prépara avec son oncle Pussort la codification des ordonnances et des textes judiciaires, son projet de les faire enregistrer tambour battant par un lit de justice montrent qu'il n'aimait pas agir par la concertation, au point que le roi dut le pousser à coopérer avec le premier président Guillaume de Lamoignon et les magistrats qui travaillaient de leur côté dans une commission séparée.

Colbert était un esprit logique, qui rêvait de débarrasser le pays du maquis touffu de ses règlements, de ses multiples usages, de ses privilèges stérilisants. Ainsi s'explique la grande « réformation » de la législation que constituent les ordonnances sur la procédure civile, dite « Code Louis » (avril 1667), les eaux et forêts (août 1669), les matières criminelles (août 1670), le commerce, encore appelée « Code Savary » (1673), la navigation marchande (août 1681). Une dernière ordonnance, le terrible « Code Noir », qui légitimait la traite et le servage, ne fut promulguée qu'en mai

1685, mais Colbert avait entièrement présidé à son élaboration. Jean-Baptiste était convaincu qu'avec des règles claires et certaines, exposées en un seul corpus juridique, l'arbitraire des juges locaux se trouverait fortement limité.

Mais ce passionné d'unité, ce centralisateur forcené, aurait souhaité aller plus loin, remodeler et unifier le droit, supprimer l'effarant chevauchement des coutumes et la divergence des jurisprudences. Il proposa de « réduire tout le royaume sous une même loi, même mesure et même poids... ». C'eût été la « table rase » révolutionnaire, inapplicable dans le cadre du vieil État royal, qui coiffait tant bien que mal la tumultueuse et anarchique société de corps de l'ancien régime. En un sens, Colbert ressemble davantage à un jacobin qu'au républicain opportuniste imaginé par Lavisse. Pourtant, cet excellent administrateur, qui agissait selon les voies d'autorité, sans consulter les magistrats ou les états provinciaux, n'était pas un despote aveugle et sourd : ses décisions sont précédées d'enquêtes minutieuses sur le terrain, commencées en 1663 par son frère Colbert de Croissy qui quittait son poste d'intendant en Alsace. Peu après furent systématisées les *Instructions pour MM. les maîtres des requêtes, commissaires départis dans les provinces*, qui s'adressaient soit aux intendants en résidence fixe soit à des commissaires en « chevauchées ». Il s'agissait dans chaque généralité de dresser l'état de la charpente administrative, d'évaluer la docilité des puissants et de leurs clientèles, l'encadrement ecclésiastique, militaire, judiciaire et financier, de fournir une description aussi complète que possible de l'agriculture, du négoce, des manufactures et de la vie maritime, de la consommation du sel, enfin de répertorier les possibilités de développement, les terres cultivables, la présence de bois et de forêts exploitables, etc. On ignore si toutes les régions furent couvertes car on ne possède que huit réponses : Normandie, Bretagne, Touraine, Anjou, Maine, Berry, Bourgogne, Bourbonnais. Une autre grande enquête plus développée et plus systématique aura lieu en 1697 : ce sera le fameux questionnaire du duc de Beauvillier, gendre de Colbert, établi pour le duc de Bourgogne. A côté de ces enquêtes, le contrôle général fit entreprendre d'autres recherches : statistiques navales, relevés fiscaux, enquêtes sur les magistrats, les titulaires d'offices, les communautés des villes, recensement de la Martinique, de la Nouvelle-France (3 215 habitants en 1666), de la population parisienne. Il ne faut pas oublier que l'idée même de « dénombrement » soulevait comme au temps des Hébreux des réactions de rejet de la part de la population qui craignait de nouvelles taxes. Dans les mentalités archaïques qui perduraient – pas seulement au fond des campagnes – elle avait quelque chose d'inique et de choquant, dont Saint-Simon se fit l'écho indigné.

Au fond, Colbert correspond à merveille à l'« âge classique » qui naît à partir de 1661. Il est l'agent de cet absolutisme rationnel qui se développe alors, fruit de la grande révolution intellectuelle de la première moitié du siècle (qui eut infiniment plus de répercussions que la prétendue « crise de la conscience européenne » des années 1680) et qu'illustrèrent entre autres Galilée, le père Mersenne, Descartes, Képler, Roberval, Torricelli, Pascal... C'est l'époque en effet où le mouvement scientifique connaît un essor sans précédent et met fin au règne de l'aristotélisme et de la scolastique. C'est encore l'époque où l'on prend conscience dans l'univers de l'infiniment grand et de l'infiniment petit, où, comme le montre Pierre Chaunu, sous l'effet de la « révolution mathématique » des années 1620-1630, se perfectionnent les outils de mesure, les statistiques, la cartographie. L'État entreprend alors un effort de dénombrement, d'enquête, de classement, d'archivage, d'exploitation systématique de l'information passée ou présente. L'idée moderne de l'aménagement du territoire germe dans l'esprit des architectes, des urbanistes, des bâtisseurs de ponts et de routes, des constructeurs de canaux... Ce n'est pas un hasard si les ingénieurs du roi commencent, dès 1668, à réaliser les fameux plans en relief (à la fin du siècle ils seront près de 150) et si, l'année précédente, un édit a fixé les règles de la tenue des registres d'état civil par les curés. En 1684, grâce à la technique de l'abbé Picard, qui utilisait la lunette astronomique pour calculer les angles par visées, est publiée la *Carte de France corrigée par ordre du roi sur les observations de MM. de l'Académie des sciences*. On s'aperçut que la France était plus petite que l'on croyait du côté de l'Ouest : « Vos travaux m'ont coûté un tiers de mon royaume ! » dira ironiquement Louis XIV à leurs auteurs. Boutade révélatrice : malgré l'accroissement des techniques scientifiques qui avaient démultiplié les moyens de l'État, les « décideurs » du XVIIe siècle n'avaient qu'une connaissance vague, approximative, parcellaire des données de base, géographiques, économiques et démographiques. Nul ne savait si la population française s'élevait à quinze, vingt ou trente millions.

Il faut comprendre que Colbert, le « jacobin », n'incarne qu'une partie de la politique du roi, qui doit assumer la plénitude du pouvoir dans les contradictions fondamentales du système trifonctionnel niveleur, diviseur, fédérateur. C'est la raison pour laquelle, tout en soutenant l'action de son ministre, il se voit contraint de tempérer ses ardeurs réformatrices, son zèle centralisateur. Il se méfie de sa raideur juridique, de son admiration pour Richelieu, de ses « grands desseins » qui donnent l'illusion de la rationalité et ce avec d'autant plus de mérite que Louis n'est pas un technicien et que le volontarisme colbertien se déploie dans une prose claire, limpide, logique, séduisante. Mais la bonne justice qu'il doit à ses peuples exige la prudence, l'accommodement, la conservation de procédures paralysantes ou d'institutions souvent archaïques. La monarchie, depuis des siècles, a toujours respecté, au moins officiellement, les traditions et les franchises locales. Certaines provinces ne s'étaient données à la France que sous réserve de conserver leurs lois et coutumes. Si le roi freine, ce n'est pas par conservatisme foncier ni par attachement à des idées rétrogrades, mais parce qu'il comprend mieux que son bouillant ministre la force de résistance des oligarchies, réfractaires aux progrès et aux innovations, et qu'il en redoute les effets. Il connaît les handicaps et les vices structurels de la nation. La fonction royale, reflet de la justice divine, l'empêche de répéter les erreurs des cardinaux-ministres, pressés d'accélérer les réformes. Au risque de retarder la modernisation de son royaume, Louis, suprême régulateur des tensions sociales et des équilibres politiques, se veut le roi de tous les Français, l'arbitre tutélaire qui protège les communautés, les familles et ses loyaux sujets. Peut-être ne lui a-t-on pas toujours su gré de cette clairvoyance qui a donné la paix intérieure au royaume?

Ordre et obéissance

Il reste que la remise au pas de la société, entreprise par Mazarin après la Fronde, fut poursuivie et amplifiée après sa mort. En

1665 les parlements reçurent instruction de ne plus s'intituler « cours souveraines » mais seulement « supérieures », et un lit de justice se tint sans la présence du roi. En 1667 le droit de remontrance fut limité à une brève période. Par la déclaration du 24 février 1673 Louis XIV intima l'ordre aux parlements d'enregistrer les édits avant toute remontrance. Les gens d'offices n'avaient plus les moyens de retarder ou de paralyser la justice du souverain.

Celle-ci continuait à progresser au détriment des justices seigneuriales en net déclin. A partir de 1674 les dernières subsistant à Paris et dans les faubourgs furent abolies. La multiplication des « cas royaux » permit de soustraire de leurs attributions la poursuite de certains crimes et délits (ainsi la procédure d'instigation en Bretagne). Il ne faudrait pas croire néanmoins que le vieux droit féodal fut partout éliminé. Il servait parfois l'entreprise unificatrice : par exemple, l'extension du régime seigneurial permit au souverain de se définir comme seigneur universel du royaume, donc de considérer que toutes les terres relevaient directement ou indirectement de sa mouvance. Un édit de 1667 rattacha à sa justice les francs-alleux qui prétendaient disposer d'une juridiction indépendante. Le système seigneurial servit aussi de technique juridique pour rattacher au roi, par des liens de fidélité, le canal des deux mers, érigé en fief, ou le Canada partagé en plusieurs seigneuries.

Paris, énorme chaudron où bouillonnait toujours quelque mixture suspecte prête à déborder, fut l'objet d'une particulière attention. Son administration relevait des attributions de Colbert en tant que secrétaire d'État à la maison du roi. Paris, c'était 500 000 personnes, une noblesse robine et une bourgeoisie vivant dans le luxe, une multitude d'officiers, de financiers, d'ecclésiastiques entourés d'une domesticité abondante et remuante, des milliers de rentiers, des artisans libres ou rattachés aux jurandes dont les fameux « Six Corps » de marchands, 50 000 compagnons et apprentis, presque autant de mendiants, fripons et truands organisés en bandes. Le désordre et l'insécurité régnaient par toute la ville, particulièrement à la tombée de la nuit. En 1665 le lieutenant criminel Tardieu et sa femme furent ainsi assassinés dans leur hôtel particulier. En mars 1667, après la mort du lieutenant civil Dreux d'Aubray (empoisonné par sa fille, la marquise de Brinvilliers), sa charge fut dédoublée par la création d'une lieutenance générale de police, qui fut confiée à un client du clan Colbert, Gabriel Nicolas de La Reynie, maître des requêtes, « grand magistrat, dit Saint-Simon, et de l'ancienne roche, modeste et désintéressé ». Soumis en principe au Parlement, le lieutenant général de police relevait, en fait, directement du ministre. Ses attributions étaient vastes. Dépendait de lui tout ce qui touchait de près ou de loin à la sûreté de la ville : la propreté des rues, les incendies, les inondations, l'approvisionnement, le commerce, les poids et mesures, le contrôle des hôtelleries, auberges, cabarets et lieux mal famés, la police des attroupements illicites, des spectacles, la surveillance des corps de métiers. La Reynie exerça cette haute charge pendant trente ans. Il purgea la capitale de la cour des miracles, ce repaire de brigands et de coupeurs de bourses où la police n'osait s'aventurer, fit enfermer les mendiants à l'Hôpital général, s'occupa activement du nettoyage, de l'éclairage, du pavage des rues et quais, réprima l'agitation des laquais et des soldats, etc. Paris prit une autre physionomie. En 1697 il fut remplacé par un non moins excellent administrateur, Marc René de Voyer d'Argenson, qui s'attacha à faire régner l'ordre dans les familles, à prévenir les « troubles domestiques », à multiplier le « renseignement », à surveiller les maisons de jeu, les comédiens, les filles publiques et les religionnaires...

C'est peu dire que la monarchie absolutiste se défiait des imprimeurs. La police pourchassait les presses clandestines, embastillait leurs propriétaires, tout comme les auteurs de livres interdits, les gazetiers, les colporteurs de libelles, qui cherchaient à créer, en marge du pouvoir, un intolérable espace de liberté et de libre opinion. La répression à leur encontre s'accrût. Au lieu de se voir condamnés à des peines d'amende ou de prison, les libellistes encoururent les galères ou l'enrôlement forcé. Le temps des mazarinades était bien mort ! De fait, cette liberté d'expression qui manquait à la France se transporta au-delà des frontières : c'est à Liège, à Amsterdam, à Bruxelles que s'imprimèrent les écrits des pamphlétaires, des opposants au régime et c'est de là que se déversèrent sur la France, malgré les frontières et les gardes du roi, des produits d'importation que Colbert n'avait ni souhaités ni prévus !

En province, les états perdirent une partie de leur lustre, à l'exception peut-être de ceux de Bourgogne, de Bretagne et du Languedoc, très attachés à la survivance de la société d'ordres et de corps. Quant aux pouvoirs des gouverneurs de place et de province, ils furent progressivement réduits à des prérogatives honorifiques. Le contrôle des fonds permettant de régler la solde des garnisons leur fut ôté et la durée de leur commission, limitée à trois années. Le renouvellement était habituel, mais pas automatique. Dans ses *Mémoires* de 1662 le roi observait les bons effets produits par ce règlement : les gouverneurs devinrent dociles et cessèrent de rechercher des appuis sur place pour résister aux ordres de Paris. Pour mieux les éloigner de leurs clientèles locales, on leur imposa de résider auprès de leur maître et de demander une autorisation expresse chaque fois qu'ils désiraient se rendre dans leur gouvernement. Inutile de dire que tous étaient des fidèles du roi, ducs ou grands seigneurs, maréchaux de France ou hauts dignitaires de la couronne. En 1681 mourut François Emmanuel de Bonne, duc de Lesdiguières, dernier grand féodal plus ou moins indépendant : Louis XIV le remplaça par un homme à lui, François III d'Aubusson, duc de Roannez, comte de la Feuillade.

Un autre moyen d'intrusion du pouvoir dans les affaires locales consistait à accroître l'arbitrage et la tutelle administrative sur les communautés locales, les corps de ville, les jurandes, connus pour leur indiscipline chronique, dont les finances délabrées étaient systématiquement vérifiées depuis la Fronde. Pour emprunter, lever des taxes ou de nouveaux octrois il leur fallut l'accord du roi. Certains préférèrent troquer sans fard leurs vieilles « libertés » contre les « générosités » sonnantes et trébuchantes de Sa Majesté. En 1683 un édit donnera finalement aux intendants la tutelle financière sur les municipalités.

Ainsi la centralisation progressait-elle à pas mesurés, au milieu de l'inextricable enchevêtrement des corps sociaux et des pouvoirs concurrents, la stratification des communautés, des privilèges inexpugnables, des institutions plus ou moins dévitalisées et des monuments en ruine.

Le grand mystère

Si l'on dresse un état rapide du personnel politique de la monarchie, un fait saute aux yeux, c'est la surprenante faiblesse de la structure administrative centrale : le roi, les membres du conseil, les secrétaires d'État, les conseillers d'État, les maîtres des requêtes, les chefs de bureaux et leurs commis, les intendants, leurs adjoints et leurs aides bénévoles, tout cela représente un petit noyau de 700 à 800 personnes, auquel il convient d'ajouter les officiers de justice, police et finance, dont le nombre s'élève en 1665 – nous le savons précisément grâce à une enquête de Colbert – à 47 580. Encore faut-il se rappeler que ces officiers ne sont pas des agents de l'État rigoureux et efficaces. La vénalité les a transformés en propriétaires repus, indépendants et indisciplinés. La cohorte des agents d'exécution est tout aussi maigre : les commis, les huissiers des fermes, les gardes de la prévôté de l'Hôtel (la police de la cour), le guet parisien et les exempts du Châtelet, les 27 brigades de la maréchaussée représentent quelques milliers de personnes supplémentaires. A l'échelle d'un pays de vingt millions d'habitants, qui nécessitait vingt-deux jours pour le parcourir du nord au sud et dix-neuf d'ouest en est, c'est proprement dérisoire. Faut-il faire la comparaison avec notre société qui compte cinq millions de personnes employées dans la fonction publique (ministères civils, ministère de la défense, fonction publique territoriale et fonction publique hospitalière, poste et télécommunications), 1 180 000 travaillant dans le secteur public (établissements publics, sociétés nationales ou d'économie mixte), auxquelles s'ajoutent 600 000 employés relevant de l'administration publique et participant à des tâches de service (sécurité sociale, administration locale, enseignement privé sous contrat, organismes divers) ?

L'étonnant, s'exclame Pierre Goubert, « ce fut qu'avec si peu d'hommes, si peu de force de coercition, si peu d'agents d'exécution, une œuvre aussi ambitieuse ait été envisagée, rédigée et, de temps à autre, effectivement réalisée [1] ». Grégory Hanlon, à qui l'on doit une étude fouillée sur l'Agenais, partage cet étonne-

1. Pierre Goubert, *Louis XIV et vingt millions de Français*, Paris, éd. de 1991, p 119.

ment. « Après la Fronde, écrit-il, l'acceptation soudaine de l'absolutisme par les élites urbaines constitue, pour le moment, un des grands mystères politiques du XVIIe siècle [1]. » C'est en effet le grand mystère de la monarchie louis-quatorzienne. Comment le fils d'Anne d'Autriche avec si peu de moyens a-t-il pu étendre la mainmise de l'administration sur l'ensemble du corps social? Comment expliquer le si rapide retour à l'ordre après 1661? Quelle baguette magique lui a-t-elle permis d'imposer cette « réduction à l'obéissance » de son royaume qui étonna tous les contemporains? Lavisse insiste sur les moyens de coercition. Quelques actions d'éclat semblent lui donner raison. En Auvergne, par exemple, de petits seigneurs, abrités derrière les murs de leur hautain donjon, faisaient régner la terreur parmi leurs vassaux, opprimaient la paysannerie et les villageois d'alentour, se livraient à des règlements de comptes et à des trafics d'argent. Ces chefs de bande se conduisaient en hors-la-loi. La justice locale, compromise, complice ou inerte n'osait s'en prendre à eux ou, quand elle le faisait, ses sentences demeuraient inappliquées. Le marquis de Canillac, sinistre soudard blasonné, malgré trois condamnations par le parlement de Toulouse, poursuivait impunément ses meurtres et ses rapines. Le sieur de Sénégas, aidé d'une bande de mercenaires, levait ses propres contributions, imposait des corvées et des rançons, torturait, assassinait. Pour châtier ces potentats locaux, débarrasser le pays de leur présence, protéger les humbles contre l'« insolence des puissants » Louis XIV eut recours à des juridictions extraordinaires, qui s'installèrent sur les lieux avec un grand appareil destiné à impressionner les populations. Ce furent les Grands Jours de Clermont (1665-1666) et les Grands Jours du Puy et de Nîmes (1666-1667). Les juges eurent statut de commissaires royaux, traitèrent près de 1 400 affaires, prononcèrent 340 condamnations par contumace contre des nobles, mais il y eut peu d'exécutions capitales, les inculpés ayant fui dans les montagnes.

La solennité de la procédure eut un retentissement dans toute la France, où des nouvelles de la session étaient régulièrement données à son de trompe par les crieurs publics ou les curés de campagne au cours du prône du dimanche. C'était le but recher-

1. Grégory HANLON, *L'Univers des gens de bien. Culture et comportement des élites urbaines en Agenais-Condomois au XVIIe siècle*, Bordeaux, 1989, p. 42.

ché, car on savait qu'une fois les juges royaux partis, la province retomberait sous la coupe des réseaux de grand banditisme.

La monarchie française était incapable de faire partout de telles démonstrations de force. La remise en ordre de la société ne peut s'expliquer sans la passivité voire le consentement des populations. La clé du mystère réside ailleurs. Elle est dans un double mouvement qui affecte alors les élites locales. C'est d'elles en effet que vient l'adhésion à la politique royale, avant de gagner de proche en proche le reste du corps social : après des années de troubles, elles attendaient un pouvoir fort. Et, d'un autre côté, ce pouvoir est prêt à négocier un partage d'influences. Mouvement ascendant et mouvement descendant se rejoignent.

Le clientélisme régional, une fois la Fronde passée, connaissait un rapide déclin, du moins dans sa forme traditionnelle et quasi féodale. Les Grands, ayant perdu une partie de leur autonomie et n'ayant presque plus de manne à distribuer – celle-ci étant captée par les réseaux ministériels –, n'eurent plus les moyens d'entretenir des centaines voire des milliers de fidèles. Sentant leur pouvoir financier vaciller par cette perte de patronage, les élites locales prirent conscience du danger de cette évolution. Elles savaient qu'il n'y avait pas d'issue dans une politique de défense des privilèges locaux : le spectaculaire châtiment infligé à Marseille par le jeune Louis le prouvait. Elles étaient prêtes à changer de maître et à coopérer avec le pouvoir central. Elles se tournèrent donc vers le roi, ou plus exactement vers les ministres et leurs agents tout-puissants, jouant un rôle primordial dans la « contagion de l'obéissance ». Ceux-ci répondirent avec bienveillance à cet appel.

Un « compromis historique »

De 1661 à 1672, début de la guerre de Hollande, loin d'assister à l'instauration de la monarchie administrative, comme on le dit généralement, on a l'impression que s'établit une sorte de pause, voire, dans certains domaines, de recul. L'ampleur des résistances locales, mais aussi la prudence, la modération du roi en sont les causes.

On se souvient des critiques qu'avait suscitées à la fin du règne de Louis XIII l'accroissement du rôle des intendants. Louis XIV et Colbert abordèrent la question avec un souci d'apaisement. Ils s'efforcèrent de les ramener à leur rôle primitif d'inspecteur en leur donnant de plus vastes circonscriptions (deux ou trois généralités), en accélérant leur rotation et en limitant l'étendue de leur commission à des enquêtes et leurs décisions à des actes de justice. L'intendant restait un juge (de la même manière que le roi était le juge suprême). La plupart d'entre eux furent choisis, comme précédemment, parmi les maîtres des requêtes ordinaires de l'Hôtel.

Malgré les changements qui s'étaient produits au sommet de l'État, avec l'effacement du chancelier et la montée en puissance du contrôleur général, au plan local l'administration demeurait une administration à dominante judiciaire, en ce sens que les tâches d'administration publique étaient accomplies en vertu, non de décisions d'agents d'exécution, mais d'arrêts de règlement et d'ordonnances d'arbitrage rendus par des intendants-juges qui, en général, s'efforçaient de respecter les situations acquises. Une double administration coexista donc en province : celle des officiers, propriétaires de leur charge, et celle des intendants, commissaires du roi. Ainsi un compromis s'instaura-t-il – sorte de nouveau pacte national –, qui explique l'esprit de coopération avec lequel la bourgeoisie d'offices accueillit le nouveau pouvoir.

Louis XIV n'était pas hostile aux compagnies d'officiers (en dehors du cas particulier des trésoriers de France, figures de proue de la Fronde, dont les syndicats furent dissous en 1662). Il avait besoin de leur soutien et de leur collaboration, mais il ne voulait à aucun prix les voir outrepasser leurs droits. Dans sa méfiance congénitale des corps constitués, Colbert était sans doute plus radical. La phase 1661-1672 correspond donc à une phase de consolidation de l'absolutisme. Les rapports avec les parlements, loin de se dégrader comme on aurait pu le penser, s'améliorèrent [1]. Le pouvoir que les magistrats avaient perdu en politique (droit de remontrance), ils le regagnèrent en se cantonnant à leur domaine et en travaillant à l'œuvre gouvernementale. Dépouillés de leur méchant « esprit de souveraineté », les parlements purent s'épanouir « dans leur ordre légitime et naturel », selon la formule de Louis XIV. Tout se passe comme si l'appareil bureaucratique

1. Albert N. Hamscher, *The Conseil privé and the Parlements in the Age of Louis XIV : A Study of French Absolutism*, Philadelphie, 1987, et *The Parlement of Paris after the Fronde, 1653-1673*, Pittsburgh, 1976.

de la monarchie, très restreint en effectifs, avait préféré, après des années de croissance un peu anarchique, se cantonner à quelques grandes activités – diplomatie, finance, guerre et quelques secteurs de l'administration interne –, laissant aux officiers le soin du reste. D'où ce mélange d'ancien et de neuf que revêt l'État à ce moment-là. Le roi se paya même le luxe de conserver les assemblées d'états de certains petits pays comme la Basse-Navarre, le Béarn ou le Labourd : ils ne lui causaient aucun souci et leur suppression aurait provoqué d'inutiles vexations.

L'usage systématique du patronage ministériel et des grâces royales permit d'acheter les fidélités au sein des parlements, des états et des municipalités. Quelques menaces bien senties suffisaient à calmer les récalcitrants. Par ces moyens il fut aisé de contrôler l'administration provinciale et locale, de chiffrer le montant des dons gratuits à verser, d'orienter les votes des échevins, jurats, consuls ou capitouls, d'obtenir l'élection de maires dociles. On agit pareillement avec l'assemblée du clergé en choisissant les agents généraux parmi les personnes les mieux disposées envers le roi. Les largesses directes du pouvoir diminuèrent à mesure que déclina l'esprit de contestation et furent remplacées par d'autres formes d'intéressement.

William Beik a montré comment, en Languedoc, les grands dignitaires, les grands seigneurs, laïcs ou ecclésiastiques, les officiers, les partisans locaux furent associés, par l'intermédiaire des états provinciaux, aux flux fiscaux qui étaient censés remonter à Paris. Globalement, le prélèvement parasitaire opéré par ces groupes sur l'impôt direct passa de 29,6 % en 1647 à 36,4 % en 1677. Moins de la moitié – 42 % environ – des impositions quittait la province (une partie de ce que percevait le roi restant sur place pour couvrir les dépenses militaires et les travaux publics). Le système profitait à tout le monde : le roi recevait davantage d'argent des états du Languedoc grâce à leur capacité d'emprunt et de garantie, et les officiers du cru, dont les réseaux étaient connectés à la finance parisienne, captaient une part supplémentaire des impôts directs [1]. Une oligarchie régionale, qui développait et perfectionnait sa propre hiérarchie de clients, fut ainsi

1. William BEIK, *Absolutism and Society in Seventeenth-Century France. State Power and Provincial Aristocracy in Languedoc*, Cambridge, 1985, p. 245-278.

intéressée à la réussite de l'absolutisme. C'est elle qui détenait le pouvoir au nom du prince, elle qui récoltait l'argent et les honneurs, elle qui se construisait de riches hôtels particuliers. La paupérisation générale de la noblesse provinciale est un mythe qui a la vie dure dans les manuels d'histoire. L'admirable opulence de l'urbanisme au XVIIIe siècle en est le visible et cinglant démenti. Ce qui était manifeste en Languedoc, doté d'un solide système d'états, ne l'était pas moins ailleurs, en Agenais, en Provence, en Normandie, en Franche-Comté. Partout c'était la même soumission et le même enrichissement.

CHAPITRE XI

Propagande

Les bâtiments

La recherche de la gloire n'allait pas sans une fastueuse politique des bâtiments royaux : éblouir pour séduire et séduire pour imposer. Colbert, maître Jacques de Louis XIV, s'en occupa avant même d'exercer les fonctions de surintendant des bâtiments en janvier 1664. Sous sa conduite et celle du monarque, passionné par les constructions et veillant à tout avec une étonnante sûreté de jugement, divers chantiers de rénovation s'ouvrirent à Saint-Germain, Vincennes, Fontainebleau, Chambord et surtout au Louvre, qu'il fallait sortir de sa gangue médiévale pour en faire un palais digne du « plus grand roi de la Terre ». Le Cavalier Bernin, appelé de Rome avec l'autorisation du souverain pontife, proposa un plan grandiose dans un style exagérément baroque. Ce plan ne fut pas du goût du roi qui lui préféra le projet moins outrancié de Claude Perrault. Bernin remercié, comblé de flatteries, pensionné, repartit pour l'Italie. C'est alors que l'on commença les travaux de la célèbre colonnade. Après quelques hésitations architecturales comme les aménagements du château vieux de Saint-Germain, la France tournait le dos au maniérisme italien pour puiser, non plus aux souvenirs de la Rome pontificale, mais à ceux de la Rome impériale. Elle y trouvera l'expression d'une sorte de génie national, le classicisme...

Contrairement à une fausse et durable légende, jamais Louis XIV ne négligea sa capitale, même lorsqu'il transféra le gouvernement à Versailles. C'est au début de son règne que s'élabore une nouvelle conception de la ville destinée à exalter le prestige de la monarchie. L'embellissement et la décoration de la capitale deviennent partie intégrante de la politique. La période est décisive entre les premiers travaux de Henri IV et de son « grand voyer » Sully (achèvement du Pont-Neuf, édification de la place Royale et de la place Dauphine) et l'urbanisme du XVIIIe siècle [1].

La ville médiévale et son pourpoint de pierre étriqué sont éventrés tandis que se déploie fiévreusement une nouvelle architecture privée [2]. Les rues du centre-ville sont élargies et pavées, un réseau d'égouts, plusieurs quais, le Pont-Royal sont construits. De meilleures frontières au nord et à l'est permettent de remplacer le rempart de la rive droite par un nouveau boulevard planté d'ormes. Des jardins naissent (les Tuileries redessinées par Le Nôtre). Le quadrillage géométrique se substitue au lacis des ruelles fétides et insalubres. Partout s'impose le souci d'unité, de rectitude – l'édit sur les alignements date de 1607 – et d'harmonie. Ces bouleversements ont des retentissements sur la vie urbaine et son organisation. A l'antique institution des quartiers de la Ville se surimpose l'administration policière du Châtelet [3]. Le collège des Quatre-Nations (l'actuel Institut de France), les Gobelins, l'hôpital général de la Salpêtrière, l'Observatoire, l'hôtel royal des Invalides – chef-d'œuvre des édifices parisiens de Louis XIV – surgissent de terre tandis que sont poursuivis les travaux du Val-de-Grâce. Paris devient la nouvelle Rome. Les arcs de triomphe des portes Saint-Denis et Saint-Martin chantent la gloire du roi. Jules Hardouin-Mansart réalise deux nouvelles places : la place Louis-le-Grand (place Vendôme) et la place des Victoires. Cette dernière, due à la courtisanerie obséquieuse du maréchal de la Feuillade, comporte une statue du souverain en costume de sacre, couronnée par la Victoire et foulant au pied un cerbère à trois têtes, symbole de la Triple Alliance. Ce monument allégorique en bronze doré, dû à Martin van der Bogaert dit Desjardins, est placé sur un piédestal de vingt pieds de haut, orné de bas-reliefs et de médaillons représen-

1. Jean-Louis HAROUEL, *L'Embellissement des villes. L'urbanisme français au XVIIIe siècle*, Paris, 1993.
2. Michel Le MOËL, *L'Architecture privée à Paris au Grand Siècle*, Paris, 1990.
3. Voir les actes du colloque sur les quartiers de Paris parus dans les *Cahiers du Centre de recherches et d'études sur Paris et l'Ile-de-France*, n° 38, mars 1992.

tant les peuples vaincus. Il est éclairé la nuit par quatre fanaux de marine.

Le concept de place royale avec en son centre la statue du roi en majesté, concept éminemment politique, essaime en province. Après la paix de Nimègue, les villes, les états provinciaux demandent à Louis la permission de lui élever de tels monuments (places de Caen, Tours, Poitiers, Dijon...). Cette exaltation du Prince, représenté généralement à cheval et cuirassé à l'antique, en *imperator*, met l'accent sur ses vertus militaires et suggère une fois de plus que la France reprend désormais le rôle de Rome dans l'Antiquité. C'est le « roi de guerre », souverain et victorieux, qui est célébré, particulièrement dans les régions frontalières encore mal arrimées au royaume. Il est significatif de constater que cette effigie du roi de pierre ou de bronze se développe au moment où la monarchie se sédentarise. Une telle ferveur n'avait rien de spontané. La campagne, secrètement dirigée de Paris, était orchestrée par les intendants et les gouverneurs, qui usaient de leur pouvoir de « suggestion » auprès des autorités locales. Colbert puis Louvois, son successeur à la surintendance des bâtiments, jouaient sur le patriotisme de clocher. En raison des difficultés financières des municipalités, certaines places ne seront réalisées que tardivement (place Bellecour à Lyon en 1713, place du Peyrou à Montpellier en 1718, place royale à Dijon en 1720), d'autres seront abandonnées (Marseille, Aix, Grenoble, Toulouse, Besançon, Lille). La statue commandée à Coysevox par les états de Bretagne attendit une quinzaine d'années avant d'être érigée à Rennes sous le règne de Louis XV.

Mécénat royal

Le mécénat va de pair avec la société aristocratique : il est naturel que les princes, les Grands, laïcs ou ecclésiastiques, dont la fonction sociale implique un mode de vie ostentatoire, s'entourent d'artistes, les encouragent, les protègent, les nourrissent. Ces artistes, en remerciement des bienfaits reçus, leur bâtissent des demeures, leur peignent des tableaux, leur rassemblent des œuvres d'art et chantent leur gloire. L'exemple de ces amateurs éclairés est Gaston d'Orléans, frère de Louis XIII. Ce système relationnel n'est qu'un aspect du clientélisme que nous connaissons bien. Au cours du XVIIe siècle, à l'imitation des grands seigneurs et dans le désir de les surpasser, tous les hauts personnages de l'État ont pratiqué ce type de mécénat : Richelieu, Séguier, Mazarin, Fouquet... La « révolution de 1661 » modifie ces données. Désormais le roi veut être l'unique protecteur des artistes, leur seul patron. Grâce à l'importance des commandes publiques, l'unification des réseaux s'opère rapidement. On connaît la manière dont Louis XIV récupère la brillante équipe réunie par Fouquet : Le Vau, Le Nôtre, Le Brun. D'autres suivent. Il reste que la commandite royale ne stérilise pas complètement le mécénat privé : des protecteurs particuliers subsistent, à commencer par Monsieur. Le Grand Condé, retrouvant son train de vie princier, fait de Chantilly un petit Versailles, que le pouvoir tolère parce que la politique en est exclue.

Jamais le mécénat, même au temps de François Ier, ne brilla d'un tel éclat. Sa renommée survécut au roi au point qu'il servira de modèle et de référence à l'Europe des Lumières. Mais quand l'historien aura répété, après tant d'autres, que Louis fut un « nouvel Auguste », qu'il aura vanté son indiscutable sûreté de goût, son talent de découvreur, la maîtrise avec laquelle il corrigeait les projets de ses architectes, travaillait à redessiner un jardin ou à concevoir un spectacle, il n'aura pas épuisé le sujet. Ce serait en effet une illusion de croire que le Roi-Soleil a été seulement un protecteur des gens de lettres, généreux et désintéressé, aidant à la floraison des arts. Sa volonté de propagande est évidente, primordiale.

Colbert fut le maître d'œuvre de cette politique, comme l'avait été son prédécesseur à la surintendance des bâtiments, Sublet de Noyers. En homme passionné du bien public, il s'entoura d'une petite équipe mariant le sens de l'État et le service des arts : le vieux critique littéraire Jean Chapelain, l'écrivain Charles Perrault et le peintre Charles Le Brun. Ces « créatures » n'étaient point des littérateurs ou des artistes éthérés, mais des hommes lucides et réalistes, capables de seconder efficacement leur patron. A la recherche de monuments susceptibles d'exalter la gloire royale, Chapelain citait, dans une lettre à Colbert de novembre 1662, les « pyramides, colonnes, statues équestres, colosses, arcs triomphaux, bustes de marbre et de bronze, basses tailles », auxquels il ajoutait les « tapisseries, peintures, estampes ».

Le 3 février 1663, Perrault, Jean Chapelain, l'érudit et théologien Amable de Bourzéis et l'abbé Jacques Cassagne, écrivain et prédicateur, étaient convoqués en grand secret chez Colbert et informés de leur nomination à un conseil restreint chargé de sélectionner les inscriptions et devises des monuments royaux ainsi que les emblèmes ou légendes ornant les tapisseries et les médailles. Ce fut l'origine de la « petite Académie », qui se réunit chez le ministre deux fois par semaine, les mardi et vendredi, et qui deviendra en 1701 l'Académie des Inscriptions et Belles-Lettres. « Vous pouvez, messieurs, juger de l'estime que je fais de vous, leur déclara un jour Louis XIV, puisque je vous confie la chose du monde qui m'est la plus précieuse, qui est ma gloire. » Les amis de Colbert élaborèrent d'abord une histoire des hauts faits du règne par les médailles. Chaque événement significatif – victoire militaire, voyage royal, érection de monument, distribution de pain au peuple pendant la disette... – donnait lieu à la frappe d'une médaille commémorative largement distribuée aux ambassadeurs et aux riches étrangers de passage. Il y aura en tout quatre histoires métalliques, instruments de propagande auxquels le roi attacha la plus haute importance. Le thème, la gravure, la devise lui étaient soumis, et ses observations étaient fréquentes.

Très vite la « petite Académie » se transforma en une sorte de ministère de la culture et de la propagande, régissant, censurant la production de l'art en France au nom du « bon goût », confisquant le savoir au profit du pouvoir. « Quand il n'y avait pas d'ouvrage de commande, explique Charles Perrault, l'Académie travaillait à revoir et à corriger les ouvrages soit de prose, soit de vers qui se composaient à la louange du roi pour les mettre en état d'être imprimés à l'imprimerie du Louvre. » Partout on devait manifester la présence du souverain maître, rendre tangible le mystère de la royauté. A ce « Grand Œuvre » d'alchimie politique tous les arts furent conviés : la numismatique, la peinture, la sculpture, la gravure, la musique, la danse, l'opéra, l'éloquence, l'architecture, la tapisserie [1], la pyrotechnique, l'art hydraulique... Il fallait que Louis fût la source de toute inspiration, de toute production intellectuelle ou culturelle, que sa gloire fût inlassablement exaltée par les artistes, les écrivains, les peintres.

1. Voir *L'Histoire du Roy* de Daniel Meyer (Paris, 1980), qui reproduit les quatorze pièces de la troisième suite en basse lisse à or, œuvres des Gobelins.

Académies et gratifications

Afin de régenter la « république des lettres », la mettre à son service, la monarchie louis-quatorzienne utilisa deux moyens : le contrôle des institutions scientifiques, littéraires ou artistiques, et un système de gratifications pour récompenser les zélés laudateurs du prince.

Dès 1662 était née une Académie royale de danse. Cela parut insuffisant. Surintendant de la musique depuis mai 1661, Jean-Baptiste Lully acheta en 1672 au poète Pierre Perrin, emprisonné pour dettes, le privilège d'établir des « académies d'opéras ». Ce monopole, élargi par lettre patente du roi, fut à l'origine de l'Académie royale de musique, qui permit à l'ambitieux Florentin de régner sans partage sur l'art lyrique et la musique officielle en France (marginalisant celui qui apparaît comme le génie de l'époque, Marc-Antoine Charpentier).

L'Académie de peinture et de sculpture avait été constituée en 1647 pour mettre fin au désordre existant entre la jurande parisienne des peintres et les artistes brevetés du roi. Sa réorganisation, accomplie en 1663 sous l'impérieuse impulsion de Charles Le Brun, en fit une institution élitiste et hiérarchisée travaillant pour les maisons royales. Elle orienta autoritairement l'esthétique, valorisant les sujets historiques, en particulier les actions héroïques du roi, et organisa de très officiels « salons » le jour de la Saint-Louis. En 1666 elle contribua à la création de l'Académie de France à Rome, dont les douze pensionnaires (peintres, sculpteurs, architectes) recevaient une solide formation artistique en atelier, dans le cadre d'une discipline toute militaire. L'Italie demeurait en effet le modèle dont il fallait copier sans relâche les peintures, mouler les sculptures, acheter les originaux, quand ils étaient à vendre.

En 1666 fut fondée rue Vivienne, à côté de la Bibliothèque du roi, l'Académie des sciences, sur le modèle de la *Royal Society* londonienne. Le physicien et astronome hollandais Christiaan Huygens, appelé par Colbert, contribua à la rédaction de son règlement et le R.P. du Hamel en devint le secrétaire perpétuel. Grâce aux recherches subventionnées, aux publications de cette institution de prestige, grâce aux activités épistolaires de ses membres, au rayonnement du *Journal des savants* Paris s'imposa bientôt comme la capitale scientifique de l'Europe. On se garda d'oublier le bâtiment. Composée de membres nommés – et non cooptés –, l'Académie royale d'architecture reçut ses statuts en 1671 avec pour mission de codifier les règles de la « bonne architecture ».

L'Académie française, compagnie de beaux esprits instituée par Richelieu, s'était choisi un nouveau protecteur à la mort de son fondateur en la personne du chancelier Séguier. Colbert, reçu académicien en 1667, n'avait pas le temps d'assister aux séances. Aussi pria-t-il son collaborateur Charles Perrault de s'y faire élire afin de surveiller l'illustre compagnie. Signe des temps, au décès de Séguier en 1672, les Quarante se tournèrent vers le roi, qui accepta de les prendre sous sa protection et de leur confier de nouveaux privilèges. La mission de l'Académie touchait à la politique puisque la composition d'un dictionnaire et d'une grammaire devait fixer les règles de la langue nationale et par voie de conséquence renforcer l'unité du pays.

Le second moyen utilisé pour séduire les artistes, gens de lettres, savants et chercheurs, fut la distribution de gratifications régulières, ce qu'aucun pays n'avait fait jusque-là. La liste en fut dressée par Chapelain et Perrault. Elle comprenait chaque année de 60 à 80 noms. En juin 1663 la remise des premiers subsides dans une jolie bourse de soie brodée d'or donna lieu à une séance solennelle en présence du roi. Les dons les plus généreux allaient aux savants étrangers que l'on souhaitait attirer ou retenir en France : 9 000 livres à l'astronome Jean-Dominique Cassini, 6 000 à Huyguens. Étaient également subventionnés le Florentin Carlo Dati, les Néerlandais Hermann Conring et Isaac Vossius. A ce dernier, historiographe des États de Hollande, Colbert écrivait : « Quoique le roi ne soit pas votre souverain il veut être votre bienfaiteur. » L'historien Eudes de Mézeray eut 4 000 livres (mais n'en reçut plus que 2 000 lorsqu'en 1668 il glissa quelques propos critiques contre la fiscalité royale dans son *Abrégé de l'histoire de France*), Chapelain s'était inscrit pour 3 000 livres. Le vieux Corneille eut 2 000 livres, Quinault et Perrault 1 500 chacun, la troupe de Molière 1 000. Racine débuta à 600 livres pour atteindre bientôt 2 000 livres. Honoré d'une pension de 1 200 livres, Boileau fut rayé de la liste pour avoir brocardé Chapelain. Quant à La Fontaine, resté fidèle aux « nymphes de Vaux », il n'eut rien. Les pensions furent réduites à partir de 1674, à cause de la guerre, et supprimées en 1690. L'enthousiasme d'un Voltaire devant le mécénat royal nécessite de le ramener à ses justes proportions : en 1664, le total des pensions s'élevait à 77 500 livres, soit à peine plus de la moitié de la pension annuelle versée au prince de Condé ou à Mme de Montespan pour l'entretien des enfants bâtards. Pour leurs seules étrennes le comte de Vermandois et Mlle de Blois, enfants naturels du roi et de Mlle de la Vallière, recevaient 300 000 livres. Les « pensions » aux artistes et écrivains atteignirent leur plus haut niveau en 1667 : 118 100 livres soit 0,10 % du budget annuel de l'État. Cette politique, néanmoins, porta ses fruits : comme le dit Georges Couton, « au prix d'un investissement modeste, les gratifications aux gens de lettres ont servi la " gloire du roi " dans l'immédiat, mieux encore dans les siècles suivants [1] ». Des savants étrangers se mirent soudain à faire le panégyrique du roi de France, à graver son nom en frontispice de leurs publications, à lui dédier leurs travaux, au point de chagriner les autres souverains d'Europe. Ainsi le pape interdit-il à Allatius de toucher sa gratification et l'Empereur doubla-t-il l'allocation qu'avait reçue Bœklerus! Officiellement, rien n'était demandé aux heureux bénéficiaires. « Sa Majesté, écrivait Chapelain au poète Girolamo Graziani, gratifie les gens de mérite par le seul motif d'agir en toutes choses royalement et point du tout dans la vue d'en attirer des louanges », mais il expliquait un peu plus loin « qu'il importait pour l'honneur de Sa Majesté que son éloge parût fait volontairement et, pour paraître volontaire, il fallait qu'il fût imprimé hors de ses États ». L'érudit hollandais Nicolas Heinsius se voyait suggérer par Chapelain de « faire quelque ouvrage en prose latine » en « forme d'éloge du roi », où l'on parlerait « de ses actions, de ses vertus, de sa valeur, de sa prudence, de la résolution qu'il a prise et qu'il exécute de conduire sa barque sans autre pilote que lui-même, chose inouïe en une jeunesse de vingt-quatre ans, de sa bonté, de son équité, de la connaissance qu'il a de ses droits (...), de la protection qu'il donne à ses alliés, de celle qu'il veut donner aux Muses, de l'ordre qu'il met à ses places, à ses troupes, à ses finances, de sa modération dans les divertissements (...), de sa royale gravité mêlée d'une douceur qui lui attire le respect aussi bien que l'amour des peuples, de

1. Georges COUTON, « *Pensions* aux gens de lettres », in *Dictionnaire du Grand Siècle*, sous la direction de F. BLUCHE, Paris, 1990.

ses richesses, de sa magnificence ». Quand les louanges tardaient, les récalcitrants se faisaient rappeler à l'ordre : « Le roi est généreux, écrivait encore Chapelain à Heinsius, mais il sait ce qu'il fait et ne veut point passer pour dupe. » Isaac Vossius était prié de « ne point venir à Paris s'il y devait venir les mains vides ».

La politique royale n'était pas nécessairement aliénatrice à l'égard des artistes. Elle imposait seulement des hommages obligés, une rhétorique, comme ces odes au « plus grand roi de la terre », qui servent de préface aux livres, aux opéras ou aux ballets (citons à titre d'exemple le délicieux prologue de *Médée*, l'opéra de Charpentier). Dans la société du XVIIe siècle, l'artiste sans soutien ni statut ne peut survivre, il a besoin d'une protection. Celle du souverain, pas pire qu'une autre et généralement meilleure, lui permettait de jouir d'une assez grande liberté de création. Sans l'appui de Louis XIV, Molière, jalousé, accablé d'ennemis, aurait-il pu écrire *Les Femmes savantes, Dom Juan* et surtout *Tartuffe*?

Colbert œuvra encore en d'autres domaines. C'est sous son impulsion que fut modernisé le Muséum, réorganisé le Jardin des Plantes, institué le Conservatoire des machines, arts et métiers. C'est lui encore qui enrichit la Bibliothèque royale, acquit la collection du banquier ruiné Jabach (101 tableaux et 5 542 dessins), créa le Cabinet des estampes. Partout et toujours il s'agissait d'affirmer la magnificence du roi...

Face à ce rouleau compresseur, les grincheux, les sceptiques, les persifleurs se tinrent à l'écart ou furent rejetés, réduits au silence, voyez Bussy-Rabutin ou Saint-Evremond. Quelques-uns versèrent dans le libertinage, d'autres dans le fanatisme ou la dissidence religieuse. Victimes de la censure, ils furent broyés, embastillés, pourchassés comme auteurs de libelles clandestins, d'écrits « infâmes » ou séditieux. Claude Petit, auteur d'un poème intitulé *Paris*, sera condamné pour blasphème et pendu. Autres impertinents, le graveur André Houatte et le sculpteur sur ivoire Simon Jaillot devront s'enfuir à l'étranger; l'abbé Pierre Valentin Faydit sera recherché pour ses écrits libertins. Dans le régime louis-quatorzien il n'y a pas de place pour l'opposant ou le marginal. S'étant mis sous la protection de Louvois, Pierre Mignard devra attendre la semi-disgrâce de son ennemi Charles Le Brun (après la mort de Colbert) pour s'imposer.

Le « roi machiniste »

Louis, dès l'adolescence, avait appris de son parrain la nécessité du spectacle comme arme politique. Il avait été élevé avec l'idée que, pour renforcer l'adhésion populaire et la cohésion des différents corps de la nation, l'État avait l'impérieux besoin de montrer concrètement sa puissance. Si le fils de Louis XIII fut bien ce « roi machiniste », metteur en scène de sa propre gloire, décidant du texte, des décors et des costumes, dont a parlé Jean-Marie Apostolidès [1], il fut en cela puissamment aidé par l'équipe de la Petite Académie, qui contribua à créer le mythe, à « fabriquer » Louis XIV. Ce modèle idéalisé rencontra un tel écho que, se détachant de la personne même du souverain, il devint une manière de « double » prenant son auteur à son propre piège. Louis, au départ volontairement dépossédé, se trouva peu à peu, par un mécanisme d'identification dont les psychologues seuls peuvent imaginer les ressorts, prisonnier de ce double, qui le hanta, l'obséda, l'écrasa parfois et que l'armée enthousiaste de ses thuriféraires ne cessa de lui brandir comme un miroir! La légende napoléonienne vient de Napoléon. Celle de Louis XIV, au contraire, est œuvre collective, fruit de l'attente de tout un peuple, expression d'un sentiment national très fort.

Peter Burke [2], télescopant volontairement les siècles pour mieux souligner les similitudes de situations, se risque à une comparaison entre la propagande moderne et celle du Grand Roi : c'est la même « politique spectacle ». Comme Louis XIV les hommes politiques de notre temps utilisent des « nègres » pour leurs discours, leurs mémoires, leurs lettres. Comme lui ils se servent de l'architecture, de la sculpture pour magnifier la puissance de l'État. Le Roi-Soleil savait tirer parti de ses ennuis de santé (la fameuse incision de la fistule en 1686 fut une belle opération de propagande destinée à exalter son courage physique et son stoïcisme). Mais nos modernes monarques démocrates n'en font-ils pas autant? Aujourd'hui encore c'est le même recours au héros omniscient, particulièrement

1. Jean-Marie Apostolidès, *Le Roi-Machine. Spectacle et politique au temps de Louis XIV*, Paris, 1981.
2. Peter Burke, *The Fabrication of Louis XIV*, New Haven et Londres, 1992.

dans les régimes autoritaires. La Bruyère n'insistait-il pas sur l'image du roi travaillant la nuit pendant que le peuple dort, comme plus tard le feront les admirateurs de Mussolini? Tout se retrouve, jusque dans la présentation typographique des manifestes. Le dictateur italien, par exemple, faisait écrire en lettres majuscules : DUCE, de même que le roi signait LOUIS. La suppression de la notice consacrée à Trotsky dans l'*Encyclopédie soviétique*, se demande Burke, n'est-elle pas à rapprocher de celle de la médaille représentant la destruction de Heidelberg? Ces remarques sont pertinentes, à condition de ne pas pousser trop loin les rapprochements ni de commettre d'anachronismes. Selon la nature des régimes, la propagande ne remplit pas le même rôle. Les dictateurs modernes ont besoin de l'adhésion populaire, quitte à fabriquer artificiellement l'opinion et à organiser des manifestations « spontanées ». Sous l'ancien régime, où le « mystère de l'État » s'ancre directement dans le Ciel, ce besoin est différent. Il ne faudrait pas non plus négliger l'identification du monarque avec la nation. Vanter la puissance et la grandeur du roi, ce n'est pas tant s'abandonner au culte de la personnalité que d'exalter la France. François Bluche a raison de le souligner, « l'encens est contribution à une propagande nationale, et pas seulement royale. Louer Louis XIV dans son gouvernement, c'est magnifier l'État [1] ». Cela permet de comprendre la richesse et la vitalité de l'art français : l'académisme n'est pas le jdanovisme, et l'absolutisme culturel n'a rien à voir avec le « réalisme socialiste »!

Le modèle choisi est celui de l'Antiquité païenne. Les *Métamorphoses* d'Ovide sont utilisées comme ouvrage de référence, avec des emprunts à l'Arioste ou au Tasse. L'Olympe s'installe dans l'Histoire et l'Histoire devient Fable. Louis est le nouvel Auguste – Puget de la Serre écrit une histoire comparée des deux règnes –, mais il est aussi Apollon, dieu de la poésie, des arts, dieu du jour et du soleil, qui dissipe les ténèbres; il est Jupiter triomphant, père et maître des autres dieux, celui qui a vaincu les Titans et les géants. Par sa force et son labeur il est Mars et Hercule, pour d'autres il incarne Mercure ou Neptune. Au gré de l'évolution de la politique royale, il est possible de puiser dans l'arsenal des mythes antiques avec la plus grande souplesse. A l'image du roi pacifique, qui

1. François BLUCHE, *Louis XIV*, Paris, 1986, p. 236.

donne la quiétude à ses peuples, succède l'image du roi de guerre et de gloire. A l'époque, observons que ce discours laudateur n'opère nullement sur un registre ésotérique : tout seigneur un peu cultivé, tout fils de bon bourgeois élevé au collège sait déchiffrer sans difficulté les rites de l'Olympe ou les douceurs bucoliques de l'Arcadie. Malgré les interdits de l'Église tridentine, les Jésuites ont utilisé cette grille de lecture comme base du savoir, se contentant d'ôter aux allégories mythologiques la charge de paganisme dont elles étaient imprégnées. Sans doute cela explique-t-il la résonnance de l'entreprise royale : Louis s'exprime et vit à l'unisson des élites de son temps. « Lorsqu'il prend le pouvoir, lorsqu'il choisit la gloire, écrit Nicole Ferrier-Caverivière, son image rayonne des flammes que toute une société, toute une civilisation ont allumées à partir de la sienne propre, comme un cierge s'allume à un autre cierge [1]. »

La fin du « sublime cornélien »

L'idéologie solaire et romaine était mieux qu'un culte outrancier de la personne royale, énorme pièce montée ruisselante d'écœurantes flatteries. Elle avait pour objectif de redéfinir autour de la monarchie un nouvel ordre, un nouvel ensemble de valeurs, de combattre ce que Paul Bénichou a résumé sous le nom de « sublime cornélien », cette morale héroïque de l'aristocratie belliqueuse. En effet les idéaux de la société noble, tels qu'ils existaient dans le premier XVIIe siècle, n'étaient pas compatibles avec la nouvelle cosmologie absolutiste. L'exaltation du moi, l'orgueil rebelle, l'arrogance, le goût un peu barbare et romanesque de la grandeur, le culte du héros – cet être d'exception qui refuse de se plier au joug de la morale ordinaire – comportaient trop de ferments individualistes pour s'intégrer à l'État moderne.

Ce n'était pas la première fois que la royauté capétienne cherchait à affirmer sa suprématie sur le féodalisme en mettant l'accent sur la « romanité » et l'idée d'*Imperium*. Mais, là, elle invitait la vieille aristocratie à se réformer de l'intérieur, à adopter une autre

1. Nicole Ferrier-Caverivière, « Louis XIV ou le Prince idéal dans la littérature française de 1660 à 1685 », *Travaux de linguistique et de littérature*, t. XXII, 2, 1984, p. 79. Du même auteur voir l'ouvrage essentiel, *L'image de Louis XIV dans la littérature française de 1660 à 1715*, Paris, 1981.

hiérarchie de valeurs. Il ne s'agissait pas de renoncer à tout, mais de discipliner ses folles impulsions, de réorienter son système de références vers le seul service du roi. Elle n'avait pas à se défaire de son goût impétueux de la gloire et du dévouement chevaleresque, de sa bravoure naturelle, de sa loyauté, de son mépris de la mort, mais à en éliminer les éléments égoïstes et anarchiques. Bref, un peu d'ordre et de régularité devait canaliser les vertus nobles et les comportements aristocratiques, discréditer les dérèglements et les outrances de la gent nobiliaire.

A partir des années 1660-1670 c'est chose faite : Boileau, au nom de l'idéal classique, ruine l'emphase tragique à la Corneille; Molière, se moquant des Dom Juan, des Pourceaugnac ou des Tartuffe, fait l'éloge de la raison et du bon sens. C'est le même combat que mène le roi lorsqu'il fait poursuivre les petits potentats d'Auvergne ou qu'il renforce la législation contre les duels. Un exemple nous fera mesurer le chemin parcouru par la monarchie dans son comportement face à l'idéologie nobiliaire : un peu plus d'un siècle auparavant, lorsqu'en juillet 1547 Guy Chabot, seigneur de Jarnac, offensé par La Châteigneraie, provoqua ce dernier en combat singulier, le célèbre duel, considéré comme « jugement de Dieu », eut lieu en présence de Henri II, de la reine, de Diane de Poitiers et de toute la cour. Pareil spectacle est inimaginable sous Louis XIV. Autre exemple, les « recherches de noblesse » visant à éliminer les usurpateurs; à côté des raisons fiscales chères à Colbert elles ont un aspect social évident : la monarchie n'admet de noblesse qu'estampillée par elle!

Le ballet de cour

Cette intégration du second ordre de la nation va se poursuivre par une série de rites initiatiques, qui précèdent de quelques années l'épanouissement de la société de cour. Tel est le sens des ballets, des fêtes et carrousels qui se multiplient à l'époque et qui font suite à ceux de la période mazarine.

Le *Ballet des Saisons* est dansé pour la première fois durant l'été de 1661, à Fontainebleau, par le roi, sa belle-sœur Henriette d'Angleterre, Mlle de la Vallière, le comte de Guiche et une multitude de courtisans. Il puisait directement son inspiration dans les *Métamorphoses* d'Ovide. L'année suivante, pour l'inauguration du théâtre des Tuileries, est représenté le ballet de l'*Ercole amante*, écrit par l'abbé Buti et mis en musique par Francesco Cavalli. Dans cette œuvre, le symbolisme solaire sert encore à exprimer le retour à l'ordre. Après l'arrivée de l'Aurore, Louis paraît sur scène suivi des Heures. Tous les principaux personnages de la cour jouent un rôle : Condé, son fils le duc d'Enghien, les filles de Gaston d'Orléans, la reine Marie-Thérèse elle-même. L'harmonie du ballet est une invitation à composer un espace politique nouveau dans lequel va se déployer la monarchie absolutiste. D'autres ballets suivent, car la jeunesse, y compris en province dans les collèges jésuites, prend goût à ce divertissement chorégraphique, à la fois gai, galant et exubérant. Les parents poussent leurs enfants à se faire remarquer de l'excellent danseur qu'est Louis. Voici le *Ballet des Arts*, *Les Noces de village* (1663), *Les Amours déguisées* (1664), *La Naissance de Vénus, La Réception d'un gentilhomme de campagne, Le Ballet de Villers-Cotterêts* (1665), *Les Muses* (1666), *Les Grottes de Versailles* (1668). En 1669, c'est le *Ballet de Flore*, où le roi à nouveau figure l'astre du jour. L'année suivante, on joue *Les Amants magnifiques*. Mais le genre s'épuise. Le 14 février 1670, Louis XIV monte pour la dernière fois sur les planches, laissant au comte d'Armagnac et au marquis de Villeroy puis à des comédiens le soin d'interpréter les rôles écrits pour lui. A cette époque le ballet a perdu de son utilité pour le pouvoir. S'épanouit alors une autre forme culturelle, apparue en 1661 avec *Les Fâcheux*, la comédie-ballet, dépourvue de toute arrière-pensée politique. L'exemple type en est *Le Bourgeois gentilhomme* de Molière (1670). L'opéra prendra à son tour le relais. Les gentilshommes de la cour, cessant de jouer leur propre assujettissement à l'ordre monarchique, deviendront de simples spectateurs. Les techniques chorégraphiques mises au point par le danseur Beauchamp et l'Académie de danse sonnent le glas de l'amateurisme du courtisan-comédien [1].

Les fêtes royales étaient extrêmement populaires, au point parfois de provoquer des désordres. En 1658, au ballet d'*Alcidiane*, il

1. M. MAC GOWAN, *L'Art du ballet de cour en France*, Paris, 1963, et M.-F. CHRISTOUT, *Les Ballets de cour*, Paris, 1967.

fallut trois heures à deux étudiants suédois de passage à Paris pour entrer dans la salle. Au Grand Divertissement royal de Versailles, le 18 juillet 1668, la reine mit une demi-heure avant de pouvoir gagner son fauteuil! Des ministres furent battus. Les envoyés de l'Empereur, des rois de Suède et de Portugal se virent interdire l'accès de la comédie. Les cours étrangères étaient cependant minutieusement informées de toutes les réjouissances du règne : des programmes, des livrets, des relations imprimées, des gazettes en vers ou en prose (*La Muse historique* de Loret, continuée par Robinet, La Gravette de Mayolas, Perdou de Subligny...), *Le Mercure galant* de Donneau de Visé, des planches gravées étaient distribuées gracieusement aux souverains étrangers par les ambassadeurs français. Rien n'était négligé : il y allait de la gloire du roi!

Le carrousel

La première des grandes fêtes du règne personnel de Louis XIV fut le fameux carrousel des 5 et 6 juin 1662, qui eut lieu aux jardins de Mademoiselle, sous les fenêtres du Louvre et des Tuileries, l'actuelle place du Carrousel, et dont l'éclat estompa le souvenir de la fête des chevaliers de la Gloire, donnée place Royale en l'honneur du mariage de Louis XIII et d'Anne d'Autriche. Le prétexte en était la naissance du dauphin Louis en 1661. Le terme même de carrousel est riche de sens, comme l'explique dans son *Traité des tournois* le père jésuite Ménestrier, théoricien des fêtes (et des pompes funèbres!) sous Louis XIV. *Carrus sol* (char du soleil) a donné « carro del sol » en espagnol, « carozela » en italien : c'est ce mot rapporté d'Italie par les armées de Charles VIII qui devint « carrousel ». Devant une tribune officielle et des gradins où s'entassaient plusieurs milliers de spectateurs, cinq quadrilles étaient appelés à se mesurer en une sorte de tournoi-ballet, fête sportive mi-guerrière mi-galante agrémentée de courses de bagues et de têtes. Chaque quadrille, composé d'un chef et de dix chevaliers (avec timbaliers, trompettes, estafiers, palefrenier, page, aide de camp et maréchal de camp), figurait une nation : la première, dirigée par le roi, était celle des Romains; la seconde, dont Monsieur était le chef, celle des Persans; la troisième, derrière le prince de Condé, celle des Turcs; la quatrième, conduite par le duc d'Enghien, celle des Indiens, et la cinquième, par le duc de Guise, celle des « sauvages d'Amérique ».

La relation de Perrault, les gouaches de Bailly, les gravures de Sylvestre et Chauveau permettent d'imaginer la magnificence et l'exotisme des costumes, le chatoiement des couleurs, le faste du défilé. Le roi, habillé en empereur romain, portait un corps de cuirasse en brocart d'or et d'argent parsemé de rubis. Son écharpe était ornée de roses de diamant. Le casque en argent massif, rehaussé de feuilles d'or, était surmonté d'une imposante crête de plumes noires et feu. A sa taille pendait un cimeterre d'or. Les membres de sa suite arboraient ses couleurs : or, argent et feu, symboles du soleil, de la dignité royale et de la vie. Les quatre autres brigades étaient conduites par les quatre plus grands personnages du royaume, selon l'ordre protocolaire. La brigade de Monsieur avait pour couleur dominante l'incarnat et le blanc, celle du prince de Condé, le bleu, le blanc et le noir, celle du duc de Guise, le vert et le blanc. Le défilé des Sauvages fut accompagné d'une représentation costumée d'animaux exotiques ou imaginaires : perroquet, dragon, licorne..., le tout dans une débauche de plumes multicolores, de satin, d'hermine, de brocart et d'or.

Sur son écu le roi portait pour emblème un soleil dissipant les ténèbres, avec cette formule : *Ut vidi vici* (« Sitôt que j'ai vu, j'ai vaincu »), décalque évident du mot de César : *Veni, vidi, vici.* Les devises des autres cavaliers en latin ou en italien – toutes sorties de l'imagination féconde du poète Isaac de Benserade – traduisaient la soumission des nations à la majesté solaire, maître de l'univers. Le bouclier de Monsieur portait une lune avec ces mots : *Uno sole minor* (« Seul le soleil est plus grand que moi »), celui du prince de Condé, un croissant avec pour devise *Crescit ut ascipitur* (« Il augmente selon qu'il est regardé »). Le duc d'Enghien arborait une planète avec les mots : *Magno de lumine lumen* (« Lumière qui vient d'une plus grande »). Le duc de Guise présentait sur son écu un lion terrassant un tigre : *Altiora praesumo* (« J'aspire à de plus grandes choses »). Celui de Saint-Aignan offrait un laurier exposé au soleil, *Soli* (« A lui seul »). Celui du comte de Vivonne portait un miroir ardent avec pour devise : *Tua munera jacto* (« Je répands tes présents »), celui du comte du Lude, un cadran exposé au soleil : *Te sine nomen iners* (« Sans toi je ne suis rien »), celui du comte de Navailles, un aigle regardant le soleil : *Probasti* (« Tu m'as éprouvé »). Le marquis de Villequier montrait un aigle en vol avec les mots : *Uni militat astro* (« Il combat pour un seul astre »). Le comte de Duras avait un lion regardant l'astre du jour : *De tuoi sguardi mio ardore* (« De tes regards vient mon ardeur »), le marquis d'Ouailly, un rosier tourné lui aussi vers le soleil, *Respice florabo* (« Regarde-moi, je refleurirai »)...

Ce jeu d'emblèmes n'avait rien d'innocent. Il s'agissait toujours d'affirmer la suprématie royale. L'image de l'*Imperator* romain suggérait l'idée de monarchie universelle, soumettant tous les grands empires de la terre; celle du soleil montrait que seul le monarque français était source de rayonnement et de vie, organisateur de l'espace politique. Avec le carrousel de 1662 s'achève le concept de « Roi-Soleil », ébauché par les rêveries politico-mystiques du moine Campanella et poursuivi par les ballets de cour mazariniens. Ce n'était certes pas la première fois que le thème solaire était utilisé : on le trouve dans les religions égyptienne et babylonienne. L'empereur Aurélien organisa son culte. Philippe II, ancêtre de Louis XIV, l'avait choisi pour corps de ses devises ainsi que plusieurs monarques français, Charles V, Louis XI, Charles VIII et Charles IX. Mais c'est avec Louis XIV qu'il connut sa plus ample diffusion [1]. C'est de l'époque du carrousel que date le fameux *Nec pluribus impar*, si difficile à traduire, qui sera la devise définitive du roi. Imaginée par un certain Douvrier, elle fut critiquée en raison de son caractère abscons [2].

En filigrane, on admirera le dessein politico-théâtral du roi, savamment médité, minutieusement préparé depuis plusieurs mois. « A l'aurore d'un règne qui allait avoir raison des grands feudataires, remarque Jean-Pierre Néraudau, il eut le coup d'audace et de génie de leur faire jouer la parade de leur propre déclin et de son triomphe; il leur donna le spectacle de leur grandeur dans un jeu qui était le prélude à leur asservissement [3]. » Pour Louis il s'agissait non seulement de s'affirmer physiquement vis-à-vis de la haute noblesse, de défiler à sa tête comme un roi-chevalier ou un roi-

1. Agnès JOLY, « Le Roi-Soleil, histoire d'une image », *Revue de l'histoire de Versailles,* oct-déc. 1936, p. 213-235; Louis HAUTECOEUR, *Louis XIV, Roi-Soleil*, Paris, 1953.

2. *Nec pluribus impar* : littéralement « Il n'est pas inégal à plusieurs » (ou à des tâches plus nombreuses), ce qui veut dire que, comme le soleil peut éclairer d'autres mondes, le roi est capable de gouverner en même temps d'autres empires.

3. Jean-Pierre NÉRAUDAU, *L'Olympe du Roi-Soleil. Mythologie et idéologie royale au Grand Siècle*, Paris, 1986, p. 49.

gentilhomme, mais aussi d'intégrer ce groupe à la recherche d'une identité collective dans un nouveau pacte national, de construire un système où les Grands seraient ses « clients » directs, enfermés dans l'étroite dépendance de la nécessité. Au lieu d'un tournoi chevaleresque de rudes seigneurs armés de lances meurtrières (songeons à celle qui tua Henri II), on proposait aux seigneurs aux griffes limées un simple carrousel avec des armes de parade ! Sans qu'on y prenne garde, la fête faisait partie du processus de centralisation de l'État royal !

Les plaisirs enchantés

Le carrousel, grande réjouissance populaire offerte aux Parisiens ainsi qu'aux provinciaux et aux étrangers fut la dernière fête urbaine du règne. Le divertissement des *Plaisirs de l'île enchantée*, qui se déroula à Versailles du 7 au 12 mai 1664, fut réservé à un public restreint, trié sur le volet.

Ce fut une suite ininterrompue de ballets, courses de bague, loteries, promenades, banquets, mascarades, dans un accompagnement de trompettes, flûtes et violons, dans un somptueux déploiement de costumes, de décors et de machineries baroques. La troupe de Molière joua *La Princesse d'Elide, Les Fâcheux, Le Mariage forcé* et la première version du *Tartuffe*. Le spectacle principal, thème de la féerie, avait été composé par le comte de Saint-Aignan à partir d'un épisode du *Roland furieux* de l'Arioste. Il avait pour thème l'aventure de Roger et de ses compagnons, faits prisonniers par les charmes de la magicienne Alcine, charmes rompus par l'anneau magique d'Angélique. Par un curieux syncrétisme, les souvenirs médiévaux se mêlaient de réminiscences antiques. C'était aussi une fête chevaleresque assortie d'un rite initiatique : la métamorphose du héros Roger, joué par le roi, en un souverain parfait qui renonce aux jouissances faciles et immédiates, à travers une suite d'épreuves symboliques. Mutation alchimique en quelque sorte, suivie de celle de l'aristocratie guerrière, invitée une fois de plus à sortir de sa chrysalide de fer pour devenir noblesse de cour et de velours...

Le 9 mai, devant le Rondeau des Cygnes, dans un décor conçu par l'ingénieur Vigarani, se déroula le cœur de la représentation. Le roi portait pour écu l'image du soleil et pour devise : *Nec cesso*, *nec erro* (« Je ne m'arrête ni ne m'égare »). Comme pour le carrousel, les armes de ses principaux compagnons étaient riches d'enseignement politique. Le marquis de Villequier arborait un aigle planant devant le soleil : *Uni militat astro* (« C'est pour un seul astre qu'il combat »). Le duc de Coislin s'enorgueillissait d'un héliotrope faisant face au soleil avec cette devise : *Splendor ab obsequio* (« Il tient son éclat de son obéissance »). Le marquis de la Vallière, frère de la favorite, avait pour devise un phénix incendié par le soleil sur un rocher : *Hoc juvat uri* (« C'est un bonheur d'être brûlé par un tel feu »). Ainsi, dans le nouvel ordre héliocentrique, les Grands et les courtisans étaient-ils priés de n'être que de simples satellites de l'astre royal, tournant autour de lui avec obéissance et régularité et ne reflétant que son éclat. Deux autres seigneurs, le prince de Marcillac et le duc de Saint-Aignan, avaient pour corps une pièce d'horlogerie : toujours l'idée d'harmonie politique calquée sur l'harmonie céleste. La noblesse cessait d'être un monde autonome et chaotique d'astéroïdes indépendants pour devenir un monde cosmique réglé et soumis. Louis XIV, inlassablement, poursuivait son idée de transformer les nobles en fidèles, prêts à se dévouer pour lui corps et âme jusqu'à la mort.

Nous sommes ici, il importe de le souligner, dans une étape transitoire de ce qu'il est convenu d'appeler la « domestication de la noblesse » : le Versailles de 1664 reste, à peu de chose près, le « château de cartes » de Louis XIII. La cour n'est pas encore composée de ces milliers de gentilshommes attirés par le soleil royal comme les mouches par la lumière. Les invités à cette fête fugitive n'étaient pas plus de six cents.

Le grand malentendu

Et pourtant cet éclat, ce discours, ces délires olympiens sans cesse repris par les écrivains et les artistes, ces médailles, ces gazettes généreusement distribuées inquiètent déjà l'Europe. Des ambassadeurs, des voyageurs, des journalistes invités à ces réjouissances, au lieu de revenir enthousiasmés, éprouvent un malaise qu'ils ne tardent pas à transmettre à leur pays. Dès 1663 le diplomate anglais William Temple évoquait avec une crainte mêlée de fascination « cette grande comète qui s'est levée rapidement, le roi de

France, qui veut être non seulement contemplé, mais admiré du monde entier ».

L'erreur des puissances étrangères fut de ne pas comprendre que les jeux guerriers de la jeune cour, ces costumes d'apparat, cette débauche de baudriers d'or, de cuirasses niellées, ces décors en trompe-l'œil et ces machineries en carton-pâte correspondaient à un besoin immodéré de fantaisie, d'enchantement romanesque et de féerie, après des années de guerres civile et étrangère. Cet univers ludique renvoyait à une réalité transfigurée, un paradis perdu, destiné moins à impressionner l'univers entier qu'à exorciser le chaos des frondes et des révoltes nobiliaires. Il s'agissait de reprendre en main l'aristocratie brouillonne et indisciplinée, de lui offrir un idéal susceptible de l'occuper en temps de paix, de la détourner des cabales. En renouvelant les tournois d'autrefois, les carrousels et les fêtes invitaient le gentilhomme paradeur et gaspilleur à se transformer en courtisan soumis et comblé. Elles annonçaient la société de cour et son économie ostentatoire. Sous le masque du divertissement, c'était un appel à s'évader de la grisaille des jours ordinaires, à se jeter à corps perdu dans la pompe, le jeu, le spectacle et l'artifice. Plus tard, quand quelques prouesses guerrières viendront conforter ce rêve, celles-ci seront aussitôt magnifiées au point d'être déformées, transposées dans ce monde de gloire factice, peuplé d'allégories, où semblait se mouvoir avec plus d'aisance que dans la réalité le jeune Louis.

Mais – et c'est là que réside le plus grave malentendu du règne – l'Europe prit pour elle ce discours triomphaliste et hyperbolique dont elle n'était pas le destinataire. Au lieu de décrypter correctement le message, elle crut – ou voulut croire – au mythe de la « monarchie universelle » et de son *Imperator* qui, tel César ou Alexandre, aspirait à dominer le monde! Tragique erreur! Les ambitions royales en politique étrangère étaient sans rapport avec cette propagande impérialiste et expansionniste à usage interne, destinée à renforcer la machine étatique. Une économie mercantiliste et une politique nationale de frontières sûres n'ont jamais conduit à l'*Imperium*. Mais était-ce vraiment de la personne royale et de son ardente jeunesse qu'avait peur l'Europe? N'était-ce pas plutôt de la France, en tant que grande puissance, compacte, homogène, unie déjà en un État-nation, autour de son souverain et l'encensant avec une passion, une ivresse où transparaissent un fort nationalisme, une inébranlable volonté d'être et de s'affirmer? Un pays capable de diviniser à ce point son monarque n'est-il pas nécessairement dangereux dans le concert des nations?

CHAPITRE XII

Le cœur et la raison

Louise de la Vallière

Éduquée à l'espagnole au sein d'une cour austère, réputée pour son étiquette rigide et pétrifiante, la reine Marie-Thérèse était arrivée en France ne sachant que quelques bribes de français mal prononcées (elle disait *servilietta* pour serviette et *eschevois* pour chevaux...). Si elle améliora sa diction et son vocabulaire, jamais elle ne s'adapta aux mœurs de son pays d'adoption, jamais elle ne parvint à s'y épanouir ni à y tenir son rang. Très timide, elle se replia sur elle-même, avec pour compagnie le cercle étroit de ses dames d'honneur, de ses femmes de chambre espagnoles, de deux ou trois nains venus d'Espagne ou des pays maures et d'une ribambelle de petits chiens, bien pomponnés, que des laquais en livrée emmenaient promener en carrosse. Elle était mesquine, susceptible, un tantinet boudeuse, croyant toujours qu'on la méprisait.

Pourtant elle ne manquait pas de qualités, et de très belles. Elle était douce, vertueuse, charitable brûlant d'amour pour Dieu en même temps qu'attentive à la misère des pauvres. Elle visitait les hôpitaux, s'occupait des grabataires et des incurables, intervenait pour libérer les prisonniers pour dettes, s'intéressait à la conversion des huguenots. Grâce à elle nombre de couvents recevaient des pensions régulières. Cette femme – si cruellement dénigrée – rayonnait de sainteté, mais, il faut en convenir, n'était guère faite pour occuper le trône de France au côté d'un prince épris d'éclat et d'apparat. Sa sensibilité religieuse était tournée vers la piété franciscaine, la plus dépouillée. En octobre 1660, peu après son mariage, elle avait reçu l'habit du tiers ordre de saint François. La majeure partie de son temps se passait en prières et en oraisons et parfois elle assistait à trois offices par jour [1].

Quant à son royal mari, elle l'aimait profondément, passionnément, exclusivement. De ses six enfants cinq moururent en bas âge : Anne Élisabeth (novembre-décembre 1662), Marie-Anne dite la « petite Madame » (novembre-décembre 1664), Marie-Thérèse (janvier 1667-mars 1672), Philippe, duc d'Anjou (août 1668-juillet 1671) et Louis François, duc d'Anjou (juin – novembre 1672). Seul le premier, Louis de France, dit le Grand Dauphin, né le 1er novembre 1661, parvint à l'âge adulte.

Tout en continuant à remplir son devoir conjugal, très vite Louis XIV se lassa de cette peu séduisante épouse, avec laquelle il n'échangeait que des banalités ; très vite, il chercha ailleurs d'autres compagnies féminines... Dès le printemps de 1661 sa belle-sœur, Henriette d'Angleterre, qui venait d'épouser son frère Philippe d'Orléans, retint son attention. Grande, osseuse, le dos rond, la figure émaciée, la lèvre inférieure épaisse, Madame n'était point belle, mais son teint opalin, joint à une douceur naturelle et charmante, lui donnait un air d'insaisissable Ophélie. Elle avait beaucoup d'esprit, infiniment de goût et, par-dessus tout, ce don inimitable de plaire qui contrastait avec la morgue ordinaire des altesses royales. Bref, Louis XIV fut séduit par les sortilèges de cette adolescente de seize ans, sans voir, sous son masque d'ange charmeur, ni la coquetterie ni la rouerie féminine ni surtout l'instinct de domination.

Henriette, de son côté, avait été vite déçue de son époux, Monsieur, petit, rondelet, au visage long avec un grand nez et de vilaines dents, et dont les hauts talons donnaient l'allure d'un échassier ridicule. L'exemple déplorable de son oncle, Gaston, qui avait passé sa vie à conspirer, pesa sur ce cadet inoffensif comme une terrible fatalité. Sciemment Mazarin avait négligé son éducation, encouragé ses défauts, sa futilité, sa gourmandise, son goût de la parure et des commérages. A dessein on avait détruit son équilibre psychologique, pourri son âme, pour en faire un être efféminé

1. Jacques SAINT-GERMAIN, *Louis XIV secret*, Paris, 1970, p. 108-147, et Bruno CORTEQUISSE, *Madame Louis XIV*, Paris, 1992.

ne songeant qu'à se parfumer, à se couvrir de mouches, de fard ou de bijoux et à enfiler des robes. Narcisse mou et bavard, Philippe, duc d'Anjou, puis duc d'Orléans à la mort de son oncle, devint un inverti, adepte du « vice italien », que lui avait enseigné, dit-on, Philippe Mancini, duc de Nevers et neveu du cardinal. Personnage dérisoire et pitoyable – qui ne manquait pas de courage pourtant, comme le montra sa conduite héroïque à Cassel –, Monsieur, couvert de bracelets, poudré et enrubanné, enduit de parfums violents, avait son parterre de mignons qui ne songeaient qu'à le gruger et dont l'archange, à la fois superbe et inquiétant, était le fameux comte de Guiche, fils du maréchal de Gramont. Henriette ne fut pas longue à saisir le tréfonds de son âme, son égoïsme, sa mesquinerie, sa veulerie. Flattée de voir le roi s'intéresser à elle, elle ne tarda pas à répondre à son amitié amoureuse et à se jeter dans l'aventure sans trop en discerner l'issue.

Il sauta vite aux yeux de tous que Louis et Henriette s'aimaient tendrement. Monsieur, courroucé, se plaignit à sa mère du manège de sa femme. Afin d'éviter le scandale, Madame, nourrie de romans précieux, incita le roi à se servir du stratagème du « chandelier » : feindre de courtiser une de ses filles d'honneur pour détourner l'attention. La victime choisie s'appelait Louise de la Baume le Blanc, demoiselle de la Vallière. Cette jolie Tourangelle de dix-sept ans avait la taille fine, un corps souple et élancé, un visage gracieux et de très beaux cheveux blond argenté. Le son de sa voix, à en croire Mme de Caylus, allait droit au cœur et son regard était saisissant de douceur angélique.

L'entreprise fut aisée : la jeune ingénue aimait le roi en secret depuis des mois. Charmé de tant de candeur et de spontanéité, Louis se laissa prendre à son propre piège et en oublia Madame. L'aventure, cette fois, ne resta pas platonique. Louis et Louise devinrent amants. Autour de Marie-Thérèse régnait la conspiration du silence. Dans l'entourage de la reine mère, les dévots et les censeurs s'inquiétaient et s'indignaient. Du haut de leur chaire, les orateurs sacrés – notamment Bossuet, qui faisait alors ses débuts à la cour – stigmatisaient la galanterie, le désordre des passions et les mauvaises mœurs. Mais dans ce milieu, ivre de spectacles et de jeux, bruissant de plaisirs, qui donc songeait à se convertir?

S'installant dans l'adultère, le roi s'était éloigné de la religion. Il ne se confessait plus, ne communiait plus. A la Pentecôte de 1664, comme Monsieur lui demandait s'il ferait ses dévotions, il répliqua « qu'il ne ferait pas l'hypocrite comme lui, qui allait à confesse parce que la reine mère le voulait ». Il n'était pas « libertin » au sens que le siècle donnait à ce mot, mais il méprisait les cagots et les dévots. C'est dans cette atmosphère qu'il faut situer la fameuse querelle du *Tartuffe*.

Malgré le respect affectueux qu'il conservait pour sa mère, il est certain qu'il s'éloignait d'elle. C'était aussi pour lui une manière de s'affirmer, car ce roi qui avait crânement déclaré qu'il gouvernerait seul, sans prendre de premier ministre, qui avait fait arrêter son surintendant des finances avec l'éclat que l'on sait, souffrait des liens de soumission que lui imposait la piété filiale. Aussi les scènes entre eux deux étaient-elles de plus en plus fréquentes. Madame de Motteville les rapporte dans ses *Mémoires*. Pendant trois ans la liaison du roi, même si elle était connue d'à peu près toute la cour, demeura discrète, et Louise cacha ses premières grossesses [1].

Le 20 janvier 1666, Anne d'Autriche, rongée depuis des mois par un cancer du sein qui la faisait atrocement souffrir (on cherchait à cautériser sa plaie avec de la chaux vive!), mourut. Les larmes du monarque furent sincères. Il regretta cette mère tendre et dévouée, qui avait tout fait dans les moments difficiles pour préserver son trône. Mais il ne changea pas de conduite. Tout au contraire! Enfreignant les dernières barrières morales, il s'afficha avec sa maîtresse. Louise souffrit de quitter les clairs-obscurs et les demi-teintes qui convenaient mieux à son humilité. Elle n'aspirait qu'à se dérober aux regards du monde. C'était là son drame : elle rêvait de l'ombre et lui du soleil! Ils étaient trop différents. Dès lors, la passion du roi déclina.

1. Louise de la Vallière eut quatre enfants du roi. Les deux premiers moururent en bas âge. Le troisième, une fille, Marie-Anne, fut légitimé et titré demoiselle de Blois (née le 2 octobre 1666 au château de Vincennes, elle mourut à Paris le 3 mai 1739). En 1680 elle se maria avec le neveu du Grand Condé, Louis Armand de Bourbon, prince de Conti, dont elle devint veuve cinq ans plus tard. Le quatrième, né au château de Saint-Germain le 3 octobre 1667, fut légitimé sous le nom de Louis de Bourbon, comte de Vermandois. Il mourut d'une « fièvre maligne » en 1683.

Madame de Montespan

A l'automne de 1666 Louis commença à s'intéresser à une dame d'honneur de la reine, Françoise – dite Athénaïs – de Rochechouart de Mortemart, marquise de Montespan. De quatre ans plus âgée que Mlle de la Vallière, c'était une beauté ravissante dans l'éclat de ses vingt-six ans. Avec ses cheveux blonds soyeux, ses grands yeux couleur d'azur, sa bouche vermeille et délicate, son nez aquilin finement dessiné, son port de déesse, chacun convenait qu'elle était belle comme le jour. Ce qui ne gâtait rien – tout au contraire –, c'est qu'elle débordait d'esprit, ce fameux esprit des Mortemart, que les contemporains décrivent comme une manière particulière de tourner la plaisanterie, de lancer des saillies malicieuses assaisonnées de « picoteries », badines ou cruelles, et de singer d'un air moqueur les courtisans les mieux établis.

Louis, las de la tendresse un peu languissante de sa maîtresse, fut charmé par les minauderies de cette coquette. La sachant mal mariée à un Gascon atrabilaire, joueur et dépensier, qui passait le plus clair de son temps à courir les usuriers et les prêteurs sur gages, il entreprit sa conquête. Quelques mois d'une cour pressante eurent raison des scrupules de la belle. En mai 1667 elle suivit le roi et la reine sur la route des Pays-Bas espagnols. Entre la prise de Charleroi et celle de Tournai, à l'étape d'Avesnes, Mme de Montespan laissa son soupirant remporter sa plus belle victoire...

Mme de Longueville, qui n'avait pas suivi son royal cousin dans son périple militaire, fut surprise de le voir à son retour plein d'aisance et de confiance. Lui d'ordinaire gauche, mal à l'aise avec les femmes, avait totalement changé. « A cette heure, dit-elle, ce n'est plus ainsi, il commence, il soutient la conversation comme un autre homme. » A vingt-sept ans, la découverte des ivresses de Cythère dans les bras de l'ensorcelante Mortemart l'avait transformé. C'était bien la fin d'une époque, celle des amours juvéniles.

En dépit des précautions prises, M. de Montespan apprit la liaison de sa femme à son retour d'un voyage en Gascogne. Cet Alceste grincheux, en habit sombre et talons crottés, fit un retentissant esclandre au château de Saint-Germain, vomissant mille injures contre sa femme et Mme de Montausier, soupçonnée d'être l'entremetteuse. Vite arrêté, le trublion fut enferme au Fort-l'Évêque, puis exilé sur ses terres.

Dès le mois de mai 1667 le roi avait donné à sa manière un congé à Mlle de la Vallière, en la créant duchesse de Vaujours. Malgré l'évidence de sa défaite, Louise refusa de céder la place. Elle se cramponna à sa position, acceptant tout pour garder les braises mourantes de l'amour royal : les rebuffades de son amant, les railleries de la nouvelle favorite, le mépris de la cour. Cette résignation bien humiliante laissait deviner l'intensité de sa passion. Au prix de cette situation dégradante elle parvint à se maintenir plusieurs années, obtenant du monarque quelques « retours », surtout pendant les grossesses de « l'autre ». Celui-ci, tel un satrape oriental, s'affichait dans ses déplacements en province avec Marie-Thérèse et ses deux maîtresses dans le même carrosse. Les paysans, éberlués, parlaient d'aller voir les « trois reines »... [1]

On s'est beaucoup interrogé sur le comportement de cet homme, si maître de lui, si soucieux de donner une image hiératique et solennelle et par ailleurs si fougueux, si avide qu'il lui fallait plusieurs femmes en même temps. Était-il polygame par nature, comme certains l'ont dit? N'exagérons rien! C'est plutôt l'égoïsme naturel du souverain que l'on doit mettre en avant ici, son horreur des scènes de rupture et du changement en général, son souci de la paix domestique. On verra se reproduire la même situation lorsque Mlle de Fontanges aura à supporter la présence de Mme de Montespan et celle-ci, celle de Mme de Maintenon.

Pour contraindre sa rivale à partir, Mme de Montespan fut odieuse comme elle savait l'être. Elle la traita en femme de chambre, se plut à exiger qu'elle mît la dernière main à sa coiffure ou à sa toilette. Ce surcroît d'épreuves et d'humiliations poussa Louise à la conversion. En 1670, après une grave maladie qui lui avait fait entrevoir les portes de la mort, elle avait jeté sur le papier de bouleversantes *Réflexions sur la miséricorde de Dieu*, qui furent publiées dix ans plus tard. Sous ses robes de bal elle porta le cilice. Conseillée par un petit groupe de dévots, dont le père jésuite Bourdaloue, Bossuet, ancien évêque de Condom devenu précepteur du dauphin, le maréchal de Bellefonds, le duc de Beauvillier, Louise

1. De ses amours avec le roi Mme de Montespan eut sept enfants, dont quatre atteignirent l'âge adulte : 1°) Louis Auguste de Bourbon, né le 31 mars 1670, légitimé de France et titré duc du Maine, 2°) Louise Françoise de Bourbon, demoiselle de Nantes, qui épousa Louis III duc d'Enghien, petit-fils du Grand Condé, 3°) Françoise Marie de Bourbon, seconde Mlle de Blois, qui s'unit à Philippe, duc de Chartres, le futur Régent et 4°) Louis Alexandre de Bourbon, né à Versailles en 1678, légitimé comte de Toulouse.

enfin se retira en avril 1674. Elle fit une visite d'adieu à Louis XIV, que l'on vit les « yeux fort rouges », puis à la reine à qui, courageusement, elle présenta des excuses publiques. Elle entra au couvent des Grandes Carmélites du faubourg Saint-Jacques, y prononça ses vœux perpétuels et y mourut en 1710 à l'âge de soixante-six ans, après trente-six années de vie religieuse. Le roi accueillera la nouvelle avec indifférence : « C'est, expliquera-t-il, qu'elle était morte pour moi du jour de son entrée aux Carmélites ! »

Crise religieuse et frénésie sensuelle

De sa solide éducation chrétienne le roi n'avait conservé qu'un vernis de pratiques sans racine, une religion de pure forme dénuée de convictions profondes, enlisée dans la routine. Certes, il faisait les actes de dévotion prescrits par ses confesseurs, récitait son chapelet, même lorsqu'il était en campagne. Mais le cœur n'y était pas. Pour tout dire, le Roi Très-Chrétien vivait comme un païen, sans voir la nécessité de rompre avec l'univers tourmenté de ses passions. Si chaque matin il assistait à la messe, l'après-midi il n'omettait pas de se glisser dans les draps de sa maîtresse pour une heure ou deux ! Il ne prisait guère les prêtres en général et pensait pouvoir racheter ses péchés par les exercices de piété auxquels il s'astreignait.

Parfois des scrupules venaient troubler sa conscience, en particulier au moment des grandes fêtes religieuses : son inconduite prolongée le privait des sacrements de pénitence et de l'eucharistie. Il en souffrait. Parfois aussi les exhortations des prédicateurs parvenaient à percer sa carapace d'indifférence. En 1675, prêchant le carême pour la troisième fois consécutive, le père Bourdaloue interpellait le souverain sur sa conduite morale. Plus habile, Bossuet chercha par de fréquents entretiens en tête à tête à l'émouvoir et le convertir. Dans une longue instruction qu'il lui avait remise, il lui expliquait que l'essentiel de la vie chrétienne résidait dans l'amour de Dieu et l'ardent désir de suivre ses volontés. Louis fit d'abord l'étonné : « Je n'ai jamais ouï parler de cela ; on ne m'en a rien dit ! » mais il finit par se rendre et promettre de rompre avec Mme de Montespan. S'étaient-ils donné le mot ? En tout cas, en avril

1675, au moment où Bossuet multipliait ses exhortations, un vicaire de Versailles refusa l'absolution à Athénaïs : « Allez, madame, cessez vos scandales et vous viendrez vous jeter aux pieds des ministres de Jésus-Christ! » La favorite, en rage, se retira.

La résolution du roi dura un an. Mais, au printemps de 1676, tout recommença. Mme de Montespan triompha. Mme de Sévigné la décrit rayonnante de splendeur, surveillant les travaux de son château de Clagny, à Versailles, donnant ses ordres à 1 200 ouvriers au milieu des marbres et des orangers en caisse : c'était Didon faisant bâtir Carthage! La voici partant pour Bourbon-l'Archambault soigner ses rhumatismes : elle est dans une calèche, suivie du carrosse de ses six filles d'honneur, de deux fourgons, de six mulets; son train est de quarante-cinq personnes dont une douzaine de cavaliers d'escorte. Sur son passage elle sème l'or à pleine main. Quelques mois plus tard, elle arbore la fameuse robe payée par le roi et créée par Langlée, l'arbitre des modes, « une robe d'or sur or, rebrodé d'or, rebordé d'or, et par-dessus un or frisé, rebroché d'un or mêlé avec un certain or, qui fait la plus divine étoffe qui ait jamais été imaginée ».

Au moment de la paix de Nimègue, elle était au faîte de la gloire, grisée d'orgueil et de l'ivresse des cimes. Elle jouait des soirées entières à la bassette, au reversi, au lansquenet, au hoca, jetant négligemment sur la table le prix d'un vaisseau ou d'un château. Ses toilettes, ses équipages, son train étaient royaux. Le duc de Noailles, capitaine des gardes du corps de Sa Majesté, portait sa traîne. La reine n'avait droit qu'à un simple page, souffrait ses hauteurs et gémissait : « Cette *poute* me fera mourir! »

Elle avait triomphé de tout : des sermons de Bourdaloue, des prônes de Bossuet, des exhortations du père de la Chaise et même de ses rivales! Vers la quarantaine, la frénésie sensuelle du roi avait atteint des sommets. « Tout lui était bon, remarquait la princesse Palatine, pourvu que ce fussent des femmes; paysannes, filles de jardiniers, femmes de chambre, dames de qualité, pourvu qu'elles fissent seulement semblant d'être amoureuses de lui. » Elle avait écarté à temps Mlle de Grancey, Mlle de Rouvroy, Mlle de Rochefort-Théobon, Charlotte Eléonore de la Mothe-Houdancourt, toutes avides de capter ne fût-ce qu'un rayon du soleil. Écartée aussi la jolie princesse de Soubise, au teint pâle et frais, maîtresse à éclipse, qui mettait des pendentifs d'émeraude au souper du roi pour indiquer que son mari était à Paris!

Marie-Élisabeth de Ludres, chanoinesse laïque de Lorraine, l'une des nombreuses et infortunées fiancées du duc Charles IV, faillit bien la « débusquer » à l'automne de 1676. La reine s'aperçut de la nouvelle infidélité de son époux au comportement des courtisans : lorsque Mme de Ludres arrivait dans une pièce, princesses et duchesses se levaient, même en sa présence, et ne s'asseyaient que lorsque la nouvelle sultane leur en faisait signe ! Athénaïs fit alors courir le bruit que la belle avait « la gale, la lèpre et toutes les maladies imaginables » ! Déjà irrité de ses prétentions, le roi rompit avec sa chanoinesse. Et la « pauvre Io », écrasée par la verve mordante de Mme de Montespan, dut reprendre humblement sa place chez les filles de Madame.

Enfin, le temps vint de subir à son tour le sort commun des maîtresses royales. Sa beauté s'émoussait. Elle avait pris de l'embonpoint. Louis XIV se lassait de ses humeurs capricantes. Il trouvait pesante la sujétion de l'impérieuse Mortemart, qui lui infligeait des scènes de plus en plus pénibles, dont il sortait rarement le maître. Voulant vivre selon son bon plaisir, il se voyait dans les fers, esclave de ses désirs ! Pis encore, ce joug lui montrait chaque jour davantage l'étendue de sa propre faiblesse. Il fallait rompre : cela se fit comme il le souhaitait, insensiblement, sans éclats. Après la naissance en 1678 d'un septième bâtard, le comte de Toulouse, il cessa toute relation charnelle avec elle, lui laissant quelques années encore l'illusion de garder la primauté par les charmes de l'esprit. Quant à lui, ses occupations et ses plaisirs étaient déjà ailleurs.

Le 17 mars 1679, Mme de Maintenon demandait à l'abbé Gobelin de « prier et de faire prier pour le roi qui est sur le bord d'un grand précipice ». Ce précipice, c'était sa nouvelle passion pour une jeune fille de dix-huit ans, Marie-Angélique de Scorailles de Roussille, demoiselle de Fontanges, dont la beauté, à en croire Ezéchiel Spanheim, l'envoyé à Paris de l'Électeur de Brandebourg, était « fort au-dessus de tout ce qu'on avait vu depuis longtemps à Versailles ». Fraîchement arrivée de son Auvergne natale, elle avait été admise quelques mois plus tôt dans le « bataillon volant » des filles d'honneur de Madame. Louis, qui venait d'atteindre la quarantaine, était prêt à faire des folies pour cette ingénue à la fois romanesque et terriblement ambitieuse. Couverte de bijoux, intronisée favorite officielle, elle afficha bientôt un luxe tapageur, des goûts de princesse et la superbe d'une déesse. Lors d'une galopade dans la forêt de Fontainebleau, une mèche tombée de ses cheveux, vite rajustée par un ruban, donna naissance aux célèbres coiffures « à la Fontanges », qui firent fureur à la cour.

Mme de Montespan enrageait, mais, comme La Vallière, refusa de céder la place. Une nouvelle cohabitation s'instaura donc : « Lorsqu'elles assistaient à la messe à Saint-Germain, conte Primi Visconti, elles se plaçaient devant le roi, Mme de Montespan avec ses enfants sur la tribune à gauche vis-à-vis de tout le monde, et l'autre à droite, tandis qu'à Versailles Mme de Montespan était du côté de l'Évangile et Mlle de Fontanges sur des gradins élevés du côté de l'Épître. Elles priaient, le chapelet ou leur livre de messe à la main, levant les yeux en extase, comme des saintes. Enfin, conclut l'Italien, la cour est la plus belle comédie du monde ! »

Cette ravissante poupée était « sotte comme un panier ». Aussi le désenchantement du roi fut-il rapide. Au début d'avril 1680 elle fut titrée duchesse avec 20 000 écus de pension : c'était le cadeau d'adieu de son galant. Mal remise de la naissance d'un petit garçon prématuré, mort peu après, elle languit quelque temps, incommodée d'hémorragies continuelles, « blessée dans le service » dira l'ironique Sévigné. Elle mourut le 28 juin 1681 à l'abbaye de Port-Royal, à Paris, astre éphémère, comme ces comètes qui brûlent leur chevelure argentée aux rayons du soleil... Déjà Mme de Maintenon était en place.

Madame de Maintenon

La plus grande faute tactique de Mme de Montespan fut d'avoir choisi la veuve Scarron pour élever les aînés de ses bâtards. Cette sage personne de bonne réputation, aimable et instruite, d'apparence dévote et réservée, allait devenir sa plus redoutable rivale et finalement la jeter à bas de son trône. Le destin de l'épouse secrète de Louis XIV a toujours fasciné les historiens et les romanciers : il est si étonnant, si irréel qu'il paraît sortir de quelque conte de fées. Comment comprendre cette ascension fulgurante, cette prodigieuse fortune réalisée à une époque où les conditions sociales et la richesse des puissants scellaient à jamais le sort des individus, pétrifiaient les plus légitimes aspirations? Sont-elles dues à un concours de hasards étonnants ou à l'étourdissante habileté d'une femme qui aurait su mieux que d'autres mener sa barque en évitant les écueils de la vie? Personne à vrai dire n'a de réponse.

Françoise d'Aubigné était la petite-fille du poète Agrippa d'Aubigné, esprit fin et distingué mais huguenot violent. Son père, Constant – le mal nommé – était un aventurier douteux, grand coureur de jupons, un bon à rien, pis encore, un criminel qui avait tué sa première femme et l'amant de celle-ci. En 1635, à Niort, sa seconde épouse mettait Françoise au monde alors que ce pauvre raté faisait de la prison pour dettes. Après une aventure de deux ans à la Martinique, où la famille vécut l'existence rude des petits colons, Mme d'Aubigné, abandonnée par son mari, revint en France avec ses enfants. En 1647, à La Rochelle, les malheureux, sans ressources, allaient quémander leur nourriture aux portes du collège des Jésuites. La fière adolescente – l'« Aubignette », comme l'appelait sa mère – en fut marquée pour la vie. Cela explique son goût de la sécurité, des biens matériels, son ardent désir de prendre une revanche sur la vie. Recueillie d'abord par sa tante de Villette au château de Mursay, où elle reçut une éducation huguenote, elle en fut soustraite par une autre tante, catholique celle-là, qui la prit avec elle à Neuillant, en Poitou, et l'éleva à la rude. De là, elle fut placée en pension chez les Ursulines de Niort.

Comme elle ne voulait pas du couvent, Mme de Neuillant s'en débarrassa – il n'y a pas d'autre mot – en la mariant au poète Paul Scarron, un grabataire difforme. Ce bouffon lubrique n'avait pas caché le programme de cette étrange noce : « Je ne lui ferai pas de sottise, avait-il ricané, je lui en apprendrai ! » Polisson grimaçant, Scarron n'en était pas moins homme d'esprit : dans son hôtel de la rue Neuve-Saint-Louis il tenait un salon littéraire où venaient deviser, rire et s'amuser tous les libertins, les bohèmes, les francs buveurs et les Trissotins de Paris. Françoise assistait à ces réunions gaies et débraillées, mais elle savait garder sa réserve naturelle et sa part de mystère.

En octobre 1660 Scarron la délivra définitivement de sa présence. Au lieu de rester dans le monde, de s'y remarier, elle eut la prudence de s'installer comme dame pensionnaire au couvent de la Charité-Notre-Dame, place Royale, puis chez les Ursulines de la rue Saint-Jacques. Pas question pour autant, pour celle que Saint-Simon appellera « l'abbesse universelle », d'entrer en religion ! En couchant le soir chez les sœurs, en jouant les veuves discrètes son but était de gagner en respectabilité, d'obtenir « l'approbation des honnêtes gens » et peut-être aussi la pension de 2 000 livres qu'Anne d'Autriche lui fit verser à partir de cette époque...

Cependant elle menait sa vie. Reçue à l'hôtel d'Albret, où on lui réservait la place de la cousine pauvre et serviable, elle s'y fit apprécier par son bon sens, son intelligence, son charme, suscitant autour d'elle une nuée de « mourants ». Il est probable qu'elle eut alors quelques amants, au sens moderne du terme, notamment le fameux Villarceaux, bellâtre incorrigible. Mais ses aventures furent brèves et discrètes. Dès 1666 la « Belle Indienne » prenait un confesseur attitré, réputé pour sa rigueur, l'abbé Gobelin. Ce masque de dévotion arrêta le choix de Mme de Montespan.

A l'automne de 1669 la veuve Scarron prit en charge l'éducation, dans une maison discrète, du premier bâtard puis, en mars 1670, du second (le futur duc du Maine), logé dans une autre maison. Après la naissance, en juin 1672, du futur comte de Vexin, on décida de réunir les enfants dans un hôtel discret de la rue de Vaugirard. C'est alors que la veuve Scarron changea de vie : elle rompit avec la plupart de ses amies et se consacra exclusivement à son œuvre éducative, grandiose mais obscure.

Le roi venait de temps en temps, en secret, voir ses enfants, chérissant particulièrement le petit Louis Auguste, futur duc du Maine, à l'esprit vif et primesautier. Il fit donc la connaissance de cette discrète gouvernante. Au début, ses rapports avec elle furent assez froids. Il la jugeait précieuse, hautaine, irritante, d'une marmoréenne beauté. Il lui fit une cour discrète, à laquelle la jolie duègne ne répondit qu'avec prudence, ne fût-ce qu'en raison du caractère jaloux de Mme de Montespan, dont elle avait tout à redouter. Une aventure d'un soir, même dans les bras du roi, l'intéressait moins que l'affermissement de son rang et de sa situation matérielle. Mieux que personne elle savait ce qu'était la misère. Elle voulait se préparer, comme elle le disait à son frère, une « assez jolie vieillesse ».

En janvier 1674 les bâtards légitimés quittèrent la clandestinité pour s'installer à la cour avec leur gouvernante. Les rapports de Françoise avec Athénaïs se détériorèrent à partir de cette époque : le motif – ou le prétexte? – était l'éducation des enfants. Capricieuse et fantasque, Mme de Montespan lui reprochait son étroitesse, sa sévérité, mais la vraie raison était que le monarque continuait à la rechercher, à trouver plaisir en sa compagnie. La favorite en titre ne se faisait pas faute de la remettre à sa place, lui rappelant durement sa condition subalterne. L'autre souffrait que l'on pût médire sur son compte auprès du roi, au risque de lui en faire « perdre l'estime ». Il n'en fut rien, car, à la fin de 1674, une gratification de 100 000 livres lui permit, avec quelques économies, d'acheter la terre de Maintenon. Devenue marquise, elle se trouvait au même rang que sa rivale!

Après l'épisode de Mlle de Fontanges, l'ascension de Françoise d'Aubigné parut fulgurante. En décembre 1679 elle était promue seconde dame d'atour de la dauphine, derrière la marquise de Richelieu, dame d'honneur, et de Mme de Rochefort, première dame d'atour. Quand la cour, partie à la rencontre de la fiancée de Monseigneur, revint à Paris, on la vit monter dans le carrosse du roi et se placer sans façon à la portière, à côté de lui. On s'étonna de cette singulière faveur comme des longues conversations qu'elle avait tête à tête avec le monarque. Gardons-nous d'imaginer à cette époque Mme de Maintenon comme la femme qu'elle sera vingt ans plus tard, vieillie, sans attrait, à la chair fatiguée, embéguinée dans ses dentelles noires. A quarante-cinq ans, épanouie, elle offrait les attraits d'un beau fruit mûr. On admirait le modelé de son visage, ses grands yeux de velours qui jetaient des éclats de diamant noir, ses lèvres charnues, son sourire engageant. De toute sa personne émanait un charme discret, mélange de réserve un peu lointaine et de douceur alanguie, qui reposait de l'acide et tumultueuse Montespan.

La pieuse légende de l'indomptable vestale, sans passion ni faiblesse, construite avec méthode par la directrice de Saint-Cyr, ne résiste pas à la vérité, à l'inavouable vérité. Assurément, ce n'était pas pour le salut du roi qu'elle avait accepté son « amitié » et, si sa vertu avait résisté jusque-là, c'est sans doute à ce moment qu'elle succomba. Marcel Langlois, l'annotateur de sa correspondance, a remarqué qu'après 1680 sa faveur est « totale ». Les courtisans, sous le manteau, ne l'appellent plus que « Madame de Maintenant »! Tous les soirs, de huit à dix, elle se rend chez le roi. Le premier valet de chambre la mène et la ramène « à la face de l'univers [1] ». La tête lui tourne. Elle néglige ses dévotions. « J'avance peu dans ce chemin », confesse-t-elle à Gobelin. Elle paraît pleine-

1. Mme de Sévigné, Lettre du 18 septembre 1680.

ment heureuse. Pour se donner bonne conscience, elle se paie le luxe de rapprocher Louis XIV de la reine. « Dieu a suscité Mme de Maintenon pour me rendre le cœur du roi », déclare celle-ci avec des larmes de joie.

Le mariage secret

Le 26 juillet 1683, à Versailles, au retour d'un voyage en Bourgogne, la reine, en proie à une forte fièvre, dut s'aliter. Le surlendemain soir, on vit percer sous l'aisselle gauche un furoncle, que ni l'emplâtre ni la saignée ni l'émétique ordonnés par Fagon ne firent disparaître. Le 29, l'abcès se colora « d'une manière pourpre » avec beaucoup de pus qui parut « se retirer au-dedans avec un très grand feu ». Marie-Thérèse, qui commençait à délirer, passa la nuit suivante dans l'agitation et les souffrances. Le lendemain matin, vers onze heures, comme elle se sentait au plus mal, on courut chercher le saint sacrement à la chapelle. « Depuis que je suis reine, soupira-t-elle, je n'ai eu qu'un seul jour heureux! » La malheureuse expira à quinze heures, entourée du roi, de son fils et de toute la famille royale. Son cœur fut conduit en procession au Val-de-Grâce et son corps inhumé dans la crypte de Saint-Denis. La Grande Mademoiselle raconte qu'au retour de la cérémonie, à laquelle personne n'assista, hormis les princesses, ses dames d'honneur et ses gardes, on s'amusa beaucoup dans les carrosses et que les mousquetaires, dont les tambours étaient voilés de crêpe, trouvèrent plaisant de chasser dans la plaine, fort giboyeuse en cette saison. La pauvre Marie-Thérèse était déjà oubliée!

Louis XIV ne parut pas désespéré. Avait-il aimé cette petite Espagnole, dévote et pieuse, douce et bonne sans doute, mais si niaise et si effacée? Le cercueil de la fille de Philippe IV avait à peine rejoint l'ombre humide de Saint-Denis que la cour s'inquiéta de savoir qui serait la nouvelle reine. Mme de Montespan fut d'avis de trouver une bonne princesse, douce et pieuse, de manière à fixer le souverain. Les gens d'Église dont l'influence commençait à s'étendre – Bossuet, le père de la Chaise, Mgr Harlay de Champvallon – n'étaient pas loin de partager cet avis. Il était temps en effet que le roi se rangeât, qu'il cessât de donner le spectacle affligeant de ses débordements amoureux. Pourquoi ne se remarierait-il pas selon son cœur, en épousant cette marquise de Maintenon, dame d'atour de la dauphine, aimable, discrète, dont il ne semblait pouvoir se passer? Bien entendu, il n'était pas question de la déclarer reine, ni de lui faire prendre rang devant les princes et princesses du sang. Ce mariage serait une simple union privée et secrète, bénie par un prêtre. L'idée fit très vite son chemin et ainsi se noua cette espèce de pieuse conspiration, qui poussa le jeune duc de la Rochefoucauld, le jour même de la mort de Marie-Thérèse, à souffler à l'intéressée : « Ce n'est pas le temps de quitter le roi, il a besoin de vous! » Françoise courut rejoindre son amant à Fontainebleau. La victoire de la petite-fille d'Agrippa d'Aubigné fut acquise de haute lutte : il lui fallut entourer l'illustre veuf, l'exhorter sans trop se livrer, lui faire doucement comprendre que le temps des bagatelles était clos, puis – ce qui fut sans doute plus délicat – l'amener à considérer qu'une union avec elle serait la meilleure solution, la plus simple, la plus raisonnable, tant au regard de ses propres sentiments que de la loi divine. Quoi de plus naturel que la régularisation d'une vieille liaison? Il est probable que Louis XIV recula d'abord devant la perspective pour le moins ahurissante de s'allier – lui, un fils de saint Louis, veuf d'une descendante de Charles Quint! – à cette femme de petite noblesse, veuve d'un poète burlesque et libidineux! Dans sa folle entreprise Françoise passa par des moments de doute et de découragement : sa correspondance est pleine, à cette époque, de ses vapeurs, de ses insomnies, de ses craintes. Il est possible, comme l'a suggéré Jean Cordelier, qu'elle se soit refusée à son amant afin de forcer sa décision : une lettre alambiquée à Mme de Brinon le laisserait entendre [1].

Selon certains, la cérémonie religieuse se serait déroulée dans la nuit du 9 au 10 octobre 1683, dans la chapelle de Versailles, en présence d'un petit nombre de témoins : le père de la Chaise, qui aurait prononcé la bénédiction nuptiale, Mgr Harlay de Champvallon, M. de Montchevreuil, Louvois et le valet de chambre du roi, Bontemps. C'est la version la plus vraisemblable [2]. D'autres préfèrent repousser le mariage secret à une date plus tardive, janvier 1684 voire janvier 1686, mais nul n'a jamais douté de la réalité de

1. Jean CORDELIER, *Madame de Maintenon, une femme au Grand Siècle*, Paris, 1955, p. 185.

2. On notera qu'à la même époque, Mme de Maintenon se vit attribuer à Versailles l'appartement situé en haut du grand escalier, en face et de plain-pied avec celui du roi. C'est un signe qui ne trompe pas.

l'événement [1]. Mme de Maintenon, devenue très bigote à partir de 1686, ne parlera jamais ouvertement de son union secrète avec le roi, mais dans quelques confidences elle tint à souligner la régularité de sa situation au regard de la morale chrétienne. « C'était des liens sacrés », dira-t-elle à Mme du Pérou, religieuse de Saint-Cyr.

L'influence politique des maîtresses

Après sa passion pour Marie Mancini, qui avait failli tourner à la catastrophe, Louis XIV s'était efforcé de séparer sa vie intime de sa vie publique. Ne pouvant résister aux tentations de la chair, il voulut du moins préserver son indépendance de monarque. « En abandonnant notre cœur, écrivait-il dans ses *Mémoires*, il faut demeurer maître absolu de notre esprit. » Mais il se méfiait de sa faiblesse, de l'aventure sentimentale qui pourrait survenir brusquement et, malgré lui, tout bouleverser. En 1665, devant Le Tellier, Lionne, Colbert, les maréchaux de Villeroy et de Gramont, il avait déclaré : « Vous êtes mes amis, ceux en qui j'ai le plus de confiance. Les femmes ont bien du pouvoir sur ceux de mon âge. Je vous ordonne que si vous remarquiez qu'une femme, quelle qu'elle puisse être, me gouverne le moins du monde, vous ayez à m'en avertir. Je ne veux que vingt-quatre heures pour m'en débarrasser et vous donner contentement. »

Il n'avait d'ailleurs que mépris pour les femmes qui se prenaient à discourir de politique : « Dès lors que vous donnez la liberté à une femme de vous parler de choses importantes, assurait-il, il est impossible qu'elle ne vous fasse faillir ! »

Mieux que quiconque il savait qu'on attaque « le cœur d'un

1. Les historiens n'ont pas suivi Louis Hastier (*Louis XIV et Madame de Maintenon*, Paris, 1957) qui repousse la date du mariage jusqu'en 1697. Bruno Neveu signale qu'un dossier des Archives du Vatican contient une courte note d'une main française du XVIIIe siècle, ainsi rédigée : « Il y a à Rome deux pièces touchant Mme de Maintenon. La première est l'acte de célébration du mariage, il est dans les archives de la Chambre apostolique ou à la Daterie. La seconde est le rapport que le nonce fit de cette affaire à Sa Sainteté dans les années 1685, 1686 ou 1687. Ce rapport doit se trouver dans les lettres du nonce qui sont au bureau des affaires étrangères, où il y a aussi des lettres des nonces aux papes et des papes aux nonces sur le même objet... » Ces documents – hélas ! – n'ont pas été retrouvés (*Correspondance du nonce en France Angelo Ranuzzi, 1683-1689*, éditée par B. Neveu, Rome, 1973, t. I, p. 63). Mais ils permettent de mieux comprendre le bref qu'Alexandre VIII adressa en 1690 à sa « chère fille en Jésus-Christ, la noble Mme de Maintenon » et dans lequel il lui témoignait « des marques particulières de son affection paternelle ».

prince comme une place ». Il faudrait un volume entier pour décrire le jeu pimenté des rivalités féminines et des intrigues visant à conquérir le roi par les sens : l'affaire de la « lettre espagnole » (1662-1664), qui avait pour but de mettre au courant la reine de la faveur dont jouissait Mlle de la Vallière et d'obtenir son renvoi, les tentatives de la comtesse de Soissons pour susciter à celle-ci une rivale en la personne d'Anne Lucie de la Mothe-Houdancourt, les efforts de Henriette d'Angleterre pour pousser dans les bras du roi son amie Catherine Charlotte de Gramont, princesse de Monaco, les sombres manœuvres de Mme de Gramont (née Élisabeth Hamilton), de la comtesse du Roure ou de la vicomtesse de Polignac pour devenir favorites, les vaines tentatives de la Montespan pour prolonger son règne par l'intermédiaire de sa jeune et jolie nièce, Diane Gabrielle de Thianges, duchesse de Nevers... Un vrai nœud de vipères!

L'influence des maîtresses sur la politique générale fut nulle ou à peu près. Mais avaient-elles besoin d'inspirer le gouvernement pour exercer leur empire? Certains ont découpé le règne personnel en trois « âges » : l'âge La Vallière, l'âge Montespan et l'âge Maintenon, car à chacune de ces femmes correspond une évolution du tempérament royal et de la cour.

Mlle de la Vallière représente la jeunesse, la tendresse, le temps de tous les espoirs. Délicate, pudique, honteuse de sa position illégitime, Louise fut la plus désintéressée des favorites. Elle ne demanda jamais rien pour elle ni pour sa famille peu fortunée, ni terres ni titres ni pensions ni bijoux. C'est presque malgré elle que son frère Jean-François fut promu capitaine-lieutenant des chevau-légers du dauphin et brigadier des armées du roi. Toutefois, à partir de 1667-1668, pour éprouver son crédit chancelant, elle se mit à solliciter pour les autres, attirant une foule de quémandeurs insatiables, qui abusèrent de sa bienveillance. Le nombre de placets apostillés par elle est considérable : demandes des monopoles de transport par carrioles et par coches d'eau, du contrôle des perruques, de la culture de la garance en France, demandes de biens de mainmorte, de privilèges pour un bureau d'adresses et de placement, etc.

L'époque Montespan – époque de plaisir et de frénésie sensuelle – est aussi la plus éclatante : la gloire de Nimègue achèvera ces dix ans de faveur. Louis XIV, qui partageait avec la superbe Mortemart le goût du faste et de la grandeur, fut stimulé par cette « triomphante beauté à faire admirer à tous les ambassadeurs », selon l'expression de Mme de Sévigné. Esclave de ses charmes, ébloui d'avoir séduit la plus belle et la plus spirituelle créature de son royaume, Louis voulut paraître à ses yeux, l'« épater » en quelque sorte. Elle aida le roi à choisir et protéger les artistes. Elle soutint ainsi la carrière de son compatriote Michel Lambert, maître de musique de la chambre depuis 1661, puis celle de son gendre, Jean-Baptiste Lully, surintendant de la musique. Le librettiste Philippe Quinault trouva en elle un appui éclairé, jusqu'à la représentation d'*Isis*, en janvier 1677, où elle crut se reconnaître dans la terrible Junon. Disgracié, il céda la place à Racine, à qui la marquise demanda un opéra, *La Chute de Phaéton*. Écrit en collaboration avec Boileau, ce fut un échec, de sorte que Quinault retrouva ses faveurs avec les livrets de *Proserpine, Persée* et d'un autre *Phaéton*. Mais elle continua de protéger Racine et Boileau, promus historiographes du roi, qui venaient lire chez elle, en présence de Louis XIV, leurs récits de guerre et de gloire. Molière aussi la divertissait et La Fontaine l'encensait. Cette déesse des fêtes et des plaisirs rayonnait sur la cour comme une vraie reine, née pour la pompe et la parade. Au soleil éclatant de Versailles la royale Montespan étalait avec superbe sa chair nacrée et ses formes généreuses, alourdies par la vie oisive, la gourmandise et les maternités répétées...

A Louise de la Vallière le roi avait fait un hommage discret de la fête des *Plaisirs de l'Isle enchantée*; le petit château de briques de Versailles avait abrité leurs secrets et leurs amours. A Athénaïs Louis offrit le Grand Divertissement de juillet 1668 et la fête versaillaise de juillet 1674. Il la couvrit de bijoux, fit bâtir, à l'emplacement de l'actuel Trianon, le Trianon de porcelaine, élégante chinoiserie de Le Vau avec son toit de pagode et ses murs de faïence bleu et blanc. Pour plus de deux millions de livres il chargea Jules Hardouin-Mansart d'édifier pour elle le château de Clagny, dans un beau domaine agrémenté d'un étang, le long du chemin de Versailles à Saint-Germain.

Contrairement à sa devancière, Mme de Montespan poussait sans vergogne ses protégés, plaçait ses amis, favorisait sa famille, achetait des créatures, avançait partout ses pions. Par sa faveur son père devint gouverneur de Paris, sa sœur, abbesse de Fontevrault, M. de Montausier, gouverneur du dauphin, le maréchal d'Albret, gouverneur de Guyenne, le marquis de Thianges, lieutenant des chevau-légers du duc d'Anjou, la duchesse de Richelieu, dame d'honneur de la reine. Son protégé, Antoine d'Aquin, médecin de Marie-Thérèse, fut promu premier médecin du roi, La Vienne, célèbre baigneur parisien, devint premier valet de chambre de Sa Majesté. Elle arrangea l'union de sa nièce, Diane Gabrielle de Damas de Thianges, avec Philippe Julien Mancini, duc de Nevers et neveu de Mazarin, l'un des plus riches partis de France, celle de son neveu, Louis de Rochechouart, duc de Mortemart, avec la troisième fille de Colbert, Anne Marie, et celle d'une autre nièce, Gabrielle Victoire de Rochechouart avec Canaples, frère du maréchal de Créqui, vieux et décati mais riche à millions. Les ministres si redoutés rampaient devant elle. Par son intervention Louvois obtint la nomination de sa maîtresse, la belle mais commune Mme Dufresnoy, fille de l'apothicaire Collot, comme dame du lit de la reine. A contrario Lauzun, qui avait voulu s'opposer à elle en 1671 et avait eu l'audace de se glisser sous le lit du roi pendant leurs ébats, fut disgracié et enfermé dix ans à Pignerol. Grâce à elle encore, son frère Vivonne, médiocre officier, fut promu général des galères, vice-amiral du Levant, vice-roi de Sicile, gouverneur de Champagne et de Brie. On sait par l'abbé de Choisy comment, en juillet 1675, à la mort de Turenne, le vainqueur de Messine fut inclus dans la promotion des maréchaux. Le roi en avait établi secrètement la liste avec Louvois. Mme de Montespan, fouillant audacieusement dans ses poches, s'aperçut que son frère n'y figurait pas. Elle entra dans une violente colère. Louis rougit, bredouilla, accusa Louvois de cette omission. « On mit cette fois M. de Vivonne sur la liste : la dame fut apaisée et se contenta de reprocher à Louvois cette négligence dans une affaire qui le touchait de si près... »

Le troisième âge, celui de Mme de Maintenon, s'étend sur deux grandes saisons du règne : l'automne et l'hiver. C'est la plus longue période, puisque le roi, remarié en 1683, ne meurt que trente-deux ans plus tard. On oublie trop souvent que la plupart des grandes fêtes versaillaises ont eu lieu à ce moment-là. L'année 1685 sera particulièrement riche avec ses comédies et ses mascarades du carnaval, la visite du doge de Gênes le 15 mai, reçu avec un faste sans précédent, le carrousel de juin sur le thème des guerres civiles de Grenade, et les fiançailles du duc de Bourbon avec Mlle de Nantes. L'année suivante, ce fut l'audience des ambassadeurs de Siam, en 1687 le baptême des trois enfants du Grand Dauphin, le mariage en 1692 du duc de Chartres avec Mlle de Blois et du duc du Maine avec Mlle de Charolais, toutes cérémonies qui furent occasions de réjouissances et de magnificences, sans parler des fêtes de Marly ou de Trianon. La cour connut un regain de divertissement avec l'arrivée en France de la jeune Marie-Adélaïde de Savoie, promise au duc de Bourgogne. Concerts, festins, collations, soupers, bals et mascarades rappelèrent les fastes d'antan. Jusqu'en 1710 la vie de cour resta brillante, malgré la morosité grandissante du roi et de son épouse secrète.

Le rôle politique de Mme de Maintenon est difficile à délimiter. Règne autour d'elle le mystère, qui participe à sa légende, et qu'elle a entretenu, désirant comme le roi être un sphinx pour la postérité. Constamment elle a eu le souci de construire son image et de dissimuler sa vraie personnalité. Qu'elle se soit tue avec constance sur son activité politique a laissé croire qu'elle eut du poids et de l'influence, de sorte qu'on l'a mêlée à toutes les fâcheuses affaires de la seconde moitié du règne, à commencer par la révocation de l'édit de Nantes, où elle n'a joué à peu près aucun rôle. Les historiens du XIXe siècle s'y sont laissé prendre. Certaines réflexions désabusées, certains aveux d'impuissance disséminés dans sa correspondance auraient dû pourtant les dessiller...

Il reste que, sous des dehors d'indifférence et des airs de sainte nitouche, elle s'est intéressée au jeu grisant du pouvoir, aux intrigues d'antichambre, aux démarches secrètes, aux conciliabules. Elle poussa ses pions, tissant ainsi à la cour un important réseau d'amitiés et d'obligés, sans que l'on puisse parler de « clan Maintenon ». Pour bénéficier d'un avancement ou d'une faveur il était préférable d'être dans ses petits papiers. Cette puissance occulte s'étendait à ses dames de compagnie. La protection d'une certaine Nanon ou d'une grosse villageoise avec laquelle la duchesse de Bourgogne parlait fréquemment valait bien celle d'un maréchal de France, et cela se savait.

Il est certain aussi qu'à partir de 1701 Mme de Maintenon eut une influence accrue sur le roi qui, en vieillissant, éprouvait le besoin d'avoir la présence continuelle à ses côtés de sa compagne. Tandis que les ministres venaient travailler, elle restait là, dans son fauteuil à oreillettes de damas rouge, affairée à son éternelle tapisserie, sans rien dire mais ne perdant pas un mot de ce qu'elle entendait. Louis, de temps en temps, la questionnait par le rituel « Qu'en pense Votre Solidité? » Par sa vieille amie, Mme des Ursins, promue *camarera mayor* de la jeune reine d'Espagne, elle joua un rôle dans la politique espagnole de Versailles. Ses aversions aussi comptaient, notamment à l'égard du fils de Monsieur, Philippe, duc de Chartres, futur régent.

Bref, l'influence politique et morale de Mme de Maintenon, surtout dans les dernières années du règne, fut bien supérieure à celle de Mlle de la Vallière ou de Mme de Montespan au temps de leur splendeur. De là à dire qu'elle a gouverné la France en sous-main, faisant et défaisant les réputations, nommant à la tête des armées des généraux médiocres ou incapables parce qu'ils l'avaient flattée, est une autre affaire. Louis, chatouilleux sur ses prérogatives, entendait bien rester le maître. Dans la vie courante, Françoise d'Aubigné devait supporter sa mauvaise humeur, ses impatiences, ses froideurs, ses longs silences. Toujours soucieuse de ne pas commettre de faux pas, elle se gardait de le contredire ou de lui déplaire. Elle préférait attendre qu'il soit disposé à écouter ses conseils. La peur du ridicule la paralysait. D'où sa démarche retorse, maladroite, faite de manœuvres sournoises et d'avancées craintives en terrain couvert. Elle se mordra les doigts d'avoir appuyé Fénelon et Mme Guyon et saura vite se replier dans sa coquille de bernard-l'ermite. « Ne vous mettez pas sur le pied de tout demander et d'accoutumer le roi à vous refuser », conseillait ce stratège de la prudence à une dame en mai 1701. Croire qu'elle a pesé sur les grandes décisions politiques serait une erreur. Elle connaissait ses limites. En 1693, à propos d'une querelle de préséance, elle écrivait à Mme de Brinon : « Les affaires de Mme de Brunswick, madame, sont devenues affaires d'État, desquelles par conséquent ni vous ni moi nous ne devons plus nous mêler; il faut qu'elles se traitent par les ministres et que nous nous contentions de faire des vœux pour sa satisfaction; je m'y intéresse autant que j'aie jamais fait et suis fâchée d'y être inutile. » Le roi, d'ailleurs, lui tenait la bride serrée. Un jour, comme il avait biffé un nom sur la feuille des bénéfices, le père de la Chaise lui fit observer que le nom rayé était celui d'un candidat de Mme de Maintenon : « C'est à cause de cela que je l'efface, lui répondit-il, je ne veux absolument pas qu'elle s'en mêle! »

Au fond, son opinion n'était prise en compte que si elle allait dans le sens attendu. Louis XIV était d'autant plus vigilant qu'elle était son épouse et qu'il redoutait de voir se créer, dans son alcôve, un centre d'intrigues. « Le roi me garde à vue, écrivait-elle en 1698 à l'archevêque de Paris, Mgr de Noailles, et je ne vois plus qui que ce soit. » La vie n'était pas toujours une fête...

CHAPITRE XIII

La puissance et la gloire

« J'ai trop aimé la guerre ! »

La simple constatation des chiffres – en 54 ans de règne personnel, près de 33 années de guerre, des centaines de milliers de morts – livre un bilan accablant de la politique étrangère de Louis XIV. Les vains regrets du monarque sur son lit d'agonie viennent saluer d'un point d'orgue l'indignation des manuels d'histoire, justifiant leur condamnation sans appel d'une diplomatie agressive et conquérante, fruit de l'orgueil du Roi-Soleil.

Ces jugements péremptoires sont aujourd'hui de plus en plus rejetés. Les recherches sérieuses de ces dernières années, exemptes de passion – celles, par exemple, de Georges Livet, René Pillorget, Jean Béranger, Bruno Neveu, André Corvisier ou Lucien Bély –, ont affiné l'analyse historique, montrant dans le détail les motivations secrètes, les hésitations voire les incertitudes de la politique royale, atténuant les traits outranciés, rectifiant les partis pris anciens, dégonflant les mythes les plus tenaces. L'étude systématique des archives diplomatiques, la publication de la correspondance des ambassadeurs, des thèses universitaires ont modifié plus d'une perspective de l'historiographie vieillotte de la IIIe République.

La volonté d'une plus grande objectivité s'est manifestée aussi chez les historiens étrangers. Influencés par la montée des dictatures et des totalitarismes des XIXe et XXe siècles, certains avaient énoncé des aberrations, comme ces rapprochements entre Louis XIV et Napoléon, Hitler ou Franco. Ces excès sont heureusement oubliés au profit d'une appréciation plus sereine et équilibrée de sa politique. Depuis les années 60, une école anglo-saxonne en pleine évolution porte un jugement qui est loin d'être négatif sur la diplomatie louis-quatorzienne (ainsi les études de John C. Rule, d'Andrew Lossky et surtout de Mme Ragnhild Hatton). Grâce à elle, bien des idées reçues sont à réviser.

Cette diplomatie ne peut plus être étudiée du seul point de vue « gallocentrique ». Il est indispensable de la replacer dans son temps, dans ses cadres géographique et historique et de la comparer aux politiques étrangères des autres États [1].

Sans doute Louis XIV a-t-il trop aimé la guerre – quoique ce fût plutôt à la parade militaire qu'allaient ses préférences –, mais n'est-ce pas l'époque qui y prédisposait? Le XVIIe siècle hésite sur la nature de la guerre et de la paix. Il ne considère pas que la première est désordre et folie meurtrière et la seconde, ordre et raison. En dépit des écrits des théologiens ou de juristes comme Pufendorf, la guerre reste perçue comme un état naturel permettant aux souverainetés éclatées, issues du traité de Westphalie, de régler leurs rapports tumultueux. La paix se résume alors à une courte trêve, un instant de repos permettant aux belligérants de reprendre souffle. Pour un peu, elle ferait figure d'étrangeté dans le cours normal de la politique. Ce n'est qu'au début du siècle suivant que la paix sera conçue comme une « maîtrise des réflexes sauvages, une domestication au nom de la civilisation [2] ». A l'exaltation du soldat-chevalier, sympathique barbare héroïque et conquérant, se substituera progressivement l'idéal de l'honnête homme, cultivé, raffiné, cosmopolite. La paix d'Utrecht, en 1713, après l'épuisante et ruineuse guerre de Succession d'Espagne, marque certainement l'un des moments clés de la transformation des rapports entre États, transformation à laquelle contribua grandement le monde des diplomates, avec ses habitudes courtoises, ses subtilités de raisonnement, son goût du compromis.

Les structures politiques de l'Europe du Grand Siècle incitaient les États à se mesurer militairement. L'existence de vieilles dynasties, les alliances matrimoniales consanguines, qui les rendaient

1. Lucien BÉLY, Jean BÉRANGER, André CORVISIER, *Guerre et paix dans l'Europe du XVIIe siècle*, t. I, Paris, 1991. Lucien BÉLY, Yves-Marie BÉRCE, André CORVISIER, René QUATREFAGES, Jean MEYER, *Guerre et paix dans l'Europe du XVIIe siècle*, t. II, Paris, 1992.

2. Lucien BÉLY, *Espions et ambassadeurs au temps de Louis XIV*, Paris, 1990, p. 13.

parentes à de multiples degrés, loin de simplifier les relations internationales et de contribuer à la bonne entente des têtes couronnées, avivaient les rivalités. Car ces dynasties férocement ambitieuses aspiraient à la domination. Quelles que fussent les maximes du droit public de leur pays, elles avaient tendance à considérer les ensembles territoriaux agrégés par elles comme des biens patrimoniaux. Ainsi villes et provinces servaient-elles d'enjeux et de monnaies d'échange, sans qu'il soit tenu compte de la langue, de la culture, des traditions et de la volonté des peuples. Les politiques protectionnistes, mises en place pour résister à la puissance commerciale hollandaise, ne firent qu'aggraver l'état de guerre endémique en Europe.

Mme Ragnhild Hatton a plus particulièrement étudié le comportement du roi par rapport à ses « collègues », comme elle appelle les autres souverains. Cette comparaison l'a conduite à affirmer que rien ne distingue fondamentalement le roi de France des autres chefs d'État héréditaires de l'époque [1]. Partageant les mêmes conceptions, respectant les mêmes principes politiques, ayant des réactions identiques, Louis XIV se situe dans la tradition européenne la plus classique.

Il a été éduqué dans le respect des lois fondamentales de son État. En politique étrangère, cela signifie qu'il doit garder intact le territoire qui lui a été confié, sans en aliéner la moindre parcelle, qu'il doit protéger le royaume des ennemis et faire de son mieux pour se défendre s'il est attaqué. L'acquisition de nouveaux territoires ne lui est pas interdite mais limitée : ce peut être une compensation en cas d'agression. Si la revendication territoriale est fondée, il lui est permis de la faire valoir par les armes, à condition d'avoir épuisé toutes les voies de négociation et d'accommodement possibles. La guerre, pour un souverain chrétien, doit être une « guerre juste », notion évidemment délicate à cerner. Louis XIV s'est efforcé de respecter ces principes. Même la guerre de Hollande, guerre d'agression – la plus contestable du règne –, lui a paru comme la juste punition d'un État qui, ayant signé avec lui un traité d'alliance en 1662, changea de camp en 1668 et s'unit à l'Angleterre et à la Suède (Triple Alliance). Plusieurs fois on vit le

1. Ragnhild HATTON, *Europe in the Age of Louis XIV*, Londres, 1969 ; *L'Époque de Louis XIV*, Paris, 1970 ; *Louis XIV and his World*, Londres, 1972 ; « Louis XIV and his Fellow Monarchs », in *Louis XIV and the Craft of Kingship*, sous la direction de John RULE, Ohio U.P., 1969, et dans *Louis XIV and Absolutism*, éd. HATTON, 1976.

roi œuvrer pour éviter la conflagration générale, proposer des arrangements, faire des concessions. A la fin du siècle, les négociations avec les puissances maritimes, les différents traités de partage visant la succession d'Espagne n'avaient d'autre but que de régler par la diplomatie cette épineuse question.

Louis XIV, il faut le souligner, était attaché à la parole donnée, plus que le fluctuant Charles II d'Angleterre, l'indécis Léopold Ier, le versatile Victor-Amédée de Savoie ou l'électeur de Brandebourg, Frédéric-Guillaume, qui reniait constamment sa signature. Son éducation religieuse, la crainte de l'enfer, qui grandira avec l'âge, l'empêchèrent de commettre le parjure, flétrissure qu'il jugeait à ce point impardonnable que parfois les négociations de paix en pâtirent : ainsi, lors du congrès de Nimègue, l'engagement de ne pas abandonner la Suède, qui avait perdu ses provinces allemandes. Il fallut que les diplomates suédois vinssent le supplier « au nom de la paix » d'oublier son serment et de permettre à leur maître de consentir à quelques concessions aux ducs de Zell et à l'électeur de Brandebourg.

Plus fréquemment qu'on ne le croit, Louis accepta, encouragea même les bons offices, les médiations diplomatiques étrangères : la Suède au congrès de Cologne de 1673, l'Angleterre, la république de Venise et le Saint-Siège avant le congrès de Nimègue. Au cours des conflits il poussa à la formation de « tiers partis » médiateurs. Dans certains cas, comme lors des affaires du Palatinat et de Cologne, il offrit de se soumettre à l'arbitrage pontifical pour éviter de bouleverser l'équilibre européen [1].

Le fil conducteur de la politique française

La recherche de la gloire fut l'une de ses motivations profondes en matière de politique étrangère. « L'amour de la gloire, écrit-il, va assurément devant toutes les autres (*passions*) de mon âme. » Qu'est-ce que la gloire? C'est plus que la recherche de l'admiration et de la reconnaissance d'autrui, plus qu'une satisfaction d'amour-propre, c'est une manière d'entrer vivant dans le Panthéon des grands hommes, paré d'une impérissable renommée. La gloire,

1. Ragnhild HATTON, « Louis XIV et l'Europe : éléments d'une révision historiographique », *XVIIe siècle*, avril-juin 1979, n° 123.

Louis XIV la poursuivra comme une douce et enivrante passion, comme une femme dont il est follement épris et dont il recherche la possession.

L'idée qu'il ait voulu atteindre à la monarchie universelle n'est pas sérieuse. Elle vient d'une maladresse de Mazarin, qui avait eu l'éphémère prétention en 1658 de faire conférer à son élève la couronne impériale, mais surtout, comme nous l'avons vu, d'un discours triomphaliste à usage interne. Louis XIV n'étant ni un Alexandre ni un César à la conquête du monde, quels objectifs a-t-il recherchés? Quels sont les grands axes de sa politique extérieure?

Écartons la thèse réductionniste de Mignet, au XIXe siècle, pour qui la succession d'Espagne fut le « pivot » du règne, occupant la diplomatie et les armées de la France pendant plus de cinquante ans. La théorie des frontières naturelles, à la mode au début du XXe siècle, a été balayée par Gaston Zeller comme un anachronisme, peut-être trop systématiquement. Même si le roi n'a jamais eu pour souci constant d'étendre son royaume « jusqu'aux limites de l'ancienne Gaule », il reste que, dès cette époque, certains, tel Vauban, envisageaient de fixer la frontière de l'Est au Rhin. En fait, la France n'est pas un produit de la géographie, mais de l'histoire. Elle est le résultat de la volonté constante des Capétiens d'agréger autour de l'Ile-de-France des provinces périphériques. Louis est l'héritier de cette politique. L'orientation principale, si tant est que l'on puisse en choisir une dans ce long règne qui a connu les situations internationales les plus diverses, est l'idée de « stratégie défensive ». L'appel au grand large, à la constitution d'un empire colonial ne sera que marginal.

Une carte du royaume en 1661 permet de saisir d'un rapide coup d'œil à quel point celui-ci restait sous la menace des invasions venues du nord et de l'est. Le souvenir de la terrible « année de Corbie » (1636), où l'on avait vu des avant-gardes de cavaliers croates aux abords de Paris, demeurait encore présent dans toutes les mémoires. De nombreuses « trouées » offraient à l'ennemi des voies de passage aisées, par les vallées de la Lys, de l'Escaut, de la Sambre, de la Meuse, par Belfort et, au sud, par la vallée de Barcelonnette. Louis XIV en avait une conscience aiguë. Ses conquêtes puis la « ceinture de fer » construite par Vauban eurent pour objectif premier de protéger le sanctuaire national, de faire de chaque marche frontière un glacis impénétrable vers la capitale. Ainsi l'idée du « pré carré », au sens large, idée exprimée par Vauban, fut-elle au centre de ses préoccupations.

Le malheur voulut que cette obstination à avoir de bonnes frontières, faciles à défendre, parût aux voisins de la France une menace pour leur souveraineté. Comme l'avait dit Richelieu, chaque verrou conquis était aussi une porte ouverte pour entrer chez l'ennemi. Le meilleur exemple en est Strasbourg, dont la possession, en 1681, fera trembler l'Allemagne.

L'état de l'Europe

Que la France, après le traité des Pyrénées, ait inspiré des inquiétudes, c'est une évidence. La faiblesse relative des autres puissances en était la cause. Le génie de Richelieu et de Mazarin fut d'avoir construit la puissance française dans une Europe qui cherchait à se débarrasser de l'hégémonie des Habsbourg, sans susciter trop de crainte chez ses voisins immédiats. Centrée sur une volonté défensive, leur politique se donnait pour objectif à la fois de mettre le territoire à l'abri des incursions étrangères et de protéger le faible contre l'oppresseur impérial ou espagnol. Ainsi, tout en se constituant des marches frontières – le Roussillon, une partie de l'Alsace et de l'Artois –, la France apparaissait-elle comme le défenseur naturel des petits États. Elle était la protectrice des libertés germaniques, le garant de l'indépendance des princes allemands. Elle paraissait trop occupée par ses problèmes intérieurs – les révoltes populaires, la régence, la Fronde... – pour disputer sérieusement aux Habsbourg leur rêve hégémonique.

Il en allait autrement en 1661. Bien qu'épuisée par la guerre, la France était devenue la première nation du continent. Le déclin de l'Espagne, démographiquement déprimée, militairement à bout de souffle, financièrement ruinée, dirigée de surcroît par un monarque taciturne et usé, avait été si rapide qu'on ne s'en était pas vraiment aperçu. Son empire colonial, le plus vaste du monde, ses galions chargés d'or et d'argent, sa magnificence faisaient encore illusion.

Allié naturel de l'Espagne, le souverain de Vienne, Léopold Ier, était un homme de constitution délicate et marqué par la dégénérescence de sa race. Sa physionomie étrange, avec sa figure étroite, sa bouche lippue, son menton flasque, l'œil globuleux et mélancolique, ne plaidait guère en faveur de son intelligence. Il n'était point sot pourtant ce doux rêveur, mais si faible, si timide que les ministres gouvernaient à sa place. « C'est une horloge qu'il faut constamment remonter », disait de lui le chevalier de Grémonville. Comme chef de la branche cadette des Habsbourg, il était possesseur de vastes domaines, mais très hétérogènes ethniquement et religieusement (Autriche, Styrie, Bohême, Hongrie...). En Allemagne, son rôle d'empereur, désigné par quelques électeurs, était devenu plus symbolique que réel. Pour l'heure, il avait d'autres préoccupations que de reconquérir son hégémonie sur les terres germaniques : les Turcs, proches de sa capitale, menaçaient ses territoires de l'Est.

Depuis le traité de Westphalie le Saint-Empire n'était plus qu'une impuissante confédération de 350 principautés, duchés ou villes libres. La France y exerçait une très sensible influence et y avait ses clients naturels. Mazarin, on le sait, avait resserré ces alliances en constituant, en 1658, la Ligue du Rhin autour des électeurs de Mayence, Cologne, Trèves, des ducs de Neubourg et de Brunswick et du roi de Suède. Chaque principicule, dans un mimétisme naïf, souhaitait avoir sa propre cour, son Versailles, sa compagnie de mousquetaires, ses régiments de dragons voire sa Montespan ! Louis XIV ne pouvait que répondre favorablement aux demandes d'assistance, flatteuses pour lui. Au-delà du modèle culturel, il s'agissait de procéder à une insidieuse « captation de la souveraineté », selon l'expression d'un politologue appliquée à l'exportation des modèles politiques contemporains [1]. Il y avait ainsi des « États-clients » et un « État-patron ».

L'Angleterre, où les Stuart avaient été restaurés en 1660, était un pays convalescent. Le roi Charles II, loin d'y disposer du pouvoir absolu, devait compter avec un Parlement méfiant et incommode.

En quelques décennies, les Provinces-Unies, qui s'étaient émancipées de l'Espagne au XVIe siècle, avaient bâti une puissance économique considérable, la première du monde. Leurs richesses n'étaient pas seulement sur les mers et dans leur empire colonial

1. Bertrand BADIE, *L'État importé. L'occidentalisation de l'ordre politique*, Paris, 1992.

mais aussi en Europe, où elles représentaient la première zone commerciale et manufacturière.

La Suède, alliée de la France depuis trois décennies, après avoir connu grâce à Gustave Adolphe une période de faste et fait de la Baltique un lac suédois, était entrée en décadence à partir du règne de Charles X. Rival traditionnel de la Suède, le royaume de Danemark était lui aussi en déclin.

La riche Italie était morcelée. L'Espagne y possédait Naples, la Sicile, la Sardaigne, la Lombardie et les présides de Toscane. La papauté occupait le centre de la péninsule avec ses États. Le souverain pontife, l'autoritaire Alexandre VII, n'aimait ni la France ni les Français. La Savoie, gouvernée par la sœur de Louis XIII, Chrétienne de France, vivait au contraire sous l'influence française (c'était l'exemple le plus achevé d'État-client), comme le Grand duché de Toscane, dont le souverain, Cosme III, avait épousé en 1660 Marguerite Louise, fille de Gaston d'Orléans, cousine germaine par conséquent de Louis XIV.

Les autres États ne comptaient pas ou si peu . la Russie, lointaine et mystérieuse, repliée sur elle-même, la Pologne, soumise à une aristocratie désordonnée, en état de déliquescence, incapable de s'affirmer hors de ses frontières.

Supériorité de la diplomatie française

De l'aveu des observateurs, la diplomatie française fut tout au long du règne active et fort brillante, supérieure à ses rivales étrangères. Louis XIV, bien entendu, y joua le rôle principal. La politique extérieure était pour lui plus qu'un « domaine réservé », le cœur de son métier de roi, auquel, dès sa prise de pouvoir, il consacra l'essentiel de son temps : « On me vit, écrit-il dans ses *Mémoires*, traiter immédiatement avec les ministres étrangers, recevoir les dépêches, faire moi-même une partie des réponses et donner à mes secrétaires la substance des autres. »

Ses collaborateurs se distinguèrent par leurs capacités, leurs talents, leur intelligence. Hugues de Lionne fut, de 1656 à 1671, date de sa mort, un bourreau de travail, grand connaisseur des cours européennes et de leurs subtilités. Homme simple, affable, plein d'esprit, il passait pour un épicurien et un libertin, ennemi des dévots.

Simon Arnauld de Pomponne, qui lui succéda, fut un homme du monde, aimable et conciliant, trop au goût de son maître, qui le disgracia en novembre 1679 et le remplaça par Charles Colbert de Croissy, frère puîné de Jean-Baptiste, excellent administrateur, exécuteur sans état d'âme d'une politique cynique et brutale. En 1691 Pomponne revint au conseil d'en haut, puis cinq ans plus tard, à la mort de Colbert de Croissy, reprit la direction des affaires étrangères : un retour à une politique plus accommodante était nécessaire.

Jean-Baptiste Colbert de Torcy, qui mena la politique extérieure pendant les dernières années du règne, était bien différent de son père : esprit curieux et distingué, fin lettré, il était souple, persuasif, habile psychologue. Ce fut l'un des plus brillants ministres des affaires étrangères de l'ancien régime.

Le personnel diplomatique n'était pas nombreux. En 1715 on ne comptait que quinze ambassadeurs, quinze envoyés et deux résidents. Certains ont laissé le souvenir d'excellents négociateurs : Grémonville à Vienne, Courtin à Londres et à Stockholm, d'Estrades à La Haye, Rebenac à Berlin et à Madrid...

Au début, les secrétaires d'État rédigeaient eux-mêmes les instructions aux ambassadeurs et n'avaient à leur disposition que deux ou trois collaborateurs. Plus tard, Torcy tentera de donner une ossature plus solide au ministère : il prendra un secrétaire particulier, un trésorier pour gérer les fonds des ambassades, créera deux bureaux dotés d'attributions précises, chacun avec un premier commis et trois adjoints, installera un bureau de presse pour alimenter et contrôler les gazetiers, un dépôt d'archives, une académie politique pour former les jeunes entrant dans la Carrière [1]... C'est un exemple de la mise en place, à la fin du siècle, des premiers rouages de la monarchie administrative.

Autour de ce personnel fixe gravitait une nébuleuse de négociateurs officieux, d'espions occasionnels ou d'agents secrets. Ce monde mystérieux d'aventuriers errants, de charlatans, de chevaliers d'industrie, faux moines et vrais abbés de cour, comédiennes, dévotes ou demi-mondaines, était mû par l'ambition, la rancœur et l'appât du gain. Ils constituaient des réseaux, des filières, des canaux d'information multiples. La quête de l'information était

1. G. Thuillier, « L'académie politique de Torcy (1712-1719) », *Revue d'Histoire diplomatique*, 1983, p. 54-74.

primordiale. Il s'agissait de tout savoir des intrigues de cour et des ministres, de l'humeur des princes, de leurs projets les plus secrets, jusqu'aux histoires d'alcôves qui avaient leur importance.

On notera le rôle des femmes dans ce jeu diplomatique où espionnage et galanterie ont toujours fait bon ménage. Ainsi, en 1703 la baronne de Sack, femme d'un officier prussien du régiment de Zurlauben, fut envoyée à Berlin afin de connaître les intentions du roi de Prusse. Lors de la paix d'Utrecht, une huguenote, Mme de Blau, protégée du maréchal de Tessé, usa de ses relations familiales en Hollande pour le service du roi. Elle se rendit travestie à Gertruydenberg, avec mission d'y faire traîner les négociations. L'exemple le plus curieux fut celui de Louise de Penancoët de Kéroualle, demoiselle d'honneur de Henriette d'Angleterre, duchesse d'Orléans, dont Charles II fit sa maîtresse. Elle fut au centre de toutes les intrigues de Whitehall, soumise aux caprices sensuels du souverain britannique, d'un côté, obéissante au roi de France comme le meilleur de ses agents, de l'autre. Comme l'a dit Saint-Evremond, le ruban de soie qui serrait la taille de Mlle de Kéroualle unit la France et l'Angleterre. Charles II la titra duchesse de Portsmouth, baronne de Petersfield et comtesse de Farnham. Louis XIV ne fut pas non plus ingrat : il la couvrit de cadeaux et la fit duchesse d'Aubigny.

L'un des moyens d'action de la diplomatie royale fut la polémique, comme l'avait employée Richelieu. Elle utilisa les services de polygraphes, d'écrivains stipendiés pour vanter les mérites de la politique française : Eustache Le Noble, auteur d'amusantes pasquinades comme *La Pierre de touche politique*, *Les Travaux d'Hercule*, La Chapelle, Legrand et, le plus connu de tous, Gatien Courtilz de Sandras, homme de plume prolifique, rédacteur du *Mercure historique et politique*. Pamphlétaire imprévisible, auteur de nombreux mémoires apocryphes (dont ceux de d'Artagnan...), Courtilz finira par indisposer ses commanditaires et connaîtra six ans les délices de la Bastille...

Autre moyen couramment utilisé, l'arme financière revêtait des formes diverses : traités avec clause de subsides, achats d'auxiliaires à gages, corruption du secrétaire d'un ministre ou d'un général, pensions allouées aux princes étrangers, clients de la France, ou bijoux offerts à la maîtresse d'un diplomate. Catholiques irlandais, magnats polonais, ministres anglais, cardinaux romains, tout ce monde était tarifé, couvert de généreuses prébendes.

Deux des pensionnés les plus actifs furent les frères de Fürstenberg, deux ecclésiastiques, fils d'un conseiller de l'électeur Maximilien de Bavière. Leur appartenance au « parti français » ne se démentira jamais. L'aîné, François-Égon, fut conseiller de l'électeur de Cologne et entraîna son maître dans la guerre contre la Hollande. Il devint évêque de Strasbourg et accueillit à ce titre Louis XIV lors de son entrée solennelle dans cette ville en 1681. Le cadet, Guillaume-Égon, grand connaisseur des affaires du Saint-Empire – mais aux idées parfois naïves –, conseilla le roi et Lionne dans leurs projets d'outre-Rhin. Enlevé par des soldats de l'Empereur lors du congrès de Cologne en 1673, emprisonné en Autriche, il ne fut libéré qu'en 1679, après la paix de Nimègue. A la mort de son frère, il lui succéda sur le siège de Strasbourg. En 1688, Louis XIV chercha à l'imposer comme électeur de Cologne, mais il ne put s'y maintenir après les revers français. En récompense de ses nombreux et loyaux services, le roi lui procura l'abbaye de Saint-Germain-des-Prés et le chapeau de cardinal.

La pratique des pensions et des gratifications était courante à l'époque. La France, pays riche et puissant, s'y distingua tout particulièrement. Pour les versements on prenait des précautions extraordinaires, utilisant des tiers ou des correspondances codées. La moindre indiscrétion pouvait être fatale : elle coûta sa place à la cour de Stockholm au comte de Bielke. Certains, peu scrupuleux, recevaient des deux côtés comme ce Gyldenstolpe, dit le « Renard », Suédois soudoyé par la France et l'Angleterre, ou trahissaient à la première occasion comme l'Italien Matthioli, enfermé à Pignerol et que d'aucuns ont identifié avec le fameux « Masque de fer [1] ».

Le roi d'Angleterre Charles II toucha plusieurs millions et en

1. *Les Nouvelles ecclésiastiques* du 4 septembre 1687, feuille clandestine écrite à la main, signalaient l'arrivée à l'île Sainte-Marguerite d'un prisonnier « enfermé dans une chaise à porteurs ayant un masque d'acier sur le visage ». Ce personnage mystérieux, sur lequel Voltaire, Dumas, Marcel Pagnol et tant d'autres ont brodé à plaisir, fut conduit à la Bastille en 1698 sous un « masque de velours noir ». Il y mourut en 1703. Les dernières recherches sur la question montrent qu'il ne s'agissait ni d'un frère jumeau de Louis XIV – hypothèse absurde – ni du duc de Beaufort ni de Molière ni même de Matthioli, mais d'un obscur valet, Eustache Danger, détenteur d'informations qu'il importait de ne pas divulguer. Voir John Noone, *The Man Behind the Iron Mask*, Gloucester, éd. de 1994, ainsi que les actes du congrès de Pignerol de 1991 (*Pinerolo, la Maschera di Ferro e il suo Tempo*, Pinerolo, 1992).

aurait désiré bien davantage pour entretenir sa cour et résister aux menées de son opposition parlementaire. Les versements se faisaient trimestriellement, par l'intermédiaire de son valet de chambre Chiffinch. Louis XIV, qui ne tenait nullement à voir se concrétiser les projets absolutistes de son cousin d'outre-Manche, se mit bientôt à entretenir discrètement les *leaders* des Communes pour lui faire pièce. Cynique jeu de l'argent! La méthode s'avéra très efficace, en particulier pour les princes allemands. Elle créa des liens d'intérêts plus que de sympathie, mais elle eut ses inconvénients : les rivalités entre ministres ou conseillers, les promesses non tenues, les présents non renouvelés lorsque les finances de la France connurent des moments difficiles. Tout cela coûtait cher, mais c'était le prix de la gloire.

« Ultima ratio regum [1] »

L'effort de renouvellement, déjà remarquable pour l'outil diplomatique, devient spectaculaire si l'on examine les affaires militaires : Michel Le Tellier et Louvois furent les vrais créateurs de l'armée moderne; Colbert et Seignelay donnèrent à la marine un prodigieux essor. Grâce à eux le roi disposa d'une puissance sans équivalent en Europe, dont il fera un instrument redoutablement efficace au service de sa politique.

En ce domaine, l'héritage laissé par Mazarin n'était guère brillant. L'armée française après la paix des Pyrénées avait été démobilisée. Les seules troupes permanentes étaient celles de la maison du roi (gardes du corps, mousquetaires, gendarmes et chevau-légers, cent-suisses, gardes-françaises, gardes suisses...), la cavalerie d'ordonnance (gendarmes et chevau-légers), les six « vieux » régiments (Picardie, Piémont, Champagne, Navarre, Normandie et celui de la marine) et les six « Petits-Vieux » levés sous Henri IV (Rambures, Castelnau, Sault, Bandeville, Saint-Vallier et Douglas). Le reste avait fondu ou avait été licencié. Les mercenaires, les déserteurs, les estropiés parcouraient la campagne à la recherche d'un emploi de manouvrier, de laquais ou un poste d'oblat dans un monastère. Nombre d'officiers réformés, cadets de famille, traî-

1. Dernier argument des rois : devise gravée sur les canons de Louis XIV.

naient leur misère, sans emploi ni ressources. Avec le système de la vénalité qui avait pénétré l'armée, les capitaines, colonels ou mestres de camp, propriétaires de leur charge, étaient tenus à de grosses dépenses pour paraître à la tête de leur unité. Aussi ne songeaient-ils qu'à gratter au mieux sur la solde de leurs hommes, mal nourris, vêtus à la diable, parfois sans arme ni bottes. Les effectifs n'étaient complets que le jour des « montres », grâce au système des « passe-volants », aimables figurants dont on louait les services le temps d'une revue.

Même en guerre, ces troupes avaient piètre allure. Les uniformes n'existaient que pour certaines unités de la maison du roi. Les camps donnaient l'impression de rassemblements de bohémiens avec leurs chariots disparates, emplis de vivandiers et de domestiques en guenilles, de femmes, d'enfants, voire de maîtresses qui suivaient la soldatesque. Le roi payant avec un retard désespérant, les militaires étaient encouragés à brigander. C'était une plaie pour les populations amies ou ennemies. La guerre devait nourrir la guerre. On ne faisait pas de distinction entre civils et militaires. Les villages des zones de combat étaient pillés et brûlés, les femmes et les filles violées. La gent guerrière réquisitionnait sans vergogne vivres, matériels, charrois, chevaux et main-d'œuvre. Il n'y avait rien qui ressemblât à une intendance avec ses services de munitions et de ravitaillement, à un corps de santé avec ses chirurgiens et ses hôpitaux de campagne. L'armement était hétéroclite et la tactique désuète. Les mousquets n'avaient pas le même calibre, et l'on fondait les balles à la demande. La cavalerie demeurant l'arme noble par excellence, tout le reste, l'infanterie, l'artillerie, le génie, les fortifications, allait à l'abandon.

Désordre, désobéissance, malversation, vol, trafic, extorsion, pillage : c'est à tous ces maux que s'attaquèrent les Le Tellier. Louis XIV, passionné par ces questions, donna l'impulsion. Il remplissait avec application ses fonctions de capitaine dans les compagnies de sa maison, les faisait souvent manœuvrer, les passait en revue. Il avait grand soin de dresser l'état général de ses troupes, s'intéressait à leur casernement, leur ravitaillement, prenait des notes, traçait de minutieux tableaux.

Comme il était impossible de « royaliser » et de « déféodaliser » l'armée d'un seul coup, on prit le parti d'atténuer les défauts du système, de réformer ce qui pouvait l'être et de créer de nouvelles structures capables de rénover l'ensemble. On garda la vénalité des charges de capitaine et de colonel, mais l'on conféra gratuitement les grades d'enseigne, de sous-lieutenant, lieutenant, lieutenant-colonel, major, brigadier, maréchal de camp, lieutenant général.

Les charges honorifiques susceptibles d'entretenir l'esprit féodal furent supprimées et perdirent une partie de leurs prérogatives au profit du roi : celle de connétable ne fut jamais rétablie, celle de colonel général de l'infanterie – chef de tous les régiments et propriétaire dans chaque régiment de la compagnie colonelle – disparut en 1661 à la mort du duc d'Epernon. Les autres, celles de grand-maître de l'artillerie, de colonel général de la cavalerie, furent intégrées à la nouvelle hiérarchie.

On réprima l'usage des passe-volants par des peines de plus en plus sévères : le fouet, la marque au fer rouge, la mutilation du nez, la mort. Louvois était particulièrement choqué par toutes les « grivèleries » et les « voleries exécrables » des gens de guerre. Il les punit avec férocité. Des ordonnances très nombreuses à partir de 1665 instituèrent la hiérarchie des différents corps, insistant sur l'exacte discipline attendue à tous les échelons. Les officiers mondains ou désinvoltes étaient cassés ou punis de la Bastille.

Il fallait aussi lutter contre le point d'honneur, les rivalités multiples des corps et des officiers entre eux. En avril 1672, au moment de la guerre de Hollande, MM. de Créqui, de Bellefonds et d'Humières refusèrent de servir sous les ordres de Turenne, sous prétexte que, n'étant pas connétable, celui-ci ne pouvait commander à des maréchaux de France. « Je tremblerai, mandait Louvois à Créqui, jusqu'à ce que j'aie vu que vous avez pris le bon parti. Vous me permettrez de vous dire qu'il n'y en a point d'autre que d'obéir à un maître qui dit qu'il veut l'être. » Le « maître » enverra les récalcitrants planter leurs « choux à la campagne » (Mme de Sévigné).

Au début du règne, les officiers généraux exerçaient le commandement à tour de rôle, notamment pendant les sièges. Ce système avait tous les défauts : il suscitait des jalousies, des disputes, paralysait toute initiative (ce que l'un faisait, quand il était « de jour », pouvait être défait par l'autre le lendemain). Une ordonnance de 1675, inspirée par Louvois, balaya ce système archaïque et institua l'ordre du tableau, qui réglait l'avancement à l'ancienneté, sauf mérites exceptionnels. C'était un grand progrès. Désormais on pourra plus facilement accéder à un poste de commandement sans appartenir à une famille illustre ou fortunée. Cette révolution fit grincer des dents les nostalgiques du pouvoir aristocratique. Soixante ans après, Saint-Simon n'avait pas de mots assez durs pour stigmatiser cette abomination qui avait conduit à l'abaissement et à la confusion des rangs.

Il est bon de dire que la noblesse, dans son ensemble, marquée du sens de l'honneur, remplit généreusement sa vocation et son devoir. Elle participa ainsi à la réorientation voulue par le souverain, qui distinguait et récompensait le dévouement, organisant des filières d'ascension sociale pour les plus pauvres. Le poids de cette noblesse militaire au sein de l'État, les valeurs qu'elle affichait, valeurs dominantes à l'époque, permettent de comprendre pourquoi la thèse classique d'une société louis-quatorzienne dominée par la « vile bourgeoisie » est fausse. Nombreux étaient les jeunes issus de la noblesse de robe qui se pressaient dans les rangs de l'armée pour rejoindre, par le baptême du feu, l'aristocratie ancienne. Certaines années, près de la moitié des jeunes nobles en âge de combattre se trouvaient engagés, la grande majorité servant comme officiers. Cette noblesse paya, au premier rang, le lourd tribut du sang. « On peut schématiser, écrit André Corvisier, en disant que le roi commence les guerres avec la noblesse et les termine avec les roturiers [1]. » Les nobles se renouvelaient mais leur nombre restait à peu près constant – 15 000 à 20 000 – de sorte que, les effectifs augmentant, leur proportion diminua. De 20 % en 1643 ils ne représentaient qu'un peu plus de 10 % en 1702.

Le gonflement des effectifs était impressionnant et témoignait de la capacité du pays à mobiliser, équiper et entretenir des troupes de plus en plus nombreuses, y compris en temps de paix, ce qui était la grande nouveauté : de 72 000 hommes en 1667, ils passèrent à 120 000 en 1672, à 280 000 en 1678 pour atteindre 380 000 pendant la guerre de Succession d'Espagne. Même s'il faut, sans doute, affecter ces chiffres officiels d'un coefficient d'abattement, il reste que, sous le règne de Louis XIV, la France parvint à mettre sur pied des armées bien supérieures en nombre – et en qualité – à celles de n'importe quel autre de ses voisins.

Les progrès techniques modifièrent l'armement et la tactique,

1. André CORVISIER, *La France de Louis XIV. Ordre intérieur et place en Europe*, Paris, 1990, 3e éd., p. 62.

accroissant la puissance de feu aux dépens du mouvement. Le Tellier et Louvois furent longtemps réticents à l'égard du fusil à silex au tir plus rapide que le mousquet – un coup à la minute – mais qui avait souvent des ratés. Celui-ci finit pourtant par s'imposer. En 1671 un régiment de fusiliers fut constitué. A la fin de la guerre de Hollande le fusil se répandit à peu près dans toutes les unités. En 1687 Vauban le perfectionna en lui adaptant une baïonnette à douille qui permettait de tirer sans avoir à l'ôter. De même l'usage de la grenade se répandit. On créa une compagnie de grenadiers par régiment, qui fut considérée comme un corps d'élite. Les cavaliers troquèrent leur épée contre le sabre, plus efficace dans les charges, et, à partir de 1680, se mirent à utiliser des carabines. En 1668, un nouveau corps prit son essor : les dragons, sorte d'infanterie montée, qui servait à pied ou à cheval. L'artillerie, quant à elle, fut remaniée en profondeur. Elle perdit son indépendance pour être intégrée à l'armée. Louvois uniformisa le calibre des canons, leva des compagnies de canonniers et de bombardiers ainsi que des compagnies de fusiliers chargés de défendre le canon.

Les fortifications

L'administration des fortifications commença dans la confusion, avec un partage des tâches entre Colbert et Louvois. Le premier, selon la répartition des provinces entre secrétaires d'État, avait en charge la Picardie, la Champagne, la Bourgogne, le Dauphiné, la Provence et le Languedoc. Il disposait d'une cinquantaine d'ingénieurs civils dirigés par un homme qui faisait autorité en la matière, le chevalier de Clerville. Le second s'occupait de la Flandre, de l'Artois, du Hainaut, de l'Alsace et du Roussillon et employait une équipe de 130 ingénieurs militaires, animée par Sébastien Le Prestre de Vauban, qui avait d'abord servi de « diacre » à Clerville avant de prendre son essor.

Dès 1667 Louis XIV donna la préférence à Vauban pour la construction de la citadelle de Lille. L'année suivante, celui-ci l'emporta encore devant Arras et Dunkerque, où les deux rivaux avaient été convoqués. Ce fut le début d'une carrière prodigieuse qui conduisit ce gentilhomme de petite noblesse au maréchalat. Colbert, d'abord injuste à l'égard de ce protégé de Louvois, finit par reconnaître son génie et lui soumit les plans de ses propres ingénieurs. En 1678 Vauban, nommé commissaire général des fortifications, prit la direction de toutes les constructions de places et de ports.

Les plus importants travaux furent entrepris en Flandre, en Artois, dans le Hainaut, en Picardie, en Alsace, afin de défendre la frontière la plus menacée. C'est à Vauban que l'on doit, entre autres, les places fortes de Lille, Valenciennes, Maubeuge, Mézières, Luxembourg, Sarrelouis, Toul, Metz, Verdun, Phalsbourg, Strasbourg, Brisach, Huningue, Belfort. Au sud, il aménagea Briançon, Mont-Dauphin, Pignerol, Montlouis et Perpignan. Il ne négligea pas non plus les ports : Dunkerque, Calais, l'île de Ré, Toulon...

En même temps, de plus en plus apprécié par le roi, il participa activement aux grands sièges du règne, perfectionnant la technique d'attaque des places. Grâce à lui on utilisa les mortiers lanceurs de bombes, on calcula les trajectoires des engins, l'angle du ricochet pour atteindre la partie faible de la fortification... A partir du siège de Maëstricht (juin 1673), on emprunta aux Turcs le système des tranchées parallèles, qui permettait de cheminer en zigzag, à l'abri des tirs, jusque sous les murs ennemis. La construction de forteresses à demi enterrées pour résister au progrès de l'artillerie, l'allongement des glacis et des chemins couverts, la multiplication des bastions, des ouvrages à cornes et à couronnes nécessitaient l'emploi de milliers de terrassiers et de maçons, ce qui effrayait Colbert, qui voyait arriver les factures. Aussi, dans la mesure du possible, s'efforça-t-on d'associer les localités protégées à leur financement.

Louis XIV aimait les fortifications ; il se plaisait à les inspecter, admirant leur « propriété » ou leur « air de magnificence » ainsi que leur régularité géométrique qui rappelait les jardins à la française. Cette immense « ceinture de fer » fut achevée pour l'essentiel avant 1685.

L'intendance militaire

Au crédit de Louvois il faut mettre encore la création d'un efficace service de subsistance, l'une de ses plus grandes réussites, qui lui vaudra le surnom de « grand vivrier ». Débordant d'activité, il conclut des marchés avec des munitionnaires, fit construire des magasins généraux aux frontières ou aux lieux d'étape, inspectant sans cesse les convois de chariots, vérifiant l'état des sacs de farine, bref s'occupant de tout jusque dans les moindres détails.

Le service de santé, plus délicat à organiser, ne fonctionna jamais correctement. L'entreprise à qui fut concédé le soin d'installer des hôpitaux fixes ou mobiles ne fut point à la hauteur de la tâche. Les malades, sous Louis XIV, continueront donc de mourir dans la boue ou la paille humide, entassés à trois ou quatre par paillasse, entourés de chirurgiens ignares et paresseux. La création en 1670 des Invalides, institution charitable pour les blessés et estropiés, fut, en revanche, une réussite. Grâce à elle on put recenser, loger et soigner des milliers de malheureux qui auraient été abandonnés à eux-mêmes [1].

La force de l'administration de Louvois, principalement composée de civils, fut de ne jamais se laisser guider par les militaires, même sur le terrain. Le ministre, soutenu par un maître attentif et vigilant, garda la haute main sur tout. Les commissaires des guerres, chargés de contrôler les vivres, les arsenaux, les fonderies, les ambulances, virent leur rôle et leur nombre s'accroître. Deux inspecteurs généraux reçurent mission de superviser le bon ordonnancement des troupes et de préparer les règlements. Le ministre eut enfin un dévoué collaborateur en la personne de Jules Louis Bolé, marquis de Chamlay, excellent organisateur, mais brutal comme son maître, qui occupa les fonctions de maréchal des logis des camps et armées du roi.

Tout cela procédait du même esprit de rationalisation et d'uniformisation. Gardons-nous pourtant de considérer l'armée de Louis XIV comme un système organisé sur le modèle contemporain. Nombre de vices anciens subsistèrent. Les recrutements frauduleux ou forcés continuèrent. Les sergents préposés à cette tâche, aidés de la maréchaussée, ramassaient des vagabonds, repris de justice et autres « gens sans aveu », voire de simples badauds, qu'on battait et enivrait avant de leur faire signer un billet d'engagement. En dépit des soldes mieux payées, on n'empêcha pas les pillages. Les désertions s'accrurent malgré les ordonnances royales qui aggravaient les peines encourues.

1. Anne Muratori-Philip, *Les Grandes Heures des Invalides*, Paris, 1989.

Nous avons parlé des parentèles et clientèles des Le Tellier. C'est naturellement au sein de l'institution militaire que cette influence se fit surtout sentir, en particulier parmi les intendants d'armée dont le recrutement s'était modifié au cours du XVIIe siècle [1]. Pris à l'origine dans le corps des maîtres des requêtes de l'Hôtel ou dans les cours souveraines, les intendants d'armée furent progressivement choisis dans le corps des commissaires des guerres et des commis de la guerre, bien contrôlé par le clan Le Tellier. Les grands intendants furent soit des parents soit de très proches collaborateurs des deux ministres. Louis Robert était un cousin, Jacques Charuel, le fils d'un receveur des terres et seigneuries de Louvois, près d'Epernay. Étienne Carlier avait été recommandé par son frère, commis de la guerre. De 1660 à 1678 deux intendants sur cinq étaient apparentés aux Le Tellier. Les autres étaient des clients dévoués.

Les contrats d'homme à homme caractérisaient nombre d'unités, notamment les régiments de cavalerie qui portaient le nom de leur colonel. Ces régiments se transmettaient de père en fils, sous réserve de l'accord du roi. Si le titulaire n'était pas attiré par le métier des armes, il pouvait se choisir un colonel-lieutenant, lui-même assisté de lieutenants-colonels. Nombre de familles aristocratiques conservèrent ainsi leur régiment, au moins jusqu'aux réformes de Choiseul. Les colonels avaient tendance à peupler leur troupe de jeunes gens de la seigneurie familiale ou de gentilshommes du voisinage. Les capitaines, ainsi désignés, se chargeaient à leur tour de recruter des amis, des voisins, des « pays » parlant le même patois. Le racolage était abandonné à l'échelon subalterne. Ainsi, par le jeu des solidarités familiales et sociales, des parrainages et des patronages, se constituèrent des clientèles à base géographique voire religieuse. Le régiment d'Auvergne, par exemple, était principalement composé de huguenots des Cévennes : « Si vous voulez faire fuir Auvergne, disait M. de Vendôme, vous n'avez qu'à battre la messe ! »

Ces liens spécifiques contribuaient à entretenir l'esprit de corps, renforcé par la fraternité des armes et les rivalités entre unités. Heureusement, cet esprit de corps eut tendance à s'atténuer, sauf dans les régiments étrangers, marqués par la « condotta » italienne ou

1. Douglas Clark BAXTER, *Servants of the Sword. French Intendants of the Army, 1630-1670*, Chicago, Londres, 1976.

germanique, ou dans les corps en cours de constitution comme les ingénieurs du roi [1].

Dans ce vaste ensemble de liens pyramidaux, le roi tentait d'insuffler un esprit unitaire grâce à sa propre clientèle, celle des jeunes gens de sa cour qui servaient dans les corps d'élite – gardes du corps, mousquetaires, gardes-françaises – et qui, nantis d'une commission, se répandaient ensuite dans les régiments d'infanterie ou de cavalerie légère.

A la fin du XVIIe siècle, en France comme partout ailleurs, le clientélisme militaire n'était plus qu'une survivance, les recommandations d'officiers par les ministres ou par Mme de Maintenon n'ayant plus le caractère semi-féodal du patronage et des fidélités aristocratiques de la première partie du siècle.

La Royale

Que Jean-Baptiste Colbert, Rémois d'origine, terrien, homme de dossiers et de cabinet, qui n'était qu'occasionnellement monté sur un vaisseau, ait voulu faire de la France une puissance navale de premier ordre n'a rien d'étonnant : mieux que d'autres il avait compris qu'on ne peut bâtir une armée de terre sans développer une marine de guerre d'égale qualité. A cette tâche il mit un acharnement digne d'admiration.

Mazarin avait sacrifié la marine sur l'autel de la réconciliation franco-anglaise. En 1661 le constat n'était pas difficile à dresser : le littoral français se trouvait dans le plus total abandon, au point que les pirates barbaresques avaient fait des îles d'Hyères un repaire d'où ils lançaient leurs raids meurtriers. Dans les ports du royaume mal entretenus on ne comptait que neuf vaisseaux de ligne de 3e rang, hors d'usage, trois flûtes et quelques galères miséreuses, qui pourrissaient faute de radoub. Prendre la mer était un exploit : les officiers étaient pour la plupart inexpérimentés et le ravitaillement inexistant. Le marin français, réputé pour sa robustesse et son efficacité, était obligé de s'expatrier pour servir. Un tiers des effectifs de la flotte de l'amiral hollandais Ruyter était français ainsi qu'une bonne partie de celle de l'amiral sicilien Centurioni.

1. Anne BLANCHARD, *Les Ingénieurs du Roy, de Louis XIV à Louis XVI, étude du corps des fortifications*, Montpellier, 1979.

Renouant avec la politique dynamique de Richelieu, Colbert décida de relever la marine de sa maladie de langueur : faute d'arsenaux en état, il passa commande de vaisseaux neufs à des arsenaux hollandais, danois et suédois, importa des canons et des balles.

Puis il s'attaqua à l'infrastructure portuaire. A Dunkerque, Le Havre, Marseille, Toulon il fit construire de vastes arsenaux comprenant ateliers, cales de radoub, fonderie, magasins avec salles d'armes, salles à voile, corderies. Des ports furent créés : Brest, Lorient, Rochefort.

Des manufactures d'armes et d'ancres virent le jour dans le Nivernais, en Forez, dans le Périgord, à Lyon, des fabriques de voiles en Dauphiné et en Bretagne (les toiles de Guingamp et de Quintin). Des forêts d'Auvergne, de Provence ou du Vivarais on tira des mâts et du bois de charpente, d'où l'importance attachée par le ministre au service des eaux et forêts et à la politique sylvicole du domaine en général. Le chanvre venait de Bretagne, de Bourgogne, du Dauphiné. L'Aquitaine fabriquait le goudron.

En dix ans la France disposa d'une flotte impressionnante : jamais redressement n'avait été si spectaculaire ni si rapide. En 1661 la marine de guerre ne comptait qu'un peu plus de 1 000 canons, elle en avait déjà près de 2 000 en 1665 et 6 500 en 1674. Dès 1671 la flotte française comptait plus de navires que celle de l'Angleterre ou des Provinces-Unies : 119 navires de ligne, 16 de premier rang, 16 de second rang, 33 de troisième rang, 25 de quatrième et 29 de cinquième, 22 frégates, 16 brûlots, 37 flûtes, soit avec les galères un total de 194 navires de guerre jaugeant entre 130 000 et 140 000 tonneaux [1].

Colbert rétablit également l'ordre dans le corps des galères. Ces navires, longs et bas, pouvaient évoluer en l'absence de vent ou à contre-vent : c'était à peu près leur seul intérêt, car ils étaient lents et mal armés. La flottille, élégante et impressionnante lorsqu'elle prenait la mer, ne servait qu'au prestige de la monarchie. C'était un instrument de la propagande absolutiste. Les galères étaient aussi de terribles pénitenciers. Rares étaient les volontaires, peu nombreux les esclaves turcs. La grande majorité des rameurs étaient des forçats, des condamnés de droit commun, des déserteurs. A mesure

1. Jean MEYER, « Louis XIV et les puissances maritimes », *XVIIe siècle*, avril-juin 1979, n° 123, p. 161.

que le nombre des bâtiments s'accrût, on dut mieux alimenter la chiourme. Quarante galères nécessitaient 110 000 hommes. Il fallait les trouver, remplacer périodiquement les bancs que vidaient la maladie ou la mort. Pas question de faire de sentiment! Colbert exhorta les parlements à transformer les gibiers de potence en forçats. L'intendant Arnoul se vantait de trouver autant de vagabonds qu'on en désirait! Après les faux-saulniers, les contrebandiers, les révoltés du Boulonnais ou du Vivarais on vit arriver les chaînes de huguenots. Les libérations étaient rares, et les condamnés faisaient souvent plus que leur temps. La vie du galérien était extrêmement pénible, mais moins atroce qu'on se la représente généralement [1].

Comme l'armée, la marine avait eu tendance à échapper au pouvoir central. En 1626 la dignité d'Amiral de France, grand officier de la Couronne, avait été supprimée, et Richelieu s'était fait donner les pleins pouvoirs par Louis XIII, avec le titre de « Grand Maître, chef et surintendant de la navigation et commerce de France ». Tout avait bien fonctionné quand le grand cardinal et son vaillant neveu Maillé-Brézé avaient exercé ces fonctions. La situation se dégrada lorsqu'en 1650 César de Vendôme, fils de Henri IV et de Gabrielle d'Estrées, reçut cette Grande Maîtrise en cadeau. Selon un processus bien connu de l'ancien régime, qui voyait sans cesse renaître des féodalités, cet ancien frondeur transforma peu à peu cette dignité en un bien quasi patrimonial. Surtout, il en fit une source de puissance indépendante du pouvoir central. Disposant du droit de nommer et de promouvoir les officiers, il installa à tous les rouages de l'administration navale une clientèle personnelle sans compétence.

Son fils, François, duc de Beaufort – le brouillon « roi des Halles » –, s'était comporté en héros à la tête de l'escadre du Levant. Entre 1662 et 1664 il avait délogé les barbaresques des côtes françaises, bombardé Alger et Cherchell, et forcé Tunis à renouveler ses traités. Certes, en 1664 une opération d'envergure en vue d'établir à Djidjelli, sur les côtes algériennes, une base navale avait abouti à un fiasco, à cause de la mésentente des chefs, mais le roi ne lui en avait pas voulu et, l'année suivante, lui avait confié la Grande Maîtrise exercée par son père. C'était une maladresse. Malgré des règlements et des arrêts du conseil, le désordre et

1. Marc VIGIÉ, *Les Galériens du roi*, Paris, 1985. André ZYSBERG, *Les Galériens. Vies et destins de 60 000 forçats sur les galères de France (1680-1748)*, Paris, 1987

la corruption subsistèrent. En juin 1669 Beaufort périt au siège de Candie. Un édit de novembre de la même année supprima cette charge et rétablit celle purement honorifique d'Amiral de France : à deux ans le comte de Vermandois, fils naturel de Louis XIV et de Mlle de la Vallière, en fut pourvu. La réalité du pouvoir revint enfin au roi et à Colbert. Ce seront eux, désormais, qui décideront des nominations et promotions, régleront les dépenses, établiront les programmes d'armement et les plans d'opération. Comme l'a dit Étienne Taillemite, avec cette réforme « la marine devenait véritablement et définitivement royale [1] ». Il était temps!

Colbert décréta la révision générale des commissions délivrées par les Vendôme, fixa la hiérarchie. Sous le Grand Amiral deux charges de vice-amiral furent instituées, l'une pour le Levant, l'autre pour le Ponant. Ces vice-amiraux étaient eux-mêmes assistés de deux lieutenants généraux et de trois puis de cinq chefs d'escadre. Ensuite venaient les capitaines de vaisseaux, de frégates, les enseignes.

Pour la formation des officiers on créa à Saint-Malo un collège de marine, à Rochefort et à Dieppe des écoles d'hydrographie. Jusque-là, le recrutement des matelots se faisait avec une grande brutalité : quand une escadre s'apprêtait à lever l'ancre on bloquait les issues du port et on raflait tous les marins et pêcheurs qui s'y trouvaient. C'était la « presse ». Colbert tenta de remédier aux inconvénients de ce système en instituant dans les régions littorales l'inscription maritime, avec recensement obligatoire de tous les gens de mer et leur répartition en trois classes, appelées à servir périodiquement. Cette réforme fut mal acceptée, de sorte que la « presse » ne disparut pas totalement. Par manque d'effectifs, les recrutements à l'étranger se firent nombreux et l'on alla jusqu'à embarquer des soldats de l'armée de terre, des artilleurs notamment.

La marine de Louis XIV ne fut pas sans défaut, à commencer par son extrême jeunesse et, par conséquent, son manque d'expérience et de traditions. Un corps d'officiers compétents et disciplinés ne se forme pas en si peu d'années. Il manquait à la France l'équivalent de l'Amirauté britannique, mais sans doute y avait-il

1. Étienne TAILLEMITE, « Colbert et la marine », dans *Un nouveau Colbert*, Actes du colloque sous la direction de R. MOUSNIER, Paris, 1965, p. 221.

une volonté politique de ne pas constituer une caste de commandement trop puissante.

Colbert était le premier à avoir conscience de ces faiblesses au point de redouter, au début de la guerre de Hollande, d'engager ses escadres contre celles de Tromp et de Ruyter. Il préférait voir les Anglais en première ligne. Ce ne fut qu'après les éclatants succès de Duquesne et de Tourville en mer de Sicile qu'il parut rassuré sur la combativité de ses marins.

Il eut la chance de trouver un efficace collaborateur – et un successeur – en la personne de son fils aîné Seignelay, admis à la survivance de sa charge de secrétaire d'État dès 1669, à dix-huit ans. C'est une figure mal connue que celle de Seignelay, écrasé par la réputation de son père, mais qui mériterait de sortir de l'oubli. Après avoir usé sa jeunesse dans le libertinage et la débauche, il était devenu un bourreau de travail, compétent, fiévreux, orgueilleux, autoritaire, férocement ambitieux.

Malheureusement, ce que Colbert réussit avec lui, il n'y parvint pas avec le roi. Contrairement à Richelieu, Louis ne fut jamais vraiment persuadé de la double vocation maritime et continentale de la France. Certes, l'œuvre accomplie par les Colbert le fut avec son consentement, mais qu'en aurait-il été sans eux et leur obstination à ramer contre vent et courant? Sans doute le roi tirait-il grande fierté de la magnificence de ses escadres, mais les affaires maritimes lui restèrent étrangères. Colbert le supplia maintes fois de visiter ses ports, d'inspecter ses vaisseaux : il préférait ses régiments. Pour l'intéresser, on lui présenta à Versailles sur le Grand Canal la maquette des principaux bâtiments de la flotte. Seignelay fit même assembler sous ses yeux un modèle réduit de galère. En vain! En 1680, à Dunkerque, Louis monta pour la première fois sur un vrai vaisseau. On se fit un plaisir de lui laisser commander toutes les manœuvres, de la mise à la voile jusqu'au branle-bas de combat. Il fut impressionné par l'ordre et la discipline des matelots. Hélas, rien ne changea! Né terrien, Louis XIV resta terrien, persuadé que la grandeur ne peut s'acquérir sur mer. Cette incompréhension sera l'un des points faibles du règne et la source de futures déconvenues...

La monarchie militaire

On ne s'étonnera pas, après ce qui vient d'être dit, du poids considérable des dépenses militaires. Jean Meyer, à qui l'on doit un essai sur *Le Poids de l'État*, énonce des chiffres éloquents [1].

En 1683, année de la paix armée, au cours de laquelle les troupes furent maintenues sur pied de guerre, sur les 115 millions de livres engagées par l'État, les dépenses militaires représentaient 65,28 millions, soit 56,70 % : 45,5 millions pour l'armée de terre, 11 millions pour la marine et près de 9 millions pour les fortifications. En regard, l'endettement de l'État était limité : le service de la dette atteignait 10 millions (8,90 %). Les dépenses de la cour, en raison de son installation définitive à Versailles cette année-là, s'élevaient à près de 10 %, sans compter les bâtiments (6,27 %). Les affaires secrètes tant intérieures qu'extérieures exigeaient 3,8 %, les gages 3 %, les pensions 1,21 %. Les affaires étrangères proprement dites absorbaient 0,68 %. Quant à l'investissement économique, il était dérisoire : 0,28 %.

La part relative des dépenses militaires augmentait fortement au début de chaque guerre, pour faiblir ensuite. Le poids de la dette, en revanche, parcourait le chemin inverse : de raisonnable au début, elle s'élevait vertigineusement dans les dernières années du conflit pour devenir insupportable, une fois la paix retrouvée.

La guerre de la ligue d'Augsbourg illustre ce schéma. En 1690 la part des dépenses militaires dépassa les trois quarts du total du budget de l'État. Elle atteignit près de 80 % en 1692 pour retomber à 50 % en 1697, année de la paix de Ryswick. L'étiage se situe en 1699 avec moins de 17 %. La courbe repart vite à la hausse avec le début de la guerre de Succession d'Espagne : 71 % en 1702, plus de 72 % en 1706. La dette financière passe de 8 à 23 % de 1694 à 1695, pour exploser à plus de 76 % en 1699. Elle régresse en 1700 à 18 % puis reprend son chemin ascendant avec 25 % en 1706.

La conclusion à tirer de ces chiffres est double : contrairement à ce qu'on a souvent affirmé, la France du XVIIe siècle n'est pas encore une monarchie administrative, c'est une monarchie militaire qui

1. Jean MEYER, *Le Poids de l'État*, Paris, 1983, p. 46 et suiv.

éprouve de sérieuses difficultés à mener des guerres longues sans endettement excessif.

Le poids du militaire dans la société française est donc impressionnant. L'armée est la seule force organisée dans ce grand État sous-administré, marqué par les particularismes provinciaux : les moyens dont dispose, par exemple, la police – la prévôté de l'Hôtel, la maréchaussée, le guet... – sont dérisoires, et la création de la lieutenance générale de police ne fut qu'un remède très limité à cette carence. Ces forces n'alignent au mieux que quelques milliers d'hommes. Le seul moyen d'action efficace contre les violences privées, les bandes de voleurs et les contrebandiers, c'est encore l'armée. C'est à elle que l'on fera appel pour maintenir la discipline dans les provinces, assurer le recouvrement de l'impôt ou la conversion des protestants.

Sur le plan économique l'investissement militaire joua un rôle essentiel. La construction d'une ceinture de fortifications, de ports, d'une flotte, la politique d'armement procurèrent du travail à des centaines de milliers de désœuvrés, libérés des travaux des champs, qui, sans cela, étaient promis au vagabondage. Le secteur militaire, sous Louis XIV, devint l'un des meilleurs moteurs de l'économie. La création de nombreuses manufactures d'armes, de chantiers navals ou de constructions eurent pour effet de développer les innovations technologiques, de stimuler la croissance, de diffuser la richesse. Tout cela, bien entendu, étant à replacer dans une économie à prédominance agraire, soumise aux caprices du temps.

CHAPITRE XIV

Les débuts glorieux

La lutte contre la maison d'Autriche

« Tout était calme en tout lieu », constatait le roi en 1661, ajoutant aussitôt que sa jeunesse, son ardeur et son souci de gloire lui faisaient « souhaiter un peu plus d'affaires au dehors »! Au reste, la recherche de la gloire ne correspondait-elle pas à l'intérêt bien compris du pays? Opter pour une politique d'entente avec l'Espagne, comme le lui suggérait son secrétaire d'État aux affaires étrangères, Loménie de Brienne, n'était-ce pas se satisfaire des frontières mal taillées issues de la paix des Pyrénées, rester sous la menace constante des envahisseurs? Pour assurer la sécurité du royaume il fallait achever la conquête de l'Artois et de la Flandre, occuper les Pays-Bas espagnols et la Franche-Comté. Le Tellier, Lionne, Turenne convenaient avec le roi que ce traité ne pouvait être qu'une trêve dans le processus de dépeçage de l'Empire espagnol. Lionne n'eut pas besoin de rappeler le fameux « moyennant » glissé dans le corps du traité, qui subordonnait la renonciation de Marie-Thérèse au paiement de la dot. Or, en cette année 1661, tous les espoirs semblaient permis : Philippe IV s'en allait vers la tombe. Outre Marie-Thérèse, il n'avait qu'une autre fille, née d'un second lit, Marguerite Thérèse, et un fils, Philippe Prosper, né en 1657, son héritier, mais malingre et rachitique.

Le 16 juin, M. de la Feuillade, archevêque d'Embrun, fut envoyé à Madrid comme ambassadeur extraordinaire, avec dans son coffre la liste déjà longue des manquements faits par l'Espagne à la bonne exécution du traité des Pyrénées. Don Luis de Haro rejeta tous les arguments qu'il lui présenta : il refusa à la fois de payer la dot – il n'en avait pas l'argent! – et d'admettre que la renonciation de la reine devenait caduque du fait de l'inexécution de cette clause.

Le 1er novembre, jour de la naissance en France du dauphin, l'Infant Philippe Prosper mourut. Mais, le 6 novembre, la reine Marie-Anne accouchait d'un second infant, don Carlos, qui ne paraissait guère plus robuste que le premier. On se retrouvait donc dans la même situation. Les négociations reprirent. Les Français demandèrent au moins une avance d'hoirie, comprenant par exemple la Franche-Comté, le Luxembourg, le Hainaut et quelques villes d'Artois. Les Espagnols refusèrent.

Alors Louis XIV rompit les négociations et prépara ses alliances, sachant qu'au décès de son beau-père il devrait agir. Il se tourna en premier lieu vers l'Angleterre. En mars 1661 le mariage de son frère, Philippe d'Orléans, avec Henriette d'Angleterre, sœur de Charles II, avait rapproché les deux couronnes. Dunkerque, remise à regret aux Anglais en vertu de la convention conclue avec Cromwell, faisait à nouveau l'objet des convoitises françaises. Or, l'entretien d'une garnison en cette place coûtait cher à la jeune monarchie britannique. Charles, toujours à court d'argent, proposa à son cher cousin de la lui vendre. Le marché fut conclu pour cinq millions de livres le 27 octobre 1662 et, le 2 décembre, Louis y fit son entrée solennelle.

Une alliance directe entre les deux pays était difficilement envisageable en raison de la francophobie de l'opinion anglaise. Cela n'empêcha pas des accords indirects, notamment pour le financement de la rébellion portugaise. Un contingent de 4 000 volontaires, commandé par un Français, le maréchal de Schomberg, créa un abcès de fixation pour les armées espagnoles, qui furent défaites à Villaviciosa en août 1665.

Du côté de l'Est européen, la diplomatie française ne resta pas non plus inactive, car elle se doutait que Léopold Ier volerait au secours de son cousin de Madrid à la première occasion. Un traité de subsides fut renouvelé avec la Suède (septembre 1661) pour surveiller l'empire. Louis XIV entra en relation également avec les « Malcontents » de Hongrie et de Transylvanie, capables de « donner de la jalousie à la maison d'Autriche ». Un projet concernant la Pologne, jeté aux oubliettes par Mazarin, revit le jour. La reine

Louise Marie de Gonzague, épouse de Jean-Casimir, rêvait de faire élire roi de Pologne, du vivant de son mari, un prince français, Henri Jules duc d'Enghien, fils du Grand Condé. Louis XIV appuya ce plan qui se heurta à de nombreuses oppositions et fut finalement abandonné en 1667. Ainsi le roi, tout en conservant l'ancienne politique de lutte contre les deux branches des Habsbourg, tentait d'y mettre plus de panache et de vigueur que Mazarin. Il ne perdait aucune occasion de prouver à l'Europe la fermeté de son caractère et la grandeur de la France.

Les « prêludes de magnificence »

En août 1661, à Londres, à l'occasion de l'entrée solennelle du nouvel envoyé de Venise, l'ambassadeur d'Espagne, le baron de Watteville, émit la prétention d'avoir le pas sur son collègue français, le comte d'Estrades. En Angleterre l'usage contraire prévalait. Pour éviter un conflit, la cérémonie fut prudemment décommandée. La querelle se ralluma en octobre avec la réception de l'ambassadeur de Suède. Louis XIV avait engagé d'Estrades à tenir bon. Tous les Français de Londres se mobilisèrent mais ne purent résister aux 2 000 mercenaires stipendiés par le ministre d'Espagne. Les carrosses du diplomate français furent agressés. Sur le quai de la Tour se déroula une bataille rangée, à l'issue de laquelle on releva huit Français tués et de nombreux blessés.

A cette nouvelle Louis XIV s'emporta : le jour même il expulsa l'ambassadeur de Philippe IV, exigeant des excuses officielles de Madrid et la reconnaissance du droit de préséance. Philippe IV reconnut ses torts. Il rappela Watteville et envoya à Paris le marquis de la Fuente présenter ses regrets. Au Louvre, le 24 mars 1662, en présence du roi, du nonce et de tous les ambassadeurs se tint la fameuse « audience des excuses de l'Espagne ». Le principe de l'égalité des nations souveraines est une notion du droit international contemporain. A l'époque, on admettait l'idée d'une hiérarchie des États. La difficulté venait de ce que chacun des principaux monarques revendiquait le premier rang, le roi d'Espagne sur terre, le roi d'Angleterre sur mer. L'Empereur prétendait à la domination universelle. Quant au pape, il ne perdait jamais une occasion de rappeler sa primauté spirituelle lui donnant vocation à être seul et unique chef de la chrétienté.

A son tour, Louis XIV entendit faire prévaloir sa propre conception, qui plaçait sa monarchie au-dessus de toutes les autres, sans allégeance à rendre à l'Empereur. Dans ses *Mémoires* il expliquait à son fils toute la différence qu'il y avait entre les empereurs du saint-empire – simples « capitaines-généraux d'une république d'Allemagne » – et les puissants empereurs d'autrefois, romains ou carolingiens. La France, donc, selon les conceptions du roi, se plaçait au premier rang des monarchies héréditaires, à égalité avec le pape et l'Empereur. Dans la pratique, la France ne disputera jamais à ce dernier la préséance. Au congrès de Nimègue elle ne fera aucune difficulté à la lui reconnaître. Après les monarchies héréditaires ordinaires telles l'Espagne ou l'Angleterre venaient les petites royautés et principautés et ensuite le menu fretin des républiques marchandes, objets de tous ses mépris : les Provinces-Unies, Venise ou Gênes. Pour bien marquer cette différence Louis XIV interdit aux ambassadeurs de cette dernière d'usurper le « traitement royal » qui permettait d'entrer au Louvre « au son du tambour ». Il fut plus simple de faire plier Gênes que l'Empereur. En 1658 Léopold s'était abstenu de faire part au roi de France de son accession à la couronne impériale pour ne pas avoir à lui écrire le premier. Louis refusa de traiter avec lui tant qu'il ne s'exécuterait pas. L'affaire était subtile : il ne s'agissait pas de contester la prééminence impériale, que la France, répétons-le, n'avait jamais mise en doute dans les relations diplomatiques, mais la prétention des Habsbourg à occuper le premier rang en tant que souverains héréditaires d'Autriche. Louis XIV ne céda pas. L'affaire traîna, perturbant les relations entre Paris et Vienne, si bien qu'en 1662 Léopold se résigna à écrire, renonçant par la même occasion aux titres de comte de Ferette et de landgrave d'Alsace, dont il se parait indûment, en dépit du traité de Westphalie.

Charles II, avec qui pourtant la France désirait entretenir de bons rapports, faisant siennes les conceptions des juristes Welwood (1615) et Selden (1635), avait étendu la notion de « mers côtières » aux parages des côtes hollandaises et françaises. Il exigeait que, dans les « mers d'Angleterre » ainsi définies, les vaisseaux étrangers saluassent les premiers le drapeau britannique. Malgré leur rage, les Hollandais durent plier. Le refus hautain du roi de Danemark faillit déclencher une guerre. Avec la France, les mêmes difficultés s'élevèrent, et le chancelier Hyde menaça Louis de représailles. La réponse du roi, pleine de superbe, est révélatrice de son obstination comme de sa passion de la grandeur : « Le roi mon frère, écrit-il le 25 janvier 1662 à l'ambassadeur d'Estrades, ni ceux dont il prend conseil ne me connaissent pas encore bien, quand ils prennent avec moi des voies de hauteur et d'une certaine fermeté qui sent la menace. Je ne connais puissance sous le ciel qui soit capable de me faire avancer un pas par un chemin de cette sorte, et il me peut bien arriver du mal, mais non plus une impression de crainte. » Et les Anglais se tinrent cois jusqu'en 1667.

Les relations avec le siège apostolique étaient empoisonnées par plusieurs affaires, notamment celle des franchises et immunités romaines. Les quartiers d'ambassades, en effet, jouissaient dans la Ville éternelle du privilège d'exterritorialité. Ils échappaient de ce fait à la police pontificale et servaient de refuge aux brigands, contrebandiers et prostituées. Le pape Alexandre VII voulait la suppression de ce privilège. Louis XIV, qui avait cédé sur d'autres points de litige (l'affaire des bénéfices consistoriaux par exemple) sans obtenir la moindre concession de la part du pontife romain – un « pédant présomptueux », comme le qualifiait Mazarin –, se résolut à la fermeté. Il envoya comme ambassadeur extraordinaire à Rome un homme énergique qui avait gardé toute sa roideur militaire, le duc de Créqui, avec pour instruction de ne rien céder sur les droits de son ambassade.

Créqui arriva à Rome le 11 juin 1662, entouré d'une fastueuse escorte, affichant une morgue de commande, qui choqua plus qu'elle n'impressionna le petit monde feutré de la diplomatie pontificale. C'est alors qu'éclata le fameux incident de la garde corse. Dans la soirée du 20 août une bagarre d'après boire entre un domestique français et un soldat du pape fit réagir toute la compagnie des gardes corses, qui vint battre les murs du palais Farnèse en vociférant contre leurs occupants. On tira. Il y eut des blessés et un mort : un des pages de l'ambassadrice qui rentrait chez elle en carrosse. Le duc de Créqui essuya sur le balcon une décharge de mousqueterie, qui heureusement ne l'atteignit pas.

Louis XIV fut outré de ces événements et de la timidité des regrets de Sa Sainteté. Il fit mine de croire qu'il s'agissait d'un attentat prémédité, « dont jusqu'ici il n'y avait pas d'exemple chez les barbares mêmes ». Il exigea des réparations exemplaires : des excuses solennelles, le châtiment des coupables, la cassation de la garde corse, la destitution du gouverneur de Rome, le cardinal Imperiali, et du barigel responsable de la police pontificale. Alexandre VII négligeant de répondre, le duc de Créqui quitta la ville. Ni l'intimidation ni la négociation ne firent céder le pontife. Ce fut alors l'escalade. En juillet 1663 le parlement de Provence prononça la réunion d'Avignon et du Comtat à la couronne. A la fin de l'année, 16 000 hommes de troupe furent envoyés à Parme et Modène pour soutenir ces duchés qui avaient des différends territoriaux avec l'administration pontificale.

En réponse, Alexandre tenta de susciter une sainte ligue. Finalement il dut s'incliner devant la menace de nouveaux renforts. Au traité de Pise, le 12 février 1664, il céda sur tout : il déclara la garde corse « incapable de servir » et la « nation corse » exclue à jamais du service pontifical, donna satisfaction aux clients de la France, les ducs de Parme et de Modène, et prit l'engagement d'élever à Rome une pyramide expiatoire rappelant l'attentat et les réparations accordées. En contrepartie, le roi restitua Avignon et le Comtat, malgré la volonté de leurs habitants [1]. Le 29 juillet 1664, à Fontainebleau, dans la chambre du roi, on vit pour la première fois dans l'histoire de France, comme le souligne Voltaire, un légat du pape, le neveu d'Alexandre VII en personne, le cardinal Flavio Chigi, présenter les excuses officielles de Rome. Audience humiliante pour le vaincu, radieuse pour le vainqueur!

Cette politique de fermeté avait été inspirée par Hugues de Lionne, ennemi des « bigots », qui considéra les succès remportés comme une victoire personnelle : « On ne s'avisera pas de long temps à Rome, écrivait-il, de considérer un roi de France comme un roi du Japon! » Les relations avec la papauté s'améliorèrent sous le bref pontificat de Clément IX (1667-1669), au cours duquel le roi consentit à la démolition de l'humiliante pyramide [2].

Ces « préludes de magnificence », comme on appela ces trois ou quatre éclats, ont été présentés comme la manifestation de l'orgueil dominateur du roi. Une meilleure interprétation des relations internationales montre que son comportement ne différait pas de celui des autres souverains. Le « point d'honneur », les questions d'étiquette et de cérémonial étaient au cœur des discussions. Même les

1. Paul SONNINO, *Louis XIV's View of the Papacy (1661-1667)*, Berkeley, Los Angeles, 1966.
2. Pierre BLET, « Louis XIV et le Saint-Siège », *XVIIe siècle*, avril-juin 1979, n° 123, p. 140.

Provinces-Unies, en dépit de leur austérité calviniste, y étaient attachées. Au congrès de Nimègue elles refusèrent par principe d'accorder le titre de « Sa Sainteté » au pape Innocent XI, pourtant l'un des médiateurs officiels. Au contraire, tout imbu qu'il était de la supériorité de la France, Louis était plus attaché à la reconnaissance des principes qu'à leur application. Il savait à merveille tempérer sa raideur première. Sa politique était marquée du sens des réalités. Par exemple, il n'osa jamais porter sa querelle de suprématie à Vienne, où l'ambassadeur espagnol occupait le premier rang de toute éternité. Sachant ce combat perdu d'avance, il n'y désigna qu'un simple envoyé, qui, hiérarchiquement, devait céder le pas à tout ambassadeur. A la cour de Rome il se garda également de contester sa préséance à l'ambassadeur de l'Empereur. L'obstination de l'Angleterre dans l'affaire des pavillons incita le roi à transiger, tout comme son cousin Charles II d'ailleurs. En 1667 il fut convenu que les navires des deux nations « se salueraient en même temps ou ne se salueraient point du tout ». Pour prévenir les conflits, marins anglais et français évitèrent donc de se croiser. En conclusion, ce fut moins la superbe du roi qui indisposa l'Europe que ses interventions en Lorraine et en Allemagne, où une certaine brutalité vint relayer une maladresse certaine.

Louis XIV, l'Alsace et la Lorraine

Le traité de Westphalie de 1648 avait laissé subsister en Alsace un enchevêtrement de seigneuries, abbayes, villes libres, principautés ecclésiastiques ou laïques, dont les droits et juridictions se chevauchaient dans un inextricable fouillis féodal. Mulhouse restait indépendante, tout comme Strasbourg, dont l'évêché exerçait sa suzeraineté sur le landgraviat de Basse-Alsace. Le reste du pays, le landgraviat de Haute-Alsace ainsi que la « préfecture provinciale » des dix villes impériales ou décapole, avait été cédé par la maison d'Autriche à la France. Cela, c'était l'article 75 du traité qui le stipulait, mais l'article 89 semblait revenir sur ce « droit de suprême domaine » en maintenant un lien d'« immédiateté envers l'Empire romain », jetant la totale confusion sur la nature des droits exercés par Louis XIV : l'Alsace était-elle une province française ou une terre d'empire sur laquelle le roi possédait les droits anciens des

Habsbourg? Tout se passait comme si les rédacteurs du traité n'avaient osé opter pour l'une ou l'autre solution.

Cette ambiguïté n'était pas pour déplaire aux Alsaciens. Quand le comte d'Harcourt, nommé Grand Bailli, voulut leur faire prêter serment d'obéissance, les bourgeois de la décapole refusèrent. Il fut encore moins question de faire stationner des troupes dans les anciennes villes impériales. En 1658 la création d'un conseil souverain fut la première mesure de rattachement à la France. En juillet 1661, poussé par Colbert, Louis XIV décida d'y entreprendre un voyage afin de faire prêter le serment d'allégeance et d'installer des garnisons françaises. Lionne, qui craignait les répercussions de cette décision dans l'empire, n'osa s'opposer au roi, mais fit agir Gravel, ambassadeur auprès de la diète, qui jouissait de la confiance du monarque en raison de sa longue expérience des pays allemands. Louis se rangea à son avis et renonça à son voyage. Il laissa les dix villes continuer de payer leurs « mois romains » – la contribution impériale – et les plaideurs porter leurs appels à la chambre impériale de Spire. Ce ne fut qu'en 1673 qu'il fit le voyage projeté, après que Condé, qui commandait dans la province, lui eut écrit que son « autorité allait se perdant absolument en Alsace ». Il fit alors démanteler les fortifications de Colmar, entra par la brèche en vainqueur et se fit prêter serment.

Avec les Lorrains le roi fut moins patient. Le rattachement de la province à la France avait été l'une des préoccupations constantes de Richelieu. Malheureusement, au traité de Westphalie, Mazarin n'avait rien pu obtenir d'autre que la reconnaissance des droits de suprême seigneurie sur les Trois-Evêchés, déjà intégrés au royaume. Les Impériaux soutenaient que le reste de la Lorraine – la Lorraine ducale – était germanique et devait revenir à l'empire en cas de déshérence du duché.

Le prince souverain, Charles IV, était un personnage de roman. Fantasque, bizarre, séparé de sa seconde femme, épousée malgré l'opposition du pape, il menait à Paris la vie d'un fêtard détrôné, courant le guilledou à cinquante-sept ans pour s'assurer une descendance légitime...

Comme il avait rejeté le traité des Pyrénées, le sort de ses États fut réglé le 28 février 1661 par les accords de Vincennes, aux termes desquels il recouvrait la pleine souveraineté de son duché, à l'exception du comté de Clermont-en-Argonne, cédé à la France, et d'une servitude de passage sur la route d'Alsace. Mais la question de l'avenir du duché à sa mort restait pendante. Avec patience et obstination Lionne avait poursuivi les discussions. Le 6 février 1662, Charles IV signait le traité de Montmartre, par lequel il cédait en viager ses États, moyennant la confortable pension annuelle de 700 000 livres. En contrepartie, Louis XIV consentait à reconnaître aux princes lorrains, le frère et le neveu du duc régnant, le droit d'accéder au trône de France en cas d'extinction de la branche des Bourbons. Il était convenu que le duc remettrait en gage Marsal, la seule place d'importance après le démantèlement des fortifications de Nancy.

Le monarque fut enchanté de cet arrangement qui lui permettait sans coup férir d'acquérir une nouvelle marche frontière. Les réactions, en France, furent beaucoup plus réservées. Loménie de Brienne et le chancelier Séguier considérèrent que le roi n'avait pas le pouvoir de modifier la loi successorale. La haute aristocratie fut extrêmement mécontente de voir s'interposer entre elle et la famille royale des princes étrangers. C'est à partir de cette époque, par exemple, que la comtesse de Soissons (Olympe Mancini) se jeta dans toutes les intrigues contre le souverain. Les seigneurs lorrains, pour leur part, ne sautèrent pas de joie à l'idée de se retrouver dans la sujétion de leur voisin. Quant au Saint-Empire, il accueillit la nouvelle avec colère. L'archevêque-électeur de Mayence, Jean-Philippe de Schönborn, l'un des plus fidèles alliés de Louis XIV, ne put qu'élever une protestation en tant qu'archichancelier de l'empire.

L'affaire d'ailleurs n'était pas réglée. Avant de livrer Marsal, Charles IV avait exigé l'enregistrement du traité de Montmartre par le parlement de Paris. Or, les magistrats, fort soucieux du droit successoral, n'acceptèrent cet enregistrement qu'à condition que tous les princes lorrains ratifient l'acte. On le voit, même après la « révolution de 1661 », Louis XIV n'était pas omnipotent. Il ne pouvait bouleverser les lois fondamentales du royaume. Le refus des membres de la maison de Lorraine-Vaudémont ruina le dispositif. Charles IV, se considérant totalement libéré de ses engagements, reconnut pour héritier son neveu, Charles, refusa de céder Marsal et sollicita l'aide de l'Empereur. Se voyant joué, Louis XIV exigea la cession immédiate de cette place, qui avait été consentie sans condition. Sous la menace d'un corps d'armée envoyé en Lorraine, le duc accepta d'honorer sa signature. La France obtenait satisfaction sur ce point, mais la Lorraine restait encore et restera longtemps dans une semi-indépendance.

L'Allemagne

La fermeté du roi avait produit mauvaise impression en Allemagne. Ce n'était qu'un début. En avril 1664, malgré les conseils de prudence prodigués par Gravel, Louis XIV décida de répondre à l'appel lancé par l'archevêque-électeur de Mayence pour l'aider à réprimer la rébellion de la ville protestante d'Erfurt. Une armée française de 6 000 hommes vint y rétablir l'ordre : c'était la première fois que des troupes étrangères intervenaient dans les affaires de l'empire. La Suède, alliée traditionnelle du roi, s'en inquiéta et se rapprocha de l'Angleterre et de l'Empereur. La guerre contre les Turcs créa de nouveaux sujets de tension.

En 1663 les domaines de la maison d'Autriche avaient été envahis par les Ottomans. Louis XIV avait fait des offres de services à Léopold, qui les avait refusées. L'année suivante, la situation s'aggrava. Parties de Belgrade, les armées du grand vizir Ahmed Pacha, fortes de 120 000 hommes, pénétrèrent dans le cœur de la Hongrie royale. La résistance d'Ersékujvar (Nové Zamky en Slovaquie) laissa le temps au général des Impériaux Montecuccoli d'organiser la défense de Presbourg. C'est alors que 20 000 Cosaques et 10 000 Tatars, alliés des Turcs, se mirent à dévaster la Moravie et la Silésie, emmenant des dizaines de milliers de prisonniers en esclavage. Léopold, affolé, lança un appel à la chrétienté. D'ordre de la Diète, partout en Allemagne les églises sonnèrent la « cloche des Turcs », qui appelait les fidèles.

La France avait des intérêts et de nombreux clients dans l'empire. Son instrument était la Ligue du Rhin. C'est à titre de membre de cette ligue qu'elle était intervenue à Erfurt. Si dès 1663 le roi de Suède n'avait pas renouvelé son adhésion, d'autres princes l'avaient remplacé ou avaient promis de le faire, comme l'électeur de Brandebourg, Frédéric-Guillaume, le roi de Danemark, Frédéric III, l'électeur de Saxe, Jean-Georges II. Tous les pays d'Allemagne subissaient l'influence française, à deux exceptions près : l'électeur palatin et son allié dynastique l'électeur de Bavière.

A l'occasion de la croisade lancée par Léopold, le roi Très-Chrétien voulut montrer qu'en pays germanique il était au moins son égal. Il insista pour envoyer un corps d'armée de 6 000 hommes. Le 1er août, les trois armées de l'Empereur, de l'empire et de la ligue, conduites par Montecuccoli, écrasaient les troupes turques – très supérieures en nombre – sur le Raab, non loin du monastère de Saint-Gotthardt. La victoire, un moment compromise par la débandade des Impériaux, fut acquise grâce à la combativité du contingent français et de ses alliés rhénans. Léopold, mal conseillé, ne sut pas exploiter cette victoire. Il se hâta de conclure à Vasvar une trêve de vingt ans, reconnaissant aux vaincus une partie des territoires conquis.

Après la bataille, les Impériaux firent sentir aux Français qu'ils étaient indésirables. Tous les mérites allèrent à Montecuccoli. On leur coupa les vivres et c'est une armée mourant de faim que son chef, Coligny-Saligny, reconduisit en France. Les manières d'agir du roi en Lorraine et à Erfurt avaient froissé l'amour-propre des peuples allemands, qui le soupçonnaient de vouloir les réduire à la vassalité et d'étendre ses conquêtes au-delà du Rhin : c'est un refrain nouveau, qui deviendra vite leitmotiv. Il suffit de la parution en France d'un malheureux libelle écrit par un obscur avocat, Antoine Aubery, pour semer la fureur. Il est vrai que son intitulé avait de quoi mettre le feu aux poudres : *Des justes prétentions du roi sur l'empire*, d'autant que cet ouvrage avait été imprimé avec le privilège royal (en fait, son contenu avait été modifié après l'octroi du privilège). Louis XIV fut très embarrassé. Il fit jeter l'indélicat à la Bastille mais ne put empêcher le scandale. En 1667 la Ligue du Rhin, venue à échéance, ne fut pas renouvelée.

La guerre anglo-hollandaise

Mazarin avait gardé rancune aux Hollandais d'avoir conclu en 1648 un traité séparé avec l'Espagne. Les relations entre les deux pays en avaient été affectées. Ce furent les Hollandais, vaincus par l'Angleterre de Cromwell, qui firent le premier pas en 1661, après la restauration des Stuart. Le Grand Pensionnaire, Jean de Witt, et les États Généraux, l'organe fédéral suprême, avaient tout à craindre en effet de Charles II d'Angleterre, oncle du jeune Guillaume, prince d'Orange-Nassau, dont la famille avait été écartée du pouvoir par les patriciens républicains. Une délégation conduite par Cœnraad van Beuningen se rendit donc à Paris. Les négociations s'achevèrent par la signature, le 27 avril 1662, d'un traité d'alliance mutuelle garantie, valable vingt-cinq ans, aux termes duquel il était stipulé que si l'un des alliés se trouvait agressé, l'autre s'engageait à voler à son secours. L'épineuse question des Pays-Bas espagnols avait été réservée à des négociations séparées : fallait-il mettre ces territoires en « république », les partager ou en « cantonner » une partie sous forme de zone tampon? Les Hollandais voulaient bien de la France pour amie mais non pour voisine (*amicus Gallus non vicinus*, selon leur formule). Louis s'irrita de leurs réticences et de leurs lenteurs, si bien qu'en mai 1664 il préféra ajourner les discussions sur ce point.

Cependant la rivalité des deux grandes puissances maritimes, l'Angleterre et les Provinces-Unies, s'était aggravée [1]. En Afrique, en Amérique elles se disputaient le contrôle du commerce, la souveraineté de plusieurs territoires coloniaux et la fructueuse « traite des nègres ». Charles II fit main basse sur l'île de Gorée, les îles de Tabago et de Saint-Eustache dans les Antilles ainsi que sur Nieuw Amsterdam (qui allait s'appeler New York). C'était la guerre! L'amiral Ruyter fut chargé de reconquérir les territoires volés.

L'Angleterre, n'ayant pas d'armée de terre, acheta les services de l'évêque de Munster, Bernard von Galen, étrange et irascible prélat, inventeur de la bombe incendiaire, qui faisait partout scandale et horreur. Von Galen recruta ses 18 000 reîtres et les mit au service de Charles II, tenant sous sa menace tout le territoire oriental des Provinces-Unies.

En décembre 1664 Jean de Witt rappela au roi les engagements signés deux ans plus tôt. Cette guerre anglo-hollandaise était, comme le disait Lionne, une « méchante affaire ». L'honneur obligeait de prendre le parti « auquel sa parole est engagée » : Louis ne l'ignorait point. Mais, d'un autre côté, aider les Hollandais, qui n'avaient voulu faire aucune concession à propos des Pays-Bas espagnols, c'était s'aliéner l'Angleterre dont il espérait au moins la neutralité bienveillante au moment où s'ouvrirait la succession de Philippe IV. Voulant jouer au plus serré, il tenta une médiation qui

1. J. I. Israel, *Dutch Primacy in World Trade*, 1585-1740, Oxford, 1989, p. 269-279

mécontenta tout le monde. La mort de Philippe IV en septembre 1665 précipita les événements. Le roi se persuada que mieux valait en finir avec cette guerre en respectant sa parole, c'est-à-dire en portant secours aux Hollandais. Six mille hommes furent envoyés sur le Rhin. La petite guerre de Munster fut brève, sans opérations véritables. Les pillards de von Galen se débandèrent sans demander leur reste.

Cette campagne achevée, Louis XIV se résolut à déclarer la guerre à l'Angleterre (26 janvier 1666) et promit 120 000 écus au roi de Danemark, Frédéric III, s'il interdisait la Baltique aux vaisseaux britanniques. Les Hollandais cependant sortaient leurs navires sans en référer à leur allié, qu'ils accusaient de vouloir préserver sa jeune puissance navale. Vainqueur en juin, l'amiral Ruyter fut battu au début d'août à la bataille de Texel, sans qu'une des voiles du duc de Beaufort se fût montrée à l'horizon. Le port de Texel fut brûlé avec tous les navires marchands qui s'y trouvaient. Un tel événement ne fut pas de nature à ramener la confiance. Le roi ne voyait que les efforts qu'il était obligé de faire pour respecter sa parole, tandis que les Hollandais ne considéraient que ses réticences.

La guerre épuisa vite les belligérants. Charles II n'avait plus d'argent. Londres avait été ravagée par la peste et le grand incendie. La médiation de la Suède permit l'ouverture de négociations à Bréda en mai 1667. La prise soudaine de l'arsenal de Chatham par Ruyter obligea le roi d'Angleterre à faire des concessions et à signer la paix le 31 juillet. Il rendait le Surinam et les Antilles mais conservait Nieuw Amsterdam. La France restituait Saint-Christophe et les Antilles britanniques, mais récupérait l'Acadie, dont Cromwell l'avait dépossédée.

Les « droits de la reine »

La guerre anglo-hollandaise n'avait pas distrait le roi de son dessein de reprendre les conquêtes prématurément arrêtées par la paix des Pyrénées. Philippe IV laissait un héritier de cinq ans, Charles II, avorton rachitique dont les médecins s'accordaient à prédire la fin prochaine. Le testament du défunt stipulait qu'en cas de décès du bambin l'immense héritage espagnol avec ses possessions d'outre-mer irait non pas à Marie-Thérèse, mais à sa sœur cadette l'infante Marguerite Thérèse, promise en mariage à l'empereur Léopold Ier [1]. C'était inacceptable pour le roi de France, puisque la renonciation de son épouse avait été subordonnée au versement de la dot, toujours impayée.

Aux protestations françaises d'abord discrètes, mêlées aux condoléances d'usage, la reine-régente, Marie-Anne d'Autriche, répondit par une fin de non-recevoir. Cette blonde et replète Viennoise de trente ans, gourmande et paresseuse, était gouvernée par son confesseur, le jésuite allemand Jean-Evrard Nithard, ancien officier de cavalerie, qui allait devenir Inquisiteur général et premier ministre d'Espagne.

Louis XIV, dès lors, sans précipiter les choses mais avec une détermination sans faille, se prépara à la guerre continentale. Sous l'impulsion de Turenne, assisté de Le Tellier et du jeune Louvois, la France devint bientôt une caserne bourdonnante. Des levées furent effectuées, des régiments créés. A l'hiver de 1666-1667, les effectifs atteignirent 52 000 hommes, auxquels s'ajoutaient 20 000 Suisses et Lorrains. Les magasins étaient emplis d'armes, de munitions et de fourrage. Mille pièces d'artillerie avaient été fondues et 900 autres commandées au Danemark. Aucun pays en Europe ne pouvait aligner une telle force ! Ces apprêts étaient accompagnés d'imposantes revues, parades militaires, inspections, manœuvres à Houilles, Maisons, Vincennes, Fontainebleau, Moret ou Breteuil. Le roi y paraissait botté et empanaché, l'air martial avec sa petite moustache retroussée, entouré de jolies et troublantes amazones, « plus propres, comme le dit Mme Châtrier (une familière du Grand Condé), à attirer les ennemis qu'à les faire fuir »...

La guerre fut également préparée par une intense activité diplomatique. Il s'agissait d'isoler l'Espagne et d'empêcher l'Empereur, intéressé à la succession de Philippe IV par son mariage, de voler à son secours. Un traité, signé en mars 1667 avec les Portugais, avait pour but d'inciter ceux-ci à poursuivre la guerre contre leur voisin moyennant une aide de 1,8 million de livres. Les clients germaniques de la France – le duc de Neubourg, les électeurs de Cologne et de Mayence et même l'extravagant évêque de Munster, avec lequel on avait renoué – promirent tous, contre espèces sonnantes et trébuchantes, d'interdire aux Impériaux de traverser leurs États.

Le 8 mai, Louis XIV adressait à tous les gouvernements

1. Le contrat de mariage avait été signé à Vienne en 1663 alors que l'infante avait douze ans. Celle-ci ne sera envoyée à Vienne, pour les noces, qu'en juillet 1666.

d'Europe un *Traité des droits de la reine très-chrétienne sur divers États de la monarchie d'Espagne*, par lequel il faisait valoir, au nom de son épouse, un droit dit de « dévolution » en usage dans le Brabant et quelques cantons du Hainaut et de Flandre. D'après cette coutume de droit privé – qui, d'évidence, ne pouvait s'appliquer aux successions royales –, les filles d'un premier mariage entraient en possession des biens fonciers de leur père défunt avant les enfants mâles de mariages ultérieurs. Fort de cet habillage juridique un peu grossier, ce manifeste réclamait l'annexion du duché de Brabant, du marquisat d'Anvers, du comté de Namur, du duché de Limbourg, de la seigneurie de Malines, de la Haute-Gueldre, du comté d'Artois, du duché de Cambrai et d'une partie du Luxembourg.

Cette déclaration, traduite en plusieurs langues, suscita un émoi dans les chancelleries. Un diplomate et polémiste franc-comtois au service de l'Empereur, François de Lisola, se chargea de rédiger une réponse, *Le Bouclier d'État et de justice contre le dessein manifestement découvert de la monarchie universelle sous le vain prétexte des prétentions de la reine de France*. L'auteur y dénonçait la volonté de Louis XIV de dominer le monde et réduire les peuples européens en esclavage. Quant à la régente d'Espagne, elle rejeta purement et simplement les revendications françaises. Rien ne serait cédé, pas un village, pas un hameau, pas un pouce de terrain des Pays-Bas! En réponse, le roi se mit en campagne (21 mai 1667).

La guerre de dévolution

Binche, Charleroi et Ath furent prises par Turenne, Bergues, Furnes et Armentières par Aumont. La guerre n'était même pas déclarée. Nous n'entrons, affirmaient les Français, « que pour tâcher de nous mettre en possession de ce qui nous est usurpé »! La cour suivait l'armée royale, et l'ambassadeur d'Espagne suivait la cour, assistant de son carrosse à la chute des places de son maître!

Courtrai, Tournai, Douai, Audenarde résistèrent à peine. Lille enfin tomba, Lille le plus beau fleuron de la couronne d'Espagne dans les Flandres. Turenne, qui se plaignait du peu d'entraînement des fantassins, du manque de vivres, de munitions et de moyens de transport, refusa par prudence de marcher sur Bruxelles.

Cette attitude contrastait avec celle du roi, impatient d'en découdre, qui, pour soigner son image et écrire sa légende dans le sillage de son aïeul Henri, avait pris tous les risques comme le dernier des sapeurs. Au siège de Tournai, il s'était avancé en première ligne avec les mousquetaires. L'un de ses pages et deux chevaux de main avaient été foudroyés à ses côtés. Le talon de sa botte fut emporté par un éclat de boulet, « sans que ce prince en parût nullement ému ni tournât seulement la tête », écrit Pellisson. Dans le camp autour de Douai on le vit caracoler sans crainte, visitant les quartiers, les tranchées, les ouvrages palissadés, partageant le bivouac des hommes. Il avait évité de peu deux boulets et était monté sur le parapet, à découvert, à portée de mousquet des ennemis. Sa bravoure, son ardeur infatigable avaient soulevé les ovations enthousiastes de la troupe. Au siège de Lille, un page de la Grande Ecurie était tombé derrière lui. Un soldat, le prenant rudement par le bras, lui avait crié : « Otez-vous ! Est-ce là votre place ? » Excédé, Turenne l'avait menacé de quitter l'armée « s'il continuait de venir dans la tranchée sur un grand cheval blanc, avec plumet blanc, comme pour se faire remarquer » !

La diplomatie prit le relais. Elle surprit par sa modération. Louis proposait soit de garder les places conquises, soit de les échanger contre la Franche-Comté. Parallèlement était signé avec l'électeur de Brandebourg Frédéric-Guillaume le traité de Cologne-sur-la-Sprée (15 décembre 1667), qui achetait la neutralité prussienne. Mais la négociation la plus importante fut celle que mena à Vienne l'envoyé français, le commandeur de Grémonville. Il s'agissait de convenir d'avance du partage de l'Empire espagnol, pour le cas où le souffreteux Charles II viendrait à mourir : cette mort, qui ne se produira qu'en 1700, si elle était intervenue à ce moment-là, eût assurément changé les orientations du règne et bouleversé radicalement l'histoire de l'Europe ! Le traité secret fut signé le 19 janvier 1668 [1]. L'Empereur confirmait la nullité de la renonciation de Marie-Thérèse. Il se réservait l'Espagne, les Indes occidentales, le Milanais, Finale, les présides de Toscane, la Sardaigne, les Baléares,

1. Ce surprenant traité ne fut connu qu'au XIXe siècle. A. LEGRELLE (*La Diplomatie française et la succession d'Espagne*, Paris, 1888, t. I) a conté en détails les multiples précautions que voulut prendre Léopold pour dissimuler l'acte authentique du traité. Il exigea qu'il n'y en eût aucune copie et que le seul instrument diplomatique fût enfermé dans une cassette, remise à titre de séquestre au grand duc de Toscane. Mais Louis XIV, qui se méfiait, envoya un détachement de ses gardes du corps, déguisés, pour récupérer l'original et le porter à Paris.

les Canaries. Louis XIV obtenait les Pays-Bas, la Franche-Comté, la Navarre et Rosas, le royaume de Naples, la Sicile, les côtes de l'Afrique et les Philippines orientales.

Cependant, les foudroyants succès du roi avaient inquiété les Anglais. Pour faire pièce à ses ambitions, l'idée d'une alliance anglo-hollandaise, à laquelle s'associerait la Suède, prête à s'émanciper de l'alliance française, germa dans l'esprit du nouvel ambassadeur britannique à La Haye, sir William Temple, personnage discret, audacieux, très hostile aux monarchies catholiques [1]. Le Grand Pensionnaire Jean de Witt se laissa convaincre. Ainsi naquit la Triple Alliance, dont l'accord de base fut signé le 23 janvier 1668, quatre jours après le traité de partage de Vienne.

L'offre des contractants n'avait rien de scandaleux pour la France puisqu'elle prenait pour base de négociation les conditions posées par elle à l'Espagne. Pourtant Louis ne pouvait qu'être froissé de l'insistante démarche des puissances du Nord : cette offre de médiation avait un relent de menace. « Je ne crois pas, écrivait Lionne à d'Estrades, que le roi soit d'humeur à se laisser faire la barbe à contrepoil par qui que ce soit ! » Qu'aurait-il dit s'il avait su qu'un article secret du traité prévoyait, en cas de refus, de déclarer la guerre à la France et de la ramener à ses limites de 1659 !

La régente d'Espagne n'ayant pas répondu à ses offres de paix, Louis XIV lança une campagne éclair contre la Franche-Comté. En plein hiver ! Cela ne s'était jamais vu. Le roi et Louvois quittèrent Paris le 2 février 1668. Le 19, ils prenaient déjà le chemin du retour ! Besançon et Salins s'étaient rendues sans coup férir. Dole avait tenu quatre jours. Au printemps de 1668, une armée considérable sous les ordres de Turenne se forma le long de la Somme. Elle était prête à achever la conquête des Pays-Bas espagnols.

Mais des signes inquiétants se faisaient jour. Épuisé, l'allié portugais avait cessé les hostilités et obtenu la reconnaissance par l'Espagne de son indépendance. En France même, deux partis divisaient la cour, l'un pour la paix, l'autre pour la guerre. Lionne, Colbert, Le Tellier soutenaient le premier. Condé, Turenne, Louvois, le second. Des discussions serrées se tinrent à Saint-Germain avec l'Anglais Trevor et le Hollandais Van Beuningen, qui jouaient

1. K. H. D. HALEY, *An English Diplomat in the Low Countries, sir William Temple and John de Witt, 1665-1672*, Oxford, 1986, et Herbert H. ROWEN, *John de Witt, Grand Pensionary of Holland, 1625-1672*, Princeton, 1978.

les médiateurs. Louis XIV, après avoir pesé le pour et le contre, trancha en faveur de la paix. Turenne sortit de la réunion du conseil comme un homme qui aurait reçu « un coup de massue ». Quant à Louvois, il ne cacha pas à son père qu'il se résignait à « voir arriver la chose du monde qu'il souhaitait le moins » et à chercher de nouveaux « expédients » pour plaire à son maître... L'« amicale » pression de la Triple Alliance avait certainement influé sur la décision du roi, sans oublier le traité secret de Vienne, qui lui donnait satisfaction sans guerre. Il lui suffisait d'attendre la mort de Charles II [1].

Le 2 mai, le congrès d'Aix-la-Chapelle ratifia les négociations. La France restituait la Franche-Comté mais annexait Charleroi, Binche, Aire, Douai, Lille, Armentières, Courtrai, Tournai, Bergues, Furnes, Audenarde. Seul inconvénient, ces possessions formaient des enclaves. Jamais la frontière des Flandres n'avait tant ressemblé à une dentelle de Bruges!

La nouvelle de la paix sema en France la consternation chez les officiers, qui voyaient disparaître ainsi de nouvelles occasions de se distinguer. Ils ne comprenaient pas la modération du roi et la lui reprochaient à voix basse. Louis XIV, qui avait ses raisons, n'était pas pour l'heure le plus va-t-en-guerre des vingt millions de Français.

1. Jean Béranger, « Une tentative de rapprochement entre la France et l'Empereur : le traité de partage secret de la succession d'Espagne du 18 janvier 1668 », *Revue d'histoire diplomatique,* 1965, p. 1-25.

CHAPITRE XV

La guerre de Hollande

Les causes

La guerre de Hollande fut certainement l'une des erreurs les plus graves du règne. Ses causes sont si incompréhensibles à première vue que les historiens, désorientés, ont exprimé des opinions divergentes. Pourquoi en effet Louis XIV, dont l'objectif essentiel était de capter une partie de l'héritage espagnol, s'est-il lancé dans une folle entreprise contre ce petit pays qui, autrefois, s'était soulevé – et avec quelle ardeur! – contre la domination de Philippe II et qui, naguère, avait tenu en respect la puissance anglaise, en pleine expansion? Un pays avec lequel la France, en 1662, avait renouvelé ses alliances? Entre 1664 et 1668, il y avait eu bien entendu des froissements, des irritations, des impatiences, des incompréhensions, mais est-ce pour autant que l'on prépare si minutieusement une campagne? Certains y ont vu l'inévitable choc de deux cultures, celle d'une monarchie catholique contre une nation républicaine et protestante, la Contre-Réforme s'opposant à la Réforme, d'autres, des raisons de susceptibilité politique. Les Provinces-Unies servaient de centre de propagande antifrançaise. Imprimés librement dans ce pays, une multitude de pamphlets, de libelles et de gazettes de ruisseau brossaient avec une audacieuse impertinence la chronique scandaleuse de la cour de France, la vie privée du roi, ses amours avec Madame. Des écrits dénonçaient l'arbitraire et les abus policiers. Une médaille largement diffusée montrait Josué arrêtant le soleil. D'autres encore ont attribué des causes purement économiques à cette guerre. Les Provinces-Unies, ce petit pays dont la population représentait le dixième ou le douzième de la France, étaient non seulement une terre de prospérité inégalée mais la première puissance navale et industrielle de l'Europe. La prédominance maritime des Néerlandais était écrasante. Cette flotte leur donnait la maîtrise du trafic mondial. Le port d'Amsterdam était une immense forêt de mâts, où se balançaient des milliers de flûtes lestées de leur cargaison venue de toutes les mers. La ville était le plus grand centre financier, le plus vaste entrepôt du monde. Ses magasins regorgeaient de blés polonais ou baltes, de toiles d'Allemagne, de lainages et de draps demi-fins d'Angleterre, de soies et d'épices des Indes, de sucre des Antilles, de vin du Rhin, de bois et de goudron scandinaves, de chanvre russe, d'orge malté de Norfolk, de cuivre suédois, de charbon de Newcastle et de marbres rares d'Italie... Tout naturellement, Colbert ne pouvait que rendre ces gens responsables de la stagnation économique française. Sa politique mercantiliste d'encouragement aux industries nationales, d'appel à une immigration de qualité, de formation de grandes compagnies coloniales se heurtait constamment à ces actifs voisins du Nord. Ceux-ci, fort mécontents des tarifs douaniers de 1667, qui pénalisaient leurs produits, avaient imposé des droits sur les marchandises françaises, notamment les vins et les eaux-de-vie, auxquels Colbert avait répondu par d'autres sur les harengs et les épices. Bref, la guerre serait l'aboutissement du colbertisme... [1].

Comment sortir de ces divergences? En 1988 l'historien américain Paul Sonnino reprit le dossier et le traita de manière exhaustive, compulsant des milliers de pièces d'archives : courriers diplomatiques, correspondances privées des ministres, lettres et comptes rendus des ambasssadeurs... Son travail va bien au-delà du déclenchement du conflit avec la Hollande : il montre comment le roi et ses conseillers ont été amenés à explorer en même temps des voies contradictoires, à partir de quels éléments d'information ont été prises les décisions, comment se sont agencés les rapports entre les principaux protagonistes, quels étaient les vrais sentiments des uns et des autres, sous l'uniformité apparente de leurs discours, comment graduellement tous inclinèrent du côté de la guerre. Il explique aussi que l'opinion publique, la noblesse, la magistrature,

1. Simon Elzinga, « Les préludes de la guerre de 1672 » dans *Revue d'histoire moderne*, 1927, p. 349-366.

la bourgeoisie, après une période de stabilité, étaient devenues plus sensibles à une politique de grandeur et d'expansion [1].

Non, la guerre de Hollande ne fut pas déclenchée par quelque nécessité économique ou culturelle. Elle fut essentiellement le choix d'un homme, qui l'imposa à son entourage : Louis XIV, « piqué au vif » d'avoir rencontré les Hollandais sur son chemin en 1668 et désireux de les punir de cette « perfidie » [2].

Tout commença en 1669. Louis venait de passer la trentaine, il sentait la jeunesse lui échapper, et son rêve de gloire restait inassouvi. Il aurait aimé repartir en guerre. Sa préférence naturelle aurait été de reprendre la conquête des Pays-Bas espagnols, mais l'encre du traité était à peine sèche! Ah, si Charles II d'Espagne était mort à ce moment-là! Mais le chétif enfant s'acharnait à vivre! Il en vint à penser qu'une guerre contre la Hollande finirait par jeter les Espagnols dans la mêlée, sans avoir besoin de les provoquer, et qu'ainsi il ferait d'une pierre deux coups, se vengerait des Hollandais et achèverait l'œuvre entreprise en 1667.

En mars 1669 l'arrivée à Paris d'un envoyé personnel de Charles II d'Angleterre, lord Arundell, le renforça dans cette conviction. Le Stuart ne tenait pas outre mesure à son alliance avec les Provinces-Unies, ses éternelles rivales des mers. Il avait besoin d'argent, d'énormément d'argent pour ses plaisirs, ses maîtresses, les dépenses de sa cour, qu'il voulait à l'image de celle de Saint-Germain. Or, le Parlement lui serrait les cordons de la bourse. Il songeait à rétablir l'absolutisme dans ses États. L'un des meilleurs moyens n'était-il pas de se convertir au catholicisme afin de recevoir l'aide des « papistes » de toute l'Europe? Pour ce vaste dessein le soutien de la France lui paraissait indispensable. La proposition d'Arundell était donc la suivante : En échange de sa conversion et d'une aide financière substantielle, le roi d'Angleterre offrait à Louis une alliance pour une guerre « contre inconnu », un inconnu qui ne pouvait être l'Espagne, puisque Charles, lié par la Triple alliance, s'était porté garant des clauses du traité d'Aix-la-Chapelle.

Louis sauta sur cette aubaine. La réaction de son entourage fut mitigée. Le Tellier ne cacha pas ses réticences et tenta de refréner

1. Paul Sonnino, *Louis XIV and the Origins of the Dutch War*, Cambridge, 1988.
2. Ce terme est du roi lui-même dans son *Mémoire sur la campagne de 1672*, cité par C. Rousset, *Histoire de Louvois et de son administration politique et militaire*, Paris, 1861, t. I, p. 323 et 519

son enthousiasme. Il finit pourtant par se laisser convaincre par son fils, Louvois, qui travaillait à mettre sur pied la formidable machine de guerre française. Celui-ci ne fut pas l'instigateur de cette guerre, comme l'a dit Saint-Simon, mais il s'y rallia très vite, persuadé comme son maître qu'elle ferait sortir du bois les Espagnols.

Colbert, quand il connut le projet, n'osa s'y opposer et fit l'autruche, cachant « sa tête dans le sable jusqu'à ce qu'il soit trop tard [1] ». Ses conceptions économiques allaient à l'encontre de cette entreprise. Il aurait voulu exploiter la détente avec l'Espagne, attirer vers Le Havre le commerce des Pays-Bas espagnols. Pour réaliser le « miracle économique » auquel il croyait, il avait besoin d'une remise en ordre pacifique de l'Europe. Son projet de budget pour l'année 1670 était celui d'une année de paix. Son *Mémoire sur le manque de fonds des mois de juillet et août 1670* constituait une mise en garde implicite contre les plans du souverain. Se sentant de plus en plus isolé, menacé par l'influence grandissante de Louvois, il finit par se rendre à sa volonté belliqueuse, gardant pour lui ses scrupules et ses réticences.

Hugues de Lionne traîna tout autant les pieds. Héritier de la pensée politique de Richelieu et de Mazarin, il considérait que la grande affaire de la France était la succession d'Espagne et que rien ne devait l'en détourner. Ce projet de guerre venait perturber son système d'alliance. Chargé par le roi de rédiger un mémoire sur les propositions anglaises, il plia à son tour.

C'est Turenne, selon Sonnino, qui fut le mauvais génie du roi et lui fit commettre cette faute capitale. Le maréchal, flatté d'être consulté, se montra d'un optimisme débordant, déclarant que cette guerre durerait six mois tout au plus! Le prince de Condé fut moins convaincu, pensant qu'une entreprise de ce genre pourrait se révéler plus longue et plus coûteuse que prévu! Mais Louis XIV ne tint aucun compte de ses réticences. Le système politique mis en place en 1661 montrait bien là sa faiblesse. Cédant par courtisanerie aux ardeurs guerrières d'un jeune homme enivré de gloire, ses conseillers n'avaient joué ni leur rôle d'honnêtes informateurs ni celui de modérateurs. Ils s'étaient inclinés devant ses volontés : l'absolutisme royal avait tout emporté.

1. Paul SONNINO, *op. cit.*, p. 7.

Les préparatifs diplomatiques

Le premier objectif de la diplomatie française fut d'empêcher l'extension de la Triple Alliance, mieux de la disloquer. Le souple et habile Arnauld de Pomponne, dont Lionne avait apprécié le travail à Stockholm, fut nommé ambassadeur à La Haye, où il arriva en février 1669 [1]. Sa mission? Endormir la méfiance des Hollandais et les occuper par une négociation qu'on se garderait de mener à son terme. Lui-même n'apprit les intentions guerrières du roi qu'en mai 1670 lors du voyage de la cour en Flandre.

Du côté britannique, les propositions d'Arundell servirent de base aux négociations très secrètes qui se déroulèrent avec Charles II par l'intermédiaire de Henriette d'Angleterre, sa sœur. Aussi, lorsqu'en mai 1670 celle-ci s'embarqua à Calais pour embrasser son frère, nul parmi les courtisans présents ne se douta que c'était en fait pour signer l'alliance anglaise. Par le traité secret de Douvres (1er juin 1670) le roi d'Angleterre s'engageait à soutenir militairement l'action de la France, moyennant un subside annuel de trois millions de livres. Un article secret abordait la question de la conversion au catholicisme de Charles II : Louis XIV lui fournirait une nouvelle subvention et, au besoin, des troupes pour combattre celles que le Parlement lèverait.

Les Suédois, derniers signataires de la Triple Alliance, étaient fort marris de leurs engagements. Les Hollandais leur avaient fait miroiter l'or de l'Espagne. Ne voyant rien venir, ils se tournèrent vers le vieil allié français. Le traité, signé le 11 avril 1672, anéantissait l'œuvre de William Temple et de Jean de Witt.

Parallèlement, la diplomatie française se chargea de dissuader les États qui auraient songé à soutenir les Provinces-Unies, notamment le duc de Lorraine, Charles IV, qui n'avait pas démobilisé la totalité de ses troupes après la guerre de dévolution. L'homme exaspérait par ses foucades, ses fourberies et sa « méchante foi ». En août 1670 des troupes françaises firent irruption à Nancy et occupèrent les autres places de Lorraine. Le duc, qu'on croyait surprendre dans son palais, réussit à s'enfuir et à se réfugier en Allemagne avec 26 000 hommes. Louis XIV ne désirait pas annexer la Lorraine,

1. Herbert H. ROWEN, *The Ambassador Prepares for War : The Dutch Embassy of Arnauld de Pomponne, 1669-1671*, La Haye, 1957.

mais occuper temporairement ce lieu de passage obligé entre les Pays-Bas espagnols, le Luxembourg et la Franche-Comté. Il reste que cette opération militaire en temps de paix, ce guet-apens tendu à un souverain sur son territoire soulevèrent un beau tollé en Allemagne, où la diète protesta vigoureusement.

Les relations avec l'Empereur en furent refroidies. Mais ni Léopold ni Louis XIV n'avaient intérêt à rompre, le premier à cause des Hongrois révoltés et des Turcs qui le menaçaient à l'est, le second de crainte de voir son adversaire se jeter du côté hollandais. Le 1er novembre 1671, Grémonville parvint à ficeler avec la cour de Vienne un accord secret de neutralité à la seule condition que la guerre ait lieu « hors des cercles et fiefs de l'empire ». On ne pouvait espérer mieux.

Avec l'électeur de Brandebourg fut signée le 31 décembre 1669 à Cologne-sur-la-Sprée une alliance de dix ans, dont l'avenir prouvera la fragilité. Un autre traité conclu avec l'électeur Ferdinand Marie, le 16 février 1670, placera plus durablement la Bavière sous influence française. Guillaume-Égon de Fürstenberg et Verjus de Crécy resserrèrent les liens avec la clientèle habituelle du roi. Les poussières de l'empire ne furent pas non plus négligées. Mais là, les espoirs du roi et de Louvois furent loin d'être atteints. Seuls l'électeur de Cologne et l'évêque de Munster furent franchement acquis.

Ainsi, en trois ans, la diplomatie française avait accompli une œuvre remarquable, serrant un implacable étau autour de la petite république qui, en dépit de tant de signes avant-coureurs, ne parvenait à croire à la menace d'une guerre...

La guerre

En janvier 1672, admettant enfin l'imminence du danger, les Provinces-Unies songèrent à renforcer leurs défenses. Elles décidèrent d'accroître les effectifs de leurs troupes régulières et de lever des milices. Le jeune Guillaume d'Orange, enfin, fut promu capitaine général des armées. Ce n'était d'ailleurs pas sans un pincement de cœur que le Grand Pensionnaire Jean de Witt et les tenants du « parti des États » avaient accepté cette nomination, qui renforçait la faction orangiste à leur détriment, mais devant le péril extérieur il n'y avait point d'autre solution. Il est utile de rappeler qu'au XVIIᵉ siècle les Provinces-Unies étaient une confédération d'États provinciaux, dotée d'un système politique lent, lourd, entravé par les intérêts locaux et les rivalités personnelles. Chaque province fournissait des contingents à l'armée de l'union, mais conservait un droit de regard sur leur utilisation. Pas moins de cinq amirautés distinctes se partageaient la responsabilité navale!

Il en allait autrement de la France, monarchie centralisée, où rien n'avait été laissé à l'improvisation. Le roi avait même pris la précaution de retarder d'un an le déclenchement des hostilités, prévu pour le printemps de 1671, parce que les travaux de fortification des villes cédées à Aix-la-Chapelle n'étaient pas achevés. Avec la hâte indécente de toucher le premier quartier de sa pension, le 22 mars, Charles II jeta son escadre de Portsmouth sur un paisible convoi d'une soixantaine de navires marchands hollandais, qui passait au large de l'île de White. Six jours après, il déclara la guerre aux États généraux. Le roi de France lui emboîta le pas le 6 avril. La nouvelle fut annoncée à Paris à son de trompe. Trois semaines plus tard, Louis XIV quitta Saint-Germain pour rejoindre l'armée, qui se préparait à marcher sur le Rhin.

Au début, l'offensive parut un jeu d'enfant, comme Turenne l'avait prévu. Les places brandebourgeoises du duché de Clèves, qui défendaient l'accès des Provinces-Unies avec des détachements hollandais, tombaient les unes après les autres : Orsoy, Wesel, Buderich, le fort de la Lippe, Rees. Bientôt Emmerich fut atteinte et occupée. Rheinberg, située dans l'électorat de Cologne et la plus forte des places hollandaises, se rendit sans coup férir. Les cloches de France annonçaient à toutes volées chaque succès, et les cathédrales résonnaient de *Te Deum* victorieux. On en oublia l'indécise bataille navale de Sole Bay, près de Yarmouth, sur la côte du Suffolk, qui opposa les 71 navires de Ruyter aux 81 vaisseaux franco-britanniques du duc d'York. L'habile retraite de Ruyter, dérobant sa voilure dans le *fog* britannique, donna lieu à bien des rancœurs entre l'incommode Duquesne et son chef, le comte d'Estrées, médiocre et vaniteux personnage.

Le passage de l'un des bras du Rhin au gué de Tolhuys, le 12 juin, fut célébré comme un monument d'audace et de témérité par Pellisson et Boileau, peint comme une grandiose bataille par Van der Meulen. En réalité, ce ne fut qu'un mince fait d'armes, « une opération militaire de quatrième ordre », dira Napoléon. Le tout se résume à la folle bravoure d'une jeunesse qui se jette à l'étourdie derrière le comte de Guiche dans les eaux tumultueuses du fleuve, sans attendre l'achèvement d'un pont de bateaux, à une brève fusillade suivie de la fuite de la petite garnison hollandaise. Un bien mince fait d'armes mais un vrai chef-d'œuvre de propagande, qui figure encore aujourd'hui en bonne place dans le chapelet des gloires du « Grand Roi »! Il suffit de regarder la voûte de la galerie des Glaces!

Louis regretta d'avoir suivi les conseils de prudence du prince de Condé et de ne s'être pas jeté à l'eau à la tête de ses gardes du corps. Nous sommes ici à la charnière de deux conceptions de la fonction monarchique : l'une chevaleresque, henricienne, qui fait du roi un chef de guerre, se portant toujours en première ligne, l'autre, plus moderne, d'un chef d'État dont le rôle est de ne jamais mettre sa vie en péril afin de préserver les intérêts de la communauté nationale. Si Louis XIV hésitait encore entre ces deux conceptions, c'est qu'il tenait compte de l'opinion de sa noblesse, facilement ombrageuse et à qui il devait prouver son courage. Lisons l'abbé de Choisy : il place cet épisode parmi les « fautes irréparables », les « ombres », les « taches dans le soleil »!

S'il est un autre conseil du Grand Condé que Louis XIV aurait dû suivre, c'était bien celui de profiter du désarroi hollandais pour se porter sur Amsterdam. La grande cité tombée, c'en était fini de la résistance du plat pays. Mais le roi refusa ce plan, moins par crainte que par vanité, persuadé qu'à faire durer le plaisir, comme le chat avec la souris, il tirerait un surcroît de gloire! Et il faillit bien en être ainsi. Partout les échevins offraient les clés de leur ville aux vainqueurs : Doesbourg, Zutphen, Arnheim, Nimègue, Bomel.

Les écluses de Muyden

L'euphorie dura jusqu'au 20 juin, jour où, dans un geste de désespoir à la fois sublime et calculé, les Hollandais ouvrirent les écluses du Zuyderzée, à une dizaine de kilomètres de Muyden. Après avoir occupé Utrecht sans résistance, les dragons du marquis de Rochefort avaient poussé quelques pointes de reconnaissance dans les environs, mais sans s'attarder. Tout le monde ignorait l'importance stratégique de ces écluses qui, une fois ouvertes, mirent une partie du « pays creux » sous les eaux, arrêtant ainsi la marche des armées royales. On s'étonnera d'ailleurs, à propos d'une campagne si minutieusement préparée – y compris par l'envoi d'espions et d'agents de renseignements –, de la profonde méconnaissance du terrain dont firent preuve les officiers. Rochefort chercha en vain sur la carte l'importante place de « Tergouw » où, selon des bruits persistants, s'était retiré Guillaume d'Orange, sans savoir que c'était l'autre nom de Gouda. Les Français se mirent également à jouer avec les eaux de retenue, mais n'ayant pas une idée claire du niveau des polders, ils ne constataient qu'a posteriori la direction des eaux libérées. Ainsi, Luxembourg, cherchant à noyer le camp de Guillaume à Bodegrave, fera rompre les digues du Lek avec pour seul résultat d'inonder les environs d'Utrecht, coupant ses propres lignes de communications et isolant ses garnisons! En mai 1673 Condé voudra évacuer vers le Zuyderzée les eaux qui protégeaient Amsterdam : les eaux s'écoulèrent bien mais en obéissant aux Hollandais, qui les firent rentrer par les écluses de Hiderdam [1]!

Au camp de Rhenen, près d'Utrecht, Pierre de Groot, poussé par les délégués de plusieurs villes, fit au roi des propositions de paix : il offrait Maëstricht, les places conquises sur le Rhin et une indemnité de guerre de six millions de florins. Les Français déclinèrent cette offre, jugée indigne de leur victoire. Alors de Groot, de sa propre autorité, surenchérit, ajouta tout le pays de la Généralité au sud (Brabant et Flandre hollandaise), avec des places comme Bréda, Bois-le-duc, Berg-op-Zoom, et une indemnité de dix millions. C'était considérable! Les objectifs de guerre de Louis XIV étaient dépassés. Pris à revers, les Pays-Bas espagnols étaient mûrs pour tomber la saison suivante.

Cette seconde offre fut également rejetée. Les contre-propositions françaises étaient exorbitantes : cession de tout le pays au sud du Lek ainsi que de l'île de Walcheren, suppression des taxes sur les vins et eaux-de-vie, application du tarif douanier de 1667, versement d'une indemnité de guerre de 24 millions, libre exercice du culte catholique et admission des catholiques à tous les emplois,

1. Ces renseignements, pour la plupart inédits, m'ont été fournis par un chercheur spécialiste de cette guerre, M. Arthur Grœnewegen, qui a eu accès aux sources néerlandaises et qui voudra bien trouver ici l'expression de notre gratitude.

compensation à prévoir en réparation des préjudices causés à l'Angleterre ainsi qu'aux électeurs de Cologne et de Munster. Une disposition, entre toutes, parut humiliante : la République devait envoyer tous les ans au roi une ambassade avec une médaille d'or en remerciement de la liberté qu'autrefois la France l'avait aidée à acquérir ! Les délégués partirent en référer aux États généraux. Louvois était persuadé qu'ils reviendraient à genoux, la corde au cou. On ne les revit jamais ! Le roi comprit trop tard son erreur.

Les historiens ont généralement accusé Louvois d'avoir été l'unique inspirateur de cette intransigeance. La vérité est que Louis XIV n'était nullement porté à la conciliation. Encore étourdi de ses victoires, savourant avec délice la débâcle de ces « marchands de fromages », de « ces pêcheurs de harengs », il mesurait mal les conséquences de la situation nouvelle créée par l'inondation des campagnes : aucune armée au monde n'était capable de franchir cette barrière aquatique !

Tandis que l'on attendait le retour de Pierre de Groot, à Paris Colbert, qui n'était pas le plus intransigeant, rédigeait d'ahurissantes *Propositions sur les avantages que l'on pourrait bien tirer des États de Hollande pour l'augmentation du commerce du royaume* [1]. Il y cherchait froidement à quelle sauce les Provinces-Unies et toutes leurs possessions des Indes orientales et d'Afrique pourraient être mangées : soit l'annexion pure et simple, soit la constitution d'un État satellite ! A ce moment-là, les dirigeants français étaient prêts à abandonner la politique du « pré carré » pour l'aventure.

L'occupation française

Pendant ce temps les Hollandais continuaient de crever les digues. Amsterdam, l'une des plus grandes villes d'Europe avec ses 250 000 habitants, était devenue une île. L'échec des négociations de paix avait fouetté l'ardeur des résistants. De toutes parts jaillissaient des embarcations armées, des batteries flottantes, des escadres de barques. Devant cette situation qui anéantissait son rêve de gloire, le roi, à la fin de juillet, décida de revenir à Saint-Germain en laissant sur place 20 000 hommes sous les ordres du

1. Pierre Clément, *Lettres, instructions et mémoires de Colbert*, Paris, 1861-1882, p. 658-660.

duc de Luxembourg. C'en était fini de la belle promenade et des dithyrambes des poètes de cour ! L'occupation française fut terrible. Les soldats condamnés à l'inaction vivaient aux dépens du pays, en pressurant l'habitant afin de lui arracher de substantielles contributions de guerre. Louvois, qui comptait sur ces fonds (c'était autant de moins à demander à Colbert), exhortait Luxembourg à se montrer inexorable, « sans se soucier de la bonne ou de la mauvaise humeur des Hollandais ». Celui-ci renchérit et laissa la bride sur le cou aux fourrageurs et gens de guerre. L'intendant Robert et le commissaire Méthelet se taillèrent ainsi la réputation de bourreaux rapaces et impitoyables, rançonnant, terrorisant les infortunés habitants. Le roi, s'il savait que son armée vivait sur le pays en levant des contributions, selon les habitudes du temps, ignorait les sauvageries, la licence, la cruauté dont elle faisait preuve. Mais les échos des tumultes et des maraudes finirent par franchir le silence ouaté de son entourage. En entendant lecture d'une lettre de Luxembourg vantant la quantité de marmites que l'on faisait bouillir dans son camp, il demanda avec étonnement « si c'était les courses [1] que faisaient les officiers et soldats qui les garnissaient si bien ? ». A la suite de ces réflexions et de quelques autres, Louvois dut modifier radicalement ses instructions : « Le roi, écrit-il à Luxembourg, a été bien surpris de voir que le pays est encore au pillage et exposé à toutes les violences des soldats. Vous savez aussi bien que qui que ce soit que c'est le vrai moyen de ruiner les troupes et le pays... Sa Majesté m'a commandé de vous faire savoir qu'Elle désire que vous y remédiez par quelque voie que ce soit, en sorte que les paysans de la campagne soient dans un aussi grand repos en payant leurs taxes qu'ils l'étaient du temps des Hollandais. »

On retrouve ici l'un des aspects majeurs du système politique français, déjà signalé : l'isolement du pouvoir royal, sa difficulté à appréhender les réalités concrètes, à synthétiser une information fiable et exhaustive. Cela tient aux distances, à la lenteur des communications, à l'autonomie laissée aux autorités sur le terrain, mais également à l'extrême discrétion de l'entourage royal. A moins d'avoir des informateurs personnels, Louis XIV ne savait que ce que ses ministres et secrétaires d'État voulaient bien lui dire.

1. Pillages (dans le même sens que la guerre de « courses »).

La monarchie absolue est un pouvoir fermé davantage menacé par la paralysie et l'impuissance que par le despotisme.

La révolution de La Haye

Cependant, dans la partie libre des Provinces-Unies, la situation devenait explosive. Deux camps s'affrontaient . d'un côté, les républicains modérés, régents (membres de l'oligarchie des marchands-magistrats), riches négociants, soutenant le Grand Pensionnaire Jean de Witt, qui se seraient satisfaits d'une paix honorable; de l'autre, la « faction démocratique », celle du petit peuple, fanatisé par les discours incendiaires des prédicants calvinistes, qui rêvaient d'une guerre à outrance. Or, ce parti grossissait de jour en jour. Son héros était Guillaume d'Orange, étrange et fascinant personnage, promu en juillet au stathoudérat de la République, qui allait être, trente ans durant, le plus implacable adversaire du roi de France.

Observons-le, cet arrière-petit-fils du Taciturne, sous son masque impassible d'empereur romain, tel qu'il nous apparaît sur les tableaux de Raguineau ou de Netscher. Il n'a pas vingt-deux ans et en paraît trente-cinq! Il est maigre, chétif. Sous la chevelure qui tombe avec raideur sur des épaules étroites et voûtées, le front est large, le nez en bec d'aigle. Au fond de leurs orbites, les yeux brûlent d'une sombre ardeur. Les lèvres amères et boudeuses disent à elles seules toute la tristesse d'une enfance privée de l'affection de ses parents (son père mourut une semaine après sa naissance; sa mère quand il eut dix ans). Constamment malade, il a des maux de tête, des quintes de toux. Pourtant cet homme souffreteux est animé d'un courage d'acier, d'une grande force d'âme. Jamais on ne l'a vu pleurer. Rire non plus d'ailleurs! Aux malheurs persistants de la fortune il oppose ce superbe et grave dédain qui trahit la sécheresse de cœur plus encore que le flegme stoïcien. Fermé et désabusé, tenace, il n'a ni pitié ni tendresse. C'est un homme d'action brusque, maladroit, cinglant, incapable d'affabilité. Il n'aime ni le faste ni l'ostentation. Gardons-nous d'en faire un rustre : son intelligence est vive, remarquable, sa mémoire prodigieuse. Il connaît cinq langues à la perfection, sans compter le latin qu'il entend assez bien. Sa foi calviniste est rigide et intransigeante, toute centrée sur le dogme de la prédestination. Le pouvoir le passionne. Plus encore, il vénère la guerre, la guerre qu'il recherche comme un amant éconduit redouble d'élan pour la femme qui le repousse. « Je donnerais, dira-t-il, une bonne partie de mes États pour avoir servi quelques campagnes sous M. le prince de Condé! » Ce médiocre tacticien fut desservi par une rare malchance. Pourtant, au lieu de l'abattre, l'échec et l'adversité le fouettent, attisent son énergie, mobilisent sa volonté, affermissent sa pugnacité. Il résiste aux coups répétés du sort avec ténacité.

Cette guerre de Hollande va le révéler à lui-même et lui montrer la voie qu'il suivra dès lors avec une inlassable obstination : combattre Louis XIV, qu'il jalouse et à qui il reproche de l'avoir spolié de sa ville d'Orange quand il avait dix ans; combattre la France qu'il exècre et face à laquelle il voudrait se poser en champion et en libérateur de l'Europe.

L'invasion française, cinglant camouflet à la politique de modération du Grand Pensionnaire, avait mis celui-ci dans une position intenable. En butte à l'hostilité générale il démissionna le 4 août. Cela ne suffit pas à ses adversaires. Le 20, à La Haye, l'émeute éclata. Jean de Witt et son frère aîné, Cornelius, grand bailli de Putten, furent sauvagement poignardés, traînés dans la rue, pendus, éventrés, dépecés par une populace gorgée de bière, d'eau-de-vie et de haine. La « pieuse » milice du drapeau bleu, commandée par des officiers orangistes, n'était pas la moins exaltée. Cette affreuse kermesse poissée de sang se prolongea toute la nuit aux carrefours et places de la ville. Le jeune prince avait-il commandité ce carnage? Probablement pas : il n'eut qu'à laisser faire [1]. Son titre prestigieux de stathouder, la mort de son ancien tuteur de Witt, remplacé par l'insignifiant Fagel, greffier des États, firent de lui le maître, même s'il devait compter avec les députés des provinces et la caste des régents. Avec l'énergie du désespoir le peuple se souda derrière cet envoyé de la Providence. Pour ces calvinistes férus d'histoire sainte, Guillaume était le nouveau Samson qui allait combattre les Philistins!

1. Herbert H. ROWEN, *John de Witt : Grand Pensionary of Holland, 1625-1672*, Princeton, 1978.

L'enlisement

Pendant ce temps, l'Europe inquiète n'était pas restée les bras croisés. Sans avoir déclaré la guerre, la régente d'Espagne aidait les Hollandais, en vertu d'un traité de secours mutuel signé à la fin de 1671. Frédéric-Guillaume de Hohenzollern, électeur de Brandebourg, dont Louis XIV avait occupé les places rhénanes du pays de Clèves, s'était allié aux Provinces-Unies (6 mai 1672) et avait signé à Berlin avec l'Empereur un traité de protection germanique. Enfin, le 22 juillet, il promettait un secours aux Hollandais. Voyant s'approcher la soldatesque impériale et brandebourgeoise, les deux alliés de la France, l'électeur de Cologne et l'évêque de Munster, demandèrent de l'aide. Turenne, avec des troupes prélevées en Hollande, leur fut envoyé.

Revenu des succès trop faciles du printemps, Louis n'était pas hostile à la paix. Il accepta la médiation des Suédois, et il fut convenu qu'une conférence s'ouvrirait à Cologne au retour des beaux jours. Toujours prompt à déclencher la guerre, le roi de France l'était également à vouloir traiter. C'est une des constantes du règne. Les négociations sont quasi permanentes. Tandis que le canon tonne encore, dans les tentes des conférences s'ouvrent, les diplomates s'invitent, se parlent, échangent des propositions. Mais, pour l'heure, la parole était encore aux bouches à feu...

En octobre, par des chemins détrempés, avec des troupes inférieures en nombre, Luxembourg força le prince d'Orange à lever le siège de Wœrden. Guillaume, aidé des Espagnols, s'en vint devant Charleroi. Une fois la ville tombée, il espérait faire sa jonction avec les armées de l'Empereur et de l'électeur de Brandebourg, dont Turenne retardait la progression. L'alerte, cette fois, fut chaude. Louis XIV, dans une « furieuse inquiétude », se transporta précipitamment à Compiègne, avec ce qu'il avait de soldats à sa disposition. Heureusement, la place résista, et Guillaume dut lever le siège (22 décembre 1672).

Quelques jours plus tard, tel un renard sortant de sa tanière, Luxembourg quitta Utrecht et marcha sur La Haye. Des crampons fixés à leurs chaussures, les hommes avançaient sur les glaces craquelantes. Un brutal dégel obligea le duc à rebrousser chemin. Se croyant coupé de sa base, il bouscula un détachement hollandais dans le bourg de Swammerdam, qu'il livra au pillage. Ce fut un indicible massacre. A Louvois il avoua qu'il trouva plaisir à voir brûler non seulement le petit château du prince d'Orange et de son favori, le rhingrave, mais aussi des officiers ennemis : « J'en vis d'assez jolis petits tas consumés par les flammes qui brûlèrent aussi bien que des gens cachés dans les maisons. » Un autre village ouvert, Bodegrave, connut aussi, de nuit, un affreux carnage.

Luxembourg avait voulu donner un « salutaire effroi » au peuple hollandais. Il avait réussi au-delà de toute espérance. Tout le pays, toute l'armée de Guillaume furent « consternés d'épouvante ». Mais avec la peur il avait semé la haine, une haine inexpiable, immense, une haine qui ne sera pas encore éteinte quand Voltaire, de passage en Hollande, découvrira dans les manuels scolaires la crainte que l'on entretenait à l'égard des Français.

De toutes parts fusèrent des cris de vengeance. A l'instigation de Guillaume, une pluie de libelles s'abattit sur les Provinces-Unies et l'Allemagne. Les estampes – les fameuses eaux-fortes de Romain Hooghe notamment – étaient plus éloquentes que les écrits. En insistant sur les horreurs commises, peut-être en les exagérant, les Hollandais donnèrent à ces deux massacres une résonance politique considérable. Face à cela, l'appareil français de contre-propagande, organisé par Louvois à Utrecht autour de Stouppa, gouverneur de la ville, et de Bernarts, un Hollandais, ancien secrétaire de Pomponne pendant son ambassade à La Haye, parut impuissant. Les feux allumés à Swammerdam et Bodegrave, relayés plus tard par ceux du Palatinat, firent que la France, naguère perçue comme la protectrice des petites nations, la puissance tutélaire, sage et mesurée, vers laquelle on pouvait se tourner, devint soudain l'ennemie mortelle à abattre. A travers l'Europe on commença à considérer Louis XIV comme un ogre insatiable, assoiffé de sang, une sorte d'Attila dont il convenait de se débarrasser au plus tôt. L'étude de l'image du roi à l'étranger est capitale pour qui veut comprendre le règne. Les thuriféraires du « Grand Roi » se sont contentés de balayer la légende noire, sans en montrer la puissance mobilisatrice. Quant à ses détracteurs, ils l'ont prise trop souvent pour argent comptant, sans comprendre qu'elle n'était qu'un mythe destiné à unifier et souder les peuples européens. Qu'a su exactement le roi des horreurs de la guerre de Hollande et de la réaction de ses ennemis? Pas grand-chose peut-être!

Turenne, après plusieurs marches et contremarches, fonça enfin sur les Impériaux et Brandebourgeois, installés en Westphalie. Contraint de déguerpir, Frédéric-Guillaume regagna Berlin et demanda la paix. Elle lui fut accordée en juin 1673, à Vossem. Le Grand Électeur était désarmé moyennant un subside de 700 000 livres.

Maëstricht

Au printemps de 1673 Louis XIV reprit l'offensive. Il se mit à la tête de la principale armée, installa Condé à Utrecht et laissa Turenne du côté du Rhin. En 1667 ce dernier lui avait servi de mentor. Cette fois, à trente-cinq ans, il s'estimait suffisamment expérimenté pour recueillir à lui seul toute la gloire. De Tournai, où il laissa la cour, il partit pour Courtrai. Chacun se demandait où allait fondre l'orage. L'effet de surprise faisait partie de cette grandiose mise en scène qui, après quelques marches de diversion, conduisit l'armée sous les murs de Maëstricht, enclave hollandaise entre le pays de Liège et celui de Juliers. Cette vieille ville fortifiée sur la Meuse était une place magnifique et redoutable avec sa triple rangée de bastions, ses ouvrages à cornes et à couronnes, ses remparts, sa garnison puissante. Le roi avait demandé à Colbert de lui envoyer un peintre « car je crois, lui disait-il, qu'il y aura quelque chose de beau à voir ». Au bout d'une douzaine de jours de tranchée, le monarque, activement secondé par Vauban – dont la modestie naturelle et le rang de maréchal de camp ne lui faisaient pas d'ombre –, remporta la victoire.

Les armes de la France furent moins heureuses en mer. En juin, près de Schoonveldt-Bank en Zélande, Ruyter, le gros Ruyter, aussi rustre terrien que génial marin, avait si bien manœuvré dans les eaux basses et sablonneuses de l'île de Walcheren qu'il avait repoussé la flotte franco-britannique du prince Rupert, neveu de Charles II, deux fois plus puissante que la sienne. Quelques semaines plus tard, utilisant toujours le faible tirant d'eau de ses navires, il réussit, serrant la côte, à livrer une dure bataille entre Texel et Kamperduyn, dont il sortit vainqueur (21 août). L'armée navale coalisée comprenait 91 vaisseaux, dont 61 britanniques et 30 français, et emmenait dans ses flancs des troupes de débarquement. La victoire de Ruyter avait empêché l'ouverture d'un nouveau front.

La guerre européenne

Pendant ce temps, au congrès de Cologne, qui s'était ouvert en juin, on « amusait le tapis », selon l'expression de Grémonville. Louis XIV eut beau réduire ses prétentions et offrir une paix acceptable, les autres États lui tinrent la dragée haute. Pendant l'été de 1673, une série de traités entre l'Empereur, la régente d'Espagne, le duc de Lorraine et le prince d'Orange créa ce qu'on a appelé la « grande alliance de La Haye ».

La prise de Maëstricht avait semé en Europe la crainte de l'hégémonie de la France. Partout sa politique était perçue comme agressive, envahissante, impérialiste. Nul ne voyait, ne voulait voir que Louis, désireux de mettre fin à sa malheureuse équipée batave, appelait à traiter. Le baron de Lisola, qui n'avait plus que quelques mois à vivre, déployait sa dernière énergie à faire accréditer par toute l'Allemagne ses thèses délirantes. A son instigation, un flot de pamphlets d'une violence inouïe cherchait à réveiller les forces obscures du patriotisme germanique. Verjus de Crécy, ambassadeur à Berlin, envoyait à Paris des rapports alarmistes sur cet état d'esprit. A Vienne, les affaires n'allaient pas mieux. Le 16 septembre 1673 Léopold congédia Grémonville. Un mois plus tard, l'Espagne déclarait la guerre à la France. L'indomptable Guillaume, piètre général mais génial politique, était comme l'âme de la coalition. A la guerre de Hollande succéda la guerre européenne.

A l'automne, après la fâcheuse capitulation de Naarden, au bord du Zuyderzée, assiégé par Guillaume, Louis XIV décida de ne conserver sur le théâtre nord que Nimègue, Rheinberg, Wesel, Maëstricht et deux ou trois autres places secondaires, et de concentrer ses troupes en Flandre et dans la zone du Rhin moyen, où l'on avait déjà occupé Colmar, Schelstadt, Wissembourg et Landau. Le départ des Français d'Utrecht se fit dans une explosion d'allégresse, aux carillons des cloches et aux roulements des tambours. A l'est, Turenne, mal soutenu par Louvois qui lui mesurait tout, commit une erreur tactique en laissant Montecuccoli, général des Impériaux, faire sa jonction avec Guillaume d'Orange. Bientôt, il dut abandonner Bonn (12 novembre).

Au début de 1674 la situation diplomatique s'aggrava. Le système d'alliances, que Louis XIV et Hugues de Lionne avaient édifié par l'or et le jeu des clientèles, semblait se fissurer de tous côtés. Les premiers craquements vinrent de l'allié anglais. L'indécision de Charles II frisait le double jeu. Il émargeait au budget français mais, pour se concilier son incommode *Parliament*, il avait pris pour principal ministre le comte de Danby, réputé pour son hostilité envers la France. Vint un moment où il lui fallut choisir. Cette guerre européenne, ruineuse pour les concurrents hollandais, l'était aussi pour les négociants londoniens. Il sentit son trône menacé. N'y tenant plus, il prévint son commanditaire français qu'il entamait une négociation de paix séparée avec les Provinces-Unies, qui fut signée le 19 février 1674.

La défection britannique fut un rude coup pour Louis XIV. S'il n'y avait eu que cela! Les petits clients d'outre-Rhin renâclaient : Paderborn, Neubourg, Osnabruck, l'électeur palatin se plaignaient, qui de ne pas être payé de sa pension, qui du passage des troupes françaises, qui des désordres commis par elles. En mars le Palatin, dédaignant les subventions royales, rejoignit l'Empereur et la ligue qu'il avait formée avec les électeurs de Mayence et de Trèves. Objets de constant mépris et de railleries de la part de la cour de France, les deux princes-évêques, l'électeur de Cologne et l'évêque de Munster, furent sommés par l'Empereur de conclure la paix avec les Hollandais. Non, il n'était pas bon d'être l'ami de la France en cette année 1674! Dès le 15 février l'actif Guillaume-Égon de Furstenberg, qui représentait l'électeur de Cologne au congrès de cette ville, avait été enlevé sur l'ordre de Léopold par une bande d'hommes armés, au mépris de l'immunité diplomatique. Jeté en prison à Vienne, puis à Wiener-Neustadt, il évita de peu une exécution sommaire pour haute trahison, grâce à l'intervention de Rome. Ce coup de force fut fatal aux dernières alliances du roi : l'évêque de Munster fit défection le 22 avril, suivi quinze jours plus tard de l'électeur de Cologne.

Le 28 mai, la diète de Ratisbonne, au nom du Saint-Empire, déclara la guerre à la France. Cette coalition fut bientôt rejointe par le duc de Brunswick-Lunebourg et l'électeur de Brandebourg, qui avait une revanche à prendre sur Turenne. La poussée nationaliste, qu'on observe aussi bien en Angleterre qu'en territoire germanique, faisait donc ressortir les limites de la politique française, fondée sur le clientélisme, la vénalité et les liens familiaux.

En cette année 1674 la guerre se déroula sur trois théâtres d'opérations : au printemps, le roi entreprit la conquête de la Franche-Comté. Besançon, après vingt-sept jours de résistance, capitula, bientôt suivie de Dole. La cour, tant bien que mal, s'accommodait de la vie des camps. Dans la tente du roi, qu'on appelait symboliquement le « Louvre », les violons accompagnaient les repas du monarque. Les après-dîners, la reine faisait ses dévotions habituelles tandis que le vainqueur, martial et joyeux, le visage hâlé par le vent des batailles, partait inspecter avec la Grande Mademoiselle la dernière place tombée, lui montrant les blessés qui gémissaient, les poutres calcinées qui fumaient encore et les traces de sang sur les murailles [1]. En six semaines, Louis et Vauban étaient venus à bout de la vieille province espagnole.

Goutteux, perclus de douleurs, le Grand Condé interrompit ses remèdes à Chantilly pour prendre la direction des opérations dans les Pays-Bas espagnols. Le 11 août à Seneffe, près de Charleroi, avec 45 000 hommes il chargea l'arrière-garde de la puissante armée ennemie, qui en comptait 60 000 et s'avançait en colonnes étirées. Guillaume d'Orange, qui marchait vers la frontière française, dut rebrousser chemin. Il y eut une succession de trois terribles combats, d'une rare violence, qui tournèrent à la boucherie, à travers les haies et les houblonnières. Retrouvant la fougue de Rocroi, Condé eut trois chevaux tués sous lui. Sur le champ de bataille abandonné par les coalisés on dénombra près de 20 000 morts dont 7 000 Français. « Sans le *Te Deum* et quelques drapeaux, écrit Mme de Sévigné, nous croirions avoir perdu le combat. »

Turenne, en charge du troisième front en Allemagne, se montra plus économe du sang de ses soldats. Le 16 juin, à Sinzheim, sur la rive droite du Rhin, il attaqua avec 15 000 hommes les Impériaux et les Lorrains. Puis il vécut sur le pays afin de priver la cavalerie ennemie de fourrage et de subsistance. A la suite d'attentats isolés, une trentaine de villages furent incendiés avec leurs moissons et leurs récoltes : ce fut le premier ravage du Palatinat.

Faute de renforts, Turenne dut repasser le Rhin. En octobre, à

1. Mlle de MONTPENSIER, *Mémoires*, éd. Chéruel, t. IV, Paris, 1902, p. 365.

Entzheim, il se mesura au médiocre duc de Bournonville, qui avait remplacé l'excellent Montecuccoli, parti combattre les Turcs. L'ennemi, qui s'était considérablement renforcé, devint bientôt maître de toute l'Alsace. A la cour on s'impatientait, car Turenne s'était replié dans les Vosges où il semblait vouloir hiverner sans coup férir. Où était donc passé le vainqueur de Fribourg et de Nordlingen ? Qu'attendait-il pour marcher et se battre ? Le vieux maréchal se taisait devant les critiques. Il avait son plan, ce fut un chef-d'œuvre de tactique.

Il avait laissé l'armée de Bournonville se déployer très largement dans la plaine alsacienne. Le 30 novembre, il quitta ses cantonnements près de Saverne, entra en Lorraine, longea du nord au sud le massif des Vosges avec ses forêts impénétrables et, après vingt-sept jours de marche harassante sous la neige, la pluie, le vent, déboucha à la trouée de Belfort, où nul ne l'attendait. Et ce furent les victoires foudroyantes, qui feront plus tard l'admiration de Napoléon : Altkirch, Mulhouse, Turckheim. La cavalerie impériale fut disloquée, des régiments entiers se rendirent, et les vaincus repassèrent précipitamment le Rhin. Turenne avait déjoué tous les calculs et compensé par la mobilité la faiblesse de ses effectifs.

Rien ne fut plus beau que le retour triomphal du vainqueur à Paris. Sur la route, des foules innombrables se portaient à sa rencontre et l'acclamaient. Le roi, si peu prodigue en effusions, l'embrassa publiquement. Hélas, l'été suivant, le maréchal n'eut pas le temps d'achever son œuvre. Le 27 juillet 1675, près de Salzbach, sur la rive gauche du Rhin, un boulet lui arracha son dernier souffle. Il avait soixante-trois ans. Ce fut dans toute la France la consternation et le deuil. Pour honorer ce héros couvert de gloire, mais qui avait su rester simple et modeste, Louis XIV le fit enterrer dans la basilique de Saint-Denis.

Son neveu, Lorges, dirigea sans difficulté la retraite. Créqui fut moins heureux. Surpris et défait à Consarbrück, il alla s'enfermer à Trèves, mais une mutinerie – implacablement réprimée par la suite – l'obligea à livrer la place à l'armée du duc de Lorraine. Le roi admit que Créqui était un bon et brave soldat, « mais ce qui est désagréable, ajouta-t-il, c'est que mes troupes ont été battues par des gens qui n'ont jamais joué qu'à la bassette [1] ».

Condé, rappelé une nouvelle fois, assuma la succession de

1. Lettre de Mme de Sévigné du 19 août 1675.

Turenne. Il reprit, lui si fougueux, sa prudente tactique de lent manœuvrier, obligeant les Impériaux à repasser le Rhin. Ce fut le dernier combat de M. le Prince, qui se retira sur ses terres de Chantilly. Montecuccoli fit bientôt de même. Turenne, Condé, Montecuccoli : l'ère des géants allait-elle s'achever?

CHAPITRE XVI

Vers la paix de Nimègue

La crise financière

La volonté de paix de Louis XIV étonnait l'Europe. « Je ne sais pas le besoin que la France avait de la paix, écrit William Temple, mais je sais bien qu'elle en avait un extrême désir, et qu'elle tenta cet hiver-là *(1674-1675)*, pour la faire réussir, tous les moyens imaginables, excepté ceux qui auraient trop découvert sa nécessité. »

Cette nécessité, c'était la situation intérieure, une situation fort préoccupante, révélatrice de la fragilité des équilibres politiques, économiques et sociaux du royaume. Très vite la guerre avait mis à mal la politique financière et monétaire du contrôleur général. De 8 millions en 1672, le déficit budgétaire atteignait 16 millions de livres l'année suivante et 24 millions en 1676. C'en était fini des excédents du début du règne. Colbert augmenta d'abord les impôts : la taille fut accrue de 6 millions, les aides de 5, la gabelle de 4. On ressuscita quelques taxes tombées en désuétude, tel le toisé à Paris, qui avait été l'une des causes de la Fronde. On en inventa d'autres sur les maîtrises d'arts et métiers, la marque des étains, le commerce du tabac, le papier timbré...

Puis Colbert renonça à son dessein de réduire le nombre des offices et en créa de nouveaux : mesureurs de grains, jaugeurs de liquides, marchands de poissons, de cochons ou de volailles, qui s'arrachèrent comme des petits pains. Les « affaires extraordinaires », si prospères sous le ministère de Mazarin, si vigoureusement dénoncées par ce même Colbert du temps de Fouquet, connurent une nouvelle jeunesse. En 1673 le contrôleur général vendit pour huit millions d'exemptions de tailles. L'affranchissement des droits de franc-fief, qui pesait sur la bourgeoisie, rapporta presque autant. Comme toujours, on sacrifiait l'avenir au présent! C'était encore insuffisant pour combler le gouffre budgétaire. Le ministre dut emprunter. Aux rentiers, qu'il exécrait, il vendit de nouveaux titres-papiers. Il fut même contraint d'élever les taux pour les attirer : denier 18 (5,5 %) en 1672, denier 16 (6,25 %) en 1674, denier 14 (7 1/8 %) en 1676. Aux traitants et banquiers gênois il demanda des avances sur recettes (des « anticipations ») au taux prohibitif de 10 %.

Pour desserrer le carcan des traitants et gens d'affaires, il eut l'idée ingénieuse de faire appel aux capitaux à court terme, ces capitaux oisifs en quête d'un placement temporaire à trois ou six mois. Aux particuliers propriétaires de ces capitaux il proposa des « promesses » assorties d'un intérêt annuel de 5 % capitalisé sous forme de prime de remboursement. C'est ainsi que Jean-Baptiste Colbert inventa la « dette flottante » de l'État et créa l'ancêtre des « bons du Trésor ».

Le crédit du roi étant ce qu'il était, c'est-à-dire à peu près rien, il était impossible d'émettre directement ces billets. Colbert passa donc une convention en octobre 1674 avec les fermiers des Gabelles et des Cinq Fermes, pour créer une « Caisse des emprunts » bénéficiant de leur garantie, empruntant au taux de 5 % et reversant les fonds ainsi collectés à l'État. Utile innovation, cette caisse, qui brassa bientôt plusieurs dizaines de millions par an, aurait pu devenir la pièce essentielle d'un système de crédit public digne de ce nom. Hélas! En matière de finance, sous l'ancien régime, même les meilleures idées finissent par se corrompre. Devant l'insatiable boulimie du Trésor, elle n'échappa pas à cette fatalité. Au lieu de remplir les fonctions d'un organisme de dépôt, assurant au contrôleur général des liquidités à court terme, dans l'attente des prochaines rentrées fiscales, elle devint un nouvel expédient destiné à combler le déficit chronique né de la guerre. La dette du Trésor envers elle ne fit que croître d'année en année : 0,5 million en 1675, 1,5 million en 1676, 3,8 en 1678, 13,5 en 1679. En 1683 la dette cumulée atteindra 34 millions, soit « entre le tiers et le quart des recettes annuelles du Trésor [1] ». L'année suivante, devant le spectre de la banqueroute, il faudra arrêter l'expérience !

Sur le plan monétaire, Colbert dut aussi abandonner ses principes de stricte orthodoxie. On frappa des pièces d'argent d'une valeur inférieure à leur nominal. Les Monnaies, mises en régie en 1666, furent affermées à des partisans malhonnêtes, un « gang » de Lyonnais qui se mit à battre monnaie plus généreusement que convenu. Le scandale éclata et mit en cause l'entourage du ministre, son neveu, Nicolas Desmarets, et son collaborateur, l'Italien Bellinzani, accusés d'avoir perçu pour 350 000 livres de pots-de-vin.

Les révoltes provinciales

La crise de 1674-1675 se traduisit par une série d'agitations locales et quelques conspirations, qui menacèrent le pouvoir royal. En avril et en mai 1675 Bordeaux, ville de tradition séditieuse depuis la Fronde, se souleva contre les nouveaux impôts indirects, notamment celui du papier timbré. Le mouvement se propagea en amont par les bateleurs de la Garonne. La vallée de la Dordogne s'enflamma, et la vicomté de Turenne, jamais en reste d'une jacquerie, en fit autant.

La révolte prit une tout autre dimension en Bretagne, où la nouvelle ponction en numéraire décidée en 1673 et 1674 (édits sur le papier timbré, le tabac et la vaisselle d'étain) se conjuguait à la mauvaise conjoncture économique, à la baisse régulière des loyers des terres et des maisons, des revenus des fermages. On se lamentait aussi de voir les libertés provinciales peu à peu rognées et des impositions établies au mépris de l'acte de 1532. Le 18 avril 1675, à Rennes, les bureaux de distribution du tabac, des domaines et du contrôle des actes furent attaqués par la foule. L'ordre ne fut rétabli qu'au prix d'une quinzaine de morts. Quelques jours plus tard, la maison des commis du fisc fut saccagée. La nervosité gagna Saint-

1. Guy ANTONETTI, « Colbert et le crédit public », dans *Un nouveau Colbert*, actes du colloque pour le tricentenaire de la mort de Colbert, sous la direction de R. MOUSNIER, Paris, 1985, p. 207.

Malo, Nantes, Dinant, Lamballe, Vannes, Guingamp. Le roi envoya des compagnies d'archers de la maréchaussée et un bataillon de troupes régulières. La venue de ces « garnisaires », loin d'assagir la foule, déclencha une série de prises d'armes. On compta jusqu'à 15 000 révoltés. Une partie des milices municipales pactisait avec eux. Quant aux élites urbaines, y compris les parlementaires, elles se sentaient solidaires de ceux qui voulaient abolir ces édits.

Plus grave fut l'agitation qui s'empara du monde rural, où le bruit avait couru que la gabelle et un impôt sur les blés allaient être instaurés prochainement. Au son du tocsin, des châteaux furent attaqués, des presbytères pillés. Les paysans s'organisaient, imposaient le port du traditionnel bonnet rouge (ou bleu selon les régions). Ils avaient des armes, de la poudre. Un meneur était apparu, Le Balp, notaire à Kergloff. Afin de donner des objectifs précis à leur soulèvement, les paysans avaient rédigé des « codes » : « code breton », « code Pessavade », qui réglementaient les corvées, le champart, le droit de chasse, le prix du vin dans les cabarets, le tarif des messes et des enterrements... On sent à leur lecture sourdre la misère et le souci extrême du lendemain. Les dégâts produits dans les champs par les troupeaux seigneuriaux, les ravages des pigeons, qu'ils n'avaient pas le droit de tuer, les préoccupaient davantage que de lointains projets de réforme sociale. Le tout était assaisonné de menaces de *Torr e benn* (Casse-lui la tête).

La révolte fit tache d'huile à Cahaix, Landernau, Daoulas, dans la presqu'île de Crozon, le pays de Léon. Pressés par 8 000 hommes, armés de faux manchées, de fourches ferrées, de hallebardes et de fusils, les Carmes de Pont-l'Abbé durent signer le « code paysan » et renoncer aux corvées qui leur étaient dues. L'abbaye de Langonnet fit de même. Partout ce n'étaient que violences et dévastations. Partout on brûlait les chartriers, les minutes, les registres fiscaux.

Pareil défi ne pouvait durer! La mort de Turenne empêcha le roi de se rendre sur place, comme il en avait eu l'intention. M. de Forbin, capitaine-lieutenant de ses mousquetaires, se chargea de le représenter à la tête de 6 000 hommes. Bientôt Le Balp fut tué d'un coup d'épée par le marquis de Montgaillard, dont il occupait le château. Privés de chef, les Bonnets Rouges se débandèrent aussitôt. La troupe rétablit l'ordre au prix d'une sévère répression. « Les arbres, écrivait le duc de Chaulnes, gouverneur de Bretagne, commencent à se pencher sur les grands chemins du côté de Quimperlé du poids qu'on leur donne. » Rennes eut à supporter non seulement la taxation générale mais encore l'arrivée des soldats en quartiers d'hiver. « Il y a dix ou douze mille hommes de guerre, écrit Mme de Sévigné, qui vivent comme s'ils étaient encore au-delà du Rhin. Nous sommes tous ruinés. »

Enfin vint la clémence d'Auguste, sous forme de lettres d'abolition (5 février 1676), amnistiant les mauvais sujets révoltés, à l'exception de 150 d'entre eux. La malheureuse Bretagne mettra de longues années à panser ses plaies et à digérer les fruits amers de sa révolte.

Celle-ci fait partie de ce long cycle de troubles populaires dont nous avons parlé, qui va des Pitauds de Guyenne (1548) aux Tards Avisés du Quercy (1707), en passant par les Croquants d'Aquitaine, les Nu-Pieds de Normandie ou les Sabotiers de Sologne. Le retour de la paix en 1660, la mort de Mazarin et la chute de Fouquet avaient nourri l'espoir chimérique d'une remise générale de la taille, encore tenue pour un impôt réservé au temps de guerre. La déconvenue qui suivit fut l'occasion de violents soubresauts, d'« émotions » paysannes, de prises d'armes, notamment à Dieppe, Montauban, Metz, La Rochelle, dans la vallée de la Soule ou le comté de Benauge. Entre mai et juillet 1662, ce fut la guerre du « Lustucru » dans le Boulonnais : 5 000 à 6 000 « manants tumultuaires » se soulevèrent pour protester contre l'extension de la taille à leur région. Louis XIV dut envoyer sur place 38 compagnies d'infanterie et de cavalerie qui tuèrent ou blessèrent des centaines de mutins. Quatre cents finirent aux galères. Le XVIIe siècle est une période rude, cruelle, inexorable aux infortunés. Faible par certains côtés, le pouvoir atteint, par sa puissance militaire, une telle force qu'il est désormais capable de réprimer toute tentative de désordre populaire. Ce n'était pas encore le cas du temps de Richelieu. De 1663 à 1665 les Invisibles de Bernard d'Audijos, qui attaquaient les gabeleurs de la ferme du sel, mirent la Chalosse et le pays de Lannes dans un état de fièvre insurrectionnelle chronique. Aux meurtres, aux exactions l'implacable intendant Pellot répondit par des exécutions sur la roue et la potence, par des chaînes de forçats toujours mieux garnies [1]. En avril 1670 éclata la révolte du Vivarais. Des milliers d'hommes munis de faux et de fourches s'emparèrent des bourgs de Joyeuse et de Largentière ainsi que de la ville d'Aubenas, où ils assassinèrent les consuls. A la tête du mouvement s'était placé un ancien officier, Antoine du Roure, qui transforma les paysans en combattants. La situation parut un moment si grave que les ministres la dissimulèrent au roi « pour ne pas irriter son esprit par des récits désagréables [2] ». Il fallut envoyer près de 6 000 hommes. La répression ordonnée par le maréchal de camp Le Bret fut d'une grande cruauté.

Ces explosions de violence furent moins nombreuses sous le règne de Louis XIV que sous celui de son père. Plusieurs causes permettent d'expliquer cette décrue, très sensible après la grande révolte bretonne de 1675 : d'abord la rigueur de la répression, que permit l'acheminement rapide de troupes dans les provinces (du temps de Louis XIII, on était paralysé faute de moyens) ; en second lieu, la quasi-disparition de l'alliance traditionnelle entre la petite noblesse de la région et les révoltés – l'aristocratie provinciale s'intégrait à l'État royal et versait son sang sur les champs de bataille au service du souverain ; à cela il faut ajouter l'alliance nouvelle entre « le pouvoir et le presbytère », surtout après 1685, le rôle de moralisateurs de villages joué par les curés [3]. Ce retour au calme témoigne aussi du déclin des libertés communales et de la mise progressive sous tutelle des fonctions municipales [4].

Dans la longue suite des explosions de violence populaire, la jacquerie rurale des Bonnets Rouges est un cas à part. Elle ne reproduit pas le modèle habituel et s'apparente davantage à une guerre sociale. C'est que la noblesse bretonne fort pauvre vivait chichement et se montrait particulièrement exigeante sur ses droits et prérogatives. La paysannerie souffrait du régime du « domaine congéable », propre à la Basse-Bretagne, qui permettait aux seigneurs de déposséder l'exploitant de sa terre à chaque renouvelle-

1. SALMON (J. H. M.), « The Audijos revolt : provincial liberties and institutional rivalries under Louis XIV », dans *European History Quaterly*, Londres, 1984, vol. 14, n° 2, p. 119-149.

2. Lettre de l'ambassadeur Morosini au doge de Venise, citée par F. RAVAISSON, *Archives de la Bastille*, t. VII, p. 345.

3. E. LE ROY LADURIE, « En guise d'avant-propos : Réflexions sur les assises concrètes d'une monarchie " par excellence " : le système Louis XIV », dans *Les monarchies*, sous la direction du même, Paris, 1986, p. 24.

4. Yves-Marie BERCÉ, *Histoire des Croquants*, Paris, 1986, p. 13 et suiv.

ment de bail et de la relouer plus cher à d'autres tenanciers. Les Bonnets Rouges remettaient en cause la fiscalité royale, la dîme ecclésiastique et la rente foncière de l'aristocratie. Néanmoins « ces furieux n'étaient pas des révolutionnaires [1] ».

Conspirations

Des révoltés, passons aux conspirateurs. En ces temps de guerre, ceux-ci allèrent jusqu'à solliciter des secours auprès des ennemis de la France. Ainsi Jean-François de Paule, seigneur de Sardan, se disant le député d'une confédération des provinces de Guyenne, Languedoc, Provence et Dauphiné, chercha-t-il l'appui des puissances coalisées. La réalité de cette prétendue confédération est difficile à cerner. Le 21 avril 1674, cet ancien officier huguenot signait à La Haye, avec Guillaume d'Orange en personne, un traité par lequel le prince lui promettait un soutien financier de 300 000 livres, l'envoi d'une flotte de 60 navires et de 10 000 soldats, à condition que les « confédérés » réunissent une armée d'au moins 12 000 hommes. Trois mois plus tard, l'Espagne s'engageait à lui fournir un secours de 2 000 cavaliers et un million de livres afin de soulever les Cévennes ou le Vivarais et de prendre le Château-Trompette de Bordeaux.

Le texte de ces traités révèle le projet politique qui sous-tendait l'action de Sardan et de ses affidés [2]. C'était un réquisitoire contre la centralisation monarchique, en particulier contre les ministres qui avaient supprimé les états de Guyenne et du Dauphiné, « énervé » ceux de Provence et du Languedoc, ôté aux parlements et cours souveraines du royaume le droit de remontrance, accablé d'impôts extraordinaires les quatre provinces. Il s'agissait donc de rétablir ces régions dans leurs privilèges. Les confédérés voulaient agir jusqu'à

1. Roland MOUSNIER, *Fureurs paysannes. Les paysans dans les révoltes du XVIIe siècle*, Paris, 1967, p. 154.

2. Klaus MALETTKE, *Opposition und Konspiration unter Ludwig XIV*, Göttingen, 1976, p. 343 et suiv. Sardan n'était pas le premier conspirateur protestant. En juin 1669 un huguenot de Nîmes, Roux de Marcilly, avait été enlevé en Suisse, conduit à la Bastille et roué vif en place de Grève. On était persuadé qu'il voulait tuer le roi, soulever plusieurs provinces et les mettre en « république ». Le ministre anglais Arlington s'était servi de cet exalté pour convaincre – mais en vain – les cantons suisses d'adhérer à la Triple Alliance (Aimé-Daniel RABINEL, *La Tragique Aventure de Roux de Marcilly*, Toulouse, 1969).

la tenue des états généraux du royaume, mais l'idée de former un « état séparé, indépendant et souverain » n'était pas exclue. Quels étaient les moyens réels de Sardan? De quels soutiens disposait-il dans les provinces en question? On l'ignore. On sait seulement qu'en Béarn, l'ancien chef des Invisibles, Bernard d'Audijos, désireux de reprendre du service, était devenu l'un de ses lieutenants.

Plus abouti paraît le complot du chevalier de Rohan, avec lequel celui de Sardan avait sans doute des liens. Dès le mois d'avril 1674 Louvois avait été informé de mystérieuses tractations entre quelques seigneurs de Normandie et le comte de Monterey, gouverneur des Pays-Bas espagnols, et en avait averti Claude Pellot, président du parlement de cette province. Il avait su aussi, en juin, que des inconnus avaient apposé des placards à Rouen et à Pont-Audemer et qu'un inconnu avait passé commande à un tailleur parisien de 500 habits de gardes du corps. Il manquait au ministre le fil conducteur reliant toutes ces informations. Un certain Du Causé de Nazelle, cadet de Gascogne, le lui donna en août. Celui-ci, pensionnaire à l'*Hôtel des Muses* tenu par un vieux professeur de latin, Van den Enden, avait surpris entre son logeur et deux seigneurs de sa connaissance, le chevalier Louis de Rohan et un ancien officier, Latréaumont, des propos ne laissant aucun doute sur leurs intentions criminelles [1].

Le 11 septembre 1674, à Versailles, à la sortie de la messe, Brissac, major des gardes, arrêta le chevalier et le conduisit à la Bastille. On fut moins heureux avec Latréaumont, retrouvé le lendemain dans une auberge de Rouen, où il fut mortellement blessé en cherchant à fuir. Quant à Van den Enden, la police le cueillit à son arrivée de Bruxelles, dans un hôtel du Bourget. On ne tarda pas à appréhender d'autres complices ou suspects : Renée-Maurice d'O de Villers, maîtresse de Rohan, le chevalier de Préault, Anne Sarrau de Villars, les comtes de Créqui-Bernieulles et de Mouchy, ce dernier gouverneur de Honfleur, le chevalier des Grieux, le marquis de Sourdeval, M. d'Héberville, conseiller au parlement de Rouen... Au total, une soixantaine de personnes.

Le procès s'ouvrit le 6 novembre devant une juridiction constituée *ad hoc* à l'Arsenal. Louis de Rohan était, à en croire les contemporains, l'homme de la plus belle mine et le mieux fait de

1. Claude DERBLAY, *Un drame sous Louis XIV. L'affaire du chevalier de Rohan*, Paris, 1945, et Klaus MALETTKE, *op. cit.*

son temps, un Adonis doublé d'un dom Juan, grand tombeur de vertus. Ce joueur impénitent était l'exemple parfait du gentilhomme décavé, vivant d'expédients. Son inconduite notoire avait amené le roi, son ancien compagnon de jeu, à lui refuser tout emploi militaire et à le pousser à se défaire de sa charge de Grand Veneur. Au cours d'un voyage en Bavière il avait connu un mestre de camp de cavalerie, Gilles du Hamel de Latréaumont. C'est avec lui qu'il lia amitié.

Latréaumont, une force de la nature, chevalier d'aventure et vrai meneur d'hommes, était d'une famille de parlementaires normands. Peu après la Fronde il avait fait partie de l'Union des gentilshommes de France, violemment hostile à l'absolutisme. En 1658, associé au marquis de Bonnesson, il avait tiré les fils de la guerre des Sabotiers, en Sologne. Quinze ans plus tard, il conçut et monta cette nouvelle conjuration. Connaissant bien la terre normande, il avait recueilli un peu partout les doléances des hobereaux, furieux de voir Colbert ressusciter un impôt sur les propriétaires de bois, le droit de « Tiers et Danger », et oser réclamer les arrérages des trente dernières années pour financer la campagne de 1674. Cet impôt ruinait littéralement les propriétaires fonciers, les transformaient en gueux. Un peu partout des contacts furent pris et, par le jeu des fidélités, des clientèles et des amitiés, quantité de seigneurs vinrent grossir la troupe des mécontents.

Franciscus Affinius van den Enden était un des pivots de la conjuration. Flamand d'Anvers, il avait longtemps vécu en Hollande, puis s'était établi à Picpus, près du faubourg Saint-Antoine, où il avait fondé son école, l'*Hôtel des Muses*. En même temps qu'un agent secret de Monterey, ce bonhomme de soixante-treize ans, d'allure modeste, était un habile philosophe et un savant hermético-alchimiste qui eut pour élève Spinoza [1].

C'est au printemps de 1674 que le complot prit forme. Latréaumont était entré en contact épistolaire avec Monterey. Il lui avait exposé son plan et demandé un secours de 6 000 soldats, des armes pour équiper 20 000 paysans et gentilshommes, des outils de siège, un trésor de guerre de deux millions de livres. Tandis que les Espagnols débarqueraient à Quillebeuf dans l'estuaire de la Seine, en attendant qu'on leur livrât Le Havre, Abbeville ou

1. Marc BEDJAI, « Franciscus van den Enden, maître spirituel de Spinoza », *Revue de l'Histoire des religions*, t. CCVII, 3, juil-sept. 1990, p. 289-311.

Dieppe, la noblesse de Normandie se soulèverait et réclamerait la tenue des états généraux. Pendant ce temps de faux gardes du corps enlèveraient le dauphin, qui, de Versailles, avait coutume de poursuivre les loups jusqu'en cette province. Tout était prêt, et Guillaume d'Orange, informé par Monterey, avait promis le concours de sa flotte. C'est alors que Du Causé de Nazelle se résolut à écrire sa lettre de dénonciation... Il était temps !

On a beaucoup discuté du caractère républicain du complot. Dans son roman *Latréaumont* Eugène Sue voit dans Rohan et ses complices les précurseurs des hommes de la liberté et dans leur tentative un « 89 » qui aurait échoué. Pur anachronisme, évidemment. Latréaumont songeait en fait à instaurer un pouvoir aristocratique. Après le soulèvement, une « chambre de la liberté » devait être élue par la noblesse et le peuple de Normandie, selon une division de la société non plus en trois, mais en deux ordres (les ecclésiastiques se rangeant dans l'un ou l'autre de ces états). Dans le nouvel État « républicain », les protestants jouiraient d'une totale liberté de culte et auraient accès à toutes les charges.

Rejet de Fronde nobiliaire jailli de la vieille terre normande, tel fut le complot Rohan ! Mais si le temps où l'on criait « A bas le Mazarin ! » était fini, celui de l'indulgence aussi. Le 26 novembre, écartant le menu fretin des comparses, la chambre frappa sévèrement les meneurs. Rohan, le chevalier de Préault, la marquise de Villars et Van den Enden furent condamnés à mort, les trois premiers à la décapitation, le Flamand à la pendaison. Malgré les supplications de ses proches, le roi ne voulut point pardonner à Rohan : il fallait un exemple, comme autrefois Biron, Montmorency ou Cinq-Mars. A La Feuillade, colonel des gardes-françaises, qui lui demandait d'être dispensé de la surveillance de l'échafaud, le roi répondit : « Tu es bien tendre, La Feuillade ! » Les quatre condamnés furent exécutés le 27 novembre. Ainsi s'acheva la dernière entreprise de cette noblesse querelleuse et frondeuse qui, depuis un demi-siècle, n'avait cessé d'ourdir des complots et de rêver à d'impossibles chevauchées.

La guerre navale

N'ignorant rien de la situation intérieure de la France, Guillaume se sentait encouragé à poursuivre la lutte, malgré les voix de plus en plus nombreuses qui, dans son propre pays, s'élevaient en faveur de la paix. Si les coursiers français de Dunkerque, Dieppe, Saint-Malo et La Rochelle faisaient de terribles ravages, frappant les intérêts des bourgeois et négociants d'Amsterdam, la flotte hollandaise n'en imposait pas moins sa loi de la Manche au golfe de Gascogne. De juin à août 1674, l'amiral Tromp avait croisé le long des côtes sans essuyer un seul coup de canon. Une tentative de débarquement à Belle-Ile avait été repoussée de justesse, de même qu'une opération de Ruyter sur la Martinique, mais Noirmoutiers avait été occupée trois semaines. Louis XIV préférait garder sa flotte dans les ports.

En 1674 Messine s'était révoltée contre le vice-roi espagnol de Sicile, Fabrice de Toledo. Des troupes venues de Naples assiégeaient la ville. Les Messinois, affamés et près de se rendre, avaient appelé le roi de France à leur secours. Après l'exploit d'une petite escadre commandée par M. de Valbelle, qui était entrée dans les eaux siciliennes, la question se posa de savoir s'il fallait ou non les aider. Les avis furent partagés. Seignelay voulait une puissante expédition navale permettant de s'emparer de l'île puis de s'attaquer à Naples. Son père, Colbert, qui tenait les cordons de la bourse, tergiversait. Néanmoins, il se montra partisan de l'opération. Le clan Louvois, auquel se rallia Pomponne, y fut franchement hostile : l'effort devait porter sur le Rhin et les Flandres. Le point de friction essentiel entre les deux clans tournait toujours autour de la même question : la France devait-elle être une puissance maritime? Les Colbert misaient sur la marine et l'aventure coloniale, les Le Tellier-Louvois sur les succès de l'armée de terre et la consolidation du « pré carré ». Le choix du roi fut un compromis : l'expédition de Sicile ne serait qu'une simple diversion.

En janvier 1675 le pavillon fleurdelisé flottait sur Messine. Peu après, une seconde escadre transporta l'armée de secours confiée au duc de Vivonne, frère de Mme de Montespan, avec le titre de vice-roi de Sicile. Un troisième contingent fut envoyé en mai : ces troupes réussirent à s'emparer d'Agosta, sur la côte orientale de l'île. Les Espagnols acceptèrent alors le secours d'une puissante flotte commandée par Ruyter.

Le 8 janvier 1676, près de l'île Lipari, entre Salina et Stromboli, Duquesne se mesura aux vaisseaux néerlandais et aux galères d'Espagne. Le 22 avril, il remporta la grande bataille navale d'Agosta. Jaloux des lauriers du vainqueur, Vivonne prit la tête de l'armée navale et, secondé par Duquesne, Cabaret et surtout le jeune chef d'escadre Tourville, écrasa au large de Palerme les Hispano-Hollandais. Les Français étaient maîtres de la Méditerranée, mais la situation du corps expéditionnaire restait précaire. Les soldats désertaient en masse. Quant aux Siciliens, ils voulaient avant tout rester indépendants...

Les campagnes de 1676 et 1677

Sur terre, la campagne de 1676 commença par la prise de Condé-sur-Escaut, suivie du blocus de Bouchain, le 10 mai. C'est alors que l'arrivée d'une armée de secours de 50 000 Hispano-Hollandais fut annoncée près de Valenciennes. Le roi accourut à la cense d'Urtebise, où il fit déployer ses unités. Placé sur une hauteur, avec des forces supérieures en nombre, une excellente artillerie, une cavalerie expérimentée, il tenait la victoire à portée de main. Il lui suffisait de profiter de l'effet de surprise et de foncer sur les colonnes de Guillaume. Il hésita : il excellait dans la guerre de siège, lente, majestueuse, réglée comme un ballet ; la bataille rangée, plus aléatoire et meurtrière, lui répugnait. Aussi s'en remit-il à la majorité d'un conseil qu'il improvisa à cheval, « le cul sur la selle », écrit Saint-Simon, avec Louvois et les quatre maréchaux présents : Créqui, Schomberg, Lorges et La Feuillade. Tous conseillèrent l'abstention à l'exception de Lorges, partisan de l'attaque. Leurs arguments étaient solides, convaincants. Louis s'y rangea. Pour sa gloire, son image de héros vainqueur le roi ne devait engager en ce genre de rencontre ni son prestige de souverain ni l'honneur de la France. Personnage sacré, Oint du Seigneur, il n'avait pas à confier son destin au hasard, comme un condottiere se jetant à corps perdu dans la mêlée. On ne peut être à la fois roi pontife et roi chevalier ! Pourtant, le monarque demeura mortifié qu'on ait pu douter de sa bravoure. Sa conception du pouvoir, hiératique, sacerdotale, presque byzantine s'éloignait de plus en plus des valeurs de l'aristocratie militaire qui comme en 1672, lors du passage du Rhin, ne voulait le reconnaître pour maître que s'il lui ressemblait. C'est la raison pour laquelle Louis, roi-gentilhomme par certains côtés, regretta toujours cette occasion manquée. Longtemps plus tard il confiera à ses proches qu'il en rêvait encore la nuit. Le cauchemar d'Urtebise!

Après Bouchain, ce fut Aire qui tomba, tandis que Guillaume échoua piteusement devant Maëstricht, secourue par Schomberg. Poste avancé de la France sur la rive droite du Rhin depuis trente-deux ans, Philippsbourg eut à supporter en août 1676 les rudes assauts des Impériaux. Le 9 septembre, le gouverneur du Fay, à bout de résistance, dut se rendre au jeune duc de Lorraine.

En mars 1677 la campagne s'ouvrit avec le siège de Valenciennes. Il faisait un temps de chien. Le roi passait les nuits dans son carrosse mal calfeutré. « On allumait du feu des deux côtés des portières, où je me chauffais avec les autres officiers de garde, raconte Quarré d'Aligny dans ses *Mémoires*. Jamais prince n'a supporté plus gaiement les fatigues de la guerre. Il était toujours le premier à cheval, et n'en descendait jamais que toute l'armée ne fût campée... » Le 17, les Espagnols qui occupaient la ville se rendirent après l'assaut des mousquetaires. Au siège de Cambrai Louis redoubla d'ardeur. Il inspecta à cheval les avant-postes, si près de l'ennemi que Louvois n'osa le rejoindre!

Les louanges ne furent pas pour lui, mais pour son frère, Philippe, qui se mesura à l'armée de Guillaume, deux fois plus nombreuse que la sienne. Le 11 avril 1677, dans le val de Cassel, Monsieur se comporta en héros. Au cœur de la mêlée il reçut une balle dans la cuirasse, chargea vaillamment avec ses aides de camp. Les Français bousculèrent si fort l'ennemi qu'ils s'emparèrent de la tente du stathouder, avec ses bagages, « sa vaisselle d'or et les plans les plus magnifiques de toutes les places fortes de l'Europe ». Les 54 drapeaux pris à Cassel furent appendus à Notre-Dame. Luxembourg, en bon courtisan, laissa tout l'honneur de la victoire au frère du roi. Ce fut, dans la France entière, un délire de joie. Impossible de compter les *Te Deum* qui se chantèrent dans les églises. Sur le chemin de retour la foule criait : « Vive le roi et Monsieur qui a gagné la bataille! » Louis XIV se garda de montrer sa jalousie, mais jamais plus on ne reverra son frère commander une armée...

Le difficile chemin de la paix

Ces belles victoires, complétées en novembre 1677 par la prise de Fribourg-en-Brisgau par le maréchal de Créqui, contrastaient avec les difficultés de la diplomatie française aussi bien à conclure la paix qu'à trouver de nouveaux alliés. Depuis septembre 1674 le comte d'Estrades avait entamé des pourparlers secrets avec l'intendant de l'armée hollandaise, Pesters, mais sans résultat. Ce n'était pourtant pas faute de concessions de la part de Louis XIV, prêt à renoncer à plusieurs de ses conquêtes dans les Pays-Bas espagnols pour constituer une « barrière » en pays belge, en échange de compensations à trouver en Catalogne, en Sicile ou dans le Milanais.

En janvier 1676 les Turcs, impressionnés par la puissance militaire française, proposèrent à M. de Nointel, ambassadeur à Constantinople, une alliance contre l'Empereur. Le conseil d'en haut fut partagé. Pomponne, Le Tellier et Colbert estimèrent que si le roi était en droit de profiter de la guerre austro-turque, il ne pouvait pas s'allier formellement avec la Porte contre un prince chrétien. Il fallait donc trouver un autre allié, capable de faire une diversion utile : la Pologne paraissait toute désignée. Malheureusement, Jean Sobieski, le nouveau roi, marié à une Française pleine d'ambition, Marie de la Grange d'Arquien, se montra moins docile qu'on l'avait cru. Il ne respecta pas ses engagements d'attaquer l'électeur de Brandebourg dans son duché de Prusse et de soutenir contre l'Autriche les Malcontents de Hongrie et signa avec l'Empereur un traité de neutralité.

On trouva de meilleures dispositions chez les Hongrois et Transylvains, en rébellion contre Léopold Ier, qui placèrent leur armée de 15 000 hommes sous les ordres d'un officier français, Boham, maréchal de camp. Cette troupe remporta quelques succès en Hongrie, certaines unités de cavalerie s'avançant même jusqu'aux portes de Vienne. Mais l'Empereur, rappelant du Rhin ses troupes les plus aguerries, brisa leur élan. Le nouveau chef de l'insurrection, Imre Thököly, eut beau surnommer ses soldats les « soldats de la France » et frapper des médailles portant l'inscription suivante : *Ludovicus XIV, Galliae Rex, Defensor Hungariae*, ses entreprises tournèrent court.

La diplomatie française, qui recherchait l'ouverture de nouveaux fronts en Europe, ne parvint pas à réveiller la guerre hispano-portugaise, les Lusitaniens préférant leur neutralité à la perspective de nouvelles conquêtes. La régente de Savoie, Madame Royale, pourtant francophile, rejeta aussi tout projet d'alliance offensive contre l'Espagne.

Le congrès de Nimègue

Dès le mois de mars 1674 l'Angleterre avait proposé sa médiation dans le conflit, rejointe un peu plus tard par la cour de Rome et la république de Venise. Les obstacles n'étaient pas venus de France mais d'Espagne et d'Autriche. Nimègue fut choisie comme lieu des futures négociations. Passons sur les questions de cérémonial, d'étiquette et de préséance. Les véritables discussions ne s'ouvrirent qu'en mai 1677. Au bout de quelques mois, en octobre, un terrain d'entente fut trouvé avec Beverningk, le représentant hollandais, soucieux de tenir compte de l'ardent désir de paix des marchands et des classes moyennes de son pays. A d'Estrades et d'Avaux il avait confié que les États généraux souhaitaient signer une paix séparée, celle que précisément Louis XIV réclamait depuis des années.

Celui-ci était prêt à leur donner satisfaction sur la plupart des revendications. Malheureusement les deux pays avaient entraîné dans cette guerre des alliés qu'ils ne pouvaient laisser tomber. Louis XIV tenait à ce que son infortuné allié suédois ne fût pas maltraité. Les Hollandais s'étaient associés aux ducs hanovriens de Zell et de Brunswick, au roi de Danemark et à Frédéric-Guillaume, l'insatiable Hohenzollern. Tous ces princes étaient représentés à Nimègue. Comment les oublier?

Pendant que perduraient les interminables palabres des diplomates, la situation se dégradait de l'autre côté de la Manche, inexorablement. La rage des Anglais, leur haine de la France atteignaient leur paroxysme, épouvantant le nouvel ambassadeur, Courtin. Les dernières victoires de Louis XIV dans les Flandres avaient semé l'alarme ainsi que les triomphes en Méditerranée. La Chambre des Communes pressait Charles II de se départir de sa neutralité. Les tensions avec la Couronne se faisaient de plus en plus vives. Le roi n'ayant point d'enfant légitime, le trône allait revenir à son frère, Jacques, duc d'York, qui s'était converti et remarié à une princesse catholique, Marie de Modène. La perspective de voir un jour un roi papiste régner en Angleterre exaspérait les protestants les plus zélés. En 1674 le ministre Arlington avait eu l'idée de marier la fille aînée du duc d'York, Mary, très attachée à sa foi anglicane, à Guillaume d'Orange. Le stathouder avait d'abord décliné cette proposition mais, après sa défaite de Cassel et devant la montée du pacifisme dans son pays, il s'y rallia, s'y accrocha comme à une bouée de sauvetage, convaincu que ce mariage entraînerait immanquablement l'événement le plus cher à son cœur : l'entrée en guerre de l'Angleterre à ses côtés.

Charles II souscrivit avec plaisir à cette union, qui avait le mérite de desserrer la corde qui l'étranglait peu à peu. Le mariage fut célébré en novembre 1677 à Londres. Dès son retour en Hollande Guillaume parla haut et fort : « Je m'opposerai à la paix, seul, tant que je pourrai », déclara-t-il. La signature à La Haye, le 10 janvier 1678, d'un traité d'alliance anglo-hollandais fut une étape supplémentaire dans l'évolution de la politique anglaise. Charles II, privé de sa pension, fit voter des crédits pour l'armée et la marine. On s'acheminait vers la guerre.

La réaction française

Elle fut remarquable, un des chefs-d'œuvre de Louis XIV. Le roi voulait la paix, mais il était contraint de se battre. Il lui fallait donc montrer sa force, non pas pour conquérir mais pour négocier, pour contraindre les Guillaume, les Léopold à composer sérieusement. Montrer sa force, sans en abuser, faire preuve de bonne volonté afin de désarmer les préventions de ses adversaires. La première décision fut de rappeler Vivonne de Sicile et de charger son successeur, le maréchal de la Feuillade, de ramener en bon ordre le corps expéditionnaire. Le sacrifice était lourd pour les Français qui, derrière Vivonne, avaient clamé que le roi n'avait « rien de plus à cœur que le triomphe des victimes contre les oppresseurs ». Retour, donc, au « pré carré » !

Le roi résolut de porter l'offensive en Belgique. Investie par surprise le 4 mars, la ville de Gand capitula le 9 mars et sa citadelle, le 12. Ypres, à son tour, se rendit le 25. Si la guerre continuait ainsi, il était clair qu'Anvers allait tomber, et Anvers prise, c'était tout le sud des Provinces-Unies qui se trouvait vulnérable.

Le 9 avril, fort de ce succès, Louis fit connaître ses conditions de paix, modérées et acceptables par toutes les parties en présence. Les bourgeois d'Amsterdam annoncèrent qu'ils étaient décidés à signer avec la France et « avec ceux des alliés qui s'y trouveraient disposés ». Ce discours ne fut pas du goût de Guillaume qui redoubla ses efforts pour entraîner l'Angleterre dans la guerre et faillit y parvenir.

Finalement, le traité entre la France et les Provinces-Unies fut signé le 10 août sur la base des propositions françaises. Maëstricht était rétrocédée aux Provinces-Unies, qui, en contrepartie, acceptaient le libre exercice de la religion catholique. Guillaume recouvrait sa principauté d'Orange et ses domaines en Charolais et Franche-Comté. Une convention réglait les rapports commerciaux entre les deux pays sur la base du tarif de 1664, plus modéré que celui de 1667. L'Angleterre, oubliant les plans belliqueux de Guillaume, se rallia à la paix française (un nouveau versement de six millions sur trois ans avait été promis à Charles II!).

Il n'y eut que le stathouder à paraître malheureux, malgré les domaines qui lui étaient restitués. La paix signifiait pour lui le retour à une vie oisive, grise et terne. Le 14 août, à la tête de son armée, il attaqua Luxembourg sur le plateau escarpé de Saint-Denis, près de Mons, protestant « devant Dieu » qu'il n'avait pas été mis au courant de la signature du traité quatre jours auparavant. Ce n'est pas impossible. Quel qu'ait été son calcul, la bataille resta très indécise, chaque camp revendiquant la victoire.

Le 17 septembre 1678, le traité franco-espagnol fut signé. Comme prévu, l'Espagne faisait les frais de la paix. La France recevait la Franche-Comté, le Cambrésis, une partie du Hainaut avec Valenciennes, Bouchain, Condé et Maubeuge, une partie de la Flandre maritime avec Ypres et Cassel et le reste de l'Artois qui lui manquait avec Aire et Saint-Omer. En revanche, elle rendait Charleroi, Binche, Ath, Audenarde et Courtrai, acquises en 1668, ainsi que Limbourg, Gand, Saint-Ghislain et le pays de Waes, occupés pendant les dernières hostilités.

L'Empereur, qui restait en guerre, chicana longtemps sur l'Alsace mais se heurta à la fermeté française. Il dut se résigner quand son allié et vassal Charles V de Lorraine échoua dans sa tentative de reprise de Fribourg. Le 5 février 1679, il signa à Nimègue. Il gardait Philippsbourg mais cédait Fribourg avec un chemin allant de Brisach à cette dernière place. La France s'engageait à restituer à Charles V son duché, à l'exception de Nancy et de Longwy et d'un droit de passage pour ses troupes en direction de l'Alsace. Charles, estimant ces exigences vexatoires, refusa. Louis XIV, à titre conservatoire, garda la Lorraine.

Les contentieux de la Baltique entre la Suède, l'électeur de Brandebourg et le roi de Danemark furent réglés dans les mois suivants, sous la pression militaire du roi qui s'attacha à donner satisfaction à son allié suédois (paix de Saint-Germain et de Fontainebleau).

La paix de Nimègue avait fait paradoxalement deux vainqueurs, les deux ennemis d'hier dont l'affrontement avait déclenché cette longue guerre européenne : la Hollande et la France. Les Provinces-Unies voyaient leur indépendance et leur puissance économique confirmées. C'était inespéré en juin 1672. La France, pour sa part, n'avait pas atteint son premier objectif : punir et humilier ces bourgeois néerlandais qui avaient signé l'alliance de La Haye en 1668. Mais elle trouvait des compensations autrement avantageuses. Sa frontière atteignait le Rhin, la moyenne Moselle, englobait le Jura et l'Artois. Cette frontière que Vauban allait ceinturer offrait une meilleure sécurité. L'acquisition définitive de la Franche-Comté, en particulier, brisait la chaîne des possessions des Habsbourg d'Espagne qui allait de Milan à Luxembourg.

Mais la puissance du roi dépassait ses conquêtes. Si la notion de « prépondérance française » a un sens au XVIIe siècle c'est bien en 1679 et dans les années suivantes. Louis XIV domine tout. Son prestige est au zénith. Il a su imposer la paix à Guillaume. Les princes allemands se prosternent devant lui. Rien ne peut se décider en Europe sans son consentement. Bientôt le roi d'Espagne va épouser la fille de Monsieur, Marie-Louise d'Orléans, et le Grand Dauphin Marie-Anne Christine de Wittelsbach, sœur de l'électeur de Bavière, Maximilien Emmanuel. La gloire de Nimègue est bien la gloire des Bourbons !

La grande illusion

Fier de son image de pacificateur et d'arbitre de l'Europe, grisé du succès de ses armes comme de l'éblouissante habileté de ses diplomates, Louis XIV – à qui les édiles parisiens venaient de décerner le titre de Louis le Grand – éclate d'orgueil, d'un orgueil aveuglant comme les rayons du soleil auquel il aime se comparer ! « Ma volonté seule, affirmera-t-il avec outrecuidance, a conclu cette paix tant désirée de ceux de qui elle ne dépendait pas. » Ses peuples ne songeaient qu'à l'encenser : « J'ai sillonné de nombreuses provinces françaises, écrivait alors un grand seigneur espagnol, et malgré les énormes charges et le contrôle permanent que le roi fait peser sur ses sujets je n'ai trouvé personne, noble ou roturier, qui ne l'applaudit, ne le porte aux nues et ne se montre enclin à consacrer toutes ses forces et tous ses biens à le servir [1]. »

Mais c'était jouer avec son ombre et prendre l'apparence pour la réalité. Sur le plan extérieur, Louis XIV n'avait nullement redessiné la carte de l'Europe par sa seule volonté. Il n'avait fait que profiter d'une conjoncture qui ne se reproduira plus : la lassitude des commerçants d'Amsterdam, l'effondrement de la puissance espagnole, la vénalité de Charles II d'Angleterre, les soucis de Léopold du côté du Danube, l'obstination du pape à promouvoir la paix.

S'il a réussi à imposer provisoirement son hégémonie à une Europe affaiblie, il a semé un trouble durable sur les terres germaniques. Car tout n'était pas que mesure et équilibre dans les actes de Nimègue. Le traité du 5 février 1679 était humiliant pour l'Empereur et pour l'empire. C'en était bien fini de la politique prudente de Richelieu et de Mazarin de l'autre côté du Rhin. Le monarque se comportait, pour ainsi dire, en territoire conquis. Bientôt, il lui faudra payer ces maladresses et d'autres à venir.

A l'intérieur du royaume, le calme apparent cachait bien des menaces. La confiance des milieux financiers manquait. La politique d'assainissement, entreprise pour résorber le poids des dettes de guerre, avait provoqué des faillites en chaîne parmi les riches traitants : les frères Solu, Étienne Prost, la banque Simonnet et Kerver. L'effondrement de ce premier réseau d'affaires causa à son tour la banqueroute de receveurs des finances, d'agents de change, de marchands et surtout de nombreux commissaires des guerres et de leurs associés, contre lesquels, une fois la paix revenue, des poursuites avec redressements de comptes avaient été lancées.

Il est évident que les finances de l'État, déjà bien mal en point, menaçaient de sombrer avec le château de cartes des traitants, secrétaires-notaires, fermiers, sous-participants et autres prête-noms poursuivis pour malversation. En 1682 Louvois, apostrophant durement Colbert en plein conseil, lui reprocha d'avoir ruiné le crédit de l'État en voulant réduire le taux des rentes. Pour éviter la

1. Cité par A. Dominique Ortiz, « La crise intérieure de la monarchie des Habsbourg espagnols sous Charles II », *The Peace of Nijmegen, 1676-1678/79*, colloque international du tricentenaire, Amsterdam, 1980, p. 160.

« banqueroute universelle », l'année suivante Le Peletier, successeur de Colbert, devra liquider la Caisse des emprunts, ce tonneau des Danaïdes, par de nouvelles émissions de rentes au denier 18 (12,50 %).

Plus grave encore, le poids écrasant de la guerre, ajouté aux difficultés de la conjoncture dépressive des années 1670-1680, avait empêché la mutation de l'économie française. Voilà pourquoi la guerre de Hollande est le premier grand tournant du règne qui achève « douze années de grandeur monarchique » (Pierre Goubert). Elle marque la fin du colbertisme en tant que dessein économique. A ce moment, toutes les entreprises industrielles et commerciales d'envergure soutenues par le ministre échouent ou végètent misérablement faute d'argent. Louvois a tout pris pour l'armée!

Dans le système mercantiliste, nous l'avons vu, l'État joue le rôle moteur. C'est le tuteur indispensable d'une économie jeune et fragile que l'on veut développer rapidement, l'animateur principal qui permet la création puis la croissance des manufactures royales, des établissements privés, des entreprises maritimes, des arsenaux, des forges... Or, avec la guerre, le Trésor royal se trouve dans l'impossibilité de remplir cette mission. Les commandes de l'État sont en chute libre. Ainsi Pierre Goubert observe qu'à la manufacture royale de Beauvais, de 1674 à 1678, pas un seul louis ne fut alloué alors que, de 1665 à 1673, 175 000 livres avaient été distribuées sous forme de prêts, de subventions ou de commandes.

Pour la même raison, les entreprises coloniales, les grandes compagnies de commerce périclitent ou doivent restreindre leurs activités. Dès 1672 la Compagnie des Indes occidentales se limita au commerce des « nègres » et des bestiaux sur les côtes de Guinée. L'année suivante elle vendit ses droits en Afrique et prononça sa dissolution en 1674. Signe du déclin de ce capitalisme colonial, au Canada et aux Antilles on établit l'administration directe avec une structure provinciale : un gouverneur général, un lieutenant du roi, un intendant. Ce n'était pas pour autant que les caisses se remplissaient. En 1674 l'intendant fut averti que la Nouvelle France devrait se suffire à elle-même faute d'une couverture navale disponible. La guerre porta aussi des coups terribles à la Compagnie des Indes orientales, déjà mal en point en temps de paix. Elle perdit le port de Trincomali dans l'île de Ceylan, la position de Saint-

Thomas à deux lieues de Madras en Inde et abandonna ses établissements de Madagascar, ne conservant que l'île Bourbon (la Réunion). Elle réussit à survivre à la période colbertienne tout en cédant une partie de ses privilèges en 1682. La Compagnie du Sénégal n'eut pas cette chance. Elle disparut avec la faillite de la banque Simonnet et Kerver. La Compagnie du Nord, qui devait rivaliser avec les Néerlandais en mer du Nord et dans la Baltique, subit de plein fouet les effets désastreux de la guerre. Elle ferma ses agences les une après les autres et sombra dans la banqueroute de ses dirigeants en 1684. Quant à la Compagnie du Levant, la plus petite de toutes, elle fut compromise dans les trafics frauduleux de Bellinzani, le commis de Colbert...

Que de tristes échecs ! Et quel contraste avec le commerce hollandais qui, fort de ses structures bancaires et financières, de la puissance de sa flotte, supporta sans trop de mal les conséquences de la guerre. Malgré les coups répétés des corsaires français, il parvint, grâce au trafic avec les Indes et à ses entreprises maritimes, à préserver son inégalable prospérité. Ainsi, en partie à cause de cette inutile et dispendieuse guerre de Hollande, l'économie française n'a pu réaliser la mutation fondamentale à laquelle Jean-Baptiste Colbert – avec des moyens rudimentaires – œuvrait de toute son énergie.

CHAPITRE XVII

Les réunions

Les conquêtes pacifiques

L'imprécision des frontières nées des traités était matière constante à chicanes. Louis XIV, profitant de sa puissance après Nimègue, chercha à regrouper dans la mouvance française tous les territoires qui, à un moment ou à un autre, avaient relevé de sa suzeraineté ou de celle des villes et territoires récemment acquis. Telle fut la politique dite des « réunions ». Cette entreprise d'annexions en pleine paix, au détriment de l'Empire et du cercle de Bourgogne, se donnait une apparence de légalité : des juridictions royales, composées de magistrats ordinaires, étaient priées de recenser les fiefs illégalement aliénés ou frauduleusement détachés, d'interpréter les traités de Munster et de Nimègue, qui avaient reconnu au roi de France la souveraineté sur certains territoires « et leurs dépendances », sans préciser lesquelles. Au vu d'un dossier complet, ces juridictions rendaient une sentence de rattachement d'une ville, d'une châtellenie ou d'une seigneurie oublieuse de ses devoirs de vassalité. Il est choquant, pour nous qui sommes habitués aux arbitrages européens ou internationaux, de voir des instances françaises se prononcer sur des litiges mettant en cause différents États. Dans la mentalité de l'époque, il en allait autrement. Quand on ne se servait pas de la justice, on usait de la diplomatie, subtilement mêlée de menaces voire de violence pure, sans formalisme hypocrite, comme à Strasbourg (qui ne fut pas, de ce fait, une réunion à proprement parler). Partout on jouait de la division, de l'impuissance des princes, de la lassitude générale de la guerre.

La politique des réunions n'était en soi ni surprenante ni nouvelle. Elle prolongeait le sillage capétien, après Richelieu et Mazarin. Mais jamais elle n'avait été poussée à ce point, avec ce mélange de prudence et d'audace – mélange parfois si mal dosé qu'il en devenait explosif –, caractéristique de la politique louis-quatorzienne. La France, déjà redoutée depuis Nimègue, apparut vite comme un pays impérialiste et conquérant, usant de chicanes et de procédures discutables pour étendre sa domination.

Les historiens ont cherché à savoir qui fut le véritable instigateur de ces conquêtes rampantes. Gaston Zeller et ses prédécesseurs en rendaient Louvois responsable. Bourgeois, Lavisse et Louis André les imputaient à Colbert de Croissy, le nouveau secrétaire d'État aux affaires étrangères. Le fait est que celui-ci, dès 1656, au parlement de Metz, avait entrepris des recherches d'archives afin de revendiquer les seigneuries revenant à la France en vertu du traité de Westphalie. En 1663 il avait présenté un rapport dénonçant les usurpations menées « par les ducs de Lorraine et de Bar et autres puissants du Verdunois » sur les évêchés français de Metz, Toul et Verdun. De la responsabilité de cette politique on ne saurait non plus exclure Vauban, souvent consulté pour l'implantation d'une forteresse, et qui, plus que tout autre, songeait à la « quadrature du pré carré ». Et pourquoi oublier Louis XIV? A la vérité, les réunions étaient le sujet sur lequel les « décideurs » et leurs clans s'entendaient le mieux! Cette politique, Pomponne lui-même, le doux Pomponne, avait commencé à la mettre en œuvre. En 1678 il avait appelé à Gand un savant feudiste, Denis Godefroy, pour examiner des coffres contenant près de 2 000 titres et chartes, en partie « pourris et mangés des rats ». Après sa disgrâce, Colbert de Croissy devait accélérer le mouvement.

Il est curieux de voir comment, pour parvenir à ses fins, l'État centralisateur sut utiliser les subtilités et les obscurités du vieux droit féodal, jouant sur l'imbroglio des fiefs et des arrière-fiefs. N'oublions pas qu'une bonne partie de l'Europe (le Saint-Empire romain en particulier) vivait encore à l'heure médiévale, dans ses institutions, ses mentalités ou le décor de sa vie quotidienne. Tout se passe comme si l'absolutisme français, représentatif d'une forme de pouvoir plus moderne, en profitait pour s'imposer et broyer des régimes plus anciens. Il ne s'agissait pas, précisons-le, de déposséder les propriétaires de leurs terres, mais de leur faire accepter la souveraineté française. Une fois le dossier instruit par le procureur général, les princes (surtout allemands) étaient assignés à comparaître devant les juges, pour reconnaître leur lien de vassalité envers le roi, en lui prêtant foi et hommage. Rien d'autre ne leur était demandé. Celui qui se soumettait à l'arrêt de réunion recevait l'investiture du suzerain et conservait ses revenus ainsi que la pleine jouissance du « domaine utile ». En revanche, le récalcitrant, après une procédure plus ou moins longue, était condamné par défaut et sa seigneurie, séquestrée et réunie au royaume par une compagnie de dragons.

En Franche-Comté une chambre du parlement de Besançon se chargea des opérations et agit de manière expéditive. En septembre 1679 elle conclut à la suzeraineté royale sur les terres de Clermont, Châtelet et Blamont, soit plus de 80 villages dépendant de la souveraineté de Montbéliard, vassale du duc de Wurtemberg. En août de l'année suivante elle incorpora le reste.

Dans le courant de septembre 1679, en Lorraine, une section du parlement de Metz, constituée en chambre royale, s'attela à la même besogne. Elle était animée par l'implacable Roland Ravaux, juriste pointilleux et retors, si zélé qu'il était prêt à démontrer, preuves à l'appui, qu'à peu près toute la Lorraine ducale relevait du temporel de l'évêché de Metz, donc du roi de France! A tel point que Louvois, son patron et protecteur, dut le calmer! Cette instance déploya une prodigieuse activité, exigeant de nombreux serments de fidélité de la part des grands feudataires, des princes ou des têtes couronnées : l'électeur palatin pour le comté de Veldenz, le roi d'Espagne pour celui de Chiny, un proche cousin du roi de Suède Charles XI pour celui de Deux-Ponts, le duc de Lorraine pour les domaines de Commercy, Vaudémont, Épinal, Briey, Neufchâteau, Etain... La bourgade de Fraulauter, arrachée à la souveraineté du duc de Nassau-Sarrebrück, devint la place de Sarrelouis. A Traerbach, dans un coude de la Moselle, Vauban édifia la citadelle de Mont-Royal.

En Alsace le roi ressentit la nécessité d'un nouveau « tour de vis ». En septembre 1679 le commandant militaire de la région, M. de Montclar, exigea des villes de la décapole un serment de fidélité et d'obéissance excluant toute référence à l'Empereur ou au Reich. Le conseil souverain d'Alsace siégeant à Brisach prit en charge les réunions de cette province, où de nombreux droits, domaines ou territoires avaient été usurpés au fil des temps, au détriment de la préfecture de Haguenau. Là aussi on eut la main un peu lourde : en mars 1680 la souveraineté du roi fut établie sur à peu près tous les fiefs de Basse-Alsace. Les villes de Lauterbourg et de Germersheim furent enlevées à l'électeur palatin sous prétexte qu'elles étaient dépendantes de la prévôté de Wissembourg. En août, ce fut au tour de la Haute-Alsace de tomber dans le giron de Sa Majesté.

Restait le gros morceau : Strasbourg, ville libre de l'Empire qui, pendant la guerre de Hollande, avait joué double jeu, clamant sa neutralité avec des airs de vierge effarouchée mais ouvrant par trois fois ses portes à la cavalerie impériale. Strasbourg, stratégiquement, c'était un pont sur le Rhin d'une importance capitale, le verrou à défaut duquel l'Alsace, à demi française, ne serait jamais qu'une voie de passage et d'invasion. Au début de 1679, les troupes de Léopold faisant à nouveau leur entrée dans la ville, la France exigea et obtint leur retrait. La politique des réunions menée par le conseil souverain de Brisach avait rogné l'arrière-pays de la vieille cité, mais Louis XIV, conscient de ses répercussions en Allemagne, n'osait aller plus avant. A l'automne de 1681, l'arrivée dans la ville du baron de Mercy, général des Impériaux, déclencha sa fureur et le fit changer d'avis. Il fut persuadé que cet officier supérieur venait superviser l'installation à demeure d'une garnison ennemie de plusieurs milliers d'hommes. Impossible de laisser faire. Louvois fut chargé de préparer la riposte. Dans la nuit du 27 au 28 septembre, trois régiments de dragons investirent la redoute du Rhin. Le baron de Montclar déclara qu'il s'agissait pour la ville de se soumettre ou de subir les horreurs de la guerre. Le tocsin sonna. Strasbourg, en émoi, apprit que 30 000 soldats encerclaient leur république. La population, hostile aux Français, tenait à son indépendance, mais le magistrat, soutenu par les bourgeois, était plus modéré, n'ayant pas les moyens de résister. Le 29 septembre, pour éviter un bain de sang, il envoya une députation à Louvois, qui s'était installé à Illkirch. Expéditif, le ministre accorda vingt-quatre heures aux Strasbourgeois. Le 30, tout était joué. La capitulation confirma les privilèges de la ville – les institutions municipales, le Sénat, l'Université, la juridiction civile et criminelle, les exemptions d'impôts, le droit de battre monnaie, le libre exercice de la religion protestante –, mais entraîna la restitution au clergé catholique de la cathédrale, d'où il avait été banni depuis plus d'un siècle. Le 24 octobre, Louis XIV, accompagné de la reine, des princes et princesses du sang, escorté par sa maison militaire, y fit une entrée solennelle. Dans les rues illuminées et pavoisées, au milieu d'une foule plus étonnée qu'enthousiaste, il fut reçu par l'évêque, François-Égon de Fürstenberg, et assista au *Te Deum* dans la cathédrale. En 1683 il fera frapper la fameuse médaille avec sa légende : *Clausa Germanis Gallia* (« La Gaule fermée aux Germains »).

Le jour même où les Français occupaient Strasbourg, d'autres troupes du roi entraient dans la place de Casal, capitale du Montferrat, en Italie du Nord, position clé pour la surveillance du Milanais espagnol. Un traité avait été signé avec le duc de Mantoue en juillet 1681. Moyennant un « cadeau » de 100 000 pistoles et une pension annuelle de 60 000 livres Ferdinand-Charles IV se plaçait sous la protection du roi de France et permettait l'installation dans la citadelle d'une garnison sous le commandement de Catinat. Ce n'était pas une « réunion » à proprement parler puisque le duc conservait la souveraineté sur la ville, mais la coïncidence avec la prise de Strasbourg frappa les imaginations. « Quel jour pour toute l'Europe que le 30e de septembre ! écrivait le marquis de Boufflers à Louvois. Et quel point de gloire dans toute l'éternité pour le roi et pour vous ! Dans le vrai, un événement si extraordinaire servira à l'avenir d'exemple et de raison à tout le monde pour se soumettre, dès les premières semonces, à tout ce que Sa Majesté désirera ! » Plus grand que César, Louis n'avait-il pas soumis en un jour le Pô et le Rhin ?

Et l'on ne s'arrêta pas là ! Le prince de Parme, gouverneur des Pays-Bas espagnols, ayant refusé d'évacuer le comté de Chiny, entre Metz et Luxembourg, qui avait relevé autrefois de l'évêché de Metz, différents corps de cavalerie français pénétrèrent en Flandre, en Hainaut et dans le Luxembourg, contraignant les Espagnols, en mai 1681, à se retirer. La tension franco-espagnole augmentait. Après la paix de Nimègue, des conférences bipartites s'étaient ouvertes dans le but de délimiter la frontière des Pays-Bas espagnols. On y avait vainement discuté d'un différend à propos de plusieurs localités proches de Gand. Les négociations tournèrent à l'aigre puis se rompirent lorsque l'infatigable Ravaux découvrit que la majorité du Luxembourg avait jadis relevé du comté de Chiny réclamé par la France ! Louvois, fort de ces renseignements, commença sur ordre du roi le blocus de la ville de Luxembourg. L'entreprise, cette fois, était périlleuse.

La trêve de Ratisbonne

La politique française, en semant partout l'inquiétude, facilitait l'action de Guillaume d'Orange, qui œuvrait à nouer les fils d'une nouvelle coalition. En juin 1680 l'Angleterre et l'Espagne signèrent un traité d'assistance mutuelle. Louis XIV se fâcha, menaçant Charles II de publier les clauses du traité secret de Douvres, et subventionna les *leaders* de l'opposition au Parlement. Finalement, moyennant le renouvellement des pensions versées au souverain britannique, il obtint la défection anglaise. En juillet la diète impériale protesta contre les réunions. « Vous n'avez qu'une réponse générale à faire, répondit Louis à son ambassadeur, qui est que je prétends jouir de ce qui m'appartient en conséquence des traités de Munster et de Nimègue. » La diète n'apprécia pas ces médiocres et hautaines explications et décida de lever une armée de 40 000 hommes.

En Allemagne, la promesse d'un subside annuel de 100 000 écus et d'un secours en cas d'attaque permit au roi de France d'acheter la bienveillance de l'électeur de Brandebourg, Frédéric-Guillaume (11 janvier 1681). Malgré tout, l'équilibre européen restait fragile. Louis XIV devait jouer serré. Le jour où ses armées pénétraient à Strasbourg et à Casal, le roi de Suède Charles XI, dont la famille avait été dépossédée du duché de Deux-Ponts par la chambre de Metz, concluait un accord de défense et de secours mutuel avec les Provinces-Unies (septembre). Il fallait éviter l'extension à l'Allemagne de cette nouvelle ligue. A Vienne, l'ambassadeur français insista sur le désir de paix de son maître. Des conférences s'ouvrirent à Francfort pour examiner en détail le cas des princes lésés par les réunions. Louis XIV offrit de restituer Fribourg-en-Brisgau, de borner ses prétentions aux territoires déjà acquis, dont Strasbourg, et de conclure une trêve de trente ans. Cela parut inacceptable à l'Empereur, obstiné à ne céder sur rien, pas même sur les réunions les plus légitimement fondées. La guerre se profilait. Le ballet des diplomates précéda les coups de canon. Le 9 novembre, à l'issue d'un conseil qui dura sept heures d'affilée, le roi se résigna à renforcer son alliance avec l'ambitieux Frédéric-Guillaume, dont il se méfiait. Le 22 janvier 1682, fut signé un nouveau traité portant son subside annuel à 400 000 livres, somme qui serait triplée en cas de guerre. Quelques semaines plus tard, l'alliance franco-brandebourgeoise fut étendue au Danemark.

Les adversaires de Louis XIV ne restèrent pas les bras croisés. En février Léopold Ier se joignit à la ligue suédo-néerlandaise, à laquelle l'Espagne adhéra en mai. Le 10 juin, était constituée la ligue de Luxembourg rassemblant l'Empereur, les cercles de Franche-Comté et du Haut-Rhin. Elle décida de former quelques corps d'armée sur le Rhin. Louis XIV ne s'inquiéta pas de la menace, car l'Allemagne était militairement faible alors que lui-même n'avait démobilisé qu'une moitié de son armée. S'agissant de l'Empereur, seul vrai danger, il comptait sur une diversion à l'Est, où il encourageait la révolte magyare d'Imre Thököly. Alors que la répression avait repris contre les Malcontents, la Hongrie, au début de 1682, était entrée dans la vassalité turque, comme la Transylvanie et les principautés roumaines. On risquait donc la guerre sainte.

La situation pour le roi de France était à la fois favorable et embarrassante. En prince chrétien il ne pouvait objectivement s'allier à la Porte. Les membres de son conseil s'y étaient opposés dans la crainte d'une levée de boucliers des États européens (à ce sujet couraient des pamphlets allemands comme *La Cour de France turbanisée*). Louis fit un geste en direction de l'Empereur : en mars il leva le blocus de Luxembourg.

Vis-à-vis des Ottomans, la politique de la France était sinueuse et empreinte d'ambiguïté. Pour protéger son commerce maritime, elle pourchassait sans relâche les pirates barbaresques, alliés du Grand Seigneur. En juillet 1681 Duquesne, avec son escadre, avait fait la chasse aux Tripolitains, bombardé Chio, menacé la flotte du Capitan pacha et poussé une pointe jusqu'aux Dardanelles. Impressionné, ce dernier avait obligé les Tripolitains à signer la paix. L'année suivante, de juillet à août, Alger avait fait les frais des premières galiotes à bombes inventées par Renau d'Eliçagaray, dit le Petit Renau. D'un autre côté, la diplomatie royale évitait d'aller jusqu'à la rupture avec la Sublime Porte. Des études récentes ont montré que les intérêts français en Orient étaient considérables. Comme les autres puissances, la France cherchait à obtenir de nouveaux avantages commerciaux. Et le roi avait besoin, d'une façon ou d'une autre, de cette alliance de revers qui n'osait dire son nom. Des instructions données à Guilleragues, ambassadeur français à Constantinople, il ressort que Louis XIV, sans conseiller ouvertement au Grand Vizir – l'orgueilleux et méprisant Kara Mustafa – de se jeter sur Vienne, l'incitait à intervenir en Hongrie. En même temps, le roi faisait pression sur l'Empereur pour qu'il acceptât ses propositions.

Les négociations durèrent des mois à Ratisbonne. A la fin de 1682, toute la Hongrie avait basculé aux mains de Thököly. Au printemps suivant, Kara Mustafa, avec 300 000 hommes réunis à Belgrade, marcha sur Vienne. Venues de toute l'Allemagne des bataillons se rassemblaient. Dès le 12 juillet 1683 les premières unités turques arrivaient sous les murs de Vienne, d'où Léopold et sa cour s'étaient enfuis. Le pape Innocent XI supplia Louis XIV, avec lequel il entretenait par ailleurs des rapports exécrables, de voler au secours de la chrétienté menacée. Le roi refusa, préférant le pré carré à la croisade.

Convaincu par l'ampleur de la mobilisation germanique qu'un coup d'arrêt à l'expansion turque allait être donné et qu'il retrouverait difficilement une conjoncture aussi favorable, le 31 août Louis XIV informa le marquis de Grana, gouverneur des Pays-Bas espagnols, que, son maître n'ayant pas reconnu les décisions de la chambre de Metz, il faisait entrer ses troupes sur son territoire. Le dimanche 12 septembre, à Kalhenberg, près de Vienne, l'armée polonaise et allemande, commandée par Jean Sobieski et Charles V de Lorraine, écrasait les Ottomans qui levèrent le siège de Vienne. Cette immense victoire marquait le début du reflux turc. Le vaincu, Kara Mustafa, fut exécuté peu après par ordre du sultan Mehemet IV. Louis XIV n'avait pas prévu si tôt la victoire impériale : il était sûr qu'une fois la plaine hongroise reconquise, les armées de Léopold reflueraient vers le Rhin.

Le 26 octobre, l'Espagne déclara la guerre à la France. Les Provinces-Unies envoyèrent au marquis de Grana le contingent de 8 000 hommes prévu dans le traité. Ce n'était pas encore bien préoccupant. Diplomatiquement, Louis XIV tenait en main la situation : l'Angleterre ne bougerait pas, la nébuleuse germanique, tournée vers l'Est, non plus. Le roi en profita pour resserrer ses liens avec le Danemark et le Brandebourg et, très habilement, joua des divisions internes néerlandaises, en rassurant le parti républicain attaché à la paix. Les bons bourgeois d'Amsterdam et les délégués frisons opposèrent leur veto à l'entrée en guerre de leur pays.

La France n'avait donc face à elle qu'une Espagne affaiblie et pantelante, qui s'entêtait dans son refus de négocier. Au début de novembre, le maréchal d'Huxelles et Vauban s'emparèrent de Courtrai et de Dixmude. Trente-cinq mille Français s'installèrent aux portes de Bruxelles, frappant le pays d'une contribution de trois millions. Louvois recommandait une guerre implacable : « Je vous prie, écrivait-il à l'intendant Robert, de ne point vous lasser d'être méchant et de pousser les choses à cet égard avec toute la rigueur possible. » Pour répondre aux pillages que faisaient les Espagnols en terre française, Louis XIV avait écrit au maréchal d'Humières le 24 octobre . « Je vous ordonne de faire toujours brûler cinquante maisons ou villages pour un qui l'aurait été dans mes États. » Le maréchal de Créqui n'hésita pas à bombarder la ville de Luxembourg. En mars 1684 Audenarde connut le même sort. Le 4 juin Luxembourg tomba.

Parmi les rares alliés de l'Espagne il en était un qui irritait Louis XIV : c'était Gênes, ces « Hollandais d'Italie ». Gênes, petite république, profitait de sa position diplomatique pour réaliser de fructueux trafics avec le Nouveau Monde et les pays du Levant. L'ambassadeur du roi, Pidou de Saint-Olon, y était traité de façon cavalière sinon humiliante. Gênes, surtout, avait continué de construire des galères pour le Roi Catholique, au mépris des protestations françaises. En mai 1684 Seignelay, secrétaire d'État à la marine, et Duquesne prirent la mer avec une flotte de 14 vaisseaux de ligne, 20 galères, 10 galiotes et une centaine de transports. Comme le Sénat tardait à répondre aux injonctions françaises de livrer les galères incriminées, les galiotes à bombes lâchèrent leurs bordées. Six jours durant la vieille cité subit un déluge de feu : 14 000 bombes et boulets détruisirent aux trois quarts la ville, le palais des doges, l'Arsenal, le palais Saint-Georges, les riches maisons des patriciens. Après une descente au faubourg San Pier d'Arena, qu'ils pillèrent et incendièrent, les Français rembarquèrent.

Cette foudroyante attaque était en réalité le fruit de la rivalité des clans : elle avait été décidée par Seignelay, jaloux des beaux succès remportés par Louvois après ses « bombarderies » de Luxembourg et furieux des railleries de ce dernier sur le peu d'effet de sa canonnade d'Alger. Comme les Gênois persistaient à ne pas mettre genou à terre, Louvois reprit l'affaire en main et prépara une nouvelle opération. Au nonce du pape qui tentait de fléchir le roi Louis déclara qu'il entendait « laisser un exemple mémorable de sa vengeance à tous ceux qui oseraient l'offenser ». Il y allait de sa dignité de souverain.

En attendant, il fallait en finir avec l'Empire et l'Espagne. Des escadrons se concentrèrent en Alsace, et un ultimatum expirant le 15 août 1684 fut adressé à la conférence de Ratisbonne, où les négociations s'enlisaient, l'Empereur cherchant à gagner du temps. Le 15, les ennemis cédèrent, et deux traités furent signés, l'un avec Léopold, l'autre avec Charles II d'Espagne. Entre les belligérants une trêve de vingt ans était établie. Pendant cette période la France conserverait Strasbourg, Kehl et les acquisitions d'avant le 1er août 1681, ainsi que les places de Luxembourg, Beaumont, Bouvines et Chimay. C'était donc un consentement, mais un consentement provisoire de l'Europe aux réunions. Pour la France le succès, sans être total, était conséquent. Mais il était dû moins à la puissance de ses armes qu'à l'exploitation habile de la situation européenne par sa brillante diplomatie qui avait su conjuguer prudence, subtilité et ruse.

Le sort de Gênes avait été réservé. Finalement l'expédition punitive promise par Louvois n'eut pas lieu : en janvier 1685 le Sénat céda. Alors on vit dans la galerie des glaces de Versailles une scène mémorable – immortalisée par le carton de Claude Guy Hallé –, scène qui marque sans doute l'apogée du règne : le doge Francesco Maria Imperiale Lercaro s'inclinant devant le roi de France, entouré de son fils et de ses petits-enfants, et lui exprimant l'« extrême regret » de lui avoir déplu. Il lui avait fallu transgresser les lois de sa république qui lui interdisaient de sortir des limites de son territoire. « Que trouvez-vous de plus étonnant à Versailles? » lui demanda-t-on. « C'est de m'y voir! ».

L'intégration des provinces conquises

Le Roussillon, la Franche-Comté, une partie de la Lorraine, l'Alsace, le reste de l'Artois, la Flandre maritime et quelques morceaux de la Flandre wallonne. les conquêtes de Louis XIV n'étaient pas minces. Comment intégrer ces ensembles au royaume? Habitués que nous sommes à vivre dans la République une et indivisible, parfaitement homogène, où les particularismes locaux ne sont plus que de vagues survivances folkloriques, nous n'avons qu'une faible idée des difficultés de la tâche. Une bonne partie des régions conquises ne parlaient pas français. Elles possédaient de fortes traditions locales, presque indéracinables, façonnées par de longues années d'influence étrangère. La population – particulièrement les élites locales – voyait rarement les Français arriver en libérateurs. Elle restait attachée à ses institutions propres, à son corps de ville, ses conseils, ses franchises. Tel était le cas de Lille, fière cité flamande qui avait sa propre monnaie (les « bourguignons ») et où régnait un véritable patriotisme municipal. La lecture du journal tenu par un ouvrier sayetteur [1], Pierre Ignace Chavatte, analysé par Alain Lottin, est instructive à cet égard. Chavatte, Français malgré lui, Espagnol de cœur, se sentait Lillois avant tout. Très dévot, formé dans le climat religieux de la Contre-Réforme, il tenait Louis XIV pour un roi guerrier « sans foi ni loi », qui s'alliait au Grand Turc pour combattre des princes chrétiens. Il n'était pas seul à penser ainsi. L'archiviste Denis Godefroy, de passage à Lille, citait le sermon enflammé d'un jésuite contre les soldats de la garnison : « Femmes, filles qui aimez la cajolerie, les braveries, les brocards, tripes de soie, prenez bien garde à vous gouverner plus sagement, car il y a ici des Français qui vous guetteront si bien et vous enjôleront de manière qu'ils vous attraperont. Ils sont bien plus fins, artificieux, spirituels que ces bons Espagnols qui étaient ci-devant en cette ville. » Et il avait osé ajouter : « Couvrez vos gorges et prenez garde qu'étant toutes nues il ne vous vienne quelque cancer comme à la feue reine mère Anne d'Autriche [2]. » En 1683 Saint-Omer, chef-lieu de l'Artois, n'était

1. Tisserand d'étoffes légères de laine.

2. Ce jésuite, le père Lebrun, fut, d'ordre du roi, contraint de rétracter publiquement ses propos. Cf Alain LOTTIN, *Chavatte, ouvrier lillois. Un contemporain de Louis XIV*, Paris, 1979, p. 192.

pas « encore bien désespagnolisée » au dire de Vauban. Il en était de même d'une bonne partie de la Franche-Comté : l'ancienne sujétion au roi de Madrid y paraissait douce parce que lointaine et peu contraignante. La seconde campagne de Franche-Comté, en 1674, avait été plus difficile que la première. Dans les villages les Français avaient rencontré de vives résistances et, à certains endroits, s'étaient heurtés à une guerre de partisans. Les « loups des bois », encouragés par les curés jurassiens, égorgeaient les soldats avant de disparaître dans les sombres massifs forestiers.

L'intégration du Roussillon se heurta également à de nombreux obstacles. En 1660 Louis XIV, de passage à Perpignan, avait exaucé le vœu du pays en lui accordant une juridiction autonome, mais, pour la financer, il avait établi la gabelle. Avec la guerre de dévolution, les faux-saulniers et autres contrebandiers, qu'on appelait les Angelets, avaient pris les armes et ne les avaient jamais déposées. En 1674, après l'entrée en guerre de l'Espagne, une conspiration avait été ourdie par quelques notables roussillonnais dont François de Llar, Carlos de Banyuls, Emmanuel Descollar, les avocats Miser Puig et Lérat. Elle devait éclater le jeudi saint et soulever contre la France toute la noblesse du pays qui se joindrait aux Angelets. Mais la fille d'un des responsables de la conspiration, Iñes de Llar, avertit l'officier français qu'elle aimait... Drame cornélien qui s'acheva par l'exécution des principaux conjurés à Perpignan.

Quelle que fût sa volonté d'assimilation et de francisation des provinces conquises, Louis XIV, pour éviter de graves troubles, devait composer avec les particularismes. Ce n'était évidemment pas par goût des traditions locales ou folkloriques, par souci de « décentralisation » comme on dirait aujourd'hui, mais par réalisme politique. L'unité du royaume était à ce prix. Le roi confirmait en général les anciennes franchises locales, les privilèges, droits, statuts, coutumes, exemptait les villes conquises du logement des gens de guerre, avec l'arrière-pensée de revenir sur ses concessions, de les grignoter dès qu'il le pourrait. Ainsi étaient rédigées les capitulations de Douai (juillet 1667), Lille (août 1667), Valenciennes (mars 1677) ou Cambrai (avril 1677). A Lille, le roi avait fait une entrée sans fanfare, assistant seulement à un *Te Deum* en la collégiale Saint-Pierre. Aux bourgeois vigilants il avait reconnu le principe de l'indépendance et du renouvellement annuel du Magistrat, s'engageant à ne pas créer d'offices municipaux. « Le roi ayant confirmé leurs privilèges, écrivait Louvois, il faut absolument leur tenir parole, jusqu'à ce qu'ils nous aient donné lieu d'en manquer... » Sans en avoir l'air, la monarchie absolutiste continuait la vieille politique des « pactes ».

Ce n'était pas toujours par pure hypocrisie que les publicistes royaux faisaient étalage des titres et des précédents historiques pour prouver que telle ville ou tel pays relevait de la couronne. Les bourgeois de Flandre ou du Hainaut auraient-ils accepté la domination française si on ne les avait convaincus qu'en reconnaissant pour reine Marie-Thérèse, la fille de leur ancien maître, ils demeuraient fidèles, eux les anciens sujets de Philippe le Bon et de Charles Quint, au sang de Bourgogne? C'est la reine qui était leur souveraine; par voie de conséquence, ils devaient fidélité à son mari, le roi. Rattachés à la couronne de France, ils n'avaient pas le sentiment de passer sous une domination étrangère. A Lille, Louis XIV n'avait pas hésité à prêter l'ancien serment des comtes de Flandre. Partout l'idée était de faire naître le sentiment national à partir de la loyauté due au souverain. Les peuples rassemblés sous une même couronne formeraient ainsi une seule communauté de destin.

Un sentiment religieux très vif poussait les anciennes régions espagnoles à craindre l'extension de l'hérésie protestante. Pour les bons Flamands, imprégnés dès l'enfance de catholicisme espagnol, la France, qui vivait sous le régime de l'édit de Nantes, qui plaçait des huguenots à la tête de ses armées et s'alliait à des princes luthériens ou calvinistes, apparaissait comme un monstre. Là aussi il fallut composer. Aux villes conquises on accorda la clause dite « d'Arras », c'est-à-dire la non-application de l'édit de Nantes à leur territoire. Si l'on parvint à supprimer le régime de l'Inquisition dans les pays conquis sur l'Espagne (Franche-Comté, Roussillon), de crainte de heurter les sensibilités on toléra les manifestations, parfois effrayantes, du fanatisme religieux. Ainsi, en 1675, la municipalité de Dole avait-elle condamné à mort un bourgeois pour avoir mangé de la viande un jour maigre. Violemment indigné, l'intendant Chauvelin avait envoyé les pièces du jugement à Louvois pour en obtenir la cassation, mais le parlement de la province avait protesté, arguant des libertés de la comté. Alors le ministre avait cédé et répondu à Chauvelin qu'« il fallait bien respecter les privilèges du pays »...

Il est intéressant de voir comment la monarchie louis-quatorzienne procéda à l'intégration de ces provinces. Ce ne fut ni en envoyant des troupes ni en installant des armées de fonctionnaires ni en organisant une émigration massive ou une implantation de colons. Elle se contenta d'y placer un gouverneur, un intendant, quelques commandants militaires et des magistrats, et encore, sur ce dernier point le remplacement des juridictions municipales par des bailliages royaux ne s'opéra-t-il qu'avec extrême prudence. Elle s'appuya sur les élites locales, les cadres sociaux traditionnels, les cours souveraines déjà existantes, en cherchant à les convaincre, à les gagner par des flatteries ou des pensions. On se souvient que Mazarin, après la Fronde, avait fait de même avec les provinces mal contrôlées. Habileté, dira-t-on, mais aussi marque de faiblesse. Agissant ainsi par la bande, le pouvoir intervenait de plus en plus fréquemment dans la nomination des magistrats, vidant de leur substance les pactes de capitulation. A Valenciennes, en août 1686, on profita de l'état catastrophique des finances municipales pour asseoir la tutelle de l'intendant. Enfin, contrairement aux engagements pris après la guerre de la Ligue d'Augsbourg, on en vint à créer et à vendre des offices de maire, d'assesseur perpétuel, de procureur syndic ou de greffier des villes... La vénalité des offices fut introduite au parlement de Besançon, à celui de Flandre, au conseil d'Artois, au conseil souverain d'Alsace, désagrégeant le particularisme provincial.

A côté de la mise en place d'un appareil administratif léger, le rôle des clientèles fut capital. La monarchie française n'ayant ni la possibilité ni la volonté de quadriller les pays nouvellement conquis, elle avait le plus impérieux besoin de disposer du soutien des notables et des cadres locaux. Il fallait non seulement des clients, mais des courtiers qui mettraient leur influence, leurs relations au service du roi, quelquefois par l'intermédiaire d'un ministre ou d'un secrétaire d'État, ou encore d'un intendant dont ils deviendraient les subdélégués. Michel Ange de Wœrden (1629-1699), gentilhomme flamand, est l'exemple type de ces intermédiaires actifs qui œuvrèrent pour la francisation de leur pays. C'était le descendant d'une famille de Gueldre qui, pour conserver sa foi catholique, avait trouvé refuge dans les Pays-Bas espagnols. Homme cultivé et lettré, écrivain, poète latin à ses heures, il avait été très tôt en contact avec la culture française. Le comte de Fuensaldagne l'avait distingué et pris à son service lorsqu'il vint à Paris comme ambassadeur après la paix des Pyrénées. Par ses fonctions il eut à traiter divers contentieux entre les deux couronnes : biens confisqués en Flandre, liquidation des contributions de guerre, attribution des bénéfices ecclésiastiques. Habile négociateur, il gagna la confiance des députés de l'Artois mais aussi de la cour de France. Le jeune attaché d'ambassade fréquentait l'entourage de la reine Marie-Thérèse. Sa mission terminée à la fin de 1662, il rentra chez lui et s'y maria. Comme il exerçait la charge de bailli des états du Tournaisis lors de la capitulation de Tournai en 1667, c'est lui qui, tout naturellement, prononça la harangue d'accueil du roi et de la reine. Cette dernière lui avait consacré la veille une audience particulière, où elle l'avait assuré de sa protection. Paraître seul devant la reine de France, écouter ses paroles bienveillantes, comment ce brave notable flamand n'aurait-il pas « craqué »? Wœrden s'était rallié, sans état d'âme particulier. Il changeait de maître, certes, mais ce n'était pas lui qui l'avait voulu! L'essentiel n'était-il pas qu'il restât bailli des états du Tournaisis et qu'il y exerçât ses fonctions dans l'intérêt des populations de son cher pays? Il y eut un moment de refroidissement à l'automne de cette même année lorsqu'il fut soupçonné de favoriser les Espagnols et d'avoir traduit la réfutation de Stockmans du *Traité des droits de la reine*. Il fut exilé dans sa maison des champs. Voyant la présence française se consolider et sentant son destin lui échapper, il usa alors de ses relations passées à la cour, écrivit à Le Tellier, Louvois, Courtin, Turenne, jusqu'à la señora Molina, femme de chambre de la reine, pour implorer leur protection. Sa bonne volonté, sa sincérité, son souci d'allégeance lui valurent un retour en grâce d'autant plus rapide que, pour le pouvoir royal, il représentait une carte utile. Au parlement de Tournai il fut nommé chevalier d'honneur, c'est-à-dire représentant de la noblesse. Puis il devint bailli des états de Lille, sans rompre avec ceux de Tournai. Ceux-ci, d'ailleurs, l'envoyèrent défendre leurs privilèges auprès de Marie-Thérèse. Car le rôle du courtier ne se limite pas à recruter des partisans ou à mettre un réseau d'amis au service d'un patron. Il consiste aussi à jouer le rôle de caisse de résonance, à faire valoir des intérêts locaux légitimes auprès du roi ou de la cour... A partir de ce voyage, Wœrden, promu baron, devint l'actif collaborateur en Flandre de

Louvois, qui sera même le parrain de son fils. C'est un exemple typique de clientélisme. Il en est d'autres.

En Franche-Comté, Claude Boisot, greffier puis maître des requêtes au parlement de Dole (1675), fut l'un des pivots de la politique d'intégration de la fière province [1]. Parfait connaisseur des milieux comtois, il conseillait le gouverneur, le duc de Duras, et les intendants successifs, Camus de Beaulieu et Chauvelin. En cas de nécessité, il n'hésitait pas à les court-circuiter, adressant directement à Louvois ses rapports, pas toujours tendres à leur égard. Le ministre avait ainsi à sa disposition deux canaux par lesquels lui parvenaient les informations : le canal officiel du gouverneur et de l'intendant et le canal officieux de Boisot. C'est ce dernier qui, dès juin 1674, incita le roi à rétablir le Parlement, c'est lui qui réorganisa le système municipal de Besançon, lui encore qui surveilla les travaux de fortification de la ville, discutant les prix et les marchés avec les entrepreneurs, éclairant Paris sur les choix les plus judicieux ou les plus économiques. Le contenu de ses lettres hebdomadaires servait fréquemment de matière aux instructions royales envoyées au gouverneur et à l'intendant. Sa position lui valut de solides inimitiés, mais l'appui royal lui donna les moyens de se constituer, au sein du parlement de Besançon, dont il devint président à mortier, un réseau de créatures dévouées. Un autre de ces influents courtiers, allié du reste à Claude Boisot, fut Jean-Ferdinand Jobelot, qui occupa les fonctions de premier président du parlement pendant vingt-sept ans, de 1675 à sa mort.

En Alsace, où l'on avait gardé le concordat germanique de 1447, on utilisa les services de notables protestants pour jouer un rôle analogue auprès de l'intendant La Grange : Charles Guntzer, Jean-Baptiste Klinger, Jean Dietremann, Ulrich Obrecht et Jean Dietrich. Ces gens étaient plus ou moins rivaux. Ils n'en servirent que mieux les intérêts de l'intendant et, par voie de conséquence, ceux du roi de France. Guntzer fut récompensé par les fonctions de syndic de Strasbourg et Obrecht, par la charge de prêteur royal.

On s'assurait aussi des fidélités dans le clergé local. Certains prélats firent beaucoup pour la politique française, comme Jacques Théodore de Bryas à Cambrai, ou les frères François-Égon et

1. Maurice Gresset, « Un fidèle de Louis XIV en Franche-Comté : Claude Boisot », dans *Hommage à Roland Mousnier. Clientèles et fidélités en Europe à l'époque moderne*, sous la direction de Yves Durand, Paris, 1981.

Guillaume-Égon de Fürstenberg à Strasbourg (quoique le roi eût sans doute tort de tenir ces deux maladroits pour des oracles). Leurs services étaient largement rétribués. Les meilleurs éléments des pays conquis parvenaient sans difficulté à se frayer un chemin dans l'administration royale ou l'armée. La Franche-Comté et l'Alsace fournirent de nombreux officiers. Des milices locales furent levées sans réticence dans cette dernière province, où la noblesse eut la faculté de s'enrôler dans le régiment d'Alsace-Infanterie ou celui de Kœnigsmark, devenu Royal-Allemand-Cavalerie. François, comte de Calvo Gualbès, gentilhomme de Barcelone, qui avait pris parti pour la France en 1640, devint lieutenant général des armées du roi, et le baron de Montclar, autre Catalan d'origine, lieutenant général, commandant d'Alsace et grand bailli de Haguenau.

Les administrateurs royaux jouaient aussi le rôle de courtiers, travaillant d'un côté à la politique d'assimilation, épousant de l'autre les intérêts locaux et appuyant les réclamations qui leur paraissaient justifiées. Il fallait avoir l'art de concilier les points de vue, de pressentir les maillons faibles que le centralisme parisien pourrait utiliser, de subodorer les risques de troubles.

D'autres moyens d'intégration furent utilisés : les fortifications fournissaient du travail aux entrepreneurs locaux et aux artisans, mobilisaient une main-d'œuvre nombreuse. En général, dès qu'une position clé était prise, le roi y envoyait Vauban avec mission de la transformer en place forte. La citadelle de Strasbourg avait besoin de 3 000 terrassiers : les paysans de la région qui avaient beaucoup souffert des dernières guerres, trouvèrent là moyen de se dédommager. Pendant une bonne douzaine d'années, les fortifications de Lille employèrent 10 000 hommes, des manœuvres essentiellement, sans compter les chaufourniers, briquetiers et marchands de bois. Des villes surgirent autour de forts : Sarrelouis, Montlouis, Port-Vendres... Le roi, lorsqu'il le pouvait, s'efforçait de mettre tout ou partie de ces grands travaux à la charge des villes ou des régions à défendre : ainsi Besançon, qui obtint, en échange des ouvrages de Vauban, le transfert du Parlement et de l'université. Valenciennes, constamment pillée par les partis espagnols, paya aussi sa contribution. Vauban joua donc un grand rôle dans cette intégration.

Mêlée de dialecte régional ou de patois local, la langue française était parlée en Artois, dans le Hainaut, en Flandre wallonne et en

Franche-Comté. Cela facilita l'assimilation. Contrairement à la politique de la République, qui optera pour la francisation par la langue, l'État du XVIIe siècle, plus faible, se garda de généraliser l'usage du français dans les régions ne le parlant pas, comme la Flandre maritime, l'Alsace ou le Roussillon. Si l'on mit l'apprentissage du français au programme des petites écoles catalanes, on ne l'introduisit que timidement en Alsace et pas du tout en Flandre. « Quand le roi, écrit le marquis de Roux, envoie les pères Bouhours et Boutault en garnison chez les Jésuites de Dunkerque, ils se sentent regardés un peu comme des espions et cherchent des prétextes pour colorer leur présence. Il ne leur vient pas à l'idée de faire un cours de français [1] ! »

De même que la francisation, l'unification économique des provinces fut œuvre de longue haleine. On ne change pas d'un jour à l'autre, par arrêt du conseil, les flux commerciaux. Souvent, il était de l'intérêt de la région de conserver son « hinterland ». Ainsi jugea-t-on préférable de considérer l'Alsace comme un pays dit d'« étranger effectif » : exportant dans l'Empire ses vins et son tabac, elle resta séparée du reste de la France par des barrières douanières. Il en fut de même de Dunkerque, qui édifia sa prospérité sur sa zone franche. Les conquêtes partielles dans les Flandres ne brisèrent pas l'unité économique de la région : les villes devenues françaises ne cessèrent de commercer avec les Pays-Bas restés espagnols. Lille teignait toujours les laines et les soieries d'Anvers, de Bruges ou de Gand. De même, le décri des monnaies locales ou étrangères n'intervint que progressivement. Les billons, les castilles, escalins, patagons et autres bourguignonnes continuèrent à circuler, mêlés aux louis et aux écus à l'effigie de Sa Majesté.

Au total, l'œuvre d'assimilation se fit avec une relative habileté, par une administration souple, prudente et intelligente, complétant l'œuvre militaire et diplomatique. L'importance des résistances locales détermina seule le degré de centralisation. A la fin du siècle, la Franche-Comté, longtemps rétive, était pacifiée et acceptait la domination française. Une tentative de soulèvement en 1709 n'y eut que de faibles échos [2]. Les places de Flandre s'intégrèrent peu à

1. Marquis de ROUX, *Louis XIV et les provinces conquises*, Paris, s.d., p. 257-258.

2. Joseph BÉCLA et David JEANTOT, « Quelques aspects juridiques de la prise de pouvoir de Louis XIV en Franche-Comté », *Mémorial du tricentenaire de la réunion de la Franche-Comté à la France, 1678-1978*, Recueil des actes et mémoires du colloque de Dole du 16 septembre 1978, Besançon, 1979.

peu au royaume, abandonnant leurs nostalgies espagnoles. Le sentiment national des Lillois se développa sous l'occupation hollandaise de 1708-1712. Grâce à l'excellente administration de l'intendant Jacques de la Grange, qui demeura en place de 1674 à 1698, l'Alsace, tournée instinctivement vers le monde germanique et impérial, se trouva définitivement conquise, rattachée sans être assimilée [1]. En revanche, les mœurs françaises eurent plus de mal à pénétrer en Roussillon. Mais de tous les particularismes, le patriotisme lorrain fut le plus réfractaire. Si les populations des Trois-Evêchés se sentaient profondément françaises, il n'en allait pas de même de celles de la Lorraine ducale, où l'on se garda d'appliquer les recettes du procureur général Ravaux. La Lorraine résistait parce qu'elle était attachée à sa dynastie légitime incarnée par Charles IV, puis par son neveu Charles V, le « duc sans Lorraine », qui fut l'un des plus brillants généraux de son temps. Malgré son désir de mettre la main sur cette région stratégique, jamais Louis XIV, soucieux du droit dynastique, n'osa franchir le pas. Seule l'extinction de la famille régnante pouvait modifier la situation. Ainsi, en 1708, à la mort du dernier des Gonzague, le parlement de Paris prononça-t-il le rattachement à la France de la principauté de Charleville. Ce fut en quelque sorte la dernière réunion.

1. Georges Livet, *L'Intendance d'Alsace sous Louis XIV (1648-1715)*, Paris, 1956.

CHAPITRE XVIII

Le système de cour

Le nouveau système cérémoniel

Les années passent et les formes de propagande royale évoluent. Entre la paix d'Aix-la-Chapelle et le début de la guerre de Hollande, le roi ne se montre pour ainsi dire plus à ses peuples. Ses voyages en province n'ont que des buts militaires. Le cérémonial des Entrées dans lequel le souverain s'offre aux acclamations de ses sujets, revêtu de l'habit royal, disparaît, de même que disparaissent les grandes fêtes du style du carrousel. La dernière grande entrée du règne de Louis XIV, on le sait, est celle d'août 1660. Le rite des funérailles princières se fige dans une pompe froide, quand il n'est pas bâclé, comme l'enterrement de la pauvre Marie-Thérèse. De 1673 à 1713, il n'y aura plus de lit de justice au Parlement. Pas plus à Paris qu'en province le roi ne viendra siéger en majesté au milieu de ses magistrats pour signifier qu'il est source de toute loi. Le pouvoir royal n'a plus besoin de s'imposer à des peuples rétifs. Avec ces transformations, les sujets cessent d'être associés au « mystère de la monarchie ». Ils sont seulement appelés à vénérer un demi-dieu qui n'a de compte à rendre qu'à l'Éternel. A la place des grandes manifestations publiques, qui rattachaient le roi à la longue théorie de ses ancêtres, se sont développées au XVIIe siècle des formes nouvelles ou du moins renouvelées de cérémonies : ainsi, les *Te Deum*, pour lesquels l'Église offre ses sanctuaires et mobilise ses prêtres, tandis que les gouverneurs et lieutenants généraux des provinces font appel à la troupe, en costume d'apparat, pour encadrer avec magnificence les paroissiens. Liturgie d'action de grâces, le *Te Deum* est devenu le rite de substitution d'un régime qui se coupe progressivement de la masse pour ne plus entretenir de rapports qu'avec son élite. Des *Te Deum* sont donnés à l'occasion d'une naissance, d'un mariage, d'une victoire militaire ou de la signature de la paix. C'est un moyen de continuer à associer les corps et les communautés, au moment où le roi et la monarchie s'enferment dans Versailles. Convoqués par lettres patentes, les parlements provinciaux, les corps de ville, les officiers, les notables y assistent. Le but de ces grands services religieux, qui donnent occasion aux musiciens d'écrire de nombreuses pièces (Lully, Charpentier, Lalande, Gilles...), est de rallier les notables à la cause royale et, en cas de victoires militaires, de consolider le consensus national permettant « de poursuivre la guerre et de lever des impôts de plus en plus impopulaires pour la financer [1] ». De « l'État séducteur » on est passé à « l'État spectacle ».

Anciens et modernes

Le changement est visible aussi dans le contenu du discours. A force d'être ressassés les thèmes de l'Antiquité perdent de leur force créatrice. Le merveilleux païen sert de moins en moins à exalter la gloire monarchique. Pour faire le portrait du roi les peintres cessent de passer par la métaphore de l'*Imperator* ou la fantaisie mythologique, ne serait-ce que parce que l'homme vieillit et qu'on ne peut indéfiniment le représenter en Apollon ou en Génie de la Danse. Louis devient plus grave, plus sérieux. Il prend de la hauteur à mesure que s'éloigne l'image de l'amateur de ballets des années 60. Que de chemin parcouru entre *L'Assemblée des dieux* de Jean Nocret (vers 1664), où le jeune prince alangui, la chemise à demi ouverte, figure une divinité au milieu de la famille royale, et le grand portrait du roi en costume de sacre de Hyacinthe Rigaud (1701)!

A partir des années 1670-1680 l'idée se répand que la période contemporaine est plus riche, plus exaltante que toute autre. La médiation de l'Antiquité paraît inutile. Désormais, le roi se suffit à lui-même. On se persuade que ses exploits sont à ce point supérieurs à ceux des siècles passés que toute comparaison devient

1. Richard Bonney, *L'Absolutisme*, Paris, 1989, p. 43.

superflue, sinon dévalorisante. En 1672, dans son *Ode pour le roi sur ses conquêtes de Hollande*, l'abbé Esprit écrivait :

Toute l'Antiquité s'offre mal à propos :
Placer notre vainqueur parmi tous ces héros,
Ce n'est pas l'élever, c'est le faire descendre;
Et si ce que j'en dis se peut dire d'autrui,
Soit Hercule, César, ou le Grand Alexandre,
L'éloge, je l'avoue, est indigne de lui [1].

Les Muses n'ont plus qu'à se taire : « Grand roi, cesse de vaincre, s'exclame Boileau, ou je cesse d'écrire ! » Pouvait-on placer plus haut la flagornerie? Le présent ne peut plus s'apprécier par référence au passé : c'est celui-ci, au contraire, qui doit être soumis au crible du premier. L'Histoire au risque de l'actualité! Dans *Clovis ou la France chrétienne* (imprimé pour la première fois en 1657 mais remanié en 1673), Desmarets de Saint-Sorlin opère une double mutation : la mythologie gréco-latine fait place à l'histoire nationale, et celle-ci est jugée à l'aune du présent. Louis XIV sert de modèle à Clovis ! La modernité soudain dissipe les brumes d'une Antiquité mythique et illusoire.

Cette thématique annonce la querelle des « Anciens » et des « Modernes », tournant décisif de l'histoire de la littérature et de la pensée. Elle est inaugurée par la fameuse séance de l'Académie du 27 janvier 1687, au cours de laquelle Charles Perrault donna lecture de son *Siècle de Louis le Grand*. Pour Perrault, qui se place dans le camp des Modernes, les thèmes de la mythologie païenne n'ont aucune valeur en eux-mêmes et ne sont que d'aimables fantaisies esthétiques. Cette querelle n'est pas un banal pugilat de littérateurs dans lequel s'affronteraient d'un côté Perrault, Quinault et Fontenelle, défenseurs des modernes, et de l'autre Boileau, La Fontaine ou Racine, querelle reprise plus tard par Houdar de la Motte et Mme Dacier. C'est une grande bataille culturelle qui s'explique par l'évolution des mentalités et les découvertes scientifiques et qui ramène à de justes proportions le savoir antique.

1. Abbé ESPRIT, *Ode pour le Roi sur ses conquêtes de Hollande*, 1672 (cité par Jean-Pierre NÉRAUDAU, *L'Olympe du Roi-Soleil. Mythologie et idéologie royale au Grand Siècle*, Paris, 1986, p. 73).

Même si Louis XIV n'a pas directement participé à cette confrontation, la représentation de la puissance royale n'en est pas moins en cause. Parce que le roi lui paraît un héros insurpassable, la cour se place du côté des Modernes, tandis que la ville, de formation plus classique, opte pour les Anciens. Comme l'a montré Bernard Magné, à l'humanisme de tendance universaliste s'oppose l'idéologie royale et nationale [1]. Les clans de la cour s'en trouvent affectés : celui de Colbert penche du côté des Modernes alors que le clan Louvois se situe du côté des Anciens [2].

Disparaissant de la littérature et de la politique, la mythologie trouve refuge dans l'opéra (*Thésée, Atys, Phaéton, Cadmus et Hermione*...), la statuaire des parcs ou la pierre des palais. Convoqués par le roi, les dieux de l'Olympe seront au rendez-vous de Versailles où, abandonnant leur fonction politico-allégorique, ils ne serviront plus que d'objets de décor pour amateurs d'art...

Versailles

La littérature consacrée à Versailles est abondante et bien connue [3]. Aussi paraît-il superflu de s'attarder sur cette éclatante réussite architecturale, instrument de la grandeur royale, manifestation de l'absolutisme édifié à la gloire du Roi-Soleil, en même temps que ruche de pierre destinée à héberger la société de cour. Quelques remarques suffisent.

Si Louis XIV a choisi de bâtir un nouveau palais, alors qu'il disposait déjà d'un vaste domaine immobilier avec le Louvre, les Tuileries, Saint-Germain, Fontainebleau ou Chambord, ce n'était pas pour fuir Paris, dans la crainte bien tardive de quelque nouvelle Fronde, mais pour imprimer sa marque propre, écrire l'Histoire. Bref, ce passionné d'architecture se voulut fondateur plutôt

1. Bernard MAGNÉ, *Crise de la littérature sous Louis XIV. Humanisme et nationalisme*, Lille, 1976, 2 vol.

2. Alain NIDERST, « Les gens de Versailles et les gens de Paris », *D'un siècle à l'autre. Anciens et modernes*, colloque du Centre méridional de rencontres sur le XVIIe siècle, Marseille, 1986, p. 159 et suiv.

3. Voir notamment Édouard GUILLOU, *Le Palais du Soleil*, Paris, 1963; A. et J. MARIE, *Versailles au temps de Louis XIV*, Paris, 1976; Pierre VERLET, *Le Château de Versailles*, Paris, éd. de 1985; Hélène HIMMELFARB, « Versailles, fonctions et légendes » in *Les Lieux de mémoire*, sous la direction de Pierre NORA, II, La Nation, Paris, 1986; Joseph BARRY, *Versailles. Passions et politique*, Paris, 1987, etc.

qu'héritier. Il ne résista pas, dit Saint-Simon, « au plaisir superbe de forcer la nature ». Les travaux titanesques de Versailles s'inscrivent dans la perspective prométhéenne de dominer la nature vierge, de civiliser le monde hostile. Alors, du néant des marais, du chaos des forêts surgirent l'ordre, l'harmonie, le goût, la mesure. Ce lieu sauvage et retiré répondait en outre à un immense désir de plein air, que le fils de Louis XIII, gentilhomme campagnard – « rural forcené » selon l'expression de La Varende –, ne trouvait pas ailleurs, même à Saint-Germain.

Autre remarque : Versailles, tout au long du règne, fut un perpétuel chantier sur lequel travaillèrent jusqu'à 36 000 personnes : la peinture de Van der Meulen (1669), conservée au Saint James's Palace de Londres, est une bonne illustration de ce qu'était l'atmosphère besogneuse et tourbillonnante enveloppant les bâtiments royaux. Le château a été construit par tâtonnements successifs, avec des hésitations, des erreurs, des repentirs, des retards dus aux embarras financiers. L'idée d'y fixer la cour et le gouvernement n'est venue que tardivement. L'installation ne fut définitive qu'en mai 1682 (la décision datait de 1677).

Enfin, c'est à la volonté du roi et à elle seule que l'on doit cette réussite. Assisté de ses architectes, c'est lui qui décide, veille « au détail de tout » : les travaux de maçonnerie, l'avancement de la décoration intérieure, la pose d'un buste ou d'une statue. Quand une façade ou un décrochement lui déplaisent, il les fait abattre. Mais quelle constance, quelle patience lui sont nécessaires pour résister aux critiques sceptiques ou aigres de son entourage! (« Ah! Quelle pitié, lui écrivait Colbert, que le plus grand Roi fût mesuré à l'aune de Versailles...! »).

Le coût des travaux ne fut pas excessif : 3 à 4 % des dépenses annuelles de l'État à l'exception de l'année 1685 à cause des travaux de la « rivière d'Eure ». Globalement, la facture ne dépassa pas les 82 millions de livres, l'équivalent de deux ou trois campagnes militaires, à peine plus que le déficit budgétaire de l'an 1715, souligne François Bluche [1]. En regard, quel prestige pour l'art français! De Lisbonne à Saint-Pétersbourg, de Madrid à Stockholm, de Naples à Copenhague, tous les souverains d'Europe voulurent avoir leur Versailles.

Le petit relais de chasse de Louis XIII, bâti sur la butte ingrate

1. François BLUCHE, *Louis XIV*, Paris, 1986, p. 534.

d'un moulin à vent, agrandi par Philibert Le Roy, rénové à partir de 1661, est enveloppé par Le Vau et d'Orbay de trois larges façades de pierre blanche qui en triplent la superficie du côté des jardins, tandis que le château primitif en brique et pierre est conservé sur la façade est, moins par piété filiale que pour des raisons d'économie et de commodité. Chacune des pièces du Grand Appartement est dédiée à l'une des planètes du système solaire. Ce qui est essentiel, à ce moment, c'est le jardin, prodigieusement augmenté et embelli par Le Nôtre. Œuvre codée, espace allégorique, riche de mythologie païenne et de symbolisme baroque, il est organisé autour du mythe d'Apollon. Ordonné autour de deux axes nord-sud et est-ouest, le parc avec ses allées, ses frondaisons, ses bassins et son grand canal, ses fontaines d'eaux jaillissantes, ses monstres, ses dragons, ses divinités païennes, son labyrinthe, est un grand discours cosmique célébrant les noces du Soleil (axe est-ouest) et de l'Eau (axe nord-sud), la lutte de la vie et de la mort, de la lumière et des ténèbres, de l'ordre et du chaos primitif.

Le roi est si fier de son œuvre, attache une telle importance à ce parc enchanté qu'il écrit de sa main vers 1697 la *Manière de montrer les jardins de Versailles*, sorte de promenade initiatique. Ces jardins servent de décor à des divertissements nombreux où se répètent à l'infini les allégories solaires, comme ceux de juillet 1668 ou de l'été de 1674 avec son extraordinaire fête de nuit.

Peu à peu la grandeur romaine s'installe avec les antiques, dont originaux ou copies arrivent de Rome par bateaux entiers. L'exubérance et l'enchantement poétiques reculent. La grotte de Téthys et le Trianon de porcelaine s'effondrent sous la pioche des démolisseurs. L'ordre classique l'emporte sur la féerie baroque.

Revenons au château. De la résidence princière réservée à une petite élite de grands seigneurs on passe insensiblement au palais du soleil décrit par Ovide au Chant II des *Métamorphoses*. En 1678, pour relier les appartements du roi et ceux de la reine, Jules Hardouin-Mansart entreprend de couvrir la terrasse à l'italienne de Le Vau par la grande galerie. Le Brun dirige la décoration intérieure selon les décisions – révolutionnaires! – d'un conseil secret réuni autour du roi, qui a supprimé le programme iconographique primitivement centré sur Apollon pour le remplacer par un cycle exaltant les hauts faits du règne, militaires, politiques et administratifs. Dans la gloire de Nimègue, rien ne rappelle les prédécesseurs du monarque – a-t-il, du reste, des prédécesseurs ? C'est l'un des paradoxes de Louis le Grand, souverain héréditaire qui se rattache par sa naissance à la longue chaîne des Capétiens, que d'écarter progressivement tout ce qui fait allusion à la perpétuité de la fonction royale au profit du seul culte personnel.

A partir de 1678, pour permettre au dauphin et à la dauphine de disposer de logements dignes d'eux, est entreprise la construction d'un nouveau château accolé à celui du roi : c'est l'aile du Midi. De 1682 à 1684 s'élèvent le grand commun et les deux ailes des ministres. De 1684 à 1689, pour contrebalancer l'aile du Midi, qui déséquilibrait l'ensemble, Louis XIV fait édifier du côté du parterre nord une aile symétrique. La distribution des appartements royaux et princiers change constamment. Dans cette entreprise tâtonnante, la chambre du roi ne trouva son plein achèvement qu'en 1701 au premier étage, au centre du château, à côté de la salle du conseil.

La ville strictement ordonnée autour de la demeure royale devient la *Cité du Soleil* de Campanella. Au début, les courtisans devaient se loger en dehors du palais, en faisant ériger des pavillons ou hôtels sur des terrains que le roi leur cédait selon un plan d'urbanisme bien défini, car c'était la volonté du monarque de fonder autour de son château une ville résidentielle d'importance, destinée à fixer la haute aristocratie. La cité grandit donc au rythme du château. Mais « Versailles, observe Joël Cornette, ne fut pas seulement un château et une ville neuve, objets d'imitations ; il fut aussi le centre de gravité de la sociabilité aristocratique, le cœur du système cérémoniel de l'État royal [1] ». De ce point de vue, le moment essentiel de son histoire n'est probablement pas ce mois de mai 1682, où le roi éleva le palais au rang de résidence officielle, mais en 1684, lorsqu'il décida de répartir en appartements l'aile du Nord et le grand commun afin de loger le plus grand nombre de gens de cour dans sa demeure. A partir de cette date se trouveront donc concentrés en un lieu unique le gouvernement et le système de contrôle de l'élite : la société de cour [2].

1. Joël CORNETTE, *Absolutisme et Lumières, 1652-1783*, Paris, 1993, p. 57.
2. On estime sous Louis XIV au maximum à 3 000 le nombre de personnes qui pouvaient disposer d'un logement au château. En 1730, un état relève 226 appartements et plus de 400 chambres.

Le « roi-machine »

A l'horloge de l'Histoire les années tournent vite. Que reste-t-il de la cour brillante, joyeuse, pleine de charme et d'élégance des années 1660? Alors, toute une jeunesse un peu folle se jetait dans le tourbillon des divertissements. La cour était galante, légère. Chacun à sa fantaisie s'abandonnait aux jeux de l'amour et du hasard. Le roi, le premier, aimait cette vie débordante et enivrante. La cour était itinérante, se déplaçant de château en château, suivie des ministres qui emportaient des piles de dossiers dans leurs carrosses. Elle accompagnait le roi à la guerre. Louis ne dédaignait pas de coucher sur la paille. Les dames se plaignaient des incommodités du voyage, des chaos des chemins, de la boue, des repas froids, de la précarité du logement dans les granges, de la promiscuité. Vers 1680-1690, avec l'installation à Versailles, tout change. La cour des dernières années du règne, bien connue depuis longtemps sous l'angle de l'histoire anecdotique, commence à l'être aujourd'hui sous celui de la sociologie et de l'histoire des mentalités [1]. Au centre du système se trouve le roi, comme la reine dans la ruche. La comparaison est de Primi Visconti : « C'est un beau spectacle de le voir sortir du château avec les gardes du corps, les carrosses, les chevaux, les courtisans, les valets et une multitude de gens tout en confusion. Cela me rappelle la reine des abeilles, quand elle sort dans les champs avec son essaim. » La fonction royale, nous dit Jean-Marie Apostolidès, s'est peu à peu modifiée : de « roi machiniste », acteur et metteur en scène de son propre spectacle, Louis XIV s'est mué en « roi-machine », « corps fonctionnant de façon autonome », maître du temps, cœur de l'horloge versaillaise. Le roi n'a plus besoin de monter sur la scène pour jouer le rôle qu'il idéalise. Il est devenu son propre modèle, qu'il vit au quotidien sans le miroir de la fiction. Roi-machine? Ce n'est pas un hasard s'il a une prédilection pour les « machines » baroques, celles des ballets et des opéras, ou encore la machine de Marly, chef-d'œuvre de la technique du temps. Ces machines sont elles-mêmes reflet de l'ordre cosmologique que découvrent Huygens et Cassini. L'hor-

1. Norbert ÉLIAS, *La Société de cour*, Paris, éd. de 1974; Jean-Marie APOSTOLIDÈS, *Le Roi-machine. Spectacle et politique au temps de Louis XIV*, Paris, 1981; Jean-François SOLNON, *La Cour de France*, Paris, 1987.

loge céleste donne une idée de la perfection et de l'infaillibilité. S'établit ainsi une correspondance secrète entre l'ordre universel de la nature et la mécanique monarchique. Dans une des œuvres les plus surprenantes de l'époque, l'*Histoire de Louis le Grand contenue dans les rapports qui se trouvent entre ses actions et les qualités des fleurs et des plantes*, Donneau de Visé, fondateur du Mercure galant, explique, planches à l'appui, comment les vertus des plantes reflètent celles du roi ! Merveille de la ferveur monarchique !

Roi automate, Louis obéit aux contraintes d'un horaire d'une extraordinaire précision. Il est la régularité même. « Avec un almanach et une montre, écrit Saint-Simon, on pouvait à trois cents lieues d'ici dire ce qu'il faisait. » Le cérémonial du lever est un délicieux ballet ritualisé selon une méticuleuse et immuable ordonnance. A sept heures et demie, le roi est réveillé par le premier valet de chambre qui couche au pied de son lit : « Sire, voilà l'heure ! » Puis entrent dans la chambre le premier médecin, le premier chirurgien et, jusqu'en 1688, date de sa mort, la vieille nourrice. On ouvre les rideaux, on change la chemise de nuit du souverain, on lui présente de l'eau bénite. Succèdent alors différentes « entrées », selon le rang des personnes qui sont admises. La première entrée ou « petit lever » est réservée au grand chambellan, au premier gentilhomme de la chambre en quartier, au grand-maître et au maître de la garde-robe, aux premiers valets de chambre et aux quelques seigneurs qui ont reçu le privilège des « grandes entrées » : Lauzun, le duc du Maine, le prince de Conti, puis, plus tard, les maréchaux de Boufflers et de Villars. Après s'être lavé les mains avec de l'alcool, le roi récite l'Office du Saint-Esprit puis se lève, chausse les mules qu'un domestique lui tend, revêt une camisole de laine, enfile une ample robe de chambre à ramages ou à larges rayures et s'assied dans son fauteuil. Le premier barbier lui ôte son bonnet de nuit, lui met une perruque courte « à la brigadière ». Un jour sur deux il lui fait la barbe. C'est le bref moment où les assistants peuvent lui annoncer les nouvelles de la nuit ou du petit matin, lui présenter une requête. Voilà que déjà l'huissier annonce les secondes entrées et que s'inclinent le médecin et le chirurgien ordinaires, l'apothicaire-chef, les secrétaires de cabinet, les lecteurs de la chambre, le contrôleur de l'argenterie et les gentilshommes titulaires d'un « brevet d'affaires », précieux passeport qui autorise à pénétrer chez le roi lorsqu'il se trouve sur sa chaise percée : Dangeau, Béringhen, Villeroy, Charost et le duc de Mazarin ont ce bonheur! La toilette intime achevée, voici le « grand lever » qui commence avec les « entrées de la chambre ». L'assistance, plus fournie, reste choisie : une centaine de personnes au maximum. Ce sont les cardinaux, les ambassadeurs, les ducs et pairs, les maréchaux de France, les gouverneurs, les ministres et secrétaires d'État. Et encore la plupart sont-ils cantonnés au fond de la pièce ou dans l'antichambre. Ils voient ou aperçoivent le roi s'habiller, enfiler sa chemise à manches amples, que lui présente le dauphin, ses bas. Ils voient le grand maître des cérémonies lui tendre la veste, lui agrafer le baudrier, lui passer le cordon bleu du Saint-Esprit et le justaucorps qui tombe aux genoux. L'habillement se termine par la cravate, les souliers hauts à bout carré et les gants. Enfin le roi s'agenouille sur son prie-Dieu. Silence! On quitte la chambre. Louis se rend ensuite dans son cabinet et « donne l'ordre » pour la journée. Ne subsistent alors autour de lui qu'un petit nombre de privilégiés parmi lesquels le dauphin, les Fils et Petits-Fils de France [1], les princes légitimés, les premiers valets de chambre. Le roi s'entretient librement avec eux quelques instants : c'est la fin de la cérémonie du lever.

On ne décrira pas ici le reste de la journée du roi, aussi strictement réglée : la messe entre 9 et 10 heures, qui permet à tout gentilhomme de lui dire un mot, à l'aller ou au retour, à condition d'avoir prévenu le capitaine des gardes, le conseil, la réception des ambassadeurs, le dîner à une heure de l'après-midi, la chasse ou la promenade, le salut à 5 ou 6 heures selon la saison, la distraction avec les courtisans les jours « d'Appartement », le souper au grand couvert, la soirée en famille dans son cabinet et le cérémonial du coucher... La vie privée du roi semble tout entière avalée par la représentation théâtrale du pouvoir souverain. « Chacun de ses

1. Sont Fils de France les enfants royaux en ligne directe : le frère du roi, Philippe de France, duc d'Orléans (Monsieur), le fils du roi (Louis de France, Grand dauphin, appelé « Monseigneur ») et les enfants de celui-ci : Louis, duc de Bourgogne, Philippe, duc d'Anjou, Charles, duc de Berry, et les deux fils du duc de Bourgogne (le duc de Bretagne et le nouveau duc d'Anjou, futur Louis XV). Sont Petits-Fils et Petites-Filles de France les enfants de Gaston d'Orléans (la Grande Mademoiselle, la grande-duchesse de Toscane, la duchesse de Guise, la duchesse de Savoie) et ceux de Monsieur : Marie-Louise d'Orléans, épouse de Charles II d'Espagne, Anne Marie d'Orléans, épouse de Victor-Amédée II de Savoie, Philippe, duc de Chartres (le futur Régent) et Élisabeth Charlotte d'Orléans, épouse de Léopold Joseph, duc de Lorraine et de Bar.

gestes, dit Apostolidès, est décomposé et donne naissance à des rites, à des hiérarchies. Chacune de ses fonctions biologiques, de la manducation à la défécation, est l'objet d'un nouveau rituel symbolique. Le corps privé se voit annexé par le corps imaginaire ; les deux ne forment plus qu'un seul corps glorieux, célébré par les poètes, héroïsé par les peintres. (...) Le spectateur déchiffre une machine totale, avec ses poids et ses contrepoids, ses grandes roues et ses petites roues. Le corps du roi devient le lieu d'expression de divers micropouvoirs ; il réunit les forces contradictoires du royaume qui constituent l'énergie dont se nourrit le corps de l'État [1]. » Cette mutation du souverain est essentielle dans le système de cour. Pouvoir régulateur, « maître des horloges », le roi occupe une position centrale qui lui permet de dominer et d'imposer sa volonté sans effort. Moins il déplace d'air, plus il démontre qu'il est reconnu et, par voie de conséquence, plus il est puissant. Dans la société de cour de la fin du règne, un simple battement de cil suffira à ramener l'ordre, alors que sous la Fronde une armée ravageant les provinces y parvenait à peine. L'étiquette permet ce miracle.

L'étiquette

Louis XIV n'a pas inventé le concept de cour que l'on retrouve dans les systèmes monarchiques de l'Antiquité et qui fut particulièrement développé chez les ducs de Bourgogne, les Habsbourg d'Espagne ou les Valois. L'étiquette fixe le rang de chacun, introduit la discipline, ajuste les comportements sur un code de bonne conduite. Par des règles la plupart du temps non écrites, elle enserre la vie des courtisans dans le rituel et le cérémonial, mais aussi dans la dialectique du permis et de l'autorisé. Tel geste sera admis, tel autre, au contraire, offusquera la bienséance, sans que l'on sache toujours pourquoi.

L'étiquette est acceptée par tous comme règle du jeu, puisqu'elle détermine l'appartenance à l'élite et extériorise la position hiérarchique de chacun. La contrainte qu'elle impose au roi dans la vie quotidienne est compensée par l'espace de liberté qu'elle lui procure. Ce n'est pas un paradoxe. En l'enfermant dans le cercle rigide

1. Jean-Marie Apostolidès, *op. cit.*, p. 156.

du rite elle lui permet d'écarter les importuns, de résister à l'énorme et constante pression d'une multitude de solliciteurs. Une règle veut, par exemple, qu'on ne lui adresse pas la parole le premier : cela lui permet de choisir son interlocuteur. L'étiquette n'abolit pourtant pas la familiarité, elle lui en laisse l'initiative.

Pour le courtisan, l'avantage est le même : il sait sur quel barreau de l'échelle sociale il se situe. Avec une infinité de nuances et de dégradés ses droits et ses devoirs sont définis. Cette sécurité le rassure. Dans une société d'ordres et de corps qui sécrète presque naturellement le culte de la différence, connaître sa position exacte est capital. Bref, l'étiquette est moins un pesant fardeau qu'un moyen de régulation et de pacification des tensions souhaité par les individus et les groupes eux-mêmes. Elle est productrice de *consensus* : en tant que signe de reconnaissance et code de préséances tout le monde s'accorde sur sa nécessité. Elle devient, pour ceux qui y sont assujettis, comme une seconde nature, au point que son absence ou son bouleversement brutal crée un vide abyssal qui affole. On ne s'y retrouve plus, c'est le monde à l'envers! « On ne sait plus du tout qui on est, écrit en août 1705 la princesse Palatine à propos des séjours à Marly où l'étiquette était volontairement relâchée. Quand le roi se promène, tout le monde se couvre; la duchesse de Bourgogne va-t-elle se promener, eh bien, elle donne le bras à une dame et les autres marchent à côté. On ne voit donc plus qui elle est. Ici, au salon et à Trianon, dans la galerie, tous les hommes sont assis devant M. le dauphin et Mme la duchesse de Bourgogne (...). J'ai grand-peine à m'habituer à cette confusion. »

Les règles de préséance sont minutieuses, tatillonnes, portent sur d'infimes détails, à première vue risibles et dérisoires, mais obéissant à des impératifs politiques. Ainsi l'usage des sièges et des tabourets : le droit de s'asseoir en présence de Sa Majesté n'est réservé qu'à un petit nombre de personnes – les Fils et Filles de France, les Petits-Fils et Petites-Filles de France, les princesses du sang, les princesses et duchesses étrangères. Les autres restent debout, y compris les princes du sang et les ducs et pairs. Au cercle de la reine ou devant le dauphin princesses et duchesses ont droit au fameux tabouret. Par contre, devant les Petits-Fils et Petites-Filles de France, ces mêmes personnes peuvent prétendre au siège à dossier. Signe du rapprochement des rangs, en présence d'un prince ou d'une princesse du sang, une duchesse a un fauteuil. Ces règles ne fonctionnent que pour certaines séances ou cérémonies. A la table de jeu, même lorsque le roi s'y trouve, tout le monde reste assis. Avoir ce que l'on appelle les « honneurs du Louvre » c'est avoir le droit au tabouret, celui d'entrer en carrosse dans une résidence royale et de pouvoir s'agenouiller sur un carreau (c'est-à-dire un coussin) à l'église. Tout n'est que subtilités. Lors des séances solennelles du parlement de Paris, les princes du sang traversent obliquement le parquet de la Grand-Chambre pour gagner leurs bancs, ce qui est formellement interdit à un duc, invité à longer les murs. Saint-Simon souffrira comme un damné de cette piqûre d'amour-propre. Aux audiences publiques les huissiers ouvrent un seul battant ou les deux, suivant le rang de celui qui franchit la porte. Même durant les cérémonies religieuses les préséances gardent leur importance. Aux processions du saint sacrement les duchesses portent elles-mêmes leur parasol, alors que les princesses le confient à des serviteurs. Lors des deuils de la famille royale les Fils et Petits-Fils de France reçoivent les courtisans en manteau et mante, honneur qui est refusé aux princes du sang...

L'étiquette, naturellement, avive les jalousies. Toute différence est insupportable quand elle montre l'infériorité et devient vanité lorsqu'elle étale le privilège. On comprend l'importance que chaque individu ou chaque groupe attache au respect de ce code mondain, puisque lui faire une entorse revient à toucher au rang. Ceci demande une vigilance de tous les instants, car, contrairement aux apparences, rien n'est fixe à la cour. La stratégie d'un groupe consiste à se rapprocher de celui qui lui est immédiatement supérieur – au besoin en usurpant des prérogatives qui ne sont pas les siennes –, à accentuer sa différence avec celui qui lui est inférieur, en dressant des barrières ou en creusant d'infranchissables fossés. D'une certaine façon, c'est à une guerre que chacun se livre. Le combat est particulièrement âpre dans les rangs les plus élevés de la cour, entre les ducs, les princes du sang et les Enfants de France. Les princes du sang n'ont de cesse d'être assimilés aux Enfants de France, tandis qu'ils combattent à front renversé les ducs et pairs, désireux de se rapprocher d'eux. Saint-Simon a décrit avec passion ces guerres picrocholines sur les brèches de l'inutile, où l'on oubliait, dans la poussière de dérisoires vanités, la sanglante lutte des clans de la Fronde. Pour éviter de donner des fauteuils aux duchesses, par exemple, les princesses faisaient distribuer à tous les invités des ployants ou des chaises de paille! Les dames titrées ayant le droit de draper leur carrosse de housses, les princesses, pour se distinguer, préférèrent renoncer à cet usage...

Le roi manipulateur

Innombrables sont les querelles d'étiquette. Monsieur, qui a une parfaite connaissance des usages, est souvent consulté. Mais surgissent toujours des cas imprévus, des différends à régler, d'où le besoin d'une puissance arbitrale qui ne peut être que celle du roi. Ainsi devient-il créateur de normes. Point n'est besoin d'élaborer un nouveau code, sorti de son imagination. Il lui suffit d'agir au coup par coup, par empirisme [1]. Ce fut un lent processus où le hasard joua son rôle. A côté de règlements qu'il est obligé d'édicter pour empêcher une situation empoisonnée de dégénérer, que de tâtonnements et d'obscurités! De l'étiquette il fait un instrument entre ses mains, lui permettant d'élargir sa marge de décision, d'ouvrir son espace politique, jouant subtilement avec l'aiguillon de l'honneur ou de la jalousie, avec l'amour-propre ou l'esprit d'émulation. Son intérêt n'est pas d'avoir un carcan de règles précises et immuables, qui le priverait de son pouvoir d'interprétation. Au contraire, il lui faut du flou, de l'à-peu-près, du contestable pour asseoir sa domination en souplesse et manipuler les hommes à son gré.

Ses moyens d'action sont nombreux : l'octroi, l'agrément donné à la vente ou à l'achat d'une charge, la survivance accordée pour une autre, la nomination à des fonctions militaires, diplomatiques ou administratives, la création de nouveaux offices commensaux, la distribution de brevets d'affaires, de brevets de justaucorps en broderie, l'autorisation de pénétrer à l'intérieur du « balustre » de son lit... En guise de cadeau, il lui arrive de distribuer des chaînes d'or, des médailles, des pierres précieuses ou ses portraits enrichis de diamants, notamment aux ambassadeurs. « Il sentait, remarque Saint-Simon, qu'il n'avait pas, à beaucoup près, assez de grâces à répandre pour faire un effet continuel. Il en substitua donc aux

1. Ralph E. GIESEY, « Cérémonial et puissance souveraine, France, XVe-XVIIe siècles », EHESS, *Cahiers des annales*, 41, Paris, 1987, p. 79.

véritables d'idéales, par la jalousie, les petites préférences qui se trouvaient tous les jours, et pour ainsi dire à tous moments, par son art. » Telles sont les « chimères », les « petits riens » qui, dans cette société où chacun s'épie et se jalouse jusqu'à la déraison, comptent plus que tout : assister au lever, tenir la chemise ou le bougeoir, avoir la permission de Marly. Un sourire du monarque, un mot bienveillant, une question aimablement posée, un simple regard comblent d'aise celui qui en est honoré en public. Et si la faveur se renouvelle, le bénéficiaire est « recherché comme un saint »! Les promenades à Trianon donnent au roi l'occasion de distribuer des récompenses. La plus prisée est la permission de se rendre à Marly, où le roi vit avec ses proches dans une plus grande familiarité. La veille de chaque voyage, Louis XIV dresse lui-même la liste de la cinquantaine de privilégiés appelés à l'accompagner. A côté du cercle des convives réguliers il y a les hôtes occasionnels : cela donne lieu à maints commentaires et supputations.

Le cas le plus surprenant est la récompense qui prend l'allure d'une réprimande! C'est ce qui arriva à Saint-Simon lorsqu'il démissionna de l'armée, en avril 1702, sous le prétexte d'ennuis de santé. Louis en fut vivement irrité. (« Hé bien, monsieur, dit-il à Chamillart, voilà encore un homme qui nous quitte! »). Le jour du retour du petit duc à la cour, sans l'avoir averti le roi le désigna pour tenir le chandelier à son coucher : ce qui passait pour une estimable récompense aux yeux de tous parut à l'intéressé un implacable et muet reproche! « Ce fut aussi tout ce que j'eus de lui trois ans durant, qu'il n'oublia aucune bagatelle, faute d'occasions plus importantes, de me faire sentir combien il était fâché. »

Dans le jeu du monarque nous retrouvons le rôle trifonctionnel du pouvoir : fédérateur, diviseur, niveleur. Louis XIV joue sur la corde du fédérateur lorsqu'il conforte le *consensus* nobiliaire, fait respecter la hiérarchie, punit les manquements à la règle, bref garantit l'ordre. Voici par exemple Mme de Torcy, femme du ministre des affaires étrangères, qui a eu l'impudence à Marly, en 1707, d'usurper la place de la duchesse de Duras. Au sortir de table le roi laissa éclater sa fureur. Écoutons Saint-Simon : « Il dit à Mme de Maintenon qu'il venait d'être témoin d'une insolence, ce fut le terme dont il se servit, incroyable, et qui l'avait mis dans une telle colère qu'elle l'avait empêché de manger (...); qu'une entreprise aurait été insupportable d'une femme de qualité, de quelque haute naissance qu'elle fût, mais que, d'une petite bourgeoise, fille de Pomponne, qui s'appelait Arnauld, mariée à un Colbert, il avouait qu'il avait été dix fois sur le point de la faire sortir de table, et qu'il ne s'était retenu que par la considération de son mari. Enfilant là-dessus la généalogie des Arnauld qu'il eut bientôt épuisée, il passa à celle des Colbert qu'il déchiffra de même, s'étendit sur leur folie d'avoir voulu descendre d'un roi d'Écosse (...). Il se mit à exalter la dignité des ducs, et fit connaître pour la première fois de sa vie qu'il n'en ignorait ni la grandeur ni la connexité de cette grandeur à celle de sa couronne et de sa propre majesté (...). On peut imaginer le bruit que fit cette aventure et jusqu'à quel point les secrétaires d'État et les ministres, si haut montés, la sentirent. »

Mais le rôle du monarque n'est pas de rendre immuable la hiérarchie des Grands. Il lui faut jouer aussi son rôle de diviseur. Pour accroître sa sphère de pouvoir il doit organiser la circulation ascendante ou descendante des familles, contrôler la mobilité à l'intérieur des groupes sociaux stratifiés, fixer leurs distances respectives, entretenir les antagonismes entre coteries, attiser la rivalité séculaire de la robe et de l'épée, bref chercher à maintenir les tensions tout en les régulant.

Niveleur, Louis devait l'être aussi, nécessairement, instinctivement. Saint-Simon, qui avait bu du petit lait lors de l'incident de Mme de Torcy, ne cesse au fil de ses *Mémoires* de dénoncer avec rage et véhémence l'implacable volonté du roi d'abaisser les Grands, particulièrement les ducs et pairs, d'élever à leur place les bâtards, les bourgeois. Il lui reproche, au lieu de s'appuyer sur les élites « naturelles », de dresser contre elles des créatures sorties du néant : les ministres, les maîtresses, les commis...

Louis échappe à tous et c'est ce qui asseoit son pouvoir. En organiste virtuose il joue sur différents registres. S'instaure ainsi, à côté de la hiérarchie des titres et des honneurs traditionnels, de l'ancienneté des familles, une hiérarchie parallèle qui, sans bouleverser totalement les rangs, reflète davantage la faveur. Aux appointements attachés aux fonctions il ajoute des pensions. En voici quelques exemples tirés des comptes du Trésor royal pour les années 1678-1679 [1] :

1. Bib. Nat. Manuscrits, Mélanges Colbert 302.

Au prince de Condé	150 000 livres
Au duc d'Enghien	60 000 livres
Au prince de Conti	30 000 livres
Au prince de la Roche-sur-Yon	30 000 livres
A la duchesse de Mazarin	24 000 livres
Au chevalier de Lorraine	14 000 livres
Au duc de Villeroy	12 000 livres
Au maréchal de Schomberg	12 000 livres
Au duc de la Feuillade	10 000 livres
A Mme de Thianges	9 000 livres
Au marquis de Béthune	8 000 livres
Au marquis de Ruvigny	6 000 livres
A Mme de Maintenon	6 000 livres
Au marquis de Bellefonds	6 000 livres
Au comte de Forbin	6 000 livres
A la comtesse de Marsan	3 000 livres
	etc.

Les pensions sont en principe annuelles, mais peuvent être supprimées d'un trait de plume. Parfois certaines sont doublées. En ce qui concerne les gratifications et les étrennes le roi se sent plus libre, encore que l'habitude s'instaure de les renouveler. Quelques exemples encore pour les mêmes années : 6 000 à Mme de Thianges, 75 000 à Pellisson, maître des requêtes, 20 000 au duc de Noailles, capitaine des gardes du corps, 100 000 au prince de Fürstenberg, évêque de Strasbourg, 30 000 au maréchal de Créqui « pour se mettre en équipage », 4 500 à la duchesse de Guise, 300 000 à Louvois, 500 000 au marquis de Mortemart, 60 000 au comte et à la comtesse de Gramont, 12 000 au prince de Soubise, le mari complaisant de la princesse (« en considération de ses services... »). Pour les étrennes de ses enfants naturels, le comte de Vermandois et Mlle de Blois, le roi donne 300 000 livres, auxquels s'ajoutent 80 000 livres de frais d'entretien de leur maison. Mme de Montespan, quant à elle, reçoit 150 000 livres pour la « nourriture et entretainement » de ses quatre enfants légitimés : le duc du Maine, le comte de Vexin, Mlle de Nantes, Mlle de Tours.

Mais la hiérarchie de l'argent ne rend qu'imparfaitement compte de la hiérarchie du crédit : le prince de Condé, honoré comme prince du sang, vient rarement à la cour. Louis goûte sa plate courtisanerie mais ne le compte pas parmi ses familiers. Certains personnages de son entourage lui sont chers : François de la Rochefoucauld et le duc de Villeroy sont les favoris, bien que le mot avec un roi tel que Louis XIV, habitué à ne jamais donner pleinement sa confiance, est à prendre avec réserve. La Rochefoucauld, seigneur pauvre, dépourvu de relations, et de surcroît fils d'un frondeur célèbre, doit tout à son maître. C'est un courtisan comme le roi les aime. Le duc de Chevreuse, le père de la Chaise sont des hommes très écoutés. Ce dernier a la main sur la feuille des bénéfices et en tire grand pouvoir. Pour atteindre le roi on peut aussi passer par les valets de chambre Bontemps, Blouin, Nyer ou le premier médecin Fagon.

Liturgie royale

Est-ce parce que le pouvoir est solidement établi qu'il affiche moins sa dimension religieuse? Est-ce le début de son irrémédiable sécularisation? Toujours est-il que les fonctions sacrées du monarque tendent à perdre de leur éclat dans une France pourtant « toute catholique ». L'Escurial, le palais-couvent de Philippe II, avait été conçu autour de la chapelle. Il en est autrement de Versailles, où la chapelle changea plusieurs fois de place, toujours en position excentrée. Commencée en 1689, la dernière ne sera consacrée qu'en juin 1710. Certes Louis XIV continue à respecter scrupuleusement le rituel des « rois thaumaturges », ses ancêtres : quatre ou cinq fois par an, la veille des grandes fêtes, il procède au toucher des écrouelles et, le jeudi saint, lave les pieds de treize enfants pauvres. Mais la princesse Palatine doute de ses pouvoirs et une bonne partie de l'entourage curial avec elle. Paradoxalement, ce reflux de l'empreinte du sacré se conjugue avec le cheminement du vieux roi et d'une partie de la cour vers la bigoterie.

C'est la personne même du souverain qui fait l'objet d'un culte. Le roi, grand prêtre du mystère divin, attend la dévotion de ses « fidèles », qui lui vouent une véritable adoration et lui prodiguent l'encens des flatteries. Ses rapports avec ses sujets sont marqués par l'affectivité. Celui qui paraît devant lui ne peut que se sentir gauche, humble, ébloui. Il bégaie, devient ridicule. Le lit royal est protégé par une balustrade comme l'est l'autel d'une église. Même lorsque le roi est absent on fait la révérence devant lui, de la même manière qu'on fait la génuflexion devant le saint sacrement. Voulant élever la monarchie vers la divinité, Bossuet a participé inconsciemment à cette divinisation. Les bornes sont parfois dépassées : « Les Minimes de votre Provence, écrit Mme de Sévigné au chevalier de Grignan en juin 1685, ont dédié une thèse au roi où ils le comparent à Dieu, mais d'une manière où l'on voit clairement que Dieu n'est que la copie... »

Le roi est le dieu qui donne et qui pardonne. Il reçoit les prières : « Sire, Marly ! » – Marly n'est-il pas une sorte de paradis où il y a beaucoup d'appelés mais peu d'élus ? –, les sollicitations pour une pension ou une gratification, mais pas question de le contraindre ou de marchander, ni même de rendre. Le divin maître distribue les grâces en toute liberté. Comme l'Éternel, il est maître de toute justice : il punit le pécheur de ses fautes morales. On remarque son mécontentement à la froideur de son visage, à la suppression des étrennes ou de l'invitation à une chasse. Parfois, dans les cas les plus graves, un carrosse attend le coupable pour le mener à la Bastille ou dans une citadelle de province, l'enfer. Vardes, Lauzun, les princes de Conti et de la Roche-sur-Yon ne reviendront d'exil qu'après un long purgatoire. Louis hait d'autant plus les débordements ou les dépravations des grands seigneurs – blasphèmes, libertinage, impiétés... – qu'il n'est pas loin d'y voir la manifestation d'une dissidence politique. Il a une horreur particulière des « débauches ultramontaines » : Guiche, Vivonne, le comte de Manicamp, le chevalier de Lorraine subissent ses foudres, mais pas tant que le menu fretin des sodomistes qui finissent sur le bûcher [1]. Il faut souligner que les fidèles bénéficient d'une relative indulgence. Leurs fautes sont peccadilles et péchés véniels aisément pardonnés. En 1662 le comte de Guiche avait poussé Madame, Henriette d'Angleterre, à se révolter et à se barricader dans Dunkerque en attendant qu'il vienne l'y rejoindre avec le régiment des gardes. « Votre timide beau-frère, lui disait-il, n'est qu'un fanfaron et un avare. Quand une fois vous serez dans Dunkerque, nous lui ferons faire, le bâton haut, tout ce que nous voudrons. » Ailleurs il écrivait : « Si je pouvais tenir ce fanfaron en pleine campagne, tête

1. Maurice LEVER, *Les Bûchers de Sodome, histoire des « infâmes »*, Paris, 1985.

à tête, je lui ferais bien ployer les voiles. » Haute trahison! A tout prendre Guiche était aussi coupable que le chevalier de Rohan, sollicité par les gentilshommes de Normandie pour se placer à la tête de leur fronde. Mais il était fils du maréchal de Gramont et brillant courtisan. Sa punition fut réduite à quelques mois d'éloignement. Au contraire, Rohan, qui avait rompu les amarres, en perdit la tête.

Le pardon du roi correspond au sacrement de pénitence de l'Église : le pécheur est lavé de son péché et retrouve immédiatement l'état de grâce. « Vous ne devez du tout appréhender qu'il reste rien dans l'esprit du roi de tout ce qui s'est passé entre M. le maréchal de Tessé et vous, écrit le chancelier Pontchartrain à M. de Grammont, président du parlement de Grenoble. Sa Majesté a tout réglé par sa décision et a tout oublié en même temps... [1] »

De même que l'Église se groupe autour de son pontife et rejette l'hérésie, de même la société de cour ne supporte pas ceux qui font bande à part. Elle subodore toujours dans leur attitude quelque velléité schismatique. La petite cour que Monsieur et Madame installent à Saint-Cloud et à Villers-Cotterêts est suspectée par le roi, qui s'irrite de les voir « prendre leurs plaisirs » sans lui. Il en sera de même de la cour de Meudon où « règne » le pourtant débonnaire Grand Dauphin. C'est que l'héritier du trône occupe par nature une position dangereuse, quel que soit son degré de soumission : un monarque, qu'il soit héréditaire ou, comme de nos jours, élu, supporte mal l'idée d'avoir un successeur, surtout s'il voit les opposants se tourner vers lui.

Vivre près du roi devient le plus grand honneur que l'on puisse espérer sur cette terre : le maréchal de Luxembourg ne rêve que d'être son « domestique » : « Je me ruinerais de bon cœur pour l'être, dit-il, et j'y vendrais, comme le baron de la Crasse, mon dernier arpent de terre. » Bussy-Rabutin, désirant sortir de son exil, écrit au roi en 1672 : « Oui, Sire, je vous aime plus que tout le monde ensemble, et si je n'avais plus aimé Votre Majesté que Dieu même, peut-être n'aurais-je pas eu tous les malheurs qui me sont arrivés. » L'exil, en effet, est le comble de la disgrâce : il est vécu comme une sorte d'excommunication. « J'aime mieux mourir que

1. Texte cité par Michel Morineau dans *Vauban réformateur*, actes du colloque de 1983, Paris, 1993, p. 139.

d'être deux mois sans voir le roi », avouait le duc de Richelieu à Mme de Maintenon. « Sire, déclare Vardes à son retour, alors qu'il a revêtu son vieux justaucorps à brevet qui fait s'esclaffer l'entourage, loin de vous on n'est pas seulement malheureux, on est ridicule. » Hors de la cour point de salut! « Le chef-d'œuvre de Louis XIV, dira Stendhal, ce fut d'avoir créé l'ennui – au sens originel du mot – l'ennui de l'exil. »

A vrai dire, la grande difficulté pour le roi est de maintenir intacte cette liturgie sacrée. Il lui faut non seulement contrôler la vie de cour, mais l'organiser. Le dieu sans cesse se fait démiurge, luttant contre son propre ennui. Le voilà donc contraint d'inventer constamment des fêtes ou des distractions, de créer la surprise, la nouveauté : soirées d'« Appartement », collations, soupers fins, comédies, ballets, fêtes de nuit, promenades en gondoles sur le Grand Canal, feux d'artifice. Le jeu – le hoca, la bassette, le lansquenet... –, passe-temps préféré des courtisans, sert d'exutoire à leur inaction. Il permet de tuer le temps au long des soirées d'hiver, tandis que le parc semble engourdi par le gel et que les cheminées tirent mal. Dans un monde immobile, le jeu donne l'ivresse du risque et de l'audace. On mise des sommes extravagantes, on triche fréquemment, même à la table du roi. Et pourtant les plaisirs n'arrivent pas toujours à rompre la monotonie des jours. En janvier 1674 Mme de Sévigné note cette remarque désabusée du souverain : « Quand je ne donne point de plaisirs, on se plaint; et quand j'en donne, les dames n'y viennent pas! »

La vie de courtisan

Cependant, derrière la façade brillante, l'éclat des fêtes, la frivolité des divertissements, l'or et la pompe du décor, la vie de courtisan n'est pas une partie de plaisir. Elle est rude, harassante même. Dans la vaste cohue qui l'entoure, dans un palais qui ressemble à un de nos modernes halls de gare, où se bousculent les badauds, les laquais, les gardes, les filles publiques, les marchands et les parasites en tout genre, l'homme de cour doit non seulement chercher à s'approcher du roi – ce qui est déjà une prouesse –, mais aussi, pour rester à la mode ou garder son rang, surveiller de l'œil ses voisins. La lutte pour affirmer sa position, son existence sociale entraîne une compétition continuelle.

Tout en respectant scrupuleusement les conventions, les convenances, les modes, tout en s'appuyant sur le réseau d'interdépendance sociale qui l'entoure, le courtisan doit chercher à se faire remarquer du roi, des grands, des ministres, des favorites voire des simples commis. Il doit atteindre si possible une position dominante, rendant sa situation inexpugnable, afin de capter pour lui et ses amis le flot des grâces et des bienfaits de Sa Majesté. Cette stratégie d'émulation favorise naturellement les intrigues, les alliances éphémères et les coteries en même temps qu'elle exacerbe les rivalités. Pour parvenir à ses fins il apprend à devenir souple diplomate, fin calculateur, expert au « jeu du billard », ce jeu consistant à manipuler une tierce personne dans l'espoir d'en atteindre une autre et de la faire réagir par ricochet. L'homme de cour est avant tout bon observateur, comprend les défauts et les travers de son entourage, furette dans les couloirs, écoute aux portes des boudoirs. Il sait décrypter le signe annonciateur d'un orage, car son sort, souvent, en dépend. Ainsi apprend-il à s'écarter à temps de celui qui connaît la défaveur, de la favorite qui décline ou du ministre qui court à sa disgrâce. « Ne voyez guère M. de Montespan ou M. de Lauzun, recommandait Mme de Maintenon à son frère, on dira que vous recherchez les mécontents. » Saint-Simon sera très mal vu parce qu'il continuera, par fidélité, à frayer avec le duc d'Orléans, neveu du roi, tenu en quarantaine sur le soupçon d'être responsable de la mort du duc et de la duchesse de Bourgogne... Le courtisan doit savoir s'allier avec les puissances montantes mais ne pas tout miser sur un seul cheval, au risque de connaître le naufrage irrémédiable ou le coup de foudre qui frappe sans prévenir. La prudence est l'une de ses vertus. Il est des disgrâces que rien ne laisse présager : d'Aquin, premier médecin du roi, bien traité la veille, fut prié le lendemain de se retirer à Paris sans jamais reparaître à Versailles; il avait lassé par ses demandes répétées!

Ces règles de conduite s'apprennent et c'est précisément ce qui distingue l'éducation d'un jeune gentilhomme de celle d'un fils de bourgeois. La société aulique est une école de vie qui inculque la maîtrise de soi, la discipline de l'affectivité. Le comportement du courtisan tient d'une manière de stoïcisme hautain mâtiné de basse tartufferie. Il existe des valeurs courtisanes, dérivés édulcorés des valeurs aristocratiques d'autrefois, que le jésuite espagnol Baltasar Gracian (*L'Homme de cour*, traduit en français en 1684) dépeint audacieusement comme des vertus chrétiennes. Il faut savoir garder une humeur égale, ne jamais laisser éclater colère ou découragement, sourire même quand les tracas vous accablent, se soumettre à d'humiliantes contraintes, à de serviles mimétismes, à de pénibles courbettes, constamment masquer ses vrais sentiments. Tout doit être accepté, intériorisé avec résignation comme le revers d'une situation présentant maints avantages. Il n'est qu'à voir le mépris dans lequel les courtisans tiennent la noblesse campagnarde, y compris celle qui a plus de quartiers qu'eux. Pour rien au monde ils ne troqueraient leur minuscule et incommode réduit de Versailles, où ils s'entassent, des caves aux combles, dans des conditions parfois ahurissantes.

Le plus grave est que malgré ses terres et ses fermages, ses charges et ses pensions, le courtisan s'appauvrit en accumulant les dépenses somptuaires. La vie sociale et mondaine est dispendieuse si l'on veut tenir son rang : hôtels particuliers, carrosses, chevaux, atours, domestiques coûtent cher et il est bon d'exhiber ses richesses, puisque d'elles dépend le statut social. Tel est le terrible engrenage qui contraint le noble à ajuster ses revenus à ses dépenses et non l'inverse ! Max Weber a montré que l'économie du luxe est inhérente à ce type de socialisation. Point de courtisan sans dépenses de prestige, sans « consommation ostentatoire » comme le dit l'économiste Veblen. Pour échapper à la misère qui le guette et dans laquelle parfois la passion du jeu le précipite, il va courir les dots, rechercher les charges les plus rémunératrices, investir dans les fructueuses « affaires du roi », au besoin emprunter, car il est moins déshonorant de devoir de l'argent que de perdre son rang, d'où la fortune des notaires, des usuriers qui suivent la cour. Certains, monnayant l'avantage qu'ils ont de connaître le roi, un secrétaire d'État, voire un de ses commis, se font « donneurs d'avis ». Ces parasites vendent des conseils, des idées nouvelles, informent les amateurs de charges des places disponibles et, au passage, se font verser de copieux pots-de-vin. Il ne faudrait pas croire que ce trafic se limite à quelques nobliaux faméliques. Il touche toutes les grandes familles, les Noailles, les Rohan, les Lorraine... Monsieur lui-même conseilla un jour à son frère de lancer une « grande recherche » contre les trésoriers de l'Extraordinaire des guerres dans l'espoir de percevoir un « droit d'avis » d'un million! L'aventurier italien Primi Visconti obtint pour deux libraires le droit d'imprimer une gazette hebdomadaire des nouvelles de Paris moyennant une commission annuelle de 400 pistoles. La duchesse de Guiche, fille du maréchal de Noailles, tira 25 000 écus pour avoir signalé à des amateurs la création des offices de receveur des boues et lanternes. On trafiquait sur tout : les grades de l'armée, la vente de régiments, les mariages, les fournitures de buffet ou les invitations à Marly... Mais cela ne suffisait pas toujours à combler le gouffre des dépenses.

La domestication de la noblesse

Pour être, il faut paraître, pour paraître, il faut avoir et pour avoir, il faut plaire! C'est ainsi que le courtisan s'attache à son roi comme l'esclave à son maître. Sans lui son statut s'effondre. La cour, dit Norbert Elias, est un instrument de domination pour le roi et un « organisme de prévoyance » pour le noble, sa sécurité sociale en quelque sorte! En génial acteur politique Louis XIV a bel et bien domestiqué la noblesse française, la privant de toute autonomie, la plaçant sous sa coupe et lui interdisant de se mêler sans son ordre des affaires de l'État. Le prince de Condé sera d'une parfaite soumission. Son fils, Henri Jules, fera antichambre servilement : « Il dormait le plus souvent sur un tabouret au coin de la porte, raconte Saint-Simon, où je l'ai maintes fois vu ainsi, attendant avec tous les courtisans que le roi vînt se déshabiller. » Une autre fonction de la cour, souvent méconnue, est le rôle qu'elle joue dans la sélection du personnel politique et militaire. A mesure que s'épaissit l'écran curial, le roi choisit ses collaborateurs dans son entourage direct, sans trop se soucier de leurs aptitudes à gouverner. Chamillart, grand amateur de billard, sera propulsé ministre d'État et l'ami d'enfance, Villeroy, bombardé chef d'armée. Même les plus furieux dévots du Grand Roi n'ont jamais prétendu que ces choix furent judicieux!

Certains, statistiques en main, ont émis des doutes sur cette « domestication » : Versailles, ont-ils fait valoir, sur une cour de 7 000 à 8 000 personnes environ, personnel subalterne compris, accueillait 4 000 à 5 000 nobles. Ce chiffre, que l'on peut au mieux doubler avec le service par quartier attaché à certaines charges, est extraordinairement modeste si on le rapproche du total des membres du second ordre, estimé à 200 000. Quatre à cinq pour cent des nobles seulement auraient été, par conséquent, sous l'emprise directe du pouvoir monarchique.

A vrai dire, un tel raisonnement revient à ignorer les effets induits du système, la survivance des liens d'homme à homme. Les nobles attirés par le soleil de Versailles étaient les plus en vue, ceux qui disposaient du plus grand nombre de fidèles. Il existait une contagion du modèle versaillais auprès des élites, des « gens de bien » : la noblesse de province, en particulier celle des grandes villes, jouait le jeu du pouvoir et copiait la cour dans ses comportements et son mode de vie. Versailles n'est pas un univers clos. Les carrosses des grands seigneurs roulent sur toutes les routes de France : on retourne sur ses terres ou dans son gouvernement, on rend visite à des amis, on parle dans les salons ou les académies, on s'écrit, même si l'on n'a pas la plume coruscante de la marquise de Sévigné. La mode se répand comme une traînée de poudre. Les règles du bon goût et du bon ton se diffusent en même temps que les habitudes de la nouvelle discipline. Versailles est au centre d'une gigantesque noria, irriguant le royaume des volontés de son souverain.

Il reste que l'information circule davantage dans un sens que dans l'autre : les nouvelles qui remontent de province sont filtrées par la crainte de déplaire, et les rapports des intendants finissent plus vite dans la corbeille à papier des secrétaires d'État que sur la table du conseil. En ce sens, la cour fait écran, tamise les lumières trop crues. D'où les efforts du roi pour organiser lui-même des réseaux d'espionnage aptes à lui fournir des nouvelles. Il veut tout savoir, dit Primi Visconti, « par les ministres les affaires d'État, par les présidents celles des parlements, par les juges, les moindres choses, par les dames favorites, les galanteries ; en somme, dans une journée, il arrive peu d'événements dont il ne soit informé, et il y a peu de personnes dont il ne sait le nom et les habitudes. Il a l'œil perspicace, connaît l'intimité de chacun, et une fois qu'il a vu un homme ou a entendu parler de lui, il s'en souvient toujours ». Une des fonctions principales de la cour est d'instituer un système de surveillance des Grands. Une bonne partie de la vie versaillaise tourne autour des rumeurs. Louis XIV, dit Saint-Simon, veillait avec soin « à être bien informé de ce qui se passait partout, dans les lieux publics, dans les maisons particulières, dans le commerce du monde, dans les secrets des familles et des liaisons. Les espions et les rapporteurs étaient infinis. Il y en avait de toute espèce ». Et pourtant bien des choses en son royaume lui échappaient..

L'affaire des poisons

L'envers du brillant décor curial porte un nom : l'affaire des poisons, qui fut le plus grand scandale du siècle. Les empoisonnements! On ne cessait d'en parler depuis la mort foudroyante de Henriette d'Angleterre en juin 1670. Toute disparition subite d'un grand personnage passait pour suspecte : Hugues de Lionne en 1671, le comte de Soissons en 1673. Le procès de la marquise de Brinvilliers, trois ans plus tard, avait glacé d'horreur la bonne société. Cette délicieuse jeune femme, au regard angélique, s'était révélée un monstre de vice et de perversité. Avec la complicité de son amant, le chevalier de Sainte-Croix, elle avait empoisonné son père, Antoine Dreux d'Aubray, lieutenant civil en la prévôté de Paris, ses frères, Antoine et François, tenté d'empoisonner sa sœur Thérèse, son mari, sa fille elle-même. Avant de périr sur le bûcher, la marquise, repentante, avait affirmé « qu'il y avait beaucoup de personnes engagées dans ce misérable commerce de poison, et des personnes de condition », mais n'avait livré aucun nom.

Au début de 1679, à la suite d'une dénonciation, on arrêta deux devineresses, la Bosse et la Vigoureux, qui furent plus loquaces et, de fil en aiguille, la Bastille et le donjon de Vincennes se peuplèrent d'une étrange faune : marchands de drogues, sages-femmes avorteuses, bergers envoûteurs, prêtres dépravés ou apostats. En mars on se saisit de Catherine Deshayes, épouse Monvoisin, âgée de quarante-deux ans : la fameuse la Voisin. Grâce à ses révélations et à celles de ses commères, on put se faire une meilleure idée des milieux criminels de la capitale, un monde où se mêlaient la superstition, la charlatanerie, les impiétés, les sacrilèges et le meurtre.

Des tireuses de cartes comme la Bosse ou la Vigoureux ne faisaient pas que prédire l'avenir : elles aidaient le destin! A côté de simples, d'onguents, de pommades ou d'aphrodisiaques, elles vendaient des poisons, s'adonnaient à la magie noire et aux maléfices, brûlaient des fagots en récitant des formules cabalistiques et perçaient des figurines de cire. De pseudo-alchimistes tels Vanens ou Blessis, las de rechercher la pierre philosophale, utilisaient leurs cornues et leurs athanors pour fabriquer des poisons à base d'opium, de ciguë, d'arsenic, de sublimé ou encore de distillat de crapauds selon la recette des Borgia. Ils savaient « accommoder » le bas d'une chemise pour faire croire qu'un mari s'en était allé d'une « maladie honteuse »... Des faiseuses d'anges – la Lepère ou la Voisin... – pratiquaient les avortements en série et enterraient les petits cadavres dans leur jardin. Des prêtres indignes, par exemple les abbés Cotton, Davot ou Guibourg, se livraient au trafic d'hosties consacrées, prononçaient pendant la messe des conjurations pour trouver des trésors, signaient des pactes avec le diable. Rien n'avait changé depuis le Moyen Age! Les cérémonies les plus odieuses étaient les fameuses messes noires, dites à rebours sur le corps d'une femme, car Satan, dans le manichéisme simpliste de ces gens, était considéré comme l'envers de Dieu. Elles étaient accompagnées de profanations d'hosties et, parfois, de sacrifices de nouveau-nés.

Toutes ces pratiques criminelles trouvaient son terrain de prédilection dans le prolétariat des faubourgs nord et est de Paris, entre l'enclos du Temple (qui jouissait d'une tradition d'immunité) et le quartier populaire de la Villeneuve-sur-Gravois, autour de Notre-Dame-de-Bonne-Nouvelle. Tel était le « territoire du poison [1] », avec des ramifications dans la France entière : sorcelleries rurale et urbaine étaient étroitement imbriquées. Qui étaient les empoisonneurs? En général des femmes, veuves ou mal mariées, exerçant de petits métiers : des fripières, des blanchisseuses, des vinaigrières, des marchandes de fruits ou d'eau-de-vie, souvent sans domicile fixe, femmes déclassées ou marginales, qui se volaient leurs amants, se battaient et se réconciliaient dans des beuveries et des orgies crapuleuses. Parfois, ces gueuses, telle la Voisin, roulaient carrosse et affichaient un luxe tapageur. Parmi les hommes on trouvait d'anciens soldats désœuvrés, des laquais, portefaix, petits marchands trafiquant de tout et quelques authentiques gentilshommes tombés dans la misère. Ces empoisonneurs vivaient en bandes rivales et en réseaux, fonctionnant comme des mafias.

Il fallait au plus vite porter le fer rouge dans cet épouvantable

1. Arlette LEBIGRE, *L'Affaire des poisons*, Paris, 1989, p. 60.

chancre. Le 7 avril 1679, Louis XIV, pour désengorger le Châtelet et frapper l'opinion, créa une cour extraordinaire de justice à l'Arsenal, sous la présidence de Louis Boucherat. La Reynie et le conseiller d'État Bazin de Bezons furent chargés de l'instruction. Pendant plus de trois ans cette juridiction, surnommée la « Chambre ardente » en souvenir d'institutions médiévales similaires, tiendra 210 séances, lancera 319 décrets de prise de corps (c'est-à-dire d'arrestation), fera incarcérer 194 personnes, prononcera 104 jugements dont 36 condamnations à mort, 4 condamnations aux galères, 34 peines de bannissement ou d'amende. En juillet 1682 le roi mettra fin à ses travaux, non parce qu'ils étaient achevés, mais parce qu'en les poursuivant elle risquait de frapper trop haut...

D'abord on eut confirmation que la clientèle des sorciers et empoisonneurs se recrutait parmi les gens aisés, notamment les gens de robe : Mme de Poulaillon, femme d'un maître des eaux et forêts, Marguerite de Gallard, veuve de Jérôme Leféron, président au Parlement, Mme de Dreux, veuve d'un maître des requêtes. De là on passa à la noblesse titrée : la comtesse de Soissons, la princesse de Tingry, la marquise d'Alluye, la comtesse du Roure, la duchesse de Vivonne...

Les mobiles étaient simples et éternels : l'amour, l'ambition, la désunion conjugale, la cupidité, le jeu, bref toutes les grandes passions humaines. Les femmes de la cour rêvaient de devenir favorites, les hommes couraient après le talisman qui les rendrait victorieux à la guerre, au jeu ou au lit. Le maréchal de Luxembourg fut quelque temps embastillé parce que son intendant, Bonnard, avait cherché à signer un pacte avec Satan. Racine lui-même fut suspecté, à tort, d'avoir empoisonné sa maîtresse, la comédienne Du Parc...

Cette avalanche de révélations souleva une intense émotion. « On est dans une agitation, on envoie aux nouvelles, on va dans les maisons pour apprendre », écrit Mme de Sévigné. La foule se pressait à la comédie de Thomas Corneille et Donneau de Visé, *La Devineresse ou les faux enchantements*, qui ridiculisait à plaisir les tireuses d'horoscopes et leurs clients. Le spectacle tint l'affiche cinq mois. Entraînés par la psychose du poison, les magistrats instructeurs n'avaient-ils pas tendance à tout noircir au-delà du vraisemblable? Beaucoup leur reprochaient de faire un crime d'une simple visite à une cartomancienne. Demandant à la duchesse de Bouillon si elle avait invoqué le diable, La Reynie se fit vertement répondre « qu'elle le voyait dans ce moment, qu'il était fort laid et fort vilain et qu'il était déguisé en conseiller d'État » (Voltaire)!

Le 22 février 1680, la Voisin fut condamnée à mort et, le même jour, sur les cinq heures du soir, vêtue de bure, tenant à la main un cierge de deux livres, exécutée en place de Grève, après avoir fait amende honorable sur le parvis de Notre-Dame. En juillet on interrogea sa fille, Marie-Marguerite. Ses révélations donnèrent des frissons à La Reynie : un attentat contre le roi avait été ourdi, et sa mère en était l'instrument! Elle devait lui remettre, à son passage dans une galerie du château de Saint-Germain, un placet enduit d'un poison violent. En même temps deux complices, Bertrand et Romani, avaient mission de s'introduire, déguisés en marchands, chez Mlle de Fontanges avec des étoffes empoisonnées qu'on devait lui faire manipuler. Qui avait commandité ce double crime? D'après la fille Monvoisin, sa mère depuis des années avait travaillé pour Mme de Montespan et lui avait fait porter des « poudres pour l'amour ». Lasse de voir Louis XIV s'éloigner d'elle malgré les aphrodisiaques qu'elle lui faisait absorber à son insu, elle se serait résolue à le supprimer ainsi que la trop belle Fontanges, dont elle était jalouse à crever. La Voisin n'était plus là pour corroborer les dires de sa fille. Mais un complice, l'abbé Guibourg, avoua que plusieurs années auparavant il avait célébré des messes noires sur le corps d'une femme voilée, qu'on lui avait « toujours dit être Mme de Montespan ». Une autre sorcière, Françoise Filastre, accusée d'avoir sacrifié ses enfants au diable, confirma les messes noires et assura, elle aussi, avoir travaillé pour Mme de Montespan...

On imagine les sentiments d'horreur et de dégoût qui durent saisir Louis XIV à l'annonce de ces révélations. Sans doute songea-t-il à ces « vapeurs » et accès de « langueur » qui l'assaillaient périodiquement. N'était-ce pas là l'effet des cantharides dont l'avait gavé sa maîtresse? Fallait-il faire éclater le scandale par souci de la vérité, un scandale qui atteignait la mère de ses enfants légitimés? Le roi, qui jusque-là avait voulu tout connaître, recula. Quatre jours de suite, durant quatre heures chaque jour, il tint conseil avec Colbert, Louvois, Boucherat et La Reynie. Après de longues hésitations il accepta la suggestion de La Reynie de faire collationner tous les « faits particuliers » relatifs à Mme de Montespan sur des « cahiers séparés » et de ne montrer aux juges que des interrogatoires tronqués : c'était un pis-aller ayant le mérite de ne pas laisser sans jugement les 147 accusés restant en prison.

La Chambre ardente, qui avait suspendu ses travaux pendant sept mois, ne les reprit qu'en mai 1681 afin de clore les instances en cours. Ceux qui avaient mis en cause la maîtresse du roi furent expédiés par lettres de cachet dans des citadelles de province, où ils finirent leurs jours, certains dans des conditions atroces, les pieds enchaînés à la muraille, sans chandelle ni bois, usant pendant des années les mêmes haillons couverts de vermine. Les autres allèrent ramer sur les galères du roi ou achevèrent misérablement leur vie à la Salpêtrière ou aux Filles repenties. En juillet 1682, à la fermeture de la Chambre ardente, le roi prit un édit réglementant l'utilisation des produits toxiques, la préparation des drogues par les apothicaires et interdisant les recherches alchimiques sans autorisation préalable.

Le cas de Mme de Montespan a été longuement discuté par les historiens. S'il est avéré aujourd'hui qu'elle fréquenta les devineresses et les sorcières, telles la Voisin ou la Trianon qui lui fournirent des « poudres d'amour », sa participation à la tentative d'empoisonnement du roi et de Mlle de Fontanges est à rejeter : ce furent les prisonniers de la Chambre ardente qui la chargèrent à tort pour échapper à la potence. Quant aux messes noires, le doute demeure et, faute de preuve, il doit profiter à la suspecte [1].

En tout cas, la favorite ne fut ni poursuivie ni inquiétée. Le roi ferma les yeux et ne lui demanda aucune explication. Il préférait le doute au scandale, le doute et l'oubli. (Ce n'est pas sous son règne qu'aurait pu se dérouler un procès aussi maladroitement mené que celui du collier de la reine!) Louis s'enferma volontairement dans un silence digne. Il faut rappeler qu'à ce moment-là la marquise était délaissée, que Mlle de Fontanges occupait le devant de la scène et que, déjà, à l'horizon se levait l'astre du soir, Mme de Maintenon... S'accrochant aux vains espoirs d'un retour en grâce, usant de l'influence que ses enfants exerçaient sur le roi, la glorieuse Athénaïs prolongea son séjour à la cour jusqu'en 1691. A la fin de sa vie, elle mènera la vie pieuse d'une dame d'œuvres, soulageant

1. Georges MONGRÉDIEN, *Madame de Montespan et l'affaire des poisons*, Paris, 1956, p 182. Sur la question voir notre *Madame de Montespan*, Paris, 1988, p. 179-227.

la misère des pauvres et des orphelins, présidant aux destinées d'une maison religieuse, les Filles de Saint-Joseph. Elle mourra à Bourbon-l'Archambault, en 1707, à l'âge de soixante-six ans, après avoir demandé publiquement pardon de ses péchés et parlé avec émotion de la miséricorde divine...

Les enseignements de l'affaire

L'affaire des poisons a souvent été négligée par les historiens au prétexte qu'elle relèverait de la « petite histoire ». En réalité, elle fut plus qu'un lot d'anecdotes sulfureuses sur l'« envers du Grand Siècle ». Elle en révèle les passions, les angoisses, les pulsions obscures. Elle montre que le siècle de Louis XIV, réputé pour son sens de la mesure, son goût de la clarté et de l'ordre, n'avait pas exorcisé les mentalités et les vieilles peurs du fond des âges. A cet égard, elle est plutôt un aboutissement qu'un commencement. Si la sorcellerie, la démonologie et les officines de poisons et de mort subsistent au XVIIIe siècle, ce n'est qu'à titre résiduel. Jamais plus n'éclatera une affaire d'une telle ampleur. Celle-ci marque donc une étape importante dans l'histoire des temps modernes. Elle se situe à la fin d'une époque où les parlements de province, après le parlement de Paris, cessent les uns après les autres d'envoyer au bûcher les sorciers, les traitant non plus comme des suppôts de Satan mais comme des fous et des pervers. Ces juridictions, influencées par la pensée rationnelle sinon rationaliste, renoncent définitivement à la démonologie de Jean Bodin, aux prétendus sabbats et à la chasse aux sorcières. Comme l'a montré Robert Mandrou, l'élite intellectuelle ne croit plus à l'intervention diabolique dans le cours ordinaire de la vie [1]. Les années 1650-1670 marquent la fin de la confusion du naturel et du surnaturel, propre à un certain Moyen Age, représentant Dieu et le Malin comme omniprésents.

L'affaire des poisons ne manque pas non plus d'enseignements politiques. Le plus important est sans doute l'extravagante faiblesse de la police parisienne qui mit des années avant de connaître les bas-fonds de la capitale. « Les impiétés, les sacrilèges, les abominations sont pratiques communes à Paris et dans les campagnes »,

1. Robert MANDROU, *Magistrats et sorciers en France au XVIIe siècle. Une analyse de psychologie historique*, Paris, 1968.

écrivait, impuissant, La Reynie. Quant aux avortements, le royaume en était à ce point infesté que le roi renonça à pourchasser systématiquement les coupables. Cette police était dépourvue d'informateurs et de procédés scientifiques. Preuve, une fois de plus, que l'« absolutisme » pris dans un sens de « totalitarisme » est un mythe : la police du moindre État contemporain est infiniment plus efficace que les commissaires emperruqués du Roi-Soleil. Nombre de crimes et de délits restaient impunis. Tout cela renforce l'idée qu'au XVIIe siècle le pouvoir royal était très éloigné de la société civile et n'avait que peu de prise sur la vie quotidienne. Non, Louis XIV ne savait pas tout.

Un autre enseignement à tirer est l'importance des complots contre la vie du roi. Nous touchons ici à un aspect méconnu du règne. Nous avons parlé de l'affaire du chevalier de Rohan, des tentatives criminelles de la Voisin à Saint-Germain. Après la réouverture de la Chambre ardente, on apprit que deux bergers, Debray et Moreau, avaient participé à une autre conspiration menée par un prétendu chevalier de la Brosse, identifié avec Pinon du Martroy, conseiller à la Chambre des enquêtes, ruiné par la chute de Fouquet. On ne put l'interroger car il était mort entretemps. Son complice Maillard, auditeur à la Chambre des comptes, fut exécuté sans rien avouer. Il y eut d'autres tentatives. En 1673 c'était un groupe de Lorrains et de Hollandais résidant à Bruxelles qui projetaient d'enlever ou de tuer le monarque. Le roi d'Angleterre en donna avis à la France. On mit des gardes aux entrées du jardin de Versailles et on organisa une souricière près de Péronne. Quelques années auparavant, en 1664, on avait arrêté un nommé Bourguignon, venu de Brest, qui voulait empoisonner Louis XIV en gavant de produits toxiques des volailles destinées à la « bouche du roi ». La mort de Henri IV était encore dans toutes les mémoires, et son petit-fils avait conscience des périls qui le menaçaient. L'affaire des poisons prouve que ceux-ci n'avaient rien d'imaginaire.

Le souci de la sécurité royale a alimenté à lui seul « une bonne moitié des lettres de cachet politiques [1] ». Ce ne fut pas sans abus. Par le fait du prince, de pauvres diables, des mythomanes, des

1. Claude QUÉTEL, *De par le Roy. Essai sur les lettres de cachet*, Toulouse, 1981, p. 36.

déséquilibrés, instigateurs ou dénonciateurs de complots imaginaires, payèrent de leur liberté leur légèreté, leur imprudence ou leur inconséquence. Le moindre geste, le moindre propos contre le souverain conduisaient son auteur au cachot pour la vie. « On ne peut toucher ni de près ni de loin à l'évocation de la mort du roi, écrit Arlette Farge, sans être englouti par la nocivité extrême du thème, qui ne peut être utilisé sans qu'on s'y brûle. » Impossible de « se déclarer innocent, une fois pris aux rets de dénonciations dérisoires [1] ». En 1671 une demi-folle, Marguerite d'Anglebermes, fille d'un apothicaire d'Orléans, avait annoncé son intention « d'attenter à la personne du roi » : cela lui valut quarante-cinq ans de prison ou de maison de pénitence. En 1716, dans un placet au régent, elle se plaignait encore de ne pas savoir le motif de sa détention. En 1684 on embastillait Joseph Botat dit Champagne, valet de pied de l'ambassadeur de Venise, pour avoir dit dans une antichambre : « Qui pourrait m'empêcher d'aller tuer le roi? ». L'année suivante, un paisible marchand protestant installé à Mannheim, Jean Cardel, fut accusé sans preuve par un de ses coreligionnaires jaloux de complot contre la « personne sacrée de Sa Majesté ». Enlevé sur le territoire de l'électeur palatin, il fut conduit enchaîné à la Bastille, où il resta jusqu'à sa mort, trente ans plus tard [2]. En 1687 Jean Herse, jeune apprenti tailleur, avait dit qu'il voulait tuer le roi « pour avoir de l'argent ». Envoyé à Pignerol, il fut conduit à l'île Sainte-Marguerite puis disparut à tout jamais dans l'archipel des prisons d'État. Même vouloir tirer l'horoscope du roi était répréhensible, comme l'apprendra à ses dépens François Henry de Bardy, enfermé à la Bastille en 1701 sur ce simple motif. Les temps avaient bien changé depuis le moine Campanella! Le roi est l'image emblématique de l'ordre social, mieux encore, de l'ordre divin. Sa personne est sacrée puisqu'elle vient de Dieu. La mort royale est le crime abominable par excellence, le parricide, la transgression impardonnable à la règle suprême qui veut qu'entre le monarque, père de ses peuples, et ses sujets il n'y ait que des relations d'amour et de soumission. Vouloir supprimer la

1. Arlette FARGE, *Dire et mal dire. L'opinion publique au XVIIIe siècle*, Paris, 1992, p. 219-221. L'auteur a recensé dans les archives de la Bastille, de 1661 à 1775, pas moins de deux cents dossiers concernant des individus accusés de « mauvais discours » contre la personne royale.

2. F. RAVAISSON, *Archives de la Bastille*, t. IX, p. 272 et suiv.

pierre d'angle de la cathédrale sociale est un tabou qui obsède les autorités, provoque la peur, l'effroi, la panique.

Ce qui précède explique l'atmosphère de secret et de mystère impénétrable dont la police politique entourait ses entreprises. A tel point que l'on n'osait parler de ce qui touchait de près ou de loin au crime de lèse-majesté – la « chose » sans nom –, de crainte de susciter des émules de Jacques Clément et de Ravaillac. Le chevalier de Rohan avait été condamné pour révolte et non pour tentative d'attentat et, par discrétion, son exécution s'était faite à l'intérieur de la première enceinte de la Bastille. Il y avait une réelle solidarité des princes européens à ce sujet. L'électeur palatin n'avait protesté que pour la forme de l'enlèvement de Jean Cardel sur son territoire, tout en précisant qu'il comprenait les raisons du roi. Louis XIV, Guillaume d'Orange, Charles II d'Angleterre, Charles II d'Espagne, l'empereur Léopold, tous étaient d'accord pour ne pas donner refuge aux régicides et à leurs complices. Il est probable que cette phobie a été un facteur essentiel de la montée en France de l'arbitraire, cet arbitraire qui sera l'une des cibles privilégiées des philosophes du XVIIIe siècle.

CHAPITRE XIX

Le drame huguenot

Le protestantisme en France

Le 17 octobre 1685, le roi signait à Fontainebleau la révocation de l'édit de Nantes de 1598, supprimant d'un trait de plume l'exercice public de la religion protestante, la « Religion Prétendue Réformée » (en abrégé R.P.R.). Avec la guerre de Hollande, le sac du Palatinat, la bulle *Unigenitus* et le testament de 1714 ce fut l'une des fautes majeures du règne, la plus grave sans doute au regard de la morale. La responsabilité de Louis XIV est pleine et entière puisque, en tant que souverain, la totalité des décisions politiques lui est imputable. Ardemment souhaité par le clergé catholique, l'édit de Fontainebleau fut l'une des actions les plus populaires du roi, bien plus que le passage du Rhin, la prise de Maëstricht ou l'annexion de Strasbourg. A supposer qu'en ce temps-là on ait consulté les Français par référendum, il ne fait aucun doute qu'ils auraient massivement plébiscité leur monarque. Comment expliquer un tel enthousiasme pour un acte qui heurte à bon droit la conscience moderne?

Est-il besoin de rappeler que nous vivons dans un système de valeurs radicalement différent de celui de cette époque? Les hommes du XVIIe siècle étaient hermétiques aux idées de liberté de conscience et de culte, plus encore à celle de laïcité de l'État, toutes notions présupposant un individualisme qui n'apparaîtra qu'au siècle suivant. Les huguenots ne souhaitaient nullement cantonner la religion dans la sphère de la vie privée. Comme les catholiques ils étaient intransigeants et voulaient le triomphe dans l'État de la

« vraie » religion, la seule et unique. Chacun cherchait à convertir l'autre avec d'autant plus de passion qu'il était persuadé que son malheureux adversaire, s'il persistait dans l'erreur, encourait les tourments de la géhenne éternelle [1]. La tentation était grande, par conséquent, pour la majorité catholique, d'user de persuasion voire de pressions psychologiques pour faire, malgré eux, le bonheur de ces égarés et leur permettre d'accéder au salut. L'un des arguments pour justifier une « certaine contrainte » était tiré de l'exégèse de la parabole du festin, faite par saint Augustin au IVe siècle (*Compelle intrare*, « Contrains-les d'entrer ») dans le but de ramener au bercail les donatistes, ces chrétiens schismatiques d'Afrique. D'où les efforts des théologiens – dont Bossuet dans son *Exposition de la doctrine catholique* (1671) – pour faire admettre que l'hérésie calviniste n'était qu'un schisme, une rupture avec la communion de l'Église universelle, qui avait perdu toute justification depuis la réforme catholique du concile de Trente.

Par ailleurs, il faut comprendre qu'au Grand Siècle la tolérance, cette vertu la moins partagée, était jugée comme un facteur de dissolution sociale. Le souvenir des guerres de Religion, celui, plus proche, des trois révoltes menées par le duc de Rohan de 1621 à 1629 restaient présents. L'unité religieuse était regardée comme le ciment indispensable à toute communauté nationale. Elle servait de contrepoids aux diverses forces centrifuges (enchevêtrement des pouvoirs sociaux, autonomie provinciale, diversité des langues et des coutumes...). Le fameux adage *Cujus regio ejus religio* (A chaque pays sa religion) s'appliquait à toute l'Europe chrétienne. Sans lui, point d'harmonie. « Une foi, une loi, un roi », proclamait Guillaume Postel au XVIe siècle.

Les minorités religieuses, qui existaient ailleurs qu'en France, faisaient l'objet de sournoises discriminations et d'ostracisme, comme les catholiques des Provinces-Unies, voire de persécutions, comme ceux d'Irlande. A la fin de 1678, en Angleterre, l'opinion et le Parlement, excités par des provocateurs qui avaient dénoncé un complot jésuite et papiste, se lançèrent dans une « chasse aux sorcières » : le bill du Test exclut les catholiques de la cour et du Parlement; 2 000 suspects furent emprisonnés à Londres; il y eut des

1. Les protestants conserveront cette position jusque dans le Refuge : pour un Pierre Bayle, acquis à la tolérance, combien de Jurieu enflammés? Locke, dans ses célèbres *Lettres sur la tolérance* (1689), prônait la tolérance pour les dissidents protestants mais la refusait aux catholiques et aux athées.

condamnations et des exécutions nombreuses. L'unité religieuse assurait la solidité de ces États. La France, au contraire, était le seul pays de la chrétienté à admettre légalement le dualisme religieux et, dans une certaine mesure, la liberté de conscience [1]. C'était pour elle un élément de fragilité. On comprend, dans ces conditions, pourquoi l'édit de pacification du roi Henri était tenu par la majorité des catholiques pour un mal nécessaire mais provisoire, sur lequel il convenait de revenir au plus vite. Dès lors que la société avec les progrès de la centralisation devenait plus homogène, la question de l'unité religieuse devait fatalement se poser...

En 1629 l'édit de grâce d'Alais avait confirmé les clauses religieuses de l'édit de Nantes mais supprimé les brevets dont il était assorti, brevets qui concédaient au « parti » huguenot des places de sûreté avec garnisons et le droit de tenir des assemblées politiques. Pendant le reste du règne de Louis XIII et la régence d'Anne d'Autriche les réformés avaient été d'un parfait loyalisme envers la couronne, ce qui s'explique par la conversion des pasteurs à l'absolutisme monarchique. Dans la vie quotidienne, une certaine tiédeur religieuse aidant, catholiques et protestants s'étaient rapprochés. Les solidarités locales, les mariages mixtes avaient insensiblement tissé des liens entre les deux communautés. A la mort de Mazarin, les passions semblaient apaisées, les plaies cicatrisées. Une sorte de *modus vivendi* s'était instaurée. Bien entendu les divergences de fond subsistaient au plan théologique sur la nature de l'Église et des sacrements, sur la présence réelle du Christ dans l'eucharistie, l'intercession des saints, les prières pour les défunts, le purgatoire, la Vierge Marie, etc. Mais les polémiques étaient plus courtoises. A terme, des rapprochements auraient pu s'opérer, les protestants français étant davantage antipapistes qu'anticatholiques.

Malgré cela, des facteurs de tension demeuraient. La réforme catholique, avec sa vitalité triomphaliste et son dynamisme conquérant, ne poussait pas à la réconciliation. Paris gardait un vieux levain ligueur toujours prêt à faire gonfler la pâte de nouvelles Saint-Barthélemy. D'un autre côté, les adeptes de la religion de

1. Liberté limitée au choix entre le catholicisme et le calvinisme, auxquels s'ajoutait le luthérianisme en Alsace. Expulsés par l'édit de 1394 (renouvelé en 1615), les Juifs n'avaient plus, en principe, le droit de cité en France. Objets de suspicion générale et de haine religieuse, ils étaient tolérés de fait dans certaines grandes villes pour des raisons essentiellement économiques (Metz, Marseille, Bordeaux...). Martine Lemalet, « Juifs et intendants au XVIIe siècle », *XVIIe siècle*, avril-juin 1994, n° 183, p. 287-302.

Calvin, pénétrés de l'orgueilleuse certitude d'appartenir au petit troupeau des élus, écrasaient d'un mépris haineux le culte et les pratiques catholiques. En certaines zones du Languedoc, où ils étaient numériquement les plus forts, ils se montraient oppresseurs. Du temps de Louis XIII des paroisses catholiques entières avaient été converties de force par leur seigneur haut-justicier.

Nombre de protestants étaient instruits, fortunés et influents, particulièrement dans la France du Nord où ils réussissaient dans les affaires, les fermes, les finances. A côté des humbles ruraux du Bas Languedoc, à peine alphabétisés, le Grand Siècle avait sa « haute société protestante », où se rencontraient des noms comme Herwart, Van Robais, Legendre, Pagès, Raulé, Samuel Bernard, de grands seigneurs, tel le duc de la Force, des maréchaux de France, Turenne et Schomberg, des marins comme Duquesne. Une certaine arrogance de l'élite huguenote, surtout dans les villes moyennes, irritait l'amour-propre du petit peuple catholique, plus pauvre, groupé autour de ses curés, qui n'étaient pas tous, tant s'en faut, abbés de cour.

Même quand ils n'avaient pas l'argent facile, les réformés ne laissaient pas d'inquiéter. Leur organisation ecclésiale, presbytéro-synodale, avec son ensemble de paroisses autogérées et d'organes délibératifs – ses consistoires, ses colloques de pasteurs et d'« anciens », ses synodes provinciaux, son synode national –, était en discordance avec la structure pyramidale et hiérarchisée de la société française, où l'impulsion allait du sommet à la base. Cette démocratie réformée (tempérée, il est vrai, d'oligarchie) sentait fort l'esprit « républicain », comme on disait alors, d'autant que les protestants étaient conduits tout naturellement à tourner leurs regards vers Genève ou Amsterdam.

Il reste que le monde de la Réforme, en butte aux attaques des dévots, conscient de sa faiblesse numérique, avait perdu depuis la paix d'Alais à peu près tout esprit de prosélytisme, même si, sur le plan intellectuel, il conservait une grande vivacité. Recroquevillé sur ses rites protecteurs, son particularisme biblique, son langage un peu ésotérique (le fameux « patois de Canaan »), il prenait sociologiquement l'allure d'une microsociété, pour ne pas dire d'une secte, susceptible de véhiculer des idées dangereuses pour le reste du corps social. Or, s'il est une chose que l'absolutisme centralisateur et niveleur exécrait par-dessus tout, c'était bien ce genre de « faction » inassimilable : on l'a vu avec le jansénisme et la Compagnie du Saint-Sacrement. On estime à environ 900 le nombre des temples et à près d'un millier celui des pasteurs en exercice. Quant à celui des huguenots, il s'établissait à 787 400 en 1660-1670 [1]

Un long processus

Parmi les causes de la révocation de l'édit de Nantes on invoque fréquemment des raisons religieuses. La conversion du roi, due à l'influence de Mme de Maintenon, de Bossuet et du père de la Chaise, ou encore provoquée par le choc de l'affaire des poisons (comme le pense Jean-Pierre Labatut), aurait été déterminante. A partir de 1679 en effet, on sent Louis XIV revenir à la pratique chrétienne. Il se montre exact aux offices, aux exercices de piété, égrène son chapelet pendant la messe, adore le saint sacrement. La mort de Marie-Thérèse marque une nouvelle étape de son cheminement spirituel. « Je crois que la reine a demandé à Dieu la conversion de toute la cour, écrit Mme de Maintenon le 28 septembre 1683. Celle du roi est admirable, et les dames qui en paraissaient le plus éloignées ne sortent plus de l'église. Mme de Montchevreuil, Mme de Chevreuse, Mme de Beauvillier, la princesse d'Harcourt, en un mot toutes nos dévotes n'y sont pas plus souvent que Mme de Montespan, Mme de Thianges, la comtesse de Gramont, la duchesse du Lude, Mme de Soubise. Les simples dimanches sont comme autrefois les jours de Pâques. » A côté de la piété sincère de quelques-uns s'infiltre à Versailles une atmosphère d'ordre moral, lourde et hypocrite. Pour plaire au maître et mériter ses grâces les courtisans se donnent des mines de dévots. Cela devient la nouvelle mode, comme pour les femmes les coiffures à la Fontanges. Le lundi de Pâques 1684, Dangeau note dans son *Journal* : « Le roi, à son lever, parla fort sur les courtisans qui ne faisaient point leurs pâques. Il dit qu'il estimait fort ceux qui les faisaient bien et qu'il les exhortait tous à *(y)* songer sérieusement, ajoutant même qu'il leur saurait gré. »

1. Chiffre établi par Philip BENEDICT (« La population réformée française de 1660 à 1685 », *Annales E.S.C.*, nov.-déc. 1987, n° 7, p. 1433-1465) qui, à la suite d'une enquête serrée, a révisé à la baisse le chiffre de 856 000 calculé par Samuel MOURS (*Le Protestantisme en France au XVIIe siècle, (1598-1685)*, Paris, 1967, p. 86).

Cette idée, que la révocation de l'édit de Nantes fut la conséquence directe du retour du roi à la religion, a eu la faveur des contemporains : Saint-Simon, la princesse Palatine, Robert Challes, Ezéchiel Spanheim, Gregorio Leri... Pour réparer le scandale public de ses mœurs, expier ses péchés Louis aurait fait pénitence « sur le dos des huguenots ». Cette thèse est contestable.

Ce serait une erreur de considérer l'édit de Fontainebleau comme une mesure ponctuelle, tombant en coup de foudre de l'Olympe. Il fut l'achèvement d'un long processus d'étouffement du calvinisme « à petites goulées », selon l'expression de Janine Garrisson [1]. Ce processus complexe, sinusoïdal, qui commence dès 1661 et dans lequel des raisons politiques se mêlent aux motifs religieux, sera marqué par des arrêts, des retours en arrière dus à la conjoncture. Le rôle du roi ne peut se comprendre que dans ce contexte. « Il serait inepte, écrit Élisabeth Labrousse, de voir dans la révocation une décision gratuite, arbitraire et personnelle de Louis XIV comme il le serait aussi de n'invoquer pour l'expliquer que les pesanteurs sociologiques et les impératifs idéologiques de l'époque. Il est patent qu'il y a eu rencontre : le monarque a répercuté les idées de son milieu, mais ses choix ont eu une portée décisive [2]. »

Au début de son règne Louis XIV n'avait pas de tendresse particulière pour ses sujets huguenots. Toutefois son jugement était mesuré. S'il regardait « avec beaucoup de douleur » la division religieuse de son royaume, qu'il tenait pour un mal en soi, il ne mettait ni haine ni fanatisme dans sa lutte en vue de l'extinction de cette hérésie. Mais l'opinion ne partageait pas sa relative indifférence. Tous les organes de l'État, le conseil privé, les ministres, le procureur général de Harlay, le lieutenant général de police La Reynie, le lieutenant civil Le Camus, les intendants, le parlement de Paris et ceux de province, les états provinciaux, auxquels s'ajoutaient les évêques, les confréries religieuses, les ordres réguliers, le clergé local, œuvrèrent avec zèle à l'anéantissement du calvinisme.

Toute une réglementation tracassière, discriminatoire visait à restreindre la pratique du culte : défense de chanter des psaumes dans les rues, sur les places publiques et même dans les temples (lorsque passait à proximité une procession catholique); défense aux

1. Janine Garrisson, *L'Édit de Nantes et sa révocation*, Paris, 1985, chapitre V : « L'étouffement à petites goulées, 1657-1682 ».
2. Élisabeth Labrousse, *La Révocation de l'édit de Nantes. Une foi, une loi, un roi ?*, Paris, 1990, p. 99.

ministres de prendre le titre de pasteurs, de porter la robe ou la soutane; interdiction aux académies, aux collèges et aux écoles réformées d'enseigner certaines matières... A partir de 1666-1667, principalement en Poitou, on rasa les temples qui avaient été édifiés depuis l'édit de Nantes. Les chambres mi-parties, prévues par le même édit et comprenant des magistrats des deux religions, furent supprimées. On limita les horaires d'enterrement et l'importance des convois funèbres. On interdit aux protestants l'exercice de certaines professions. Ils furent exclus des cours souveraines, des fermes, des finances royales, de multiples offices et charges. On leur ferma l'accès à la médecine, au barreau, aux métiers de l'imprimerie et de la librairie. Bientôt il ne leur resta plus que quelques secteurs : la marine, l'armée, le commerce. L'application de ces rigueurs variait avec le temps. Pendant la guerre de dévolution et la guerre de Hollande la pression se relâcha parce qu'on avait besoin d'eux pour combattre.

A côté de l'avalanche des arrêts du conseil, des décisions de justice, des brimades en tous genres et de la malveillance généralisée, les grâces et les largesses pleuvaient sur les transfuges, accueillis comme l'enfant prodigue de l'Évangile : gratifications, pensions, délais accordés pour le paiement de leurs dettes, bourses d'études pour leur progéniture...

Tant de mesures finirent par porter leurs fruits. Au fil du temps, la gentilhommerie huguenote se réduisit. La conversion sincère de Turenne, en octobre 1668, sous l'influence de Bossuet, affaiblit sensiblement la position des protestants à la cour. L'Église faisait, du reste, des efforts considérables pour convaincre les gens de la R.P.R., multipliant les débats et controverses religieuses, les missions pastorales, les œuvres de propagation de la foi, les ouvrages de piété et de théologie.

En 1676, afin d'inciter les plus pauvres à abjurer, une Caisse des Economats fut créée et placée sous la direction d'un transfuge, Paul Pellisson. Alimentée par l'assemblée générale du clergé et les états du Languedoc, elle distribuait à tout indigent qui embrassait la religion catholique une modique obole de 6 à 12 livres. Les résultats furent décevants : sur les 10 000 convertis complaisamment annoncés, un nombre sans doute important de tricheurs avaient émargé dans plusieurs diocèses !

Un tournant se situe après la paix de Nimègue, vers 1679-1680. On sent alors de la part du roi la volonté d'aboutir rapidement à l'unification religieuse du royaume. C'est l'époque où les persécutions contre le jansénisme reprennent, mettant fin à la paix de l'Église de 1668, qui avait permis au mouvement de prospérer de façon souterraine. Il s'était infiltré partout, y compris dans les séminaires de la Contre-Réforme. Atténuant ou perdant une partie de son aspect dogmatique – son étroite théologie de la grâce selon Jansénius –, l'esprit de Port-Royal n'en était devenu que plus diffus, perdant en profondeur, par un phénomène de diffraction, ce qu'il gagnait en étendue. Il représentait alors un vaste courant de pensée religieuse en même temps qu'une opposition insidieuse à l'absolutisme. Des écrits, des ouvrages inspirés par les adeptes étaient diffusés à partir de la Hollande. Au nom du roi, l'archevêque de Paris, Mgr Harlay de Champvallon, peu indulgent à l'égard de la « secte », priva le monastère de Port-Royal-des-Champs du droit de recevoir des novices et expulsa les 42 pensionnaires qui s'y trouvaient. Peu après, se sentant menacés, le Grand Arnauld, Le Nain de Tillemont, Sacy s'exilèrent.

Puis, à nouveau on s'occupa des protestants, contre lesquels les édits se multiplièrent. On leur interdit d'être relaps – c'est-à-dire, après s'être convertis, de revenir à leur religion –, sous peine de bannissement et de confiscation de leurs biens; on interdit aux catholiques de passer à la Réforme ou d'épouser une personne de cette religion; on défendit aux ministres d'exercer plus de trois ans dans un même lieu... Le 5 avril 1681, Mme de Maintenon écrivait à son cousin Villette : « Si Dieu conserve le roi, il n'y aura pas un huguenot dans vingt ans. » Malgré tout, la charpente de la huguenoterie tenait bon. Là où les temples disparaissaient, le culte familial s'épanouissait, encouragé par l'esprit de groupe et de solidarité. Il fallait songer à d'autres méthodes.

Les premières dragonnades

L'intendant de Poitiers, René de Marillac, qui appartenait à la célèbre famille de dévots, eut le premier l'idée des « missions bottées ». Il obtint de Louvois une ordonnance – étendue ensuite à toutes les provinces – exemptant pendant deux ans les nouveaux convertis du logement des gens de guerre. A contrario cela voulait dire que, désormais, on allait charger davantage les réfractaires. Louvois avait trouvé l'expédient magnifique. « Sa Majesté, précisait-il à Marillac le 18 mars 1681, désire que vos ordres sur ce sujet soient, par vous ou par vos subdélégués, donnés de bouche aux maires et échevins des lieux, sans leur faire connaître que Sa Majesté désire par là violenter les huguenots à se convertir... »

Telle fut l'origine des terribles « dragonnades ». En 1675 le pouvoir s'était déjà servi de cette méthode en Bretagne, où la soldatesque avait vécu comme si elle se trouvait dans la province d'Utrecht. Louis XIV imagina-t-il les exactions qui allaient en résulter? Sûrement pas. Vu de Versailles, le logement des gens de guerre était une contrainte lourde et fâcheuse mais n'ayant pas le caractère de fléau sinistre et terrifiant qu'on lui connaît. C'était une dure nécessité des temps, faute d'un nombre suffisant de casernes dans les provinces. Seule la sélection des foyers désignés pour héberger ces hôtes indésirables était une nouveauté, d'où le caractère hypocrite des consignes verbales à donner aux maires et aux échevins.

Pour se faire valoir l'ambitieux et carriériste Marillac enfreignit tout de suite les ordres. On lui avait demandé de tricher un peu en défavorisant les protestants. Il exempta les catholiques des réquisitions et logea dans les maisonnées huguenotes un nombre disproportionné de dragons. Indignés, les protestants poitevins déléguèrent deux gentilshommes à la cour. Louvois les renvoya avec de vagues promesses. La gravité des faits l'obligea cependant à en référer à son maître, qui lui rappela son désir de modération. Jamais il n'avait été question de décharger entièrement les catholiques.

L'intendant ne tint pas compte de la réprimande. Ses résultats ne parlaient-ils pas d'eux-mêmes? Il envoyait à la cour de longues listes de « convertis », comme autant de bulletins de victoires : 30 000 en un an, le tiers des huguenots du Haut-Poitou! Les nouveaux catholiques étant exemptés de logements militaires, toute abjuration avait pour conséquence d'alourdir le fardeau des réfractaires. Une fois qu'un village était ainsi « nettoyé » la troupe partait pour le village voisin. Se sentant encouragés, les cavaliers se comportaient en soudards, pillaient les caves et les basses-cours, saccageaient les meubles, molestaient les habitants, exigeant argent et nourriture. Seuls le viol et l'assassinat étaient interdits, mais il est sûr qu'ici ou là on en commit. Les gazettes étrangères parlaient de femmes violentées, humiliées, traînées par les cheveux, de vieillards attachés à des bancs, de pieds chauffés, de privations de sommeil, de roulements de tambour incessants. Le roi d'Angleterre Charles II, celui de Danemark, Christian V, la municipalité d'Amsterdam se proposèrent d'accueillir les centaines de familles poitevines qui avaient commencé à émigrer. Par ses ambassadeurs Louis XIV apprit l'émoi des cours européennes. Il fit gourmander Marillac, en vain une fois de plus.

A son habitude, Louvois, pour protéger l'intendant, minimisa les incidents, si bien que le roi aurait ignoré la poursuite des excès s'il n'avait existé à la cour un député général des Églises réformées, Henri de Massué, marquis de Ruvigny, que saisirent directement les victimes. Ce système de représentation avait été créé en 1601 afin de permettre aux protestants de faire parvenir au roi leurs doléances et leurs vœux. C'était le seul lien entre la cour et les « prétendus réformés », car Louis XIV, dès 1668, écartant les délégations synodales qui frappaient à sa porte, avait fait savoir que toutes les requêtes à son conseil devraient passer par l'entremise de M. de Ruvigny. C'était un vieux gentilhomme, digne et fidèle, qui avait servi dans plusieurs missions diplomatiques, mais peu écouté. En juin 1681 une ordonnance, considérant que les enfants des familles de la R.P.R. pouvaient devenir catholiques dès l'âge de sept ans, avait interdit à leurs pères et mères de les faire sortir du royaume. Une émotion profonde avait saisi les milieux réformés de Paris. Ruvigny obtint de Louis XIV une entrevue et en profita pour évoquer le problème général du protestantisme. Il lui rappela la loyauté des réformés pendant la Fronde, lui fit voir les dangers de la persécution : l'émigration massive, la renaissance de guerres intestines sanglantes... Le monarque l'écouta avec courtoisie, sans l'interrompre, mais demeura inébranlable. Il lui dit qu'« il croyait obéir à un devoir si sacré, en faisant tout pour convertir ses sujets égarés et extirper l'hérésie d'au milieu d'eux, que fallait-il pour y parvenir que sa main droite coupât sa main gauche, il le ferait sans balancer [1] ». A l'issue de cet entretien décourageant, Ruvigny obtint cependant satisfaction sur un point : la fin des exactions de

1. G. BURNET, *Histoire de mon temps*, cité par Solange DEYON, *Du loyalisme au refus : les protestants français et leur député général entre la Fronde et la révocation*, Arras, 1976, p. 141.

Marillac. Louis XIV mit sous le nez de Louvois les mémoires qu'il lui avait remis. A nouveau Marillac se fit morigéner. Les plaintes continuant, Louis XIV décida de retirer les dragons du Poitou, puis remplaça Marillac par son cousin germain, Lamoignon de Basville, autre créature de Louvois. Basville suivit les consignes de modération et ramena provisoirement le calme.

Gallicanisme et protestantisme

Cependant le climat s'assombrissait. L'assemblée générale du clergé revenait tous les cinq ans sur ce fâcheux édit de Nantes, égrenant amèrement ses griefs à l'encontre des « hérétiques », dénonçant haut et fort les empiétements, les abus ou prétendus tels, dont se rendaient coupables les calvinistes. Elle réclamait inlassablement la fin de « cette malheureuse liberté de conscience qui détruit la liberté des enfants de Dieu ».

En général le roi ne tenait que modérément compte des réclamations du clergé. Pour faire pression sur le pouvoir, l'Église de France ne manquait pas de faire tinter les arguments sonnants et trébuchants : en 1675, par exemple, elle avait accordé à Louis XIV un don gratuit substantiel de quatre millions et demi de livres.

Ce n'est qu'avec le développement de l'affaire dite de la « régale » et le grave différend qui en résulta avec la papauté que le rapprochement entre le pouvoir et l'Église de France s'opéra. Rappelons les données de cette crise, mauvais psychodrame et médiocre avatar de l'inusable conflit du sacerdoce et de l'empire.

Vieille coutume médiévale, la régale temporelle était le droit dont disposait le roi de recevoir les revenus des évêchés vacants et de nommer aux canonicats des chapitres jusqu'à ce que le nouvel évêque ait fait enregistrer son serment par la Cour des comptes.

Se fondant sur une interprétation du parlement de Paris qui y voyait une prérogative inaliénable de la Couronne, une déclaration royale de février 1673 avait décidé d'appliquer la régale à la moitié du royaume qui n'y était pas assujettie, soit 59 diocèses. La décision sur le moment ne souleva la protestation que de deux prélats, Nicolas Pavillon, évêque d'Alet, et Étienne de Caulet, évêque de Pamiers, au nom de la défense des droits de l'Église contre « les invasions des princes ». Comme les deux dissidents étaient jansénistes, la querelle s'enfla. Les Jésuites, derrière le père de la Chaise, se placèrent dans le parti du roi tandis que les jansénistes, dénonçant la mainmise de la Compagnie de Jésus sur la « feuille des bénéfices », coururent au secours du camp adverse. La cour et la ville se passionnèrent pour cette mince affaire, qui prit un tour grave et nouveau lorsque, après le décès de Pavillon, Caulet en appela directement au pape. Paradoxal renversement : les jansénistes, plusieurs fois condamnés par la cour de Rome, attendaient maintenant d'elle leur salut, tandis que les Jésuites feignaient de faire bloc derrière le chef de l'Église gallicane !

Le pape Innocent XI, monté sur le trône de Pierre en 1676, était un homme vertueux, d'une grande piété, ardent défenseur de la croisade contre les Turcs, mais aussi un pontife autoritaire, très imbu de ses prérogatives. En 1678, à la suite de divers incidents à Pamiers entre l'évêque et les « pourvus en régale », il condamna le roi par deux brefs qui restèrent sans réponse. Un troisième bref publié au début de 1680 le menaça des censures ecclésiastiques. Le conflit s'apaisa durant quelques mois, Louis XIV cherchant à calmer le successeur de Pierre par la diplomatie. En juillet 1680 l'assemblée générale du clergé de France eut à prendre parti. Tout en ménageant le pontife romain, elle manifesta son « étroit attachement » au souverain, avec des mots graves : « Nous souffrons avec une peine extraordinaire que l'on menace le fils aîné et le protecteur de l'Église (...). Nous sommes si étroitement attachés à Votre Majesté que rien n'est capable de nous en séparer... » De nouveaux et violents incidents étant survenus à Pamiers avant et après la mort de Caulet, Innocent XI excommunia le vicaire général nommé par l'archevêque de Toulouse. On était près de la rupture.

Pour résister au pape le roi décida alors de s'appuyer sur le clergé français en jouant la carte du gallicanisme contre Rome. Une « petite assemblée », groupant les 52 évêques présents à Paris, recommanda la tenue d'une session extraordinaire de l'assemblée générale du clergé. Convoquée en juin 1681 pour étudier les mesures à prendre « contre les entreprises de la cour de Rome », elle se réunit en novembre. Bossuet, qui venait d'être nommé évêque de Meaux, y prononça le discours d'ouverture, un discours d'une belle éloquence mais très ambigu car, comme la plupart des autres prélats, il tenait à ménager tout le monde et surtout à ne pas choisir entre sa fidélité au roi et celle qu'il devait au souverain pontife. Ce féru des libertés gallicanes ne voulait pas dépasser certaines limites ni se laisser entraîner par les plus extrémistes.

Après la décision de Louis XIV de renoncer à certaines de ses prérogatives en matière de régale, on attendait un geste conciliant d'Innocent XI, qui ne vint pas. Alors, l'assemblée adopta le 19 mars 1682 la fameuse déclaration des Quatre articles, que l'on a présentée comme la charte du gallicanisme, mais qui n'était en réalité qu'un texte de circonstance, inspiré par l'archevêque de Reims, Charles Maurice Le Tellier. Le premier article proclamait la pleine souveraineté des rois « dans les choses temporelles ». Le second, moins clair, reconnaissait au successeur de Pierre la « plénitude de puissance » dans le domaine spirituel, avec toutefois une allusion aux restrictions posées par les décrets du concile de Constance (supériorité des conciles œcuméniques sur le pape). Le troisième rappelait en termes vagues les principes généraux du gallicanisme, à savoir que les règles, mœurs, constitutions reçues dans le royaume devaient être maintenues ainsi que les « bornes posées par nos pères ». Le quatrième et dernier article s'attaquait de manière insidieuse à la doctrine de l'infaillibilité pontificale. L'ensemble correspondait assez bien à l'opinion des évêques.

Par un bref du 11 avril Innocent XI balaya cet impertinent manifeste : « Nous improuvons, déchirons, cassons tout ce qui a été fait dans cette assemblée pour l'affaire de la régale. » Piqués au vif, les prélats français rétorquèrent par une protestation qui commençait ainsi : « L'Église gallicane se gouverne par ses propres lois; elle en garde inviolablement l'usage. » La déclaration des Quatre Articles fut enregistrée au Parlement, et un édit de mars 1682 en prescrivit l'enseignement dans les facultés de théologie.

Le climat était tendu. Les parlementaires, très attachés à la doctrine gallicane, voulaient « humilier Rome », fût-ce au prix d'une rupture, c'est-à-dire de la constitution d'une église nationale, sur le mode de celle d'Angleterre. Mais Louis se garda bien de suivre leurs conseils. Dans cette affaire, artificiellement gonflée, chacun des deux protagonistes cherchait à faire peur à l'autre en brandissant des armes de dissuasion : la menace de l'excommunication d'un côté, celle du schisme de l'autre. Comme personne ne voulait plier, on en resta là. Le pape refusa d'approuver les nominations des nouveaux évêques choisis par Louis XIV, si bien qu'au fil du temps nombre de sièges se trouvèrent vacants.

Si nous avons parlé en détail de cette querelle, c'est qu'elle est en rapport avec la lutte contre le protestantisme puisque, en échange de l'appui du clergé dans sa lutte contre le pape, le roi épouse la ligne dure de l'antiprotestantisme, celle précisément défendue par l'Église de France. Désormais, les deux puissances vont œuvrer de concert.

Au moment de se séparer, le 1er juillet 1682, l'assemblée générale du clergé adressait aux protestants un « Avertissement solennel ». Après quelques paroles conciliantes et même chaleureuses (« Vous êtes nos frères »), les évêques brandissaient la menace de « malheurs incomparablement plus épouvantables et plus funestes, disaient-ils, que tous ceux que vous ont attirés jusqu'à présent votre révolte et votre schisme ». Cet avertissement fut lu par les intendants ou leurs subdélégués dans tous les temples, où il sema la consternation. En même temps, les efforts des autorités pour restreindre le culte public redoublèrent d'intensité. Le nombre de temples interdits ou détruits s'accrut : 1 en 1680, 28 en 1681, 48 en 1682.

L'agitation armée

En Guyenne, en Languedoc l'exaspération fut à son comble. Des rapports de police, des lettres de curés signalaient la tenue d'assemblées nocturnes de huguenots. Sur un placard trouvé à la porte de l'église de Casteljaloux, le roi était apostrophé comme « rex ferox » et « asper lupus ». Les réformés s'armaient. Les catholiques étaient effrayés. Henri d'Aguesseau, intendant du Languedoc, demanda des renforts.

La majorité des protestants gardaient malgré tout leur loyauté à l'égard du souverain. Ils en appelaient à son autorité paternelle, à son sens de la justice, convaincus que de mauvais conseillers lui cachaient la vérité. Phénomène classique, dira-t-on, que cette thèse du roi mal informé et mal conseillé, invoquée par les humbles : on la retrouve dans tous les mouvements populaires de cette époque. En l'occurrence, ils n'avaient qu'à moitié raison car Louis XIV, même s'il était loin d'imaginer toutes les cruautés commises en son nom, avait délibérément choisi d'en finir avec la Réforme.

Un Nîmois, Claude Brousson, avocat au parlement de Toulouse, avait percé à jour la tactique des intendants, attachés à faire croire que le protestantisme était en voie de complète résorption. Il fallait briser le cercle infernal de cette néfaste illusion, en administrant spectaculairement la preuve du contraire. Brousson imagina de monter une grande manifestation non violente : un jour convenu à l'avance, les protestants se rassembleraient autour de leurs ministres, près des temples fermés ou sur les ruines de ceux qui avaient été abattus. Par son ampleur, cette opération devait percer le mur du silence et parvenir jusqu'au roi, qui constaterait ainsi qu'on le trompait. La date, initialement fixée au 28 juin, fut reportée au 18 juillet 1683. L'entreprise, conçue en accord avec les représentants des sept provinces synodales du sud de la Loire, échoua en raison de l'échauffement des esprits et de l'opposition du député général et des notables du nord. Dans le Vivarais, les Cévennes, le bas Languedoc, il y eut des prêches, des rassemblements, mais, dans la plupart des cas, les manifestants vinrent armés, de sorte que les catholiques, se croyant menacés, prirent à leur tour les armes. A Nîmes, à Uzès on vit des affrontements rappelant les guerres de religion. Les violents l'emportaient sur les pacifiques. Quelques nobles huguenots s'étaient mis à la tête des paysans révoltés.

Louvois prit en main la répression. En août 1683 un maréchal de camp, M. de Saint-Ruth, entra en Dauphiné à la tête de 1 500 dragons et 2 000 hommes de pied, avec ordre de disperser sur son passage tout rassemblement de religionnaires, de déférer à l'intendant les coupables et de frapper durement les communautés responsables. En fait, il n'y eut qu'une seule rencontre, près de Bourdeaux, où le « camp de l'Éternel », sorte de réduit armé de 200 à 300 huguenots déterminés, fut violemment culbuté. En septembre, le roi accorda son amnistie aux coupables, à l'exception des meneurs. En Vivarais, malgré les tentatives d'apaisement de l'intendant d'Aguesseau, les protestants reprirent les armes et accueillirent les soldats du roi à coups de fusil. Le duc de Noailles, commandant en chef du Languedoc, reçut instruction de mater la rébellion, saisir les coupables, raser leurs maisons, détruire les huit ou dix principaux temples du Vivarais, subsister aux dépens du pays, « en un mot, ajoutait Louvois, causer une telle désolation dans ledit pays que l'exemple qui s'y fera contienne les autres religionnaires et leur apprenne combien il est dangereux de se soulever contre le roi ». Une quarantaine de pasteurs furent condamnés à mort, dont Isaac Homel, ministre de Soyons, figure de proue du mouvement.

L'aisance avec laquelle on vint à bout de cette sédition renforça la détermination des autorités d'en finir. Le 13 août 1684, Mme de Maintenon écrivait : « Le roi a dessein de travailler à la conversion entière des hérétiques; il a souvent des conférences là-dessus avec M. Le Tellier et M. de Châteauneuf, où l'on voudrait me persuader que je ne serais pas de trop. M. de Châteauneuf a proposé des moyens qui ne conviennent pas; il ne faut point précipiter les choses; il faut convertir et non point persécuter M. de Louvois voudrait de la douceur, ce qui ne s'accorde point avec son naturel et son empressement de voir finir les choses. Le roi est prêt à faire ce qui sera jugé le plus utile au bien de la religion. »

Cette lettre, sur l'authenticité de laquelle pèsent quelques doutes, est révélatrice des positions réciproques. Très prudente, excipant de son incompétence, Mme de Maintenon adopte en effet une attitude de retrait, malgré le roi qui voudrait la voir exprimer son point de vue. Elle souhaite, bien sûr, la fin de l'hérésie, mais elle appartient au parti de la modération. Balthasar Phélypeaux, marquis de Châteauneuf, a une position différente : il a opté pour la manière forte. Secrétaire d'État ayant pour seule attribution les affaires de la R.P.R., il veut se mettre en valeur. Le doucereux Le Tellier, chargé d'ans et d'honneurs, au faîte de sa carrière, se sent malade et proche de sa fin. Très dévot, il ne voudrait pas exhaler son dernier soupir avant de voir la fin de l'hérésie en France. Il modère son fils et l'incite à laisser Châteauneuf se déconsidérer par ses prises de position. Quant au roi, il se sent investi d'une mission sacrée. Il rêve de se couvrir d'une gloire nouvelle. Il veut le bien de l'Église, sans se rendre compte que les plus grandes catastrophes naissent ordinairement de l'appui maladroit que lui donne le bras séculier. Par tempérament il récuse la violence. Mais son angélisme et sa candeur cachent l'orgueil de penser que lui, le dieu de Versailles, rend, par ses actes, de grands services au Dieu du ciel! « Le roi se croyait un apôtre, écrit Saint-Simon; il s'imaginait ramener les temps apostoliques où le baptême se donnait à des milliers à la fois, et cette ivresse, soutenue par des éloges sans fin, en prose et en vers, en harangues et en toutes sortes de pièces d'éloquence, lui tint les yeux hermétiquement fermés sur l'Évangile et sur l'incomparable différence de sa manière de prêcher et de convertir de celle de Jésus-Christ et de ses apôtres. »

La dragonnade générale

En mars 1685 Louvois envoya en Poitou le régiment de dragons d'Asfeld avec pour consigne d'effectuer des « logements modérés » chez les religionnaires. Contrairement aux exactions de Marillac, l'armée devait faire un travail « propre », sans rapine ni désordre. Reprenant l'idée, l'intendant du Béarn, Nicolas Joseph Foucault, demanda au ministre la faculté d'utiliser dans le même but les nombreuses compagnies d'infanterie chargées de surveiller la frontière espagnole. Cette autorisation lui fut refusée. Qu'à cela ne tienne! Foucault passa outre.

Foucault était le fils de ce greffier de la chambre de justice chargée de juger Fouquet, que nous avons vu si dévoué à Colbert. Pour cette raison, le contrôleur général l'avait pris sous sa protection et l'avait poussé dans sa carrière. Tour à tour secrétaire de la commission chargée de la « réformation » de la justice, procureur général des chancelleries de France, conseiller d'État, avocat général au Grand Conseil, maître des requêtes, il fut promu en 1674 intendant de la généralité de Montauban. Là, il avait expérimenté les dragonnades en logeant des garnisaires chez les partisans trop zélés de l'évêque janséniste de Pamiers, Caulet. Muté en Béarn après la mort de Colbert, il avait à se faire pardonner par Le Tellier et Louvois son appartenance au clan adverse. Intelligent, cultivé, mais férocement ambitieux, il rivalisa alors de zèle pour allonger ses listes de « convertis » : distributions d'argent, mesures répressives, destructions de temples, sous prétexte que des relaps s'y étaient réfugiés. Il fit merveille. Comment ne pas admirer un homme aussi expéditif, qui se défendait de toute violence et qui ramenait à la religion catholique tant d'âmes égarées? Fort de ses nombreuses victoires, ce saint homme vint à Paris et fut reçu par le roi, qu'il « piégea » avec le plus parfait cynisme : il lui montra la carte du Béarn avec la localisation des temples, en lui faisant remarquer qu'ils étaient « trop proches les uns des autres » et « qu'il suffisait d'en laisser cinq », sans lui dire que les cinq qu'il avait choisis étaient ceux sur lesquels pesait l'accusation d'infraction aux édits, dont la peine encourue était la démolition ! Le roi approuva le plan. Dès son retour, le procureur général au parlement de Pau était saisi et, quelques semaines plus tard, les cinq derniers temples étaient démolis !

En mai 1685 donc, après avoir réglé de cette façon expéditive la question des temples, Foucault se fit missionnaire botté, inventant la technique des « conversions par délibération publique ». Arrivant dans une ville avec des gens armés, il convoquait les principaux notables de la R.P.R., les parquait dans la halle ou dans la salle municipale. Là, pendant plusieurs heures, l'intendant, l'évêque ou son délégué, le responsable militaire alternaient promesses, persuasions et menaces. Si cette première séance ne suffisait pas, le lendemain et le surlendemain on recommençait les réunions, accommodées cette fois de la visite domiciliaire des dragons. Pillages et déprédations venaient en général à bout de l'obstination. On passait ensuite à la phase de « conversion » proprement dite : la masse apeurée des « Nouveaux Catholiques » (les N.C.) faisait la queue devant l'hôtel de ville ou la cathédrale pour signer les actes d'abjuration. Les relations que Foucault envoyait à la cour faisaient état de conversions massives, infiniment plus nombreuses que les simples dragonnades qui ne touchaient que des familles isolées. Elles insistaient sur l'aspect non violent de ces opérations. En juillet il assurait avoir obtenu 22 000 abjurations, de sorte qu'il ne restait plus qu'un millier de huguenots en Béarn. Cet exploit lui valut les félicitations du roi. On avait enfin trouvé la bonne méthode ! Louvois recommanda en conséquence à M. de Boufflers de l'utiliser dans les généralités de Bordeaux et de Montauban et de l'étendre à l'Aunis et la Saintonge, le tout dans l'ordre et la discipline.

Cette banalisation des dragonnades s'accompagna d'une tentative de remise au pas des intendants, qui avaient eu la tête tournée par les succès phénoménaux de Foucault et cherchaient à l'imiter. Boufflers fut averti de ne suivre aucune de leurs instructions, pas plus d'ailleurs que celles des ecclésiastiques du cru, dont on se défiait. Urbain Le Goux de la Berchère, intendant à Montauban, qui avait voulu par des méthodes trop brutales convertir en bloc sa ville, fut sévèrement réprimandé. On en profita aussi pour faire quelques mutations. En Languedoc, le modéré Henri d'Aguesseau, que l'irruption de l'armée irritait, fut remplacé par Basville, prêt à appliquer les consignes nouvelles sans état d'âme. Foucault, qui s'attendait à recevoir l'intendance du Languedoc pour prix de ses services, fut appelé à celle moins prestigieuse du Poitou.

Le 20 août, les troupes du marquis d'Asfeld arrivaient à Poitiers. Le même jour, celles du marquis de Boufflers se présentaient devant Montauban, où en neuf jours 10 000 personnes se « convertirent ». A la date du 3 octobre, on en comptait 34 000 dans toute la généralité. Après Montauban, Basville et le commandant en chef, Noailles, se rendirent à Montpellier du 27 au 30 septembre. Au début d'octobre, ils étaient à Nîmes, toujours accompagnés de la soldatesque. Le 4, tout le peuple huguenot de la ville abjurait dans la cathédrale en présence de l'évêque Jacques Séguier. Aucun des rapports qui affluaient à Versailles ne parlait de cruautés ni d'actes de barbarie. Ils étaient bien réels pourtant, comme le montrent les récits de Jean Migault, régent de Mougon, en Poitou, d'Anne Chauffepié, fille de pasteur, de Samuel de Péchels et Pierre Garrisson, deux notables montalbanais. Mais, la plupart du temps, la peur des dragons suffisait. Dans les petites villes, à l'annonce de leur arrivée, les calvinistes paniqués se précipitaient dans les églises pour signer.

Sitôt installé dans ses nouvelles fonctions, Foucault recommença sa tactique béarnaise. Il réussit à Châtellerault, qui prononça son abjuration générale en un seul jour, mais échoua à Luçon. On lui conseillait de ménager les marchands, les industriels et plus encore les gentilshommes. Enflé de ses succès, Foucault adopta le comportement rebelle de Marillac. Plus le dernier carré des protestants résistait, plus il redoublait de fureur. Louvois ne savait comment l'arrêter.

Pourquoi tant d'entêtement de la part de ces intendants, d'ordinaire si obéissants au pouvoir central? La réponse est simple : ils savaient qu'on ne pouvait les désavouer ou les révoquer. Excités par la population catholique, de même que les évêques l'étaient par le bas clergé, ils se sentaient portés par une vague d'opinion irrésistible. Cette poussée de la base faisait leur force et leur impunité. Les critiquer publiquement, c'était ruiner l'œuvre en cours, rendre espoir à la résistance huguenote, ranimer un feu en train de s'éteindre. Le pouvoir en avait conscience. Qu'auraient fait, dans ce cas, les centaines de milliers de nouveaux convertis, devenus catholiques plus ou moins par la force? On pouvait craindre le pire. Il se produisait donc un phénomène étrange, unique, inouï sous l'ancien régime : la machine administrative ne répondait plus aux commandes. Elle échappait à Versailles. Voici, par exemple, la lettre que Louvois adressait à Foucault le 8 novembre :

« Le roi reçoit tous les jours de nouveaux placets de gentilshommes de votre département qui se plaignent que, sans avoir examiné leurs titres, ni même les avoir fait assigner pour les représenter, vous les compreniez dans les impositions des tailles (...). Ce qui a donné lieu au commandement que j'ai reçu de Sa Majesté de vous demander raison de ce que vous avez fait sur ce sujet, et de vous renouveler l'ordre, qu'elle m'a plusieurs fois commandé de vous donner de sa part, de ne rien faire sans sa permission (...). Si ceci ne vous porte pas à vous contenir, je serai obligé de supplier Sa Majesté de commander à quelqu'un de vous écrire ses intentions, en qui vous ayez plus de créance, et que vous vouliez bien prendre la peine d'informer en détail de ce que vous faites. »

La dernière phrase en dit long sur l'impuissance des autorités, surtout si l'on songe que celui qui l'écrit passait pour l'homme de fer du régime !

La décision royale

A cette époque, l'acte de révocation de l'édit de Nantes avait déjà été scellé et envoyé dans toutes les provinces. Il est clair que cette décision était la conséquence logique de la politique menée depuis de longues années. Après la dislocation des structures ecclésiales et les conversions massives, le fruit était mûr, prêt à tomber. Vidé de sa substance, réduit à une coquille vide, l'édit de pacification n'avait plus lieu d'être. Louis XIV aurait pu cependant le laisser subsister. L'essentiel était acquis : la France était redevenue massivement catholique. A en juger par les réactions extérieures qui ont suivi, c'était pour lui la voie la plus sage. Quelle nécessité, quelle raison d'État l'obligeaient à prendre un édit qui risquait de cabrer les derniers résistants d'une religion mourante ? La décision royale reste empreinte d'un certain mystère. Jean Orcibal a relevé plusieurs indices montrant que, dès la fin de 1684, le roi était convaincu d'en arriver là [1]. Pourtant, en juillet 1685 encore, répon-

1. Jean Orcibal, *Louis XIV et les protestants*, Paris, 1951, p. 107.

dant aux sempiternelles requêtes de l'assemblée générale du clergé, Boucherat répétait que l'intention du monarque était de respecter les libertés et concessions accordées par son aïeul. Était-ce donc pure duplicité? On ne sait. Tout laisse à penser que la décision a été prise au dernier moment. Qui dans son entourage l'y a poussé?

Le rôle de Mme de Maintenon, souligné par Saint-Simon et la princesse Palatine, a été surestimé par les historiens, sur la foi de lettres apocryphes publiées au XVIIIe siècle par La Baumelle. La veuve Scarron a pu encourager la décision royale mais ne l'a certainement pas provoquée. On en dira autant du père de la Chaise. Cessons de nous représenter l'épouse secrète et le confesseur jésuite comme des marionnettes aux mains de l'Église, poussant le roi à cette tragique décision. Image ridicule parce que trop simpliste! Le jeu des influences et des groupes de pression autour du monarque était plus subtil et plus feutré. Tous deux vraisemblablement donnèrent leur avis, qui suivait l'opinion générale. De là à en faire les instigateurs de la révocation... Parlera-t-on de l'archevêque de Paris, Mgr Harlay de Champvallon, doux et souple sur les méthodes de conversion mais ferme ennemi des protestants? L'homme était influent et rien ne se décidait sans lui, mais il n'était pas au centre de l'État, au cœur même des informations. Quelqu'un en revanche l'était : le chancelier Michel Le Tellier, qui semble bien être le principal responsable de la décision royale. Avant d'aller rendre ses comptes au roi des rois, il voulait ajouter ce dernier fleuron à sa gloire. On n'aurait garde d'oublier son fils, lui-même très écouté. Or celui-ci se montrait préoccupé : le flux considérable des conversions allait obliger à revenir sur les exemptions de taille et de logement militaire, deux mesures supportables seulement lorsqu'il s'agissait de convaincre un petit nombre. Le meilleur moyen n'était-il pas de supprimer l'édit de Nantes et de considérer que, tout le monde partageant le droit commun, les exemptions tombaient d'elles-mêmes? Il s'inquiétait aussi des pasteurs qui continuaient de « cabaler », encourageant les populations fraîchement converties à se reprendre. La fin du calvinisme en tant que religion publique permettrait de les bannir. Telles furent, semble-t-il, les raisons qui incitèrent Louvois à préconiser cette décision. Ajoutons une autre hypothèse : le ministre de la guerre a pu penser qu'en supprimant le culte réformé en France on supprimerait du même coup les dysfonctionnements constatés dans l'administration des provinces. Désormais la surveillance des derniers opiniâtres ne serait plus qu'un problème de maintien de l'ordre. L'armée retrouverait ses droits. Dans ce cas l'édit de Fontainebleau aurait été une tentative de reprise en main face aux usurpations de certaines autorités locales.

Ne prenons pas Louvois pour un naïf : il ne se faisait aucune illusion quant à la sincérité des conversions. Mais cet implacable liquidateur s'appliquait à persuader son maître du contraire. Il s'efforçait de l'isoler, de le couper de toutes les sources éventuelles d'information. En octobre 1685 il recommandait à Foucault d'empêcher la venue à Paris de députés de la R.P.R., qu'on conduirait immédiatement à la Bastille si cela se produisait. Ce comportement n'était pas unique. Tout l'entourage royal se refusait à communiquer ses doutes au souverain, persuadé qu'on devait en finir au plus tôt avec cette affaire.

Ainsi apparaissent trois niveaux d'information : le niveau local, le niveau ministériel et le niveau royal. Au premier niveau, tout se sait puisque tout se vit au quotidien. Ce sont les persécutions des militaires dont se rendent complices les autorités politiques et religieuses. Tant est forte la *furia* populaire que rien n'est fait pour les arrêter. Les officiers lâchent la bride à leurs subordonnés, quand ils ne se livrent pas eux-mêmes aux pillages et aux violences. Au niveau ministériel, la situation est perçue à travers le prisme des rapports optimistes et lénifiants des intendants, qui alignent les succès et insistent sur la spontanéité des conversions et le bon vouloir des huguenots repentants. Mais des notes si discordantes parviennent aux oreilles des ministres qu'ils ont plus que des doutes sur l'harmonie parfaite qu'on leur décrit. Au niveau royal, au contraire, tout ce qui gêne est gommé, assourdi, escamoté, refoulé. Louis, anesthésié, ne lit que des rapports où la vérité est occultée, n'entend que les chiffres des abjurations qui se gonflent prodigieusement, ne voit que le visage radieux de ses proches collaborateurs, ne sent que l'odeur de l'encens. On lui a dit qu'il ne restait plus qu'une minorité insignifiante de récalcitrants endurcis. Pourquoi en douterait-il? Il « recevait à tous moments, raconte Saint-Simon, des listes d'abjurations et de communions; il les montrait aux courtisans avec épanouissement; il nageait dans ces millions de sacrilèges comme étant l'effet de sa piété et de son autorité, sans que personne osât témoigner ce qu'on en pensait ». La révocation, à bien des égards, fut un drame de la communication. En dehors des cercles du pouvoir, le prince de Condé était infiniment mieux renseigné que le roi sur l'état réel de la situation, comme le montre l'analyse des multiples rapports de ses informateurs, parents, amis, officiers, ecclésiastiques, médecins, apothicaires [1]... Il aurait pu parler à Louis XIV, lui faire prendre conscience de l'ampleur du drame, malheureusement il ne faisait plus partie du conseil d'en haut. A force de s'isoler pour mieux concentrer ses forces, la monarchie s'est progressivement coupée du pays. On sait que dans les systèmes administratifs fortement structurés les informations ont tendance à cheminer lentement et difficilement, à travers des paliers hiérarchiques qui en freinent la circulation en même temps qu'ils dissolvent les responsabilités. C'est ce qui s'est passé. Faut-il y voir un indice de l'émergence d'une véritable organisation bureaucratique, annonciatrice de la monarchie administrative?

Toujours est-il que le système d'information a très mal fonctionné. Qui renseigne le roi en effet? Ses principaux ministres : Le Tellier, Louvois et le contrôleur général Le Peletier, tous du même clan, tous convaincus de la nécessité de la révocation. L'équipe adverse (Seignelay et Colbert de Croissy), en perte de vitesse avant même la mort de Jean-Baptiste, n'était certes pas composée de farouches défenseurs des huguenots, mais elle restait plus modérée, cherchant pour des raisons économiques à éviter une forte émigration des élites. Malheureusement elle n'était plus écoutée. Le clan Le Tellier triomphant avait tendance à circonvenir le roi, à lui masquer les échecs, à lui présenter les pathétiques soubresauts du peuple protestant du Poitou ou du Languedoc comme l'« opiniâtreté » de quelques « canailles ».

Bien sûr, Louis XIV a été mis au courant des excès des dragonnades. Les échos assourdis des violences et des crimes qui se perpétraient sur le terrain lui parvinrent par la bande : c'étaient l'intervention ponctuelle du député général des réformés, les placets envoyés à Versailles par les gentilshommes huguenots, jetés comme des bouteilles à la mer, la lecture des rapports de ses ambassadeurs. Mais on touche ici au nœud essentiel bien connu des historiens

1. François Gonin et Frank Delteil, « La révocation de l'édit de Nantes vue par les informateurs du Grand Condé », *Bulletin de la Société de l'Histoire du protestantisme français*, janvier-mars 1972, p. 115-172, avril-juin 1972, p. 354-382, janvier-mars 1973, p. 90-115, avril-juin 1973, p. 287-301, juillet-septembre 1973, p. 400-418.

politiques : parviendrait-on à démontrer *a posteriori* qu'un « décideur » a eu en main toutes les données d'une situation, on ne pourrait faire abstraction de sa psychologie, de l'influence de son milieu et de la situation socio-politique dont on cerne imparfaitement les paramètres.

Tout l'entourage du roi a menti, pour diverses raisons : par aveuglement sans doute, mais aussi par complaisance, par ambition. Ce climat d'unanimité ne pouvait que plaire au roi. Formé par des confesseurs jésuites, nourri dès son enfance de sentiments antiprotestants, Louis ne demandait qu'à croire à la sincérité de ces conversions massives, qu'on lui présentait comme les fruits de sa merveilleuse obstination. Les voies de fait, les violences, les excès des dragons? Mais il avait toujours donné les instructions les plus fermes pour punir les coupables! Pourquoi aurait-il pensé que ces désordres étaient autre chose que de simples « bavures », regrettables mais isolées, n'entachant en rien la légitimité de l'entreprise?

L'édit de Fontainebleau

Le texte de l'édit fut rédigé par Châteauneuf, mais l'inspiration venait de Le Tellier. Louis XIV se contenta d'y faire quelques retouches de détail. En préambule, le roi, considérant que la plus grande partie de ses sujets de la R.P.R. avaient embrassé la religion catholique, apostolique et romaine, en déduisait que l'édit de Nantes était devenu inutile. Il s'ensuivait l'interdiction totale du culte réformé, même dans les maisons particulières, la démolition des temples encore debout, la fermeture des dernières écoles calvinistes. Les pasteurs avaient quinze jours pour choisir entre l'abjuration et l'émigration (les 4/5 préférèrent l'exil, abandonnant tout, leur famille et leurs biens). Les enfants devaient être baptisés à leur naissance par les curés. Quant aux fidèles, défense leur était faite de sortir du royaume, sous peine, pour les hommes, d'être conduits aux galères, et pour les femmes, d'être enfermées au couvent.

L'édit fut accueilli par des explosions de joie, des actions de grâces publiques, des odes au roi, des médailles. La Bruyère, La Fontaine, Racine, Bussy-Rabutin, le Grand Arnauld, Madeleine de Scudéry et beaucoup d'autres applaudirent. Mme de Sévigné était enchantée : « Jamais aucun roi n'a fait et ne fera rien de plus mémorable ! » écrivait-elle. Les plus fervents « papistes » étaient soulagés de voir la France redevenir un État purement catholique : c'était le triomphe du parti dévot (qui n'avait jamais vraiment disparu), la revanche de la Compagnie du Saint-Sacrement. Les évêques, le clergé, le peuple chrétien ne tarissaient pas d'éloges ni de remerciements à l'égard de leur roi. Cette œuvre grandiose était la plus éclatante des victoires. Le 30 octobre, à demi paralysé sur sa chaise, le chancelier Le Tellier, rempli de la joie céleste d'avoir apposé sa dernière signature sur un acte de si haute importance, mourut en récitant le début du psaume 89 : « Je chanterai éternellement les miséricordes du Seigneur. »

En janvier 1686, dans sa célèbre oraison funèbre, Bossuet lançait un feu d'artifice d'hyperboles à l'adresse du dieu versaillais : « Touchés de tant de merveilles, épanchons nos cœurs sur la piété de Louis », ce « nouveau Constantin », ce « nouveau Théodose », ce « nouveau Marcien », ce « nouveau Charlemagne »... La populace parisienne quant à elle n'avait cure des effets oratoires des prélats. Dès l'annonce de la révocation, elle s'était précipitée au temple de Charenton pour le mettre à bas et au cimetière protestant pour en déterrer les morts.

Même si la situation intérieure fut déterminante, cette décision tomba à point nommé dans la conjoncture internationale. En février, Jacques II, converti au catholicisme, montait sur le trône, laissant espérer que la solitaire Albion allait revenir dans le giron de l'Église. L'expectative française lors de la bataille de Kalhenberg avait jeté des doutes sur l'attitude du roi de France à l'égard du péril turc et de la cause catholique. La révocation de l'édit de Nantes lui restituait sa place parmi les grands chefs de la chrétienté, redorait son prestige vis-à-vis des princes catholiques allemands, séduits par la croisade impériale. Cette décision ne pouvait par ailleurs que satisfaire le pape et le rapprocher de l'Église de France, qu'il tenait pour quasi schismatique depuis les Quatre Articles de 1682. Sur ce point les espérances françaises furent déçues : Innocent XI ne se montra pas enthousiaste. Le 16 novembre 1685, par politesse, il envoya au roi un bref de félicitation, mais déplora les dragonnades et les violences.

Le fatal engrenage

Répétons-le, la révocation correspond à l'esprit du temps attaché à l'unité religieuse de chaque pays. Les réformés en auraient admis la légitimité si on leur avait laissé le droit d'émigrer. Là était l'injustice. On considéra qu'après le départ des pasteurs pour l'étranger il n'y avait plus qu'à traiter les derniers îlots de résistance huguenote comme des zones de rébellion. Les dragonnades gagnèrent le nord de la Loire : à Rouen, en Picardie, en Anjou, en Touraine... En janvier 1686 un édit – qui resta heureusement lettre morte – prévoyait d'arracher aux parents opiniâtres leurs enfants âgés de cinq à seize ans. Toute trace de culte huguenot fut impitoyablement effacée. Les récalcitrants furent expulsés vers l'Angleterre (et ce à l'encontre du principe général d'interdiction d'émigrer) ou déportés aux Antilles. Par dérogation également, le roi autorisa le fils d'Abraham Duquesne, celui du marquis de Ruvigny (le futur lord Galloway) et le maréchal de Schomberg à s'expatrier.

Officiellement, la France ne comptait plus que des catholiques. Mais c'étaient de bien mauvais catholiques que ces « nouveaux convertis », poussés par la force ou la peur vers les églises et n'ayant abjuré qu'avec des restrictions mentales. Un grand nombre était tenaillé par le remords. Les plus tièdes étaient venus au catholicisme pour les avantages matériels (moratoire pour dettes et dispense de tailles) : ils furent déçus, car, une fois la révocation signée, ils perdirent leurs privilèges.

Toute la difficulté pour l'Église était de catéchiser ces ralliés de façade. En certaines régions du Midi languedocien, face à l'afflux des N.C., les églises étaient trop petites ou pas assez nombreuses. Le roi poussa à l'envoi de missions animées par des jésuites, des capucins, des récollets, des compagnies de pénitents bleus ou blancs. Louis accepta généreusement de se priver de Bourdaloue : « Les courtisans, dit-il, entendront peut-être des sermons médiocres, mais les Languedociens apprendront une bonne doctrine et une bonne morale ! » Bossuet composa une *Lettre pastorale* pour inciter ceux-ci à faire leurs pâques. Malgré l'effort de catéchèse – des dizaines de milliers d'exemplaires du Nouveau Testament, de psautiers, de *l'Imitation de Jésus-Christ*, des recueils de prières et d'homélies furent diffusés –, les fruits tardaient à venir. Une chose était de forcer les protestants à signer une déclaration de catholicité pour se mettre en règle avec la volonté royale, une autre était de les pousser à pratiquer la religion « papiste ». Même en ce domaine, au seuil duquel la contrainte aurait dû s'arrêter, on assista à des scènes choquantes, révoltantes même : les néophytes étaient si fortement suspectés qu'on contrôlait leur présence à la messe. Pour leur permettre d'accéder à certaines charges municipales ou judiciaires, on exigeait de leur curé un certificat de bonne catholicité. Les cadavres de ceux qui, en mourant, avaient refusé les derniers sacrements étaient traînés sur une claie et jetés à la voirie. Pis encore, on vit dans le Midi des communions forcées : les N.C. étaient conduits à la sainte table entre deux dragons. En signe d'exécration, certains recrachaient l'hostie et la piétinaient. Était-ce à de tels sacrilèges qu'avait rêvé le « nouveau Théodose », le Très-Chrétien Louis Dieudonné? Les prêtres qui admettaient ces odieuses pratiques furent vivement dénoncés par Bossuet et les évêques du Nord. On y mit fin à l'automne de 1686 par ordre du roi.

Le bilan

Malgré les menaces des galères pour les hommes, de la prison pour les femmes, bon nombre de protestants quittèrent clandestinement la France par les moyens les plus divers (déguisements, faux passeports, marches de nuit...), peut-être 200 000 entre 1679 et 1730, soit 1 % de la population. Ils trouvèrent refuge dans les Provinces-Unies, en Angleterre, en Suisse, en Palatinat, en Poméranie, au Brandebourg. D'autres s'installèrent en Amérique (Massachusetts, les Carolines...) ou au Cap, en Afrique du Sud. Cette émigration tant de fois décrite était composée de gens souvent instruits, intelligents, entreprenants : des médecins, professeurs, armateurs, marins, bijoutiers, joailliers, fabricants de draps et de toiles, artisans réputés du textile, de la soie, du cuir... Elle touchait les forces vives du pays et représentait une perte de substance qui vint enrichir les ennemis de la France sur le plan manufacturier, artisanal, militaire. C'est grâce à elle en particulier que l'armée prussienne se modernisa. Néanmoins, il ne faut pas surestimer les conséquences économiques de la révocation. La relative perte de puissance de la France à la fin du règne de Louis XIV est due à d'autres facteurs : crises agraires, guerres longues et ruineuses [1]. Michel Morineau a montré par exemple que certains ports où les huguenots étaient nombreux, qui auraient dû par conséquent souffrir de leur exode, connurent au contraire une spectaculaire croissance à partir de ces années [2].

L'émigration n'était pas tout. Bientôt des assemblées de religionnaires firent leur apparition dans les châtaigneraies cévenoles. C'était le début du culte du Désert. La répression commença aussitôt. L'impérieux Basville y gagna sa réputation de tyran quoiqu'il ne se livrât à aucune cruauté particulière dans l'exécution de ses instructions [3]. Mais Louvois préconisait des mesures féroces : ne faire que « fort peu de prisonniers », en mettre « beaucoup sur le carreau », « n'épargnant pas plus les femmes que les hommes ». L'attitude du clergé fut variable. Certains, comme l'évêque de Grenoble Le Camus, rejetteront avec horreur les contraintes et les violences. D'autres, comme l'évêque d'Alais, François Chevalier de Saulx, rêveront d'une croisade contre ces nouveaux Albigeois.

Les historiens ont dressé un sombre bilan de la révocation et de ses conséquences : l'émigration, les répressions impitoyables, l'emploi de moyens détestables, les excès de la soldatesque, les sacrilèges, les révoltes noyées dans le sang, les galères [4], les gibets, sans compter le désespoir et l'effroi dans lesquels avait sombré tout un peuple qui ne demandait pourtant qu'à servir loyalement son roi et sa patrie. Au fil du temps Louis XIV prit conscience de l'échec de sa politique. Mais il semblait impuissant et résigné face aux rigueurs et aux brutalités : « Il entendit, écrit le 12 octobre 1698 Mme de Maintenon à Mgr de Noailles, archevêque de Paris, tout ce que vous m'avez mandé, Monseigneur, sur la douceur dont il faudrait accompagner la sévérité qu'on est obligé d'avoir pour les réunis ; il ne répondit qu'un mot sur la difficulté qu'il y trouve. » En décembre de la même année, pourtant, il arrêtera des mesures

1. Warren SCOVILLE, *The Persecution of Huguenots and French Economic Development, 1680-1720*, Berkeley, 1960.

2. Michel MORINEAU, « Césure et transition. Histoire et épistémologie des années 1683-1685 », Actes du colloque *De la mort de Colbert à la révocation de l'édit de Nantes*, Marseille, 1985, p. 265-284.

3. Robert POUJOL, *Basville, roi solitaire du Languedoc, intendant à Montpellier de 1685 à 1718*, Montpellier, 1992.

4. On estime à environ 1 450 le nombre de protestants condamnés aux galères.

d'apaisement, recommandant une fois encore aux intendants de s'abstenir de violence à l'égard des « nouveaux catholiques » refusant d'aller à la messe. Malgré cela, moins de quatre ans après, en 1702, éclatera la guerre des Camisards.

En définitive, on peut se demander si, à l'occasion de cette terrible affaire, le pouvoir royal ne s'est pas engagé sur la voie du despotisme voire du totalitarisme, comme beaucoup l'ont dit. La révocation aurait été l'acte d'un Néron aveuglé par l'orgueil et n'admettant plus aucune limite à son pouvoir, allant jusqu'au viol des consciences. Cela mérite une réponse nuancée. Il ne faut point se méprendre, ce n'est pas le pouvoir politique, en tant que tel, qui s'est montré totalitaire, bien que le comportement de certains de ses agents puisse le faire croire. Au contraire, conduit par les événements, débordé par des initiatives à la base, parfois incapable de faire respecter ses propres ordres, il a fait preuve de graves insuffisances. C'est la société qui, à cette époque, est étouffante et totalitaire par nature, comme elle l'était dans les siècles précédents. La pression sociologique écrase, broie l'individu, qui n'est plus entendu. Les déviances, les comportements singuliers sont automatiquement suspects parce qu'ils placent ceux qui les adoptent en dehors du gros du troupeau. Les minorités, quelles qu'elles soient, sont violemment rejetées, anathématisées. Janine Garrisson a noté à propos des protestants l'évolution linguistique qui, à partir des années 1660, « transforme dans le discours politique comme dans le discours ecclésiastique l'ennemi vague, obscur, épars, diffus en un ennemi précis, vivant, situé [1] ». On le sait, les mots en politique ne sont pas innocents. Il en est même qui tuent.

Toutes les autorités de l'État, l'Église et les notables ont contribué à réaliser l'unité religieuse. A la source de cette entreprise se retrouve sans doute la poussée de ce nationalisme dont nous avons parlé, qui transcende les corps et corporations et vise au rassemblement de toutes les forces du pays autour du trône du prêtre-roi. Par ailleurs, ce totalitarisme social se trouve indiscutablement renforcé à partir de la fin du siècle, lorsque police et justice, devenues plus efficaces, se firent ses instruments. La crise de l'opinion publique au XVIIIe siècle jaillira de la confrontation de cette situation avec l'émergence de nouvelles valeurs centrées sur la personne humaine et non plus sur le groupe.

1. Janine GARRISSON, *op. cit.*, Paris, 1985, p. 274.

S'il n'est pas un pouvoir totalitaire en soi, l'absolutisme s'est nourri de ces événements cruels. L'unité fut assumée au détriment d'une minorité écrasée qui servit de bouc émissaire. Une sorte de pacte historique fut conclu entre l'Église gallicane et l'État. Parce qu'il était devenu dévot, le roi reçut l'adhésion enthousiaste de l'Église qui, en guise de remerciement, prêcha à ses fidèles l'entente sociale, le patriotisme, la soumission au pouvoir temporel, les valeurs d'ordre et de discipline. Plus que jamais l'Église devint le relais de l'État. « Une foi, une loi, un roi », l'adage de Guillaume Postel, rêverie en son temps, était devenu réalité. Le pays paraissait plus soudé que jamais. En témoigne la quasi disparition des grandes révoltes populaires dans les dernières années du siècle. Cette étroite union de la foi monarchique et de la foi catholique qui s'instaure, en même temps que s'installe dans les paroisses rurales la nouvelle génération de prêtres formée à l'idéal de la Contre-Réforme, permet de comprendre l'extraordinaire popularité du roi en un moment où l'usure du pouvoir aurait pu commencer ses ravages. Les *Souvenirs* du notaire nîmois Borrelly, étudiés par Emmanuel Le Roy Ladurie, éclairent ce regain de ferveur monarchique au sein du petit peuple catholique, qui a gardé au fond du cœur le vieil idéal ligueur. Fort du soutien des évêques, des prêtres, des moines et de tous les catholiques zélés, la monarchie pourra mieux supporter les épreuves à venir, en particulier celles de la guerre de Succession d'Espagne.

Cette puissance de façade ne durera pas bien longtemps : les haines huguenotes entretiendront l'esprit de résistance ; devenus de mauvais chrétiens, les nouveaux convertis feront de bons anticléricaux. Le combat des « philosophes » contre le despotisme au XVIIIe siècle, bientôt alimenté par le chaudron du jansénisme, se nourrira des refus hautains de la période louis-quatorzienne. Emmanuel Le Roy Ladurie a raison de le souligner : en révoquant l'édit de Nantes et en confortant l'union du trône et de l'autel, l'État royal s'est en quelque sorte inoculé à lui-même « des germes mortels [1] ».

1. Emmanuel Le Roy Ladurie, *L'Ancien Régime, 1610-1770*, Paris, 1991, p. 166.

CHAPITRE XX

La guerre de neuf ans

La crise européenne

Les années qui suivirent les réunions et la courte guerre contre l'Espagne furent marquées par l'instabilité et les turbulences. La paix de Ratisbonne n'était qu'une simple trêve. Léopold Ier n'avait cédé que parce qu'il était incapable de se battre sur deux fronts, mais son plus ardent désir, une fois le péril turc conjuré et la révolte magyare écrasée, était de rabattre ses armées victorieuses sur le Rhin. En attendant, le Habsbourg faisait sans scrupule à l'est ce qu'il reprochait à Louis XIV : il consolidait son pré carré, mieux il l'étendait.

Un autre facteur de troubles dans cette Europe chrétienne, travaillée par mille ferments politico-religieux, fut la révocation de l'édit de Nantes et l'exode des protestants. L'exaspération contre le roi se trouva alors portée à son paroxysme et se manifesta par un déluge de pamphlets, de libelles et de lardons. Ces écrits le traitaient de scélérat, de démon vomi de l'enfer, d'Antéchrist, de Bête de l'Apocalypse et harcelaient sans merci son régime « tyrannique ». Sortis des imprimeries hollandaises, ils entraient en contrebande dans le royaume, telles les *Lettres pastorales* du bouillant pasteur Jurieu. C'était la rupture du système de propagande unanimiste conçu par Colbert au début du règne personnel. A l'étranger, cette polémique véhémente porta un tort irréparable au roi, contribuant à accroître encore un peu plus la défiance à son égard. L'inquiétude ne se limitait pas aux pays nordiques, acquis à la Réforme. Elle gagna les puissances catholiques qui ressentirent l'attitude dominatrice de la

France et sa politique « sécuritaire » comme une dangereuse menace. Bref, Louis, imperator hautain et superbe, comme le représentaient les statues équestres de sa propagande, désespérant jusqu'à ses alliés, passait pour un conquérant insatiable.

Dans sa gloire versaillaise le roi réalisait mal l'isolement dans lequel il s'était progressivement enfermé. Poussé par Louvois, il restait convaincu que le seul moyen de se faire respecter était d'inspirer la crainte. Ainsi, la Savoie, cliente de la France, était de longue date traitée en vassale. L'ambassadeur du roi à Turin tenait en lisière le jeune duc Victor-Amédée, qu'on avait marié à Anne Marie d'Orléans, fille de Monsieur et de Henriette d'Angleterre. La conception dynastique et familiale que le roi se faisait des relations internationales lui permettait de traiter en béjaune provincial l'époux de sa nièce. C'était un jeune homme svelte, au visage fin, à la physionomie animée, mais dont l'abord avenant cachait un sens surprenant de la ruse et de la dissimulation. Retors, hypocrite, expert en l'art de feindre, ce renard souffrait des vexations et des affronts que lui faisait subir le Grand Roi. Il ne s'était pas émancipé de la tutelle de son impérieuse mère, Madame Royale, pour retomber dans la sienne!

En octobre 1684 le duc, alors âgé de dix-huit ans, avait désiré aller se divertir quelques semaines à Venise : Louis XIV, craignant quelque intrigue italienne, avait purement et simplement interdit le voyage! Il s'était incliné. Un peu plus tard, l'arrivée à la cour de Turin du prince Eugène de Savoie-Carignan avait provoqué l'ire royale. Le somptueux et provocant accueil que Victor-Amédée avait réservé au fils de la comtesse de Soissons, tenu en France pour un paria, lui valut la menace de se faire couper les subsides prévus par le traité d'amitié franco-savoyard de 1682.

La révocation de l'édit de Nantes aggrava le malaise. Louis voulut le contraindre à pourchasser les quelques milliers de Vaudois ou Barbets qui, dans les vallées alpestres de Luzerne, d'Angrogne et de Saint-Martin, accueillaient les religionnaires du Briançonnais. Il l'avertit qu'en cas de refus ses troupes se feraient un plaisir d'accomplir la besogne. Victor-Amédée ne put résister. Faute de mieux, il choisit d'associer son armée à l'entreprise française. C'est ainsi que 7 000 à 8 000 soldats savoyards et français, sous ses ordres et ceux de Catinat, entrèrent en action. La campagne contre ces montagnards, habiles mais mal équipés, qui menaient une guerre d'embuscades, fut courte et d'une extrême violence. En quelques semaines, en avril et mai 1686, les vallées furent « purgées » des rebelles. Ceci naturellement n'améliora pas l'image de Louis XIV en Europe. Victor-Amédée, en tout cas, était mûr pour rallier le camp des ennemis de la France...

Autre exemple, celui de l'Angleterre. En février 1685 était intervenu un changement de règne. Au sinueux et épicurien Charles II, qui avait monnayé constamment sa promesse de se convertir au catholicisme (et ne s'était exécuté qu'à son lit de mort), avait succédé son frère, le duc d'York, sous le nom de Jacques II. Le petit peuple et la haute aristocratie, attachés à l'anglicanisme, avaient toutes raisons de craindre ce prince, ouvertement « papiste ».

Les premières semaines, le nouveau monarque fit preuve d'habileté. Il se déclara attaché aux lois fondamentales du royaume, rassura les hauts dignitaires et les évêques anglicans. Il réunit le Parlement, et celui-ci, dominé par une écrasante majorité de députés loyalistes, ne lui marchanda pas les crédits. Ne désarmant pas, l'opposition *whig* plaça ses espoirs dans un prince protestant, le jeune duc de Monmouth, fils adultérin de Charles II. La révolte de ce romanesque personnage en juin 1685 dans l'ouest de l'Angleterre, appuyée par celle du comte d'Argyll en Ecosse, fut noyée dans le sang. Jacques II, débarrassé de ces extrémistes, en profita pour renforcer les prérogatives de la couronne, installer des catholiques aux leviers de commande, créer une armée permanente, remanier les corps municipaux et les cours judiciaires. Son ambition était d'instituer une monarchie absolutiste et centralisée, protectrice des minorités religieuses, pas seulement catholiques. Sa décision d'accorder la liberté de conscience aux pratiquants « non conformistes » (catholiques romains, puritains...), qui représentaient au total 1 % de la population, heurta l'Église établie et souleva des tempêtes de protestations (avril 1687).

Louis XIV avait-il gagné au change? Nullement. Si Jacques II aimait autant que son frère les « pistoles de France », il n'était pas décidé à se mettre à la remorque de la politique de son cousin. Pour ménager l'opinion il était au contraire obligé de prendre ses distances. La révocation de l'édit de Nantes le contraignit à accentuer son éloignement. En août 1685 il renouvela son traité d'alliance avec les États généraux...

La crise allemande

En Allemagne le feu couvait. L'affaire de la succession palatine fut le nœud de la crise. En mai 1685 Charles de Simmern, comte palatin du Rhin, était mort sans enfant. Conformément au traité de Munster, un de ses parents catholiques de la branche cadette de Palatinat-Neubourg, Philippe Guillaume, lui succéda. Louis XIV, toujours obsédé par la sécurité à ses frontières, vit d'un très mauvais œil l'installation à Heidelberg du plus fidèle et énergique défenseur des intérêts de la maison d'Autriche, beau-père de l'Empereur. Il fit valoir les droits successoraux de sa belle-sœur, Élisabeth Charlotte d'Orléans, princesse Palatine, sœur de l'électeur défunt, et réclama le duché de Simmern, une partie du comté de Sponheim, les villes d'Oppenheim et d'Ingelheim, le péage de Baccarach, bref à peu près la moitié du Palatinat. Cependant, afin de ne pas rompre la trêve de Ratisbonne ni gêner l'empire dans sa guerre contre les Turcs, il accepta de ne pas entrer en possession des biens réclamés et s'en remit à l'arbitrage de la cour pontificale.

Les princes allemands, sentant la menace d'une nouvelle « réunion », nouèrent des contacts, et une série d'alliances défensives vit le jour au centre de l'Europe : alliance suédo-hollandaise, pacte suédo-brandebourgeois, convention entre l'Empereur et l'électeur de Brandebourg. En juillet 1686 se forma la fameuse ligue d'Augsbourg, groupant l'Empereur, le roi d'Espagne pour le cercle de Bourgogne, le roi de Suède pour ses possessions germaniques, l'électeur de Bavière Maximilien Emmanuel et le cercle de Franconie, rejoints peu après par le cercle du Haut-Rhin, l'électeur palatin Philippe Guillaume de Neubourg et le duc de Holstein-Gottorp.

Louis XIV ne cessait de demander la transformation de la trêve de Ratisbonne en paix perpétuelle. Tout en multipliant les interventions diplomatiques il prit des mesures défensives (renforcement des ouvrages de Landau, construction du Fort-Louis sur le Rhin et du Mont-Royal sur la Moselle). Bientôt un nouveau conflit éclata. Versailles, on le sait, était brouillé avec Rome depuis l'affaire de la régale et, faute d'accord, une trentaine d'évêchés français restaient sans titulaire. Les relations s'étaient encore détériorées lors de l'invasion turque, à cause du refus du roi de voler au secours de l'Empereur. La demande d'arbitrage dans l'affaire du Palatinat n'apaisa pas le courroux de l'incommode Innocent XI. Ce courroux trouva même occasion de s'amplifier à propos de la vieille histoire des quartiers d'ambassades qui n'était toujours pas réglée. En janvier 1687, à la mort du duc d'Estrées, ministre français à Rome, Sa Sainteté fit savoir qu'elle ne recevrait son successeur que s'il avait préalablement renoncé aux anciennes immunités. Le roi, piqué au vif, répondit « que Dieu l'avait établi pour donner l'exemple aux autres et non pour le recevoir ». Et le nouvel ambassadeur, le marquis de Lavardin, cassant et hautain à souhait, entouré d'une fastueuse et solide escorte armée, fit une entrée mémorable dans Rome le dimanche 16 novembre 1687. Innocent l'excommunia sans autre forme de procès et, comme il poursuivait les provocations, jeta l'interdit sur l'église Saint-Louis-des-Français, où son décret n'avait pas été reçu. Colbert de Croissy à son tour menaça de faire main basse sur Avignon, tandis que le parlement de Paris, ravi d'en découdre avec le successeur de Pierre, réclama le maintien des immunités et interjeta appel des sentences d'excommunication. On allait droit au schisme. Louis XIV s'arrêta au bord du précipice car il avait besoin du soutien du Saint-Siège dans une nouvelle crise apparue en Allemagne.

En effet, l'archevêque-électeur de Cologne, Maximilien de Bavière, vieux et fidèle allié de la France, allait sur sa fin. Dans la crainte de voir ses états passer en des mains ennemies, le roi avait fait élire comme coadjuteur, malgré un tollé de protestations germaniques, son dévoué conseiller pour les affaires allemandes, le cardinal de Fürstenberg, prince-évêque de Strasbourg. A la mort de l'archêque-électeur en juin 1688, l'Empereur et les princes du Saint-Empire, contre l'inacceptable candidature française, proposèrent celle du prince Joseph Clément, frère de l'électeur de Bavière et évêque de Freisingen et de Ratisbonne, qui bénéficia de l'appui du pape, germanophile dans l'âme. Lors du vote au chapitre aucun des deux candidats ne recueillit la majorité requise : Innocent XI était donc l'arbitre. Le marquis de Chamlay, maréchal des logis général et adjoint direct de Louvois, reçut alors mission de se rendre secrètement à Rome, de solliciter une audience du souverain pontife et de se montrer conciliant sur la régale et les franchises romaines, dans l'espoir que celui-ci renoncerait à expédier les bulles d'investiture de Joseph Clément de Bavière. Mais Innocent refusa de le recevoir et expédia les bulles.

La situation s'aggravait pour Louis XIV. Son influence en Europe centrale reculait au profit de Léopold. A l'est, la Hongrie avait été reconquise et les Ottomans vaincus à Bude (1686) ainsi qu'à Mohacz (1687). L'année suivante, ceux-ci perdaient Belgrade (septembre). A Versailles chacun voyait le moment où l'Empereur avec toutes ses forces porterait la guerre sur le Rhin. Louvois conseilla à son maître de frapper un grand coup, brutal et rapide, pendant qu'il était encore temps.

La guerre préventive

Le 24 septembre 1688, le roi, répondant à la propagande par la propagande, faisait diffuser à Rome et à Ratisbonne un manifeste dénonçant les actes d'hostilité dont la France n'avait cessé d'être la victime : le refus obstiné de l'empire de transformer en paix définitive la trêve de Ratisbonne, le rejet des prétentions légitimes de la duchesse d'Orléans à la succession de l'électeur palatin, la formation d'une ligue menaçante à ses frontières. En réplique à cette constante politique d'agression Louis XIV se voyait contraint de prendre des « sûretés » en occupant la place de Philippsbourg, seule « porte » restant ouverte à une éventuelle invasion venue de l'est. En même temps il protestait de ses desseins pacifiques : si les coalisés acceptaient de convertir la trêve en traité, il rendrait Philippsbourg et même Fribourg, possédée depuis longtemps; il consentirait à renoncer au droit de sa belle-sœur contre un dédommagement satisfaisant; il accepterait l'élévation de Joseph Clément de Bavière à la coadjutorerie sitôt que l'évêque de Strasbourg serait reconnu comme électeur de Cologne... Ce mélange habile de douceurs et de menaces, de miel et de vinaigre s'achevait par un ultimatum laissant trois mois aux intéressés pour accepter ses propositions.

Sans attendre cette échéance, les troupes royales occupèrent Avignon, l'électorat de Cologne et l'évêché de Liège, tandis qu'une armée sous les ordres du Grand Dauphin, assisté de Duras et de Vauban, vint mettre le siège devant Philippsbourg. Au moment du départ, le roi dit à son fils : « En vous envoyant commander mon armée je vous donne des occasions de faire connaître votre mérite; allez le montrer à toute l'Europe afin que, quand je viendrai à mourir, on ne s'aperçoive pas que le roi est mort [1]. » C'était la première fois que Louis, qui venait de fêter ses cinquante ans, parlait de la mort! A vingt-sept ans, Monseigneur devait se préparer à lui succéder. Et quel meilleur moyen de commencer son initiation au dur métier de roi que le baptême du feu? Philippsbourg résista près d'un mois, à cause du mauvais temps et des fatigues de la troupe, engagée précédemment dans les gigantesques travaux de l'Eure [2]. La cour, qui suivait avec une grisante attention les nouvelles du siège, les bombardements, les sorties, les assauts, frémissait aux actes de bravoure de sa jeunesse montant à la tranchée avec un calme mépris du danger. Elle se consolait de la lenteur de l'action en vantant les mérites du dauphin, son héros.

Le 29 octobre, la ville capitula. Lorsque la nouvelle parvint à Fontainebleau, la cour écoutait l'homélie du père Gaillard. Le roi, ému, l'interrompit et demanda à l'assistance de rendre grâces à Dieu pour cette victoire. Il était persuadé que le « coup de poker » de l'ultimatum allait réussir. Or, pas plus l'occupation du Palatinat que la chute de Philippsbourg, celles de Mannheim ou de Frankenthal qui suivirent, n'intimidèrent Léopold. Loin de céder, celui-ci releva le défi en envoyant une armée sur le Rhin.

La « Glorious Revolution »

Louis commit une seconde erreur en pensant que les affaires d'Angleterre immobiliseraient pendant longtemps Guillaume d'Orange et les États généraux, le laissant libre d'agir dans les Allemagnes. Le 20 juin 1688, la reine Marie-Béatrice de Modène, seconde épouse du roi Jacques, avait donné naissance à un fils, Jacques Édouard, titré prince de Galles. La naissance de cet héritier mâle, qui allait être élevé dans la religion catholique, modifiait les

1. *Journal de Dangeau*, 22 septembre 1688.
2. Ces travaux, conçus par le mathématicien Philippe de la Hire et qui avaient pour but de détourner une partie des eaux de cette rivière pour l'alimentation aquatique de Versailles, avaient fait de nombreuses victimes en raison d'une épidémie de fièvres. De ces travaux il reste encore le canal de Berchères à Maintenon et une partie de l'aqueduc de Maintenon.

données politiques. Ce qui était considéré comme une anomalie passagère, appelée à disparaître avec l'accession au trône de la fille aînée du roi, née d'un premier lit, Mary, farouchement attachée à l'anglicanisme, allait se perpétuer. A terme, c'était tout l'équilibre sociopolitique du pays que mettait en cause cette naissance inattendue. Or Mary était l'épouse de Guillaume d'Orange, vers lequel se tournaient les anglicans, dans l'espoir qu'il bouterait un jour les papistes hors du pouvoir. Mary et Guillaume profitèrent de leur popularité pour mettre en doute la grossesse de la reine et la légitimité de l'enfant. Le petit peuple les suivit et crut à une supercherie : la fable se répandit qu'un nouveau-né destiné à jouer le rôle de l'héritier du royaume avait été apporté en cachette au palais de Saint-James dans une bassinoire.

En Hollande, les Orangistes appuyèrent avec enthousiasme le projet d'une expédition du stathouder en Angleterre, afin de contraindre le gouvernement à se déclarer contre la France. Malgré les menaces d'intimidation de Louis XIV, dissuadant les États généraux de tenter la moindre opération de l'autre côté de la Manche, ceux-ci votèrent le financement de la force militaire et navale de débarquement.

Jacques II contribua à son propre malheur par orgueil, par souci de ne pas dépendre de son puissant voisin continental. Il déclina l'offre de son cousin français de lui envoyer un secours de 30 000 hommes. Louis XIV n'insista pas : tout était à redouter de cet imprévisible Anglais, capable, une fois muselée son opposition interne, de se joindre à ses ennemis.

Le 11 novembre, une flotte de 50 vaisseaux de guerre et de 225 transports de troupe prit la mer. Retardée par des vents contraires – des « vents papistes » disait-on –, elle débarqua, quatre jours plus tard, sur la plage de Torbay dans le Devon, 13 000 hommes – Anglais, Brandebourgeois, réfugiés français –, placés sous le commandement de Guillaume et d'un maréchal de France huguenot, le comte de Schomberg.

Habilement, le stathouder se présenta en restaurateur de la paix publique, en champion de la juste cause protestante contre les mauvais conseillers du roi, son beau-père, sans jamais mettre en cause la légitimité de ce dernier. Le Stuart ne s'y trompa pas et rassembla à Salisbury une armée de 40 000 hommes bien équipés. Il s'apprêtait à marcher sur Guillaume lorsque son ami John

Churchill, lieutenant général, frère de sa maîtresse, accompagné de 400 officiers et soldats, rallia le camp adverse. Cette trahison fut le « commencement de la fin ». Villes et comtés passèrent à la dissidence les unes après les autres. L'armée de Guillaume entrait partout, portant sur ses bannières : *Pro religione protestandi, pro libero Parlemento*. Lâché par ses ministres, ses évêques et même sa seconde fille, la princesse Anne, épouse de Georges de Danemark, l'infortuné monarque n'eut plus qu'une solution : abandonner son palais de Whitehall et se réfugier en France, convaincu qu'après une brève période de chaos on le rappellerait. On ne détaillera pas ici les épisodes romanesques de sa fuite : son geste shakespearien de jeter le grand Sceau de l'État dans la Tamise, son déguisement, son identité découverte au milieu des marins lors de son embarquement, son retour à Londres où Guillaume, qui ne voulait point jouer les Cromwell, lui laissa l'occasion d'une nouvelle fuite. Louis XIV, chevaleresque, l'accueillit avec magnificence et mit à sa disposition le Château-Vieux de Saint-Germain.

Le 23 juin 1989, un comité de parlementaires, dominé par les *whigs*, proclama le prince d'Orange et Mary, conjointement « roi et reine d'Angleterre, de France, d'Irlande et des États y appartenant ». La *Glorious Revolution* s'achevait sans effusion de sang. Le *Bill of Rights*, charte des libertés anglaises, allait jeter les bases de la monarchie limitée. La coalition antifrançaise venait de trouver un chef sûr, déterminé à conduire une guerre sans merci contre son ennemi de toujours.

Le sac du Palatinat

Dans le but de prévenir une guerre générale, Louis XIV commit une troisième erreur, une des fautes majeures de son règne, le tristement célèbre sac du Palatinat qui avait pour objet de créer un glacis au-delà du Rhin, rendant plus difficile la progression des armées impériales (printemps de 1689). Au départ, c'était l'idée du marquis de Chamlay de pratiquer la politique de la terre brûlée au « pays des quatre électeurs ». Louvois la reprit et, si l'on peut dire, la perfectionna : on ne se contenterait pas de saccager les cultures, de tuer le bétail, de détruire les fourrages, les vivres, de démanteler les fortifications comme d'ordinaire, on raserait les villages, les villes pierre par pierre – palais, églises, trésors architecturaux compris –, après en avoir chassé les habitants. En novembre 1688 le ministre parvint à lever les derniers scrupules du roi. Le baron de Montclar se chargea d'incendier Mannheim, et le comte de Tessé Heidelberg, s'acharnant particulièrement sur le château des princes, joyau du Moyen Age et de la Renaissance.

Dans sa chambre, à Versailles, la pauvre princesse Palatine se lamentait de la désolation de sa chère patrie. « Chaque nuit, aussitôt que je commence à m'endormir, il me semble être à Heidelberg ou à Mannheim, et voir les ravages qu'on y a commis. Je me réveille en sursaut et je suis plus de deux heures sans pouvoir me rendormir (...). Ce qui me désole surtout, c'est que le roi a précisément attendu pour tout dévoiler que je l'eusse imploré en faveur de Heidelberg et de Mannheim. Et l'on trouve encore mauvais que je m'en afflige! »

Après ces deux villes, on ne s'arrêta pas en si bon chemin : à Spire on profana les tombeaux des rois médiévaux. Worms, Oppenheim, Sinzheim, Wisloch, Bruchsel, Dourlach furent détruites à leur tour. La soldatesque brûlait tout et se livrait à la joie du pillage. Semant la terreur, les Français se heurtèrent bientôt à la résistance des *schnapans*, ces paysans-partisans, mais surtout à une explosion de haine sur toute la terre allemande. « Les Français passaient autrefois pour une nation honnête, écrivait l'auteur anonyme des *Soupirs de la France esclave*, humaine, civile, d'un esprit opposé aux barbaries; mais aujourd'hui un Français et un cannibale, c'est à peu près la même chose dans l'esprit des voisins. » Le scandale de la dévastation du Palatinat mérite d'être relativisé, non pour absoudre Louis XIV, mais parce qu'il ne fut pas le seul : Marlborough ravagera pareillement la Bavière en 1704, Charles XII de Suède et Pierre le Grand commettront, eux aussi, au cours de leurs prodigieuses conquêtes des vandalismes du même genre.

En fait l'implacable politique du roi produisit les effets contraires. Au lieu de paralyser de frayeur les princes allemands elle les poussa dans les bras de l'Empereur : ainsi l'électeur de Brandebourg, Frédéric Ier (fils de Frédéric-Guillaume), ainsi l'électeur de Saxe, le duc de Hanovre et le landgrave de Hesse.

En Espagne, où la cour se divisait en deux factions à peu près équilibrées, le parti français et le parti impérial, un grand bouleversement suivit la mort à vingt-six ans de la reine Marie-Louise d'Orléans (février 1689). On parla d'empoisonnement, qui aurait été perpétré pour le compte de l'ambassadeur autrichien Mansfeld... En tout cas, cette brutale disparition fut fatale à l'influence française à Madrid. Charles II se remaria à une princesse allemande, Marie-Anne de Neubourg, sœur de l'impératrice puis, cédant aux pressions germaniques, conclut un accord avec les Provinces-Unies et ouvrit les portes de ses forteresses belges aux Impériaux. Aussitôt Louis XIV lui déclara la guerre (15 avril 1689).

Les débuts de la guerre européenne

Cependant Jacques II songeait à retrouver son trône. En février 1689 il prit congé de son hôte avant de se rendre à Brest et de s'embarquer pour l'Irlande. Là vivaient deux millions de ses sujets, aux deux tiers catholiques, prêts à l'accueillir à bras ouverts. Une fois reconquise, l'Irlande servirait de base d'assaut contre l'Angleterre. Le souverain déchu avait gardé dans l'adversité une orgueilleuse inconscience. Il n'avait accepté qu'une aide réduite : un peu d'argent, des munitions, des armes, quelques officiers expérimentés pour encadrer ses hommes et une escadre pour les transporter. Dublin lui réserva un accueil enthousiaste. Mais les difficultés ne tardèrent pas. Le pays était désolé, dénué de ressources ; l'armée jacobite n'était qu'une ahurissante cohue d'une vingtaine de milliers d'hommes, mourant de faim, équipés de piques et de bâtons, prêts à se débander aux premiers coups de canon. La bataille navale de la baie de Bauntry, au sud-ouest de l'Irlande, au cours de laquelle Châteaurenault repoussa les 22 vaisseaux de l'amiral anglais Herbert, ne modifia pas la situation. Ni Louis XIV ni Louvois n'avaient confiance dans les qualités de Jacques, prince léger, chimérique et de surcroît entêté. Cette affaire d'Irlande n'était pas vraiment la leur. Sûr de son bon droit et jaloux de son autorité, le roi anglais commit maladresse sur maladresse, indisposant ses plus chauds partisans. Lorsqu'il se vit contraint de demander un secours aux Français, ceux-ci ne s'empressèrent pas de lui répondre. On le laissa à ses difficultés, face à Schomberg qui avait débarqué en Ulster.

Le 17 mai, Guillaume prétexta pourtant l'aide apportée par

Louis XIV pour déclarer la guerre. Les fils de la grande coalition contre la France se nouaient peu à peu. Quelques jours plus tôt, par le traité de Vienne (12 mai 1689), l'Autriche et les Provinces-Unies avaient conclu une alliance militaire, à laquelle se joignirent l'Angleterre en décembre, l'Espagne en juin 1690 et la Savoie en octobre. Malgré leurs divergences, ces États s'entendaient sur la nécessité d'arrêter les ambitions hégémoniques de la France (ou ce qu'ils prenaient pour telles).

Face à cette formidable mobilisation la France était seule, mais elle possédait des ressources économiques et financières suffisantes pour tenir le choc les deux ou trois premières années. Son armée était forte de plus de 150 000 hommes, auxquels s'ajoutaient les garnisons des places et la milice levée dans les paroisses. Sa flotte était numériquement la première du monde, dépassant les escadres anglaises et hollandaises réunies. Elle avait surtout une unité de direction qui faisait défaut aux alliés.

Le théâtre des opérations restait les Pays-Bas espagnols et la zone rhénane. Les armées françaises essuyèrent d'abord plusieurs revers : la piteuse défaite du maréchal d'Humières à Valcourt devant le prince de Waldeck (août 1689), à peine compensée par la victoire le même jour de Boufflers à Kocheim, la chute de Mayence en septembre, perdue par le marquis d'Huxelles, suivie de la capitulation de Bonn (octobre). Louvois, accusé d'avoir insuffisamment garni en poudre les magasins de ces villes et d'avoir choisi d'obséquieux valets pour généraux, se trouva sur la sellette. Le contrôleur général Le Peletier, malade, fut remplacé par Louis de Pontchartrain, qui avait exercé les fonctions de premier président du parlement de Bretagne puis d'intendant des finances. Il n'avait que des liens assez lâches avec le clan Le Tellier-Louvois et appartenait à une vieille famille ministérielle – les Phélypeaux – qui s'était illustrée au début du siècle avec notamment M. de Châteauneuf. A peu près au même moment Colbert de Croissy obtint la survivance de sa charge de secrétaire d'État aux affaires étrangères pour son jeune fils, le marquis de Torcy, et Seignelay fut admis au conseil d'en haut avec rang de ministre. Toutes ces mesures montraient que l'étoile de Louvois pâlissait et que le roi continuait sa politique de bascule.

Seignelay, fidèle à l'idéal maritime du clan Colbert, fit valoir un point de vue différent de celui du ministre de la guerre, obnubilé par les combats continentaux et la ceinture de fer. Ainsi fut décidée l'expédition d'Irlande. Sur ordre du comte de Lauzun 7 000 hommes furent envoyés à Jacques II. Le choix de Lauzun, qui n'avait jamais fait ses preuves, n'était pas heureux. Il était dû à l'intervention de la reine Marie-Béatrice de Modène, qui lui avait une reconnaissance sans bornes d'avoir organisé sa fuite et celle de son jeune fils vers la France. Le roi avait ratifié ce choix mais, poussé par Louvois, n'osa pas dégarnir le front continental au profit d'une entreprise aléatoire et limita ses troupes. L'objectif était de créer un abcès de fixation dans les îles britanniques afin d'empêcher Guillaume de prendre la tête de la coalition dans les Flandres. L'insuffisance des moyens mis en œuvre fera échouer cette tactique, qui aurait pu s'avérer payante.

Pour la campagne de 1690, Mme de Maintenon, le dauphin et le duc du Maine incitèrent Louis XIV à des changements dans l'état-major. Le maréchal d'Humières fut écarté. Le maréchal de Lorges remplaça Duras sur le Rhin, Catinat prit la tête de l'armée d'Italie et Luxembourg celle des Flandres. Avec Luxembourg ce fut une autre chanson ! Immédiatement il ramena l'ordre dans les rangs et restaura la confiance. Le 1er juillet, près de Fleurus, dans le Hainaut, tout en fredonnant un air d'*Atys* de Lully, il faisait glisser ses 40 000 hommes dans la plaine ondulante de hauts blés qui longeait le bois de Saint-Amand : manœuvre foudroyante qui lui permit de tailler en pièces l'armée du prince de Waldeck. L'ancien lieutenant de Condé acquit une popularité extraordinaire. Malheureusement, Louis XIV, pas plus que Louvois qui avait surmonté sa disgrâce passagère, n'étaient accoutumés à la guerre de mouvement. Ils préféraient la tactique défensive : user l'ennemi par des marches et des contre-marches, choisir de bonnes positions pour éviter les combats et protéger les routes vers la capitale. On n'exploita donc pas l'occasion de Fleurus.

Dix jours après, le 10 juillet, en vue du Cap Béveziers (Beachy Head), Tourville, à la tête d'une escadre de 78 vaisseaux, dispersait la flotte anglo-hollandaise composée de 58 navires. Après avoir subi de fortes pertes, l'amiral anglais Torrington chercha refuge dans l'estuaire de la Tamise. La panique gagna Londres, où l'on s'attendait à une descente des Français. A ce moment-là, les armées navales du Grand Roi contrôlaient la Manche. La politique de Colbert avait porté ses fruits.

Le même jour, en Irlande, les troupes franco-irlandaises de Jacques II et de Lauzun se faisaient bousculer par Guillaume et Schomberg sur la Boyne, près de Drogheda. Le Stuart, s'enfuyant sans combattre, regagna la France, la honte au front, vaincu par son gendre. Il y retrouva sa chère et tendre épouse et sa petite cour d'exilés de Saint-Germain. Un curieux épisode mérite d'être signalé, car il témoigne de l'ardent chauvinisme des Français, qui faisait finalement la force de la monarchie louis-quatorzienne. La veille de la bataille Guillaume avait été légèrement blessé à l'épaule. Dans la nuit du 27 juillet, une fausse rumeur gagna Paris : le prince avait succombé. Ce fut une immense explosion d'allégresse parmi le peuple. Explosion spontanée, précisons-le, qui mit les autorités dans l'embarras. (Il était inconvenant dans un pays chrétien de se réjouir de la mort de quelqu'un, même de son ennemi.) Toute la nuit on chanta et l'on dansa. On s'embrassait, on défonçait des tonneaux de vin clairet, on dressait des tables aux carrefours pour boire à la santé du roi de France et maudire les mânes de son rival. A Versailles, une horde hurlante de manifestants envahit la cour intérieure du château et sous les fenêtres de Louis XIV alluma des fagots. La garde était débordée!

En Irlande, la résistance se concentra sur la petite place de Limerick, héroïquement défendue par le major Boisseleau, qui ne capitula qu'à la mi-octobre, à la dernière extrémité. Traversant la Manche sans encombre, l'escadre de Châteaurenault ramena à Brest les débris du corps expéditionnaire français et 15 000 Irlandais. Ces derniers vinrent grossir la communauté jacobite en France. Il n'est pas inutile de rappeler à ce propos l'importance de cette immigration, qui s'éleva à une quarantaine de milliers de personnes, dont de nombreux militaires qui constituèrent pour les armées de Louis XIV d'excellents soldats. Numériquement, cette immigration était moins importante que l'émigration des huguenots, mais on aurait tort d'en négliger le poids. A l'échelle de l'Europe, ces deux diasporas formaient de puissants groupes de pression tendant à transformer les guerres continentales en guerres de Religion. Le « lobby » jacobite sera très puissant pendant les dernières années du règne, exerçant une pression constante sur Versailles, où il trouvera de solides appuis auprès de Mme de Maintenon – par affinité religieuse –, et les héritiers du clan Colbert (Torcy et le groupe des dévots mené par les ducs de Beauvillier et de Chevreuse).

En août, près de l'abbaye de Staffarde, en Italie du Nord, Catinat écrasa l'armée du duc de Savoie. Ainsi, en cette année 1690, la France avait redressé la barre : Fleurus, Béveziers, Staffarde faisaient oublier les déboires de l'année précédente. Pourtant aucune de ces victoires n'était décisive. La petite canonnade de la Boyne, insignifiante sur le plan militaire, fut importante pour la suite des événements : Guillaume, confirmé sur le trône, était prêt à porter le feu sur le continent.

En mars de l'année suivante, à La Haye, se tint sous sa présidence un congrès général des États coalisés : plus des deux tiers de l'Europe y étaient représentés. A son habitude, le prince d'Orange galvanisa les énergies. Il s'agissait d'unir toutes les forces pour venir à bout de la France et la ramener dans ses frontières de la paix des Pyrénées.

Deux jours après la fin du congrès, le 17 mars, Louis XIV, avec 100 000 hommes, investit Mons ! Le roi de France était d'humeur radieuse, retrouvant sa passion favorite, cette guerre de siège qui se déroulait selon l'immuable protocole de magnificence, avec ses minutieux préparatifs, ses festins sous les tentes éclairées de lustres de cristal. Cette vie martiale et luxueuse répondait à merveille à son goût de l'action et son besoin de grand air. Les coups de canon, les mineurs creusant les parallèles et s'approchant du chemin couvert, les assauts empanachés, tout faisait partie du même cérémonial, y compris les regrets ou les larmes du souverain à l'énoncé des morts du jour... Pour rappeler sa bravoure d'antan, Louis se paya le luxe de se rendre à plusieurs reprises à la tranchée et de s'exposer aux coups de mousquets de l'ennemi. L'austère Guillaume faisait piètre figure à côté de cet homme-là. Il rassembla précipitamment ce qu'il avait de troupes et partit au secours de Mons. Trop tard ! La place avait déjà capitulé ! Alors, furieux, il décida de repasser la Manche.

Le 19 septembre, à Leuze, près de Tournai, la maison du roi, conduite par Luxembourg, tomba à l'improviste sur toute la cavalerie des coalisés : ce fut une charge héroïque dont les Français sortirent brillamment vainqueurs. Compte tenu du rapport des forces

– 19 escadrons français contre 72 du côté ennemi –, chaque cavalier avait dû affronter deux ou trois adversaires et ne revenir, comme le raconte l'historiographe du roi Jean Racine, que « l'épée sanglante jusqu'à la garde ».

Steinkerque

Dans les Flandres la campagne de 1692 fut couronnée de succès. Le 20 mai, au camp de Givry, eut lieu la plus gigantesque revue militaire du siècle. Louis XIV, le maréchal de Luxembourg, les princes, les officiers d'état-major passèrent en revue 120 000 hommes, cavaliers et fantassins, alignés sur quatre rangs et s'étirant sur près de trois lieues. Spectacle impressionnant montrant, grandeur nature, la puissance terrestre de la France ! Namur fit la première les frais de ce déploiement de forces. La ville ne tint pas plus de six jours, mais il fallut un bon mois à Vauban pour venir à bout du vieux château servant de citadelle, juché sur un piton rocheux. Guillaume, qui avait rassemblé 73 000 hommes, échoua à trois reprises dans sa tentative de lui porter secours. Louis XIV, qui s'était beaucoup dépensé lors du siège et qu'une forte crise de goutte avait accablé, regagna alors Versailles, confiant à Luxembourg le soin de poursuivre les opérations.

Le 3 août, près du village de Steinkerque, Luxembourg repoussa une attaque surprise de Guillaume. Sa « troupe dorée » – le duc de Chartres, âgé de dix-huit ans, le prince François Louis de Conti, le duc Louis III de Bourbon, le duc de Vendôme et son frère le grand prieur, le duc d'Elbeuf, le prince de Turenne – s'était comportée avec une héroïque témérité. Au fort de la mêlée, cerné de toutes parts, le vaillant Conti, « drapeau colonel » en main, avait refusé de se replier. Tout Paris connut leurs exploits et les acclama à leur retour. Une mode nouvelle fit fureur chez les jolies femmes : elles se mirent à porter des cravates de dentelle analogues à celles que ces jeunes héros avaient nouées précipitamment autour du cou avant de partir au combat. On appela ces ornements des « steinkerques »...

Sur le front piémontais les événements furent moins heureux. En août, Victor-Amédée de Savoie, avec une armée de 45 000 hommes, envahit le Dauphiné par le col de Larche, occupa

Embrun et Gap. Avec peu de troupes Catinat limita les revers, conservant Pignerol, Suse et Grenoble, arrêtant l'ennemi en Provence. La brutalité des Impériaux rappelait celle des Français dans le Palatinat : 11 000 maisons incendiées, 25 000 têtes de bétail razziées, 50 000 livres de contributions imposées, les ursulines du couvent de Gap violées...

Saint-Vaast-La Hougue

L'année 1692 fut aussi celle du désastre de La Hougue, qui a fait couler des deux côtés de la Manche plus d'encre que de sang. Après quelques années de pouvoir, Guillaume s'était rendu impopulaire en Angleterre par ses manières cassantes, sa façon irritante de n'accorder confiance qu'à un petit groupe de favoris de son pays d'origine... La haute aristocratie terrienne et commerçante, qui visait à préserver ses intérêts maritimes et coloniaux, se méfia bien vite de cet aventurier qui voulait l'entraîner dans une croisade protestante contre Louis XIV. Dans le camp opposé, les Jacobites reprenaient espoir et rêvaient de chasser l'usurpateur hollandais. Saint-Germain vivait dans une fiévreuse et irréelle atmosphère de plans de reconquête.

C'est dans ce contexte que Louis XIV avait accepté, sous la pression de Jacques II, d'organiser une nouvelle descente dans les îles Britanniques. Sous le commandement nominal du roi déchu 21 bataillons, dont une douzaine d'Irlandais, avaient été rassemblés dans la presqu'île du Cotentin. D'injustes critiques s'étaient élevées l'année précédente contre Tourville, accusé de mollesse et de passivité, alors qu'il n'avait fait que suivre les instructions mal ficelées de Pontchartrain (qui avait succédé à Seignelay au secrétariat d'État à la marine). Le roi, cette fois, lui ordonna de livrer bataille sans attendre l'arrivée de l'escadre de Toulon, paralysée par des vents contraires. Il devait se jeter sur les Anglo-Hollandais, qu'ils eussent ou non fait leur jonction et quelle que fût leur force. Les instructions de Pontchartrain étaient dures et blessantes pour son destinataire. Le vice-amiral quitta Brest le 12 mai avec mission d'embarquer les troupes de Jacques II à La Hougue. Le 29 mai, au large de Barfleur, il rencontra la flotte des coalisés forte de 89 bâtiments. Lui-même n'avait que 44 vaisseaux et 11 brûlots. Le vaillant marin avait ordre d'attaquer, il attaqua. Dans ce combat inégal il fit preuve d'une supériorité tactique remarquable. Douze heures durant il tint tête à l'ennemi, coula deux navires et, la nuit venant, se retira, épuisé, sans autre perte que quelques vaisseaux démâtés. La moitié de ses navires réussit à s'échapper à travers les îles anglo-normandes. Trois autres, qui avaient manqué la marée, se réfugièrent dans la rade de Cherbourg, dépourvue de refuge fortifié. L'ennemi s'avança donc sans crainte et les incendia. Avec les douze vaisseaux restants, Tourville alla s'abriter dans la baie de Saint-Vaast-La Hougue, où le gros de la flotte anglo-hollandaise les poursuivit. Les troupes prêtes à s'embarquer attendaient le long de la côte. Le commandant, le maréchal de Bellefonds, disposait de quelques batteries et aurait pu les mettre en action pour intimider l'ennemi. Au lieu de cela, il ordonna d'échouer les vaisseaux du roi et d'en retirer le maximum de matériel. Les Anglais jetèrent alors des chaloupes à la mer, attaquèrent les soldats occupés au déchargement et mirent le feu aux navires (2 et 3 juin).

Les Anglais fêtèrent cette victoire avec éclat : l'humiliation de Béveziers était lavée ! De ce funeste « désastre de La Hougue » les historiens français se sont efforcés de relativiser la portée. Il est vrai qu'à considérer les faits et les chiffres, l'incendie d'une douzaine de navires, venant après la glorieuse journée de Barfleur, n'avait rien de catastrophique ni d'irréparable. Avec les vaisseaux détruits à Cherbourg, cela faisait une quinzaines d'unités perdues. Après La Hougue, la France avait encore plus de cent vaisseaux de ligne. On verra dans les dernières années du siècle et au début du suivant de puissantes escadres arborer la bannière fleurdelysée et se battre avec courage et détermination. Mais ce qui compte dans une défaite – comme dans une victoire –, c'est l'effet psychologique produit. Or, celui-ci fut retentissant, non seulement en Angleterre mais en France, où il renforça le camp des sceptiques conduit par Vauban. Ceux-ci estimaient que la France, pays continental menacé sur ses frontières terrestres, n'avait rien à gagner à construire une grande flotte de combat. L'entourage royal, y compris Pontchartrain et Usson de Bonrepaus, intendant de la marine, manquait d'une bonne connaissance des choses de la mer et partageait l'opinion qu'exprimait Mme de Sévigné à la veille de La Hougue : « Depuis la bataille d'Actium, les combats navals n'ont jamais amené la décision... »

Ce qui fait l'importance de La Hougue tient au changement de stratégie qui suivit. Au lieu de privilégier la guerre d'escadre, la France misa sur la destruction du commerce des ennemis. Ce fut la grande époque des corsaires de Saint-Malo, de Dunkerque, La Rochelle, Dieppe, qu'illustrèrent entre autres Jean Bart, Forbin, Duguay-Trouin, Saint-Pol, Nesmond, Pointis... Le corsaire n'est pas un flibustier sans foi ni loi qui travaille pour son propre compte. Il reçoit du roi des « lettres de marque » qui lui permettent d'user des prérogatives militaires de l'État et de bénéficier de la protection reconnue aux gens de guerre. C'est un entrepreneur qui finance l'armement d'un ou de plusieurs navires – concurremment avec des bailleurs de fonds publics ou privés – et qui s'engage à reverser une part déterminée de ses prises. Ses navires s'attaquent non pas aux vaisseaux de guerre mais aux navires de commerce, qui portent dans leurs flancs de riches cargaisons du Levant, des Indes orientales ou d'Amérique. Les corsaires agissent dans un but lucratif mais en même temps rendent service au pays qui les emploie. La France ne fut pas le seul pays à utiliser des corsaires (il y eut des corsaires anglais, zélandais, basques-espagnols...) mais, plus que d'autres, elle misa sur ce type de guerre. Pour rendre les attaques plus difficiles, les alliés réunirent leurs navires marchands en grands convois, protégés par des vaisseaux armés. En dépit des pertes infligées, la France n'obtint jamais par ce moyen la maîtrise des mers. Les dernières recherches économiques prouvent, au contraire, qu'elle souffrit davantage des effets du blocus que les puissances maritimes, Provinces-Unies et Angleterre, portées par une croissance soutenue dans les dernières années du siècle. Bref, avec la guerre de course Louis XIV s'était engagé dans une impasse, comme le feront après lui Napoléon, Guillaume II et Hitler. Autre conséquence à mettre au passif de cette stratégie, les terribles représailles que firent subir les Anglo-Hollandais sur les côtes et dans les ports français, mal protégés.

Neerwinden

Pour la campagne de 1693 Louis XIV fit une nouvelle promotion de maréchaux de France : Choiseul, Villeroy, Joyeuse, Boufflers, Tourville, Noailles et Catinat. Au printemps, des retards pris dans le déploiement de l'armée française permirent à Guillaume de renforcer les défenses de Liège et de disposer ses troupes dans la région de Louvain. Luxembourg conseilla au roi d'attaquer sans attendre, mais Louis XIV, à nouveau, refusa la bataille rangée. Il décida de porter l'effort en Allemagne, où il envoya son fils et Boufflers, avec 23 000 hommes, renforcer les troupes du maréchal de Lorges. Puis il revint à Versailles, au grand mécontentement des officiers qui attendaient le choc décisif avec le roi d'Angleterre. « L'effet de cette retraite, écrit Saint-Simon, fut incroyable jusque parmi les soldats et même parmi les peuples. » Ce fut la dernière fois que Louis parut à la tête de ses armées.

Restant avec 70 000 hommes, Luxembourg eut à contenir les coalisés dans le Brabant. A la fin de juillet, après une marche de diversion, il fonça en direction de Landen et de la rivière Geete, au bord de laquelle campait l'armée ennemie, forte de 60 000 hommes. L'engagement commença le 29 juillet au matin par une violente canonnade. Le choc fut terrible. Trois fois les Français durent recommencer leur manœuvre, après de terribles corps à corps dans les rues du village de Neerwinden, ruisselantes de sang. Guillaume, enfin, tomba dans le piège qu'on lui avait tendu : il dégarnit son centre et sa gauche pour reprendre le village. Les escadrons français renversèrent alors les barricades improvisées, envahirent le camp et repoussèrent les fuyards vers la Geete. Au soir de cette épuisante journée on dénombra près de 30 000 morts. Neerwinden fut la plus grande boucherie du siècle. L'été suivant, un voyageur anglais raconte que le curé du village pouvait découvrir du haut de son église le champ de bataille couvert d'une multitude de coquelicots comme si le sol avait rendu le sang dont il était gorgé... Luxembourg, qui avait pris un nombre impressionnant de drapeaux ennemis, reçut à cette occasion le surnom de « Tapissier de Notre-Dame ».

En Allemagne, le maréchal de Lorges se heurta à un excellent soldat, le margrave Louis de Bade, et ne put réaliser la percée escomptée. Heidelberg fut une nouvelle fois ravagée et incendiée. En Piémont, Catinat contint l'offensive de Victor-Amédée, qu'il battit sévèrement à La Marsaille (octobre 1693).

Sur mer, cette année-là, les résultats furent particulièrement satisfaisants. La flotte de la Méditerranée, après avoir aidé l'armée de Catalogne à s'emparer de Rosas, rejoignit celle du Ponant près de Gibraltar. Au large de Lagos, Tourville, avec 71 vaisseaux de ligne, des frégates et des brûlots, mit en déroute un énorme convoi de 120 à 140 voiles à destination de Smyrne, protégé par les escadres de l'amiral anglais Rooke et du Hollandais Van der Gœs. Les pertes anglaises furent évaluées à 83 navires et à environ 60 millions de livres de marchandises. En novembre les Anglais, voulant se venger des corsaires qui multipliaient les prises, échouèrent dans une attaque navale contre Saint-Malo, défendu par M. de Coëtlogon.

Les derniers combats

La guerre de neuf ans, encore appelée « guerre de la ligue d'Augsbourg » ou de « succession palatine », a été provoquée par les maladresses répétées de Louis XIV à l'égard de l'Europe, notamment par son incapacité à comprendre les princes allemands et leur besoin de respect et de dignité. Mais on ne saurait lui reprocher sa constante volonté – parfaitement sincère – de parvenir à un accord. Dès 1689, après la mort d'Innocent XI et l'élection de son successeur Alexandre VIII, la réconciliation était scellée avec Rome. Louis XIV avait rappelé l'épineux Lavardin et restitué Avignon. En juillet 1691, avec le pontificat d'Innocent XII, l'entente fut parfaite : le roi ordonna de ne plus enseigner les « quatre articles » gallicans, et le pape œuvra en faveur d'un rapprochement entre les belligérants. La terrible disette qui frappa la France en 1693-1694 renforça la détermination du roi à trouver un compromis.

Néanmoins, la guerre s'enlisait. Aucun des États en guerre n'avait les moyens militaires de forcer l'autre à signer la paix. Les Allemands, faute de ressources financières, faisaient retomber le fardeau de la guerre sur les puissances maritimes. Charles XI de Suède, resté neutre malgré les engagements pris envers l'empire et les Provinces-Unies, offrit sa médiation. Louis XIV l'accepta et fit plusieurs propositions, mais celles-ci se heurtèrent à l'intransigeance impériale et aux surenchères anglo-hollandaises. En 1694 Guillaume tenta une percée dans les Flandres mais fut arrêté par Luxembourg.

Sur mer, les corsaires français se taillaient toujours de grands succès. En juin, au Texel, Jean Bart fonça hardiment sur une flotte de guerre hollandaise et ramena à bon port 96 vaisseaux chargés de blé de la Baltique, ce qui contribua quelque peu à nourrir Paris qui criait famine. Une attaque navale alliée en baie de Camaret, suivie d'une tentative sur Brest, échoua totalement. Le roi, averti de ce dessein, avait chargé Vauban de défendre la côte. En juillet, en représailles des attaques des corsaires, les alliés bombardèrent Dieppe pendant vingt-quatre heures. La ville fut entièrement détruite. Puis ils s'en prirent au Havre. Plus de mille bombes et « pots à feu » ravagèrent le quart de la ville. En septembre Dunkerque et Calais subirent le même sort. En 1695 et 1696 il y eut de nouveaux raids sur Saint-Malo, Grandville, Dunkerque, Calais, Saint-Martin-de-Ré, les Sables-d'Olonne.

Succédant à Luxembourg mort en janvier 1695, François de Neufville, maréchal de Villeroy, commença sa carrière de chef de guerre malchanceux par une défaite. Il contraignit Boufflers, enfermé sans secours dans Namur et qui résista héroïquement pendant deux mois, à capituler. Puis, en réponse aux attaques anglo-hollandaises contre les ports, il bombarda Bruxelles à deux reprises durant vingt-quatre heures. Cinq mille maisons furent détruites, soit un tiers de la ville, particulièrement le centre avec ses vieilles églises et ses couvents.

La paix de Ryswick

Pendant ce temps on continuait de négocier. Louis XIV multipliait vainement les concessions. Les discussions butaient sur le sort de la Lorraine, du Luxembourg, de Strasbourg, sur les avantages commerciaux à consentir aux Hollandais, sur les sûretés à accorder aux protestants étrangers résidant en France et sur la reconnaissance de Guillaume d'Orange comme roi d'Angleterre.

Parallèlement, Louis XIV avait entamé des négociations avec Victor-Amédée, le maillon faible de la coalition. Le Savoyard ne s'embarrassait pas de scrupules. Son adhésion à l'alliance anti-française n'avait été qu'une affaire de circonstances. Après la défaite de La Marsaille il se demanda s'il n'aurait pas intérêt à changer de camp. Les négociations, conduites par le comte de Tessé, furent difficiles. La maîtresse du duc, la comtesse de Verue, fille du duc de Luynes, qui rêvait d'obtenir le pardon de Louis XIV et de rentrer en France, seconda activement Tessé. Mais il fallut l'entrée de Catinat en Italie du Nord avec 50 000 hommes pour décider le souverain savoyard à signer, le 29 juin 1696, le traité secret. Il fut convenu que Louis XIV évacuerait ses États, restituerait les places de Pignerol, Suse, Montmélian, Nice et Villefranche, que la princesse Marie-Adélaïde, fille du duc, épouserait le duc de Bourgogne, fils aîné du Grand Dauphin et que la Savoie joindrait ses forces à celles de la France pour envahir le Milanais.

L'Empereur et le roi d'Espagne se virent bientôt contraints, par cette volte-face, de signer à Vigevano une suspension d'armes en Italie du Nord jusqu'à la paix générale. Guillaume et son ami Heinsius, Grand Pensionnaire de Hollande, furent accablés par la trahison de Victor-Amédée et l'accord de Vigevano, qu'ils reprochèrent à leur allié Léopold. Pourquoi à leur tour ne discuteraient-ils pas avec la France? Le 9 mai, les négociations s'ouvrirent au Nieuwbourg, château des princes d'Orange, près du village de Ryswick, en Hollande, sous la présidence du sieur Lillieroot, représentant la Suède, puissance médiatrice.

Comme toujours à cette époque, le canon continuait de tirer pendant que l'on discutait. Il servait à peser sur l'action diplomatique. Il infléchit, en l'occurrence, les dernières raideurs anglo-hollandaises : Catinat prit Ath le 6 juin. Pendant ce temps, en Amérique, les colons français organisaient des expéditions contre les établissements anglais de la baie d'Hudson, lançaient des raids contre Boston et New York et entreprenaient la conquête de Terre-Neuve.

Les négociations butèrent sur la reconnaissance de Guillaume comme roi d'Angleterre et sur le sort à réserver à Jacques II. Mais ces difficultés furent aplanies par les entretiens entre le favori du stathouder, le Hollandais Bentick, devenu lord Portland, et le duc de Boufflers, commandant les troupes françaises aux Pays-Bas. Quelques actions d'éclat comme le sac de Carthagène ou la prise de Barcelone par le duc de Vendôme, après un sévère blocus naval, assagirent également le gouvernement de Madrid. Restait l'Empereur, ragaillardi par les défaites ottomanes. Il s'obstinait à vouloir récupérer Strasbourg et à obtenir des Bourbons une renonciation à la succession d'Espagne. Il fut pris de vitesse par l'ultimatum posé par le roi à ses alliés.

L'Angleterre, les Provinces-Unies et l'Espagne conclurent la paix avec la France dans la nuit du 20 au 21 septembre 1697. Un mois plus tard, le 30 octobre, les représentants de l'Empereur et des princes de l'empire se résignèrent à apposer leur signature au traité.

La France restituait la plupart de ses conquêtes et des réunions qu'elle avait opérées : à l'Espagne Barcelone, Luxembourg et les places des Pays-Bas occupées depuis la paix de Nimègue, à l'empire le Palatinat, Kehl, Fribourg, Vieux-Brisach, Philippsbourg, Montbéliard, à la famille de Suède le duché de Deux-Ponts. L'électeur Maximilien Emmanuel de Bavière se voyait confirmer comme gouverneur général des Pays-Bas espagnols. Le jeune duc de Lorraine, Léopold, âgé de onze ans, fils de Charles V, récupérait les États de son grand-père, avec sa capitale Nancy, mais cédait à Louis XIV Marsal, Sarrelouis et Longwy et lui reconnaissait un droit de passage pour ses troupes. La France gardait Strasbourg et obtenait des compensations pécuniaires pour la duchesse d'Orléans en échange de sa renonciation à la succession palatine. A défaut de devenir électeur, le cardinal de Fürstenberg se voyait rétabli dans les biens et possessions à l'intérieur de l'Empire qui lui avaient été confisqués. La France recevait de l'Espagne la partie occidentale de l'île de Saint-Domingue, et les Hollandais lui rendaient Pondichéry occupée en 1691. L'Angleterre, enfin, retrouvait ses établissements de la baie d'Hudson et de Terre-Neuve.

Louis XIV reconnaissait Guillaume III d'Orange comme roi d'Angleterre, donnait l'assurance qu'il n'assisterait ni directement ni indirectement ses ennemis, mais ne s'engageait pas à expulser Jacques II, comme cela avait été envisagé. Les Provinces-Unies obtenaient de la France des avantages commerciaux et de l'Espagne la permission d'entretenir des garnisons dans les places rendues de Courtrai, Ath, Mons et Charleroi... C'était la « Barrière ».

Les frontières étaient mieux dessinées, plus linéaires. Il n'y avait plus d'enclave ni de position françaises en Italie (Pignerol, Casal) ou sur la rive droite du Rhin (Kehl et Vieux-Brisach). Louis XIV renonçait à la stratégie des « portes » et des points d'appui (Philippsbourg, Mont-Royal entre Trèves et Coblence...).

Au total, cette longue guerre – à l'image de ses campagnes indécises, sans coups décisifs, de ses victoires précaires qui n'entamaient pas les forces de l'adversaire – consacrait un certain équilibre européen, ne faisant ni vainqueurs ni vaincus. Louis XIV n'était pas parvenu à impressionner ses adversaires en prenant l'offensive. Il avait tenu tête à la formidable coalition de toute l'Europe mais il n'avait pas atteint ses objectifs. Les belligérants épuisés avaient conclu cette paix de compromis qu'était le traité de Ryswick. La balance des forces s'était malgré tout modifiée : la France n'était plus la grande nation hégémonique des années 1660-1680. Le fiasco en 1697 de la candidature du prince de Conti au trône de Pologne, après la mort de Jean Sobieski, au profit de l'électeur de Saxe, Auguste, prouvait le recul de son influence dans l'Est européen. Il en était de même en Allemagne, où le roi avait perdu la plupart de ses clients traditionnels. En revanche, l'Angleterre sortait renforcée de l'épreuve, même si elle n'avait pas réalisé de substantiels gains territoriaux. Son roi avait acquis un surcroît de prestige en animant la coalition antifrançaise. C'est lui qui avait imposé le concept de « balance de l'Europe », permettant à la petite nation britannique de se tailler une place appréciable à côté des autres.

La reconnaissance par Louis XIV de la légitimité de Guillaume marquait un rapprochement avec l'Angleterre mais surtout un recul du droit divin. On imagine combien cela dut lui coûter. Cette reconnaissance, comme l'a dit Robert Mandrou, implique « qu'une autre voie d'accès au pouvoir politique peut exister dans un royaume (et pas seulement dans une petite république de marchands ou de nobles trop puissants comme en Hollande et en Pologne) : la monarchie élective prend rang dans la définition des souverainetés européennes, à côté de la monarchie héréditaire de droit divin [1] ».

L'Europe, enfin, sortait avec un système mettant la France sous surveillance : l'étroite union de l'Angleterre et des Provinces-Unies, la barrière des Pays-Bas espagnols, la ligue d'Augsbourg, qui avait décidé de ne pas se dissoudre, tout cela avait pour but de tenir Louis XIV en respect et de ne plus lui permettre de dicter sa loi.

L'opinion, en France, accueillit mal la paix de Ryswick. Elle ne parvenait pas à comprendre qu'après tant de brillantes victoires, célébrées par tant de *Te Deum*, on ait dû faire tant de concessions ! Vauban s'en désolait, tenant cette paix pour « plus infâme que celle de Cateau-Cambrésis ». Mme de Maintenon, qui n'avait cessé d'implorer la fin de la guerre, gémissait que c'était « une espèce de honte de restituer ce qui avait coûté tant d'effort et de sang ». L'extrême lassitude du pays, la ruine de certaines provinces, la crise

1. Robert MANDROU, *Louis XIV et son temps, 1661-1715*, Paris, 1973, p. 501.

financière, la mauvaise récolte de l'année 1697, après les terribles perturbations climatiques des années 1693-1694, expliquent-elles tout? Louis XIV aurait-il voulu subitement assurer, au détriment de sa gloire, le bonheur tranquille de ses peuples? Non. Cet excès de modération s'explique par le fait que le roi, sachant qu'à Madrid Charles II allait sur sa fin, avait besoin de la paix pour pouvoir redistribuer les cartes, se réconcilier avec deux de ses adversaires de la veille, l'Angleterre et la Hollande, afin de contenir l'Empereur. L'enjeu n'était pas mince puisqu'il s'agissait du sort de l'immense Empire espagnol.

CHAPITRE XXI

Les temps difficiles

Le gouvernement personnel

Le titre qui précède surprendra peut-être : le gouvernement personnel de Louis XIV ne remonte-t-il pas à la mort de Mazarin et à l'arrestation de Fouquet? N'était-ce pas le but essentiel de la « révolution de 1661 »? A ce moment-là, certes, le roi était devenu le « maître », mais on sait qu'à défaut d'une administration centrale structurée il avait dû s'appuyer sur de puissants ministres, disposant eux-mêmes de réseaux solides et ramifiés de créatures leur faisant allégeance. Ne gouvernant que par arbitrage, la direction effective des affaires lui échappait en partie. Or, c'est ce système qui disparaît le 16 juillet 1691 avec la mort de Louvois, foudroyé à Versailles par une crise d'apoplexie à l'âge de cinquante ans.

Dans les derniers temps, le caractère autoritaire du ministre s'était singulièrement accentué. Il paraissait brutal, impérieux, impitoyable, avec les caprices et les sautes d'humeur d'un despote oriental. Sachant combien lui était utile ce serviteur bourru mais fidèle, surtout en période de guerre, Louis XIV lui conservait ses fonctions, comme son père avait gardé Richelieu pour le bien de l'État, mais à la vérité il ne le supportait plus. A maintes reprises les deux hommes s'étaient heurtés. Le roi, exaspéré de son opiniâtreté, avait révoqué certaines de ses décisions maladroites et dangereuses. L'hypothèse d'un embastillement imminent, telle qu'elle ressort du récit dramatique de Saint-Simon, est sans doute à rejeter, mais celle d'une proche disgrâce est vraisemblable. Madame de Maintenon y était particulièrement résolue. Le jour même de sa mort, raconte Claude Le Peletier, « je passai trois heures en tête à tête avec elle, entendant des propos si extraordinaires que j'en sortis convaincu que tout était perdu et sans remède ». Il n'est qu'à lire ce qu'écrivait cette dernière à propos du défunt : « Il était rude et dur, mais si présomptueux et si contrariant qu'il était devenu insupportable à son maître. Il aurait essuyé une disgrâce sans la guerre ; il s'en apercevait et mourut subitement le cœur serré d'une façon particulière qui fit connaître le chagrin qui l'avait tué. » Saint-Simon, témoin oculaire de quinze ans, observa sur le visage du monarque « un je ne sais quoi de leste et de libéré ». A l'évidence, il était délivré. A l'envoyé de Jacques II, venu lui présenter les condoléances de son maître, il répliqua : « Monsieur, faites mes compliments et mes remerciements au roi et à la reine d'Angleterre, et dites-leur de ma part que mes affaires et les leurs n'en iront pas moins bien. » Non, malgré la disparition de ce bourreau de travail, le pouvoir n'était pas vacant ! Louis tenait à l'affirmer haut et fort.

Pour succéder à Louvois, après le refus du marquis de Chamlay, Louis désigna son troisième fils, le marquis de Barbezieux, âgé de vingt-trois ans, qui avait la survivance de son secrétariat d'État. Il est évident que ce jeune homme, travailleur, intelligent, mais aimant par-dessus tout les plaisirs et la débauche, manquait d'expérience et de connaissances pour prendre, au pied levé, une succession aussi écrasante. Aussi le roi décida-t-il de l'assister de Chamlay et de Gilbert Colbert de Saint-Pouange pour l'administration de la guerre et de partager les autres attributions de son père. Les fortifications allèrent à Michel Le Peletier de Souzy, la surintendance des postes à son frère, Claude Le Peletier, les haras et manufactures à Louis de Pontchartrain, la surintendance des bâtiments à Édouard Colbert, marquis de Villacerf. Ce démembrement de « l'empire Louvois » montrait en réalité que Louis XIV voulait assumer lui-même la tâche principale en supprimant un échelon et en prenant en main le détail de l'administration. La concentration de l'autorité n'avait jamais été aussi importante. Si l'on se réfère aux catégories modernes de la science politique, on pourrait dire qu'à partir de cette date il cumula les fonctions de chef d'État et de gouvernement, les ministres subsistants étant réduits au rang de commis. En ce sens, la vraie prise de pouvoir de Louis XIV date de cette époque et non de 1661, comme le disent trop souvent les historiens.

Cinq jours après la mort du ministre, l'ambassadeur de Venise Pietro Venier avait deviné le changement. « Louvois, dit-il, était regardé comme l'âme du ministère. Il dirigeait les mouvements de cette vaste monarchie avec une étonnante activité, un génie étendu et une grande capacité dans les conseils » mais le gouvernement recevra « *maintenant l'impulsion directe du roi* ».

Louis, qui allait sur ses cinquante-trois ans, se mit à la tâche avec une ardeur étonnante. Deux mois plus tard, Mme de Maintenon mandait à l'abbesse de Fontevrault : « Le roi a plus de conseils que jamais parce qu'il a plus d'affaires. Il donne deux ou trois heures par jour à la chasse, quand il peut. Il rentre à six heures et est jusqu'à dix sans cesser de lire, d'écrire ou de dicter. Il congédie souvent les princesses après souper pour expédier quelque courrier. Les généraux sont si aises d'être en commerce avec lui qu'ils lui rendent un compte très exact. Ils paraissent charmés de ses réponses et sans vouloir insulter (*à la mémoire de Louvois*) ils les trouvent d'un style bien doux. » Le 28 janvier 1692, le marquis de Dangeau écrivait dans son *Journal* : « Le roi ne sortit point de tout le jour, non plus qu'hier. Il donna beaucoup d'audiences et travailla tout le reste du jour; il s'est accoutumé à dicter et fait écrire à M. de Barbezieux, sous lui, toutes les lettres importantes qui regardent les affaires de la guerre. » Pendant près de vingt-cinq ans il supportera ce fardeau sans défaillance. Il n'y a pas de journée, dira le même Dangeau, où le roi ne travaille huit à neuf heures.

Les dépêches qu'il envoyait à ses généraux avaient quinze ou vingt pages. On y retrouve sa courtoisie, son bon sens, son goût du détail, sa prudence, son désir de modération. Contrastant avec le ton rogue et impérieux de Louvois, elles « laissent même quelquefois apparaître un Louis XIV familier, simple, bonhomme, presque modeste, très différent de l'image habituelle que l'on se fait du Roi-Soleil, hautain et majestueux sur son trône olympien [1] ».

Afin de prouver que la disparition de Louvois n'était pas une perte irréparable et qu'il maîtrisait dans les moindres détails son métier de chef de guerre, il organisa en mai 1692 le fastueux siège de Namur, précédé de la gigantesque parade militaire du camp de

1. Pierre de SÉGUR, *Le Tapissier de Notre-Dame. Les dernières années du maréchal de Luxembourg (1678-1695)*, Paris, 1903, p. 249

Givry. Et il s'arrangea pour revenir à Paris couvert de lauriers, dans l'après-midi du 16 juillet, jour anniversaire de la mort de son ministre, comme une sorte de défi lancé au défunt!

Après 1691, aucun ministre ou secrétaire d'État n'aura l'influence et le rayonnement d'un Colbert ou d'un Louvois. La concentration de certains ministères aux mains d'une même personne – le roi n'aimant pas changer les têtes – ne doit pas masquer ce fait. La mort de Louvois marque la fin du règne des grands vizirs et des proconsuls. Prenons le cas de Louis Phélypeaux, comte de Pontchartrain, contrôleur général des finances depuis 1689. A la mort de Seignelay, en 1690, il a hérité du secrétariat d'État à la marine et à la maison du roi, reconstituant à peu près le périmètre de l'empire colbertien : il s'en faut de beaucoup qu'il ait le même pouvoir. Plus tard, le pâle Chamillart cumulera le contrôle général des finances et le secrétariat d'État à la guerre, soit l'équivalent des domaines de Colbert et de Louvois réunis : face à un roi de plus en plus tatillon et méticuleux, il n'aura, en fait, aucune autonomie.

Quand on étudie l'organigramme ministériel postérieur à l'âge Colbert-Louvois on est frappé par l'imprécision des structures, la confusion des compétences, qui laissent beaucoup à l'improvisation, au risque de multiplier les situations conflictuelles entre pouvoirs concurrents. La haute fonction publique conserve, en effet, un caractère très personnalisé. On a trop dit qu'à partir de 1661 « l'État de finance » se substituait à « l'État de justice », sous prétexte que le chancelier Séguier allait sur son déclin tandis que le boulimique Colbert bâtissait un vaste département protéiforme autour du contrôle général des finances. Cette conclusion mérite d'être nuancée car le poids des hommes demeure capital. Si le contrôle général garde son influence prépondérante avec le compétent Louis de Pontchartrain de 1689 à 1699, il ne brille nullement du même éclat avec Michel Chamillart de 1699 à 1706, ou avec Nicolas Desmarets de 1706 à 1715. A partir de 1699, alors que Pontchartrain succède à l'incolore Boucherat à la chancellerie et redonne à celle-ci un lustre qu'elle a perdu depuis longtemps, son fils, Jérôme, constitue un nouveau pôle autour du secrétariat d'État à la marine (incluant les colonies, le commerce extérieur et les consulats) et à la maison du roi. Cet ensemble ministériel sera promis à un bel avenir au XVIIIe siècle grâce à l'action du comte de

Maurepas, le propre fils de Jérôme. La maison du roi était en effet une position d'importance, car elle permettait à son titulaire de remettre et de commenter au souverain le rapport quotidien du lieutenant général de police sur la capitale. Grâce à ses entretiens répétés avec Louis XIV, Jérôme de Pontchartrain deviendra une sorte de « secrétaire général de la monarchie administrative » chargé de la « coordination interministérielle [1] ». Cela permettra à cet envahissant commis, autoritaire et irascible, détesté de ses collègues, de multiplier les intrusions dans les autres départements ministériels voire de pratiquer un interventionnisme systématique au détriment du contrôleur général.

Mais le pouvoir royal était désormais si bien établi qu'il n'avait plus besoin d'attiser la rivalité des ministres. Il lui fallait au contraire apaiser les tensions, recommander la collaboration de tous. C'est pour cette raison, par exemple, que Louis XIV arrangea le mariage de Catherine Félicité, fille de Simon Arnauld de Pomponne – admis au conseil d'en haut en juillet 1691, après une disgrâce d'une douzaine d'années –, avec le fils de Colbert de Croissy, Jean-Baptiste, marquis de Torcy. La succession de Pomponne aux affaires étrangères était ainsi assurée par ce brillant jeune homme, héritier du clan Colbert, qui prendra les commandes en 1699, après avoir fait ses premières armes avec son beau-père. De même, dans le but d'intégrer Barbezieux à la vieille cour, le roi décidera de son mariage avec Louise Charlotte de Crussol, fille d'Emmanuel II de Crussol, duc d'Uzès et premier pair laïc de France. En 1694 il organisera l'union de Marguerite Le Tellier, la plus jeune fille de Louvois, avec Louis Nicolas de Neufville-Villeroy, fils du maréchal. Par cette politique matrimoniale le monarque cherchait à rapprocher les clans et à unir les familles de ses grands commensaux. On a dit que l'âge venant, il ne choisissait plus pour collaborateurs que des gens sans relief, pourvu qu'ils fussent pieux. C'est fortement exagéré. Louis de Pontchartrain était un homme énergique dont on redécouvre aujourd'hui les qualités d'administrateur (malgré ses erreurs stratégiques en matière navale). Torcy sera un des meilleurs ministres des affaires étrangères que la France ait jamais eus et Desmarets un excellent technicien des finances. Seul Chamil-

1. Charles FROSTIN, « L'organisation ministérielle sous Louis XIV : cumul d'attributions et situations conflictuelles (1690-1715) », *Revue historique de droit français e. étranger*, janvier-juin 1980, p. 210 et 215.

lart, honnête mais incompétent, supportera mal la comparaison. Il n'en est pas moins vrai que, par mesquinerie ombrageuse, Louis XIV prit plaisir à s'entourer, comme dit Saint-Simon, de « fort jeunes gens » ou d'obscurs commis peu expérimentés, afin de mettre en relief ses capacités personnelles : orgueilleuse maladresse qui explique en partie les difficultés de la fin du règne.

Une nouvelle structure politique

Ce n'est pas seulement la présomption du roi à vouloir se substituer à ses principaux ministres qui explique la réforme de 1691, mais le changement de structures politiques. Au lieu d'un système pyramidal dans lequel le monarque ne communique qu'avec un nombre restreint de collaborateurs, qui transmettent les ordres à leurs subordonnés, Louis choisit délibérément un système « en rateau », dans lequel les grands commis comme les ministres ont à lui rendre compte personnellement. A vrai dire, ce dispositif n'est pas nouveau : dans les années précédentes il arrivait que le roi s'adressât par-dessus Louvois ou Colbert à tel ou tel de ses adjoints, comme Vauban, Chamlay, Usson de Bonrepaus ou Le Peletier de Souzy... Mais la réforme de 1691 systématise cette structure et consacre en corollaire le déclin du conseil d'en haut. Désormais toutes les grandes décisions – à l'exception notable de celles concernant le testament de Charles II et la guerre de Succession d'Espagne – se prendront dans ce qu'on appelle le « travail du roi ». Au début, cette procédure, encore appelée la « liasse », avait pour but de préparer en tête à tête avec chaque responsable les dossiers destinés au conseil d'en haut. A la fin du XVIIe siècle, elle était devenue le mode de décision politique habituel. Même si la fréquence hebdomadaire des conseils s'était conservée, ceux-ci ne se tenaient plus que pour la forme. Louis convoquait indifféremment, sur un sujet particulier, un maréchal de France, un intendant des finances, un grand officier comptable ou son lieutenant général de police. En une heure de temps l'affaire la plus épineuse était réglée. A côté des ministres ou des secrétaires d'État, responsables d'importants départements, il y avait ainsi de puissants conseillers occultes, au premier rang desquels Mme de Maintenon. Saint-Simon appelait Le Peletier de Souzy, directeur général des fortifications, qui travaillait avec le roi une fois par semaine, une « manière de tiercelet de ministre ». Un des hommes de l'ombre les plus écoutés était le gendre de Colbert, Honoré Charles d'Albert de Luynes, duc de Chevreuse, pair de France, qui n'avait pour seule charge à la cour que celle de commandant de la compagnie des chevau-légers. « Il entrait très souvent chez le roi par les derrières, conte Saint-Simon ; il avait des audiences du roi longues dans son cabinet, tantôt retenu par le roi, tantôt restant de lui-même quand tous sortaient. Quelquefois au dîner, mais presque tous les soirs au milieu du souper, il venait au coin du fauteuil du roi (...). J'en fus longtemps la dupe avec toute la cour qui admirait qu'un détail de chevau-légers pût fournir à des conversations si longues, si fréquentes et si fort à l'oreille. » Un autre de ces conseillers occultes était le second gendre de Colbert, Paul de Beauvillier, duc de Saint-Aignan, pair de France, premier gentilhomme de la chambre du roi, chef du conseil des finances en 1685. Il fut choisi pour être gouverneur du duc de Bourgogne en 1689 puis des ducs d'Anjou et de Berry. En 1691 il fut admis au conseil d'en haut à titre de ministre d'État (sans portefeuille) : c'était la première fois qu'en contradiction avec ses principes le roi y faisait entrer un gentilhomme de vieille roche.

Cette modification du processus décisionnel – le roi cessant d'être l'arbitre entre les clans opposés pour devenir le seul et unique gestionnaire du royaume – n'allait évidemment pas dans le sens de la libre confrontation des opinions. Elle réduisait le nombre des « décideurs », renforçait l'arbitraire et l'isolement du pouvoir royal.

Le déclin du clientélisme ministériel

Un rapprochement historique vient à l'esprit : Philippe II, l'arrière-grand-père de Louis XIV, n'avait-il pas la même habitude de travailler en direct avec ses ministres ? Lui aussi avait négligé le système des conseils, lui aussi était un bourreau de travail. Si intéressante qu'elle soit, cette comparaison est peu opérante. Pour bien comprendre la situation politico-administrative de la fin du siècle, il importe de ne pas considérer le seul gouvernement central, car, parallèlement, des mutations décisives se sont produites dans l'administration locale, fruits de la longue évolution que nous avons perçue. Les gouverneurs et lieutenants généraux des provinces ont perdu la majeure partie de leurs pouvoirs pour ne conserver qu'un rôle honorifique (à tel point qu'en 1698 le roi peut se payer le luxe de nommer à titre définitif le duc de Chevreuse gouverneur de Guyenne et non par commission renouvelable au bout de trois ans, comme il le faisait précédemment). Ces grands personnages jouent désormais le rôle de simples « courtiers » qui se chargent de procurer à leurs protégés quelques grâces, honneurs ou lettres d'anoblissement. Ainsi agit le maréchal de Villars, gouverneur de Provence [1]. Leur puissance politique a fortement décliné à mesure que s'est accélérée la centralisation du royaume. Le seul à conserver son lustre d'antan est le maréchal de Villeroy à Lyon où, dit Saint-Simon, « tout est créature des gouverneurs et rien ne se fait que par eux, qui influent jusque dans les affaires particulières de toutes les familles ». Les intendants ont enfin assis leur pouvoir dans les généralités, de sorte qu'ils bénéficient d'une meilleure marge de manœuvre vis-à-vis des réseaux de notables ou des autorités traditionnelles, naguère incontournables [2]. En Languedoc, par exemple, l'intendant Lamoignon de Basville, homme à la poigne de fer, ne s'embarrasse plus de l'opinion du parlement ou du capitoulat de Toulouse. Pour affirmer son autorité et imposer des réformes, il n'a plus besoin de l'appui du fastueux cardinal Pierre de Bonzi, président des états, dont le crédit de ce fait décline. La tendance à l'allongement de la durée des commissions des intendants devient sensible après la mort de Colbert. Ces intendants, qui sont des gens de finance ou des juristes, issus du corps des maîtres des requêtes, se comportent comme un groupe solidaire, avide de pouvoir, qui s'allient aux grandes familles parlementaires, elles-mêmes liées à la noblesse d'épée. Ainsi les Bouville, les Turgot, les La Bourdonnaye, les Lamoignon, les Béchameil de Nointel, les Le Peletier de la Houssaye, les Bignon de Blanzy, etc. L'homogénéisation des élites administratives, par leurs stratégies patrimoniales ou matrimoniales, est une

1. Albert BABEAU, *Le Maréchal de Villars, gouverneur de Provence, d'après sa correspondance inédite*, Paris, 1892.

2. Anette SMEDLEY-WEILL, *Correspondance des intendants avec le contrôleur général des finances, 1677-1689 : naissance d'une administration*, Paris, 1989-1991, 3 vol. Du même auteur, « La France entre deux guerres : l'administration des provinces de 1678 à 1689 », *Revue de la Bibliothèque Nationale*, été 1992, p. 10-28.

donnée importante du processus centralisateur. Le haut clergé ou les institutions aristocratiques ne conservent qu'un rôle politique résiduel. Certes, la résistance des particularismes locaux n'a pas disparu [1]. Certes, le système des clientèles subsiste, mais il a changé d'orientation : les ambitieux ont plus vite fait de solliciter le patronage royal qu'une protection locale ou ministérielle. L'échec de l'ambitieux Jérôme de Pontchartrain à se constituer une clientèle propre est assez symptomatique.

Tous les grands commis ont bien entendu leurs réseaux d'amitié et d'entraide, mais aucun d'eux n'est parvenu à reconstituer cette impressionnante chaîne d'influence partant des bureaux de Versailles à la moindre petite place forte du Dauphiné ou au dernier port de pêche de Normandie. Quand on lit la correspondance de Colbert et de Louvois, on est frappé du fait que partout – indépendamment de la hiérarchie administrative ou militaire – ils ont des fidèles sûrs qui les renseignent ou accomplissent pour leur compte des missions discrètes. Dans une ville de garnison, c'est rarement le gouverneur ou le lieutenant du roi qui a l'oreille du ministre : c'est le major, l'aide-major ou le commissaire des guerres... La disparition de Louvois met fin à ces réseaux de clientèle. Est-ce parce que les commis de la seconde génération disposent d'une administration plus perfectionnée, qu'ils ont moins besoin d'amitiés complices pour se faire obéir ? Ce n'est pas sûr, car ils ne parviennent pas non plus à verrouiller les allées du pouvoir. Leur position à l'intérieur de leur département ministériel est ouvertement battue en brèche par des ambitions opposées. L'exemple le plus typique est la rivalité qui opposera le maréchal d'Huxelles à son supérieur hiérarchique pendant la guerre de Succession d'Espagne, le secrétaire d'État aux affaires étrangères Torcy. L'explication se trouve plutôt dans la modification des clientèles qui s'orientent directement vers le roi.

Un autre effet de la politique royale de patronage est la diminution de la « maison » des Grands. Au début du XVIIe siècle, l'entourage des puissants se comptait en centaines d'individus. Gaston d'Orléans avait 400 personnes à son service. La domesticité du duc de Gramont, gouverneur de Bayonne, comprenait 106 per-

1. J. RICOMMARD, « Les résistances régionales et locales à la fin du règne de Louis XIV. L'exemple de la Provence et de Marseille », *L'Information historique*, 1966, n° 2,3,4, p. 64-68, 152-154, 193-199.

sonnes, celle du comte de Grignan 80 personnes, sans compter sa garde personnelle, celle du duc d'Epernon, gouverneur de Guyenne, atteignait 73 serviteurs et 40 gardes [1]. Dans les années 1640-1650, on l'a dit, les Grands avaient à leur disposition des compagnies de gardes et pouvaient mobiliser des armées de plusieurs centaines voire plusieurs milliers de fidèles. A la fin du siècle, leurs descendants n'ont plus que quelques dizaines de serviteurs, une douzaine pour Henri de Foix-Candale, duc de Randan, moins d'une centaine pour le duc de Bourbon, une cinquantaine pour le prince de Conti. Tous sont incapables de battre le ban et l'arrière-ban de leurs féaux. Certains modes de recrutement, du reste, ont disparu : ainsi les jeunes nobles ne font-ils plus leur apprentissage comme pages de grande maison mais au collège ou à l'armée [2]. Appelés à vivre à Versailles et à y dépenser follement, les aristocrates sont amenés à réduire leur train de vie, leur domesticité, dans leurs châteaux de province en particulier. Par voie de conséquence, leur influence politique s'est effondrée [3].

Les trois âges de la formation de l'État moderne

Ainsi avons-nous vu apparaître au long du XVIIe siècle trois grands âges dans l'histoire administrative : le premier fut l'âge du ministériat (celui de Richelieu et de Mazarin), où un seul ministre, rendant directement compte au roi, disposait d'une clientèle politique personnelle. Le monarque n'avait de pouvoir que par lui. Il régnait mais ne gouvernait pas. L'âge qui s'ouvre après 1661 introduit une variante dans ce système en supprimant les fonctions de premier ministre et en organisant la rivalité de ses deux ministres principaux (Colbert et Louvois), s'appuyant eux-mêmes sur des clans plongeant leurs ramifications dans les clientèles provinciales. Par la mise en jeu de cette rivalité, le pouvoir conquiert un espace politique nouveau qu'il va s'efforcer d'accroître. La réforme de 1691 traduit l'achèvement du processus de construction de l'État

1. Jean-Pierre GUTTON, *Domestiques et serviteurs dans la France de l'Ancien Régime*, Paris, 1981.
2. Mark MOTLEY, *Becoming a French Aristocrat : The Education of the Court Nobility, 1580-1715*, Princeton, 1990.
3. Sharon KETTERING, « The Decline of Great Noble Clientage during the Reign of Louis XIV », *Canadian Journal of History*, août 1989, p. 157-177.

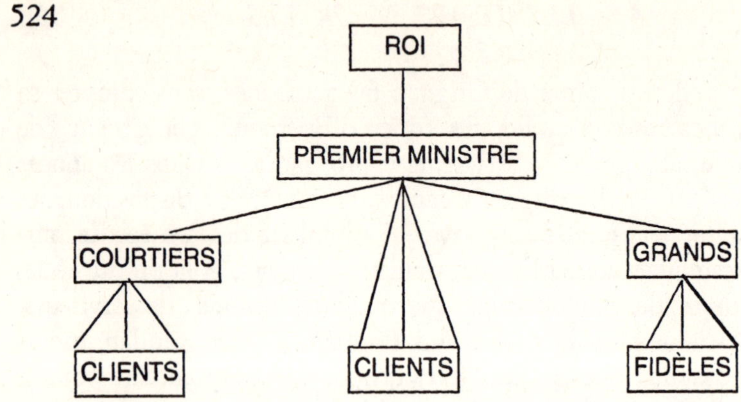

PHASE I : L'ÂGE DU MINISTÉRIAT

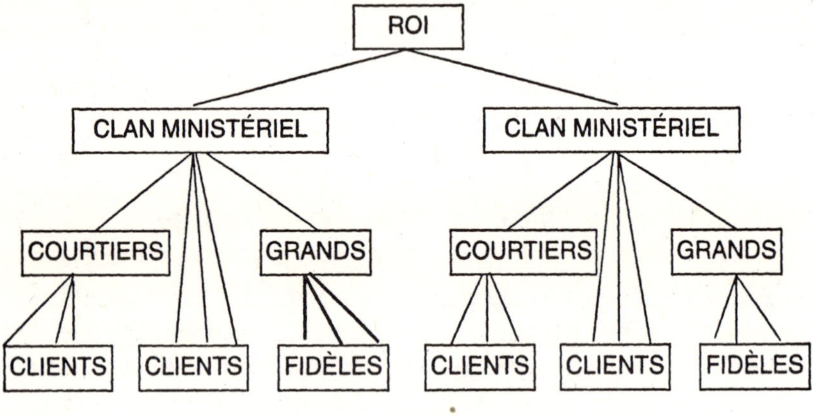

PHASE II : L'ÂGE DES CLANS

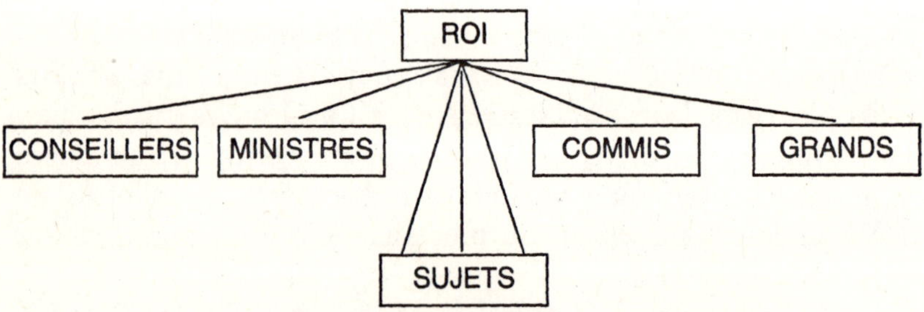

PHASE III : L'ÂGE DE LA MONARCHIE ADMINISTRATIVE

LA FORMATION DE L'ÉTAT MODERNE AU TEMPS DE LOUIS XIV

moderne. Le roi est le vrai chef de gouvernement, entouré de conseillers et de ministres qui disposent eux-mêmes de commis-fonctionnaires. Il n'a plus besoin de la médiation de ses ministres pour imposer ses vues. La vieille monarchie d'officiers, qui avait paralysé la France pendant des décennies, est ainsi contournée. Les clans sont affaiblis, et les anciennes clientèles ministérielles deviennent directement celles du roi. La monarchie administrative, si longue à éclore, naît véritablement en ce mois de juillet 1691 [1]. Sans doute l'État royal connaîtra-t-il au XVIIIe siècle d'autres formes : la polysynodie, le retour au ministériat avec les cardinaux Dubois et Fleury... En réalité rien ne sera plus comme avant : l'ultime étape du système louis-quatorzien, marqué en profondeur par le déclin irrémédiable du clientélisme ministériel, ouvre en France l'ère de la modernité.

La crise de 1693-1694

S'il est un acteur dont nous avons peu parlé jusqu'à présent, c'est bien le peuple, ce peuple qui vivait en immense majorité dans le cadre rural du village ou du hameau. C'est que, dans la perspective politique que nous avons choisie, cet acteur se manifeste peu : les « rustres » sont présents en toile de fond, victimes des exactions et des « picorages » des armées en campagne; ils paient la taille, la dîme, les impôts seigneuriaux, qui font fonctionner le système; ils sont soumis aux corvées ou aux taxes qui les remplacent; à partir de 1688 ils fournissent à la milice de jeunes célibataires choisis dans les paroisses, mais le pouvoir les connaît mal, quand il ne les ignore pas. Parfois quelques « émotions » qui éclatent comme des coups de tonnerre, fruits de la lassitude et de la misère, rappellent leur existence, mais ces explosions sont férocement réprimées. De la portière de leur carrosse les gens de cour aperçoivent de curieux êtres courbés qui semblent venus d'une autre planète : « L'on voit certains animaux farouches, des mâles et des femelles, répandus dans la campagne, noirs, livides et tout brûlés de soleil, attachés à la terre qu'ils fouillent et qu'ils remuent avec une opiniâtreté invin-

1. On rapprochera de cette date deux autres : mai 1682, qui est celle de l'installation définitive du gouvernement à Versailles, et juin 1693, qui est celle de la fin du « roi de guerre ».

cible ; ils ont comme une voix articulée, et, quand ils se lèvent sur leurs pieds, ils montrent une face humaine, et en effet ils sont des hommes ; ils se retirent la nuit dans des tanières où ils vivent de pain noir, d'eau et de racines ; ils épargnent aux autres la peine de semer, de labourer et de recueillir pour vivre, et méritent ainsi de ne pas manquer de ce pain qu'ils ont semé. » Qui ne connaît cette forte page de La Bruyère ? Il ne faudrait pas pourtant tomber dans un misérabilisme facile. Pierre Goubert a fait justice de ce tableau monocolore. Des Flandres aux Pyrénées, de la Bretagne à la Provence, des pays de bocage aux zones de montagne, des plaines marécageuses aux landes sablonneuses, des larges étendues céréalières aux terroirs plus sauvages et boisés, la campagne française, ses habitants, ses bâtiments – chaumière bretonne, ferme fortifiée de Thiérache, mas provençal ou bergerie cévenole – offraient une extraordinaire diversité [1]. Assurément les pauvres, les humbles, les besogneux étaient nombreux, particulièrement chez les manouvriers ou journaliers, mais la misère n'était pas générale. Il y avait une paysannerie aisée de bons laboureurs, de grands exploitants, de fermiers et receveurs seigneuriaux, de « ménagers » du Midi. Même les petits vignerons du Val de Seine, les métayers d'Anjou ou de Bourgogne, les « haricotiers » du Nord qui « bricolaient » avec un cheval, une charrue, trois vaches et quelques cochons, parvenaient en temps normal à échapper à l'indigence. Globalement, l'économie rurale avec ses activités annexes fonctionnait vaille que vaille et exportait un peu. Sinon comment comprendre que le pays ait pu pendant tant d'années subir tant de guerres sans fléchir ? Ce serait une erreur que de considérer la France de Louis XIV comme un pays du tiers monde d'aujourd'hui, en proie à la malnutrition. En période normale, les paysans mangeaient à leur faim, même si leur alimentation présentait de nombreuses carences, manque de lipides et de protéines animales par exemple, source de faiblesse et de rachitisme.

Ceci étant, le système présentait une grande fragilité : son équilibre était vite rompu, et redoutables alors étaient les conséquences. Quelques dérèglements météorologiques un peu prolongés et voici que se profilaient la disette, la famine, les épidémies de nature variée, allant des fièvres malignes (typhoïde) aux « flux de ventre »

1. Pierre Goubert, *La Vie quotidienne des paysans français au XVIIe siècle*, Paris, 1982.

(dysenterie). Des milliers d'hommes mouraient sans que les pouvoirs publics, les autorités religieuses ou les institutions charitables, dépassés par l'ampleur des événements, pussent faire grand-chose. Le fait est d'autant plus grave que la France de Louis XIV se situe dans une période de perturbations que les climatologues appellent le « petit âge glacière »[1]. D'après les dernières études, cette calamiteuse époque s'expliquerait par une activité anormale du soleil, se caractérisant par un moins grand nombre de taches à sa surface et un ralentissement de sa rotation (« minimum de Maunder »).

L'été torride de l'an 1661, suivi de pluies abondantes à l'automne, fit des ravages en Touraine, en Normandie et dans l'Ile-de-France. Ces pays connurent une terrible famine. Les gueux et les bélîtres, nourris de graines pourries, de racines et de sang d'animaux de boucherie, frappés de fièvre maligne et de « flux de sang », émigrèrent en masse vers les grandes villes. De 1662 à 1692 il y eut maints désordres climatiques, comme en 1675 ou en 1690, mais rien de dramatique. En 1684 on vit converger à nouveau vers les agglomérations des armées de travailleurs saisonniers, transformés en vagabonds faméliques, traînant sur les routes. On multiplia alors les hôpitaux généraux pour enfermer ces populations dangereuses. Avec une incroyable dureté dans un pays chrétien les mendiants et les errants étaient assimilés à des délinquants promis au fouet, au carcan ou aux galères. Sans doute y allait-il de la sécurité de la collectivité, mais la rupture avec les sentiments de charité et de compassion du premier XVIIe siècle est frappante.

Les hivers rigoureux étaient moins à craindre que les printemps et les étés pourris, qui empêchaient les grains de mûrir. C'est précisément ce qui se passa en 1693-1694 quand se produisit la plus grande catastrophe météorologique de l'histoire de France, plus grave que le « grand hyver » de 1709. Travaillant à partir des registres de catholicité tenus par les curés ou les « livres de raison » des bourgeois et des laboureurs, nombre d'historiens locaux ou régionaux avaient été frappés par l'importance des décès durant ces années-là. Synthétisant ces travaux, les complétant par l'étude des correspondances administratives et la vaste enquête par sondages de l'Institut national d'Études démographiques (INED) sur la population aux XVIIe et XVIIIe siècles, Marcel Lachiver a pour la première

1. Emmanuel LE ROY LADURIE, *Histoire du climat depuis l'an mil*, Paris, éd. de 1983.

fois pris l'exacte mesure de ce qu'il faut bien appeler un drame national, drame jusque-là négligé. Non seulement ses conclusions font voler en éclats le mythe du « bon vieux temps » mais elles remettent en perspective notre conception de la fin du règne [1].

Tout commença par des chutes de température et des pluies diluviennes durant l'été de 1692 : pas un seul jour de soleil durant des mois ! Saint-Simon, mousquetaire dans la première compagnie, se souvient du siège de Namur : « Les tranchées pleines d'eau et de boue : il fallait souvent trois jours pour remuer le canon d'une batterie à l'autre ». De rage, les soldats brûlèrent toutes les images de saint Médard qu'ils trouvèrent ! En septembre, la poursuite du mauvais temps gâcha les récoltes céréalières. On ne put faire les labours d'automne ni les semailles. Catastrophiques furent les vendanges dans le Bordelais et les pays de Loire. Le setier de blé qui était à 10 livres en juillet 1691 grimpa à 25 en mai 1693 et à 42 en septembre. Si l'on parvint à vivre sur les stocks des années précédentes, une seconde année pourrie, en 1694, créa partout une situation catastrophique. Dans les campagnes on vit réapparaître des bandes de loups, dont certains, enragés, s'aventuraient jusqu'aux entrées des villages et s'attaquaient aux petits pâtres et aux jeunes filles.

Le gouvernement royal fit ce qu'il put pour répondre à l'urgence de la situation : réquisition des blés afin de nourrir Paris et l'armée – ses deux priorités –, chasse aux accapareurs et aux spéculateurs, prohibition des exportations, distributions gratuites de pain. Dans la cour du Louvre on cuisait chaque jour 100 000 rations de pain du roi, vendues 2 sols la livre, malgré les protestations des boulangers. Les intendants et les parlements prirent en charge la nourriture des pauvres dans les provinces. Ces mesures n'empêchèrent pas l'afflux de miséreux sur les routes et des débuts de sédition à Paris, place Maubert, au Marché-Neuf ou rue des Gravilliers. Des meuneries furent pillées. Le Grand Dauphin, de retour de Choisy, fut arrêté par des femmes hurlantes qui réclamaient du pain. Des bandes de voleurs masqués parcouraient la campagne. Des manifestations spontanées éclataient un peu partout, à Lyon, à Toulouse, au Havre. Les chemins n'étaient plus sûrs. Quand le système

1. Marcel Lachiver, *Les Années de misère. La famine au temps du Grand Roi, 1680-1720*, Paris, 1991.

se dérègle la faiblesse du pouvoir saute aux yeux. Les exploits de Jean Bart ou du chevalier Chamillart, ramenant à bon port des convois de grains de Pologne ou des pays nordiques, évitèrent sans doute le pire. En avril 1694, après un hiver sec et rigoureux, le setier de blé était à 45 livres. L'année précédente on avait souffert des pluies ininterrompues, cette fois, on eut à déplorer une implacable sécheresse qui menaçait le blé en herbe. La soudure du printemps fut critique. La famine fabriquait des mendiants et des vagabonds par milliers. Il y avait plus de 5 000 malades à l'Hôtel-Dieu et 8 000 pauvres à l'Hôpital général. Dans les villes on organisait des compagnies de « chasse-coquins », tandis que les curés passaient leur temps à dresser des actes de décès. Dans les registres paroissiaux des mentions reviennent constamment : « mort de faim », « mort de pauvreté », « mort de misère »... Sans doute Louis XIV n'y fut-il pour rien, mais sous son règne on mourut de faim. Pour survivre – mais beaucoup n'en réchappaient pas – les malheureux mangeaient du pain de fougère, des herbes, des trognons de choux, des animaux crevés, des charognes déterrées. On a parlé de quelques cas d'anthropophagie. Des épidémies de variole, de typhus, de typhoïde se répandaient comme traînées de poudre. Le 27 mai, à Paris, en présence de Monsieur, on organisa une grande procession des châsses de sainte Geneviève et saint Marcel, qu'on n'avait pas descendues depuis 1675. On pria pour la pluie. Le miracle se produisit le soir même. Il plut abondamment jusqu'au 5 juin puis le beau temps revint, permettant une moisson abondante. Le pays était sauvé.

Les pertes humaines des années 1693-1694 furent considérables. On le voit au nombre des mariages, qui chuta de 180 000 en année normale à 135 000 en 1694. Pour les deux années en question, la crise fit environ 1 300 000 victimes sur une population de 22,4 millions d'habitants (dans le cadre des frontières actuelles). Quand on parle des vingt-cinq dernières années du règne, de l'effort de guerre fourni, de l'état d'épuisement du pays, il faut avoir à l'esprit ces chiffres effrayants. En trois siècles aucune hécatombe démographique n'a dépassé celle-ci, ni les guerres de la Révolution et de l'Empire, ni celles de 1870 ou de 39-45. « La crise de 1693-1694 a fait pratiquement autant de morts que la guerre de 1914-1918 mais en deux ans au lieu de quatre et dans une France moitié moins peuplée [1]. » Dans leur sécheresse ces chiffres, évidemment, ne disent rien des drames quotidiens des vieillards sans ressources, des veuves accablées de misère, des paysans endettés, des nouveau-nés abandonnés, des victimes des brigands agonisant sur les routes, dans les granges ou les haies, que les curés inhumaient au petit matin sans connaître leur identité... Triste et affreuse misère du royaume de France. Ce drame fut suivi d'une vigoureuse reprise démographique. Fragilité de l'économie, fragilité des hommes mais énormes capacités de rebondissement sont les caractériques du temps.

Le quiétisme à l'assaut du pouvoir

En ces années grises, les cadres de la société d'ordres et d'états donnent l'impression de craquer devant l'importance des bouleversements survenus depuis un demi-siècle au moins. Le monde de l'office, de la finance, du commerce gagne en importance par rapport à l'aristocratie guerrière qui, malgré les efforts héroïques qu'elle déploie sur les champs de bataille, a du mal à préserver son rang social. Le pouvoir qui tient à la richesse l'emporte sur celui qui est dû à la naissance. A côté des multiples anoblissements légaux par l'office et l'argent, qui dénaturent la noblesse, les faux nobles prolifèrent et il faudra bientôt reprendre les « recherches » interrompues pendant la guerre de Hollande. C'est une crise des élites que vit le pays plutôt qu'une « crise de la conscience européenne ».

Signe de l'évolution des temps, en 1694, lorsque Louis XIV instaura la capitation, cet impôt révolutionnaire sur le revenu frappant toutes les catégories sociales, sans en excepter le dauphin ni les princes du sang, on dut procéder à un classement nouveau, incluant d'autres critères que celui de la dignité, comme le pouvoir, la fortune, la considération. Ainsi furent constituées vingt-deux classes de contribuables, la première, celle des plus riches, était taxée de 2 000 livres et la dernière d'une livre. Ces classes intégraient 569 rangs et professions, mêlant indistinctement la pure noblesse et la roture. Dans la classe VII, par exemple, on trouvait les marquis, les comtes, vicomtes et barons, les présidents de la cour des monnaies et les commis de l'extraordinaire des guerres. La

1. *Ibid.*, p. 206.

classe VIII regroupait les maréchaux de camp, les conseillers des cours souveraines de Paris, les premiers commis de ministère. La classe X comprenait les colonels, les échevins de Paris, les banquiers, les notaires parisiens, et la classe XI les commissaires des guerres, les négociants, les présidents des présidiaux, les vendeurs de marée. En classe XVI figuraient les professeurs de droit, les avocats au conseil, les marchands de blé, de vin et de bois; en classe XVII, les lieutenants de vaisseaux, les avocats, une partie des fermiers et des laboureurs, etc. [1] Cette approche « multi-critères » reflétait sans doute mieux la hiérarchie sociale à la fin du XVIIe siècle que le concept dépassé de « société d'ordres et d'estats » (encore qu'il s'agisse d'un simple document fiscal). Elle montrait également comment l'argent avait peu à peu infiltré et corrompu le système des honneurs et des dignités.

A l'image du temps qui se délabre et du ciment social qui s'effrite, la monarchie absolutiste, dans les dernières années du XVIIe siècle, allait supporter critiques et assauts de la part d'une opposition protéiforme impatiente de la réformer. Ce fut un nouveau défi lancé au roi, dont la crise quiétiste offre le meilleur exemple.

Dans la foi chrétienne, l'oraison – ou prière du cœur – élève l'âme, unit, dans un silencieux et puissant lien d'amour, la créature à son Créateur. Elle n'est pas prière de demande mais prière d'adoration. A condition de rester entée sur les mystères de l'Incarnation et de la Rédemption, elle occupe au sein de la spiritualité catholique une place de première grandeur : Thérèse d'Avila, Jean de la Croix, le cardinal de Bérulle, François de Sales et beaucoup d'autres en témoignent. « Je te cherchais dehors, mon Dieu, et tu étais dedans! » disait déjà saint Augustin. Mais l'oraison, voie royale de la sainteté, peut être aussi source de déviations : piétisme sentimental, repli sur soi, élitisme, négligence de la vie sacramentelle.... Le quiétisme, doctrine issue du renouveau religieux italien aux XVIe et XVIIe siècles, conjuguait tous ces défauts et y ajoutait une hérésie : dans son *Guide spirituel* l'Espagnol Miguel de Molinos, le théologien de la secte, soutenait que l'âme parvenue à l'anéantissement parfait en Dieu devenait indifférente à son propre salut et échappait au péché. De ces propos hardis découlaient des

1. François BLUCHE et Jean-François SOLNON, *La Véritable Hiérarchie sociale de l'ancienne France. Le tarif de la première capitation (1695)*, Genève, 1983.

conséquences morales si inquiétantes qu'en 1687 le pape Innocent XI condamna 68 propositions contenues dans les écrits de Molinos. Or, c'est à la même époque que commença à se répandre en France une doctrine mystique assez voisine, propagée par un étrange couple de prédicateurs itinérants, Mme Guyon et le père La Combe.

Jeanne Marie Bouvier de la Mothe, née en 1648, était la fille d'un procureur du roi au bailliage de Montargis. Élevée par les religieuses, elle montra dès son jeune âge une exceptionnelle piété, gâchée, il est vrai, par une imagination enfiévrée et, pour tout dire, un peu folle. A seize ans elle épousa un riche seigneur de Montargis, Jacques Guyon du Chesnoy, de vingt-deux ans son aîné, à qui elle donna quatre enfants. Heureuse en ménage, elle ne le fut guère. Portant avec résignation les « croix du mariage », elle se tourna vers les œuvres pieuses et l'oraison intérieure. Son caractère exalté la poussait à se livrer à de sévères mortifications, que réprouvait son confesseur. Elle portait des ceintures de crin, des cilices à pointes de fer, se fouettait avec des ronces et des orties, se brûlant les mains avec de la cire chaude. Il y avait assurément de l'orgueil dans ces extravagances. Après la mort de son mari en 1676, elle quitta ses enfants, se rendit à Genève et prit pour directeur le supérieur des Barnabites de Thonon, le père François La Combe, qui la troubla étrangement. Ce genre d'union spirituelle, chaste mais passionnée, n'avait rien d'exceptionnel. Il est dans l'histoire de la sainteté des couples célèbres : Claire et François d'Assise, Thérèse d'Avila et Jean de la Croix, François de Sales et Jeanne de Chantal. Mais les grands saints, y compris ceux dont la vie est parsemée de manifestations extraordinaires, ont deux vertus au moins que Jeanne ne possédait guère : le bon sens et l'humilité. Elle, au contraire, versait dans une sorte d'illuminisme si inquiétant qu'on peut craindre qu'elle ait été surtout une grande hystérique. Elle se sentait envahie d'extases éblouissantes, inondée par des « torrents de grâces », au point qu'il fallait parfois lui délacer le corsage. Elle parlait de rêves prémonitoires, de voix intérieures qui lui dictaient des conseils au moyen de l'écriture automatique. Elle se découvrait des dons de voyance, de guérisseuse. Bientôt, avec son moine barnabite elle se lança dans un apostolat nouveau, parcourant la France et la Savoie, annonçant partout le message de l'oraison de passivité, chassant les démons et accomplissant des « miracles ». En chemin, elle distribuait deux ouvrages exposant sa méthode, le *Moyen court et très facile de faire oraison* et *Les Torrents spirituels.* La médisance enveloppait le couple bizarre, et les attaques des jansénistes fusaient. On les accusait d'être des propagateurs du molinosisme. Le 3 octobre 1687, le père La Combe fut arrêté, incarcéré à la Bastille, puis à l'île d'Oléron et au château de Lourdes. Il ne devait jamais recouvrer sa liberté. En janvier 1688, à son tour, Jeanne de la Mothe Guyon fut internée au couvent de la Visitation-Sainte-Marie, rue Saint-Antoine à Paris. Elle en sortit quelques mois plus tard grâce à l'intervention de dames de la cour. A nouveau elle « dogmatisa » et reprit son prosélytisme. Son éloquence naturelle, l'art d'émouvoir et de gagner les cœurs, qu'elle possédait au plus haut point, sa fougue mystique lui ouvraient les portes des salons. Un pieux cénacle se forma autour d'elle. Il comprenait les trois filles de Colbert, les duchesses de Beauvillier, Chevreuse et Mortemart, ainsi que la duchesse de Béthune-Charost. Mme Guyon maria sa fille au frère de cette dernière, Louis Nicolas Fouquet, comte de Vaux, vicomte de Melun, fils de l'ancien surintendant. La visionnaire de Montargis réconciliait en Dieu les clans Fouquet et Colbert !... C'est par ces amies très chères qu'elle entra bientôt en relation avec un jeune et affable abbé de cour, François de Salignac de la Mothe Fénelon, issu d'une haute lignée de l'aristocratie périgourdine. Ce fut, pour eux deux, le tournant de leur vie.

Fénelon l'ambitieux

Fénelon n'avait pas la quarantaine. C'était un homme grand, maigre, sec, pâle, dont les yeux pleins de feu et de candeur – admirables reflets de la vivacité de l'âme – éclairaient d'une étrange lueur la douceur presque féminine du visage. « Sa physionomie, dit Saint-Simon, rassemblait tout et les contrastes ne s'y combattaient pas. Elle avait de la gravité et de la galanterie, du sérieux et de la gaieté ; elle sentait également le docteur, l'évêque et le grand seigneur. Ce qui y surnageait, ainsi que dans toute sa personne, c'était la finesse, l'esprit, les grâces, la décence et surtout la noblesse. Il fallait faire effort pour cesser de le regarder. » Quel homme délicat et plein de charme ! Ses paroles étaient simples, suaves, persuasives.

Son caractère pourtant n'avait rien de limpide. Il était complexe, malaisé à saisir. Le cœur chimérique et l'âme orageuse, Fénelon était hésitant et tourmenté. Nul autre que lui savait mieux marier le sens de l'humilité, la fierté du grand aristocrate et l'ambition la plus ardente.

Il était né le 6 août 1651 et avait fait ses études chez les Jésuites de Cahors, puis au collège du Plessis, à Paris. Recommandé par son oncle, le marquis de Fénelon, il avait été placé sous la protection du grand Bossuet. Il fit sa formation de prêtre à Saint-Sulpice, dont le directeur était l'abbé Tronson. Lorsqu'il eut vingt-sept ans, l'archevêque de Paris, Mgr de Harlay de Champvallon, le nomma supérieur des « Nouvelles Catholiques » de Paris, institut fondé pour instruire dans la foi romaine les jeunes filles venues du protestantisme. En 1686, après la révocation de l'édit de Nantes, il effectua des missions en Saintonge et en Poitou, où il mesura sur le terrain la difficulté de convertir les huguenots. N'appréciant pas les dragonnades et se sentant inutile, il demanda son rappel à Paris, où il retrouva ses nouvelles converties.

Mme Guyon et Fénelon se plurent tout de suite. Ecartons les médisances : ce fut une amitié très pure, une liaison spirituelle. Ils se sentaient vivre à l'unisson. « Leur esprit, dit Saint-Simon, se plut l'un à l'autre, leur sublime s'amalgama. » Mme Guyon devint la confidente du prêtre ou plutôt sa directrice de conscience. Leur correspondance, les petits poèmes qu'ils s'envoyaient étaient emplis d'enfantillages, qui choquèrent plus tard Bossuet. En mère possessive, la veuve visionnaire ne parlait que de maternité spirituelle, d'allaitement, de retour à l'enfance. Lui, totalement subjugué, s'abandonnait à rimer des badineries joyeuses et puériles, pas toujours de bon goût. Dans le couple qu'ils formaient, François était la femme et Jeanne l'homme.

En août 1689 le roi constitua la maison de son petit-fils, le duc de Bourgogne : le pieux duc de Beauvillier fut nommé gouverneur, l'abbé de Fénelon, précepteur, l'abbé de Langeron, lecteur, et l'abbé Fleury, sous-précepteur. A trente-huit ans, Fénelon accédait ainsi à un poste d'importance à la cour. La prophétesse qui le régentait vit les cieux ouverts : elle se crut sur les marches du trône, instaurant le règne de la divine Oraison et de l'Enfant-Jésus. Pour hâter cet avènement, elle fonda la confrérie secrète des « Michelins » (du nom de saint Michel), dont le général fut Fénelon, dit « Saint-Bon » ou « S.B. » (ou encore « Bibi »), et la supérieure Mme Guyon en personne, dite « Notre-Mère » ou « N.M ». A cette milice mystico-politique étaient affiliés, sous des noms déguisés, les plus actifs membres du parti dévot : le duc et la duchesse de Beauvillier, le duc de Chevreuse, le duc de Chaulnes, la duchesse de Béthune-Charost, la duchesse de Mortemart, la princesse d'Harcourt, la comtesse de Gramont, le marquis de Seignelay, le marquis de Fénélon, Mlle de Maisonfort, M. de Montchevreuil, l'abbé de Langeron...

Il serait faux de voir dans cette étrange phalange un avatar de la Compagnie du Saint-Sacrement, réservé à quelques grands seigneurs en mal de sublime et d'extases. Sous le masque du mysticisme se dissimulaient des objectifs politiques. « Rien de plus certain, écrit la princesse Palatine le 20 juillet 1698, tout cela n'était qu'un jeu pour gouverner le roi et toute la cour. On avait résolu de gagner Mme de Maintenon, ce qui fut fait, afin d'être maître du roi. On a trouvé chez eux des listes entières de charges à donner ; ils voulaient changer toute la cour et distribuer tous les plus hauts postes à leurs créatures. La religion est ce qu'on avait le moins en vue dans cette affaire. Tout cela est ambition pure. » Mme de Maintenon, conquise, portait toujours sur elle le *Moyen court*. Elle chargea la visionnaire de Montargis d'instruire les 250 jeunes filles nobles et pauvres de sa fondation de Saint-Cyr. C'était ce qu'elle avait de plus cher, l'œuvre qui la consolait des aridités de Versailles : « Que ferais-je sans cette Maison? disait-elle, je ne vivrais pas. » Quant à Fénelon, il était au faîte de la faveur. La marquise, qui en raffolait, l'avait pris pour directeur spirituel. En mars 1693 il remplaça Pellisson à l'Académie française. Son ascension était fulgurante. Le parti des ducs et des duchesses, Saint-Cyr : après de si belles conquêtes, les conjurés du « Pur Amour » ne désespéraient pas d'atteindre le roi lui-même, à qui Beauvillier avait remis un exemplaire du *Moyen court*.

Avec une belle inconscience Mme de Maintenon n'avait pas réalisé qu'elle poussait à la cour un prêtre gentilhomme, profondément hostile au roi et au gouvernement, qui, fort de ses fonctions auprès du duc de Bourgogne, s'était pris d'une soudaine et singulière passion pour la politique. Ferdinand Brunetière, le grand critique, le dit pertinemment : « Il se considérera comme investi de la mission, non seulement d'élever le prince, mais par lui et avec lui, de réformer l'État. » Un ennemi farouche de la monarchie absolue, un rêveur rétrograde et chimérique, à l'esprit embrumé de rêveries aristocratiques et féodales, un défaitiste se trouvait à Versailles, au cœur du système, ne songeant qu'à le faire exploser.

La lettre anonyme

On connaît la fameuse lettre au roi qu'il rédigea vers le mois de décembre 1693, sous la fiction d'une missive anonyme d'un prêtre obscur et désintéressé. Elle circula parmi les Michelins et fut remise à Mme de Maintenon. Nous sommes ici bien éloignés des douceurs féneloniennes du *Traité de l'Education des Filles* :

« Vous êtes né, Sire, avec un cœur droit et équitable; mais ceux qui vous ont élevé ne vous ont donné pour science de gouverner que la défiance, la jalousie, l'éloignement de la vertu, la crainte de tout mérite éclatant, le goût des hommes souples et rampants, la hauteur et l'attention à votre seul intérêt.

« Depuis environ trente ans, vos principaux ministres ont ébranlé et renversé toutes les anciennes maximes de l'État, pour faire monter jusqu'au comble votre autorité, qui était devenue la leur parce qu'elle était dans leurs mains. On n'a plus parlé de l'État ni des règles; on n'a plus parlé que du roi et de son plaisir. On a poussé vos revenus et vos dépenses à l'infini. On vous a élevé jusqu'au ciel, pour avoir effacé, disait-on, la grandeur de tous vos prédécesseurs ensemble, c'est-à-dire pour avoir appauvri la France entière, afin d'introduire à la cour un luxe monstrueux et incurable.

« (...) Vous avez cru gouverner, parce que vous avez réglé les limites entre ceux qui gouvernaient. Ils ont bien montré au public leur puissance, et on ne l'a que trop sentie. Ils ont été durs, hautains, injustes, violents, de mauvaise foi. Ils n'ont connu d'autre règle, ni pour l'administration du dedans de l'État, ni pour les négociations étrangères, que de menacer, que d'écraser, que d'anéantir tout ce qui résistait... »

Quelle charge impitoyable! Quelle véhémence! Et quelle audace, si l'on songe que l'auteur n'est pas un misérable pamphlétaire subventionné par les Hollandais mais le précepteur du petit-fils du roi, membre de l'Académie française, qui écrit peut-être cette lettre d'une chambre du palais ! La politique étrangère trouvait-elle grâce aux yeux de notre censeur dévot ? Nullement, car les guerres, fondées sur l'orgueil et le désir de conquête, ne sont pas des guerres « justes » :

« On a rendu votre nom odieux et toute la nation française insupportable à tous nos voisins (...). Par exemple, Sire, on fit entreprendre à Votre Majesté, en 1672, la guerre de Hollande pour votre gloire, et pour punir les Hollandais qui avaient fait quelque raillerie, dans le chagrin où on les avaient mis en troublant les règles du commerce établies par le cardinal de Richelieu. Je cite en particulier cette guerre parce qu'elle a été la source de toutes les autres. Elle n'a eu pour fondement qu'un motif de gloire et de vengeance, ce qui ne peut jamais rendre une guerre juste; *d'où il s'ensuit que toutes les frontières que vous avez étendues par cette guerre sont injustement acquises dans l'origine (...).* Il faut donc, Sire, remonter jusqu'à cette origine de la guerre de Hollande, pour examiner devant Dieu toutes vos conquêtes. Il est inutile de dire qu'elles étaient nécessaires à votre État : le bien d'autrui ne nous est jamais nécessaire.

« (...) En voilà assez, Sire, pour reconnaître que *vous avez passé votre vie entière hors du chemin de la vérité et de la justice, et par conséquent, hors de celui de l'Évangile.* Tant de troubles affreux, qui ont désolé toute l'Europe depuis plus de vingt ans, tant de sang répandu, tant de scandales commis, tant de provinces saccagées, tant de villages mis en cendres sont les funestes suites de cette guerre de 1672, entreprise pour votre gloire et pour la confusion des faiseurs de gazettes et de médailles de Hollande. »

Fénelon n'avait pas tort de dénoncer l'erreur que fut la guerre de Hollande, mortel péché de jeunesse qui en entraîna bien d'autres. Mais il y avait beaucoup d'injustice dans son raccourci : au nom de la charité évangélique, il adoptait intégralement le point de vue de l'ennemi et souhaitait ramener la France aux frontières incertaines de 1659. Dans son parti pris il rendait le roi responsable de tout, sans voir ni soupeser la complexité de la situation internationale, l'impérialisme espagnol ou germanique, l'ambition des puissances nouvelles (Angleterre, Brandebourg, Savoie...). Ce défaitiste péchait par naïveté mais aussi par haine de Louis XIV. Dans la suite de sa lettre Fénelon aborde un sujet nouveau : celui de la misère du peuple, que la crise climatique a aggravée. Le souverain, cette fois, est accusé d'en être le principal responsable par sa politique étrangère qui accable le pays :

« Cependant vos peuples, que vous devriez aimer comme vos enfants, et qui ont été jusqu'ici si passionnés pour vous, meurent de faim. La culture des terres est presque abandonnée ; les villes et la campagne se dépeuplent, tous les métiers languissent et ne nourrissent plus les ouvriers. Tout commerce est anéanti. *Par conséquent vous avez détruit la moitié des forces réelles du dedans de votre État pour faire et pour défendre de vaines conquêtes au-dehors.* Au lieu de tirer de l'argent de ce pauvre peuple, il faudrait lui faire l'aumône et le nourrir. La France entière n'est plus qu'un grand hôpital désolé et sans provision. (...) C'est vous-même, Sire, qui vous êtes attiré tous ces embarras. »

Tout n'est pas faux dans le tableau de Fénelon, qui a vu de près la misère et la souffrance des humbles, tout n'est pas faux, mais tout est vite faussé. Que d'exagérations et d'iniquités ! Le précepteur du duc de Bourgogne s'en prend à l'aveuglement du roi, à son orgueil, à son goût de la gloire. Là, le discours devient radical et subversif, car c'est au système de l'État-spectacle tout entier qu'il s'attaque, système qui, nous l'avons vu, fait corps avec l'absolutisme. Qu'est-ce que la monarchie sans ce masque de magnificence, sans sa politique de l'imaginaire et son gouvernement des apparences : un roi bucolique – comme le rêve le général des Michelins –, au milieu des grands, avides de puissance et de revanche, serait-il longtemps roi ? La politique est tragique : c'est ce que Fénelon, qui se présente comme l'anti-Machiavel, ignore. De même qu'il ignore superbement la séparation entre la religion et la politique, la morale chrétienne et la morale d'État. Pour lui, un roi doit gouverner ses peuples comme un évêque son diocèse, comme un père de famille ses enfants. La nature du « politique », qui est de préserver le destin d'une communauté humaine face aux convoitises de ses voisins, lui échappe totalement. Il pense naïvement que la morale chrétienne – y compris dans sa dimension non violente la plus absolue, celle de la joue gauche tendue en réponse à la gifle sur la joue droite – ne s'applique pas seulement aux personnes mais aux États. Cette confusion est celle-là même que faisaient les dévots, amis de l'Espagne, au temps de Richelieu.

Cette lettre révélait le programme de l'implacable censeur qui venait de se glisser dans les rangs les plus élevés de la cour : gouverner l'État par la religion. S'il en prit connaissance, ce dont on n'est pas sûr, Louis XIV ne devina pas, en tout cas, quel en était l'auteur.

Toutes les critiques figurant dans ce texte – orgueil démesuré, goût de la guerre, conquêtes abusives, dépenses somptuaires, misère des peuples – se retrouvent, sous une forme atténuée mais insidieuse, dans *Les Aventures de Télémaque*, où Fénelon, audacieusement, se réapproprie la mythologie, chère au Roi-Soleil, pour en faire l'outil d'un discours critique. L'ouvrage, écrit sous la forme d'une suite fictive de l'*Odyssée*, était destiné à servir à l'éducation du duc de Bourgogne. Il esquissait le programme utopique d'une monarchie patriarcale et tempérée, ennemie de la guerre, vertueuse, philanthropique, faisant régner la concorde et la justice.

Bossuet contre Fénelon

En mai 1693 le directeur spirituel de Saint-Cyr, l'abbé Godet des Marais, évêque de Chartres, sans doute jaloux de sentir lui échapper son auguste pénitente, la marquise de Maintenon, fut le premier à donner l'alerte. Il fut effaré des ravages qu'avait produits à Saint-Cyr la doctrine de Mme Guyon. Ces demoiselles s'éloignaient des sacrements, se relâchaient sur l'obéissance, ne parlaient que de Pur Amour, sans s'embarrasser de rien, pas même de leur salut. Tout cela sentait l'hérésie! Le roi subodora une cabale et ordonna à son épouse secrète de rompre avec la veuve mystique. Fénelon, demeuré en retrait, accepta de soumettre la théologie de Mme Guyon à l'arbitrage de Bossuet, évêque de Meaux depuis 1681, qui passait pour le chef de file de l'Église de France.

Bossuet n'était pas éloigné de la prière du cœur. Certains de ses écrits, où il parle de la nécessité de s'abandonner en Dieu dans le silence, comme un petit enfant, y conduisent directement. Mais il restait avant tout un vigoureux intellectuel, attaché à la foi raisonnée, regardant ces mouvements de sensibilité difficilement communicables avec la raideur et la suspicion d'un censeur assis sur le rocher des vérités dogmatiques. Au reste, il connaissait mal tout le vaste courant du monachisme oriental, des pères du désert, de la mystique rhénane, de Catherine de Gênes, Jean de la Croix,

Thérèse d'Avila, François de Sales. Il subissait la forte influence du moralisme augustinien, qui, avec Pierre Nicole, austère ennemi du mysticisme, tendait à prêcher une religion étroite et desséchante, tout empreinte de raideur puritaine. Il y avait aussi une question de tempéraments. Actif, constamment en mouvement, ardent et batailleur, ce solide bourgeois bourguignon n'était rien moins qu'un contemplatif s'abîmant dans la douceur et la suavité du repos en Dieu. Ces différences de sensibilité et de mentalité permettent de comprendre, au moins jusqu'à un certain point, la violence qui entoura la controverse du quiétisme français, sans excuser la mesquinerie des procédés employés ni la bassesse des attaques contre Mme Guyon et Fénelon, indignes d'un grand prélat.

Mme Guyon tenta d'amadouer M. de Meaux par sa soumission et son obéissance mais n'y réussit pas. L'évêque s'inquiéta de ses écrits et plus encore de l'influence extravagante qu'elle exerçait sur son ancien protégé, qui la défendait pied à pied, vantait ses mérites, sa haute valeur religieuse, la tenant pour une sainte.

En juin 1694, l'archevêque de Paris lança de vives attaques contre elle et condamna ses livres comme entachés d'hérésie. Le ton montait. Finalement, il fut convenu qu'une commission de trois théologiens se chargerait de juger sa doctrine et de voir s'il s'y trouvait ou non des traces de quiétisme. Elle était composée de Bossuet, de Mgr de Noailles, évêque de Châlons, et de l'abbé Tronson, supérieur de Saint-Sulpice. Les réunions de cette commission se tinrent, de juillet 1694 à mars 1695, à Issy, en présence de Fénelon et des ducs de Beauvillier et de Chevreuse.

Tout en défendant la dame, le précepteur du duc de Bourgogne n'avait pas renoncé à ses ambitions. Ni le roi ni Mme de Maintenon ne lui avaient ôté leur confiance : aussi espérait-il obtenir l'archevêché de Paris, bientôt vacant. Grande fut sa déception lorsqu'en février 1695 il apprit sa nomination à celui de Cambrai. Certes, ce n'était pas rien que le siège de Cambrai, qui valait à son titulaire le rang de duc et de prince de l'Empire, mais cela restait un diocèse de campagne, aux frontières, bien éloigné du lieu unique du pouvoir : Versailles. Aussi, quand en août, après la mort de Mgr de Harlay, l'évêque de Châlons, Mgr de Noailles, fut élevé à sa place, le parti des Michelins fut plongé dans la consternation.

Le 18 mars 1695, le comité d'Issy rendit ses conclusions, des conclusions que Fénelon s'était efforcé d'atténuer : certaines expressions outrancières de Mme Guyon étaient seules condamnées. La veuve accepta de se soumettre. Bossuet insista pour être le consécrateur du nouvel archevêque de Cambrai. Tout semblait s'aplanir.

En fait, les divergences subsistaient. On apprit que Mme Guyon continuait ses correspondances avec le père La Combe, en prison à Lourdes. Elle parlait de la « petite Église » comme d'une secte à l'intérieur de la grande. La récalcitrante fut arrêtée et internée à Vincennes.

Au début de 1696 la colère du roi éclata, et Mme de Maintenon en fit les frais. Pour la première fois Louis prenait l'exacte mesure du scandale : cette hérésie quiétiste servait de véhicule à une intrigue politique qui visait le pouvoir, et c'était elle, son épouse, qui avait installé le ver dans le fruit, réchauffé le serpent en son sein, elle qui avait autorisé les prônes de cette illuminée à Saint-Cyr, elle qui avait poussé à la nomination de Fénelon – ce prêtre suspect – comme précepteur royal puis comme archevêque de Cambrai. Devant ce déluge Françoise fut effrayée et craignit sa répudiation. Une seule voie de salut lui restait, mais contraire au chemin de l'honneur : brûler ce qu'elle avait adoré, s'acharner contre Fénelon.

En rédigeant ses *Instructions sur les états d'oraison*, Bossuet visait non seulement la pythie de Montargis mais son jeune et brillant rival. La publication par ce dernier en janvier 1697 de l'*Explication des Maximes des Saints sur la vie intérieure* mit le feu aux poudres. Fénelon n'y faisait que défendre la tradition mystique des saints, qu'il distinguait de l'« abominable » doctrine des quiétistes, ce qui n'empêcha pas Bossuet, tonitruant, de clamer que l'Église était en grand péril. Alors commença le heurt féroce des deux formidables champions, l'Aigle de Meaux et le Cygne de Cambrai. Fénelon décida d'en appeler au pape, ce qui eut pour effet immédiat d'irriter davantage le roi, Bossuet et le groupe des gallicans.

L'archevêque de Cambrai gardait de solides appuis au sein du clan Colbert, notamment les ducs de Chevreuse et de Beauvillier, le comte et la comtesse de Gramont (mais ce clan perdait l'appui de Mme de Maintenon). Il comptait se rétablir avec le soutien de Rome : « Si le pape veut bien me justifier, écrivait-il, le lendemain, la cour me recherchera. » Le 25 juillet 1697, il demanda au roi l'autorisation de se rendre dans la Ville éternelle pour y exposer son point de vue. Louis XIV refusa, lui ordonna de regagner son diocèse et de ne plus le quitter. C'était l'exil. Le duc de Bourgogne, âgé de quinze ans, supplia son grand-père de lui garder son bon précepteur. En vain. Le lendemain, le monarque écrivait au pape pour lui demander de condamner sans ambiguïté le livre « très mauvais » et « très dangereux » de l'archevêque.

On laissera de côté le flot de polémiques, de diffamations et de haine que déversèrent les partisans des deux champions : près d'une centaine de libelles, aussi copieux qu'impitoyables, parurent. Dans le beau style fleuri et lettré de l'épiscopat du temps on s'étripait au nom du Pur Amour. Les Jésuites, qui avaient fait condamner Molinos à Rome, s'étaient rapprochés de Fénelon par ultramontanisme alors que les gallicans faisaient bloc derrière Bossuet.

M. de Cambrai accusa sans ambages ce dernier d'avoir violé le secret de la confession à propos de certaines révélations faites sur Mme Guyon. Le bouillant prédicateur répondit en laissant courir le bruit que des relations amoureuses avaient uni son adversaire à la prédicante. On se vautrait dans la boue. Pendant plus d'un an le roi, manipulé par Bossuet, insista dans des termes comminatoires afin d'obtenir la condamnation souhaitée. Le Vatican multipliait les atermoiements. Finalement Innocent XII, dans la crainte de voir la querelle gallicane se rallumer, se résolut à contrecœur à signer un bref (et non une bulle) réprouvant en des termes vagues quelques propositions contenues dans les *Maximes des saints*. On était si éloigné d'une véritable condamnation que le pontife, touché par l'humilité et la soumission de l'archevêque de Cambrai, songeait à l'élever au cardinalat.

Quelques semaines après la décision de Rome, dont Bossuet fit mine de se satisfaire, en avril 1699 parurent *Les Aventures de Télémaque*. Était-ce l'œuvre d'un éditeur indélicat comme le prétendit M. de Cambrai ? Louis XIV, en tout cas, fit saisir ce brûlot intempestif, bien décidé à ne jamais faire revenir à la cour son auteur. « M. l'archevêque de Cambrai, dit-il, est le plus chimérique des beaux esprits de mon royaume » : propos plutôt indulgent si l'on songe à la virulence de l'attaque !

Au plan politique, la stérile querelle du quiétisme avait fait des ravages durables. Elle avait renforcé les libertins dans leurs critiques contre l'Église. Le guyonisme et les excès de son mysticisme halluciné fermeront pendant longtemps la porte à un christianisme doux et consolateur, laissant la place aux poisons du jansénisme. Enfin, une nouvelle opposition à Louis XIV était née. Elle se nourrissait des débris du courant féodal et aristocratique et des braises encore rougeoyantes de l'esprit de la Fronde.

La montée des critiques

L'atroce famine de 1693-1694 et les désordres économiques qui suivirent furent propices à la remise en cause du mercantilisme colbertien. Nombreux furent alors les penseurs qui s'interrogèrent sur les mécanismes économiques et communiquèrent le fruit de leurs réflexions au contrôleur général, sous forme de lettres ou de mémoires. Chacun y allait de son plan de sauvetage de la monarchie! « Monseigneur, écrivait l'un de ces obscurs donneurs d'avis, en allant voir un soldat à Ambleteuse et en venant le long de la mer, j'ai pensé à deux ou trois moyens pour ramener la prospérité du commerce, que je prends la liberté de vous adresser; s'il y en a quelqu'un de votre goût, je ne demande point d'autre récompense qu'un emploi pour mon fils... » Plus sérieusement, Daniel Huet, évêque d'Avranches, critiquant le dirigisme économique et ses rigidités, proposait comme modèle l'extraordinaire réussite des Hollandais (*Le Grand Trésor historique et politique du florissant commerce des Hollandais*, 1694). Le marquis de Belébat multipliait les projets de réformes sur le libre commerce et l'instauration d'un gouvernement composé de quatre conseils (c'était l'ébauche de la polysynodie). En 1707 l'Écossais John Law adressait au contrôleur général Desmarets un projet de monnaie terrienne permettant d'éteindre, sans impôt nouveau, l'immense endettement de la couronne. L'un des auteurs les plus curieux était le Normand Pierre Le Pesant de Boisguilbert, cousin germain de Corneille, lieutenant général de police au bailliage de Rouen. Ce disciple de Pierre Nicole tirait de sa vision janséniste du monde des conceptions économiques optimistes annonçant les physiocrates et les classiques du XVIIIe siècle [1]. Dans son *Détail de la France* (1695) il flétrissait l'administration de Colbert, s'élevait contre les impôts indirects, nuisibles aux échanges, et réclamait le libre commerce des grains et la libre concurrence. Au plan fiscal il proposait de remplacer les

1. Gilbert FACCARELLO, *Aux origines de l'économie politique libérale : Pierre de Boisguilbert*, Paris, 1986.

taxes existantes par un impôt direct sur les « feux » et un autre sur les terres.

Mais le réformateur le plus intéressant était certainement Sébastien Le Prestre, seigneur de Vauban – le grand Vauban –, personnalité exceptionnelle qui domine le siècle : spécialiste de poliorcétique, guerrier animé d'une grande bravoure, ingénieur militaire, architecte, économiste, statisticien, c'était un travailleur infatigable et créatif. Homme d'action mais aussi de réflexion, il était modeste, plein de sagacité, de bon sens, de prudence paysanne. Il avait participé à toutes les grandes entreprises du règne, ayant parcouru le royaume du nord au sud et d'ouest en est. Il avait restauré 118 places fortes, construit 33 nouvelles, dirigé 53 sièges et obtenu à près de soixante-dix ans un bâton de maréchal bien mérité.

Ce vieux sage, volontiers bougon, et dont le franc-parler était redouté, vivait retiré en son château de Bazoches ou en son hôtel parisien de la rue Saint-Vincent, près du Louvre, occupant ses loisirs à classer les brouillons de ses *Oisivetés* et à écrire de nombreux mémoires, fruits de sa longue et inégalable expérience. Bon connaisseur de la France profonde, il ne s'intéressait pas seulement aux fortifications mais à la géographie, à l'agronomie, à l'arboriculture, à la sylviculture, à l'hydrographie et même à l'élevage des truies. La protection dont il jouissait de la part du roi l'autorisait – fait rarissime – à aborder la politique. Par exemple en 1689, devant les conséquences désastreuses de l'édit de Fontainebleau, il n'avait pas hésité à réclamer le rétablissement de l'édit de Nantes.

En solide pilier du clan Louvois, foncièrement patriote, Vauban prônait le pré carré, la réunion au royaume de Nice, de la Savoie, du Comtat, de la principauté d'Orange et des Dombes, du Palatinat et de la Lorraine, sans rien revendiquer en Italie, ni au-delà du Rhin ou des Pyrénées. Ses idées en matière d'organisation militaire étaient en avance sur le temps : ne préconisait-il pas un service armé obligatoire de trois ans par tirage au sort ? D'un autre côté, ce vrai gallican, volontiers anticlérical, ennemi de la « moinerie », partisan de l'économie industrielle, du développement colonial et de l'unification des poids et mesures, paraissait à bien des égards l'héritier de Jean-Baptiste Colbert.

Il s'intéressait également aux problèmes de la noblesse, à laquelle, en tant qu'écuyer morvandiau, il était fier d'appartenir. Comme beaucoup il souffrait de l'avilissement du second ordre, qui avait perdu sa pureté originelle. Les anoblissements par l'argent de ces intendants, trésoriers, commissaires des guerres, receveurs des tailles, gens d'affaires, commis et sous-commis des ministres le choquaient. Lui rêvait, au contraire, d'une vraie noblesse d'État, récompensant d'abord le service armé, les grandes actions, le sang versé, sans oublier les services civils : grandes ambassades, négociations réussies, inventions utiles, talents ou efforts personnels... Cette noblesse ouverte, à l'image de la noblesse britannique, mais plus fortement orientée vers le service de la Patrie, ne jouirait que de simples préséances et d'avantages honorifiques, à l'exclusion de tout privilège fiscal. Elle ne pourrait exercer aucun rôle politique, comme le voulaient Fénelon et les héritiers du mouvement aristocratique, car Vauban se refusait à limiter l'autorité royale. C'était un partisan de l'absolutisme monarchique, ce qui ne l'empêchait pas de critiquer par la bande certaines pratiques louis-quatorziennes : un roi, soutenait-il par exemple, doit s'en tenir « au gros des affaires », au sein d'un « conseil suprême », à charge pour les ministres de s'occuper du détail. Autant dire qu'il n'approuvait pas la dérive des institutions depuis 1691. Dans ses écrits on sent également quelques critiques contre la domination sournoise de Mme de Maintenon ou la promotion des ministres et des généraux-courtisans.

Vauban a l'esprit cartésien et niveleur de Colbert. Contrairement à Louis XIV, il ne cherche pas à réaliser un subtil équilibre entre des tendances contradictoires. Il est résolument novateur. Son programme est celui du despotisme éclairé. On ne trouve dans son œuvre aucune référence au droit divin. C'est la raison qui doit guider le monarque et non le Saint-Esprit : nouvel indice de la sécularisation de la pensée politique en cette fin de siècle.

Louis XIV, somme toute, se situait à mi-chemin entre deux extrêmes : le courant aristocratique, rémanence des idées de la Fronde, représenté par Fénelon, et le despotisme éclairé auquel l'invitait le vieux maréchal de Vauban. Il incarnait la voie moyenne et une certaine modération dans l'absolutisme. Dans la « sphère publique politique » – pour reprendre l'expression d'Habermas – qui commence à s'organiser à cette époque, parler de « droite » et de « gauche » serait anachronique. Ces catégories n'apparaissent qu'en 1789. Le courant aristocratique est « libéral » et anti-absolutiste, ce qui permettrait, selon nos schémas, de le classer a gauche, mais il est en même temps clérical et foncièrement « réactionnaire », puisqu'il aspire à un retour au passé. Le courant du despotisme éclairé est absolutiste, ce qui inciterait à le ranger à droite, mais il offre également un aspect anticlérical, « progressiste », aspirant à une organisation rationnelle de l'État et de la société, toutes choses qui relèveront un siècle plus tard de la pensée révolutionnaire et jacobine. On le voit, le spectre des opinions politiques existe à la fin du XVIIe siècle, car il existe une dialectique mise en route par l'absolutisme lui-même, mais il n'a rien à voir avec nos catégories conceptuelles.

Le projet de « dîme royale »

Chez Vauban on trouve des textes d'une très vive résonance sociale : « La partie supérieure, écrit-il en décembre 1700 à son ami le marquis de Puysieulx, écrase l'inférieure en France et l'écrasera toujours, puisque je ne vois pas d'apparence que cela puisse être autrement. Cependant il y a une différence infinie de l'utilité de l'une à l'autre : l'une, qui est la grande, cultive la terre et n'en profite pas et l'autre s'en approprie les fruits et ne s'applique qu'à trouver moyen de les avoir ; l'une possède tous les biens, les mange et dissipe en superfluités, et l'autre meurt de faim et de misère [1]. »

Ses observations sont celles d'un homme moderne qui utilise comme outils d'analyse les classes socio-économiques (ce qui montre l'évolution des rapports sociaux à la fin du siècle, alors que l'on raisonnait précédemment en termes d'ordres et d'estats) : les mendiants et les miséreux forment 10 % de la population, estime-t-il, les pauvres 50 %. Ceux qui ont un peu de biens mais qui sont embarrassés de dettes : 30 %. Sur les 10 % restants, qui représentent les gens d'épée et de robe, les riches ecclésiastiques et les bourgeois rentés, il n'y a pas 6 000 familles « qu'on puisse dire être véritablement à leur aise ».

Le brave maréchal souffre de la détresse du peuple, dont on fait « trop peu de cas ». Il proteste « contre les vexations et pilleries infinies qui se font sur les peuples ». La guerre, la mauvaise exploitation des terres, la faiblesse des moyens de communication, les barrières mises au commerce en sont les causes. Mais la plus impor-

1. Cité par Bernard PUJO, *Vauban*, Paris, 1991, p. 244.

tante tient au système fiscal, particulièrement à la taille qui, du fait des exemptions nombreuses, repose sur les plus humbles. Comme Boisguilbert, qu'il a rencontré et dont il apprécie les idées, Vauban veut réformer ce système. Son plan est simple. On supprimera la taille, les aides, les douanes, les décimes du clergé, on réduira de moitié au moins la gabelle. On remplacera toutes ces taxes fiscales par un impôt unique, « la dîme royale », frappant proportionnellement tous les revenus (rentes, gages, pensions, appointements, revenus fonciers ou immobiliers...), « sans autre exception que la volaille domestique et les bestiaux ». Son taux serait modulable en fonction de la conjoncture et des besoins de l'État (en temps normal il serait plus près de 5 % que de 10 %). Afin de ne pas appauvrir les provinces de numéraire – la grande hantise du temps –, cette dîme serait prélevée en nature sur les ressources de la terre (blés, vins, bois, prés, pâturages...).

En 1699, durant trois jours, Vauban lut la première version de son mémoire au roi, qui le trouva fort ingénieux et l'encouragea. En 1707, le vieux maréchal, voyant s'accroître les difficultés du royaume, fit imprimer en petit tirage son *Projet d'une dîme royale* et en distribua les exemplaires à ses amis et relations. L'ouvrage, n'étant pas mis en vente, n'avait reçu ni privilège ni permission. Il n'en fut pas moins condamné par les censeurs du Conseil privé, qui y trouvèrent « plusieurs choses contraires à l'ordre et à l'usage du royaume ». Le maréchal-financier mourut peu après de maladie, et non, comme le prétend une légende tenace, du chagrin d'avoir vu son écrit interdit. Louis XIV, d'ailleurs, se montra très peiné de sa disparition [1].

Son plan de réorganisation financière était d'une audace inouïe : en s'attaquant au système fisco-financier des traitants et partisans, il menaçait la constitution du royaume dans l'un de ses soubassements les plus solides. Pour détruire ce système nuisible, sans doute eût-il fallu une révolution radicale, que personne n'était tenté d'entreprendre. Vauban ne se faisait guère d'illusions sur les chances de réussite de son plan, lui qui énumérait la longue théorie de ceux qui lui seraient hostiles : les Grands, le haut clergé, la noblesse, ces messieurs des finances, les fermiers généraux, les gens d'affaires, la robe dans son ensemble, les élus et receveurs des

1. Michel Morineau, « Tombeau pour un maréchal de France : la dîme royale de Vauban », *Actes du colloque Vauban réformateur*, Paris, 1993, p. 185-230.

tailles, les intendants des généralités où la taille est personnelle. Même le peuple, ajoutait-il, qui n'aime pas les changements, crierait aussi !

Quelques essais de réforme

La vague des plans de réforme signifie-t-elle crise et déclin du pouvoir royal après 1691, comme l'a pensé l'historien Lionel Rothkrug [1]? Certainement pas. La monarchie française conservait une solide assise et même une capacité d'adaptation qu'on ne saurait mésestimer. En témoignent les diverses réformes ou tentatives de réformes adoptées. Ainsi Louis XIV a-t-il cherché à remodeler les élites dans le sens souhaité par Vauban. En 1693 il créa l'ordre royal et militaire de Saint-Louis destiné à récompenser les soldats les plus méritants. Une des particularités de cette institution – contrairement à l'ordre de Saint-Michel (réformé et épuré en 1664) et, à plus forte raison, à l'ordre du Saint-Esprit – était que les roturiers y avaient accès autant que les nobles. Cet embryon de noblesse militaire (non héréditaire mais hiérarchisée par grades : grand-croix, commandeurs, officiers et chevaliers) créait un nouveau système de promotion, fondé non plus sur la naissance mais sur le mérite, dont Napoléon s'inspirera pour la Légion d'honneur.

En 1699 fut tenté en Basse-Normandie un essai – timide il est vrai – de dîme royale, selon les principes de Vauban. Durant l'été de 1705 le système de Boisguilbert fut également expérimenté dans l'élection de Chartres. On était malheureusement en pleine guerre. La situation étant peu propice à un bouleversement fiscal d'une telle ampleur, on y renonça.

Avec l'essor du commerce colonial et des ports de la façade atlantique, la communauté marchande avait connu un développement remarquable. Face à la richesse foncière et à la rente prépondérantes, ses intérêts n'étaient pas représentés. Sous l'impulsion hardie des Pontchartrain, père et fils, qui se passionnaient pour le négoce international, fut créé en juin 1700 un conseil du commerce, composé de six administrateurs et de treize représentants élus des communautés marchandes des principales villes de

1. Lionel ROTHKRUG, *Opposition to Louis XIV : The Political and Social Origin of The French Enlightenment*, Princeton, 1965.

France. Cet organe, purement consultatif, qui n'avait rien de commun avec le précédent conseil du commerce de Colbert, créa une coopération très efficace entre la couronne et le monde des affaires, préfigurant par certains côtés notre actuel conseil économique et social. Pour timides et insuffisantes qu'elles fussent, ces réformes apportaient la preuve que la monarchie française, sans avoir la souplesse des institutions anglaises, savait encore s'adapter aux temps nouveaux [1].

1. Thomas J. SHAEPER, *The French Council of Commerce, 1700-1715. A Study of Mercantilism after Colbert*, Ohio Press, 1983.

CHAPITRE XXII

Le roi et sa famille

Un roi valétudinaire

« Le roi se laisse aller, écrit la princesse Palatine en 1694, il s'affaisse. Il paraît gros et vieux. C'est comme si Sa Majesté était devenue plus petite. Le visage est changé ; à peine est-il reconnaissable ; de jour en jour il se ride davantage. » Louis a cinquante-six ans. Les années ont creusé leurs sillons. Les traits se sont empâtés, le nez s'est allongé. La bouche offre un pli amer, comme chez ceux qui n'ont plus rien à apprendre de la vie. Trois dessins humoristiques du romancier anglais Thackeray donnent à la manière d'une bande dessinée la recette pour « fabriquer » un Louis XIV : prenez un petit vieillard chauve et courbé s'appuyant sur une canne, mettez-lui une perruque léonine sur la tête, des souliers à hauts talons aux pieds, cachez la misère de son corps d'une culotte bouffante, de bas fins et d'un magnifique manteau fleurdelisé, remplacez la canne en bois par une plus haute à pommeau d'argent, ajoutez-lui une épée de parade et la grande croix de l'ordre du Saint-Esprit, et vous avez le Roi-Soleil en majesté...

Il est sûr que la santé du roi ne s'améliorait pas. Louis, dont les contemporains ont vanté la forte constitution, fut, en réalité, un perpétuel malade. Le *Journal de la santé du roi*, composé par ses trois médecins, Antoine Vallot, Antoine d'Aquin, Guy-Crescent Fagon, qui couvre les années 1647 à 1711, en témoigne. Le monarque ne dut qu'à la robustesse de sa constitution d'avoir échappé à la petite vérole en 1647, à la scarlatine en 1658, à la rougeole en 1663. Ces poussées pustulaires, ces fièvres malignes, contre lesquelles ces Purgon plus ou moins astrologues luttaient à coups de saignées, de purges et de lavements, le laissèrent plusieurs jours entre la vie et la mort, sans parler des autres maladies d'enfance ou de jeunesse comme les érysipèles, la gale, l'eczéma et la blennorragie de 1655.

A partir de 1664 l'appareil digestif se détraque. La cause en est simple : la gloutonnerie du roi, qui s'empiffre jusqu'à l'indigestion. Sa boulimie culinaire va de pair avec sa boulimie de travail et de plaisir. Il n'a aucune modération. Au petit couvert du dîner on lui présente trois services, composés chacun d'une dizaine de plats. Le souper du soir est plus copieux encore avec cinq services. Bien sûr, il se contente de picorer çà et là, mais, au total, la quantité de nourriture absorbée est phénoménale. Le roi aime les œufs, les langues de canard, les ris de veau, les petites anguilles, les asperges, les salades. Il raffole des petits pois et des artichauts, ne dédaigne pas les viandes rôties, les volailles ou gibiers, les ragoûts servis avec des sauces épicées ou sucrées. Il ne refuse jamais la soupe au vin trempée de pain, les poissons, les huîtres, les sardines. Au dessert, il alterne les fruits – notamment les fraises – avec les pâtes de groseille, d'écorce d'orange et de guimauve. Pour les petits creux de la nuit son valet de chambre dispose sur la table de chevet un en-cas d'aile de poulet.

Chaque fête est une occasion à excès : de banquets en médianoches le monarque veut surprendre. Même la princesse Palatine, seconde épouse de Monsieur et robuste Teutonne s'il en fut, qui engloutit choucroutes et saucisses, ne peut rivaliser avec un pareil appétit. Elle l'a vu souvent manger « quatre assiettes de différentes soupes, un faisan tout entier, une perdrix, une grande assiette pleine de salade, du mouton coupé et dans son jus avec de l'ail, une assiette pleine de pâtisseries, de fruits et de confiture ». L'autopsie du roi révélera – comment s'en étonner! – une dilatation anormale du gros intestin. « Son appétit pantagruélique, observe Michelle Caroly, pourrait être interprété comme un manque de fermeté de caractère. Il s'agit plutôt d'un désir de braver les éléments, de prouver sa force dans tous les domaines, y compris celui du corps. De même qu'il écrivait quand il était enfant, six fois de suite, pour se faire la main : *L'honneur est dû au roi; ils font tout ce qui leur plaît*, comme s'il voulait se convaincre de son pouvoir et de sa force, il prétend aussi se convaincre de sa solidité en nourrissant son corps à coups de gloutonneries répétées [1]. » Les courtisans sont cordialement invités à le voir manger. Cela fait partie du spectacle de la cour : « La table devient le centre de ralliement, l'autel où le roi officie devant un public soumis et obéissant [2]. » Le « corps imaginaire » du roi qui se donne en représentation détruit ainsi son corps de chair.

Comme en même temps Louis a une mauvaise dentition, les conséquences ne tardent pas à se manifester : faiblesses, langueurs, vapeurs, vertiges, étourdissements, hoquets, saignements de nez. Il a des envies répétées d'aller à la garde-robe. Dans les dernières années, il ne sera pas rare que cela se produise dix ou douze fois le jour et pendant le conseil à plusieurs reprises... Rituellement, après le petit souper, Louis s'installe sur sa chaise percée. Pour avoir l'honneur d'assister aux orages digestifs, aux dysenteries, flux de ventre et autres coliques « venteuses » de Sa Majesté, les gentilshommes de la chambre ont payé un brevet de 60 000 écus. Grave affaire, comme tout ce qui touche au souverain : dans leur *Journal* les médecins s'appesantissent sur l'état, la couleur, l'odeur de ses selles, leur quantité, en termes imagés voire poétiques!

La nuit, comme tous les gros mangeurs, il a des sueurs froides, des fièvres, des délires, des angoisses. Il pousse des cris, est sujet à des cauchemars et parfois au somnambulisme. Le réveil le trouve la bouche pâteuse.

Pour restaurer le mausolée délabré de son corps, les Diaphoirus s'agitent. Ils prescrivent la diète. L'auguste patient s'y soumet, mais sa goinfrerie reprend le dessus. D'Aquin remplace par des purges et des lavements les saignées de Vallot que le roi déteste. Fagon, son successeur, adepte de Galien, abusera de ces remèdes et aggravera le mal. On essaie aussi les lavements d'eau de rose, de miel, de graines de lin et d'huile d'amande douce. Des bouillons purgatifs sont préparés avec du séné, de la potasse, des herbes médicinales. On lui propose de l'opiat, de l'eau de pimprenelle, des décoctions de graines de coriandre et de grenade. Contre les bouffées de chaleur on lui fait respirer des sels ammoniaqués, on lui frotte le visage avec de l'eau de Hongrie.

1. Michelle Caroly, *Le Corps du Roi-Soleil, grandeur et misère de Sa Majesté Louis XIV*, Paris, 1990, p. 64-65.
2. *Ibid.*, p. 70.

Le roi, qui aime l'air et les promenades par grand froid, s'enrhume fréquemment, malgré les perruques qui lui tiennent chaud et qu'il commence à porter à partir de 1673. Après son installation à Versailles, il souffre de fièvres tierce et quarte, dues aux marais qu'il a fallu assécher. En même temps la goutte fait son apparition et enflamme son pied droit. Peu après un rhumatisme se jette sur l'épaule droite. Il a des difficultés pour monter à cheval, pour chasser, humiliant handicap pour un Bourbon. On lui fait porter un soulier « moucheté », ouvert sur le côté. A Versailles il se promène en calèche ou dans cette petite machine roulante que représente devant le bassin d'Apollon un tableau de Pierre Denis Martin.

Avec l'âge, ses maux de dents s'aggravent. Il a des abcès douloureux qui obligent à lui arracher ses dents une à une. En 1685, toutes les dents de la mâchoire inférieure sont infectées et il ne lui en reste plus qu'une à celle du haut. Pis encore, les barbiers agissent avec une telle maladresse qu'ils lui enlèvent une partie du palais, de sorte que, quand il boit, l'eau ou le vin lui coule du nez « comme une fontaine ». Pour colmater ce trou fâcheux qui a vite entraîné une nécrose de l'os dégageant des odeurs « cadavéreuses », Félix, premier chirurgien, cautérise les gencives au bouton de feu qu'il applique à quatorze reprises. Louis sous la douleur tremble à peine.

Ce qu'il y a en effet de plus admirable au milieu de toutes ces misères physiques, c'est le courage du souverain, qui se contraint à demeurer serein et majestueux devant les plus fortes douleurs. Il sait qu'aux yeux de son entourage et à ceux de l'Europe il ne peut passer pour un grand malade, faute de voir son prestige et son pouvoir diminuer. Attentif à dissimuler au mieux ses faiblesses, il résiste stoïquement aux assauts maladroits des médecins et chirurgiens. Il veut laisser à la postérité le « modèle d'un héros achevé », qui n'est pas fait de chair et de sang. Dur avec lui-même, il est sans compassion pour les autres lorsqu'il vit la fenêtre ouverte et que ses ministres grelottent, ou qu'en carrosse, après une longue course de plusieurs heures, il refuse de s'arrêter pour permettre aux dames de soulager un besoin naturel...

Quand il ne peut faire autrement qu'avouer les défaillances du corps, il met en scène sa maladie avec son sens inné du spectacle : ainsi l'opération de la fistule, qui servira à accroître sa renommée. Louis a quarante-sept ans lorsqu'en janvier 1686 une tumeur anale, ouverte à coups de lancette, dégénère en fistule. Pendant deux mois, il ne sort de ses appartements que pour se rendre à la messe. Toutes les cours étrangères sont informées de sa maladie qu'on ne sait pas soigner. Des charlatans viennent à Versailles proposer des remèdes miracles. Le roi envisage un moment une cure à Barèges. De fait, le seul remède est l'opération, extraordinairement délicate à l'époque. Louis ne s'y résout qu'à la dernière extrémité. Félix doit inventer un bistouri spécial, « à la royale », avec une lame courbe terminée par un stylet, qu'il essaie sur les fistuleux des hôpitaux. La grande opération a lieu le 18 novembre. On ne connaît pas l'anesthésie. Malgré la douleur intolérable, le roi ne crie pas, ne donne aucun signe de faiblesse. Il soupirera seulement deux fois, au plus fort de la douleur : « Mon Dieu ! Mon Dieu ! » Cinquante-six jours après, on saura qu'il est définitivement tiré d'affaire. Le monde entier admire sa force de caractère. Louis XIV est un héros de la volonté.

Louis XIV secret

Au moral, le roi a moins changé que physiquement. Il a toujours cette politesse exquise, cette courtoisie qui va jusqu'à la délicatesse, en particulier avec les femmes. A tous il s'efforce de dire des paroles obligeantes ou aimables. Il parle peu mais avec justesse. Ses phrases sont simples, brèves. Chacun de ses mots pèse, autant que ses silences. Il est discret et éprouve le souci de ne pas blesser l'autre. En privé, lorsqu'il est en petit comité, par exemple dans l'appartement de Mme de Maintenon, il sait se montrer simple, modeste, attentif à ses interlocuteurs qui peuvent librement s'adresser à lui. Il donne sa confiance à un petit cercle de personnes, qu'il considère comme des amis malgré le rang : ses valets de chambre Bontemps, Blouin ou Nyert, son secrétaire de la main, Toussaint Rose, le président de Périgny, La Rochefoucauld, Jules Hardouin-Mansart. D'une manière générale, il a un penchant pour les artistes et les gens de lettres, son surintendant de la musique Lully, Paul Pellisson, Racine, Molière... Il est fidèle en amitié (plus qu'en amour !), mais il a des mesquineries et des petitesses qui ne lui font pas honneur. Il est d'un naturel rancunier et, malgré son désir d'afficher une égale justice pour tous, pardonne mal les offenses, même après de longues années. Saint-Évremond, Bussy, le comte de Gramont, Lauzun en ont fait l'expérience. Les colères sont rares chez lui. Il n'aime pas les éclats ni les épanchements de sentiments. Une fois seulement, conte Saint-Simon, comme il était de mauvaise humeur, on le vit à Marly rompre sa canne sur le dos d'un valet qui, en débarrassant une table, avait glissé un biscuit dans sa poche. Longtemps auparavant, une autre histoire de canne s'était mieux terminée : Lauzun, furieux de ne pas avoir reçu de lui, malgré sa promesse, l'agrément de la grande maîtrise de l'artillerie, vendue par le duc de Mazarin, lui fit une scène et, de fureur, cassa son épée en s'écriant qu'il ne la porterait plus jamais pour son service. « Le premier mouvement du roi, qui était encore très jeune, écrit Saint-Hilaire dans ses *Mémoires*, fut de punir M. de Lauzun en le frappant d'une canne qu'il tenait à la main; puis, ayant réfléchi un moment, il jeta sa canne en s'écriant : *Il ne sera pas dit que j'aurai frappé un gentilhomme.* » Saint-Simon, qui loue cette modération, ajoute que « ce fut peut-être dans ce moment la plus belle action de sa vie ».

Tout nourri qu'il soit de Machiavel, Louis reste un monarque sentimental, sensible, hésitant, reculant toujours avant de se séparer de ceux qui lui déplaisent. « Il était si timide, dit Montesquieu (qui avait recueilli de nombreux témoignages de contemporains) qu'il ne pouvait soutenir un visage inconnu. » Avec les années sa maîtrise de soi s'était améliorée et, s'il reste dans le fond émotif, il n'a plus les larmes aussi faciles.

Ne nous laissons pas abuser par le comédien : sous la carapace de « l'homme-machine », assimilée aux rouages de l'État, l'homme de chair et de sang demeure. Contrairement aux apparences, Louis XIV ne fait pas totalement corps avec sa fonction! Quoique réduite, sa vie privée subsiste. Son « moi » survit – du moins tente de survivre – à l'écrasante incarnation du pouvoir souverain qu'il a accepté d'assumer. Il lui reste quelques jardins secrets qu'il cultive avec une tendre passion. Ainsi à Versailles, à côté des pièces d'apparat, il a un petit « appartement intérieur », réuni à celui de Mme de Montespan, où il amasse des collections d'objets rares, dessins, estampes, présents des ambassadeurs siamois et chinois, toiles de maîtres à son goût, tableaux mythologiques, peintures italiennes – œuvres de l'Albane, en particulier, son peintre préféré. Il regroupe d'autres curiosités dans le cabinet des médailles, le cabinet aux livres ou encore le salon ovale et ne les montre qu'à un petit nombre de privilégiés. Il a gardé une nostalgie pour la mythologie et la féerie de sa jeunesse. Ame classique, cœur baroque, tel est Louis ! S'il lui plaît d'exercer ses fonctions royales – et, on le sait, avec quelle dignité, quelle majesté ! – constamment nous le voyons chercher à échapper à la foule et même à son entourage. Ceci est probablement une erreur sur le plan politique, car ce que le souverain gagne en mystère, il le perd en révérence populaire. Un roi doit se donner à ses peuples, leur être accessible constamment, donc familier. Marly, édifié entre 1676 et 1683 par Jules Hardouin-Mansart, dans un petit vallon derrière Louveciennes, répondait en tout cas à sa quête d'un univers personnel. C'était une résidence marquée du sceau du paganisme ovidien : un palais – celui de Jupiter –, mais ramené à des dimensions modestes, enfin humaines, entouré de douze pavillons attribués à douze divinités, symbolisant les mois de l'année et les signes du zodiaque. Tout en conservant la référence à la mythologie, les goûts du souverain évoluaient vers davantage de douceur. Ici, point d'Apollon triomphant ou de Minerve casquée, mais des œuvres intimistes figurant l'Aurore, Flore, Pomone, bientôt remplacées par des groupes d'enfants portant des fleurs et des fruits. Pour échapper à la cohue versaillaise, Mansart édifia également le palais de Trianon à l'emplacement du Trianon de porcelaine : deux corps de logis sans étage reliés par un simple péristyle. Les salons s'ouvrent sur la nature et les parterres fleuris : c'est un lieu de repos et de charme champêtre. Cela ne suffit pas. L'âge venant, Louis paraît moins souvent devant ses courtisans en dehors du cérémonial habituel. Il s'installe dans la routine. « Plus il est traité comme un dieu, écrit Jean-Marie Apostolidès, plus il se comporte en petit bourgeois dans son quotidien. A Versailles il s'enferme dans ses appartements avec sa compagne. Il devient confit de moralité, bigot et ombrageux. Ses habitudes tournent à la manie, il passe parfois de longues heures à jouer comme un enfant avec un petit automate. Il se plaît à entendre pour la énième fois les airs à sa gloire composés par Lully et que les musiciens de l'Académie viennent lui chanter [1]. »

1. Jean-Marie Apostolidès, *Le Roi-machine. Spectacle et politique au temps de Louis XIV*, Paris, 1981, p. 138.

Le « Pater familias »

La famille occupe une place importante dans sa vie. Louis de France, né à Fontainebleau le 1er novembre 1661, fut le seul enfant légitime à atteindre l'âge adulte. Son père attacha une particulière attention à sa formation. Il voulut lui donner l'éducation parfaite qu'il n'avait pas reçue, faire de lui un souverain modèle aux qualités morales et intellectuelles les plus accomplies. Selon l'usage, à sept ans, on retira l'enfant des mains des femmes pour lui donner un gouverneur : le duc de Montausier, époux de la célèbre précieuse Julie d'Angennes, gouvernante des Enfants de France et dame d'honneur de la reine. C'était un gentilhomme austère, fidèle, vertueux, savant, au caractère inflexible, le modèle d'Alceste. Pour le seconder, le roi désigna comme précepteur le président de Périgny, puis, à sa mort en 1670, Bossuet, alors évêque de Condom. Le sous-précepteur fut le savant Pierre Daniel Huet, fondateur de l'académie de physique de Caen (et futur évêque d'Avranches), et le lecteur le père Esprit Fléchier. Nombreuses furent les institutions *ad usum Delphini* : le *Discours sur l'histoire universelle* de Bossuet, *Le Monarque ou les devoirs de régner* du père Lemoyne, l'*Histoire de Théodose* de Fléchier, les *Réflexions chrétiennes et politiques pour la conduite d'un prince* de M. de Montausier, sans oublier les propres *Mémoires* du roi...

Disons-le tout de suite, ce programme destiné à faire une tête bien pleine échoua lamentablement. Montausier, qui avait reçu carte blanche du roi pour dresser l'enfant et l'abreuver d'un flot de connaissances livresques et érudites, se révéla d'une brutalité extraordinaire, frappant son petit élève au moindre prétexte : une leçon mal apprise et c'était des mains violettes et meurtries, des claques et des bourrades : « Le mardi 4 (août 1671), au matin, à l'étude, notait le vieux valet de chambre du roi Marie Du Bois, M. de Montausier *(le)* battit de quatre ou cinq coups de férules cruelles, au point qu'il estropierait le cher enfant. L'après-dîner fut pis encore : point de collation, point de promenade. Et, au soir, comme la planète cruelle *(Saturne)* dominait M. de Montausier, au prier Dieu, où était tout le monde à l'ordinaire, ce précieux enfant disait l'oraison dominicale en français. Il manqua un mot. M. de Montausier se jeta dessus à coups de poing de toute sa force; je croyais qu'il l'assommerait (...). Cela fait, il le fit recommencer, où ce cher enfant fit encore la même faute, qui n'était rien. M. de Montausier se leva, lui prit les deux mains dans sa droite, le traîna dans le grand cabinet, où il faisait ses études, et là lui donna cinq férules, de toute sa force, dans chacune de ses belles mains. C'était des cris épouvantables que faisait le cher enfant [1]... » Comment, avec un tel régime, Monseigneur, d'un naturel gai, enjoué, espiègle, n'aurait-il pas conçu de l'aversion pour l'étude? Comment ne se serait-il pas replié sur lui-même, se réfugiant dans une passivité méfiante? Paralysé de timidité par un père autoritaire et impressionnant qui lui inspirait une crainte révérencielle, l'héritier du trône oubliait tout, préférant la rubrique de la mode du *Mercure galant* aux savants traités composés pour lui. En juillet 1677 Bossuet s'en affligeait ainsi dans une lettre au maréchal de Bellefonds . « Me voilà quasi à la fin de mon travail. Monseigneur le dauphin est si grand qu'il ne peut être longtemps sous notre conduite. Il y a bien lieu à souffrir avec un esprit si inappliqué; on n'a nulle consolation sensible et on marche, comme disait saint Paul, en espérance contre l'espérance; car encore qu'il commence d'assez bonnes choses, tout est encore si peu affirmé que le moindre effort peut tout renverser. Je voudrais bien voir quelque chose de plus fondé; mais Dieu le fera peut-être sans nous. »

Monseigneur était de taille moyenne, blond, joufflu, empâté, mais, à cheval, il avait fière allure. Il gagna rapidement sa réputation de fin chasseur, traquant avec ardeur les derniers loups qui rôdaient en région parisienne. Sans doute n'était-il point si stupide ni nonchalant que Saint-Simon l'a prétendu, le bon sens suppléant à une éducation ratée. Il était grand collectionneur, amateur d'art, d'objets rares et précieux, de curiosités, raffolant de spectacles, notamment d'opéras. Il parlait peu, mais sa plume était déliée. En 1691 Louis XIV le fit admettre au conseil d'en haut, où son humeur bougonne et sa fierté native ne le poussèrent pas toujours à soutenir des vues modérées. A la guerre, il se montra plutôt brave et valeureux. Il réussit le tour de force de se faire adorer des soldats et des parisiens par son air débonnaire, sa générosité et son naturel souriant, sans éveiller la jalousie de son père.

En 1680 il avait épousé Marie-Anne Christine Victoire de

1. *Moi, Marie Du Bois, gentilhomme vendômois, valet de chambre de Louis XIV*, présenté par François Lebrun, Paris, 1994, p. 166.

Wittelsbach, sœur de l'électeur de Bavière Maximilien Emmanuel. Ce fut une bonne épouse, vertueuse et charitable, mais dépourvue d'attrait, un peu à la manière de sa belle-mère Marie-Thérèse. Languissante, dévote, vivant dans la nostalgie de la vie munichoise, elle n'aimait ni la cour ni la chasse ni le jeu ni la galanterie ni la parade ni le chaud ni le froid ni la pluie : le contraire de son mari qui débordait de vitalité, recherchait la bonne chère, courait les bals et les déguisements, multipliait les « lorgneries » du côté des filles d'honneur de sa femme et ne refusait jamais les aventures galantes d'un après-dîner. La dauphine eut trois enfants : Louis, duc de Bourgogne (1682-1712), Philippe, duc d'Anjou (1683-1746), et Charles, duc de Berry (1686-1714). De santé fragile, elle mourut en janvier 1690. La naissance de son premier enfant à Versailles – le premier petit-fils du roi – s'était accompagnée d'une extraordinaire explosion de joie collective. L'heureux père embrassait toutes les dames, même les femmes de chambre; les ouvriers jetaient dans les feux allumés dans la cour des matériaux d'échafaudage et des chaises à porteurs; les suisses dansaient autour du brasier. « Laissez-les faire, dit le roi, pourvu qu'ils ne nous brûlent pas! »

En 1695 Monseigneur échangea sa maison de Choisy, héritée de la Grande Mademoiselle, contre le château de Meudon, qu'il fit rebâtir en 1701. Le parc fut aménagé avec magnificence. De cette belle demeure il fit un lieu de retraite où il se rendait avec plaisir pour échapper aux pesanteurs de Versailles. Il aimait beaucoup ses demi-sœurs, la duchesse de Bourbon et la princesse de Conti. Il prit pour maîtresse une demoiselle d'honneur de cette dernière, « une grosse camarde brune », selon Saint-Simon, avec des « timbales » en guise de poitrine, laide et effacée, mais gaie et pleine d'esprit, Marie-Emilie Joly de Choin, fille d'un gouverneur et bailli de Bourg-en-Bresse, qu'il épousa secrètement, semble-t-il, vers 1694. Lui et sa Maintenon recevaient à Meudon une petite société de gens cultivés et raffinés, appelée le *parvulo*, discret centre d'intrigues dans l'attente du futur règne de Monseigneur.

Philippe d'Orléans – Monsieur – continuait quant à lui de vivre le destin des altesses inutiles, auquel le condamnait sa qualité de frère cadet du roi. Louis l'aimait tendrement, l'entourait d'une affectueuse protection, allant jusqu'à s'inquiéter de ses moindres embarras de santé. « Croyez-moi toujours votre affectionné frère et bon petit papa », lui écrivait-il déjà à l'âge de huit ans. Mais il méprisait sa légèreté, son manque d'application, déplorait ses goûts invertis. Ses défauts le confortaient dans le sentiment orgueilleux de sa propre valeur. Philippe aimait les plaisirs à la folie, se passionnait pour l'étiquette et les préséances, connaissait sur le bout des doigts les généalogies et les alliances des grandes familles d'Europe. Il était obligeant et courtois, mais son goût des commérages le rendait incapable de détenir un secret; c'est pourquoi, du reste, on ne lui en confiait pas. Avec cela il était cauteleux, insinuant, aimant par des médisances semer la zizanie au sein de son entourage. La chasse lui paraissait un sport trop viril, mais on a vu qu'il se conduisit à la guerre en digne Fils de France. Vivant sagement à l'ombre de son frère, sans se préoccuper de haute politique – du pouvoir il n'aimait que les apparences, drapé dans les honneurs et les vanités –, il trouva sa voie en devenant, comme son oncle Gaston, mécène et collectionneur [1].

En novembre 1671, veuf de Henriette d'Angleterre, il s'unit à Élisabeth Charlotte de Bavière, fille de Charles Louis, électeur palatin, qui souffrit comme la première Madame des mignons de son mari, le chevalier de Lorraine (« fait comme on peint les anges », disait l'abbé de Choisy), le marquis de Beuvron ou encore le marquis d'Effiat. Honnête, vertueuse, franche, « Liselotte » avait un caractère simple et des goûts rustiques, ce qui ne l'empêchait pas d'être excessivement imbue de sa race et, comme dit Saint-Simon, « inexorable sur les bienséances » (fille de l'électeur palatin, elle était petite-fille du roi de Bohême et arrière-petite-fille du roi d'Angleterre). Elevée à la sauvageonne dans une cour sans étiquette puis chez sa tante, la princesse Sophie de Hanovre, épouse du duc de Brunswick-Lunebourg, elle regretta toujours ce vert paradis où elle se levait à cinq heures de matin pour aller manger avec un quignon de pain des cerises sur la montagne de Heidelberg. Souvent vêtue d'un « habit de cheval » et d'une perruque d'homme, elle formait avec son époux, pantin puéril et frivole, parfumé et enrubanné comme une coquette, l'étonnant contraste d'une amazone unie à un hermaphrodite. Avec l'âge, l'aide des choucroutes et des soupes à la bière, elle devint épaisse, hommasse et dut renoncer aux

1. Nancy Nichols Barker, *Brother of the Sun King, Philippe Duke of Orléans*, Baltimore, 1989.

chasses au loup avec Monseigneur ou au chevreuil avec son royal beau-frère. « Ma taille est monstrueuse de grosseur, confessait-elle le 22 août 1698, je suis carrée comme un dé, la peau est d'un rouge mélangé de jaune, je commence à grisonner, j'ai les cheveux poivre et sel, le front et le pourtour des yeux sont ridés, le nez est de travers comme jadis, mais festonné par la petite vérole, de même que les joues; je les ai pendantes, de grandes mâchoires, les dents délabrées; la bouche aussi est un peu changée, car elle est devenue plus grande et les rides sont aux coins : voilà la belle figure que j'ai! »

A son arrivée en France elle avait été bien accueillie par le roi qui lui avait offert son amitié. Elle eut pour lui plus que de l'affection, une sorte d'amour refoulé qu'elle n'osait s'avouer. L'ascension de Mme de Maintenon et son mariage secret modifièrent sa position. En butte à l'hostilité de celle qu'elle appelait la « pentocrate », la « crotte de souris », la « ripopée », la « vieille ordure », elle se trouva isolée. Boudant la vie de cour, elle préféra alors s'enfermer dans son cabinet au Palais-Royal ou à Saint-Cloud, avec ses chats, ses épagneuls, son perroquet et son médaillier à vingt-six tiroirs. Là, sous les portraits des palatins et des princes d'Empire, ses ancêtres, elle écrivait à sa parentèle allemande une correspondance aux « dimensions absolument ahurissantes [1] », qui constitue un témoignage irremplaçable sur la cour de Louis XIV, bien supérieur historiquement aux *Mémoires* de Saint-Simon, rédigés de 1739 à 1750. Malgré le cabinet noir de Torcy qui, elle le savait, décachetait ses lettres, cette infatigable échotière s'exprimait avec une totale franchise, allant parfois jusqu'à la scatologie rabelaisienne. Au fil de sa plume, elle laissait librement éclater ses humeurs, ses nostalgies germaniques, ses hauteurs, ses rancœurs, ses franches haines (Mme de Maintenon, Louvois, le duc du Maine...), ses jugements à l'emporte-pièce, « son petit religion à part soi », reste du protestantisme de sa jeunesse, mais aussi son bon sens presque paysan, son cœur de mère, sa nature sensible et généreuse de « bonne princesse ».

Gros mangeur, Philippe d'Orléans mourut d'une crise d'apo-

1. Dirk Van Der Cruysse, « La boulimie épistolaire des descendants du Winterkönig : un réseau international », *XVIIe siècle*, janv.-mars 1993, n° 178, p. 23. Le Niedersächsisches Hauptstaatsarchiv de Hanovre et sa succursale de Pattensen conservent environ 4 000 lettres de Madame Palatine à sa tante Sophie, soit quelque 34 000 pages dont à peine 10 % ont été publiés.

plexie le 9 juin 1701, après une violente dispute qui l'avait opposé à son frère. Le roi, qui en eut des remords, traita son fils Philippe, duc de Chartres, avec mansuétude, malgré ses griefs, et lui laissa recueillir l'immense apanage de son père, qui fit de lui l'un des plus riches propriétaires de France : les duchés d'Orléans, de Valois, de Chartres, la seigneurie de Montargis, le duché de Nemours, les comtés de Dourdan et de Romorantin, le marquisat de Coucy et de Folembray. Il eut en pleine propriété le Palais-Royal à Paris, les châteaux de Saint-Cloud, Saint-Fargeau et Champigny-sur-Vende. A cet apanage, qui rapportait un revenu annuel de plus de 400 000 livres, Louis XIV ajouta une pension de 600 000 livres.

Le nouveau duc d'Orléans, âgé de vingt-sept ans, était certainement le plus doué des princes de sa génération, joignant à une vaste culture une immense curiosité en tous domaines : politique, financier, artistique, littéraire, scientifique... Il composait des airs de musique avec son maître Marc-Antoine Charpentier, discutait avec des savants étrangers, se passionnait pour la chimie, au point de faire construire au Palais-Royal un laboratoire de recherches. De telles occupations étaient peu courantes chez les princes ! A la guerre, il était d'un grand courage, comme il le montra à Steinkerque et à Nerwinden. Il avait de réels talents de stratège dont il fera preuve en Italie et en Espagne. Spirituel, sceptique, il était naturellement bon, indulgent, généreux, dépourvu de la moindre rancune, mais avec une faiblesse de caractère qui le poussait à la dépravation et à de troubles voire d'odieuses pratiques. Il subissait l'influence de ses mauvaises fréquentations, comme le marquis de Feuquières, grand amateur de sorcellerie, ou le marquis de Mirepoix, officier des mousquetaires. L'un lui avait fait fréquenter une authentique sorcière, l'autre l'avait entraîné la nuit dans les carrières de Vanves et de Vaugirard pour invoquer le diable... Ce n'était pourtant ni un monstre ni un pervers, mais il aimait scandaliser les hypocrites et les tartuffes qui emplissaient la cour. Par forfanterie il blasphémait, s'enivrait, s'affichait avec ses maîtresses, des comédiennes, des filles de l'Opéra ou cette demoiselle de Séry, qu'il fera comtesse d'Argenton, et avec laquelle il entretiendra une sorte de second ménage durant dix ans.

La branche cadette des Condé ne comptait plus guère. Après la mort du Grand Condé en 1686, son fils Henri Jules prit le titre de M. le Prince. Intelligent, très instruit, il poursuivit l'œuvre de son père à Chantilly, aimant les arts et les sciences. Il était d'une veule courtisanerie à l'égard du roi. Les autres avaient droit à ses hauteurs, ses colères, sa brutalité, sa sordide avarice. « Fils dénaturé, cruel père, mari terrible, maître détestable, pernicieux voisin, le dépeint Saint-Simon ; sans amitié, sans amis, incapable d'en avoir ; jaloux, soupçonneux, inquiet sans aucune relâche, plein de manèges et d'artifices à découvrir et à scruter tout, à quoi il était occupé sans cesse... » Ayant reçu de sa mère, Claire Clémence de Maillé-Brézé, la lourde hérédité des Richelieu, il était atteint de ce mal étrange connu sous le nom de lycanthropie : « On disait tout bas, écrit Saint-Simon, qu'il y avait des temps où tantôt il se croyait chien, tantôt quelque autre bête, dont alors il imitait les façons... » Au coucher du roi, des courtisans le surprirent à « jeter la tête en l'air subitement plusieurs fois de suite, et ouvrir la bouche toute grande comme un chien qui aboie, mais sans faire de bruit ». Il mourut en 1709 dans sa soixante-sixième année.

Son fils, Louis III de Bourbon, qu'on appelait Monsieur le Duc, avait le teint bilieux, la taille presque naine, avec une grosse tête disproportionnée et des yeux méchants, reflets de sa « férocité extrême ». Il eut pour précepteur La Bruyère, épousa la fille du roi, Mlle de Nantes, et mourut en mars 1710. Un de ses fils, Louis Henri, appelé aussi Monsieur le Duc (1692-1740), fut premier ministre de Louis XV.

Armand, prince de Conti (le Conti de la Fronde), mort en 1666, avait laissé deux fils, Louis Armand de Bourbon, prince de Conti, qui disparut à vingt-quatre ans sans laisser de postérité, et François Louis, prince de La Roche-sur-Yon. Ce dernier avait un charmant visage, était d'une vive intelligence et d'une vaste culture. Après Steinkerque, il était devenu l'idole des soldats et exerçait sur les femmes une irrésistible séduction. Mais il avait choisi l'autre camp, celui de Sodome, avec le chevalier de Lorraine, Marsan et leur confrérie du vice...

Ces deux princes donnèrent au monarque bien du tracas. En mars 1685, malgré ses ordres formels, ils quittèrent clandestinement Versailles pour aller combattre les Turcs dans l'armée du roi de Pologne, Jean Sobieski. Ils emmenaient avec eux une jeunesse tumultueuse, séduite par l'aventure et qui s'ennuyait à la cour. En route, ils renoncèrent à se rendre en Pologne et se contentèrent de faire campagne en Hongrie contre les Turcs, sous les ordres du duc de Lorraine, généralissime des armées impériales. Ils recevaient de Versailles une volumineuse correspondance pleine, dit le marquis de Sourches, de « grandes abominations de débauche » et des « critiques sanglantes contre le gouvernement ». Or, cette correspondance portée par un de leurs pages fut interceptée à la frontière. Louis XIV y était traité de « gentilhomme campagnard affainéanti auprès de sa vieille maîtresse », de « roi de théâtre pour représenter et roi d'échec quand il faut se battre ». A leur retour, les princes se jetèrent aux pieds du roi pour demander pardon. Celui-ci ôta les grandes entrées à Louis Armand (qui ne tarda pas à mourir quelques semaines plus tard de la petite vérole). Son cadet, le prince de La Roche-sur-Yon, devenu prince de Conti, perdit son logement à Versailles, se retira à L'Isle-Adam et finalement trouva refuge à Chantilly. Sur son lit de mort, son oncle, M. le Prince, le héros, intercéda en sa faveur mais n'obtint qu'une apparence de pardon. Louis gardera toujours rancune à François Louis – le « Grand Conti » – de ne pas lui avoir livré les noms des correspondants qui l'avaient le plus mal traité. Il mourut en 1709.

Les années passent, les générations se succèdent, le roi vieillit et le régime avec lui, tandis qu'éclot une jeunesse impatiente d'un avenir différent. Louis XIV sera bientôt arrière-grand-père.

Son petit-fils, le duc de Bourgogne, dont le peuple avait salué de façon si éclatante la naissance, était grand, avec un visage fin et brun, mais disgracié dans son corps par une infirmité physique : « Il est bossu et contrefait au point d'en être boiteux, écrit Madame, quoique ses jambes soient très belles et parfaitement proportionnées. » Très jeune, il manifesta un caractère dur, hautain, emporté, railleur. Comme M. de Montausier et Bossuet pour son père, Beauvillier et Fénelon furent chargés de le mettre au pas. Ils réussirent à le dompter sans férule ni coups de poing, au-delà de toute espérance. En quelques années le duc de Bourgogne se métamorphosa en prince affable, doux, patient, modeste, confit en dévotion, mais – ce qui était grave – sombre, mélancolique, épouvanté par les responsabilités.

Le 17 décembre 1697, la cour, qui n'avait plus ni reine ni dauphine, se réjouit du mariage du fils aîné de Monseigneur et de Marie-Adélaïde de Savoie, fille de Victor-Amédée. La petite princesse, âgée de douze ans, n'avait point de beauté, malgré un teint uni, des yeux vifs et de beaux cheveux noirs, mais elle était fine, mutine, moqueuse, babillarde, avec un « fond de joie inépuisable », ce qui lui donnait le charme et la grâce d'un petit lutin. Mme de Maintenon, qu'elle appelait « ma tante » ou « ma bonne maman », se chargea de son éducation. Illuminant la vieillesse du roi, cette turbulente et malicieuse gamine faisait les délices de la cour, empêchant Versailles de tomber dans une lugubre décrépitude. « Tout manquait à chacun en son absence, dit Saint-Simon, tout était rempli par sa présence; son extrême faveur la faisait infiniment compter et ses manières lui attachaient tous les cœurs. » Le roi lui passait tous ses caprices. Madame Palatine était plus sévère : « Cette enfant me fait pitié. En plein dîner, elle se met à chanter, elle danse sur sa chaise, fait semblant de saluer le monde, fait les grimaces les plus affreuses, déchire de ses mains les poulets et les perdrix dans les plats, fourre les doigts dans les sauces; bref, il est impossible d'être plus mal élevée et ceux qui se tiennent derrière elle s'écrient : *Ah! qu'elle a de grâce, qu'elle est jolie!* Elle traite son beau-père d'une façon irrespectueuse et le tutoie. Lui s'imagine alors qu'il est en faveur et en est tout joyeux. Elle traite, dit-on, le roi avec plus de familiarité encore. »

Les deux époux, trop jeunes, ne furent autorisés à consommer leur mariage que deux ans plus tard. La duchesse de Bourgogne ne semble pas avoir éprouvé beaucoup d'amour pour son austère mari, qui en était passionné. Cette coquette se laissait conter fleurette par d'audacieux admirateurs, courant le parc de Marly jusqu'à trois ou quatre heures du matin. Jusqu'où allèrent ces aventures? On ne le sait trop. Elle eut trois enfants : un premier, titré duc de Bretagne, né en 1704, qui mourut quelques mois plus tard, un second, également titré duc de Bretagne, né en 1707, qui disparut en 1712, et un dernier, le duc d'Anjou, né en 1710, futur Louis XV.

Famille et politique

Avec sa famille le roi entretient bien entendu des liens d'affection. On l'a vu, il aime tendrement Madame Palatine, il chérit ses filles naturelles et sa petite-fille, la duchesse de Bourgogne. Il s'efforce honnêtement de ne pas afficher ses répulsions ou ses méfiances, mais toujours il se comporte comme un maître, sans témoigner le moindre relâchement. Avant même la mort de sa mère, il est clair qu'il entend dominer ses proches, obtenir d'eux une stricte allégeance. Avec l'âge, ce rôle de patriarche prend davantage d'épaisseur. Nous retrouvons ici le pouvoir trifonctionnel du monarque, dont le comportement ne diffère pas sensiblement de celui qu'il a envers la haute noblesse. « Le roi, écrit Saint-Simon, était accoutumé à dominer dans sa famille autant pour le moins que sur ses courtisans et sur son peuple. »

Louis est dans son rôle de rassembleur lorsqu'il cherche à souder les membres de sa famille autour de son trône, à apaiser les querelles domestiques, à prêcher la réconciliation voire à punir les contrevenants. Ce n'est pas simple car vives parfois sont les tensions. Monsieur et surtout Madame haïssent la veuve Scarron, que le roi impose comme une intruse sans autre justification que sa propre volonté. A cette dernière il a accordé le privilège d'avoir une chaise à bras en sa présence, en celle du dauphin ou du duc de Bourgogne, usant du prétexte de sa mauvaise santé pour ne point trop scandaliser... Tout le monde connaît sa vraie position mais officiellement personne n'en dit rien. Il n'y a que Madame à jouer les fausses naïves et à refuser de céder la préséance à la reine sans couronne. Monseigneur reste distant vis-à-vis de son fils aîné. L'épouse de celui-ci, la duchesse de Bourgogne, et Madame Palatine ont Monseigneur en aversion, tandis que Mme de Maintenon, qui ne s'entend ni avec Monsieur ni avec Monseigneur, exècre le duc de Chartres, à cause de ses débauches et de son mépris affiché de la religion (il lisait Rabelais à la messe!). La duchesse de Bourgogne a pour ennemies deux des filles naturelles du roi, Mme la Duchesse et la princesse de Conti. Celles-ci, d'ailleurs, irritent leur père par leurs turbulences. Il doit souvent les gourmander : Marie-Anne, demoiselle de Blois, mariée au prince de Conti et qu'on appelle la princesse douairière de Conti, mène une vie par trop débridée pour une altesse royale; Louise Françoise, demoiselle de Nantes, duchesse de Bourbon – d'où son nom de madame la Duchesse –, est pleine de charme mais cruelle et moqueuse comme sa mère, Mme de Montespan. Elle sème à plaisir la discorde, appelle par dérision sa cadette, la seconde Mlle de Blois, « ma mignonne », alors que son visage est laid avec deux grosses joues pendantes. Dans une de ses chansons, elle compare la face de la « belle princesse » à son revers... Toutes trois multiplient les malices et les facéties, se divertissent à tirer des pétards sous la fenêtre de Monsieur à Trianon ou à fumer des pipes empruntées au corps de garde suisse. Mais celle qui lui donna le plus de fil à retordre fut sa petite-fille, Marie-Louise Élisabeth d'Orléans, dite Mademoiselle, née le 20 août 1695, fille de Philippe II d'Orléans, et de sa propre fille, la seconde Mlle de Blois. Comme elle avait failli mourir à l'âge de six ans, son père, qui la chérissait, l'avait traitée en enfant gâtée. Le 6 juillet 1710, à quinze ans à peine, on la maria au duc de Berry, le dernier des fils de Monseigneur, gentil cancre de vingt-quatre ans au visage poupin. Ce mariage fut une catastrophe. La nouvelle duchesse de Berry, méchante gamine, vive, charmeuse, gourmande, trop délurée, relâcha toute contrainte et se laissa guider par son goût effréné des plaisirs. La gloutonnerie, l'éthylisme, les blasphèmes, les manières grossières et provocantes de cette bacchante aux grâces épanouies plongèrent la cour dans le plus grand embarras. Elle traitait son père « comme un nègre », dit Saint-Simon, se moquait de sa mère à qui elle reprochait publiquement sa bâtardise. Pas plus Mme de Maintenon que Louis XIV, qui morigénaient vertement cette effrontée à chacune de ses incartades, ne parvinrent à la brider.

Selon les bonnes habitudes patrimoniales des dynasties européennes, les membres de sa famille servent au souverain de pièces sur l'échiquier européen. Leurs mariages sont des combinaisons diplomatiques : l'union du dauphin avec une princesse de Wittelsbach visait à attirer dans l'orbite de la France le puissant duc de Bavière et à l'opposer à la maison d'Autriche. En 1679 Louis XIV a le sentiment d'accorder une grâce inouïe à sa nièce Marie-Louise d'Orléans, fille de Monsieur et de Henriette d'Angleterre, en la fiançant au roi d'Espagne Charles II. Vu l'importance des relations franco-espagnoles, ce parti lui paraît fort avantageux pour sa nièce, « sa fille, s'il en avait une, n'en aurait point d'autre [1] ». Reine d'Espagne! Quel destin de rêve pour la « Petite Mademoiselle »! Or, ce n'est pas du goût de la frêle et douce jeune fille, qui pleure à l'idée de se marier avec cet être malingre et mélancolique, « laid à

1. Marthe BASSENNE, *La Vie tragique d'une reine d'Espagne, Marie-Louise de Bourbon-Orléans (nièce de Louis XIV)*, Paris, 1939, p. 21.

faire peur », disait le marquis de Villars, ambassadeur de France, d'une laideur si repoussante que les peintres n'arrivent pas à la maquiller. Elle implore son oncle de changer d'avis. Il lui répond sans aménité qu'elle doit se considérer comme la « fille de l'État »! Un jour, elle l'arrête alors qu'il se rend à la messe : « Madame, lui répond-il théâtralement, ce serait une belle chose que la Reine Catholique empêchât le Roi Très-Chrétien d'aller à la messe! » Couverte de perles et de pierres précieuses, « criant et pleurant », la fille de Monsieur ira donc vers son triste destin madrilène, qui finira tragiquement dix ans plus tard par une foudroyante maladie ressemblant à un empoisonnement. Sa sœur, Anne Marie, née en 1669, épousera le prince de Savoie, Victor-Amédée, toujours pour des raisons de haute politique, et sa demi-sœur, Élisabeth Charlotte, fille de Madame palatine, née en 1676, sera mariée en 1698 à Léopold Joseph, duc de Lorraine et de Bar (elle sera la mère de l'Empereur François Ier et la grand-mère de la reine Marie-Antoinette). Les altesses royales ne sont point maîtresses de leur destin.

La société du XVIIe siècle, étroitement cloisonnée, avec ses « cascades de mépris », présente d'indiscutables ressemblances avec le système des castes de l'Inde, étudiées par Louis Dumont (*Homo hierarchicus*, 1966). « La hiérarchie, écrit Emmanuel Le Roy Ladurie, est aimantée par le sacré, comme une limaille. En sens inverse, elle a horreur de l'impur. L'opposition *sacré*/profane est donc doublée par le contraste pur/*impur* [1]... » A Versailles, l'obsession de la pureté touchait moins les questions de propreté corporelle que les déviances sexuelles et les tares de la naissance, opposées aux valeurs du sacré. Or, la politique du roi allait en sens contraire. Il se comportait comme un fondateur de dynastie qui souhaite la bonne harmonie entre tous ses enfants. Les lettres de Madame et les *Mémoires* de Saint-Simon, qui reflètent les préjugés des courtisans, sont emplis de violentes imprécations contre sa constante volonté d'unir par des mariages ses deux familles, la légitime et l'illégitime, celle du devoir et celle du plaisir [2]. La princesse Palatine et le petit duc frémissent d'une commune indignation à l'idée de voir mêler le

1. Emmanuel LE ROY LADURIE, « Auprès du roi, la cour », *Annales ESC*, janv.-fév. 1983, p. 28.
2. Jean-Pierre LABATUT, *Louis XIV, roi de gloire, 1638-1715*, Paris, 1984, p. 119.

sang des Capétiens – le plus pur de tout l'univers! – à la « boue infecte » de l'adultère, du « double adultère » pour les bâtards de Mme de Montespan. Monstreuse infamie!

La douce et fière Marie-Anne, fille de Mlle de la Vallière, née en 1666, légitimée sous le nom de Mlle de Blois, qui était le délice de la cour et à qui le roi vouait une tendresse toute particulière, épousa en janvier 1680 Louis Armand, prince de Conti. Louis XIV constitua pour elle une dot de reine : un million de livres plus une rente de 100 000 livres. Pour les noces, il lui fit compter 50 000 écus, auxquels il ajouta 100 000 livres pour le trousseau. En 1685 Louise Françoise, Mlle de Nantes, fut mariée à Louis III de Bourbon-Condé, duc d'Enghien. En mars 1692 le boiteux duc du Maine fut uni à la minuscule et exubérante Anne Louise Bénédicte, fille de Henri Jules de Bourbon, petite-fille par conséquent du Grand Condé. Le comble fut atteint lorsque le duc de Vendôme, petit-fils d'un bâtard de Henri IV, sodomiste et vérolé, épousa une jolie princesse, Marie-Anne de Bourbon-Condé, demoiselle d'Enghien, également petite-fille du Grand Condé, par l'entremise du bâtard royal, le duc du Maine! Ou lorsque le chevalier de Lorraine, acheté par le roi, arrangea les noces de Philippe, duc de Chartres, avec la seconde demoiselle de Blois, Françoise Marie. La Palatine en fut bouleversée mais elle ne put s'opposer seule à la volonté du souverain, qui était parvenu à arracher le consentement de son mari et de son fils (février 1692). A cette occasion, le roi donna à sa fille naturelle une dot de deux millions de livres, une pension de 150 000 livres et des pierreries pour environ 600 000 livres, mais cela n'effaçait pas la souillure (février 1692). Le soir de ce désastre, pleine de courroux, la robuste Allemande arpentait la grande galerie. « Elle marchait à grands pas, écrit Saint-Simon, son mouchoir à la main, pleurant sans contrainte, parlant haut, gesticulant et représentant fort bien Cérès après l'enlèvement de Proserpine, la cherchant en fureur et la redemandant à Jupiter. » Deux jours plus tard, toujours dans la galerie des glaces, comme on attendait la sortie du conseil et que le duc de Chartres s'était approché de sa mère pour lui baiser la main, « Madame lui appliqua un soufflet si sonore, narre encore Saint-Simon, qu'il fut entendu de quelques pas, et qui, en présence de toute la cour, couvrit de confusion les infinis spectateurs, dont j'étais, d'un prodigieux étonnement ».

Mais le jeu du roi est aussi de diviser, d'empêcher toute coalition dangereuse pour lui. Il se méfie des ambitions politiques de ses proches, s'inquiète lorsqu'ils deviennent par trop populaires comme Monsieur ou le prince de Conti : l'appui du peuple peut être une source de pouvoir contre le prince légitime. Il a constamment en tête les leçons de la Fronde. Après la trop belle victoire de son frère à Cassel, qui avait vu le peuple enthousiaste l'acclamer et le père Bourdaloue le couronner d'éloges, Louis le tient à l'écart de la direction opérationnelle des armées. En 1693 et 1694 il se contente de lui donner le commandement nominal des troupes chargées de protéger la côte de Dunkerque à Bayonne. Sa vigilance est toujours en éveil. Il fait ouvrir les courriers de ses proches, se fait rapporter leurs propos par ses espions. Toutes les maisons princières sont sous haute surveillance : nominations, ventes et achats de charges passent par son agrément. Celle de la reine Marie-Thérèse fut vite épurée de ses éléments douteux venus d'Espagne. Le Grand dauphin n'eut pas de maison avant son mariage, mais seulement quelques gentilshommes à son service appelés menins.

Louis est encore dans son rôle de diviseur lorsqu'il élève ses bâtards presque au détriment de sa famille légitime. Le petit protégé de Mme de Maintenon, Louis Auguste, duc du Maine, né en mars 1670, légitimé en décembre 1673, était un jeune homme pieux, timide, effacé, porté à l'étude, mauvais militaire malgré les efforts du maréchal de Luxembourg. En 1674 il fut pourvu de la charge de colonel général des Suisses et Grisons. En 1681, à la suite d'un chantage assez odieux conduit par Mme de Montespan, par ordre du roi la Grande Mademoiselle lui céda la souveraineté de Dombes et le comté d'Eu [1]. L'année suivante, il eut le gouvernement du Languedoc. En 1686 il fut promu chevalier de l'ordre du Saint-Esprit, eut le généralat des galères deux ans plus tard, fut nommé lieutenant général en 1692. Louis Alexandre, comte de Toulouse, né en juin 1678, légitimé en novembre 1681, reçut à cinq ans le titre d'amiral de France. A douze, il fut gratifié des duchés-pairies de Damville, Penthièvre, Châteauvillain et Rambouillet et, en 1695, reçut les ordres du roi. Ce fut d'ailleurs un honnête homme, droit et sincère, aimé de tous. En 1689 il fut pourvu du gouvernement de Guyenne. En mai 1694, modifiant de

1. Voir notre *Lauzun, ou l'insolente séduction*, Paris, Perrin, 1987, p. 204-214.

son propre chef les rangs et les coutumes du royaume, Louis XIV, par une déclaration registrée au Parlement, créa pour ses deux bâtards chéris un rang intermédiaire entre celui de prince du sang et de duc et pair. Cela fit scandale mais nul n'osa protester. En 1714 nous verrons qu'il les hissera au rang de princes du sang.

Le roi divise, mais aussi il nivelle, empêchant ses proches de trop s'élever. En 1666 Philippe d'Orléans lui demande le gouvernement du Languedoc, qu'a possédé son oncle Gaston. Au nom de cette tradition familiale il considérait que cette importante charge devait lui revenir de droit. Louis se place naturellement d'un point de vue différent : « Je ne crus pas encore lui devoir accorder ce point, écrit-il dans ses *Mémoires*, étant persuadé qu'après les désordres que nous avons vus si souvent dans le royaume, c'était manquer de prévoyance et de raison que de mettre les grands gouvernements entre les mains des Fils de France, lesquels, *pour le bien de l'État*, ne doivent jamais avoir d'autre retraite que la cour, ni d'autre place de sûreté que dans le cœur de leur frère. » Pour calmer Monsieur, Louis dut tolérer ses débauches, flatter ses mignons, Lorraine et d'Effiat. C'était le prix de sa tranquillité.

Louis promit à Monsieur de donner à son fils, le duc de Chartres, un gouvernement, mais à regret, et lorsque l'occasion se présenta il fit tout pour ne pas tenir parole. En 1694 la mort du maréchal d'Humières rendit vacant le gouvernement de la Flandre française. Le roi prétexta l'importance stratégique de cette province pour écarter le jeune homme et nommer l'un de ses « féaux », le maréchal de Boufflers. En mars de l'année suivante, voyant le duc de Chaulnes, gouverneur de Bretagne, fort vieux et proche de sa fin, il imagina lui faire échanger son gouvernement contre celui de Guyenne et donner la place à son fils le comte de Toulouse. Monsieur, dupé, fit une scène à son frère, qui l'apaisa, comme d'habitude, par de l'argent pour le chevalier de Lorraine et pour embellir Saint-Cloud. Ce cynisme était de haute politique.

CHAPITRE XXIII

La succession d'Espagne

« *El Hechizado* »

Petit, contrefait, le teint « verdâtre », le visage extraordinairement allongé – comme le montre le portrait de Claudio Coello –, la lèvre épaisse, « point de dents », le regard vide, constamment assailli de fièvre, l'estomac malade depuis des années, le mélancolique Charles II d'Espagne était exsangue. Au palais de l'Alcazar de Madrid, où il vivait dans une misère dorée, régnait une atmosphère lourde. Cet être malingre, dont l'Europe attendait la mort depuis trente-six ans, souffrait de n'avoir eu d'enfant ni de sa première femme, Marie-Louise d'Orléans (fille de Monsieur et de Henriette d'Angleterre), ni de sa seconde, Marie-Anne de Neubourg. A cause de son impuissance et de son physique délabré l'homme se prête aisément à la caricature. Dans son entourage on le disait ensorcelé depuis l'âge de quatorze ans, d'où son surnom d'*el Hechizado*. Ne faisons pourtant pas de lui un imbécile, atteint dans ses facultés intellectuelles. Excessivement scrupuleux, hésitant, mais capable de décision lucide, ce maître qui régnait sur trente millions de sujets répartis sur tout le globe était très conscient de son rôle et de la grandeur de sa maison, même s'il n'était guère en état d'imposer ses vues [1]. Les vingt-trois couronnes qui reposaient sur sa tête chancelante attisaient toutes les convoitises : outre l'Espagne péninsulaire, les îles Baléares, la Sardaigne, le Milanais,

1. John NADA, *Carlos the Bewitched; the Last Spanish Habsburg, 1661-1700*, Londres, 1962. John Huxtable ELLIOT, *Imperial Spain, 1469-1716*, Londres, 1963, p. 368 et suiv.

le royaume des Deux-Siciles, le marquisat de Finale, les présides de Toscane, les Pays-Bas catholiques, le Mexique, Cuba, la majeure partie de l'Amérique centrale et des Antilles, l'Amérique du Sud (à l'exception des côtes brésiliennes, possessions portugaises), les Philippines, les Mariannes, les Canaries et quatre ou cinq présides sur la côte marocaine...

L'Empereur Léopold Ier revendiquait la totalité de la succession pour avoir épousé la sœur cadette de Charles II, Marguerite Thérèse (l'infante des *Ménines* de Vélasquez), seule héritière légitime puisque les infantes aînées, Anne d'Autriche, fille de Philippe III, et Marie-Thérèse, fille de Philippe IV et demi-sœur aînée du malheureux Charles II, avaient toutes deux renoncé à l'héritage paternel à leur mariage. Louis XIV soutenait que les renonciations de sa mère et de sa femme avaient été prononcées sans leur consentement, que leurs droits étaient inaliénables et qu'enfin la dot de Marie-Thérèse, prix de sa renonciation, n'avait pas été versée. D'autres candidats au trône d'Espagne étaient en lice : Monsieur, lui aussi fils d'Anne d'Autriche, le prince électoral de Bavière, Joseph Ferdinand, fils de l'électeur Max-Emmanuel et de l'archiduchesse Maria-Antonia, fille de l'Empereur, le duc de Savoie, Victor-Amédée II, descendant d'une fille de Philippe II, le roi de Portugal Pedro II, lointain rejeton de Ferdinand d'Aragon et d'Isabelle de Castille. Bref, l'imbroglio juridico-politique était total ! Tel un baril de poudre, la question successorale espagnole, cauchemar des chancelleries européennes, menaçait d'exploser depuis trente ans, et la mèche était presque entièrement consumée...

Les principaux candidats entretenaient à Madrid des agents dévoués qui s'efforçaient d'inciter le moribond à tester en leur faveur. Il y avait la coterie autrichienne, la française et la bavaroise. La première, très puissante, menée par l'ambassadeur impérial, le comte Ferdinand Bonaventure von Harrach-Bruck, ami personnel de l'Empereur, auquel en 1698 succéda son fils, pouvait compter sur le ferme appui de la reine Marie-Anne de Neubourg, belle-sœur de Léopold, une princesse grande, majestueuse, colérique, devant qui tremblait « jusqu'à l'os » son faible et timide époux (par derrière, il lui tirait la langue et lui faisait la grimace...). Celle-ci avait infiltré le palais d'une *camarilla* d'Autrichiens avides et sans scrupule. La seconde, animée par l'ambassadeur de France, Henri, marquis d'Harcourt, jouait sur les sentiments anti

LES PRÉTENDANTS À L'HÉRITAGE ESPAGNOL

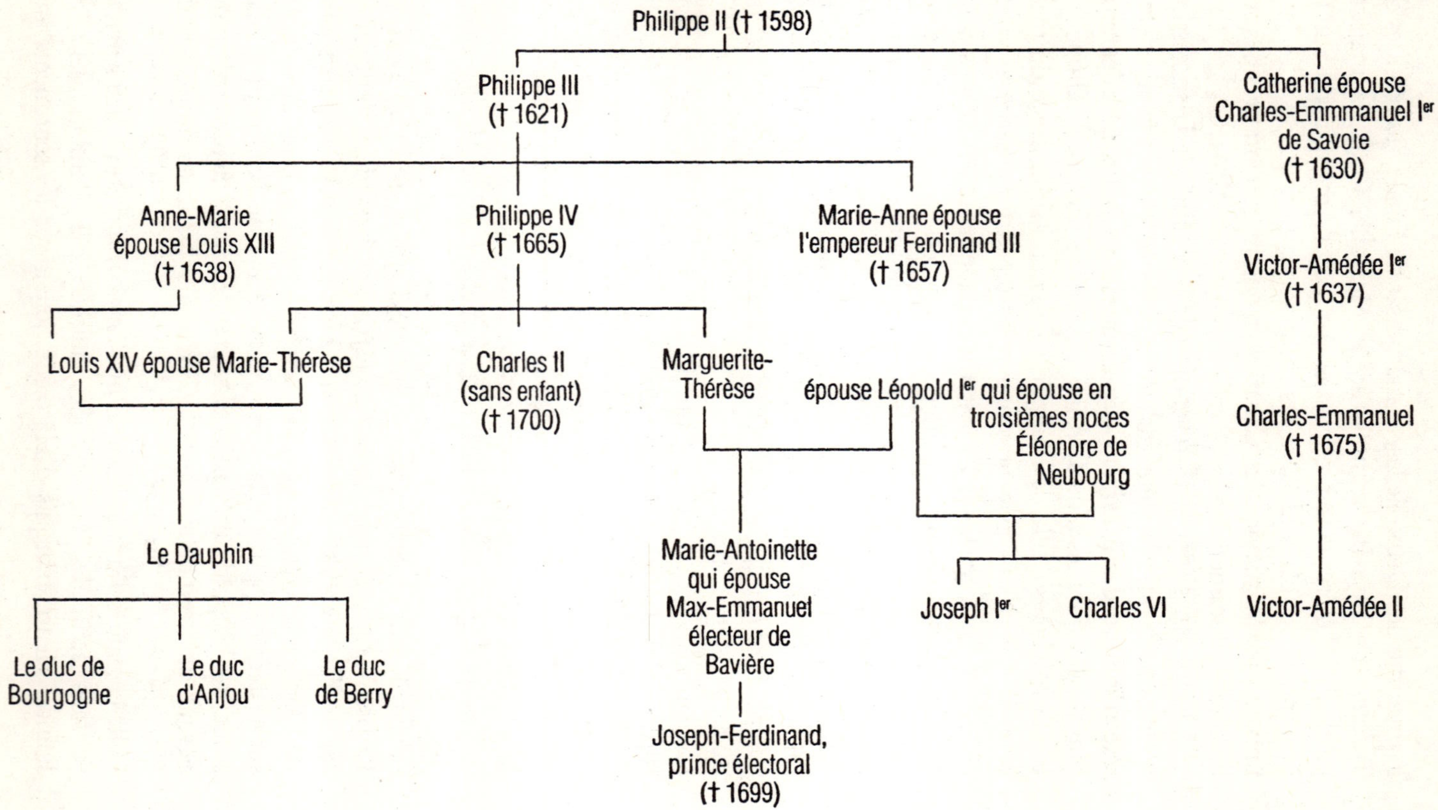

germaniques des hidalgos castillans, irrités par les scandaleuses rapines de la reine et de sa favorite, la baronne de Berlepsch. Cette coterie agissait secrètement par l'intermédiaire d'anciens confidents de la défunte reine qui avaient gardé la confiance du monarque. La troisième, moins bien implantée, avait pour principal agent un diplomate nommé Bertier, qui s'efforçait de persuader les Grands du royaume que seul le jeune prince électoral de Bavière, indépendant des puissances continentales, les laisserait gouverner à leur guise. Outre ces coteries, on trouvait à Madrid quelques partisans isolés des Orléans, notamment don Manuel Arias, président du conseil de Castille et futur archevêque de Séville, qui poussait la candidature du duc de Chartres, fils de Monsieur.

Les traités de partage

Le vrai problème n'était pas juridique mais politique. L'accession sur le trône de Philippe II d'un prince autrichien ou français signifiait rupture de l'équilibre européen et, par conséquent, risque de guerre. Dans tous les cas de figure, le cumul de deux couronnes était inacceptable pour le perdant. Voilà pourquoi, au lieu de mettre en avant ses propres droits ou ceux de son fils, Louis XIV proposait la candidature de l'un de ses petits-enfants, Anjou ou Berry, l'aîné, le duc de Bourgogne étant destiné au trône de France. Tenant le même raisonnement, Léopold, de son côté, avait investi son fils cadet, l'archiduc Charles.

Pour le roi de France cette option ne pouvait suffire, car c'était miser sur le tout ou rien, selon la décision que prendrait le fantôme épileptique de Madrid... D'où l'idée d'un accord de partage signé à l'insu de Charles II. Naturellement, il n'était pas question de négocier avec l'Empereur comme en 1668. Murée dans son bon droit, Sa Majesté impériale s'attendait à triompher sur toute la ligne. La grande alliance de mai 1689, conclue avec l'Angleterre et la Hollande, ne lui garantissait-elle pas que ces puissances l'aideraient à « se mettre en possession de la monarchie espagnole »? En revanche, on pouvait s'entendre avec le Grand Pensionnaire Heinsius et Guillaume III, qui n'avaient pas d'intérêts directs dans cette épineuse affaire. Au début de 1698 Louis tenta de nouer le dialogue avec le favori du roi d'Angleterre, lord Portland, envoyé en

France pour protester contre le traitement de faveur réservé au prétendant Stuart. Les pourparlers reprirent à Londres, où se rendit à la fin de mars un ambassadeur extraordinaire, le comte de Tallard. Le 24 septembre, un second traité de partage [1] signé entre la France, l'Angleterre et les Provinces-Unies attribuait l'Espagne, les Pays-Bas catholiques et l'empire d'outre-mer à Joseph Ferdinand de Bavière, le Milanais à l'archiduc Charles, le royaume des Deux-Siciles, les présides de Toscane et la province basque du Guipuzcoa (Fontarabie et Saint-Sébastien) au Grand Dauphin. Louis XIV s'était montré modéré, puisqu'il renonçait à son vieux rêve d'annexer la Belgique et cédait la majeure partie de ses droits à un prince neutre. Il avait préféré, comme il l'écrivait au marquis d'Harcourt, « un avantage moindre en apparence, mais bien plus solide en effet », qui abaissait « encore la puissance de la maison d'Autriche ».

Ce projet de démembrement, sitôt connu à Madrid, provoqua la fureur du parti castillan, attaché à maintenir la monarchie espagnole indivise. Les patriotes persuadèrent Charles II de désigner pour unique successeur son petit-neveu, le prince électoral Joseph Ferdinand de Bavière, ce qu'il fit en novembre 1698. Moins de trois mois plus tard, le 6 février 1699, cet enfant de sept ans mourait à Bruxelles de la variole.

Le baril de poudre n'allait pas tarder à exploser. Louis XIV avait les moyens de s'emparer de toute la succession, au moins dans un premier temps. Il pouvait compter sur les opinions publiques anglaise et néerlandaise, irréductiblement attachées à la paix. Guillaume, fortement contesté de l'autre côté de la Manche, semblait prêt à abandonner le combat de sa vie. Il parlait de se retirer en Hollande, lorsqu'il eut l'immense surprise de voir Tallard, l'ambassadeur de Louis XIV, lui offrir de tout renégocier. Après de laborieuses discussions le traité définitif fut signé en mars 1700, avec la répartition suivante : à l'archiduc Charles l'Espagne, les Indes et les Pays-Bas ; au Grand Dauphin la Lorraine, le Guipuzcoa, les Deux-Siciles et les présides de Toscane, acquisitions qui reviendraient ultérieurement à la France lorsque ce prince succéderait à son père ; en compensation de la perte de sa souveraineté, le duc de Lorraine recevrait le Milanais.

1. Le premier, rappelons-le, conclu entre la France et l'empereur Léopold Ier, datait du 19 janvier 1668.

L'Empereur avait fini par se rendre à l'idée d'un partage, mais sa victoire sur la Porte et la signature de la paix de Carlowitz (26 janvier 1699) le confortèrent dans son intransigeance. A l'annonce de l'arrangement franco-anglo-néerlandais, il poussa les hauts cris. Seul le duc de Lorraine accepta le troc (juin 1700), ce qui ne fit pas l'affaire de Victor-Amédée, duc de Savoie, qui convoitait lui aussi le Milanais. Louis XIV, soucieux d'accroissements territoriaux pour la France, songea à apporter quelques variantes au traité. Le Milanais irait au duc de Savoie et Naples au duc de Lorraine. A l'issue de ces combinaisons, la France s'accroîtrait de la Lorraine, de la Savoie, du Piémont et du comté de Nice. Mais il fallait un accord unanime...

Le dernier testament

Lorsqu'ils apprirent la signature du troisième traité de partage, conte Blécourt, le nouvel envoyé français à Madrid, « le roi se mit dans une extraordinaire colère et la reine cassa tout de rage dans sa chambre ». Mais l'opinion espagnole s'en prit davantage à l'Angleterre et à la Hollande qu'à la France. On admettait que si l'archiduc recevait tout l'héritage ce serait la guerre contre la France et les deux puissances maritimes. Or, point n'était besoin d'être grand clerc pour en connaître d'avance le résultat. Une « pesée globale » des grandes puissances après la paix de Ryswick montre de quel côté penchait la balance. La France avec 188 millions de livres de revenus, une armée forte de 200 000 hommes, une remarquable flotte de guerre, restait la puissance majeure du continent. L'Angleterre, mieux organisée sur le plan bancaire et financier, disposait de 200 millions de livres de ressources publiques, d'une armée de 86 000 hommes, complétée par 25 000 mercenaires allemands, et surtout d'une flotte de combat excellente, auxquelles il convenait d'ajouter la puissance financière et navale des Hollandais, qui n'avait rien de négligeable. Face à cela, l'Empereur ne percevait de tous ses territoires qu'environ 50 millions de revenus et n'alignait que 100 000 soldats [1]. Même si elle s'était aguerrie contre les

1. Lucien BÉLY, Jean BÉRENGER, André CORVISIER, *Guerre et paix dans l'Europe du XVIIe siècle*, Paris, 1991, p. 408-410 (chapitre IX, « Louis XIV et la succession d'Espagne », dû à J. BÉRENGER).

Ottomans, l'armée impériale souffrait de graves défauts de logistique. Bref, compte tenu de ces données, il était évident que le candidat impérial serait incapable de maintenir l'unité de l'empire espagnol. Forts de ce constat, les principaux ministres madrilènes passèrent de la coterie autrichienne à la coterie française et convertirent à leur cause le puissant cardinal de Portocarrero, archevêque de Tolède et primat d'Espagne, qui exerçait une influence notable sur le roi. Malgré les manœuvres des conjurés, parvenus à écarter la reine, Charles II hésita. Il consulta le pape Innocent XII. Celui-ci apaisa sa conscience en l'assurant de la parfaite légitimité du candidat français (ne fût-ce que pour soustraire le royaume de Naples à la rapacité impériale!). Il hésita encore, tant était grande sa prévention à l'égard de la France des Bourbons, cette ennemie de toujours. Il interrogea anxieusement théologiens et jurisconsultes. Aux accès d'épilepsie succédaient des crises d'angoisse. Parfois, les instincts morbides de ses ancêtres – Jeanne la Folle, Charles Quint, Philippe II –, resurgissaient. Un jour, il fit ouvrir le tombeau de ses parents, puis celui de sa première femme, Marie-Louise d'Orléans. Scène poignante, hallucinante, shakespearienne : ce malheureux, hagard et squelettique, implorant, dans l'épaisseur des ombres de l'Escurial, au milieu des marbres précieux et des ors, les restes embaumés de la petite Française dont le souvenir hantait ses nuits! Trouva-t-il dans cette lugubre et dramatique rencontre la réponse qu'il attendait? Sentant venir la mort, il demanda les derniers sacrements et, malgré ses ultimes répugnances, s'en remit à la décision du vieux cardinal de Portocarrero, c'est-à-dire à la solution française.

Le 2 octobre, à l'instigation de celui-ci, il signa un ultime testament instituant pour légataire universel le duc d'Anjou, second fils de Monseigneur, âgé de dix-sept ans. Au cas où le petit-fils de Louis XIV disparaîtrait ou monterait sur le trône de France, la couronne serait dévolue à son frère cadet, le duc de Berry puis, à défaut, dans l'ordre, à l'archiduc Charles, au duc de Savoie et à ses enfants. Un mois plus tard, le 1er novembre 1700, Charles II, « l'ensorcelé », expira. Il est certain que sa dernière décision, lourde de conséquences, fut l'œuvre des patriotes espagnols attachés à la grandeur de toutes les Espagnes, cet empire « où le soleil ne se couchait jamais ». Pour la première fois un Habsbourg avait fait taire ses sentiments dynastiques au profit du sentiment national.

Contrairement à ce qu'on a dit, la diplomatie française n'y fut pour rien. La bonne foi de Louis XIV, injustement attaquée en l'occurrence, ne saurait être suspectée. Quatre jours avant, Blécourt, le chargé d'affaires du roi à Madrid, parlait de ses craintes d'un testament en faveur de l'archiduc [1] !

La décision de Louis XIV

La dépêche annonçant le décès du roi et la grande nouvelle arriva le 9 novembre à Fontainebleau, où résidait la cour. C'était un mardi dans la matinée. Louis XIV tenait conseil des finances. Il contremanda la chasse qu'il avait programmée, dîna calmement sans rien laisser paraître et réunit le conseil d'en haut à trois heures chez Mme de Maintenon. On fit un tour de table.

Selon les sources, les renseignements diffèrent sur la position exacte de chacun. Il semble que Torcy, qui parla le premier, fut d'avis de s'en tenir au traité de partage [2] et que Beauvillier opina dans le même sens, avec plus de conviction. Pontchartrain balança les arguments pour et contre, laissant voir sa préférence pour le testament espagnol. Au sein du conseil il représentait le lobby des négociants et des armateurs des grands ports de l'Atlantique et de la Manche, qui rêvait des richesses d'Amérique latine et de la traite des Noirs. Le Grand Dauphin, d'ordinaire somnolent et apathique, parla avec fougue et passion : la monarchie espagnole était le bien de sa mère, « son héritage », il le cédait de tout cœur à son fils, mais ne le livrerait à personne d'autre! Mme de Maintenon, pressée de donner son avis, se rallia-t-elle à l'opinion de Monseigneur? Ce n'est pas sûr. Il semble, dans un premier temps, qu'elle pencha du côté opposé, mais avec prudence et timidité, car comme toujours elle redoutait les « coups de caveçon » du maître. Louis leva la

1. Au début de novembre, des fuites venues d'Angleterre laissèrent entendre que le choix de Charles II se portait sur le postulant français, ce qui donna occasion au roi de confirmer à ses ambassadeurs son intention de satisfaire à tous ses engagements, « préférablement à toutes les offres que l'on pourrait lui faire ».

2. C'est l'opinion de Saint-Simon, de Mme Dunoyer dans sa correspondance et d'un ouvrage de l'époque (*L'esprit des cours de l'Europe,* 1700). En revanche, la fille de Torcy, Mme d'Ancezune, dans la biographie manuscrite de son père (B.N. Mss Fr. 10 668, f° 67 v°), assure que celui-ci opina pour l'acceptation du testament. Torcy indique dans ses *Mémoires* qu'il insista sur les inconvénients du traité de partage, qu'il avait pourtant négocié : mais une recomposition a posteriori n'est pas à exclure.

séance sans se prononcer. Cet embarrassant dilemme lui imposait mûre réflexion. Il avait le choix entre les principes relativement nouveaux de sécurité collective, fondés sur l'équilibre des États, et ceux de légitimité et de droit divin, dans lesquels il avait été élevé.

S'en tenir au traité de partage, c'était prouver sa modération, rester fidèle à ses engagements et satisfaire les puissances maritimes. La France pouvait espérer s'agrandir de la Lorraine, du Guipuzcoa, des Deux-Siciles et des présides de Toscane. Mais, d'un autre côté, en vertu de la règle de succession établie par Charles II, cela revenait à installer l'archiduc à Madrid, donc à reconstituer la mâchoire en tenailles de l'empire de Charles Quint, à hériter d'une guerre non seulement contre l'Empereur mais contre l'Espagne, une guerre sur deux fronts, le Rhin et les Pyrénées. Si encore la France était sûre de voir l'Angleterre et les Provinces-Unies s'engager à ses côtés, cette épreuve serait de courte durée, mais c'est précisément ce dont Louis doutait. Ces deux pays, ivres de paix, n'allaient pas se jeter dans une nouvelle et sanglante lutte armée à seule fin d'arracher des compensations pour les Bourbons. Dans les derniers temps, Guillaume et Heinsius avaient montré peu d'empressement à faire plier l'Empereur, leur ancien allié. Etaient-ils vraiment sincères ?

A l'inverse, accepter la décision de Charles, ce n'était pas agrandir la France territorialement, mais conférer la prééminence en Europe à la maison de Bourbon, satisfaire l'orgueil dynastique du roi. C'était unir par des liens familiaux, que Louis pouvait penser indissolubles, deux puissances considérables et surtout complémentaires. Certes, l'Espagne, languissante, était entrée en décadence : même si une certaine renaissance économique s'était manifestée depuis quelques années, notamment en Catalogne, la vieille monarchie ibérique risquait de constituer un poids mort qu'il allait falloir supporter [1]. C'était, selon le mot de Torcy, « un corps sans âme ». Sa population ne dépassait pas les 6 millions d'habitants en métropole, ses armées étaient réduites à 20 000 hommes, sa marine délabrée. Mais à part cela, que de perspectives immenses, que de richesses offrait son empire au négoce français ! La confrontation avec les puissances maritimes n'était pas certaine, en raison de l'attachement viscéral des opinions publiques à la paix et de

1. Henry KAMEN, *Spain in the Later Seventeenth-Century, 1665-1700*, Londres, New York, 1980, p. 67-112.

l'engagement de maintenir les deux couronnes séparées. Celle avec l'Empereur, en revanche, était inévitable. Mais dans le cas précédent également.

La conclusion du roi découlait de ce raisonnement : mieux valait faire la guerre avec l'Espagne que contre elle, pour toute la succession que pour une partie! N'oublions pas non plus l'aspect providentiel de l'événement. Dans le testament de son cousin Charles II, en route vers le royaume éternel, Louis vit un signe du Ciel qu'il ne pouvait refuser. Il fut conforté dans son choix lorsqu'il reçut, dans la journée du 10 novembre, des informations selon lesquelles les hidalgos et le peuple espagnol souhaitaient la solution bourbonienne. Ce fut, au dire de Saint-Simon, ce qui acheva de le déterminer.

Tout autant que le conseil, les cercles proches du pouvoir parurent divisés. Le duc du Maine et la duchesse de Bourgogne penchaient pour l'acceptation du testament. Les anciens du clan Le Tellier-Louvois divergeaient dans leurs opinions : Barbezieux et Harcourt optèrent pour le testament, pourtant « négation de toute la politique traditionnelle des Le Tellier [1] »; les autres, convaincus que la France n'avait rien à gagner à porter à bout de bras une Espagne exsangue, étaient partisans de respecter l'accord avec les Anglo-Hollandais, qui offrait l'avantage d'agrandir le territoire national. Telle était la position de Tallard, signataire du traité au nom de la France (et jaloux de son collègue Harcourt), de Claude Le Peletier et de Vauban.

Le mercredi 10 novembre au matin, se tint à l'heure ordinaire un premier conseil puis, de six heures du soir à près de dix, un second, au cours duquel la décision fut prise d'accepter le testament, à l'unanimité cette fois [2]. Entre-temps, Mme de Maintenon aurait été convaincue par Barbezieux. Notification de la décision royale fut faite secrètement à l'ambassadeur d'Espagne, Castel dos Rios. Dans la matinée du lundi 15 le roi quitta Fontainebleau et arriva à Versailles vers les quatre heures de l'après-midi. Vint le

1. Luc-Normand TELLIER, *Face aux Colbert, les Le Tellier, Vauban, Turgot... Et l'avènement du libéralisme*, Québec, 1985, p. 485.

2. Dans la journée du 10 novembre, il semble que le roi ait d'abord penché pour le traité de partage. Une dépêche préparée pour Blécourt, représentant à Madrid, expliquait qu'on sommerait l'Empereur d'adhérer au traité. Son refus ferait bien voir aux puissances maritimes de quel côté était la bonne foi. Cette lettre ainsi qu'une autre destinée à Villars ne furent pas envoyées (cf. SAINT-SIMON, *Mémoires*, édition de A. de Boislisle, t. VII, p. 632).

mardi 16. « Ce fut ce jour-là, écrit le marquis de Sourches, que se passa la plus grande et la plus extraordinaire scène qui se fût jamais passée dans l'Europe. » A son lever Louis XIV fit venir le duc d'Anjou et l'ambassadeur et s'adressa à l'assistance : « Messieurs, dit-il, voilà le roi d'Espagne! La naissance l'appelait à cette couronne, le feu roi aussi par son testament; toute la nation l'a souhaité et me l'a demandé instamment, ce que je leur ai accordé avec plaisir; *c'était l'ordre du Ciel.* » Puis, se tournant vers son petit-fils, ce grand garçon aux cheveux blonds, à l'allure encore timide et modeste, il ajouta : « Soyez bon Espagnol, c'est présentement votre premier devoir; mais souvenez-vous que vous êtes né Français, pour entretenir l'union entre les deux nations; c'est le moyen de les rendre heureuses et de conserver la paix en Europe. » Castel dos Rios, enthousiaste, s'exclama qu'« il n'y avait plus de Pyrénées ». On l'avait déjà cru quarante ans plus tôt, au mariage de l'infante Marie-Thérèse!

Admirons l'efficacité du système politique français : compte tenu de leurs structures, aucune des cours européennes n'aurait été en mesure de donner une réponse si rapide. Madrid était paralysée par la lenteur de ses conseils, Vienne n'était qu'un carrefour d'intrigues et de coteries, La Haye, tout comme Londres, un lieu de débats ralentissant les décisions. La France joignait à une exceptionnelle concentration du pouvoir un remarquable service de courriers rapides. Ce sont ces sortes de combinaisons impondérables qui rendent un gouvernement puissant et efficace. Sur le fond, le choix du roi était logique et n'avait rien de provocant. Guillaume, d'ailleurs, ne cacha pas à son compère Heinsius qu'il ne bougerait pas pour défendre la convention de partage qu'il venait de signer : « Ayant fait un traité pour éviter la guerre, je n'entends pas faire la guerre pour exécuter un traité. » Dans ces conditions, la solution la plus sage était encore l'acceptation du testament, même si elle avait l'inconvénient de ne pas agrandir la France.

Cette décision allait aussi dans le sens de la nouvelle orientation catholique que le roi voulait imprimer à son action. Après sa réconciliation avec la papauté, Louis entendait devenir le champion de la chrétienté, reprenant le flambeau à l'Empereur et au Roi Catholique. D'où la sourdine mise aux thèmes gallicans, qui lui avaient momentanément servi dans sa lutte contre les protestants. Cet aspect de la politique royale, qui glisse du gallicanisme à l'ultramontanisme, éclaire non seulement la politique extérieure de la France mais encore sa politique intérieure (la lutte contre le jansénisme va être réactivée). Louis, devenu dévot, adhère à la politique romaine et bientôt, par excès de zèle, va la dépasser. La France « toute catholique » de la fin du règne n'est plus celle des légistes et des sceptiques des années soixante, celle des Lionne et des Colbert, préoccupée de défendre sa spécificité face à l'imperium des Habsbourg, en lui suscitant au besoin des ennemis chez le Grand Turc. Certes, la branche viennoise de la maison d'Autriche représente une sérieuse menace pour la France – elle s'est même substituée à la branche espagnole comme ennemi numéro un –, mais elle n'est plus en mesure d'imposer son hégémonique ambition. La France, abandonnant son quant-à-soi – n'a-t-elle pas réalisé à peu près son pré carré? –, se prend à rêver d'un rôle nouveau en Europe : être la nation-phare du monde de la Contre-Réforme. L'étroite association avec la vieille Espagne et son Roi Catholique donnait quelque réalité au dernier rêve du Roi-Soleil.

Une révolution culturelle

Comme il fallait s'y attendre, Léopold prit la décision de son cousin Louis XIV pour un *casus belli.* Jamais l'Empereur, d'habitude faible et influençable, ne parut si déterminé. C'était une « question d'honneur »[1]. Se préparant à la confrontation militaire, le Habsbourg resserra ses alliances avec l'électeur palatin, l'électeur de Hanovre et celui de Brandebourg, Frédéric de Hohenzollern, que la conférence des princes germaniques, à son instigation, autorisa à porter le titre de roi de Prusse. Restaient les puissances maritimes. Qu'allaient-elles faire?

Heinsius et Guillaume furent désagréablement surpris de la décision de Louis XIV (même s'ils étaient décidés à ne pas respecter le troisième traité de partage). Lui prêtant leur propre fourberie, ils se virent trahis et résolurent de lui faire payer sa volte-face. Malheureusement, pas plus les *Tories* en Angleterre que le parti républicain en Hollande n'étaient prêts à les suivre. Ils les pressaient au contraire de reconnaître le duc d'Anjou comme roi d'Espagne. « Le

1. Linda et Marsha FREY, *A question of Honour : Leopold I and the war of Spanish Succession, 1701-1705*, New York, 1983.

seul jeu que j'ai à jouer avec ce peuple, écrivait Guillaume à son complice le 16 novembre 1700, c'est par une conduite prudente de l'engager insensiblement à la guerre sans qu'il s'en aperçoive [1]. »

En dehors de l'Empereur et de ses alliés, l'Europe voulait vivre en paix. Le mémoire justificatif que Torcy envoya à toutes les puissances jouait sur ce registre pour apaiser les craintes naissantes : en renonçant aux acquisitions prévues dans le traité de partage, la France ne faisait-elle pas œuvre de modération? Qu'avait à craindre l'équilibre européen de l'avènement du duc d'Anjou, puisque les couronnes de France et d'Espagne demeureraient séparées? Au contraire, le refus du legs de Charles II aurait déclenché la guerre avec l'Empereur, qui avait rejeté tout accord raisonnable. Le Portugal de don Pedro, la Savoie de Victor-Amédée admirent ces arguments. Et les reconnaissances de Philippe V comme roi d'Espagne se multiplièrent : le duc de Bavière, l'électeur de Cologne, le nouveau pape Clément XI, les princes italiens...

On a du mal à imaginer aujourd'hui la révolution culturelle et mentale qu'imposait l'acceptation du testament de Charles II : l'ennemi héréditaire devenait subitement le meilleur allié de la France, son ami le plus cher! Pensons que tout au long du XVIIe siècle le sentiment national s'était appuyé sur l'hispanophobie. Il fallait tout repenser, retrouver des repères, des modèles et... un nouvel ennemi « héréditaire ». De leur côté, les Espagnols étaient invités à faire une révolution semblable. L'absolutisme français s'était édifié en s'inspirant du modèle hispanique : cette fois, Madrid devait se mettre à la mode de Paris [2]! Cette amertume, il est vrai, se trouvait en partie compensée par la conviction que le grand frère français, qui aidait à conserver l'empire intact, contribuerait un jour à la renaissance de sa grandeur.

Le 4 décembre 1700, Philippe V quitta Versailles. A Sceaux, chez le duc et la duchesse du Maine, il prit congé de Louis XIV. Moment de sublime émotion! « Le roi, note Dangeau dans son *Journal*, conduisit le roi d'Espagne jusqu'au bout de l'appartement

1. Guillaume III avait été contraint par le Parlement anglais, qui craignait un retour de l'absolutisme, de réduire l'armée de terre à 7 000 hommes et de renvoyer sa fameuse « garde bleue » hollandaise.

2. Voir Yves BOTTINEAU, *L'Art de cour dans l'Espagne de Philippe V, 1700-1746*, Bordeaux, 1962, et le Catalogue de l'exposition : *Du duc d'Anjou à Philippe V, le premier Bourbon d'Espagne*, Sceaux, 1993.

et se cachait le visage pour cacher ses larmes... En lui disant le dernier adieu il le tint longtemps entre ses bras. Les larmes qu'ils répandaient l'un et l'autre entrecoupaient tous leurs discours. »
L'art d'être grand-père : pour cet adolescent mal assuré, qui n'avait reçu aucune éducation politique, Louis avait rédigé des *Instructions* résumant en 33 articles les conseils nécessaires à un prince appelé à gouverner. Ces maximes, fruits de son expérience, nous révèlent sa conception du pouvoir :

« 1. Ne manquez à aucun de vos devoirs, surtout envers Dieu.

2. Conservez-vous dans la pureté de votre éducation. (...)

6. Aimez votre femme, vivez bien avec elle, demandez-en une à Dieu qui vous convienne. Je ne crois pas que vous deviez prendre une Autrichienne.

7. Aimez les Espagnols et tous vos sujets attachés à vos couronnes et à votre personne; ne préférez pas ceux qui vous flatteront le plus; estimez ceux qui, pour le bien, hasarderont de vous déplaire; ce sont là vos véritables amis.

8. Faites le bonheur de vos sujets; et, dans cette vue, n'ayez de guerre que lorsque vous y serez forcé et que vous en aurez bien considéré et bien pesé les raisons dans votre conseil. (...)

12. Ne quittez jamais vos affaires pour votre plaisir; mais faites-vous une sorte de règle qui vous donne des temps de liberté et de divertissement. (...)

15. Quand vous aurez plus de connaissance, souvenez-vous que c'est à vous de décider, mais quelque expérience que vous ayez, écoutez toujours tous les avis et tous les raisonnements de votre conseil, avant que de faire cette décision. (...)

18. Traitez bien tout le monde; ne dites jamais rien de fâcheux à personne; mais distinguez les gens de qualité et de mérite. (...)

29. Jetez quelque argent au peuple quand vous serez en Espagne, et surtout en entrant dans Madrid.

33. Je finis par un des plus importants avis que je puisse vous donner : ne vous laissez pas gouverner; soyez le maître; n'ayez jamais de favoris ni de premier ministre; écoutez, consultez votre conseil, mais décidez : Dieu, qui vous a fait roi, vous donnera les lumières qui vous sont nécessaires tant que vous aurez de bonnes intentions [1]. »

Louis XIV est là, tout entier, de pied en cap!

1. Louis XIV, *Mémoires*, textes présentés et annotés par Jean LONGNON, Paris, 1978, p. 283-286.

L'engrenage de la guerre

Ainsi le roi avait joué de main de maître. Il triomphait. Le vieil ennemi héréditaire était passé sous la coupe d'un prince français sans que le moindre coup de feu eût été tiré! C'était inouï, inespéré. Quelle revanche! Quel prestige! Quelle gloire pour Louis XIV, qui avait vu dans sa jeunesse les drapeaux espagnols flotter dans Paris! Or, quelques mois plus tard, la situation était totalement renversée et la France jetée dans l'une des guerres les plus longues et les plus désastreuses. Comment expliquer ce brusque éclatement de l'orage? Étant donné la structure multipolaire de l'Europe, sa division en grandes puissances avides et rivales, il fait peu de doute que la constitution d'un axe Paris-Madrid aurait fini, tôt ou tard, par mobiliser contre lui les trois autres « grands » : l'Angleterre, l'Empereur et les Provinces-Unies. La logique d'équilibre du système international, avec ses sous-systèmes et ses mécanismes complexes d'alliances, à une époque où la formation de blocs compacts et d'États-nations se multipliaient, était une logique de guerre. Nous sommes, ne l'oublions pas, dans l'univers politique de Hobbes, froidement réaliste et dépouillé de tout idéalisme. Les États ne songent qu'à leurs intérêts. Il faudra ce terrible conflit pour revenir aux principes de sécurité collective esquissés dans les traités de partage. La violence est le lot commun de l'Europe. Cela saute aux yeux. Regardons au nord, dans une zone où la France n'était pas directement impliquée : pour abattre l'hégémonie suédoise en Baltique, la Russie de Pierre le Grand, la Pologne d'Auguste II le Fort, électeur de Saxe, le Danemark de Frédéric IV se lancent au même moment dans une guerre implacable – la troisième guerre du nord –, où se briseront les grisantes rêveries du roi de Suède Charles XII, martiale étoile filante qui croyait briller d'un éternel éclat. Partout les princes cherchaient à en découdre.

Cela dit, parmi les causes de la conflagration il importe d'ajouter – à côté du dessein délibéré de Guillaume III de jeter ses deux pays dans la guerre et de l'obstination déraisonnable de Léopold Ier – la maladresse de Louis XIV qui, après tant de sagesse, multiplia les fautes tactiques et les erreurs d'appréciation, sans se rendre compte qu'imperceptiblement il franchissait la ligne rouge.

La première de ses erreurs fut de conserver par lettre patente, registrée au Parlement le 1er février 1701, les droits du nouveau roi d'Espagne à la couronne de France. En soi, cette disposition ne violait pas le testament de Charles II puisqu'il n'était nulle part spécifié que Philippe V, accédant au trône de France, garderait celui d'Espagne. De la même manière Henri III, élu roi de Pologne, avait pu, grâce à une semblable déclaration, opter pour la couronne des lys [1]. Mais cela laissait planer un doute et donnait un prétexte à Heinsius et à Guillaume.

La seconde erreur était plus grave. En vertu d'une convention bilatérale passée avec l'Espagne en 1698, les Hollandais avaient installé des garnisons dans certaines places de la Barrière (Namur, Charleroi, Mons, Ath, Courtrai, Nieuport...). Au lieu d'attendre le préavis de trois mois prévu pour dénoncer cet accord, Louis XIV, à la demande du conseil de régence espagnol, envoya, dans la nuit du 5 au 6 février 1701, des troupes sous les ordres du maréchal de Boufflers prendre possession de ces places à titre « provisoire ». Pour agir avec une telle précipitation il avait ses raisons : il redoutait que Max-Emmanuel de Bavière, gouverneur général des Pays-Bas, ne proclamât son indépendance avec l'aide des puissances maritimes, alors que les Provinces-Unies n'avaient pas encore reconnu Philippe V. Certes, les Français ne commirent aucune violence envers les régiments néerlandais, et Guillaume III, pour ne pas en faire des ôtages, les rappela de son plein gré. Mais grande fut sa fureur : « Suis-je homme à perdre sans combat, écrivait-il à Heinsius le 8 février 1701, ce pour quoi j'ai combattu pendant plus de vingt-huit ans? » Par sa hâte Louis montrait quelle conception il se faisait des relations avec Madrid : la France devait être la tutrice de l'Espagne et Philippe V l'affectueux et très obéissant petit-fils du Grand Roi!

On le vit bientôt à la cour de Madrid, où les Français s'installèrent aux postes clés : le jésuite Daubenton eut la charge de confesseur du roi, le marquis de Louville, ancien « gentilhomme de la manche » du duc d'Anjou, fut promu chef de la maison française de Sa Majesté. Un peu plus tard, on vit arriver un habile munitionnaire, Jean Orry, pour s'occuper des finances, le comte d'Estrées pour les affaires politiques et le lieutenant général de Puy-

1. A noter qu'en 1696, lorsque François Louis, prince de Conti, avait été élu éphémère roi de Pologne, Louis XIV lui avait promis de prendre la même précaution.

Ségur pour les questions militaires. L'ambassadeur de France, Harcourt, était une sorte de vice-roi, chargé de sélectionner les Grands dans l'entourage du jeune souverain [1]. Il prenait rang au conseil du roi. Arrivé à Madrid sous les vivats le 22 janvier 1701, Philippe, qui ne parlait pas un mot d'espagnol, fut marié par son grand-père, le 11 septembre de la même année, à une princesse savoyarde, Marie-Louise Gabrielle, sœur cadette de la duchesse de Bourgogne. C'était le prix qu'il avait fallu payer pour s'assurer l'alliance du renard versatile, Victor-Amédée, successeur immédiat de l'archiduc sur le trône d'Espagne d'après le testament de Charles II. Courageuse, gracieuse, sensuellement précoce, cette jeune gazelle au « cœur de feu », âgée de treize ans seulement, asservit ce grand enfant mou et complexé. Sa reconnaissance et sa fidélité à l'égard du roi de France étaient totales. A ce jeune couple inexpérimenté Louis XIV donna pour mentor une amie de Mme de Maintenon, Mme des Ursins, une maîtresse-femme, mondaine, intelligente, rusée, dévorée d'ambition. Née en 1642, Marie-Anne de La Trémoille-Noirmoutier avait d'abord épousé Adrien Blaise de Talleyrand, prince de Chalais. A sa mort, elle convola avec le riche Flavio Orsini, duc de Bracciano, de vingt-cinq ans son aîné. Cette aventurière de haut vol, effrontée, rayonnante et superbe malgré son âge, fut promue *camarera mayor*, c'est-à-dire première dame d'honneur de la reine d'Espagne. Elle avait pour mission de transmettre les directives du roi de France au conseil, où siégeait en bonne place le cardinal de Portocarrero. Un pacte secret la liait avec Mme de Maintenon qu'elle devait renseigner sur tout : les affaires publiques et privées, les relations conjugales du couple royal, les intrigues des Grands, les mouvements des armées... [2]. Bref, elle était l'agent politique principal de Versailles à l'Alcazar.

Et Louis XIV multiplia encore les imprudences. La France paraissait chaque jour davantage s'impliquer dans l'administration de la lymphatique Espagne et son empire. Sans doute était-ce une nécessité, dictée par l'incurie de ce pays figé sur ses souvenirs glorieux, par le délabrement de ses finances publiques, le désordre de

1. Franc partisan de la guerre avec les puissances maritimes, Harcourt fut l'un de ceux qui poussèrent le plus Louis XIV à commettre les maladresses dont nous parlons. Le représentant des puissances maritimes à Madrid, Schonenberg, partageait ses options bellicistes (Claude-Frédéric LEVY, *Capitalistes et pouvoir au siècle des Lumières*. t. I, *Des origines à 1715*, Paris, La Haye, 1969, p. 155-160).

2. Marianne CERMAKIAN, *La Princesse des Ursins, sa vie, ses lettres*, Paris, 1969. Diane RIBARDIÈRE, *La Princesse des Ursins*, Paris, 1988.

son administration, la pusillanimité de son jeune souverain, mais cela parut un intolérable défi à des nations qui, en reconnaissant Philippe V, n'avaient pas imaginé élever Louis XIV sur le trône de Madrid! Au lieu d'être une nation-sœur, la monarchie ibérique devenait un protectorat français [1]!

Pour défendre le Milanais espagnol contre les visées impériales, des régiments français aux ordres du maréchal de Catinat étaient venus appuyer les garnisons espagnoles de Mirandole, Mantoue et Modène. Des escadres françaises croisaient au large de la Floride et de l'Amérique du Sud, comme si elles défendaient leurs propres côtes. Les commerçants de Saint-Malo, Nantes ou Bordeaux prenaient pied dans le commerce colonial du monde hispanique. Par l'intermédiaire de Jean-Baptiste Ducasse, gouverneur de Saint-Domingue et chef d'escadre, le monopole de la traite des Noirs en Amérique espagnole, l'*asiento*, fut attribué à la Compagnie française de Guinée, à charge pour elle d'y introduire 4 800 esclaves par an. Cette compagnie, créée sous l'égide de Jérôme de Pontchartrain, avait pour principaux bailleurs de fonds les rois de France et d'Espagne, le groupe financier Crozat et Samuel Bernard.

Aux Hollandais, qui exigeaient l'évacuation de la Belgique et décidaient de réarmer, Louis XIV offrit de confirmer tous les engagements de la paix de Ryswick. Mais en même temps, par mesure de sécurité, il renforça les défenses des Pays-Bas espagnols, fit fortifier, pour le compte de son petit-fils, plusieurs places et creuser d'Ostende à l'Escaut et de l'Escaut à la Meuse des lignes de retranchements.

Merveilleusement secondé par les faux pas de son adversaire, Guillaume menait sa barque. Tous les moyens lui étaient bons pour attiser la haine du peuple anglais contre Louis XIV et les catholiques : discours, sermons, pamphlets, corruption électorale... Bientôt les marchands londoniens furent convaincus que la France menaçait directement leurs intérêts vitaux en prenant des mesures protectionnistes pour leur fermer l'accès au commerce des Indes occidentales et au marché français. Le roi d'Angleterre ne cessait d'agir sur la Chambre des Communes pour qu'elle acceptât de

1. Il faut lire la correspondance de Louis XIV avec son petit-fils pour être éclairé sur la nature étroite de leurs relations. Le ton n'est pas celui d'un roi s'adressant à un autre roi son égal, mais d'un chef de famille qui a conservé sur son descendant la plénitude de l'autorité patriarcale (*Œuvres de Louis XIV*, éd. Grimoard, t. VI, Paris, 1806).

réarmer. En février 1701 il fit voter l'*Act of Settlement* (acte d'établissement), qui réglait la succession de la couronne britannique dans la lignée protestante : Guillaume n'ayant pas eu d'enfant de sa défunte épouse Mary, la princesse Anne, sœur puînée de Mary et épouse du roi de Danemark, lui succéderait; puisque tous les enfants d'Anne étaient morts en bas âge, la couronne reviendrait ensuite à l'électrice Sophie de Hanovre, descendante de Jacques Ier par sa mère, puis à son fils Georg-Ludwig. La majorité *tory* fut plus réticente à suivre le roi dans sa volonté de soutenir inconditionnellement les Provinces-Unies, enragées contre la France depuis l'affaire de la Barrière. En avril 1701, pressé par ses ministres, Guillaume se résigna à reconnaître Philippe V...

Mais les clameurs exaspérées des Néerlandais franchirent la Manche. Un message pressant adressé aux Anglais le 1er mai souleva l'opinion. Pétitions et manifestations eurent raison des réticences du Parlement. On courait à la guerre. Le 7 septembre 1701, un traité secret unissait les deux puissances maritimes et l'Empereur. Guillaume avait atteint son objectif. La grande alliance de La Haye reflétait les intérêts commerciaux des Anglo-Hollandais, qui se réservaient le trafic avec les colonies espagnoles ainsi que toutes les conquêtes qu'ils pourraient faire en Amérique; les Pays-Bas espagnols deviendraient un protectorat hollandais; l'Empereur, moins bien traité, se voyait promettre les possessions italiennes de l'Espagne; quant à Philippe V on acceptait de lui conserver son trône madrilène à condition qu'il renonçât à ses droits sur celui de France.

Quelques jours plus tard, le 16 septembre, Jacques II mourait à Saint-Germain-en-Laye. Fallait-il reconnaître son fils Jacques-Édouard, prince de Galles, sous le nom de Jacques III, au mépris du traité de Ryswick? Le conseil d'en haut, qui en avait délibéré le 12, avait refusé. Louis XIV, poussé par Mme de Maintenon et son amitié pour la veuve du défunt, en décida autrement [1]. Il faut dire que les liens entre les cours de Versailles et de Saint-Germain, renforcés par leur commune piété, auraient rendu délicat un choix contraire. Ce geste chevaleresque à l'égard de la branche légitime

1. Il en fit l'annonce trois jours avant la mort de Jacques II, lors de sa visite à Saint-Germain (avant qu'il ait connaissance du traité de La Haye). Le nonce Gualterio, qui était présent, félicita le roi « pour l'acte héroïque qu'il venait d'accomplir ». Louis répondit qu'il avait bien conscience des risques que cet acte pouvait lui faire courir, mais que les intérêts de la religion passaient les premiers.

– très populaire en France – n'était pas qu'une bravade défiant Guillaume [1]. Il était conforme au droit dynastique, que chérissait le roi, et à son projet d'exalter la catholicité. Alors que l'Empereur était rejeté vers les puissances protestantes (Angleterre, Provinces-Unies, Danemark, Brandebourg, Hanovre...), le roi Très-Chrétien faisait de plus en plus figure de champion de la cause romaine en Europe. Parmi ses alliés potentiels n'avait-il pas, outre l'Espagne, le Portugal, la Savoie, la Bavière [2], l'électorat de Cologne dirigé par Joseph Clément, évêque de Liège et frère de Max-Emmanuel de Bavière ? De l'autre côté se mobilisait le Refuge huguenot, toujours prompt à voir en Guillaume d'Orange le noble défenseur de la cause protestante.

En tout cas, ce dernier jubilait : il n'avait plus besoin d'aiguillonner l'opinion publique anglaise, qui multipliait adresses de fidélité et manifestations de gallophobie. Expulsant l'ambassadeur de France, il s'épargna le soin de l'avertir que les coalisés de La Haye avaient accordé à son maître un délai de deux mois pour négocier : il écartait ainsi la moindre chance de paix.

Sa maladie puis sa mort, le 19 mars 1702, n'arrêtèrent pas le processus. Sa belle-sœur, Anne Stuart, qui lui succéda sur le trône d'Angleterre, aurait aimé céder sa place à son frère, Jacques III, qu'elle considérait en conscience comme le souverain légitime, mais elle était prisonnière du *Settlement Act*, de l'opinion publique et du nouveau Parlement belliciste. Malgré les efforts de Louis XIV pour renouer le dialogue, le 15 mai 1702 l'Angleterre, les Provinces-Unies et l'Empereur lui déclarèrent la guerre. La coalition s'étendit bientôt à d'autres pays qui acceptèrent de fournir des troupes et des subsides : le roi de Danemark, le roi de Prusse, les électeurs de Trèves, de Mayence et de Hanovre, le prince palatin Johan Wilhelm, le duc de Lunebourg, le duc de Mecklembourg-Schwerin, les évêques de Würtzburg et de Munster. Mais la majeure partie du poids financier reposait sur la riche et puissante Angleterre.

1. Torcy avait d'ailleurs essayé d'atténuer les effets diplomatiques de ce geste en assurant que son maître, respectueux du traité de Ryswick, n'entendait nullement renverser Guillaume, « roi de fait ».

2. Pour obtenir l'alliance de Max-Emmanuel de Bavière, gendre de l'Empereur, Louis XIV avait dû lui promettre la lieutenance héréditaire des Pays-Bas espagnols, le Palatinat rhénan, le titre de roi de Bavière et l'aide française lors de la prochaine élection impériale.

Le triumvirat

Un triumvirat de fortes personnalités animait cette coalition : le prince Eugène, Heinsius et Marlborough. François Eugène de Savoie, fils d'Eugène Maurice, comte de Savoie-Carignan, colonel général des Suisses et Grisons, et d'Olympe Mancini, nièce de Mazarin, descendait des Bourbons par sa grand-mère, Marie de Bourbon-Soissons, princesse de Carignan, et de Charles Quint par l'infante Catherine, fille de Philippe II. Né à Paris en octobre 1663, il connut à seize ans un premier drame : l'exil humiliant de sa mère, compromise dans l'affaire des poisons et fuyant la France par une permission spéciale du roi. Comme il était laid et malingre, sa famille le jugea indigne du métier des armes et le fit tonsurer. En 1683 le « petit abbé », qui enrageait de son état, se présenta à Versailles et, au passage du roi, lui demanda une compagnie pour servir dans ses armées. La requête était modeste, mais point celui qui la présentait : « Personne, avouera plus tard Louis XIV, n'a jamais osé me regarder avec autant d'insolence, comme un épervier jaugeant sa proie. » Le monarque passa son chemin sans répondre. Eugène, le maladroit, était un orgueilleux, souffrant de son visage disgracié, de la situation de sa mère, de la misère, un ambitieux aussi, animé d'une implacable volonté et d'un courage indomptable. Ulcéré d'avoir été ainsi éconduit, en 1685 il s'enfuit de la cour avec les princes de Conti, Louis Armand et François Louis, et alla combattre dans les rangs de l'armée impériale. Son destin était scellé. Louis XIV, son idole, était devenu l'objet de son exécration : il jura de ne rentrer en France « que les armes à la main ». Sur le moment, le roi ne mesura pas la portée de l'incident : « Ce n'est pas une grande perte! », dit-il en parlant de la fugue du chevalier de Carignan. On peut se demander, du reste, comment se serait comporté cet insatiable et bouillant seigneur, au génie fulgurant, s'il était resté au service de son pays? Son franc parler et son caractère asocial lui auraient probablement valu une prompte disgrâce. Eugène fut, dès lors, de toutes les campagnes contre les Turcs : la prise de Pest, la bataille de Mohacs, l'attaque d'Offen, l'assaut de Belgrade. En 1690 il s'empara de Gap et Briançon et fut nommé l'année suivante feld-maréchal. Battu par Catinat à La Marsaille, alors qu'il était sous les ordres du duc de Savoie, il repartit faire campagne contre les Turcs et, le 11 septembre 1697, remporta la prodigieuse victoire de Zenta sur la Theiss, où plus de 25 000 Ottomans furent tués. Tenu par Napoléon pour l'un des plus brillants capitaines, ce prince plein d'audace et de vivacité fut aussi un habile diplomate, un philosophe ami de Leibnitz, un bâtisseur de palais fastueux (dont celui du Belvédère), un collectionneur enragé ainsi qu'un mécène, protecteur des écrivains et des artistes. De lui Frédéric le Grand dira qu'il fut l'« Atlas » de la monarchie des Habsbourg.

Anthonie Heinsius, Grand Pensionnaire de Hollande depuis 1689, était bien différent : sage et fort cultivé, intègre, modeste, tout imprégné de cette sobriété bourgeoise et calviniste qui faisait le charme austère de la République des Provinces-Unies, il eût été digne quelques années plus tôt de figurer dans la galerie des portraits de ces grands notables bataves, de noir vêtus, peints par Rembrandt. Lui aussi était animé d'une haine personnelle contre Louis XIV, d'un désir irrémittent de vendetta. Il n'avait pas oublié comment en 1681, étant venu réclamer la restitution de la principauté d'Orange au nom du Stathouder, il avait été menacé de la Bastille par le marquis de Louvois. Dans la vaste coalition montée contre la France, il sera le fidèle exécuteur testamentaire de Guillaume III, poursuivant par-delà la mort le combat de cet ennemi irréconciliable du roi de France.

John Churchill, duc de Marlborough, « le bel Anglais », fut assurément le principal homme d'État de l'Angleterre du début du XVIIIe siècle et le pilier central de l'alliance de La Haye. Gardons-nous de le comparer à son glorieux descendant, sir Winston Churchill, en dépit du portrait par trop flatteur, que brossa de lui le « vieux lion » [1]. John, comme le dit Taine, fut « l'un des plus grands coquins de l'Histoire » : un ambitieux sans vergogne, rapace de haut vol, sans morale ni scrupule, assoiffé d'honneurs et d'argent, prêt à tout pour atteindre son but. Il se poussa par les femmes. Sa sœur Arabella Churchill, maîtresse du duc d'York (le futur Jacques II), le fit nommer enseigne de la garde. Longtemps il fut entretenu par Barbara Villiers, duchesse de Cleveland, femme d'une grande beauté, lascive et notoirement licencieuse, de neuf ans son aînée, qui avait été la maîtresse de Charles II. Sarah Jennings, sa femme légitime, était l'amie d'enfance de la dolente et douce

1. WINSTON CHURCHILL, *Marlborough, sa vie et son temps*, Paris, 1949, 3 vol.

Anne Stuart, avec laquelle elle échangeait une curieuse correspondance où Anne était « Mrs Morley » et Sarah « Mr Freeman ». Pour avancer, Marlborough n'avait pas hésité à s'adonner à de tortueuses intrigues, aux bassesses, aux trahisons, au double jeu permanent. L'avènement d'Anne le propulsa au sommet de l'État. Lady Churchill, impérieuse et envahissante « dame de fer », devint la véritable reine d'Angleterre, reléguant l'influençable « Mrs Morley » dans un rôle de figurante. Ses amis occupèrent les allées du pouvoir tandis que lui-même était promu chevalier de la Jarretière, duc, capitaine général des troupes et grand maître de l'artillerie. Sans avoir l'audace ni le génie militaire du prince Eugène, Marlborough était un excellent soldat ainsi qu'un redoutable tacticien. Il avait fait ses premières armes dans l'armée de Turenne. On ne comprendrait rien au personnage et à la fascination qu'il exerça sur ses contemporains si on ne retenait que les côtés sordides de son caractère. Cet homme, en effet, avait le sens du devoir; il était courageux, n'hésitant pas à payer de sa personne en première ligne, humain avec la troupe, vivant sobrement dans les camps et les tranchées, sachant récompenser ses subordonnés. Il libérait les prisonniers sur parole. Sa bonne humeur était légendaire. On le trouvait adroit, éloquent, charmeur, d'une courtoisie très britannique, incapable, dit Ailesbury, de gourmander un domestique ou d'adresser des paroles blessantes au plus vulgaire des sergents ou des caporaux.

Les généraux français

Face à l'excellent prince Eugène et au solide Marlborough, quels soldats la France pouvait-elle opposer? On a trop souvent répété qu'après la disparition de Luxembourg, Vauban et Catinat prenant de l'âge, elle n'a plus eu que de médiocres généraux à la tête de ses armées. Et de citer le groupe des quatre, Villeroy, Tallard, Marsin, La Feuillade, sur lesquels, en effet, il n'est pas besoin de s'étendre : François de Neufville, duc de Villeroy, né en 1644, élevé avec Louis XIV qui lui conservait une amitié indulgente malgré un joli chapelet de défaites, obstiné et vaniteux; Camille d'Hostun, comte de Tallard, meilleur diplomate que général, ambitieux et jaloux; Ferdinand, comte de Marsin, babillard et sémillant officier de cour, plaisant à Mme de Maintenon en raison de sa grande dévotion; Louis d'Aubusson, comte de la Feuillade, fanfaron, intrigant et fat, qui avait épousé la fille du ministre de la guerre, Chamillart.

A côté de cet affligeant quatuor, il y avait cependant quelques bons premiers violons : Jacques de Fitz-James, duc de Berwick, bâtard de Jacques II et d'Arabella Churchill (neveu de Marlborough, par conséquent), naturalisé français, qui sera fait maréchal de France en 1706 et Grand d'Espagne l'année suivante; Louis-François, duc de Boufflers, élève de Turenne et de Luxembourg, maréchal de France en 1699 et gouverneur de Flandre; Pierre d'Artagnan, lieutenant général et gouverneur d'Arras, qui deviendra maréchal après la bataille de Malplaquet sous le nom de Montesquiou; Jacques Bazin, comte de Bezons, maréchal en 1709.

Il y avait surtout deux grands solistes capables de rivaliser avec Eugène et Marlborough, Vendôme et Villars. Né en 1654, Louis Joseph de Bourbon, duc de Vendôme, était le fils du duc de Mercœur et de Laura Mancini. Par son père il était le petit-fils de Henri IV et de Gabrielle d'Estrées, par sa mère, le petit-neveu de Mazarin. Grand seigneur et grand prince, gouverneur de Provence, il avait fait de son château d'Anet le centre d'une cour raffinée, où se retrouvaient artistes et libertins célèbres : La Fontaine, l'abbé de Chaulieu, Lully, Campistron, Chapelle, le marquis de la Fare. Très tôt, cet homme avait révélé d'exceptionnelles qualités de guerrier : la témérité, le sang-froid et surtout le coup d'œil du Grand Condé, qui le rendait capable de juger instantanément d'une situation et d'en tirer parti. Le soldat aimait la bonne humeur de ce gros blondin, sa truculence henricienne et sa trivialité gauloise. Ses habitudes familières avaient pour inconvénient de relâcher la discipline, mais sa hardiesse, son audace au feu, son attention départie à tout compensaient ce défaut. Pour ce cousin singulier, fort éloigné du modèle du courtisan versaillais, Louis XIV avait une tendresse particulière, que Saint-Simon, qui le haïssait, attribuait à un calcul politique : en élevant ce descendant d'un bâtard royal au-dessus des ducs et pairs, en le couvrant d'honneurs et de privilèges, le roi frayait le chemin au duc du Maine et au comte de Toulouse... Le fait est qu'il ferma toujours les yeux sur les vices dont il faisait parade : sa paresse incurable, sa saleté repoussante, son insolence, sa goinfrerie, ses mœurs scandaleuses et son goût inné de la provocation.

Et voici l'avantageux Charles Louis Hector, marquis puis duc de Villars, ruisselant d'or et de vanité. Il partageait avec Vendôme la gaîté naturelle, la sûreté du coup d'œil et le courage physique. Il était né en 1653 d'une famille de petite noblesse du Lyonnais. Son père, marquis de Villars, avait fait une belle carrière de lieutenant général et d'ambassadeur. Excellent cavalier, fougueux, sans cesse virevoltant, il se distingua au passage du Rhin et au siège de Maëstricht. Mestre de camp à vingt et un ans, il est démobilisé après la paix de Nimègue. Après une première mission diplomatique à Vienne en 1687, il va combattre les Turcs en Hongrie, au côté de l'électeur de Bavière, ce qui lui donne l'occasion de rencontrer son futur adversaire, le prince Eugène. Il obtient ensuite une ambassade à la cour de Munich, puis retrouve avec la même aisance les champs de bataille. Après la paix de Ryswick, il retourne à Vienne en qualité d'envoyé du roi, avec mission de sonder l'insaisissable Léopold sur la succession d'Espagne. Cet officier de belle prestance, bien en chair, à la physionomie ouverte et gaie, inspirait confiance. Hardi « baroudeur » et redoutable sabreur, ce n'était pourtant point une tête folle, malgré ses gasconnades et ses grimaces de matamore. Homme d'ordre, il savait, contrairement à Vendôme, maintenir une discipline de fer dans les rangs. Surtout, il se révéla un talentueux manœuvrier, préférant la guerre de mouvement à celle de siège. « Ce jeune homme-là voit clair », avait dit le Grand Condé. A quarante-neuf ans, il avait encore devant lui la plus grande partie de sa carrière.

N'oublions pas les marins, souvent négligés. La Royale ne manquait pas d'hommes valeureux ni de chefs remarquables : le baron de Pointis, le vainqueur de Carthagène, Duguay-Trouin, l'intrépide Malouin, Jean-Baptiste Ducasse, gouverneur de Saint-Domingue et chef des flibustiers, le marquis de Coëtlogon, lieutenant général, qui sera capitaine général ès mers occidentales pour le compte de Philippe V, le chevalier de Saint-Pol-Hécourt, qui succédera en 1702 au célèbre Jean Bart dans le commandement de la marine à Dunkerque, le comte de Forbin, chef d'escadre, le marquis de Châteaurenault, maréchal de France en 1703...

Les nouvelles conditions de la guerre

La guerre de Succession d'Espagne fut le plus dur conflit que connut la France sous le règne de Louis XIV, causant de cruelles pertes. La ceinture de fer, conçue par Vauban, ne résista pas à la puissance des armées ennemies, et une partie du pays, pour la première fois, fut occupée. En quelques années l'outil militaire s'était transformé. Le mousquet avait cédé la place au fusil à pierre, plus léger et plus rapide. Muni d'une baïonnette à douille, il était devenu une arme de tir et d'escrime permettant d'abandonner la pique, d'un maniement difficile. A côté du volontariat et du racolage on vit s'ébaucher un début de service militaire avec les milices, levées par tirage au sort d'un billet noir dans les paroisses. Introduites en France en 1688, elles se développèrent à cette époque et participèrent davantage à l'action militaire. Les effectifs des troupes réglées augmentèrent également. L'armée hollandaise, bien organisée par Guillaume et disposant d'une excellente artillerie, passera de 100 000 à près de 140 000 hommes. Le corps expéditionnaire anglais, tant en Flandre qu'en Espagne, atteindra 75 000 soldats, parmi lesquels on comptera de nombreux mercenaires allemands et danois ainsi que des officiers huguenots. L'Empereur alignera une force de 100 000 hommes. Les troupes françaises mobiliseront 250 000 hommes en 1705, sans compter les milices qui en fourniront à peu près autant pendant toute la guerre. L'Espagne, quant à elle, ne comptait plus, du moins en 1700, mais à partir de 1707-1708, grâce à des officiers français, elle constituera, sur terre, une force d'appoint non négligeable.

Les dernières recherches sur les marines du Grand Siècle ont montré combien il fallait relativiser le renouveau du matériel anglais dans les années 1690-1700. La qualité des vaisseaux français surpassait celle des vaisseaux anglais, la Navy s'étant contentée le plus souvent d'agrandir des modèles anciens et de les surarmer. Jean Meyer observe que les navires français pris à Vigo, en octobre 1702, inquiéteront les autorités britanniques par leur nouveauté. Pourtant, malgré ses défauts, l'effort naval anglais se maintint à un rythme que la France, essoufflée par le coût de l'armement terrestre, ne put suivre : 173 navires armés de 6 930 canons en 1688, 323 unités munies de 9 912 canons en 1697, 247 et 10 603 pièces en 1714 (la taille des navires s'était accrue) [1]. La marine hollandaise était en net déclin par rapport à sa période héroïque des années 1660-1675 mais, associée à la *Navy*, elle donnait à la coalition la supériorité sur l'ensemble franco-espagnol.

Sur le plan stratégique, la France, d'évidence, bénéficiait d'une situation géographique centrale et de lignes intérieures lui permettant de répartir l'effort de guerre sur les différents fronts en fonction des besoins. On hésitera, en revanche, à classer parmi ses atouts l'unité de commandement : la stratégie de cabinet de Louis XIV, assisté du maréchal de Chamlay, bridait les généraux d'autant plus que les formes de la guerre avaient évolué. Hormis quelques sièges dans la meilleure tradition, la guerre de Succession fut une guerre de mouvement, où s'affrontèrent de grandes armées en de sanglantes batailles. La mobilité était un facteur essentiel, nécessitant par conséquent la rapidité de décision. Le vieux roi, à Versailles, avait beau user ses yeux sur les cartes d'Allemagne et des Pays-Bas, finissant par connaître le nom des moindres villages et lieux-dits, rien ne remplaçait la vision du terrain

Ne négligeons pas non plus un versant peu connu du conflit : son aspect de guerre psychologique [2]. Conscient de l'importance des opinions publiques étrangères, notamment en Angleterre et en Hollande, le gouvernement français ne chercha pas seulement à endiguer le flot des pamphlets qui jetaient leurs flèches empoisonnées sur le roi et sa cour, il organisa méthodiquement une contre-propagande, avec ses officines et ses journaux, dont Torcy, secrétaire d'État aux affaires étrangères, fut le brillant maître d'œuvre. *La Clé du cabinet des princes*, devenue en 1706 le *Journal de Verdun*, était l'un de ces organes officieux, inspiré en sous-main par ses services. Torcy s'efforça de susciter de l'étranger une propagande favorable au roi. Des plumes furent sollicitées en Angleterre et dans l'Empire. Dans sa stratégie, les cantons helvétiques occupèrent une place essentielle avec les *Lettres d'un Suisse*, rédigées par un de ses

1. Jean-Pierre POUSSOU, *Les Iles Britanniques, les Provinces-Unies, la guerre et la paix au XVIIe siècle*, Paris, 1991, p. 201. D'après Jean MEYER (« Louis XIV et les puissances maritimes », *XVIIe siècle*, avril-juin 1979, n° 123, p. 166), en 1700 la France possédait 206 bâtiments de guerre, dont 123 navires de ligne.
2. Joseph KLAITS, *Printed Propaganda under Louis XIV, Absolute Monarchy and Public Opinion*, Princeton, 1976.

agents, Jean de la Chapelle, d'après ses propres canevas. Ces écrits furent traduits en latin, en anglais, en allemand et recensés dans les journaux étrangers, sans que l'on se doutât de leur origine. Ils bénéficiaient d'une documentation étendue, conduisaient des raisonnements cohérents, soupesaient les arguments juridiques avec un détachement apparent qui renforçait d'autant leur puissance corrosive. Ainsi les écrits de Joachim Legrand à propos de la légitimité de Philippe V ou ceux de Jean-Baptiste Dubos (*Les Intérêts de l'Angleterre mal entendus dans la guerre présente, L'Histoire de la Ligue de Cambrai*...). Pour toutes ces raisons, la guerre de Succession d'Espagne, anticipation, comme l'a dit André Corvisier, des guerres révolutionnaires, fut un moment capital dans l'émergence de la conscience nationale [1].

1. Voir le chapitre : « Au seuil d'une époque nouvelle : l'épreuve de la guerre de Succession d'Espagne » de l'*Histoire militaire de la France*, sous la direction de A. Corvisier, t. I, *Des origines à 1715*, sous la direction de Philippe Contamine, p. 527-549.

CHAPITRE XXIV

La grande guerre

L'équilibre des forces

Par une suite à peu près équilibrée de victoires et de défaites, les premières années du conflit montrèrent que les deux coalitions étaient de forces égales. Les opérations commencèrent en 1701 dans le Milanais. Trente mille Impériaux, conduits par l'impétueux prince Eugène, franchirent les défilés du Tyrol et, comme Hannibal, surgirent dans la plaine, où ils repoussèrent les troupes de Catinat. Villeroy, qui le remplaça, ne fit pas mieux. Battu à Chiari, il laissa Eugène s'installer dans le Mantouan. L'année suivante, la France perdit à peu près tout l'électorat de Cologne et la Gueldre espagnole. Landau capitula en avril. Mais Max-Emmanuel de Bavière s'empara d'Ulm, et Villars écrasa le margrave Louis de Bade près de Friedlingen (4 octobre 1702). Acclamé comme maréchal de France par ses soldats enthousiastes, l'heureux Villars se vit confirmer cette dignité par le roi. De son côté, Tallard prit Trèves et Traerbasch et entra dans Nancy le 3 décembre.

A Crémone, en Italie, un « commando » d'Impériaux, qui était passé par un aqueduc désaffecté, avait enlevé et fait prisonnier Villeroy (février 1702). A la cour et à l'armée on en fit des gorges chaudes, d'autant que les troupes, un moment surprises dans la ville, avaient repoussé l'envahisseur. Louis XIV comprit que ces railleries le visaient pour avoir fait choix de cet incapable, mais, crânement, il fit face. « Il parla fort du maréchal de Villeroy, conte Dangeau dans son *Journal*, et de la manière la plus tendre et la plus obligeante ; il marqua qu'il était fort étonné et indigné même contre les gens qui insultaient au malheur du maréchal; il ajouta qu'il croyait que l'amitié dont il l'honorait lui attirait une partie de la haine que l'on avait contre lui. » A l'égard de l'ami outragé le geste ne manquait pas d'élégance, mais, politiquement, cet entêtement confinait à l'inconscience. La répugnance de Louis XIV à se séparer de lui conduira, quatre ans plus tard, à une catastrophe militaire sans précédent.

Au-delà de son caractère anecdotique, l'affaire burlesque de Crémone nous révèle la faille du système politique mis en place après la disparition de Louvois. Un des avantages du ministériat était, en effet, de servir de paratonnerre, de protéger le souverain. Richelieu avait été critiqué, Mazarin brocardé mais, de la sorte, ils avaient préservé la réputation et la popularité de leur maître en détournant sur eux le flux du mécontentement. Quand surgissaient des difficultés, on pouvait toujours se consoler en se disant que le roi n'était pas au courant, ce roi lointain et inaccessible, mal entouré, mal conseillé, mais juste et bon père de ses peuples. En cas d'exaspération, les « émotions », les jacqueries, les révoltes explosaient au cri de « Mort aux ministres! » auquel on n'omettait jamais d'ajouter « Vive le roi! » Ainsi le mystère de la monarchie gardait-il son aura. Le souverain restait au-dessus des critiques, dans un ciel serein. La secrète machine royale et son pouvoir venu d'en haut résistaient à l'usure. Rien fondamentalement ne changea lorsque au régime du « principal ministre » succéda le ministériat dyarchique des Colbert et Le Tellier. C'est sur eux que se focalisa la grogne populaire. A preuve, la mort de Colbert, accueillie par un immense et indécent cri de joie. Avec le système politique installé après 1691 ce sont les « fusibles » ministériels qui disparaissent. En gouvernant seul le roi descend du mont Olympe et s'offre en première ligne aux flèches de la critique. Les grands commis qui l'entourent et qui ont succédé aux fortes personnalités d'autrefois sont incapables de le protéger, tant ils sont incolores et transparents. Cette mutation explique en partie l'atmosphère délétère de la fin du règne, où l'on rendra, non sans raison, Louis XIV personnellement responsable des erreurs et des échecs.

En Italie, Vendôme rétablit la situation, chassa les Impériaux du Parmesan et du Mantouan et battit le prince Eugène à Luzzara (août 1702). A la même époque, une flotte anglo-hollandaise de 50 vaisseaux et de 160 transports débarqua 10 000 hommes près de Cadix. Mais ces troupes, devant la résistance du vieux port, rembarquèrent rapidement. En septembre une escadre française, commandée par Jean-Baptiste Ducasse, repoussa une attaque anglaise contre Carthagène. Châteaurenault fut moins heureux avec une flotte de galions chargée d'or, qu'il avait convoyée depuis La Havane. Attaqué dans le port de Vigo, il dut brûler une partie de ses vaisseaux et en abandonner quelques autres aux Anglais.

L'année 1703 aurait pu être celle de la victoire sur l'Empereur si Max-Emmanuel, suivant le plan de Louis XIV, avait accepté de marcher sur Vienne, de concert avec Villars, par la vallée du Danube : en effet, une nouvelle révolte en Hongrie, conduite par un riche magnat bénéficiant du soutien de la France, François II Rakoczy, venait de contraindre l'Empereur à dégarnir sa capitale. L'inconstant Max-Emmanuel préféra se jeter sur le Tyrol, où il dut faire face au soulèvement des populations. Cette erreur faillit lui coûter la Bavière, que deux armées ennemies menaçaient. Villars, une fois de plus, rétablit la situation. Le 20 septembre 1703, il détruisit la première de ces armées près de Höchstaedt. En novembre Tallard battit le prince de Hesse-Darmstadt à Spire et reprit Landau. La guerre avait gagné les Antilles et l'Amérique du Nord, où la Floride espagnole avait été attaquée par les colons anglais.

Cependant l'année 1703 marqua un tournant : deux alliés de la France, le Portugal, par les traités de Methuen (mai-décembre), et la Savoie (novembre) changèrent de camp. L'Atlantique et le Milanais ne se trouvaient plus protégés. A cette défection s'ajouta un durcissement dans les objectifs de guerre des coalisés, qui reconnurent l'archiduc Charles comme unique roi d'Espagne et décidèrent de bouter Philippe V hors de son trône. Cette fois, le roi de France devait lutter sur tous les fronts : dans les Pays-Bas, sur le Danube, en Italie, en Castille...

Le 4 août 1704, Gibraltar capitula. Ce fut une victoire capitale pour l'Angleterre. Le comte de Toulouse échoua dans sa contre-offensive lors du grand mais indécis combat naval de Velez-Malaga (24 août). Max-Emmanuel de Bavière et Villars s'étaient opposés sur la stratégie à mener en Allemagne. Cette discorde affaiblissant le commandement, Louis XIV rappela le maréchal et lui confia la délicate mission de réprimer la révolte protestante des Cévennes. Avec lui, changeons de décor.

Les Camisards

Le règne de Louis XIV a connu jusque-là plusieurs types de guerre : celle de sièges, celle des grandes batailles meurtrières, la guerre économique et la guerre psychologique. Avec la guerre des Camisards il rencontre sur son sol la guerre d'embuscades et de coups de main, la guérilla. Le relief déchiré des Cévennes, leurs cavernes et leurs gorges profondes, leurs pentes boisées, leurs rocailles, leurs garrigues, leur habitat dispersé se prêtaient à merveille aux brèves échauffourées et aux durs combats des partisans.

Cette guerre intestine, qui a donné lieu à de nombreuses études, échappe aux typologies traditionnelles. Le mouvement prend sa source dans un contexte socio-religieux très particulier. Il touche le petit peuple des Cévennes et du Bas-Languedoc, façonné par une Église réformée bien structurée. La foi communautaire de ces humbles était différente de la religion intériorisée des notables huguenots des grandes villes. Elle se révéla incapable, après le drame de 1685, de se perpétuer clandestinement dans les familles. A partir de 1686 des prédicants clandestins parcourant le pays cherchèrent à restaurer les structures brisées de l'Église réformée, animant les « assemblées du désert », où l'on faisait « contre-abjurer » les nouveaux catholiques repentants. La répression menée par l'intendant Basville cassa cette tentative. L'un de ces prédicants, l'avocat nîmois Claude Brousson, fut pris et exécuté en novembre 1698.

Faute d'encadrement, la communauté huguenote dériva spirituellement, frappée par une sorte de fièvre contagieuse. Ainsi naquit le « mouvement prophétique » : des centaines de jeunes bergers et bergères, qui prétendaient être habités par l'Esprit, entraient en transe ou en sommeil extatique, parlaient en langues et transmettaient leur don. Nourrissant leurs discours apocalyptiques de citations bibliques, annonçant miracles et événements inattendus, ils invitaient à la conversion personnelle et au retour à la foi de leurs pères. Mais vite exaspérés par les persécutions ils se mirent à prêcher la guerre sainte. Se déplaçant en bandes bruyantes, ils faisaient partout des prosélytes : non, clamaient-ils, les protestants ne peuvent plus se laisser mener à la boucherie comme des agneaux! Ils doivent écouter les voix célestes qui crient vengeance, lutter par le fer et le feu contre la « Bête », l'Église catholique persécutrice et idolâtre, son « Antéchrist », le pape, « ministre de Satan », et ses suppôts, « adorateurs de Baal ». Les assemblées du désert se transformèrent en assemblées convulsionnaires, imprégnées d'idéologie millénariste. Elles duraient de dix à douze heures d'affilée. L'un des prédicants les plus écoutés était un jeune homme de petite taille, au visage d'ange, blond et doux, Jean Cavalier, apprenti boulanger de Ribaute, qui se révéla un extraordinaire chef de guerre. Mais il y eut d'autres meneurs : Gédéon Laporte, ancien maréchal des logis dans les armées du roi, Pierre Laporte dit le chevalier Roland, peigneur de laine et châtreur de moutons, Abdias Maurel appelé Catinat (parce qu'il avait servi dans l'armée du maréchal), Abraham Mazel, peigneur de laine, Pierre dit « Esprit » Séguier... On appela ces nouveaux prophètes les « Enfants de Dieu » ou « Camisards » : on n'a jamais su si ce dernier nom venait de leurs habitudes vestimentaires (la camisole qu'ils portaient) ou guerrières (la camisade ou attaque de nuit qu'ils pratiquaient).

Un des traits spécifiques du mouvement était son caractère populaire. Ces révoltés étaient des gens illettrés, simples, frustes, mais pas nécessairement des gueux ou des vagabonds. Parmi eux on comptait nombre de bergers, cardeurs de laine, garçons boulangers, ramasseurs de châtaignes. On remarquait la présence de femmes. C'étaient souvent les plus déterminées, celles qui achevaient les blessés sur les champs de bataille. Peu de bourgeois et moins encore de gentilshommes : la noblesse était trop respectueuse de la hiérarchie sociale pour frayer avec ces inspirés. Le fameux baron de Salgas, envoyé ramer sur les galères à cinquante-sept ans, n'était en fait qu'un sympathisant qui ne se départit jamais de son devoir d'allégeance envers le roi. Au sein du Refuge huguenot il est clair que la plupart des calvinistes considéraient les phénomènes prophétiques avec inquiétude et se gardaient de prendre fait et cause pour ces étranges coreligionnaires.

La révolte éclata le 24 juillet 1702 quand fut assassiné au Pont-de-Montvert, au bord du Tarn, l'archiprêtre Du Chaila, impitoyable pourchasseur de prédicants. Aussitôt, des bandes de jeunes parcoururent la campagne en chantant des psaumes, incendiant les églises, pillant les presbytères, égorgeant les curés, tuant les consuls et les régents d'école.

Les autorités réagirent mollement. Avec la mort de Gédéon

Laporte, on crut en avoir fini avec cette flambée sanguinaire. C'est alors que le mouvement fit tache d'huile. Les groupes camisards devinrent plus audacieux, rétablissant en plusieurs endroits l'exercice public du culte protestant. Les états provinciaux levèrent des compagnies franches de fusiliers. Mobilisant les troupes régulières dont il disposait, le comte de Broglie mena la répression avec vigueur, exécuta, incendia sans vergogne, nourrissant avec une insigne maladresse la rébellion qui prenait corps grâce à la complicité des populations locales. Broglie était partisan de tirer au sort des otages parmi les nouveaux catholiques et de répondre à tout meurtre par deux pendaisons. Le roi s'y opposa. Mais l'engrenage de la violence était enclenché. Aucun des deux camps ne fut exempt d'atrocités. L'armée agissait en pays conquis, sans jamais considérer que ceux qu'elle combattait étaient des sujets de Sa Majesté. Les Enfants de Dieu se livraient à des représailles sanglantes dans les villages catholiques, ne faisant aucun prisonnier. Au total, plus de 150 églises et chapelles furent pillées. Les plombs des vitraux, l'argent des ciboires et des ostensoirs servirent à faire des balles.

L'arrivée du maréchal de Montrevel accentua la répression. Certains officiers du roi se distinguèrent dans les carnages, les incendies et autres sauvageries, comme MM. de Marcilly et de Julien. Des milices catholiques plus ou moins incontrôlées – les Florentins, les Cadets de la Croix –, recrutées parmi les brigands et la lie de la populace, se livrèrent à des atrocités. On raconte qu'elles arrêtaient les passants sur les grands chemins et leur faisaient réciter les prières principales : malheur à celui qui ne les savait qu'en français !...

Par l'intermédiaire de Chamillart Louis XIV était tenu régulièrement au courant. Bien entendu, l'idée que cette poignée de fanatiques combattaient pour leur foi et la liberté du culte lui échappait. Pour lui, la page de la révocation était tournée depuis longtemps. Dans l'insurrection de ces opiniâtres il ne voulait voir qu'une rébellion contre l'ordre établi, contre le caractère sacré de sa personne.

Cependant, avec 18 000 hommes de troupes régulières et une quarantaine de milliers de miquelets, Montrevel ne parvenait pas à rétablir le calme. Le hardi Jean Cavalier et ses colonnes mobiles étaient insaisissables et portaient des coups mortels à ses unités.

Alors le maréchal préconisa les grands moyens : le génocide de la population huguenote des Cévennes. Le roi rejeta cette extrémité mais accepta le « razement » du pays, c'est-à-dire la démolition de 31 paroisses et la déportation d'une douzaine de milliers d'habitants à Béziers, Toulouse, Carcassonne et Lyon. Pour permettre la reconstruction ultérieure des villages, il fut convenu que l'on ne ferait tomber que les toits et les planchers. Les ordres de Versailles, d'une façon générale, tempéraient le zèle intempestif des officiers, mais il est certain que sur place on alla bien au-delà. Le pays s'enfonçait dans le chaos. A la fureur des dragons, aux spectacles quotidiens des pendaisons et du supplice de la roue, les 1 200 ou 1 300 camisards de Cavalier répliquaient par des massacres aveugles qui n'épargnaient ni les enfants ni les femmes enceintes.

En mars 1704 les dragons subirent un cuisant échec au Devois-de-Martignargues. C'est alors que la cour décida le rappel du maréchal et son remplacement par Villars. Avant son départ Montrevel voulut prendre sa revanche : il réussit à surprendre les Camisards à Nages, où 400 d'entre eux furent tués. A la suite de cette action, il découvrit dans les bois d'Euzet leurs caches d'armes et de munitions. C'était un coup très dur porté à l'insurrection.

Villars comprit tout de suite la situation. Il fit la tournée des paroisses révoltées, fit démonter les échafauds et partout afficha sa volonté d'apaisement. Il réussit à négocier avec Cavalier, à flatter sa vanité et à obtenir une reddition d'une partie de ses hommes, moyennant le pardon de Sa Majesté et la possibilité de s'exiler. Les autres chefs tels Roland et Catinat, qui réclamaient le rétablissement de la liberté de culte, continuèrent la lutte. Le premier sera tué en août 1704, le second pris et exécuté l'année suivante.

En raison de ses traits spécifiques, la terrible guerre des Cévennes resta circonscrite à la région. Dans le Rouergue, un curieux aristocrate, abbé laïc, Antoine de la Bourlie, marquis de Guiscard, lointain émule de Latréaumont et de Sardan, conçut le chimérique projet de soulever les paysans et gentilshommes et de faire alliance avec les Camisards. Il rêvait d'une grande révolte populaire et antifiscale, de l'Océan aux Alpes, au nom des libertés provinciales et de la liberté de conscience. Ce féodal maniaque entassa des armes dans son château de Vareilles, près de Millau, et prit contact avec Roland. Mais l'union s'avéra impossible, car Roland, loin de mettre une sourdine à ses violences contre le culte catholique, attaqua sauvagement les églises du pays où devait éclater la sédition. Ayant échoué, La Bourlie s'enfuit à l'étranger.

Malgré les efforts d'un émigré huguenot à Londres, le marquis de Miremont, les coalisés ne prirent que tardivement conscience de l'intérêt de la révolte camisarde : « Pendant longtemps, explique Philippe Joutard, ils n'imaginèrent pas que des prophètes-paysans puissent sérieusement faire échec aux troupes royales [1]. » Plus tard, de 1705 à 1710, toutes leurs tentatives se soldèrent par des échecs (débarquement de La Bourlie au Grau d'Aigues-Mortes, complot des Enfants de Dieu mené par le marquis de Miremont, visant à soulever Nîmes et Montpellier, débarquement de M. de Saissan près d'Agde, etc.).

Après cette période de fureur et de fanatisme, il reviendra à un pasteur, Antoine Court, de rétablir l'Église du Désert dans l'orthodoxie réformée. Signe de cette vitalité retrouvée et de l'échec, finalement, de la politique royale : le 25 août 1715, six jours avant la mort de Louis XIV, un premier synode se réunit aux Montèzes, en Basses-Cévennes.

Les défaites

Cependant la guerre extérieure se poursuivait. Le 13 août 1704, l'armée franco-bavaroise, forte de 35 000 fantassins et de 18 000 cavaliers, commandée par Max-Emmanuel, Tallard et Marsin, était battue par 62 000 Anglo-Impériaux, aux ordres de Marlborough et du prince Eugène. La rencontre eut lieu à Blenheim sur le Danube, en aval du village de Höchstaedt, où Villars avait triomphé l'année précédente. Neuf lieutenants généraux y périrent, et Tallard fut fait prisonnier. L'électeur et Marsin avaient franchi le Danube, abandonnant à leur sort 10 000 fantassins, qui durent capituler. Toute l'artillerie et 172 étendards tombèrent aux mains de l'ennemi. Dans cette désastreuse rencontre Louis XIV avait perdu 30 000 hommes, tués, blessés, prisonniers ou déserteurs. Personne n'osant apprendre au monarque la nouvelle, ce fut Mme de Maintenon qui se dévoua. « Le roi, conte Dangeau dans son *Journal*, soutient ce malheur-là avec toute la constance et la fermeté imaginables ; on ne saurait marquer plus de résignation à la volonté

1. *Les Camisards*, présentés par Philippe Joutard, Paris, 1976, p. 131.

de Dieu et plus de force d'esprit ; mais il ne comprend pas que vingt-six bataillons français se soient rendus prisonniers de guerre... » Comment ne pas éprouver la solitude extrême du pouvoir quand, au milieu de la consternation générale, tout le monde se dérobe et se tait ? Louis le tout-puissant, habitué depuis l'enfance à dicter ses volontés et dont chacun, en temps ordinaire, s'évertuait à devancer les désirs, en était réduit à quêter des bribes d'informations lui permettant de reconstituer le puzzle étrange de cette insaisissable défaite !... Blenheim marqua la rupture d'équilibre en faveur des coalisés.

En dépit de ce désastre, Louis XIV ne sourcilla pas, défiant le destin par son impassibilité marmoréenne. La mécanique de cour, avec ses ressorts bien huilés, continuait à fonctionner à son rythme habituel. Il s'agissait de démontrer que rien ne change, même dans la tempête. Les réjouissances pour la naissance du duc de Bretagne se déroulèrent comme prévu. Le 27 août, le roi se rendit à Meudon, où Monseigneur lui offrit un feu d'artifice. Le lendemain, à Paris, il assista à un nouveau spectacle pyrotechnique, dont le thème était devenu franchement surréaliste : tandis que les généraux français couraient après leurs unités en débandade, on célébrait le triomphe du Tage et de la Seine sur la Tamise et les autres fleuves d'Europe ! Décidément, la « politique de communication » de la monarchie était à revoir...

En 1705 Villars avait repris un commandement sur la Moselle, où il contint Marlborough. Villeroy opérait dans les Pays-Bas, Marsin était en Alsace et Vendôme en Italie. Sauf en Italie, où ce dernier repoussa Victor-Amédée et arrêta Eugène à Cassano d'Adda (16 août), l'année fut sombre, particulièrement en Espagne : échec de libération de Gibraltar, soulèvement en Catalogne qui, par hostilité aux Castillans ralliés à Philippe V, se donna à l'archiduc, capitulation de Barcelone (octobre), perte du royaume de Valence et de la Murcie.

En mai 1705 était mort Léopold Ier, après quarante-sept ans de règne. Louis XIV prit le deuil de son beau-frère en violet. En toutes circonstances les princes régnants conservaient le sentiment d'appartenir à une seule et même famille. Ainsi, lorsqu'en juin 1704 était né son premier arrière-petit-fils, le duc de Bretagne, le roi avait fait part à Victor-Amédée, redevenu son adversaire, de l'heureux accouchement de sa fille Marie-Adélaïde. La lettre écrite de sa main avait été envoyée à Vendôme, qui l'avait fait passer par un trompette d'un camp à l'autre [1]. Le fils aîné de l'Empereur, le « roi des Romains », lui succéda sous le nom de Joseph Ier. Ce fut un grand monarque, autoritaire et énergique, qui largua les vieux oripeaux de la « monarchie universelle » et créa les bases modernes de la monarchie danubienne héréditaire [2]. Subissant l'influence de la forte personnalité du prince Eugène et des conseillers bellicistes, il était encore moins disposé que son père à traiter avec la France.

Au début de 1706, sentant s'accroître la pression de Marlborough en Belgique, Louis XIV ordonna à Marsin, qui se trouvait sur la Moselle avec 18 bataillons et 20 escadrons, de rejoindre le maréchal de Villeroy. Mais ce dernier, impatient de montrer sa valeur, n'attendit pas son arrivée, en dépit des ordres formels de Chamillart et du roi, ordres quatre fois réitérés. Il disposa la gauche de son armée en face d'un marais impraticable, près de Ramillies. Marlborough, naturellement, s'en aperçut et en profita. Il jeta toutes ses forces sur l'aile droite de Villeroy, en bordure de la Méhaigne, et remporta aisément la victoire (23 mai 1706). Ramillies, morne plaine, est située à quelques lieues d'un village nommé Waterloo... Ajoutant une déroute à cette lourde bévue, le mirobolant Villeroy, qui ne faisait jamais rien à moitié, recula jusqu'à la frontière dans la plus grande confusion. Quelques jours suffirent à perdre Louvain, Gand, Bruxelles, Bruges, Audenarde et Anvers. Partout les populations accueillaient les alliés en libérateurs. « Le roi porte tout en grand homme, écrivait Mme de Maintenon, mais il souffre. » Là encore, Louis, à court d'informations et devant le silence persistant de son entourage, dut envoyer Chamillart pour comprendre les dispositions prises par son protégé. Malgré plusieurs demandes présentées par le souverain, celui-ci refusa de donner sa démission, soutenant avec une déconcertante naïveté qu'il n'avait point failli. A Vienne, le conseil aulique de guerre aurait condamné à mort un officier coupable d'une telle désobéissance. A Versailles, le vaincu fut seulement accueilli avec froideur, sans sévérité excessive. Le roi, qui avait perdu bien de sa raideur avec l'âge,

1. Louis XIV, en revanche, n'eut aucun égard pour l'« usurpateur » Guillaume d'Orange : il interdit à sa mort que l'on prît le deuil.
2. Charles W. INGRAO, *In Quest and Crisis : Emperor Joseph I and the Habsburg Monarchy*, West Lafayette, Indiana, 1979.

lui gardait un reste d'amitié : « Monsieur le maréchal, lui aurait-il dit, on n'est pas heureux à notre âge! » Et pourtant quel désastre irréparable! Les États de Flandre avaient acclamé l'archiduc Charles, et Lille se trouvait sous la menace anglo-hollandaise! Saint-Simon aperçut le vaincu errant dans les corridors de Versailles : « Ce n'était plus qu'un vieux ballon ridé, dont tout l'air qui l'enflait était sorti [1]! »

Afin de redonner confiance aux troupes, le monarque rappela d'Italie Vendôme. C'était creuser un trou pour en combler un autre! Par négligence, Vendôme, trop sûr de lui, avait laissé la situation se dégrader dans la plaine du Pô. Le prince Eugène venait de franchir l'Adige et le canal Blanc avec 24 000 hommes et se dirigeait à marche forcée vers Turin, où le sémillant La Feuillade – à la tête d'une armée abondamment pourvue de tout grâce à l'obligeance de son beau-père Chamillart – s'évertuait à prendre la ville par la citadelle, c'est-à-dire l'endroit le mieux défendu.

Pour commander les deux armées d'Italie, celle de Lombardie, qui avait entrepris le siège de Turin, et celle du Milanais, qui servait de couverture, Louis XIV désigna son neveu, Philippe d'Orléans, avec pour mentor le médiocre maréchal de Marsin. Le fils de Monsieur, qui avait le jugement rapide et sûr, voulut attendre Eugène de pied ferme dans une position bien défendue, sur les bords du Tanaro. Pour cela, il fallait dégarnir l'armée de siège. La Feuillade, appuyé par Marsin, refusa. Il ne restait plus qu'à se replier sur Turin et attendre Eugène qui ne tarda pas à faire sa jonction avec Victor-Amédée. Philippe suggéra que l'on sortît au moins des lignes de circonvallation de façon à combattre en meilleure position. Nouveau refus de Marsin qui exhiba de sa cassette un ordre royal lui donnant pleins pouvoirs. Pour lui comme pour La Feuillade, l'essentiel était de prendre Turin. Hélas, Turin s'obstinait à résister. La bataille eut donc lieu et dans les pires conditions. Marsin y perdit la vie. Le duc d'Orléans combattit en héros et fut blessé. Violemment bousculée, l'armée française se débanda, abandonnant tout : tentes, équipages, carrosses, vaisselle d'argent des généraux, canons, étendards et drapeaux (7 septembre). Sous les acclamations de la population les vainqueurs firent leur entrée

1. Insubmersible, Villeroy retrouvera la faveur royale en septembre 1714, lorsqu'il sera nommé ministre d'État et chef du conseil royal des finances.

dans Turin libérée. Blenheim avait fait perdre au roi les pays allemands, Ramillies les Pays-Bas espagnols; cette fois, la déroute de Turin lui valut l'évacuation de l'Italie du Nord.

Le temps des incertitudes

Pendant ce temps, en Espagne, les événements avaient pris mauvaise tournure. Ayant échoué devant Barcelone, secourue par la flotte anglaise (mai 1706), Philippe V perdit le mois suivant sa capitale, où l'archiduc fut proclamé roi sous le nom de Charles III. Heureusement, le peuple castillan lui demeura fidèle. Des guérilleros menèrent une lutte sans merci contre l'armée alliée, commandée par le fils du marquis de Ruvigny devenu lord Galloway, si bien qu'en octobre Philippe V put regagner Madrid sous les vivats. La greffe des Bourbons sur le vieux tronc de la monarchie habsbourgeoise avait pris.

Le 1er janvier 1707, recevant le corps diplomatique, le roi afficha un optimisme qui surprit, alors que tous autour de lui semblaient lâcher pied. « Monsieur, dit-il en se tournant vers l'ambassadeur d'Espagne, nos affaires vont bien! » S'illusionnait-il ou voulait-il donner le change? En ces temps difficiles, Louis XIV, plus que jamais, était un sphynx. Enfermé dans son rêve, ne vieillissait-il pas en s'éloignant des réalités? L'amertume des défaites prenait elle-même un goût de routine. Rien ne changeait dans sa vie quotidienne. Il travaillait avec ses ministres, se promenait dans ses jardins, allait à la chasse ou à sa maison de Marly, recevait ses ambassadeurs et, après sa messe quotidienne, écoutait les émouvants motets de M. de Lalande. Villeroy était toujours là, en semi-disgrâce, et Chamillart, brave et besogneux, n'avait pas encouru ses foudres pour avoir soutenu au-delà du raisonnable un gendre aussi funeste que La Feuillade. Louis aimait à ce point ses habitudes qu'il n'osait plus trancher ni sanctionner. Une sorte d'engourdissement malsain saisissait le royaume à l'image de la paralysie de son souverain, âgé et goutteux, que Blouin, les jours de crise, poussait dans son fauteuil à roulettes garni de cuir de Russie.

Cependant, en Espagne, l'offensive contre les Anglo-Autrichiens se préparait. Amelot, l'ambassadeur de France à Madrid, s'était démené sans compter afin de trouver l'argent nécessaire au recrutement et à l'équipement de nouvelles troupes. La jeune et populaire reine Marie-Louise avait mis en gage ses bijoux. Les Espagnols n'allaient pas tarder à récolter le fruit de leurs efforts [1]. Le 25 avril 1707, le maréchal de Berwick remporta sur lord Galloway la brillante victoire d'Almanza. Envoyé commander en Espagne, le duc d'Orléans reçut cette fois les pleins pouvoirs. Il entreprit, tambour battant, la reconquête méthodique du royaume de Valence, s'empara de Saragosse, capitale de l'Aragon, et enleva après un difficile siège la place de Lérida, l'une des clés de la Catalogne (11 novembre).

La même année, Villars prit le commandement de l'armée d'Allemagne et pénétra profondément dans l'Empire sans rencontrer de grande résistance. En pays conquis, il leva de lourdes contributions dont une partie, comme il l'avoua lui-même, alla « engraisser son veau [2] ». Ce Gascon sans peur n'était pas sans reproches !... Ses pillages, il est vrai, n'étaient que menus larcins au regard des gigantesques razzias opérées par Marlborough pour son compte personnel et dont souffrirent les populations du Nord. Une fois de plus, Vienne se trouva sous la menace française. Villars projetait de passer en Bavière et, de concert avec les Malcontents hongrois, de marcher sur la capitale autrichienne. C'était la reprise de la manœuvre envisagée en 1703. Malheureusement il fallut y renoncer. Villars reçut ordre de se replier et d'envoyer d'urgence des renforts en Provence où les Austro-Piémontais avaient lancé une offensive d'envergure.

Pour la première fois, en effet, l'ennemi avait pénétré loin en territoire français. Franchissant le col de Tende le 4 juillet, une armée de 45 000 hommes, commandée par Victor-Amédée et le prince Eugène, avait envahi la Provence, franchi l'Esterel et les Maures et tenté de s'emparer de Toulon, bloquée par mer par une flotte anglo-hollandaise. La ville fut bombardée et les hauteurs de Sainte-Catherine un moment occupées, mais les envahisseurs échouèrent dans cette audacieuse ouverture d'un nouveau front qui, dans

1. Henry KAMEN, *The War of Succession in Spain, 1700-1715*, Londres, 1969, p. 217 et suiv.
2. Vaux-le-Vicomte achete aux Fouquet.

l'esprit de Marlborough, devait conduire les alliés jusqu'à Lyon. Souffrant de la guérilla menée par les paysans provençaux, dépourvus de vivres et de fourrage, les envahisseurs se retirèrent à partir du 22 août. Amère victoire pour la France : la Provence fut sauvagement ravagée et, lors du siège de Toulon, l'escadre présente dans la rade dut se saborder [1]. Ce désastre, ajouté à la réduction des crédits alloués à la marine, devait signer le déclin de la marine louis-quatorzienne. L'année 1707 fut aussi celle de la conquête du royaume de Naples par les Impériaux. Encore un lambeau de l'Empire espagnol qui s'en allait!

A son habitude, Louis XIV, pendant que ses armées étaient en campagne, chercha à enfoncer des coins dans la coalition. Dès 1704-1705 il envisagea des ouvertures avec les Hollandais. En 1706 il lança des appels à la paix séparée avec la Savoie, les Provinces-Unies, l'Empereur, proposa une médiation du pape ou du roi de Suède, Charles XII. L'année suivante, un député au conseil du commerce, Nicolas Mesnager, agent de Torcy, mena une nouvelle tentative en direction des Provinces-Unies. En vain.

La situation financière était catastrophique. Les revenus de 1708 étaient consommés d'avance, le crédit public ruiné. Une bonne partie de la solde des troupes n'était pas payée depuis 1706. A cause du poids écrasant de la guerre, le régime se débattait dans des embarras financiers chroniques. En 1706, par exemple, le total des dépenses avoisinait les 200 millions, dont 134 pour l'extraordinaire des guerres, la marine, les galères, les fortifications, le pain pour les armées. En face, les recettes n'atteignaient que 53 millions. De 1700 à 1706, le total des dépenses annuelles s'éleva à 1 100 millions et les recettes ordinaires à 350.

Le contrôleur général des finances, Chamillart, aidé de deux directeurs des finances (Armenonville et Rouillé du Coudray, ce dernier bientôt remplacé par Desmarets, neveu de Colbert) dut recourir à tous les expédients classiques de l'ancien régime : ventes d'offices, anoblissements moyennant finances, réductions des rentes de l'Hôtel de Ville, avances sur recettes, augmentations de gages,

1. Il restait une vingtaine de navires, les galères étant parties. Une partie de ces navires couchés en eau peu profonde fut ensuite relevée, mais avec de gros dégâts (voir notamment l'étude faite par Fernand BRAUDEL dans *L'Identité de la France, Espace et Histoire*, Paris, éd. de 1990, p. 354-376).

taxations autoritaires des financiers. Annexe des fermes générales, la Caisse des emprunts ressuscita de ses cendres et contribua à soulager la trésorerie de l'État.

Les déplacements de monnaies étaient massifs et leur transport lointain évité grâce à l'appui des manieurs d'argent et des banquiers suisses, qui faisaient usage de lettres de change d'une place à l'autre. Les cambistes étrangers et la banque huguenote entre autres, avec leurs réseaux ramifiés de correspondants en Europe, contribuèrent à financer les dépenses des régiments du roi et des garnisons du Milanais ou des Pays-Bas espagnols [1]. Ainsi les Hogguer ou le fameux Samuel Bernard, fils d'un modeste peintre du roi, protestant, établi marchand drapier-joaillier rue Bourg-Abbé, qui fit sa fortune dans les affaires extraordinaires avant de se tourner vers les activités maritimes et la haute finance internationale. Ce triomphe des puissances d'argent s'accompagnait petit à petit d'une modification de la considération sociale dont jouissaient les usuriers et maltôtiers que l'on qualifiait « d'intéressés dans les affaires de Sa Majesté [2] ». Louis Béchameil, un des grands partisans de l'époque, époux d'une Colbert, maria une de ses filles à Nicolas Desmarets et l'autre au duc de Brissac : signe de l'ascension de toute une catégorie sociale qui ne fera que s'accentuer au XVIIIe siècle.

Comme son prédécesseur Pontchartrain, Chamillart s'abandonna aux facilités des mutations monétaires en augmentant le cours légal de l'écu et du louis, donc en dévaluant la monnaie de compte, la livre. Ainsi l'État débiteur allégeait-il sans scrupules le fardeau de sa dette. Bien avant l'expérience de Law sous la régence, on vit apparaître un essai de monnaie fiduciaire : les « billets de monnoye », d'abord utilisés pendant la brève période de la refonte des monnaies décriées, puis transformés en titres portant intérêts et servant d'instruments de paiement. Procédé commode, trop commode, vite dénaturé par l'inflation considérable de papiers en tout genre : billets des commis de l'extraordinaire des guerres, des trésoriers de la marine, quittances des trésoriers-payeurs, qui se négociaient avec des rabais substantiels – d'où l'agiotage éhonté de certains financiers. A la vérité, on n'avait pas encore touché le fond de l'abîme...

1. Herbert LUTHY, *La Banque protestante en France de la révocation de l'édit de Nantes à la Révolution*, Paris, 1959-1961, 2 vol.

2. Daniel DESSERT, *Argent, pouvoir et société au Grand Siècle*, Paris, 1984, p. 106.

L'année 1708 fut pauvre en événements heureux. Une tentative de débarquement jacobite en Ecosse échoua piteusement [1]. Des retards, dus à la maladie du « chevalier de Saint-Georges » (tel était le nom de guerre de Jacques III) ainsi qu'à la mésentente entre Chamillart et Jérôme de Pontchartrain, éventèrent le secret. Le soir du 6 mars 1708, une escadre de cinq vaisseaux de guerre et de trente bâtiments de transport, placée sous le commandement du chevalier de Forbin, quitta Dunkerque. Déjouant l'ennemi, elle parvint à rallier le Firth of Forth, mais au dernier moment le pilote fit fausse route. Le lendemain, les Franco-Irlandais découvrirent, bloquant la rivière d'Edimbourg, les 38 vaisseaux anglais de l'amiral Byng, qui les avait pris en chasse. Forbin, ne pouvant ni débarquer ni livrer bataille, réussit seulement à s'échapper et à rentrer à bon port.

En septembre 1708 la flotte de John Leake et d'Edward Whiteker, appuyant les régiments anglais, portugais et napolitains du lieutenant général Stanhope, permit la conquête de l'île de Minorque, position stratégique.

Audenarde et la cabale de Meudon

Plus cinglante fut la défaite des armées françaises en Flandre, où le duc de Vendôme et le duc de Bourgogne formaient le plus dissemblable tandem jamais rencontré : le vice et la vertu, l'expérience et l'incompétence, le feu et l'eau! Le premier, épais, débauché, assuré, audacieux, le second, fluet, doux, pieux, scrupuleux, timoré. Disposant de 80 000 hommes cantonnés près de Valenciennes, il leur eût été aisé de marcher sur Bruxelles, Marlborough n'ayant qu'une soixantaine de milliers d'hommes à leur opposer. Vendôme se contenta de prendre Gand et Bruges et attendit que Versailles fît connaître sa position sur le différend stratégique l'opposant au prince. Ce retard permit à Eugène, à la tête de 35 000 hommes venus de la Moselle, de faire sa jonction avec Marlborough. Ce dernier décida d'attaquer du côté d'Audenarde et fit franchir l'Escaut à son armée. Comme la cavalerie seulement

1. John S. Gibson, *Playing the Scottish Card. The Franco-Jacobite Invasion of 1708*, Edimbourg, 1988.

était passée, Vendôme supplia le duc de Bourgogne de se déployer au plus vite. L'élève de Fénelon hésita et finalement refusa. Belle occasion manquée! « Sans cette mésintelligence, avouera Eugène, nous aurions été battus. » Le 11 juillet, la bataille s'engagea par une série d'affrontements décousus. Vendôme fonça sur la droite ennemie. A son insu, Bourgogne donna l'ordre de charger au centre. La maison du roi et l'infanterie s'emmêlèrent et faillirent se faire envelopper. Des détachements s'égarèrent et furent cueillis par les ennemis. Une partie de l'armée – 80 bataillons sur 139 – regarda l'action se dérouler « comme on regarde l'opéra des troisièmes loges ». Quand la nuit tomba sur cette confuse et indécise rencontre, un conseil de guerre tumultueux opposa les deux cousins. Bourgogne et la plupart des officiers, soumis à l'héritier du trône, opinèrent pour la retraite. Vendôme tonna : « Messieurs, je vois bien que vous le voulez tous; il faut donc se retirer. » Puis, regardant droit dans les yeux le duc de Bourgogne, il lui décocha cette insolence : « Il y a longtemps, Monseigneur, que vous en avez envie! » Le prince subit l'outrage en silence, sans se cabrer. La retraite fut un désastre. Une partie de l'armée se replia sur Lille, Tournai et Ypres, tandis que la maison du roi se posta derrière le canal de Bruges.

Quand Paris apprit la débandade d'Audenarde, ce fut dans les salons, les cafés et maisons de jeu un déluge de chansons injurieuses contre le petit-fils du roi, accusé de couardise. Les Halles et le Pont-Neuf étaient du côté du gouailleur neveu du duc de Beaufort. Sur les promenades publiques on se glissait des copies des lettres railleuses de deux amis et mignons de Vendôme, l'abbé Alberoni, futur premier ministre d'Espagne, et le dramaturge Jean-Galbert de Campistron.

A la cour, ces agitateurs trouvèrent une oreille favorable auprès de Monseigneur, qui méprisait son fils aîné. Ainsi se forma la fameuse cabale de Meudon, derrière trois enfants naturels du roi, Mme la Duchesse, la princesse douairière de Conti et le duc du Maine. En soutenant bruyamment Vendôme, ces puissants personnages visaient à anéantir le crédit du doux élève de Fénelon et à manœuvrer le Grand Dauphin. Pour défendre l'honneur du prince calomnié se leva une autre coterie derrière la duchesse de Bourgogne, les ducs de Beauvillier et de Chevreuse, la duchesse d'Orléans. Intrigue complexe, où les filles bâtardes de la Montespan – Mlle de Nantes (Mme la Duchesse) et Mlle de Blois (la duchesse d'Orléans) – se retrouvaient chacune dans un camp opposé. Louis XIV avait bien du mal à tenir sa famille ! Il lui était difficile de trancher car, autant les critiques haineuses de la cabale contre son petit-fils chéri l'indignaient, autant il devait ménager Vendôme.

Cependant, en Flandre, la querelle homérique continuait. Vendôme clamait qu'il fallait à nouveau attaquer Marlborough. Le temporisateur Bourgogne préférait garder Bruges et Gand. Du coup, on ne bougea pas. L'ennemi mit à profit cette inaction. Le 6 août, Eugène quitta son camp de Bruxelles avec un immense convoi de 3 000 chariots, bourrés d'outils de siège, et alla investir Lille le plus tranquillement du monde. Quarante-cinq mille hommes encerclèrent la place. La campagne était couverte par une seconde armée légèrement inférieure en nombre et commandée par Marlborough.

Défendue par le maréchal de Boufflers et 9 000 hommes, la place résista vaillamment. Le roi ordonna à Vendôme et à Bourgogne de rejoindre les 30 000 soldats du duc de Berwick et de voler au secours de la ville. Les ordres ne furent suivis qu'avec retard. En outre, Berwick jalousait Vendôme, son cousin, auquel il refusa d'obéir et même de parler, ce qui ajouta à l'imbroglio... Avec 120 000 hommes l'armée royale était en mesure d'attaquer Marlborough avant qu'il n'ait eu le temps de se retrancher. Tel était l'avis de Vendôme, mais le prince irrésolu craignit de prendre une si grave décision. Il consulta Versailles On lui expédia Chamillart pour juger sur place. Le ministre, bon joueur de billard à défaut d'être fin stratège, donna raison aux partisans de l'offensive : trop tard ! Marlborough, entre-temps, avait construit ses retranchements ! On hésita à les forcer. Il ne restait plus qu'à fermer la nasse autour de Lille et empêcher les alliés de se ravitailler. Mais le blocus ne fut pas hermétique. Armes et vivres continuèrent de parvenir à l'armée de siège, si bien que Lille capitula le 22 octobre. Pour sauver l'honneur, le brave Boufflers alla se barricader dans la citadelle avec les dernières troupes disponibles. Mme de Maintenon écrivait à la princesse des Ursins : « Je ne vois que pleurer, trembler, gémir, et tout ce qui m'environne est encore plus inquiet que moi ; le roi seul est ferme à vouloir le combat pour le secours de

Lille et pour l'honneur de la nation. » Boufflers tint héroïquement jusqu'au 9 décembre. Ce jour-là, à bout, il capitula. Bourgogne apprit la nouvelle avec insouciance : il jouait au volant; il ne daigna pas interrompre sa partie. Bruges et Gand tombèrent à leur tour. Rumeurs et calomnies repartirent de plus belle. Les ennemis du duc de Bourgogne reprochèrent au prince d'avoir trop lu le *Télémaque* de M. de Cambrai et d'avoir voulu, par la chute de Lille, forcer son grand-père à faire la paix.

Sur le moment le roi n'adressa aucun reproche aux deux vaincus, mais il cloua le bec à la cabale de Meudon en disgraciant, à la demande de Marie-Adélaïde, le duc de Vendôme qui se retira à Anet. Disgrâce provisoire : le roi avait trop besoin du « Dieu Mars »!

Les maladresses du duc d'Orléans

Dans cette sombre année 1708, la seule éclaircie vint d'Espagne, avec la prise de Tortosa par le futur régent, le 11 juillet, jour de la défaite d'Audenarde. Malheureusement, des complications politiques aggravèrent la situation. Philippe d'Orléans se comportait dans la péninsule Ibérique comme un général vainqueur, distribuant à sa fantaisie les pardons et les gouvernements. Dans les proclamations qu'il signait, il s'intitulait « Don Felipe, nieto de Francia y España » (Don Philippe, petit-fils de France et d'Espagne), manière de rappeler ses droits à la couronne. Dans les provinces conquises il se faisait le défenseur des libertés locales contre la centralisation madrilène. Certes il ne se posait pas en prétendant face à Philippe V, mais il caressait l'idée, au cas où son cousin serait renversé par les alliés, qu'il ferait un candidat de compromis acceptable. James Stanhope, chef du détachement britannique et son ancien compagnon de débauche à Paris, n'était-il pas de cet avis? Ses ambitions se heurtèrent à celles de la *camarera mayor*, à qui il reprochait de lui mesurer vivres et munitions. Un soir, à la fin d'un repas d'officiers, un peu éméché, il ironisa sur les talents militaires de Mme des Ursins et sur ceux de Mme de Maintenon. Il leva son verre à la cantonade en s'écriant : « Messieurs, je vous porte la santé du con capitaine et du con lieutenant! » Ces propos d'après boire revinrent naturellement aux oreilles des intéressées...

L'année suivante, profitant de la présentation d'un mémoire en faveur de la noblesse d'Aragon qu'il soutenait, Mme des Ursins poussa Philippe V à se plaindre à son grand-père. De retour en France, Philippe d'Orléans fut privé de son commandement. L'arrestation en Espagne de deux de ses secrétaires, Flotte et Regnault, donna prétexte à de nouvelles calomnies : on l'accusa de haute trahison. Les ragots les plus invraisemblables circulèrent contre lui. La cabale de Meudon se ranima. Conti et Vendôme, jaloux de la gloire du prince, se répandaient en diatribes furibondes. Le Grand Dauphin réclamait un procès. Torcy, Pontchartrain, Chamillart hochaient gravement la tête. Et le souci du roi fut de calmer la tempête. Mieux que personne, il savait que son neveu ne l'avait pas trahi dans cette étrange affaire [1]. Dans la conjoncture désastreuse où se trouvait la France, ne fallait-il pas envisager tous les cas de figure? Si Philippe V était déchu par les alliés, pourquoi l'autre Philippe, si populaire par ses victoires et dont les droits à la couronne étaient indiscutables, ne tenterait-il pas sa chance? C'était peut-être un moyen d'avoir enfin la paix. Louis XIV, à qui le duc d'Orléans s'était confié, avait acquiescé et lui avait donné carte blanche.

Des clans aux « cabales »

En cette période troublée il n'est pas inutile d'analyser la situation politique de la cour. Les protagonistes de l'époque glorieuse ont tous disparu : Colbert est mort en 1683, Le Tellier en 1685, Louvois en 1691, Barbezieux en 1701, Vauban en 1707. D'autres figures les ont remplacés. Au moins en apparence, les clans familiaux subsistent et ont conservé leurs positions au sein de l'État. Tous les ministres et secrétaires se rattachent peu ou prou à l'une des deux grandes dynasties qui se sont partagé le pouvoir (sous la houlette royale, bien entendu). Michel Chamillart, ministre, secrétaire d'État à la guerre, grand trésorier du roi, est resté longtemps une personnalité indépendante, hors clan, ceci grâce à l'amitié du roi et à la protection de Mme de Maintenon. Il a cumulé un moment les anciennes charges de Colbert et de Louvois. Mais en

1. Mgr Alfred BAUDRILLART, *Philippe V et la cour de France*, Paris, 1890-1898, 4 vol., t. II, p. 68 et suiv.

janvier 1708 il s'est rapproché des Colbert en mariant son fils, le marquis de Cany, à Marie-Françoise de Rochechouart, petite-fille du grand ministre. Desmarets, neveu de Colbert, a refait surface après sa longue disgrâce. Grâce à sa vive intelligence, à ses remarquables talents de financier, à ses relations avec les manieurs d'argent, ce bourreau de travail est devenu le conseiller officieux de Le Peletier, de Pontchartrain puis de Chamillart, dont il est intronisé officiellement l'un des adjoints, avec le titre de directeur des finances (1703). En février 1708, il soulage ce dernier, écrasé par l'ampleur de sa tâche, du Contrôle général des finances. En novembre, il accède au conseil d'en haut, où il retrouve l'un des artisans de son retour en grâce, Paul, duc de Beauvillier, gendre de Colbert, ainsi que Jean-Baptiste Colbert de Torcy, fils de Colbert de Croissy, ministre, secrétaire d'État aux affaires étrangères, grand maître et surintendant des postes, chancelier des Ordres du roi. Par ailleurs, le duc de Chevreuse, l'autre gendre de Colbert, le fidèle ami de Fénelon, est resté en contact étroit avec Louis XIV, dont il est toujours l'un des conseillers secrets.

Face à la tribu des Colbert, maintenant reconstituée au sommet de l'État, les Le Tellier n'ont à leur opposer que deux de leurs lointains et anciens protégés, les Phélypeaux-Pontchartrain, qui appartiennent à une grande dynastie ministérielle et dont l'allégeance n'a jamais été parfaite : Louis de Pontchartrain, chancelier de France depuis le 5 septembre 1699, et son fils Jérôme, secrétaire d'État à la marine et aux colonies (ce dernier n'étant pas membre du conseil d'en haut). On le voit, le « clan des couleuvres » est devenu dominant. Cela dit, le « clan des lézards » (Le Tellier-Louvois) n'a pas totalement quitté les allées du pouvoir. Dans l'armée, à la cour, dans la magistrature et le monde des officiers et des commissaires il occupe de puissantes positions : s'y rattachent les maréchaux de Villeroy, de Boufflers, de Villars (marié à la petite-fille de Courtin), d'Estrées (allié aux Courtanvaux), d'Harcourt, d'Huxelles (allié aux d'Aumont), et de Tessé (ancien protégé de Louvois), Jacques Louis de Beringhen, époux de la petite-fille du chancelier Le Tellier, Nicolas de Lamoignon, marquis de Basville, le célèbre intendant, et son neveu, Guillaume Henri de Lamoignon (futur chancelier), uni à la petite-fille de Claude Le Peletier...

A vrai dire, à l'époque où nous sommes parvenus, une exacte compréhension des cercles dirigeants ne saurait se contenter de la seule grille d'analyse des clans. Ceux-ci n'ont plus la solidité de naguère. Ils structurent mal la réalité du pouvoir (à preuve le système de gouvernement direct mis en place par Louis XIV après juillet 1691) et ont perdu leurs grands prolongements provinciaux. Des vastes réseaux de clientèle ne subsistent que quelques morceaux épars. Le patronage royal avait pour ainsi dire tout absorbé. A y regarder de près, on s'aperçoit que ces grands ensembles de parentèles sont beaucoup plus divisés qu'on ne le pense, ce qui est naturel puisqu'ils n'ont plus à leur tête le « patron » incontesté, capable de faire régner l'ordre et de maintenir la cohésion interne du groupe. Du coup, les liens de solidarité familiale se distendent, des sous-groupes apparaissent, rendant plus diffus leur pouvoir. Ce ne sont plus que des agglomérats de familles, qui ont adopté des stratégies individuelles. Au moment de la succession espagnole, les opinions ont divergé à l'intérieur des anciens clans. Depuis, les d'Estrées, les Harcourt, les Noailles se sont rapprochés de Mme de Maintenon dont ils forment l'entourage politique. Les Pontchartrain ont suivi leur voie personnelle. Par ailleurs, d'un clan à l'autre, des liens d'amitié se sont tissés. Desmarets, par exemple, est grand ami des maréchaux de Villeroy et d'Huxelles et en bons termes avec le chancelier Pontchartrain. En revanche, les ducs de Chevreuse et de Beauvillier n'ont pas les mêmes convictions politico-religieuses que leur parent par alliance, Torcy, qui dans la famille Colbert est une figure à part, assez marginale.

Les grands clans d'autrefois ont dégénéré en coteries, Saint-Simon l'a fort bien analysé [1]. Selon lui, en 1708-1709 la cour se partage en trois « cabales » ou « partis ». La première, qu'il appelle la « cabale des seigneurs », s'est placée « sous les ailes de Madame de Maintenon ». Louis François, maréchal de Boufflers, en est le porte-étendard, et son collègue, le duc d'Harcourt, le « pilote ». En seconde ligne, apparaissent le chancelier Louis de Pontchartrain, impatient de regagner l'amitié perdue de l'épouse secrète du roi, son fils Jérôme et Jacques Louis de Beringhen, premier écuyer. C'est ce dernier, rompu aux intrigues du petit monde versaillais, qui a noué une partie des fils de la cabale, rameutant son cousin le maréchal d'Huxelles, « rongé de l'ambition la plus noire ». Le

1. Emmanuel Le Roy Ladurie, « Système de la cour (Versailles, vers 1709) », *Le Territoire de l'Historien*, t. II, Paris, 1978, p. 275-299 (voir le diagramme des réseaux de relations entre les personnages et les cabales établi par Mme J. Field-Reculat, p. 278).

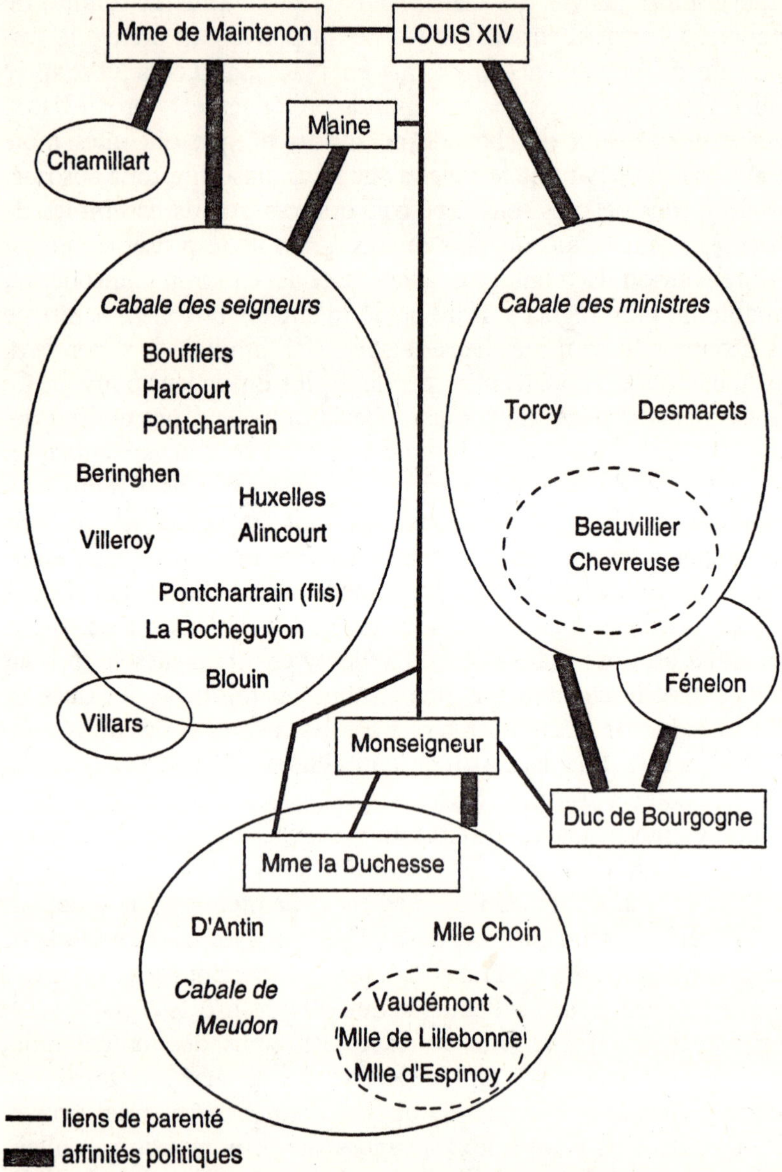

LES CABALES DE LA COUR
(1709)

maréchal de Villeroy est aussi de la partie. Quoique disgracié depuis ses amères défaites, il n'a jamais perdu « les étriers chez Mme de Maintenon », ce qui lui ménage la considération des autres, dans la crainte d'un retour de fortune (qui se produira effectivement en 1714). Villeroy a entraîné son fils, Louis Nicolas, marquis d'Alincourt, marié à Marguerite Le Tellier, fille de Louvois. Dans le même groupe se placent encore le marquis de la Rocheguyon, fils du duc de la Rochefoucauld et gendre de Louvois, ainsi que l'influent Blouin, premier valet de chambre du roi et intendant de Versailles (qui contrôle par conséquent tous les espions et valets du château).

On le voit, la « cabale des seigneurs » regroupait une bonne partie des membres de l'ancien clan Le Tellier, sans avoir de véritable chef de file [1]. C'était une coalition de forces aux contours idéologiques assez nets : ses membres étaient des conservateurs, attachés à l'absolutisme royal, à l'Église gallicane, hostiles à Rome et aux Jésuites et penchant pour la défense du pré carré plutôt que pour l'union franco-espagnole. Ils mettaient leurs espoirs dans le dauphin, Louis de France, dont les opinions étaient voisines des leurs. Ils ménageaient la duchesse de Bourgogne, qui, en retour, les tenait en considération.

La seconde cabale est celle « des ministres ». On y trouve les deux gendres de Colbert, les ducs de Beauvillier et de Chevreuse, dont Fénelon « du fond de sa disgrâce et de son exil » est le coryphée. Ce premier cercle, encore uni par les souvenirs du quiétisme, compte sur l'avènement de « Louis XVI », le duc de Bourgogne, pour réaliser son programme. Il se complète d'un second cercle de « techniciens » composé de Desmarets et Torcy. Au plan idéologique, cette cabale n'était pas homogène : le premier cercle était celui des dévots, ennemis des jansénistes et amis des Jésuites ou des Sulpiciens (ces deux ordres étant d'ailleurs rivaux), le second était hostile à Rome, gallican et proche du jansénisme (n'oublions pas que Torcy avait épousé Catherine Félicité Arnauld de Pomponne). Mais comme cette cabale occupait le pouvoir – au moins en par-

1. Gardons-nous de faire de Mme de Maintenon le chef d'état-major de cette brochette de maréchaux et de grands seigneurs bien que son rôle s'affirme plus nettement à partir de 1701 : l'épouse secrète occupe une position ambiguë de conseillère discrète du roi.

tie – et que, de ce fait, elle était impopulaire, elle s'efforçait de taire ses divisions [1].

La troisième, plus marginale, est celle de Meudon. Elle a à sa tête deux enfants de Mme de Montespan : Mme la Duchesse et Louis Antoine de Gondrin de Pardaillan, marquis d'Antin, que ses « privances avec le roi » rendent redoutable. En font partie Mlle Joly de Choin, le prince de Conti, le duc de Vendôme. Derrière eux (et se défiant d'eux), il y a le sous-groupe des Lorrains : Béatrix Hiéronyme de Lorraine, demoiselle de Lillebonne, et sa sœur, Élisabeth, princesse d'Espinoy, ainsi que leur oncle, Charles Henri de Lorraine, prince de Vaudémont, gouverneur du Milanais. Avec cette cabale sulfureuse de paillards, d'impies et d'homosexuels, cabale qui avait si insolemment soutenu Vendôme contre l'héritier du trône, aucune des deux autres ne voulait frayer, mais, observe Saint-Simon, toutes deux la ménageaient à cause de l'appui que lui donnait le Grand Dauphin. Les gens de Meudon n'avaient pas de ligne politique bien définie, mais ils se sentaient plus d'affinités avec les conservateurs gallicans – les « seigneurs » – qu'avec les dévots ultramontains – les « ministres ».

Certains personnages, tout en se situant en retrait, éprouvaient pour la cabale des seigneurs une certaine sympathie : c'étaient Adrien Maurice, duc de Noailles, très lié à la marquise de Maintenon dont il avait épousé la nièce, le maréchal de Villars, qui poursuivait des ambitions personnelles, le duc du Maine, qui n'avait besoin de l'appui de personne puisqu'il régnait « sur le cœur du roi et de Mme de Maintenon », le maréchal de Tessé, ami de Pontchartrain mais tenu par tous à l'écart. Préférant les ministres aux seigneurs, on trouvait le duc de Bourgogne, qui, « enfoncé dans la prière et dans le travail de son cabinet, ignorait ce qui se passait sur

1. Luc-Normand Tellier (*Face aux Colbert, les Le Tellier, Vauban, Turgot... et l'avènement du libéralisme*, Québec, 1987, p. 514) présente une vision à la fois trop moderne et trop simpliste de la situation en affirmant que l'une de ces « cabales » était au pouvoir et l'autre dans l'« opposition ». Les « cabales » de la fin du règne de Louis XIV ne sont pas à proprement parler des « partis », comme les *Whigs* ou les *Tories*, même si elles ont présenté quelques vélléités d'évolution en ce sens. Elles font partie intégrante des « cercles » du pouvoir et se donnent implicitement pour but, non de gouverner, mais d'influer la politique royale, d'agir sur les leviers du pouvoir, d'obtenir des avantages pour leurs membres : prestige, pensions, postes. Le monarque reste le maître, au centre du dispositif. Mme de Maintenon n'est pas plus l'animatrice d'un « shadow cabinet » que le duc de Bourgogne n'est premier ministre!

la terre, suivait les impressions douces et mesurées des ducs de Beauvillier et de Chevreuse », le maréchal de Berwick, lié à Torcy. A mi-chemin des deux principaux groupes campaient les inclassables, les électrons libres, comme le comte de Toulouse, le duc de Berry ou le duc d'Orléans... Cette subtile cartographie politique de la cour, dessinée par Saint-Simon, avec un dégradé infini de nuances, va nous permettre de mieux saisir l'évolution du système politique dans les dernières années du règne.

CHAPITRE XXV

Les années tragiques

Le « grand hyver »

Aux difficultés militaires et politiques s'ajouta bientôt une calamité imprévue, l'hiver le plus rigoureux que, de mémoire d'homme, on eût connu. La veille de l'Épiphanie, dans la nuit du 5 au 6 janvier 1709 – soixante ans, jour pour jour, après la fameuse nuit des Rois qui avait vu le départ du jeune Louis XIV pour Saint-Germain –, une chute de la température d'une vingtaine de degrés jeta du nord au sud du pays une implacable vague de froid. Selon les estimations de Marcel Lachiver, fondées sur des observations de relevés thermométriques, il dut faire – 16,3° à Paris et autour de –25°, peut-être moins, dans la Beauce ou la plaine morvandelle. Le froid dura jusqu'au 24, avec des températures s'abaissant jusqu'à – 18,1°. Pendant dix-huit jours consécutifs le thermomètre resta au-dessous de – 10°. Ce devait être un spectacle hallucinant que de voir la Somme, la Seine, la Garonne, le Rhône entièrement pris dans les glaces, comme la mer dans le vieux port de Marseille [1] ! A la campagne, tout gelait : l'eau, le vin, le cidre, l'eau-de-vie. Dans les maisons on endurait un froid insupportable, même sous la couette. Le pain ne se coupait qu'à la hache. Le roi, que rien ne rebutait, fut contraint de différer ses promenades quotidiennes à Trianon ou à Marly, à cause de l'incapacité des gardes et des officiers à le suivre. Le feu ne chauffait pas. A l'un de ses correspondants Mme d'Huxelles ironisait : « Les nouvelles sont courtes, Monsieur ; l'encre gèle au bout de la plume... »

1. Marcel LACHIVER, *Les Années de misère*, Paris, 1991, p. 289.

Après un premier dégel vers le 25 janvier, la terre, trempée d'eau et couverte de neige fondue, connut du 4 au 8 février une nouvelle vague de froid. Une troisième offensive s'abattit le 22 février et une quatrième le 10 mars. Un désastre! Les semis étaient pourris comme les vignobles et les vergers; les chênes éclataient; les oliviers du Languedoc et de Provence, les orangers, les amandiers mouraient tous. Les inondations du printemps noyèrent les rares cultures qui restaient. Une bonne partie du bétail et du gibier avait disparu, et l'on revit des loups affamés s'attaquer aux hommes.

Le prix des céréales s'envola. Les parlements, le contrôleur général Desmarets, les commissaires de police de Paris s'en prirent aux accapareurs de blé, contraignirent les laboureurs, les seigneurs, les communautés religieuses à déclarer leurs stocks, puis arrêtèrent différentes mesures pour taxer les riches, surveiller les marchés, organiser les échanges de grains entre provinces, acheter des blés étrangers en Morée, en Dalmatie ou en Barbarie. Les convois maritimes, conduits par Cassard ou le chevalier de Pas, s'efforçaient d'éviter les vaisseaux anglais. Au début de juin le roi envoya à la Monnaie tout son service d'or et invita les courtisans à faire de même. Bref, le pouvoir agissait comme il pouvait mais la nature, cruellement, se chargeait de lui rappeler ses limites. Dressant un tableau minutieux des conséquences démographiques de ces caprices météorologiques, Marcel Lachiver estime à 100 000 le nombre de morts supplémentaires de janvier à mars 1709 et à 630 000 le nombre total des victimes en 1709-1710. Une terrible saignée, par conséquent, mais moins grave que celle des années 1693-1694.

Les préliminaires de la paix

A Versailles, Louis restait sombre, roulant dans sa solitude d'amères pensées. Ce Dieu tout-puissant, terrible et vengeur, auquel il croyait, ne voulait-il pas lui manifester par ce « gros hyver » sa colère, le châtier, comme il avait châtié l'orgueil de Pharaon? « Il semble que Dieu veut nous réduire à la dernière extrémité, écrivait Mme de Maintenon (...). Dieu se déclare contre nous. Il faut adorer ses desseins et s'y soumettre (...). Je pense qu'il faut céder à la force, au bras de Dieu qui est visiblement contre nous...[1] »

Or, nous le savons, la piété était le point sensible de toute une partie de la cour, en particulier du groupe des dévots rattaché à la cabale des ministres. A en croire ces belles âmes, il fallait ne pas s'obstiner dans une résistance vaine mais conclure la paix au plus vite, renoncer aux villes et aux provinces conquises par la contrainte, revenir aux frontières de 1659 voire de 1648. Lille, Strasbourg, Besançon, Valenciennes figuraient dans la liste des biens mal acquis. Louis XIV n'allait pas jusque-là, mais il subissait leur influence par Mme de Maintenon, pessimiste en diable, qui les relayait jusque dans la chambre royale. C'était le moment où la fondatrice de Saint-Cyr reprochait à sa vieille amie, Mme des Ursins, « sa passion pour le roi et la reine d'Espagne qui lui faisait oublier d'être française ». L'épouse secrète du roi était un curieux personnage, centre de multiples intrigues entrecroisées. Elle exécrait les animateurs du groupe des dévots, Chevreuse et Beauvillier, trop inféodés à M. de Cambrai, mais partageait leur point de vue sur l'urgence de la paix. Contre eux, elle favorisait la cabale des seigneurs, qui ne faisait pourtant pas du pacifisme leur principale préoccupation. Elle avait un représentant au conseil d'en haut, Michel Chamillart, secrétaire d'État à la guerre, et aurait bien voulu y introduire un second en la personne du maréchal d'Harcourt.

Les défaites avaient attisé les rivalités de cour. Le *Journal* de Torcy, précieux document pour la période de 1709-1710, montre qu'à ce moment-là le conseil d'en haut retrouva un certain lustre : on y débattit de questions de fond. Malgré la fluidité des opinions, les discussions étaient vives. Rivalités et divergences s'étalaient au grand jour. Beauvillier et le chancelier Pontchartrain avaient parfois de brusques altercations. Monseigneur, toujours boutefeu, restait indocile. Chamillart, malade, accablé de vapeurs et de rhumatismes, écrasé de labeur, subissait le feu des critiques de Pontchartrain et même de Desmarets, son ancien collaborateur. Quant au roi, tantôt roc superbe affrontant les flots, tantôt souple roseau se courbant sous la houle des événements, son image se brouillait.

1. *Lettres inédites de Mme de Maintenon et de Mme des Ursins*, éd. Bossange, Paris, 1826, t. I, p. 405, 408, 414 (avril 1709).

Il donnait parfois l'impression d'hésiter au milieu des querelles de son entourage. On le verra céder aux dévots et aux pacifistes puis soudain se reprendre, exploser de fureur.

Conscients de ces flottements et de l'état de la France, les coalisés ne se pressaient pas de répondre aux offres de paix. Un mémoire de Van der Dussen, pensionnaire de Gouda, énumérait leurs exigences : abandon de l'Espagne, des Indes, du Milanais, des Pays-Bas, constitution d'une barrière de places à prendre en territoire français et signature d'un traité de commerce favorable aux Hollandais.

Le monarque n'était guère en mesure de discuter. Le 5 mars 1709, un négociateur chevronné, Pierre Rouillé de Marbeuf, ancien ambassadeur à Lisbonne, partit pour la Hollande afin de réclamer une suspension d'armes et l'ouverture d'une conférence de paix. Au village de Streydensaas il rencontra Van der Dussen et Buys, pensionnaire d'Amsterdam, qui firent monter les enchères. Les Néerlandais demandaient, pour le compte des alliés, la cession de la basse Alsace à l'Empereur, le retour aux conditions des traités de Westphalie pour l'Empire, la reconnaissance de la succession protestante anglaise, la destruction des fortifications de Dunkerque et la cession de Neufchâtel au roi de Prusse. Pour eux-mêmes ils précisaient que la Barrière devrait comprendre Furnes, Ypres, Menin, Lille, Tournai, Condé et Maubeuge. Si dure qu'elle fût, la relation de Rouillé ne rebuta point le roi. Celui-ci était prêt à toutes ces concessions – y compris sur Lille –, mais souhaitait offrir à son petit-fils, en compensation de la perte du trône d'Espagne, le royaume des Deux-Siciles (c'est-à-dire Naples et la Sicile). Si les Hollandais n'y furent pas opposés, dès le 10 avril, au nom de Sa Majesté britannique, Marlborough exigea la cession de tout l'Empire espagnol, et Eugène lui apporta son soutien. Les alliés ne voulaient donner à Louis XIV aucun répit lui permettant de refaire ses forces.

Fallait-il passer sous les fourches caudines? Le 28 avril, se tint à Versailles un important conseil réunissant autour du roi le Grand Dauphin, le duc de Bourgogne, le chancelier Pontchartrain, le duc de Beauvillier, Chamillart, Desmarets et Torcy. Le découragement était général. On n'avait plus les moyens de financer une nouvelle campagne. Torcy proposa de renouer le dialogue avec les Hollandais en se rendant lui-même à La Haye. Louis XIV accepta, les larmes aux yeux.

Heinsius jubila en voyant arriver un ministre du Roi-Soleil, en petit équipage, avec le passeport d'un simple courrier, venant mendier la paix. Les négociations se déroulèrent en présence du prince Eugène et de Marlborough. Pressé de conclure, Louis XIV accepta d'en passer par à peu près toutes les exigences de ses adversaires. Mais, chaque jour, ceux-ci ajoutaient de nouvelles demandes. Torcy pria ses interlocuteurs de consigner noir sur blanc une fois pour toutes l'ensemble de leurs revendications. Heinsius, au nom de tous, lui remit un plan en quarante articles, appelé « Préliminaires de La Haye », qui prévoyait notamment dans son article IV une clause humiliante : le roi de France devait reconnaître Charles III comme souverain de toutes les Espagnes et faire en sorte que dans les deux mois son petit-fils lui cédât le trône. En cas de refus les contractants prendraient de concert les « mesures convenables pour assurer l'entier effet de la présente convention ». En d'autres termes, Louis XIV pouvait être appelé à faire la guerre à son petit-fils. A ces conditions, une simple suspension d'armes de deux mois lui était accordée, étant entendu que, pour le traité de paix final, la liste des exigences pourrait être allongée.

C'était diabolique : avec ce plan, non seulement la France serait vaincue, diminuée, à la merci des alliés par les trouées faites sur ses frontières, mais son roi serait marqué pour le reste de ses jours du sceau de la honte. Heinsius savourait sa vengeance ! Louis XIV ne pouvait abdiquer à ce point. Il accepta toutes les clauses des Préliminaires de La Haye, à l'exception de l'article IV. C'était l'impasse.

Crise politique

Un peu partout en France, après le terrible hiver de 1709, menacé par la disette puis la famine, le peuple se révoltait. Des boulangeries étaient pillées, des convois de grains arrêtés. Les chemins n'étaient plus sûrs. A la tête des émeutes de la faim se trouvaient des femmes de soldats, des harangères, des bateliers armés de haches et de bâtons. Dès le mois de mars l'agitation gagna Paris. Le 30 avril, le Grand dauphin, se rendant à l'Opéra, se heurta à une foule qui criait : « Du pain ! Du pain ! » Il s'en tira par quelques pièces de monnaie et quelques promesses jetées en l'air. Les autorités renforcèrent la sécurité des marchés en faisant venir douze compagnies de gardes-françaises et un bataillon de suisses. Malgré cela, au début de mai, des bateliers attaquèrent des charrettes de grains près de l'abbaye. Le 22, le lieutenant général de police d'Argenson fut pris à partie alors qu'il se rendait aux obsèques de Mme de Caumartin. Les glaces de son carrosse furent brisées. En août, une émeute éclata aux alentours de la rue Saint-Denis et une autre au faubourg Saint-Antoine. La foule des miséreux employés dans les ateliers publics étaient au cœur des échauffourées. Le carrosse de d'Argenson fut à nouveau assailli, et son hôtel échappa de peu au pillage. Les archers du guet tirèrent. Il y eut des morts. Les carrosses de Boufflers et du duc de Gramont furent arrêtés place de Grève. Le brave maréchal, très populaire depuis sa résistance héroïque à Lille, parla aux manifestants et promit de faire tout ce qui serait en son pouvoir pour soulager la misère populaire. Sitôt arrivé à Versailles, il alla rendre compte au roi des événements. Bientôt le régiment des gardes quadrilla Paris. Un dangereux ferment révolutionnaire gagnait villes et campagnes. Le passé suffocant remontait à la surface. On se serait cru soixante ans en arrière! A Rouen, la populace criait : « Vive Marlborough! »

Dans ce tourbillon de fureur et de passion le souverain lui-même n'était point épargné. Des fenêtres de son palais il entendait les cris des gens affamés. Aux portes des églises on avait placardé une nouvelle prière : « Notre Père, qui êtes à Versailles, donnez-nous notre pain qui nous manque de tous côtés. Pardonnez à nos ennemis qui nous ont battus, mais non à vos généraux qui les ont laissé faire. Ne succombez pas à toutes les tentations de la Maintenon, mais délivrez-nous de Chamillart! »

Certaines chansons traitaient Madame de Maintenon de « vieille guenon » et l'accusaient de spéculer sur les blés. D'autres appelaient à la révolution. On trouvait des affiches faisant l'éloge de Brutus et de Ravaillac : « Le roi, écrit Saint-Simon, en fut peiné pendant quelques jours; mais, réflexion faite, il comprit que des gens qui menacent et qui avertissent ont moins dessein de se commettre à un crime que d'en donner l'inquiétude. » Ce qui le piqua davantage, poursuit le mémorialiste, fut « l'inondation des placards les plus hardis et les plus sans mesure contre sa personne, sa conduite et son gouvernement, qui, longtemps durant, furent trouvés affichés aux portes de Paris, aux églises, aux places publiques et surtout à ses statues [1], qui furent insultées de nuit en diverses façons. Il y eut aussi une multitude de vers et de chansons où rien ne fut épargné ».

L'ampleur et la simultanéité de ces attaques prouvaient qu'il y avait des réseaux souterrains et peut-être un chef d'orchestre clandestin. Pour conjurer le sort, on ne savait plus à quel saint se vouer. Le 16 mai, le cardinal de Noailles, archevêque de Paris, le chapitre de la cathédrale, les prêtres des paroisses et le Parlement en robe rouge promenèrent dans les rues les châsses de saint Marcel et de sainte Geneviève.

Sous le choc, la machine politique versaillaise se détraquait ou du moins donnait des signes de faiblesse. Autour du souverain vieillissant le poids des militaires s'accentuait (Boufflers, Villars, Harcourt, Tessé), les rivalités de coteries s'exacerbaient. Dans un régime où l'opinion n'était censée jouer d'autre rôle que celui du chœur antique, les critiques fusant de partout semblaient mettre en péril l'édifice. Pour préserver le trône, l'entourage royal ressentit la nécessité de désigner un bouc émissaire : Chamillart. On lui reprochait d'avoir désorganisé les finances du pays, laissé les armées en pitoyable état, sans vêtements, sans armes, sans approvisionnements, d'avoir oublié depuis des mois la solde des suisses et des gardes du corps, bref d'être un incapable. « Il faut que Chamillart ou l'État périsse », répétait-on. Le malheureux avait perdu progressivement tous ses soutiens à la cour : Mme de Maintenon en voulait à « sa créature » de s'être rapprochée de la cabale des ministres en mariant son fils à Mlle de Mortemart. La duchesse de Bourgogne lui reprochait d'avoir manifesté sa sympathie à Vendôme. Caustique et méprisant, Harcourt visait sa place au conseil et piaffait d'impatience, tout comme d'Antin, qui aurait bien aimé voir ainsi se concrétiser l'amitié du roi. Le duc du Maine le battait froid, comme Mlle de Choin, et l'on sait que l'opinion de cette dernière comptait énormément à Meudon. Monseigneur, que Chamillart, mauvais courtisan, avait négligé du temps de sa faveur, n'avait donc aucune raison de le protéger, si bien que, quand se noua contre lui l'alliance de la cabale de Meudon et celle des ministres, il ne se trouva personne, pas même dans le groupe des dévots, pour le soutenir. A Marly, le 10 mai, lors d'un conseil improvisé, le

1. Celles de la place Vendôme et de la place des Victoires.

secrétaire d'État à la guerre subit les critiques acerbes de Boufflers et de Villars. Deux jours plus tard, dans l'après-midi, se tint pour la première fois à la cour un vrai conseil de guerre. Louis y avait convoqué son petit-fils, en lui susurrant « un peu aigrement » : « A moins que vous n'aimiez mieux aller à vêpres ! » A ce conseil assistèrent Monseigneur, le duc de Bourgogne, Boufflers, Villars, Harcourt, Desmarets et Chamillart. Les maréchaux se déchaînèrent contre ce dernier. Tandis que le monarque gardait le silence, le pauvre homme, d'habitude calme, s'emporta : on l'entendit crier du petit salon voisin, comme un voyageur qu'on égorge au coin d'un bois.

Louis répugnait à se séparer d'un serviteur dévoué qu'il avait lui-même formé et avec lequel il était habitué à travailler. Mais pouvait-il tenir longtemps devant une telle coalition ? L'estocade fut portée par Tessé et Harcourt, qui le supplièrent de se séparer de son cher ministre. Le 9 juin, Mme de Maintenon écrivait au duc de Noailles : « Le déchaînement contre l'homme que vous savez augmente tous les jours et vient jusqu'au maître ; il ne peut se résoudre à le sacrifier parce qu'il lui fait pitié et qu'il se met en pièces présentement pour le service. » Bientôt, le roi céda. N'osant annoncer à l'intéressé la nouvelle de sa disgrâce, il en chargea Beauvillier, après tenue d'un nouveau conseil où il n'avait rien laissé pénétrer de ses intentions. En compensation, il donna à l'homme abattu les « accommodements les plus doux », doubla sa pension et en accorda une à son fils. Chamillart, soumis et respectueux, remercia le roi et se retira dans sa maison de l'Etang. Il se sacrifiait à l'État. Un protégé de Mme de Maintenon, Daniel François Voysin de la Noiraye, ancien maître des requêtes et intendant du Hainaut, administrateur de la maison de Saint-Cyr, lui succéda au secrétariat d'État à la guerre. Cet homme, que Saint-Simon décrit comme « sec, dur, sans politesse ni savoir-vivre », était un gros travailleur, droit et honnête, mais terne comme tous les commis. Politiquement, il était neutre. De fait, c'était une créature de la reine secrète, qui récupérait ainsi une place au conseil. Il eut tout de suite rang de ministre, mais l'essentiel de la politique militaire restait aux mains du roi et de Boufflers. Le clan des seigneurs, s'il n'exerçait pas la totalité du pouvoir, en verrouillait l'accès.

D'un point de vue institutionnel, le renvoi de Chamillart offre une singularité qu'il n'est pas inutile de souligner. Pour la première fois en effet, un ministre de Louis XIV est chassé sous la pression extérieure. Ce n'est pas le simple résultat d'une cabale de cour, mais d'un assez large mouvement d'opinion. L'entourage du souverain avait senti que quelque chose risquait de se briser si l'on ne bougeait pas. Dans le cas des disgrâces précédentes, celles de Fouquet et de Pomponne, il s'agissait d'une décision délibérée du roi (même si elle était due à l'influence de tel ou tel conseiller). Le départ de Chamillart est tout différent. C'est la pression de l'opinion, relayée par les hommes de cour, qui l'a imposé contre le gré du souverain, un souverain qui, de ce fait, n'est plus aussi « absolu » qu'on le pense ! La coalition a joué, *mutatis mutandis*, le rôle d'un parti politique en canalisant les forces profondes de l'opinion. Dans la détresse que connaissait la France, on peut se demander si cette décision singulière ne rapprochait pas tout doucement le pouvoir d'un gouvernement d'opinion, d'un gouvernement à l'anglaise – à cette grande différence près, bien entendu, que n'existait aucun contre-pouvoir parlementaire susceptible de mesurer les subsides au monarque.

Peu après, une seconde pression de la cour devait infléchir la politique royale. Afin de montrer sa bonne volonté aux ennemis, le conseil d'en haut avait décidé le rapatriement de toutes les troupes françaises d'Espagne. Le groupe des seigneurs et des maréchaux s'y était montré hostile. Philippe d'Orléans avait joint sa voix à la leur, tandis que certains de la cabale des ministres, tel Beauvillier, ancien gouverneur du duc d'Anjou, n'avaient pas caché leur trouble devant ce qu'il faut bien appeler l'abandon complet du roi d'Espagne. Louis XIV, hésitant et influençable, avait en partie reculé, en décidant de laisser 25 bataillons auprès de son petit-fils [1]. Jamais, quelques années plus tôt, il n'aurait toléré la pression de la cour, jamais il n'aurait laissé se développer les coteries et les rivalités politiques [2].

1. Le roi, dit Saint-Simon, se résigna à faire « ce qu'il n'avait jamais fait sur une affaire discutée et résolue : il suspendit les ordres et rassembla le conseil d'État pour délibérer de nouveau sur cette affaire. Le débat de part et d'autre fut très vif »...

2. Une comparaison fructueuse serait à faire avec la cour de Vienne du temps de Léopold Ier, où la présence d'un souverain affaibli avait laissé aux coteries une place élargie (voir Linda et Marsha FREY, *Leopold I and the var Spanish Succession, 1701-1705*, New York, 1983, p. 90).

L'appel au peuple

Ce qui précède est à rapprocher d'une autre disposition qui n'allait pas, non plus, dans le sens de l'absolutisme. Il s'agit du message que le roi adressa aux Français le 12 juin, dans lequel il leur montrait que la poursuite de la guerre était imputable à l'obstination des alliés. S'expliquer devant le pays n'était pas dans les méthodes ordinaires du Grand Roi.

« L'espérance d'une paix prochaine, disait-il dans sa lettre aux gouverneurs des provinces, était si généralement répandue dans mon royaume que je crois devoir à la fidélité que mes peuples m'ont témoignée pendant le cours de mon règne la consolation *de les informer des raisons* qui empêchent encore qu'ils ne jouissent du repos que j'avais dessein de leur procurer.

« J'avais accepté, pour le rétablir, des conditions bien opposées à la sûreté de mes provinces frontières; mais, plus j'ai témoigné de facilité et d'envie de dissiper les ombrages que mes ennemis affectent de conserver de ma puissance et de mes desseins, *plus ils ont multiplié leurs prétentions*; en sorte que, *ajoutant par degrés de nouvelles demandes aux premières* et se servant, ou du nom du duc de Savoie, ou du prétexte de l'intérêt des princes de l'Empire, ils m'ont également fait voir que *leur intention était seulement d'accroître aux dépens de ma couronne les États voisins de la France* et de s'ouvrir des voies faciles pour pénétrer dans l'intérieur du royaume toutes les fois qu'il conviendrait à leurs intérêts de *commencer une nouvelle guerre* (...).

« *Je passe sous silence les insinuations qu'ils ont faites de joindre mes forces à celles de la Ligue, et de contraindre le roi, mon petit-fils, à descendre du trône*, s'il ne consentait pas volontairement à vivre désormais sans États, à se réduire à la condition d'un simple particulier. Il est contre l'humanité de croire qu'ils aient seulement eu la pensée de m'engager à former avec eux une pareille alliance. Mais, *quoique ma tendresse pour mes peuples ne soit pas moins vive que celle que j'ai pour mes propres enfants; quoique je partage tous les maux que la guerre fait souffrir à des sujets aussi fidèles, et que j'aie fait voir à toute l'Europe que je désirais sincèrement de les faire jouir de la paix, je suis persuadé qu'ils s'opposeraient eux-mêmes à la recevoir à des conditions également contraires à la justice et à l'honneur du nom* FRANÇAIS.

(...) « J'écris aux archevêques et évêques de mon royaume d'exciter encore la ferveur des prières dans leurs diocèses; et je veux en même temps que mes peuples, dans l'étendue de votre gouvernement, sachent de vous qu'*ils jouiraient de la paix, s'il eut dépendu seulement de ma volonté de leur procurer un bien qu'ils désirent avec raison, mais qu'il faut acquérir par de nouveaux efforts*, puisque les conditions immenses que j'avais accordées sont inutiles pour le rétablissement de la tranquillité publique... »

Ce texte, plus souvent cité que commenté, mérite analyse. N'est-il pas singulier de constater, par exemple, que la plupart des historiens de l'« école cérémonialiste » qui font grand cas – à juste titre – du rituel et du discours de la monarchie d'ancien régime, le négligent? Ne faisant pas partie de l'arsenal habituel des moyens d'expression du pouvoir, ils l'excluent de leur champ d'investigation. Erreur : son importance est au moins égale, sinon plus, à celle d'un lit de justice, d'une entrée ou d'un feu d'artifice royal! Une approche plus globale de la politique du règne ne saurait nous résoudre à lui donner ce congé poli.

Outre la gravité extrême de la conjoncture, ce texte, rédigé par Torcy au nom du roi, traduit la crise de l'absolutisme à ce moment-là. Décorum et *Te Deum* ne suffisent plus à la monarchie pour communiquer. Avec la venue des temps difficiles, celle-ci n'a plus tant besoin de se faire voir que de *se faire comprendre.* Louis XIV a ressenti l'urgente nécessité d'expliquer à ses sujets la politique qu'il a engagée. Il s'agit de couper court aux critiques dont le monarque vieillissant perçoit les échos derrière la porte de son cabinet de travail. Peu de temps avant, Torcy s'était opposé à révéler l'état des négociations, de crainte d'affaiblir la position française. Tout au long de ces semaines éprouvantes, la très officielle *Gazette* était restée silencieuse sur les tractations de La Haye. On mesure l'importance de l'événement si l'on comprend que, pour la première fois, le gouvernement royal a délibérément décidé de se départir du principe du secret, qui régit le cœur de son système politique [1]. Et Torcy s'est incliné. Avec patience, le souverain, par sa plume, va donc expliquer les démarches entreprises pour conclure la paix. Sachant que c'est le bien le plus cher auquel aspire l'opinion, il prend celle-ci à témoin, l'assure que lui aussi la désire ardemment pour soulager le fardeau commun. Il était prêt à en payer le prix, au détriment de ses intérêts, de sa gloire, quelque sacrifice que cela dût lui coûter : preuve qu'il ne poursuivait d'autre objectif que le bonheur de ses sujets. Il fait corps avec eux. Mes ennemis, leur dit-il en substance, sont ceux de la France. Louis souligne le lien qui existe entre son devoir de « bon père de famille » – le soutien qu'il doit à Philippe V – et son rôle de roi de France, dévoué à l'État et à la nation, rôle sur lequel naturellement il insiste davantage. Il se présente comme le monarque sage et pieux, personnifiant le courage face à l'adversité [2].

L'appel au patriotisme se trouve souligné par le mot de « FRANÇAIS » écrit en majuscule dans le texte. Il vise à solliciter l'adhésion à la politique royale; on demande au peuple de *soutenir* et non plus seulement d'*obéir*. C'est une révolution! Louis a compris que le droit divin ne suffit plus; le soutien populaire est nécessaire aux souverains, comme l'a montré la réaction des Castillans aux malheurs de son petit-fils et, *a contrario,* l'échec de Jacques II détrôné en 1688 par Guillaume. Cette solidarité nationale paraît d'autant plus indispensable que les ennemis ont rejeté toutes les propositions de paix et que le pays doit s'attendre à des épreuves supplémentaires. D'où l'aspect « churchillien » du texte royal : de « nouveaux efforts » seront nécessaires. Des larmes, de la sueur et du sang!

Ce texte, qui stigmatise l'intransigeance et la mauvaise foi des adversaires, est révélateur de la position du pouvoir et de ses rapports avec la société. Les relais utilisés pour le faire connaître à l'opinion sont de deux sortes : d'une part, les gouverneurs – seuls représentants du roi dans les provinces –, chargés, par voie d'affiches ou d'explications orales, de commenter la situation, d'autre part, le clergé, nouveau réseau capillaire du gouvernement,

1. « Être souverain, écrit Jean-Pierre Chrétien-Goni, c'est organiser le secret, c'est l'instituer, le divulguer, l'effacer, le retenir, c'est, à la limite, hiérarchiser le monde en fonction de la place de chacun vis-à-vis de ce qui peut devenir un immense système généralisé du secret » (*Le Pouvoir de la raison d'État*, sous la direction de Christian LAZZERI et Dominique REYNIE, Paris, 1992, p. 152).

2. Joseph KLAITS, *Printed Propaganda under Louis XIV, Absolute Monarchy and Public Opinion*, Princeton UP, 1976, p. 217.

qui a mission, à partir d'une version courte du texte, d'élaborer les mandements épiscopaux lus au moment du prône : c'est un appel oral. Ainsi, dans les milliers de paroisses du royaume, du haut de la chaire sacrée, c'est pour ainsi dire Louis XIV en personne qui va s'adresser à ses chers sujets par le truchement du curé et de l'évêque. Il est capital de comprendre qu'il leur parle *individuellement*. Dans le chœur de l'église où se fait entendre la bonne parole royale se trouvent rassemblées des personnes de toutes conditions sociales : le seigneur en habit du dimanche, poudré et perruqué, accompagné de son épouse, qui ont tous deux leur place attitrée, le viguier, le procureur syndic, le riche laboureur, l'artisan, le manouvrier ou le simple manant en sarrau de toile grossière. Il n'est nulle part question de stratifications sociales, de hiérarchies. Paradoxe de l'absolutisme, conservateur et niveleur tout à la fois : alors que Louis continue à légiférer sur le cérémonial de cour, les préséances des princes et des légitimés, son appel à la nation consacre la fin de la société d'ordres et d'états! D'ailleurs n'est-il pas significatif de constater que le roi, trois ans auparavant, a rejeté la suggestion du duc de Vendôme de réunir les états généraux? « Je ne doute point, écrivait alors l'arrière-petit-fils de Henri IV à Chamillart, qu'une pareille démarche ne réveille la fierté de la nation et ne nous donne le moyen de continuer la guerre... » Cette conception n'avait rien d'extraordinaire : elle était dans la droite ligne de la monarchie médiévale, qui recourait à de telles assemblées lorsqu'il s'agissait d'obtenir l'appui populaire en des moments difficiles. Mais, depuis, les structures sociales s'étaient modifiées. Au début du XVIIIe siècle, le processus de lente désagrégation des ordres était suffisamment avancé pour que Louis XIV pût écarter une solution à laquelle sa mère s'était résignée encore du temps de la Fronde [1].

Une autre démarche aurait été concevable : tenir un lit de justice au Parlement et faire lire par le chancelier un discours soulignant le comportement choquant des ennemis, comme le suggérait le duc

1. Il convient de reconnaître toutefois que le roi avait envisagé jusqu'à cette éventualité, comme le prouve un projet d'adresse qu'il avait rédigé lui-même d'une main tremblante : « ...C'est par la valeur de *ma noblesse* et le zèle de *mes sujets*, disait-il, que j'ai réussi dans les entreprises que j'ai faites pour le bien de l'État » (Bib.Nat., Mss Français 10 331, f° 135-137). Jean Longnon, qui a publié cette adresse en appendice de son édition des *Mémoires* de Louis XIV, la date par erreur de 1710. Le texte du 12 juin gomme toute référence à la noblesse et à la société de corps

du Maine [1]. Mais c'était encore faire appel à un corps intermédiaire pour une affaire de haute politique. C'eût été, pour le roi, reconnaître non seulement sa défaite devant l'ennemi, mais l'inanité de son œuvre de monarque absolu. Ce qui frappe dans le texte du 12 juin, c'est la relation directe qu'il instaure avec le pays. Cela correspond au nouvel état de la société au début du XVIIIe siècle, qui a vu unifier autour du prince régnant tous les réseaux de clientèles des Grands.

La lettre royale connaîtra un succès considérable : elle sera imprimée en de nombreuses éditions par les gouverneurs de province et donnera lieu à de multiples mandements d'évêques. A Paris, Donneau de Visé a conté, dans *Le Mercure galant*, comment la foule attendait avec impatience aux portes de l'imprimerie chargée la nuit d'en rééditer de nouveaux exemplaires. Le maréchal de Villars, bon démagogue, fut ravi de la lire sur le front des troupes. Arrivé à son terme, il demanda aux soldats et officiers s'ils étaient prêts à venger l'honneur de leur roi. Des vivats bruyants lui répondirent. Les hommes, galvanisés, jetèrent leur chapeau en l'air de joie. Alors, le maréchal lança aussi le sien ! Une lame de fond patriotique gagna le pays. Par cette sorte d'appel au peuple, d'allure bonapartiste, mais qui jouait sur le registre du vieux mythe du pouvoir patriarcal, la monarchie de droit divin avait conforté son assise. Ce sursaut rendit-il plus acceptable la levée de nouvelles milices provinciales, véritable ébauche d'une armée nationale? On ne saurait dire [2]. Ce qui est sûr, c'est que le peuple accablé de misère était prêt à résister à l'invasion, à défendre la patrie en danger...

Au début de septembre, M. de Surville, assiégé dans Tournai, résista héroïquement et ne capitula qu'après 57 jours de tranchée. Le 11 septembre, ce fut la terrible bataille de Malplaquet, entre Mons et Bavay, que les Anglo-Hollandais célèbrent comme une victoire parce que Boufflers, prenant le commandement à la place de Villars, blessé, dut organiser la retraite, mais qui fut meurtrière pour les troupes de Marlborough et d'Eugène (15 000 à 20 000

1. Voir la lettre du prince du 3 juin 1709 à Mme de Maintenon (*Mémoires* de Saint-Simon, éd. Boislile, t. XVII, p. 599-600).
2. Il faut convenir que le grand nombre des enrôlements de cette époque n'avait pas toujours pour cause des sentiments patriotiques : c'était la perspective d'être nourris, vêtus, logés, qui poussait les plus déshérités à s'engager.

morts au moins, contre 10 000 du côté français). Par sa combativité retrouvée – en dépit du dramatique manque de pain qui faisait à tous crier famine –, l'armée française avait donné un coup d'arrêt décisif à l'offensive alliée. Le maréchal Foch comparera Malplaquet à la première victoire de la Marne. Le peuple de France, d'ailleurs, avait bien compris la portée de l'événement, qui raillait en chanson le fier Anglais : *Malbrough s'en va-t-en guerre, mironton, mironton, mirontaine...*

Gertruydenberg

Il fallait reprendre les négociations. Un moment, Louis XIV regretta de s'être laissé pousser à « faire la paix à quelque prix que ce pût être ». Il en voulait à Torcy d'avoir cédé sur Dunkerque et l'Alsace. Beauvillier n'échappait pas non plus à ses critiques. Une fois, il s'emporta contre ceux qui avaient gâté ses affaires. « Cela se passait dans la chambre de Mme de Maintenon, écrit Torcy. De son lit, elle pressa le roi de songer à finir une affaire aussi importante que l'était celle de la paix. Il résista, se débattit, enfin il se rendit et il me dit d'emporter les lettres le lendemain matin à l'entrée du conseil des finances [1]. » Écartant Rouillé, il désigna deux nouveaux représentants, et ce choix traduisait ses hésitations : le maréchal d'Huxelles, de la cabale des seigneurs, peu enclin à la capitulation, et l'abbé de Polignac, ancien ambassadeur en Pologne et auditeur de la Rote, lié au clan des dévots et des pacifistes. Les tractations reprirent en mars 1710 dans la petite ville de Gertruydenberg, dont les tristes remparts, battus par le vent, s'étiraient le long des marais de Biesboch. Les diplomates français espéraient ouvrir une brèche dans le front des coalisés en s'appuyant sur les Hollandais qu'ils pensaient plus modérés (ils ignoraient qu'ils avaient signé une convention sur la Barrière avec l'Angleterre, en octobre précédent). Ils insistèrent sur la bonne foi du roi, prêt à conclure un traité contre l'avis de son petit-fils, mais qui demandait pour lui une compensation raisonnable. Comme l'année précédente, les alliés refusèrent de s'engager tant que Louis XIV n'aurait pas accepté d'imposer leur volonté au roi d'Espagne *manu*

1. TORCY (Jean-Baptiste Colbert, marquis de), *Journal inédit pendant les années 1709, 1710 et 1711*, Paris, 1884, p. 125-126.

militari. Néanmoins, ils laissèrent espérer que l'on pourrait donner la Sicile à Philippe V, à la condition, il est vrai, que la France trouvât sur son territoire une monnaie d'échange pour Charles III, par exemple la Franche-Comté...

Cela dit, les Hollandais exigèrent un renforcement de leur barrière avec la cession de Douai, Valenciennes et Cassel. Le 11 mai se tint un dramatique conseil. Sur la suggestion de Beauvillier, il fut envisagé d'accepter le « diktat » des alliés, à l'exception d'un seul point, toujours le même, celui obligeant le roi à combattre son petit-fils. A la place, on proposait des subsides – un demi-million – permettant aux coalisés de financer une expédition militaire en Espagne. On le voit, Louis XIV était allé jusqu'à l'extrême limite des concessions acceptables !

C'est que la situation se dégradait : Philippe V, mécontent d'avoir été abandonné, songeait à traiter directement avec les alliés, sans se soucier des intérêts de son tuteur français. Par ailleurs, malgré le coup d'arrêt de Malplaquet, la situation de l'armée française était précaire, exposant l'État, comme le disait Villars, « aux hasards d'une journée ». Ce même Villars, d'ordinaire rayonnant d'optimisme, pressait maintenant le roi de « faire la paix à des conditions dures, même en déclarant la guerre au roi d'Espagne »

A la proposition française de verser de l'argent, les Hollandais opposèrent un refus absolu. Ils répétèrent qu'ils voulaient l'engagement du roi de combattre lui-même Philippe V. L'attitude de Buys et de Van der Dussen n'était pas sans rappeler l'orgueilleuse intransigeance de Louvois et de Louis XIV en 1672. Comme dans ce cas, d'ailleurs, l'obstination se retourna contre leurs auteurs. Après une dernière concession, au terme de laquelle le roi renonçait à tout dédommagement territorial pour son petit-fils, concession à nouveau traitée par le mépris, le royal septuagénaire, se raidissant contre le mauvais sort, rompit les ponts, déclarant que, puisqu'il lui fallait continuer la guerre, il préférait la faire « à ses ennemis plutôt qu'à ses enfants ». Le 20 juillet, le maréchal d'Huxelles et l'abbé de Polignac rentrèrent en France, exténués, après avoir enduré maints procédés vexatoires.

Ruptures

Jusque-là le front des coalisés avait tenu à merveille. Plus que le canon ou les charges impétueuses des habits rouges, une banale intrigue de sérail, une jalousie de femmes changèrent, comme le dit Voltaire, « la face de l'Europe ». En avril 1710, à la cour d'Angleterre, la reine Anne avait rompu la tumultueuse amitié la liant à Sarah Marlborough. En août de la même année, sur l'instigation de sa nouvelle favorite, Mrs Abigaïl Masham, elle avait destitué et remplacé son ministre Goldophin par Robert Harley, partisan de la négociation et dont la ligne politique se trouva confortée par l'arrivée au Parlement en novembre suivant d'une écrasante majorité de *Tories*. Un jeune conservateur ambitieux, fougueux et éloquent, Henri Saint-John, devint secrétaire d'État aux affaires étrangères. Au lieu d'épuiser le pays dans une guerre continentale, à seule fin de soutenir les intérêts dynastiques des Habsbourg, le nouveau cabinet recentra la politique étrangère britannique sur une vision maritime et coloniale plus égoïste. L'idée était d'obtenir, par un accord direct avec la France et l'Espagne, des avantages commerciaux en Europe et en Amérique. Devant le fait accompli, les alliés seraient plus ou moins sommés de se rallier à ces vues, sous la menace d'une paix séparée. Philippe V conserverait son trône et, après la mort de la reine Anne, le prétendant pourrait accéder à celui d'Angleterre si on trouvait un arrangement sur le plan religieux. Ce renversement de politique était capital. C'est de ce moment que l'on peut dater l'entrée de la Grande-Bretagne, au rôle jusque-là marginal, dans le concert des grandes puissances mondiales.

En attendant, la guerre continuait, et son poids écrasant empêchait l'État d'honorer ses engagements et de couvrir ses dépenses. En 1709 la crise était plus aiguë que jamais. A cause de la thésaurisation des riches, les affaires extraordinaires s'effondraient. Les publicains éprouvaient eux-mêmes de très sérieuses difficultés. Samuel Bernard, que le roi en personne avait obséquieusement promené dans ses jardins de Marly l'année précédente, échappa de peu, grâce à Desmarets, à la banqueroute de ses amis lyonnais. Les caisses de l'État ne pouvaient plus compter que sur les fermes générales mises en régie (et dont les rentrées fiscales avaient baissé en raison de la chute de la consommation) ainsi que sur la caisse des receveurs généraux, dite caisse Legendre. L'arrivée en mars, à Port-Louis, de l'escadre de Chabert, rapportant de la mer du Sud dix millions de livres d'or et d'argent, réquisitionnés contre des assignations, sauva la monarchie de la catastrophe et permit à l'habile Desmarets d'entreprendre sa grande réforme monétaire et la résorption des 72 millions de « billets de monnoye » : ceci montre la grande différence entre la guerre de la ligue d'Augsbourg, dans laquelle la France eut à combattre seule, et celle de la Succession d'Espagne, où elle disposa des richesses maritimes et coloniales de l'Espagne. Le retour d'autres escadres, notamment celle de Ducasse au port du Passage en 1710, aideront puissamment à alimenter en espèces la France et l'Espagne, tout en permettant à de solides groupes financiers comme celui de Crozat et aux armateurs malouins de mettre la main sur une partie de l'économie du royaume...

Créée en 1695, supprimée en 1697, rétablie en 1701, la capitation s'était révélée une source additionnelle insuffisante. Elle avait d'ailleurs été dénaturée par sa transformation en impôt de répartition. Louis dut instaurer une nouvelle taxe sur le revenu, l'impôt du dixième denier (ou « dixième »), inspirée de la dîme royale de Vauban, mais se superposant aux autres impôts directs, la taille et la capitation. A compter du 1er octobre 1710, tous les sujets, nobles ou roturiers, furent astreints de verser au Trésor le dixième de leurs revenus, de quelque nature qu'ils fussent : revenus fonciers, mobiliers, bénéfices commerciaux. Cet impôt était déclaratif : pour le verser il fallait fournir l'état de ses biens dans chaque paroisse. Par mesure de simplicité, Desmarets eut recours au prélèvement à la source pour tout ce que l'État pouvait directement appréhender : gages, appointements, pensions, rentes. Impôt moderne donc, formant une nouvelle « brèche dans la muraille déjà lézardée des privilèges [1] ». Louis avait tellement conscience de son aspect novateur qu'il avait consulté là-dessus son confesseur, lequel avait apaisé ses scrupules [2]. Ainsi le royaume connaissait-il de substantiels changements en raison de la guerre. Le renvoi forcé de

1. François Bluche, *Louis XIV*, Paris, 1986, p. 818. Seul le clergé était épargné mais il avait dû, comme à l'instauration de la capitation, augmenter le montant de son « don gratuit ».

2. Georges Minois, *Le Confesseur du roi. Les directeurs de conscience sous la monarchie française*, Paris, 1988, p 474.

Chamillart, l'appel au peuple du 12 juin 1709, le poids accru du recrutement populaire dans l'armée et maintenant le dixième qui faisait fi de la société d'ordres : allait-on vers une mutation décisive du système politique français?

Après la chute de Douai Villars avait réussi à contenir les Anglo-Hollandais qui cherchaient à assiéger Arras et Cambrai. La France tenait le choc. Mais c'est en Espagne que le redressement fut le plus spectaculaire. Livré à lui-même, Philippe V avait été battu près de Lérida et de Saragosse par les armées de Stahremberg et de Stanhope. En septembre il avait, une seconde fois, abandonné sa capitale à Charles III pour se retirer à Valladolid. Puis la résistance s'était organisée en Castille. Soutenue par la princesse des Ursins et l'ardente Marie-Louise, surnommée « la Savoyana », la guerilla créa pour les envahisseurs un climat permanent d'insécurité. La rupture des négociations de Gertruydenberg décida Louis XIV à reprendre son aide. Vendôme, sorti de sa disgrâce, fut envoyé en Espagne. Il y fit merveille. Le 8 décembre, à Brihuega, il contraignit Stanhope à se rendre et, deux jours plus tard, écrasa Stahremberg à Villaviciosa. Cette victoire marqua le début de la reconquête. On la célébra en France par de nombreux *Te Deum.* On y verra la réponse à la question institutionnelle que nous posions plus haut : un moment ébranlée sur ses bases, la monarchie louis-quatorzienne reprenait son langage cérémoniel traditionnel et son style habituel de communication. En renouant avec les succès militaires elle retrouvait le goût du secret et sa vieille habitude de l'autorité. La crise politique de 1709-1710 n'avait été qu'une parenthèse.

CHAPITRE XXVI

Vers la paix

La mort de Monseigneur

Le matin du 9 avril 1711, à Meudon, le Grand Dauphin se réveilla la bouche pâteuse et le visage cireux. En s'habillant il ressentit un malaise suivi de frissons. Il décommanda son habituelle chasse aux loups et se recoucha le « poul embarrassé ». Le lendemain, comme il était toujours fiévreux, de Versailles le roi lui rendit visite. Le 11, sur les quatre heures de l'après-midi, des taches empourprèrent son visage : c'était la petite vérole ! Pendant quelques jours, on crut que la maladie évoluait vers le mieux, mais, le mardi 14, le mal empira et une forte fièvre se déclara. A minuit moins le quart il rendit le dernier soupir, pendant que le roi et Mme de Maintenon, assis sur un canapé de l'antichambre – tel un vieux couple frappé par le destin –, laissaient couler leurs larmes.

Le protocole interdisant à un souverain de rester dans la maison d'un mort – fût-ce celle de son fils –, Louis XIV partit pour Marly. Durant cette nuit tragique, Versailles, où la plupart des courtisans étaient restés, fut le théâtre d'un étrange spectacle : des messagers arrivaient à bride abattue de Meudon, des femmes en déshabillé élégant, prêtes à se mettre au lit, criaient leur désespoir, des valets éperdus couraient en tous sens, projetant sur le parc la lueur vacillante de leurs flambeaux. De ces événements tumultueux le petit duc, avec son don d'observation et son sens inimitable de la mise en scène, nous a rendu le spectacle contrasté : la confusion et le désarroi bousculant l'étiquette ; le duc de Bourgogne, entouré des dames d'honneur de sa femme assises sur le parquet, pleurant

« d'attendrissement et de bonne foi », le duc et la duchesse de Berry poussant de grands et bruyants soupirs traversés de hoquets douloureux; la duchesse de Bourgogne entretenant de rares larmes par « l'art du mouchoir pour rougir et grossir les yeux et barbouiller le visage »; la princesse Palatine, qui détestait le défunt, arrivant en robe d'apparat dans le salon toute hurlante et gesticulante...

A Meudon, le départ du roi fut le signal de la dispersion générale. On eut peine à commettre d'office quelques capucins pour veiller le corps du Grand Dauphin, devenu noir et puant. Celui-ci ne fut ni autopsié ni embaumé. On se hâta de l'expédier à Saint Denis avec un minimum de cérémonial. Louis XIV fut plus atteint qu'il ne le laissa paraître. « Je le regardai comme un ami à qui je pouvais ouvrir mon cœur et donner toute ma confiance », écrivait-il à Philippe V. Parfois, perçant la carapace, jaillissait sa sensibilité. Rencontrant son musicien préféré, Michel-Richard de Lalande, qui avait perdu ses deux filles, emportées elles aussi par la petite vérole, il eut ce mot du cœur, d'une grande profondeur chrétienne : « Vous avez perdu deux filles qui avaient bien du mérite : moi, j'ai perdu Monseigneur... Lalande, *il faut se soumettre.* »

La disparition, à quarante-neuf ans, de Louis de Bourbon, dauphin de France, créait un grand vide au sommet de l'État. Avec lui tombait dans les oubliettes de l'Histoire l'avide clan de Meudon, sans grande idée politique, mais qui avait rêvé d'occuper les bonnes places : le duc de Vendôme, la duchesse de Bourbon, Mlle de Lillebonne, Mlle de Choin... C'était la fin de la « citadelle de Meudon », comme dit Saint-Simon, et de son « implacable garnison »

Louis, duc de Bourgogne, fils aîné de Monseigneur, devenait donc le nouveau dauphin. Pâle, bouleversé par la mort de ce père qui ne l'aimait pas, ce tendre Eliacin était épouvanté par les vertiges du pouvoir. Il était trop sensible, trop fin, trop bon, trop pieux pour régner. Tout apathique et noyé dans la graisse qu'il ait été, Monseigneur avait encore le sens de l'État. Son fils, lui, paraissait timoré, hésitant. Exercer la moindre responsabilité le paralysait. Parce qu'il a parlé avec émotion de la misère du monde et de l'injustice, toute une tradition historique fait du vaincu d'Audenarde un prince exceptionnel et regrette qu'il n'ait pas régné. Qu'aurait fait, en ce siècle de fer, pour conserver intacte la couronne de France ce doux jeune homme, nourri à la mamelle du défaitisme fénelonien et qu'épouvantait « le droit de faire couler le sang des peuples »? Charles de Gaulle le dira en d'autres temps, « la perfection évangélique ne mène pas à l'empire [1] »...

Les projets de réaction aristocratique

Toujours est-il que les opposants au vieux roi, tous ceux qui attendaient avec impatience des changements – et ils étaient nombreux – tournaient maintenant leurs regards vers lui. Ces opposants se retrouvaient dans un modèle politique qui s'était élaboré au fil des temps, en réaction à la « dérive » absolutiste de la monarchie française.

Nous avons vu poindre les premières critiques dans les années 1694-1695, puis au début des années 1700. Cette fois, il ne s'agissait plus de protestations isolées ou de mesures parcellaires à mettre en œuvre. C'était tout un corps de doctrine qui s'était élaboré et qui renouait avec la vieille idéologie aristocratique d'autrefois. Un nombre grandissant de seigneurs s'affligeait de l'usurpation graduelle du pouvoir royal au détriment des corps constitutifs de la nation, de la domestication de la grande noblesse de cour, de la faveur accordée à la « vile bourgeoisie », de la progressive laïcisation de l'État moderne. Il était clair, pour eux, que la monarchie glissait dangereusement vers le despotisme. Ces généreux utopistes aspiraient à une société vertueuse et pacifique, une douce Salente, ennemie du luxe et de la vaine gloire, conjuguant justice et liberté. La volonté affirmée de desserrer le carcan de l'absolutisme a fait commettre à certains critiques des contresens sur la nature de cette pensée. Influencés par la thèse excessive de Paul Hazard sur *La Crise de la conscience européenne*, qui fait commencer la marche vers la civilisation des Lumières dès les vingt dernières années du XVIIe siècle, d'aucuns ont vu dans ces écrivains les précurseurs directs des « Philosophes » du XVIIIe siècle [2]. A cause de son opposi-

1. Charles DE GAULLE, *Le Fil de l'épée*, Paris, éd. de 1944, p. 81.
2. Paul HAZARD, *La Crise de la conscience européenne (1680-1715)*, Paris, 1934. En insistant sur les germes de renouvellement de la pensée philosophique, religieuse, scientifique, politique, Paul Hazard a surestimé la « modernité » des temps. Voir l'excellente critique de Jean MESNARD, « La crise de la conscience européenne : un demi-siècle après Paul Hazard », *De la mort de Colbert à la révocation de l'édit de Nantes, un monde nouveau*, Marseille, Centre méridional de recherches sur le XVIIe siècle, 1984, p. 185-198.

tion déterminée à la politique de Louis XIV, Fénelon sera très populaire parmi les révolutionnaires et les libéraux du XIXe siècle. Henri Guillemin en fera une sorte d'apôtre du christianisme social, sans comprendre qu'avec ses idées resurgissaient, sous des habits neufs, les lambeaux idéologiques de la Ligue. A la vérité, Fénelon, Saint-Simon et tous ceux qui gravitaient dans l'orbite du duc de Bourgogne réalisaient la synthèse de deux courants jusque-là distincts, le courant dévot et celui de la réaction aristocratique. Tournant le dos aux conceptions du pouvoir absolu de Jean Bodin, Cardin Le Bret ou Bossuet, ces penseurs étaient des « féodaux » libéraux qui remettaient au goût du jour les vieilles idées recuites de la Fronde, les conceptions d'un Claude Joly ou de l'Union des gentilshommes de France, assaisonnées d'un peu de charité dévote à la manière de ces messieurs de la Compagnie du Saint-Sacrement. Brochant sur le tout, ils ajoutaient une ferme condamnation de la raison d'État au nom de la « politique chrétienne ». C'est donc une restauration que ces traditionalistes appelaient de leur vœux, aspirant à reconstituer la société d'ordres et d'états, progressivement mise en pièces par le pouvoir central, diviseur, niveleur et trop modernisateur à leur goût. Historiquement, leur rêve d'une monarchie tempérée était, bien entendu, mythique. Ils s'appuyaient sur une reconstitution artificielle et erronée du passé médiéval : le régime délibératif des plaids mérovingiens, les assemblées carolingiennes du Champ de mai, la *curia regis* composée de barons et de grands vassaux, ancêtres des ducs et pairs chers à Saint-Simon. Ce dernier avait la nostalgie du bon vieux temps du roi Louis XIII, d'autres paraient des vertus de l'« âge d'or » le règne de Saint Louis ou celui de Henri IV. Ne croyons pas cependant, sous prétexte que certains de ces « réactionnaires » ont exprimé leur pensée sous forme d'utopies (le *Télémaque* de Fénelon par exemple), qu'ils ont été des idéalistes perdus sur leur nuage. Sans doute leurs analyses ne prenaient-elles pas en compte l'évolution de la société, la progression de l'économie monétaire et du capitalisme, l'instauration d'un pouvoir moderne au-dessus des groupes sociaux, mais il reste qu'à l'époque leur projet politique paraissait de l'ordre du possible. L'actualité semblait même leur donner quelques motifs d'encouragement : ainsi la *Glorious revolution* de 1688. Celle-ci était protestante, antipapiste ; elle avait opéré le renversement par la violence du souverain légitime, mais elle était riche d'enseignements pour tous ceux qui aspiraient au changement : un pouvoir parlementaire contrebalançait celui du souverain, l'arbitraire policier était contenu par le droit d'*Habeas Corpus* (voté dès 1679, sous le règne de Charles II), les lettres de cachet étaient supprimées. Voilà pour les aspects novateurs, mais il y avait aussi la face réactionnaire du nouveau système institutionnel : écartant les tendances centralisatrices des Stuart, les familles aristocratiques avaient préservé leur puissance terrienne dans les comtés, bridé la fiscalité royale et bloqué pour longtemps les aspi rations des autres groupes sociaux [1]...

Avant même la mort du Grand Dauphin, un groupe – nous dirions aujourd'hui une « équipe politique » – s'était constituée autour du duc de Bourgogne et travaillait dans cet esprit aux réformes à entreprendre : tel était le « petit troupeau des saints » qui faisait chaque semaine de mystérieuses retraites à Vaucresson ou à Dampierre. Il était composé de nos dévots bien connus, les ducs de Chevreuse, de Beauvillier et de Charost, auxquels s'était agrégé le duc de Saint-Simon. Chevreuse et Beauvillier venaient du clan Colbert, mais s'en étaient détachés insensiblement. On sait comment les clans avaient évolué à partir de la mort de Louvois : ils s'étaient étiolés, perdant leurs racines provinciales. A l'ère des clans avait succédé celle des coteries, plus petites, plus légères, mieux adaptées à la période de succession qui se préparait. On pourrait dire dans un langage politique moderne qu'on était passé des grands partis à réseaux ramifiés et à clientèles provinciales à des clubs de réflexion touchant une petite élite de cour. Des gens peu nombreux mais d'influence. Or la situation des coteries à la cour avait beaucoup évolué en deux ans : la cabale de Meudon s'était désintégrée, nous l'avons vu, celle des seigneurs souffrait de la relation privilégiée qui s'était instaurée entre Mme de Maintenon et son nouveau « pion », Voysin. Quant à la cabale des ministres, elle s'était plus ou moins séparée en deux : les « techniciens », légistes, gallicans, héritiers de l'esprit du clan Colbert, Torcy et Desmarets, d'un côté, les dévots du petit troupeau des saints, vertueux sei-

1. Ne nous méprenons pas sur la nature du régime anglais au début du XVIIIe siècle : c'est encore un régime de monarchie limitée à la mode ancienne, reposant sur un pacte social passé avec une oligarchie étroite, celle des pairs, des baronnets et de la *gentry*, ces riches propriétaires terriens, associés au commerce et aux affaires de la *City*. Le parlementarisme rationalisé avec la responsabilité du cabinet devant la Chambre des Communes et la Chambre des Lords n'apparaîtra véritablement que dans le courant du XVIIIe siècle. Très attachée à ses prérogatives royales, la reine Anne Stuart défendait le droit de la couronne à déclarer seule la guerre et à conclure les traités.

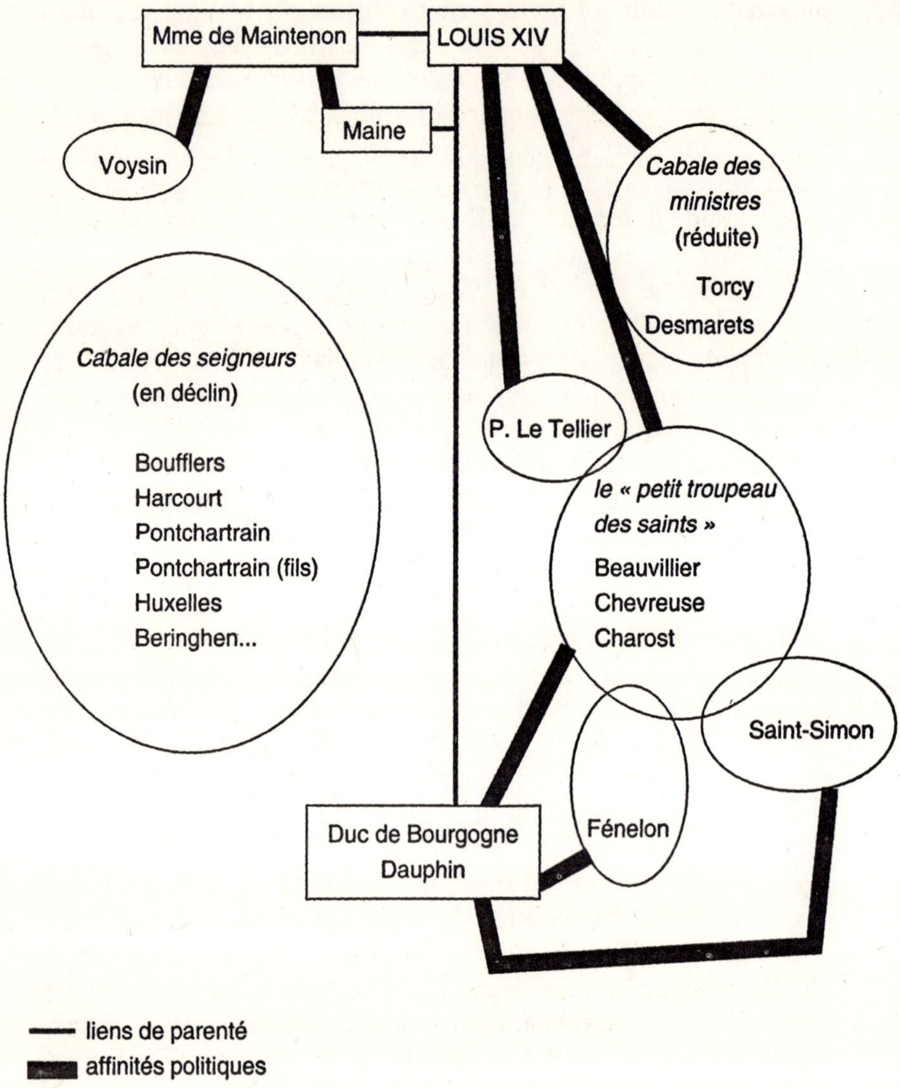

LES CABALES DE LA COUR
(1712)

gneurs attachés à arrêter la marche inexorable du temps, de l'autre. Entre ces deux branches d'une même famille, il n'y avait plus que de « froides bienséances ».

Parmi le groupe des dévots, Saint-Simon occupait une importance grandissante. Grâce à son habileté et à son goût naturel de l'intrigue, il était devenu le conseiller occulte du jeune prince. Pour son éducation politique qu'il convenait de parfaire il noircissait des pages de projets de réforme. Quittant son « entresol à cheminée », il se rendait chez lui par les corridors, avec la mine d'un conspirateur, les poches emplies de notes et de rapports confidentiels. Conspirateur? Sans doute puisqu'il s'agissait de préparer, du vivant du roi, la succession! Le bilieux et vétilleux petit duc déployait rarement de grandes visions politiques. Quelques obsessions hantaient son cerveau chimérique : chasser du conseil du roi ces gens de robe, ces hommes en noir prétentieux, restaurer la dignité déclinante des ducs et pairs, les réinstaller au cœur de l'État, comme les barons d'autrefois qui entouraient le trône et partageaient l'autorité. Le jeune duc de Bourgogne s'était plus ou moins laissé circonvenir. Du printemps à l'été de 1711, au cours du long séjour que fit Louis XIV à Marly, Saint-Simon rédigea à la demande du prince un mémoire sur son sujet favori intitulé : *État des changements arrivés à la dignité de duc et pair de France depuis mai 1643 jusqu'en 1711.* Un autre document du même et prolixe personnage avait pour titre : *Projets de gouvernement résolus par Mgr le duc de Bourgogne.* Il y exposait la critique du régime louis-quatorzien, responsable du désordre des rangs et des hiérarchies et qui menait droit au chaos. Le seul remède était de revenir à la monarchie traditionnelle qui associait au pouvoir royal une oligarchie de grands feudataires, ducs et pairs en premier lieu, puis ducs simples mais vérifiés, enfin les autres titulaires des grands offices. Le conseil d'en haut réunirait autour du souverain cinq membres appartenant aux plus prestigieuses familles d'épée. D'autres conseils spécialisés seraient dirigés par de grands seigneurs, tandis que seraient supprimées les fonctions de contrôleur général des finances et de secrétaire d'État. Les parlements seraient réduits à leur rôle traditionnel de simple cour de justice. Tous les cinq ans, les états généraux se réuniraient pour fixer l'assiette des impôts. Ce plan préfigure en partie la polysynodie du début de la Régence [1].

D'autres faiseurs de projets s'agitaient autour du nouveau dauphin : l'abbé Claude Fleury, sous-précepteur des Enfants de France, l'abbé de Saint-Pierre, premier aumônier de Madame, membre de l'Académie française. Ce dernier rêvait de fonder une confédération des États européens qui préviendrait les risques de guerre. Cette proposition, malgré son caractère utopique, montrait que les idées de sécurité collective et d'entente entre les nations faisaient leur chemin [2]. Le jeune prince trouva grand intérêt à la lecture de son *Mémoire pour rendre la paix perpétuelle en Europe* (1712).

Très œcuménique, Saint-Simon œuvra, par l'intermédiaire du duc de Beauvillier, à la réconciliation avec le duc d'Orléans. A ce dernier il conseilla d'abandonner « ce détestable héroïsme d'impiété », qui ne pouvait qu'irriter le dauphin vertueux et dévot, et lui recommanda d'aller plus rarement se divertir à Paris. Le fils de Monsieur fit des efforts, et bientôt de meilleurs rapports s'établirent entre les deux hommes. Ainsi, dans la perspective du nouveau règne, l'union de la famille royale se trouva-t-elle renforcée.

Mais le personnage le plus important de cet « avant-règne », dont Saint-Simon goûtait déjà avec délectation les « solides douceurs », celui vers lequel tous les regards se tournaient était l'archevêque de Cambrai. Malgré son exil, qui avait oublié cette haute figure spirituelle? Son œuvre pastorale, ses prédications de carême, sa grande charité envers les pauvres rappelaient constamment son souvenir à la cour et l'auréolaient d'une réputation de sainteté Il avait conservé ses relations épistolaires avec son ancien élève et continuait de l'influencer. La mort du Grand Dauphin le plaçait sous les feux de l'actualité : chacun se doutait qu'après la disparition de Louis XIV – prévisible dans un proche avenir puisque le vieux roi allait sur ses 73 ans (un âge vénérable pour l'époque) – il

1. Saint-Simon était obsédé par l'idée de figer les rangs et de les rendre reconnaissables par des signes distinctifs. Dans un de ses « brouillons » il préconisait une distribution de cannes aux Grands du royaume, différentes selon leur place dans la hiérarchie : les Fils de France auraient des cannes à bouts en or agrémentés d'un cercle de même métal, les légitimés et pairs de France des bouts en or sans cercle, les ducs héréditaires un bout d'or et un autre d'argent, les ducs à brevet et maréchaux de France, deux bouts d'argent, etc. (Georges POISSON, *Monsieur de Saint-Simon*, Paris, 1973, p. 172).

2. Lucien BÉLY, *Espions et Ambassadeurs au temps de Louis XIV*, Paris, 1990, p. 696 et suiv.

serait promu prince de l'Église et renouerait avec la tradition des cardinaux-ministres. Mais ce serait l'anti-Richelieu, l'anti-Mazarin...

Fénelon avait si bien conscience de son destin national que, dans cette perspective, il rédigea le programme des réformes à mettre en route. Tels furent les fameux *Plans de gouvernement pour être proposés au duc de Bourgogne*, encore appelés *Tables de Chaulnes*, écrits en novembre 1711 après les entretiens politiques que le doux et ambitieux prélat eut avec des proches du nouveau dauphin, le duc de Beauvillier et le fils du duc de Chevreuse, au château de Chaulnes en Picardie. Par-delà l'absolutisme louis-quatorzien et les excès du pouvoir sans limite, il s'agissait de retrouver la « vraie forme du royaume ». Les vues politiques de l'archevêque de Cambrai étaient infiniment plus vastes que celles de Saint-Simon, obsédé par les prérogatives d'une seule et étroite catégorie sociale. Dans les *Tables* Fénelon exposait une véritable organisation de la société, à la fois hiérarchisée et décentralisée, qui systématisait les conceptions de la réaction aristocratique et du libéralisme nobiliaire.

Chaque diocèse aurait son assemblée ou « assiette » comprenant l'évêque local, les seigneurs du pays et les représentants du tiers état. Cette assemblée superviserait la perception des impôts. Chaque province aurait ses états, composés de députés des trois ordres élus par les diocèses, dont la mission principale serait le vote et la répartition des impôts en fonction de « la richesse naturelle du pays et du commerce qui y fleurit ». Au niveau national, les états généraux tiendraient une session régulière tous les trois ans. Ils consentiraient aux impôts nouveaux, délibéreraient sur les matières de justice, police, finance, agriculture, commerce, sur les alliances étrangères et, le cas échéant, la déclaration de guerre. Dans cette organisation pyramidale une place essentielle était réservée à la noblesse qui, après avoir été épurée des usurpateurs, redeviendrait l'élite authentique du pays, pouvant, par exemple, faire le commerce de gros sans déroger. La cour serait réduite au strict minimum. Tous les ajouts de la monarchie centralisatrice, les intendants, les secrétaires d'État, les lettres de cachet seraient supprimés, de même que les fermes générales, la gabelle, la capitation, la dîme. L'Église de France, libérée de la tutelle de l'État, retrouverait sa pleine autonomie face au pouvoir temporel. Il est clair que ce programme de restauration nobiliaire, à base d'utopie bucolique et rétrograde, s'il avait été appliqué, aurait mis à bas tous les efforts des rois depuis Henri IV pour construire l'État moderne. L'influence de ces idées était grande au sein de l'aristocratie, lassée, comme le reste de l'opinion, du vieux roi et cruellement éprouvée de surcroît par la guerre. Il n'était pas une famille qui n'ait eu un de ses enfants tué ou blessé dans les terribles et meurtrières batailles des années 1701-1712. Les courriers des armées, revenant avec des listes interminables de morts et de blessés, créaient des drames à Versailles et à Marly.

Louis XIV se doutait-il de la menace? Vraisemblablement pas, car les « conspirateurs » agissaient dans la pénombre des corridors. Lui-même se persuada qu'il était temps d'associer sérieusement son petit-fils aux affaires du royaume pour assurer la continuité de sa politique. Se sentant âgé et fatigué, il n'avait plus les mêmes préventions qu'autrefois à l'égard de son successeur. Sans voir que les idées du nouveau dauphin présentaient un certain danger pour l'État, il espérait que son œuvre se prolongerait, et cela lui donnait le sentiment rassurant qu'il ne mourrait pas tout à fait. Aussi est-ce sans réticence ni arrière-pensée qu'il admit celui-ci au conseil d'en haut et à son « travail », avec les principaux ministres Torcy, Voysin et Desmarets. A l'assemblée du clergé il le présenta ainsi : « Voilà, dit-il, un prince qui me succédera bientôt et qui par sa vertu et sa piété rendra l'Église encore plus florissante et le royaume plus heureux. » Ce jeune homme qui l'enchantait, lui donnait les plus grandes satisfactions. Chacun remarquait son sérieux et son application. Il paraissait transformé. Lui, naguère gauche et timide, s'exprimait avec aisance et essayait de tenir dignement son rang. Louis XIV aussi avait bien changé : certaines aspérités de son caractère étaient gommées. Il était moins distant, moins majestueux qu'autrefois. Il donnait l'impression de s'être humanisé. L'expérience du malheur sans doute! En tout cas, jamais le décalage n'avait paru si grand entre la réalité et la légende d'un despote présomptueux et perfide, sensible aux flagorneries, propagée par les pamphlétaires hollandais et les caricaturistes londoniens. Au début de 1712, le roi éprouva moins le besoin d'avoir une vie publique de pure représentation. Une ou deux fois par semaine, il se faisait porter son dîner chez Mme de Maintenon. La « vieille fée » n'exerçait pas qu'une influence négative. C'est aussi grâce à elle que le roi s'était adouci.

Les Préliminaires de Londres

La situation extérieure apporta une soudaine embellie, laissant présager que le nouveau règne serait celui de la grande paix européenne. Le 17 avril 1711, l'empereur Joseph Ier mourait sans enfant mâle à l'âge de trente-trois ans. Le prétendant espagnol, l'archiduc Charles, lui succédait sur le trône impérial sous le nom de Charles VI. Cela modifiait l'équilibre européen. Les Anglais, craignant de voir naître une puissance majeure sur le continent, pouvaient difficilement travailler à la renaissance de l'empire de Charles Quint. On s'acheminait donc vers la paix, souhaitée par les commerçants de Londres. Durant les premiers mois de l'année 1711, une intense activité diplomatique se déroula entre la France et l'Angleterre. Y participaient l'abbé Gaultier, ancien chapelain de Tallard à Londres, le poète Matthiew Prior, secrétaire du ministre du *Foreign office* Saint-John, et Nicolas Mesnager, ancien marchand qui avait effectué plusieurs missions en Espagne et en Hollande...

Le 8 octobre furent signés les « Préliminaires de Londres ». Louis XIV s'engageait à empêcher les réunions des couronnes de France et d'Espagne sur une même tête. Hollandais et Impériaux jugèrent que ces préliminaires étaient une base de négociation insuffisante. Mais, militairement, ils s'épuisaient. Ils avaient réduit leurs contributions de guerre, laissant aux Britanniques l'essentiel de la charge, d'où l'irritation de ces derniers. Au terme d'une ruineuse campagne, Marlborough n'était parvenu qu'à s'emparer de Bouchain le 13 septembre 1711. La veille de cette mince victoire, au-delà des mers, une petite escadre française, montée en « course » par une société d'armement malouine et le comte de Toulouse, avec l'appui de Jérôme de Pontchartrain, faisait son entrée dans la rade de Rio de Janeiro. Elle était commandée par un illustre Malouin, Duguay-Trouin. L'escadre détruisit les navires de guerre portugais au mouillage, mit le feu à une soixantaine de navires marchands et s'empara d'un énorme butin : Rio était le point de départ de la flotte qui apportait chaque année à Lisbonne l'or et l'argent du Brésil. Duguay-Trouin revint triomphalement à Brest après avoir déjoué les escadres anglaises. Ainsi était vengé l'assassinat à Rio d'un capitaine de frégate français, Jean-François Duclerc.

Morts en série

A Versailles, dans la soirée du vendredi 5 février 1712, la jeune dauphine de vingt-six ans fut prise d'une forte fièvre qui dura les jours suivants. Le dimanche, sur les six heures, elle ressentit de violentes douleurs aux tempes. On lui donna du tabac à fumer et à chiquer et des gouttes d'opium. Le lundi 8, Mareschal, premier chirurgien du roi, pratiqua deux saignées qui la soulagèrent un peu. C'est alors qu'à la vue de quelques plaques suspectes le médecin Boudin diagnostiqua la rougeole, mais leur disparition le lendemain jeta tout le monde dans la perplexité. Marie-Adélaïde était plongée dans un état de somnolence entrecoupé de brusques accès de délire. L'émétique et les saignées aggravèrent son état. Le 11, elle accepta de recevoir l'extrême-onction et le saint viatique. Son époux, consumé de fièvre, passa une nouvelle nuit dans l'angoisse. Le 12 février à huit heures du soir, elle était morte.

La disparition de cette princesse gracieuse causa au roi la plus vive douleur, « la seule véritable qu'il ait jamais eue en sa vie », assure Saint-Simon, et dont il garda toujours « une amertume involontaire et secrète ». Le visage ravagé par les larmes, le dauphin quitta Versailles en deuil le 13 février au matin pour rejoindre son grand-père à Marly. Il était blême. Frappé de son état, le roi lui fit prendre le pouls, qu'on trouva « mauvais ». Le 15, le prince assista au conseil et travailla trois heures avec Torcy, puis s'alita pour ne plus se relever. Son mal, le même que celui de sa femme, empira rapidement. Son corps se couvrit de taches violettes et de boutons rouges. Avec piété et soumission il se prépara à la mort, offrant à Dieu ses souffrances, acceptant même de mourir « avec joie ». Il communia, reçut l'extrême-onction et s'éteignit pieusement, saintement, le 18 février à huit heures et demie du matin. Il avait vingt-neuf ans.

Louis XIV apprit la nouvelle à son réveil en voyant le visage des princes et princesses venus en larmes l'embrasser. Sa douleur fut intense. Ces deux décès firent naître des rumeurs d'empoisonnement. Boudin, convaincu du double crime, l'aurait dit sans ambages au roi. L'apothicaire Boulduc aurait été du même avis, tandis que Mareschal aurait émis des doutes. La disparition des procès-verbaux d'autopsie ne permet pas de confirmer ces opinions rapportées par Saint-Simon. Il fait peu de doute aujourd'hui que ce fut une rougeole, ou plutôt une scarlatine infectieuse, qui emporta les deux époux. *La Gazette de Hollande* estimait à plus de 500 le nombre des victimes de cette épidémie rien qu'à Paris et à Versailles.

L'hécatombe ne s'arrêta pas là. Le 27 février, le petit duc de Bretagne, âgé de cinq ans et demi, fut atteint à son tour. Les médecins s'acharnèrent sur lui avec leurs lancettes et leurs fioles d'émétique. Le bambin n'y résista pas. Affolée, Mme de Ventadour, gouvernante des Enfants de France, arracha le survivant, le petit duc d'Anjou de deux ans, des mains de ses bourreaux et se contenta de le tenir au chaud. Elle sauva ainsi d'une mort certaine le futur Louis XV.

Quelle tragédie! La Parque semait la panique sur son passage. « Tous, tant que nous sommes, nous allons, je crois, mourir l'un après l'autre », gémissait Madame qui avait grand-peur de la mort. Pour dissiper cette atmosphère d'apocalypse, le roi ordonna que l'on reprît les jeux de brelan et de lansquenet. Malgré son immense désarroi il avait gardé dans la tourmente un flegme et une constance admirables. « Dieu me punit, dit-il au maréchal de Villars, je l'ai bien mérité... »

Bien vite une rumeur, folle, incontrôlée, se propagea : le responsable de ces morts en cascade, c'était le duc d'Orléans, cet ambitieux, ce libertin, cet athée, ce débauché, ce prince incestueux qui rêvait de s'emparer du royaume avec la complicité de sa fille, la duchesse de Berry. N'avait-il pas naguère conspiré contre Philippe V? Ne se livrait-il pas dans son cabinet à de mystérieuses expériences de chimie, en compagnie d'un Saxon nommé Homberg? Ce Homberg, d'ailleurs, n'était-il pas le gendre de Dodart, médecin du feu duc de Bourgogne? Lorsque le convoi du dauphin et de la dauphine passa devant le Palais-Royal, des cris et des huées jailllirent de la foule à l'adresse du prince. Sur les murs, des inconnus placardèrent des affiches accusatrices : « Voici où se font les *lotheries* et où on trouve le plus fin poison. » Par « lotherie » on insinuait naturellement que Philippe d'Orléans vivait avec sa fille comme Loth avec les siennes. Mme de Maintenon prêta une oreille complaisante à ces bruits, auxquels n'était pas étrangère l'ancienne cabale de Meudon (Madame la Duchesse, le duc d'Antin et l'entourage du duc du Maine). Le fils de Monsieur, ulcéré de ces accusations aussi odieuses qu'absurdes, proposa de se rendre à la Bastille, ce qui lui fut refusé. Louis XIV passa par des moments de doute, chargeant, si l'on en croit le représentant espagnol à Paris, don Feliz Cornejo, quelques hommes de confiance d'« observer tous les mouvements du prince ». S'il s'avérait que son neveu était coupable, il n'était pas question de jeter un Petit-Fils de France dans un cul-de-basse-fosse ou d'ouvrir un procès. Pendant les pires jours d'incertitude, Louis, imperturbable et stoïque, affecta de lui témoigner d'ostensibles marques de confiance. Le 8 avril, Madame Palatine, mère du suspect, écrivait : « Quand les docteurs vinrent rapporter au roi qu'ils avaient tout examiné minutieusement et que ces deux personnes *(le duc et la duchesse de Bourgogne)* n'avaient certainement reçu aucun poison, le roi se tourna vers Mme de Maintenon et lui dit : *Eh bien, Madame, eh bien, ne vous avais-je pas dit que ce que vous m'aviez dit de mon neveu était faux* [1] *?* »

Denain

Face à la détermination anglaise et aux explications rassurantes de Torcy sur les Préliminaires de Londres, l'Empereur et les Provinces-Unies se résignèrent à s'asseoir à la table des négociations. Le congrès s'ouvrit à Utrecht en janvier 1712. Les alliés refusant de reconnaître Philippe V, il fut convenu que la délégation française représenterait les deux pays. Celle-ci était composée du maréchal d'Huxelles, de l'abbé de Polignac et de Mesnager. Les questions de procédure bloquèrent tout de suite les travaux des délégués, si bien que les diplomates se séparèrent au bout de trois mois.

Les conversations se poursuivirent entre Torcy et le représentant

1. Peu après une autre machination fut ourdie contre Philippe d'Orléans, cette fois par la princesse des Ursins qui lui gardait rancune du passé. Elle fit livrer au roi de France un moine cordelier, vrai soldat déserteur et crapule de la pire espèce, nommé Le Marchand, en lui laissant entendre qu'il avait été stipendié par son neveu pour empoisonner Philippe V. Les interrogatoires à la Bastille de cet illuminé suffirent à anéantir cette calomnie.

de la reine Anne, Saint-John. Les Anglais, déterminés à faire cavalier seul, tenaient à un point essentiel : que les couronnes de France et d'Espagne fussent toujours séparées. Ils exigeaient en conséquence la renonciation de Philippe V à la succession de France et celle des ducs de Berry et d'Orléans à la couronne madrilène. Après l'hécatombe qui venait de survenir chez les Bourbons, Louis XIV aurait aimé garder intacts les droits de son petit-fils, mais il n'en avait plus guère les moyens. Philippe V, qui voulait conserver, en cas de disparition de son jeune neveu, l'option sur les deux couronnes, l'une pour lui-même et l'autre pour son fils, retarda les négociations de plusieurs semaines.

Finalement Louis XIV, devant la ferme insistance de Saint-John, se déclara prêt à sommer son petit-fils de choisir entre la France et l'Espagne. S'il refusait, il conclurait une paix séparée avec l'Angleterre et le laisserait s'expliquer seul avec la coalition. Philippe V, acculé, accepta de se soumettre. Les bonnes dispositions françaises influencèrent favorablement les Anglais. Accusé de péculat, le rapace duc de Marlborough avait été destitué le 31 décembre 1711. Son successeur, le duc d'Ormond, reçut ordre de se séparer de l'armée confédérée dans l'attente de la signature d'un armistice partiel en Flandre. Celui-ci fut effectivement conclu le 17 juillet 1712, après l'accord de Louis XIV de remettre Dunkerque en gage à la flotte anglaise.

Malgré la défection britannique, Hollandais et Impériaux continuaient la lutte pour améliorer leur situation et contraindre la France à implorer la paix. Promu généralissime à la disgrâce de Marlborough, le prince Eugène ravagea la Champagne et les environs de Metz. Le 17 juillet, jour de l'armistice franco-anglais, il mit le siège devant Landrecies. Cette place tombée – la dernière du triple système de défense mis au point par Vauban –, la vallée de l'Oise s'offrait à ses troupes victorieuses. La route de Paris était libre. L'armée française se trouvait dans une situation tragique. Elle n'avait que 70 000 hommes mal équipés, mal nourris, sans artillerie ni munitions. Face à elle campaient 120 000 à 130 000 combattants bien entraînés, avec 130 canons.

Le maréchal de Villars eut le redoutable honneur de livrer la bataille dont le sort scellerait celui du pays. Jamais instant n'avait été aussi angoissant! On avait envisagé le repli du gouvernement à Chambord. Vaincue, la France était dépecée. Or sa défaite était de l'ordre du probable. Le roi, amer, accablé par les revers et les malheurs familiaux, ne se le dissimulait pas. A Villars, resté silencieux devant cette terrible perspective, il déclara : « En attendant que vous me disiez votre pensée, je vous apprendrai la mienne... Je connais la Somme, elle est difficile à passer ; il y a des places : je compterais de me rendre à Péronne ou à Saint-Quentin y ramasser tout ce que j'aurais de troupes, faire un dernier effort avec vous et périr ensemble ou sauver l'État, car je ne consentirais jamais à laisser approcher l'ennemi de ma capitale. »

Écrasé par ses responsabilités, Villars hésitait. Fallait-il choisir pour cible les magasins d'approvisionnement de Marchiennes, le camp retranché de Denain sur l'Escaut ou tenter de délivrer directement Landrecies ? Le roi lui avait laissé carte blanche. Le maréchal opta pour la manœuvre recommandée quelques semaines plus tôt à Voysin par un conseiller au parlement de Flandre, Lefebvre d'Orval : attaquer Denain, au centre, en feignant de s'en prendre à Landrecies par des simulacres sur la Sambre. Cette manœuvre de nuit, très délicate, nécessita un secret absolu. Sept officiers seulement furent au courant, et Villars s'abstint d'écrire au roi, de peur d'un courrier perdu. Le 24 juillet au matin, il fit franchir l'Escaut à son avant-garde et, après une dernière hésitation, pressé par le maréchal de Montesquiou, lança ses troupes, sans attendre que tous les régiments aient franchi le fleuve. La charge fut terrible et le camp retranché, emporté d'assaut à la baïonnette. Eugène, plein de mépris pour Villars, avait allongé inconsidérément ses lignes d'approvisionnement. Il s'aperçut trop tard de la manœuvre. Les ennemis s'enfuyaient en désordre vers l'Escaut, où les attendait l'arrière-garde française, abandonnant sur place leurs canons, leurs équipages et leurs drapeaux. La prise de Denain, comme plus tard la canonnade de Valmy, n'était pas militairement une grande bataille. Mais ces deux victoires eurent des conséquences décisives : elles sauvèrent la France de l'invasion [1]. Dans la foulée, Villars reprit Saint-Amand, Mortagne, Marchiennes, obligea Eugène à lever le siège de Landrecies et, quelques semaines plus tard, à abandonner Douai, Le Quesnoy et Bouchain.

1. Sur la célèbre « manœuvre de Denain », qui prouvait la supériorité du mouvement sur le feu, voir Gérard LESAGE, *Denain (1712). Louis XIV sauve sa mise*, Le Mans, Paris, 1992. Autant que l'assaut du camp retranché hollandais, l'attaque, la veille, par Broglie d'un convoi de 500 chariots de pain de munition destiné à l'armée de siège fut déterminante dans la désorganisation de l'offensive du prince Eugène.

La paix enfin !

Le 22 août, Saint-John devenu lord Bolingbroke, vint à Fontainebleau, où il fut reçu avec faste, et signa l'armistice général avec la France. Cet accord fut suivi d'une suspension d'armes avec le Portugal (novembre 1712). Le 5 novembre, conformément aux engagements pris, Philippe V, à Madrid, renonça devant les Cortès à ses droits sur la couronne de France. Une quinzaine de jours plus tard, les ducs d'Orléans et de Berry prirent des engagements similaires, publiés au Parlement le 15 mars 1713 sous forme de lettres patentes. Mesure-t-on bien l'importance de cette concession ? Elle modifiait les règles de succession au trône de France, donc la constitution coutumière de la monarchie française. Pour la première fois, les principes de sécurité collective et d'équilibre européen l'emportaient sur les postulats dynastiques. Les Bourbons étaient désormais séparés en deux branches distinctes. Les Bourbons de France perdaient tout droit sur le trône d'Espagne qui, en cas d'extinction de la postérité de Philippe V, reviendrait à la maison de Savoie. Les Bourbons d'Espagne ne pouvaient plus prétendre au trône de France. Ainsi, deux siècles plus tard, en 1883, lorsque s'éteignit le comte de Chambord, dernier descendant légitime direct de Louis XIV, les droits à la couronne de France passèrent aux Orléans, descendants de Monsieur [1].

La volonté du cabinet de Londres vint à bout des dernières réticences de la Savoie et des États généraux. Les discussions traînèrent encore quelque temps – Haendel avait déjà commencé les premières répétitions à Londres de son célèbre *Utrecht Te Deum* ! Finalement les traités de paix entre la France et l'Angleterre, les Provinces-Unies, le Portugal, la Savoie et la Prusse furent signés en avril 1713 à la maison de ville d'Utrecht. Seul l'Empereur préféra poursuivre les hostilités, espérant s'approprier Strasbourg et détacher la Catalogne de l'Espagne. Pour faire la paix avec lui, Louis XIV était prêt à de grandes concessions (y compris Strasbourg) mais, par fidélité à l'égard de son allié, l'électeur de Bavière, dont il tenait à défendre les intérêts, il accepta le défi

1. C'est en se fondant sur la non-validité de cette renonciation au regard des lois fondamentales du royaume qu'aujourd'hui encore des monarchistes « légitimistes » font valoir les droits des Bourbons d'Espagne au détriment de ceux du comte de Paris.

impérial. Charles VI manquait cruellement de moyens financiers. Plusieurs revers militaires (la perte de Spire, Worms, Kaiserslautern, Landau et Fribourg, emportées par l'impétueux Villars) le contraignirent à traiter. Ainsi furent signés les traités de Rastadt, avec l'Empereur, et de Baden, avec les États de l'Empire (6 mars et 7 septembre 1714). De son côté, l'Espagne conclut la paix avec l'Angleterre et la Savoie en juillet 1713, avec la Hollande en juin 1714 et avec le Portugal en février 1715. Mais elle resta en guerre avec l'Empereur. En novembre 1715, enfin, complétant ce dispositif complexe, une dernière convention entre les Provinces-Unies et l'Empereur précisa la Barrière des Pays-Bas.

Toute la carte de l'Europe se trouvait remodelée par cette cascade d'actes diplomatiques. Vis-à-vis des Anglais Louis XIV reconnaissait le *Settlement Act,* c'est-à-dire la légitimité de la dynastie hanovrienne appelée à succéder à la reine Anne. Il s'engageait à ne plus donner asile sur ses terres au prétendant Stuart, qui, en février 1713, se retira à Bar, en Lorraine. Il acceptait de raser à ses frais les fortifications de Dunkerque, de combler le port et de démanteler les écluses. Aux Anglais encore il cédait l'île antillaise de Saint-Christophe, la baie et le détroit d'Hudson, l'Acadie et Terre-Neuve (les Français conservant toutefois le droit de sécher le poisson sur la partie de la côte appelée « Petit-Nord », la meilleure). Il leur était consenti la clause de la « nation la plus amie » et le tarif de 1664. En outre, les Français renonçaient aux avantages commerciaux acquis en Espagne et dans les Indes espagnoles depuis la mort de Charles II.

Les Hollandais rendaient au roi de France Lille et sa châtellenie, Aire, Béthune et Saint-Venant. Ils recevaient les Pays-Bas espagnols, à charge pour eux de les remettre à la maison d'Autriche une fois la paix signée avec l'Empereur. Il était entendu que cet ensemble ne pourrait jamais revenir, en tout ou partie, à un prince français. Charles VI recouvrait les places de la rive droite du Rhin, Vieux-Brisach, Fribourg et Kehl, mais renonçait à ses prétentions sur Strasbourg, l'Alsace et Landau. La France reconnaissait la souveraineté des Habsbourg sur les ex-Pays-Bas espagnols, le Milanais, les présides de Toscane, le royaume de Naples et la Sardaigne. Victor-Amédée se voyait restituer la Savoie et le comté de Nice, agrandissait son domaine des vallées d'Oulx, de Bardonecchia et de Pragelas avec les forts d'Exilles et de Fénestrelle, mais s'engageait à ne pas disputer à la France la vallée de Barcelonnette et le versant ouest des Alpes. Il conservait le Montferrat et le Vigevanesque, que l'Empereur lui avait cédés en 1703, et acquérait de l'Espagne la Sicile, avec le titre de roi. L'électeur de Brandebourg, Frédéric-Guillaume, reconnu par tous roi de Prusse, recevait la souveraineté de Neuchâtel et de Valengin, la Gueldre espagnole et le pays de Kessel.

Le nouvel équilibre européen

La France mettait fin à ce terrible conflit dans les moins mauvaises conditions possibles. Elle avait remarquablement redressé la situation après les défaites d'Höchstaedt, de Ramillies, de Turin et d'Audenarde. Les clauses de la paix étaient sans rapport avec les implacables propositions des conférences de Gertruydenberg de 1710. A Utrecht, ses diplomates s'étaient montrés fort habiles, sous la haute surveillance de Torcy et surtout du roi, qui gardait la même vigilante attention à la politique étrangère qu'au début de son règne. Ainsi, lors des difficiles discussions du château de Rastadt, ce dernier ne s'était-il pas laissé impressionner par les assurances gasconnes du vaniteux Villars, impatient de couronner ses victoires d'un traité de paix, non plus que par l'ultimatum brutal du prince Eugène. Au risque de provoquer une rupture, Louis XIV avait ordonné la fermeté, avec calme et détermination, et finalement l'avait emporté. « Je souhaite la paix, écrivait-il au maréchal-diplomate, mais nulle raison ne me presse de la conclure. Si les conférences de Rastadt durent, vous forcerez certainement le prince Eugène à convenir des principales conditions que je désire. S'il rompt les conférences, vous me rendrez un plus grand service et je vous saurai plus gré de la fermeté que vous aurez témoignée en exécutant mes ordres que si vous aviez fait une paix qui ne conviendrait ni à ma gloire, ni à l'état présent de mes affaires. » Notons l'expression « ma gloire » : elle revenait sous sa plume après des années d'éclipse !

La France conservait à peu près ses limites de 1700. Certes, en vertu de l'article 9 du traité, elle perdait le port et les écluses de Dunkerque, mais sa frontière sur le Rhin était consolidée. La présence d'un prince de Bourbon sur le trône d'Espagne, motif principal de la conflagration, était reconnue. En revanche, en Europe centrale, l'influence française reculait, particulièrement en Allemagne où la seule alliance solide lui restant était celle de l'électeur de Bavière, Max-Emmanuel. Ses alliés traditionnels, la Turquie, la Pologne et la Suède étaient en crise ou en décadence. En conclusion, les traités avaient permis à la France de garder dans l'ensemble ses territoires. Son empire d'outre-mer (Canada, Louisiane, l'île Bourbon, des positions à Saint-Domingue, en Guyane, à Madagascar, au Sénégal, des comptoirs aux Indes) restait plus important que l'ensemble anglais. Mais, à terme, le retour au tarif de 1664 et les concessions commerciales consenties aux Anglais allaient se révéler néfastes pour les intérêts français.

Les historiens qui aiment les raccourcis datent de cette époque la prépondérance anglaise, ce qui est exagéré. Avec une population plus de trois fois supérieure, la France restait encore une puissance redoutable sur le continent. Mais les traités confortaient les bases de la richesse économique du Royaume-Uni. Ce pays de six millions d'habitants était déjà, en termes de revenu par habitant, le plus riche d'Europe. Quelle transformation en vingt-cinq ans : d'un petit royaume rural il était devenu la seconde puissance commerciale et maritime du monde, juste derrière les Provinces-Unies ! Bientôt, grâce aux avantages obtenus pour son négoce, l'Angleterre pourra bâtir son règne sans partage sur les mers. Sa mainmise sur l'Acadie et Terre-neuve renforçait sa présence en Amérique du Nord. Son installation à Gibraltar et à Port-Mahon donnait à sa flotte un accès en Méditerranée occidentale. De l'Espagne elle obtenait deux avantages considérables : le droit pour un navire de 500 tonneaux (« le vaisseau de permission ») de transporter une cargaison de marchandises aux foires de Carthagène et de Vera Cruz, source prodigieuse de contrebande. Le second avantage était l'*asiento* – monopole de la traite des Noirs – précédemment exploité par la Compagnie française de Guinée. L'Angleterre, il est vrai, ne saura pas toujours profiter de ces acquis. « Plus que le demi-siècle de la prépondérance anglaise, écrit Pierre Chaunu, le premier XVIIIe siècle est le demi-siècle de la prépondérance partagée. A la France la meilleure part sur le continent ; à l'Angleterre la mer et, après une lutte longtemps indécise, les immenses bénéfices du commerce ultramarin, la direction des Amériques " frontières ", en un mot, à l'Angleterre l'avenir, mais à la France les restes d'un bel aujourd'hui [1]. »

Les Provinces-Unies avaient assuré leur sécurité, grâce à la constitution dans les anciens Pays-Bas espagnols d'une zone tampon placée sous la souveraineté impériale. Le traité dit de la Barrière signé le 15 novembre 1715 leur permettra d'entretenir des garnisons dans les places de Furnes, La Knocke, Ypres, Warneton, Menin, Tournai et Namur, aux frais de l'Empereur. Elles souffraient des défauts de leur régime confédéral, lent et procédurier. C'était encore la plus grande puissance commerciale et économique du monde, mais leur déclin allait commencer à partir de 1720-1725. Plus tard, Frédéric II parlera d'elles comme d'une chaloupe amarrée au vaisseau anglais.

Le Habsbourg, en dépit de ses maladresses et de ses défaites, occupait une place prépondérante en Europe centrale. De la succession espagnole il avait reçu les Pays-Bas, le Milanais, les présides de Toscane, la Sardaigne et l'important royaume de Naples. Auparavant, à l'est, les offensives victorieuses du prince Eugène lui avaient valu la Transylvanie et la Hongrie, où il avait ceint la couronne héréditaire de Saint-Étienne. Ses possessions s'étendaient sur un assemblage disparate de peuples aux langues et aux coutumes différentes. L'Empire germanique, dans lequel il était impliqué en tant que souverain électif, restait une grande nébuleuse sans administration ni finance, sans armée permanente. Lentement, cependant, cet ensemble prenait conscience de sa spécificité nationale, devenant plus germanique qu'impérial [2]. L'implantation autrichienne en Italie constituera une source de conflits pour l'avenir car l'Espagne gardera la nostalgie des joyaux qu'on lui avait arrachés.

La guerre s'était prolongée tardivement dans la péninsule Ibérique. Malgré le départ des troupes allemandes du feld-maréchal de Stahremberg, les Catalans avaient refusé de se rendre. Louis XIV avait dû envoyer Berwick faire le siège de Barcelone, qui capitula en septembre 1714. Les Baléares firent leur soumission en juillet 1715. Selon les traités, l'Espagne conservait son territoire métropolitain et son empire colonial. Néanmoins, elle faisait figure de grande perdante. Les discussions s'étaient faites dans son

1. Pierre CHAUNU, *La Civilisation de l'Europe classique*, Paris, 1984, p. 126.
2. Jean-François NOËL, « Le concept de nation allemande dans l'Empire au XVIIe siècle », *XVIIe siècle,* juillet-septembre 1992, n° 176, p. 325-344.

dos et elle payait la paix du prix le plus cher en abandonnant le reste de ses possessions européennes. Le monarque de Madrid, qui avait épousé les intérêts de sa nouvelle patrie, en conçut une profonde amertume. Il avait dû céder aux pressions de son grand-père et traiter avec l'Angleterre, la Savoie et la Hollande, mais pas avec l'Empereur, qui refusait de le reconnaître. Il ne rêvait que de prendre sa revanche et n'avait renoncé à la régence ou au trône de France que du bout des lèvres. Les relations avec Paris s'aigrissaient. Les Français qui avaient accompli une œuvre administrative considérable en Espagne, contribuant à sortir le pays de sa léthargie, étaient peu à peu éliminés et remplacés par des Flamands ou des Italiens. La princesse des Ursins avait commencé à mener un jeu personnel et tenté, à l'occasion des négociations diplomatiques, de se faire attribuer une principauté dans les Pays-Bas espagnols. Ses démarches avaient contrecarré un moment l'action de Louis XIV. Ses prétentions avaient été écartées, mais, en février 1714, à la mort de la reine Marie-Louise, elle parvint à se maintenir au pouvoir. Cloîtrant le roi, elle s'occupa de le remarier avec une obscure princesse italienne, Élisabeth Farnèse. La négociation fut rondement menée par l'entremise d'un ancien serviteur du duc de Vendôme, l'abbé Alberoni, fils d'un jardinier de Plaisance. C'était ce volubile et diabolique personnage, dévoré d'ambition, qui l'avait convaincue que cette nièce du duc de Parme, une « bonne Lombarde », douce et pieuse, serait un jouet docile entre ses mains. Tragique méprise! La Farnèse avait un tempérament de feu, opiniâtre et audacieux. Dès leur première entrevue, à Jadraque, le 23 décembre 1714, la crise éclata. Mme des Ursins fut prestement congédiée et jetée, sans argent ni vêtements, dans un carrosse qui la reconduisit à la frontière française. Le peuple acclama la nouvelle reine du nom de « restoradora d'España ». Le départ burlesque de la *camarera mayor* effaça les derniers restes d'influence française à Madrid. Le ministre des finances, Jean Orry, ainsi que le père Robinet, confesseur du roi, furent disgraciés. Le cardinal del Giudice devint premier ministre, et son neveu, le prince de Cellamare, ambassadeur en France. L'Espagne avait coupé le cordon ombilical avec la mère patrie de son roi...

A la princesse congédiée sa vieille amie Mme de Maintenon fit sentir qu'elle était indésirable en France, et celle-ci dut se retirer à Rome. Louis XIV, en effet, tout étonné de l'éclat de la farouche

Farnèse, ne voulut pas se mettre à dos cette femme énergique. Plus que jamais il avait besoin de l'alliance espagnole. L'inquiétude, cette fois, venait de l'Angleterre où, à la mort de la reine Anne (août 1714), le protestant Georg-Ludwig de Brunswick-Lunebourg, électeur de Hanovre, arrière-petit-fils par les femmes de Jacques Ier, était monté sur le trône sous le nom de George Ier. Au début de 1715, les *Whigs* revenaient aux affaires. La nouvelle équipe animée par Charles Townshend, principal ministre, Robert Walpole et James Stanhope, trouvait que la France avait été trop généreusement traitée à Utrecht. Elle faisait grief aux *Tories* d'avoir bradé les intérêts nationaux. Craignant la renaissance de la puissance française sur les mers et redoutant que Louis XIV eût secrètement investi Philippe V de la régence, elle était prête à reprendre les armes. Outre l'appui des Provinces-Unies et celui du Hanovre, dont George Ier demeurait l'électeur, elle avait trouvé sur le continent le soutien de la Prusse de Frédéric-Guillaume Ier, le roi-sergent. En quelques mois tout avait changé. L'homme fort du cabinet précédent, lord Bolingbroke, principal artisan du côté anglais du traité d'Utrecht, s'était réfugié en France et mis au service du prétendant.

Repensant les principes de sa politique européenne, le roi de France songea alors à une nouvelle combinaison politique : mettre fin à l'affrontement séculaire entre les Habsbourg et les Bourbons, réconcilier l'Espagne et l'Empereur et créer les bases d'une alliance continentale susceptible d'endiguer les ambitions de l'inquiétante Albion. On ne peut qu'admirer la vivacité d'esprit et la clairvoyance du vieux roi, prompt à saisir l'évolution de la situation internationale. Ses instructions au comte du Luc, le premier envoyé français à Vienne qui eût le statut d'ambassadeur extraordinaire, sont un modèle d'intelligence politique [1]. Elles anticipaient le renversement des alliances de 1756. Étant donné l'arrogance belliqueuse des *Whigs*, il s'agissait de ne pas se laisser enfermer dans une interprétation trop large des traités. Sur la proposition de l'intendant de Flandre, Claude Le Blanc, Louis décida de créer à Mardyck, à côté de Dunkerque – sous prétexte de creuser une dérivation du canal de Bergues –, un nouveau port militaire afin de

1. *Recueil des instructions données aux ambassadeurs et ministres de France depuis les traités de Westphalie jusqu'à la Révolution*, t. I, Autriche, présenté par Albert SOREL, Paris, 1884, p. 154-183.

suppléer celui qui venait d'être démantelé. Mieux encore, il consentit à aider en sous-main le chevalier de Saint-Georges, qui préparait un débarquement en Ecosse. Dans le plus grand secret, Torcy fit fréter les navires qui devaient embarquer des armes et des munitions et préparer la chaise de poste destinée à conduire Jacques III de sa résidence lorraine à Cancale, son lieu d'embarquement [1]. La restauration des Stuart catholiques, les amitiés rhénanes conservées, l'alliance traditionnelle avec les cantons suisses renouvelée, le pacte de famille avec l'Espagne, le rapprochement esquissé avec l'Autriche, la politique royale suivait un plan logique qui comblait d'aise les dévots. Face au nouveau danger du « parti protestant » des puissances nordiques, ce n'était pas l'Europe supranationale des Habsbourg que le roi tentait de promouvoir, mais l'Europe des États catholiques, sous la houlette de la France.

1. L'opération, financée par Philippe V et le banquier Antoine Crozat, eut lieu après la mort de Louis XIV, avec la bénédiction du Régent. Le chevalier de Saint-Georges débarqua à Peterhead en Ecosse, le 2 janvier 1716, mais il dut pitoyablement rebrousser chemin après l'échec du soulèvement écossais du comte de Marr.

CHAPITRE XXVII

Le crépuscule

Le testament

Le 26 avril 1714, le duc de Berry, dernier frère survivant de Philippe V, se blessa à cheval au cours d'une partie de chasse en heurtant violemment le pommeau de sa selle. Il fut pris à son retour à Marly de vomissements et d'hémorragies, mais il interdit à ses domestiques d'en parler. Trois jours plus tard, après deux repas copieusement servis, son « dévoiement sanguin » reprit. La fièvre s'en mêla, les médecins aussi, malheureusement. Saigné au pied et au bras, traité à l'émétique et à l'eau de Rabel, le malheureux n'en réchappa pas. Il mourut le 4 mai, à quatre heures du matin. La série noire continuait [1] !

Louis XIV décréta un deuil de six mois et fit venir son arrière-petit-fils de quatre ans, le duc d'Anjou : « Voici ce qui me reste de toute ma famille », dit-il les larmes aux yeux. La rumeur d'empoisonnement repartit de plus belle. A nouveau Philippe d'Orléans fut tenu pour un pestiféré, un paria dont il convenait de s'écarter.

Le nombre des princes susceptibles d'accéder au trône diminuait de manière inquiétante. Dans l'ordre venaient le duc d'Anjou, le duc d'Orléans, son fils, le duc de Chartres, et au-delà, la branche des Condé, dont le chef était alors un jeune homme de vingt-deux ans, Louis Henri de Bourbon, né en 1692 – fils de Louis III de Bourbon et de Madame la Duchesse –, puis celle des Conti. Le roi

1. La duchesse de Berry accoucha quelques jours après d'une fille qui ne vécut pas. Le 13 mars 1713, elle avait eu un premier enfant, le duc d'Alençon, décédé trois semaines plus tard.

voulut remédier à cette situation. A la fin de juillet 1714 il signa un édit appelant à la succession ses deux bâtards chéris, le duc du Maine et son frère, le comte de Toulouse, ainsi que leur descendance mâle. Ceux-ci venaient, bien entendu, en dernier rang et ne pourraient régner qu'au cas où tous les princes légitimes de la famille royale disparaîtraient. L'édit fut enregistré le 2 août par le Parlement. Le 23, une déclaration royale, complétant la mesure précédente, conféra aux bâtards la qualité de princes du sang...

Cette création *ex nihilo* de deux nouvelles lignées de princes ne modifiait pas les droits de Philippe d'Orléans, qui conservait le rang incontesté de Petit-Fils de France. Elle n'en constituait pas moins une manifestation de défiance à son égard. Sur le plan institutionnel, cet arrangement violait les lois fondamentales, en particulier les règles de dévolution de la couronne. De bons juristes affirmaient qu'un roi « ne pouvait faire de prince du sang qu'avec la reine ». En d'autres termes, on *naissait* prince du sang, on ne le *devenait* pas. Une fois éteintes la lignée royale et les branches collatérales, on considérait qu'il revenait à la nation, réunie en corps, de désigner une nouvelle famille. La décision de Louis XIV parut un acte de despotisme avéré. La couronne ne lui appartenait pas en propre : lui et sa race n'en étaient que les usufruitiers. Saint-Simon et la cohorte de ducs et pairs qui gravitait autour de lui faillirent en étouffer de rage, mais la soumission des esprits était telle que nul n'osa protester. Le Parlement enregistra le nouvel édit sans mot dire, et le petit duc lui-même, si véhément en privé, vint faire ses compliments au duc du Maine...

L'habileté du roi était d'avoir gradué les faveurs conférées aux légitimés et d'avoir mêlé de façon indissociable ses deux familles. Au point que la Palatine elle-même, dont on n'a pas oublié la révolte lors de l'union de son fils avec une fille de la Montespan, avait fini par s'en accommoder : « Du moment que nous avons dans notre famille la sœur du duc du Maine et du comte de Toulouse, je préfère qu'on les élève plutôt qu'on les abaisse. Ils sont de même les oncles de tous les princes et toutes les princesses du sang; de sorte qu'on prend plus facilement son parti de la grâce que le roi leur a faite. »

Restait à organiser la régence, en neutralisant au mieux le duc d'Orléans à qui le pouvoir revenait de droit. Le 26 août, Louis convoqua à Versailles le premier président du Parlement,

M. de Mesmes, et le procureur général d'Aguesseau. Il leur remit un paquet cacheté de sept sceaux : c'était son testament ! « L'exemple des rois mes prédécesseurs et celui du testament du roi mon père, exposa-t-il, ne me laissent pas ignorer ce que celui-ci pourra devenir ; mais *on* l'a voulu, *on* m'a tourmenté, *on* ne m'a point laissé en repos, quoi que j'aie pu dire. Oh bien ! j'ai donc acheté mon repos. Le voilà, emportez-le, il deviendra ce qu'il pourra ; au moins j'aurai patience et je n'en entendrai plus parler. » « J'ai acheté mon repos » : était-ce là le discours d'un roi tout-puissant qui nous avait habitués à commander aux événements ?

Le lendemain, devant Mme de Maintenon et la veuve de Jacques II, il reprit la même antienne. Au duc du Maine dont il craignait la langueur il dit : « Vous l'avez voulu, mais sachez que quelque grand que je vous fasse et que vous soyez de mon vivant, vous n'êtes rien après moi, et c'est à vous après à faire valoir ce que j'ai fait pour vous, si vous le pouvez. »

Le premier président et le procureur général firent creuser une niche dans un des gros piliers du Palais et y déposèrent le testament. Cette niche fut obstruée par une porte de fer et une grille munie de trois serrures différentes, le tout recouvert d'une couche de plâtre. Le premier président, le procureur général et le greffier en chef en gardèrent chacun une clé. Deux codicilles secrets, l'un du 13 avril 1715, l'autre du 25 août, vinrent compléter ce dispositif.

Ces trois documents furent lus le lendemain de la mort du roi, le 2 septembre 1715, lors de la séance solennelle du Parlement. Louis XIV instituait un conseil de régence, composé du duc d'Orléans – qualifié de « chef du conseil » et non de régent –, de Louis Henri, duc de Bourbon, du duc du Maine, du comte de Toulouse, du chancelier, du chef du conseil royal des finances, des maréchaux de Villeroy, Villars, Huxelles, Harcourt et Tallard, du contrôleur général des finances Desmarets et des quatre secrétaires d'État. Toutes les décisions, y compris les nominations aux charges, emplois et dignités, seraient prises à la majorité, « sans que le duc d'Orléans, chef du conseil, pût seul et par son autorité particulière rien déterminer, statuer et ordonner ». Le duc du Maine recevait la garde et la tutelle de Louis XV ainsi que l'autorité sur les troupes de la maison du roi. Le premier codicille nommait le maréchal de Villeroy gouverneur de l'enfant royal et le marquis de Saumery sous-gouverneur. Jusqu'à sept ans, la duchesse de Ventadour serait chargée de l'élever. Le second codicille désignait comme précepteur du roi Mgr Hercule André Fleury, ancien évêque de Fréjus, et comme confesseur le père jésuite Michel Le Tellier.

Il est certain que le testament et les deux codicilles furent établis sur les instances pressantes du duc du Maine, de Mme de Maintenon et du père Le Tellier. Même si Louis XIV ne se faisait guère d'illusion sur le sort de ce document, ce fut une grave faute politique, montrant que dans les derniers temps le monarque ne savait plus résister à l'influence de son entourage. On peut se demander si quelque ressort ne s'était pas irrémédiablement brisé après l'hécatombe familiale des années 1711-1712. Le fait est que Louis n'était plus le même. Il montrait des signes de sénescence. Sa vie n'était que routine et il demandait à ne plus en sortir. « J'ai acheté mon repos! » soupirait le vieillard enfermé dans sa misère versaillaise. Non seulement les dispositions envisagées étaient insultantes pour le duc d'Orléans, contraires aux lois fondamentales du royaume et au droit imprescriptible de sa naissance, mais elles avaient pour conséquence de démembrer l'autorité suprême. Comme le fit remarquer l'abbé Robert lors de la fameuse séance du Parlement du 2 septembre, un conseil de régence sans régent établit un gouvernement aristocratique inconnu en France. Sous prétexte de soustraire la tutelle du jeune roi à son neveu, Louis XIV avait confié le commandement des meilleures troupes du royaume au duc du Maine, instituant de ce fait une séparation des pouvoirs aussi curieuse que dangereuse. Dans cette affaire, Mme de Maintenon, avec sa méfiance invétérée pour le fils de Monsieur et son aveugle tendresse pour l'incapable bâtard, avait rendu un très mauvais service à la France. Certes, dès le lendemain de la mort du roi, Philippe d'Orléans se montrera suffisamment habile pour récupérer la plénitude de ses fonctions, mais il lui faudra en payer le prix fort en restituant le droit de remontrance à un parlement impatient de retrouver son lustre d'antan. Le combat politique du Régent – après ses errements saint-simoniens de polysynodie – sera précisément de reprendre cette funeste concession et de restaurer l'autorité de l'État, ce qui sera fait en septembre 1718. En somme, beaucoup de gâchis pour rien!

La bulle « Vineam domini »

Cependant le royaume n'en avait pas fini avec les difficultés politico-religieuses. Malgré l'exil de ses principaux chefs de file et les efforts des censeurs ecclésiastiques pour l'étouffer, le jansénisme poursuivait sa progression lente et insidieuse. Un peu comme ces virus qui mutent sous l'effet des antibiotiques, il s'était transformé et avait gagné de nouveaux secteurs de la pensée. Délaissant le terrain de la théologie dogmatique, ses partisans s'étaient orientés vers des questions pratiques, essayant, par un travail approfondi de traductions et de commentaires, de rendre intelligibles aux fidèles la Sainte Écriture et les textes patristiques. Ces missels, ces bréviaires, ces traductions en langue vulgaire – la plus célèbre étant la Bible de Le Maître de Sacy – ne comportaient pas nécessairement des erreurs ou des déviations doctrinales, mais les autorités ecclésiastiques les regardaient avec méfiance. Imprimés sans leur autorisation, ils risquaient en effet d'inciter le peuple chrétien, par des dévotions particulières, à se détacher de l'Église hiérarchique, seule détentrice des vérités dogmatiques et morales. Certaines idées en vogue dans les milieux jansénistes menaçaient les institutions politiques et religieuses du pays. Ancien compagnon d'Antoine Arnauld, le père Pasquier Quesnel, tenu pour l'un des chefs du « parti », quoique thomiste et marqué par la pensée bérullienne, en était arrivé à défendre des thèses richéristes [1] comme l'élection des évêques et des prêtres par le peuple chrétien. Les Port-Royalistes rêvaient de ramener l'Église à sa pureté primitive, de dépouiller les autels de leur croix, de se débarrasser des reliques, de jeter bas les statues des saints, de réduire le culte marial à sa plus simple expression, de proscrire l'usage du latin dans la liturgie. Beaucoup considéraient avec suspicion la croyance dans les miracles.

En dépit de leur forte position à la cour – grâce au père de la Chaise –, les Jésuites étaient loin de dominer l'Église de France. La tendance majoritaire se rattachait à ce qu'on pourrait appeler un courant augustinien modéré, qui allait de Saint-Sulpice aux Missions étrangères de Paris. Le cardinal Louis Antoine de Noailles, archevêque de Paris, Mgr Charles Maurice Le Tellier, archevêque

1. Gallicanisme radical défendu par le théologien Edmond Richer (1559-1631), syndic de la Sorbonne, qui inspirera sous la Révolution la constitution civile du clergé

de Reims, et Jacques Bénigne Bossuet, évêque de Meaux, en étaient les animateurs. Tel était le « triumvirat » qui dirigeait l'Église de France, avec le soutien de Mme de Maintenon, elle-même influencée par l'austère évêque de Chartres, Godet des Marais. Héritiers de l'esprit de la Compagnie du Saint-Sacrement, ces prélats, adversaires de la « morale relâchée », hostiles aux bals, aux théâtres et aux fêtes profanes, mettaient l'accent sur la réforme intérieure des âmes et la recherche de la perfection morale. Ce courant se situait donc entre les Jésuites et les jansénistes, mais plus proche des seconds que des premiers.

L'affaire du quiétisme avait opéré un premier reclassement entre les différentes sensibilités religieuses. Fénelon, qui avait beaucoup d'affinités avec le courant central, s'en était éloigné devant les attaques de Bossuet et s'était allié aux Jésuites, qui, de leur côté, avaient mis un zèle tout particulier à le défendre en cour de Rome. Les jansénistes, au contraire, s'étaient rapprochés du « triumvirat » dévot, tenant l'archevêque de Paris pour l'un des leurs, ce qui n'était pas l'exacte vérité, même si l'imprudent prélat s'était entouré d'authentiques jansénistes comme l'abbé Jean-Jacques Boileau. Du coup, Mme de Maintenon, qui avait favorisé la nomination de son ami Noailles, craignit d'être compromise comme naguère avec Fénelon et s'éloigna de lui. Telle était la situation lorsque le pape Innocent XII mourut et que le cardinal Albani, connu pour être proche des Jésuites, lui succéda sous le nom de Clément XI (novembre 1700).

Au lieu de chercher à se faire oublier, les intransigeants du parti janséniste commirent la maladresse de mettre sur la place publique la fameuse « affaire du cas de conscience », une de ces subtiles finasseries théologiques agrémentées de restrictions mentales dont raffolaient les casuistes. La question posée par l'abbé Fréhel, curé de Clermont-en-Auvergne, était la suivante : était-il permis de donner l'absolution à un prêtre qui sur son lit de mort condamnait dans leur principe les « cinq propositions » énoncées comme hérétiques par l'Église mais qui, contestant qu'elles puissent figurer dans l'œuvre de Jansénius, se contentait sur ce point d'un « silence respectueux » ? A l'archevêché de Paris on pencha pour une réponse favorable, et un docteur de Sorbonne, Nicolas Petitpied, rédigea une opinion motivée en ce sens. Les Jésuites, soutenus par Fénelon, dénoncèrent cette consultation à Rome, qui la censura le 12 février

1703. Révélant la souplesse de son tempérament et les sinuosités de sa pensée, le cardinal de Noailles la condamna à son tour, poussa la Sorbonne à se rétracter et à exclure de ses rangs le docteur Petitpied, qui s'exila en Hollande.

A quelque temps de là, en mai 1703, l'arrestation à Bruxelles du père Quesnel, par ordre du roi d'Espagne agissant sur la sollicitation de Versailles, fit rebondir la crise. Quesnel parvint à s'évader dans des conditions romanesques, mais on avait saisi ses papiers. C'est alors qu'on s'aperçut que les gens de la « secte » avaient développé leurs réseaux tentaculaires dans tous les milieux ecclésiastiques.

Il y eut des arrestations, des embastillements. Le roi appela à la rescousse le pape Clément XI en lui demandant une bulle condamnant plus fermement encore le « silence respectueux ». Le pontife d'abord se déroba, par prudence, par souci de ne pas s'attirer des difficultés avec l'incommode Église de France.

De son côté, Fénelon voulait prendre sa revanche sur Bossuet (qui n'allait pas tarder à disparaître et laisser ses amis affaiblis). En épousant la thèse des Jésuites, sans doute songeait-il à se rapprocher à la fois de Rome et du roi de France. Cela dit, il était convaincu que le jansénisme seconde manière représentait un redoutable danger pour l'autorité de l'Église. La montée des idées richéristes dans le bas clergé, le progrès de l'esprit de contestation chez les docteurs de la Sorbonne, l'idée que les vérités de la foi se trouvaient dans le peuple de Dieu – ce qu'on appellerait aujourd'hui les « communautés de base » – et non dans la succession apostolique le tourmentaient. Autour de lui s'organisa un parti ultramontain qui trouva à Rome un relais dans la Compagnie de Jésus en la personne du cardinal Fabroni, prélat brutal et autoritaire. Ce groupe de pression ecclésiastique eut finalement raison des réticences du souverain pontife. Promulguée le 16 juillet 1705, la bulle *Vineam Domini Sabaoth*, condamnant le « cas de conscience », arriva à Versailles le 27.

Faisant contre mauvaise fortune bon cœur, le cardinal de Noailles fit mine de la recevoir avec « grande joie ». Les dernières sœurs de Port-Royal des Champs, qui n'étaient plus que vingt-deux, vieilles, malades, bien éloignées des querelles doctrinales, refusèrent quant à elles de signer le formulaire d'approbation de la bulle si l'on n'y ajoutait ces mots de réserve, qu'elles tenaient pour un talisman protecteur : « ...Sans déroger ce qui s'est fait à leur égard, à la paix de l'Église, sous le pape Clément IX ». Noailles ne voulut pas en entendre parler, persuadé qu'un peu d'intransigeance en la matière le dédouanerait de ses compromissions avec les Augustiniens les plus radicaux. Les nonnes rebelles persistant dans leur hautaine obstination qu'elles se plaisaient à vivre comme un martyre, il en vint à les excommunier. Le roi voulut aller plus loin en fermant et anéantissant leur monastère. Les ordres furent exécutés, vilainement. Le 29 octobre 1709, le lieutenant général de police d'Argenson vint en personne expulser la mère de Sainte-Anastasie du Mesnil et ses sœurs et les disperser en carrosse dans différents couvents. Restait l'abbaye vide : cet humble clocher, ces bâtiments délabrés, ces annexes qui avaient servi à loger les Solitaires parurent encore un insupportable défi à la monarchie absolutiste ! Par arrêt du conseil du 22 janvier 1710, il fut décidé qu'ils seraient rasés. On prit soin de tout détruire jusqu'aux fondations et de faire passer la charrue sur le terrain déblayé. Il ne resta debout que les Granges. Le cimetière, où dormaient les restes des religieuses et des Messieurs, risquait de devenir un lieu de pèlerinage : on releva les tombes, et la soldatesque, sans ménagement et avec les plaisanteries que l'on devine, jeta les ossements dans la fosse commune (décembre 1711). Geste barbare qui ne souleva pas sur le moment de profonde émotion, mais qui entretint un souvenir indigné.

Répercussion de la crise sur les coteries

Ce geste, Fénelon l'avait désapprouvé, ce qui ne l'empêchait pas de poursuivre son titanesque combat contre la « secte ». L'ouvrage du père Quesnel, *Le Nouveau Testament en français avec des réflexions morales sur chaque verset*, appelé en abrégé les *Réflexions morales*, plusieurs fois édité et augmenté, était devenu un exposé complet de la doctrine nouvelle manière : on pouvait y lire que le dépôt de la foi résidait dans le corps de l'Église et non dans le collège des évêques et du pape, que le peuple chrétien avait le droit d'élire ses prêtres et ses évêques... Or cet austère brûlot janséniste avait reçu en juin 1695 l'approbation de Mgr de Noailles, alors évêque de Châlons. Le Saint-Office examina le livre et le condamna. Le bref romain *Universi dominici gregis* portait la date du 13 juillet 1708. A cette époque, Louis XIV songeait à ménager les susceptibilités gallicanes. Il ne souhaitait pas, contrairement à Fénelon et à son fougueux correspondant romain, le cardinal Fabroni, attaquer de front Noailles, prince de l'Église et grand seigneur français de surcroît. Sous prétexte que le décret avait été transmis par les inquisiteurs de la foi, non reconnus en France, il ne fut pas reçu dans le royaume.

Beaucoup de choses changèrent avec la mort du père de la Chaise, le 20 janvier 1709. Son successeur, nommé un mois plus tard, le père Michel Le Tellier ou Tellier, descendant d'une famille rurale de Basse-Normandie qui n'avait aucun lien avec les Le Tellier-Louvois, était un jésuite de combat, autoritaire et cassant, dont les contemporains, d'Aguesseau, l'abbé Le Gendre et surtout Saint-Simon, ont fait un portrait effrayant. Résolu à la condamnation des jansénistes, le père Le Tellier était le pion qui avait manqué jusque-là au jeu de Fénelon.

La vigueur de la controverse avait provoqué des reclassements au sein des coteries de la cour, désormais séparées entre gallicans purs et durs et antijansénistes à sympathie ultramontaine. La cabale des ministres n'avait pas résisté au choc qui s'était porté directement sur sa ligne de fragilité : Desmarets et surtout Torcy, qui s'étaient déjà éloignés du « petit troupeau » Beauvillier-Chevreuse, secrètement guidé de Cambrai par Fénelon, s'étaient unis aux gallicans, qui regroupaient l'ancienne cabale des seigneurs, le chancelier Pontchartrain, le procureur général Henri François d'Aguesseau et la cohorte des gens de robe. Le groupe Beauvillier-Chevreuse avait gagné du terrain, grâce à la forte influence du père Le Tellier. Mme de Maintenon et « son » ministre, Voysin, partageaient leurs vues et étaient devenus leurs alliés. A leur suite venaient les Sulpiciens, les Jésuites, les prêtres et prélats ultramontains comme Mgr de Bissy, évêque de Meaux. Au cœur de la bataille religieuse, Fénelon restait politiquement à l'écart. On sentait que ses relations avec la vieille dame s'étaient améliorées mais qu'elles n'étaient pas parfaites. L'ombre du quiétisme restait toujours entre eux deux.

Si le roi avait un penchant de plus en plus fort pour cette coterie, il se défiait des emballements incontrôlés des ennemis de la « secte » et devait tenir compte du poids occupé dans l'État et

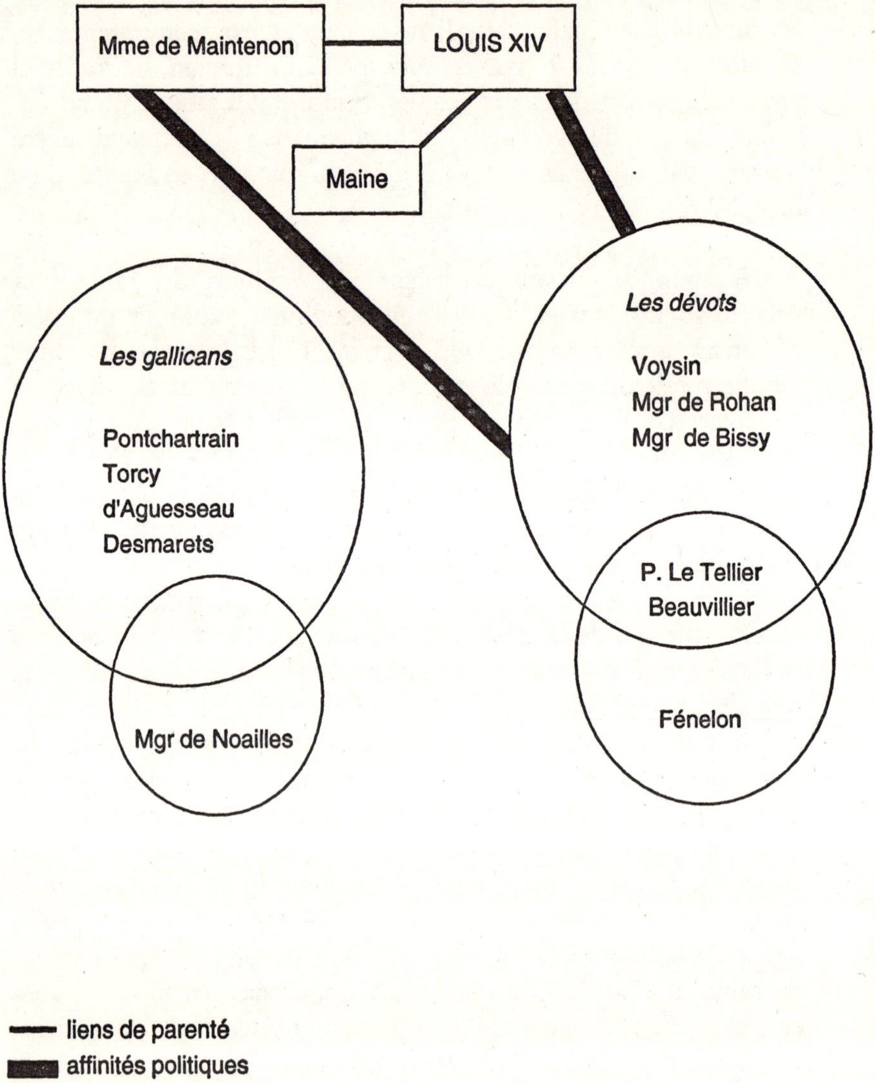

LES CABALES DE LA COUR
(1714)

l'Église par les gallicans, qui montaient la garde et dénonçaient par avance la subversion de l'ordre public. Au fond, sa marge de manœuvre était plus réduite que du temps où, entre Colbert et Louvois, il occupait la position majestueuse du maître, jeune et rayonnant, arbitrant les clans. Son espace politique – encore large, certes – tendait à se réduire, et cela se comprend si l'on considère la gravité de la situation politico-religieuse affectant les institutions traditionnelles – les parlements, le monde de la robe et des offices – et la fin du règne qui s'annonçait. Au conseil, il était pris entre Torcy et Pontchartrain, qui épousaient la ligne gallicane la plus orthodoxe, et Beauvillier, qui lui conseillait de ne plus s'embarrasser de ces « vieilles extravagances propres à soulever le fils contre le père [1] ! ».

Bientôt, une nouvelle attaque ultramontaine se déclencha contre le cardinal de Noailles. Fénelon incita indirectement deux prélats, Étienne de Champflour, évêque de La Rochelle, et Valderiès de Lescure, évêque de Luçon – « deux animaux mitrés », écrit le féroce Saint-Simon, l'un « follement ultramontain », l'autre « abandonné aux Jésuites » –, à signer un mandement condamnant les impiétés et les hérésies contenues dans le livre du père Quesnel. Par ricochet, naturellement, la glorieuse pourpre de l'approbateur du livre était visée. Il y a un siècle, un historien, Albert Le Roy, a démonté avec rigueur l'implacable machine de guerre fénelonienne, bien éloignée de la mystique du « pur amour », qui avait pour but de pousser Noailles à la faute [2].

Comme par enchantement, ce mandement daté du 10 juillet 1710 parut au petit matin sur tous les murs de Paris : c'étaient des centaines d'affiches, dont quelques exemplaires figuraient en bonne place sur les portes et dans l'avant-cour de l'archevêché, grâce au labeur nocturne des séminaristes de Saint-Sulpice. Noailles interdit la lecture du document et expulsa du séminaire les neveux des deux confrères. Malgré de multiples démarches, il refusa de revenir sur son approbation des *Réflexions morales* du père Quesnel.

1. TORCY (Jean-Baptiste Colbert, marquis de), *Journal inédit*, Paris, 1884, p. 172 et 212.

2. Albert LE ROY, *Le Gallicanisme au XVIIIe siècle. La France et Rome de 1700 à 1715*, Paris, 1891.

La querelle de la bulle « Unigenitus »

Quelques mois plus tard, à la suite d'une lettre circulaire tombée par hasard entre ses mains, qui appelait les évêques à le sanctionner, il eut la preuve que des manœuvres outrageantes se préparaient contre lui et qu'elles émanaient du père Le Tellier. Il en rendit compte au roi et lui en demanda justice. Lent et doux de caractère, il n'insista pas, tandis que Mme de Maintenon, le cardinal de Bissy et le père Le Tellier faisaient traîner les choses. Noailles interdit alors aux Jésuites de confesser et de prêcher dans toute l'étendue du diocèse de Paris. C'était, évidemment, défier le roi. Celui-ci en vint à demander au pape une nouvelle constitution condamnant en détail, et non par un simple bref, l'écrit du père Quesnel (novembre 1711). Il fallut encore près de deux ans aux adversaires du coriace cardinal archevêque pour parvenir à leurs fins et convaincre Clément XI, échaudé par les chicanes gallicanes qui avaient accueilli sa précédente bulle. Il ne s'y résolut qu'à reculons, devant l'insistance de Louis XIV et la pression de son entourage pro-jésuite qui, pour ainsi dire, lui tenait la plume. Promulguée le 10 septembre 1713, la bulle *Unigenitus Dei Filius* parvint dans le bureau du roi au matin du 25 septembre [1]. Louis accueillit le document romain avec une joie parfaite, sans imaginer un instant qu'il allait provoquer dans l'Église de France un séisme la menant au bord du schisme. Le père Le Tellier, comme le roi, éclatait de triomphe. « Il comptait, dit d'Aguesseau, le nombre des propositions condamnées comme César aurait pu compter celui de ses victoires : *Cent une propositions condamnées*, s'écriait-il, *quelle honte pour les approbateurs d'un tel livre !* »

Ces condamnations s'accompagnaient d'affirmations maladroites qui donnaient à penser – à l'encontre de la tradition de l'humanisme érasmien et d'une partie de la Contre-Réforme – que les laïcs ne pouvaient ni lire l'Écriture par eux-mêmes ni prendre une part active à la liturgie. Certaines formules tirées de saint Augustin se trouvaient même condamnées. Pour mieux combattre le richérisme de Quesnel, qui était le cœur du jansénisme seconde manière, le

1. A ce moment-là, le conseil d'en haut, qui avait connu un regain de vie dans les années 1709-1710, au plus fort de la guerre, était tombé si bas que Louis XIV ne lui fit même pas connaître l'arrivée de la bulle tant attendue ! Il est vrai que le Conseil, entre Beauvillier, d'un côté, et Pontchartrain, de l'autre, était plus divisé que jamais

pontife romain avait réaffirmé sans nuance la conception d'une Église institutionnelle et hiérarchisée, gardienne des dogmes, au détriment d'une vision pastorale et missionnaire.

La réaction fut violente et immédiate. Par gallicanisme une bonne partie de l'Église de France fit corps avec les jansénistes et critiqua le document : les docteurs de Sorbonne, le clergé de Paris, les Oratoriens, les Bénédictins de Saint-Maur, les Dominicains, les Chanoines réguliers de sainte Geneviève, les Augustins, les Carmes déchaussés, un grand nombre de Capucins, de Récollets, de Minimes et de moines de Cîteaux. Il n'y avait que les évêques et le haut clergé à être majoritairement favorables à la bulle, et encore, à condition de juger par eux-mêmes qu'elle contenait la bonne doctrine de l'Église.

Prenant la tête du parti des « acceptants », un groupe de prélats se chargea de mener le combat en faveur de Rome et de la bulle : le cardinal de Rohan, Mgr de Bissy et Mgr de Mailly, archevêque de Reims. Les soutenaient, bien entendu, le père Le Tellier et Fénelon, dont on parlait de plus en plus du retour en grâce. L'ondoyant Noailles, dans un premier temps, se soumit, accepta la condamnation pontificale portée contre Quesnel. Il présida même l'assemblée extraordinaire des évêques présents à Paris, qui fut chargée d'examiner la bulle. Mais Rohan et Bissy, soutenus par le roi, s'arrangèrent pour imposer un projet d'instruction pastorale destinée aux évêques, qui n'eut pas son accord. Il formula des réserves, considérant qu'il fallait demander des explications complémentaires à Rome, et finalement vota contre. Il fut suivi seulement par 8 prélats tandis que 34 autres approuvèrent le formulaire. La machine destinée à le broyer était en marche...

Le roi réagit avec sévérité. Une lettre de cachet invita les opposants à rejoindre leur diocèse dans les trois jours, et le cardinal archevêque de Paris fut prié par le chancelier Pontchartrain de ne plus paraître à la cour. Piqué dans son amour-propre, Noailles rétorqua par un mandement, tiré à 20 000 exemplaires répandus dans tout Paris, interdisant aux prêtres de son diocèse de recevoir la bulle au nom des libertés gallicanes. Le Saint-Office ne pouvait que censurer ce mandement rebelle.

En découvrant les effets ravageurs de son texte, qui avaient coupé l'épiscopat français en deux partis irréconciliables, Clément XI fut profondément déçu et comprit qu'il avait été manipulé. « Si la bulle était à refaire, écrivait l'ambassadeur français à Rome, le cardinal de la Trémoille, Sa Sainteté y prendrait plus de garde qu'elle n'a fait. »

Les évêques s'étant inclinés majoritairement, restait à obtenir du Parlement l'enregistrement de la bulle sous forme de lettres-patentes. Les magistrats parisiens avaient manifesté de vives résistances, en particulier les « gens du roi », le procureur général d'Aguesseau et l'avocat général Joly de Fleury. Le 9 février, Louis XIV convoqua ces derniers ainsi que le premier président de Mesmes. Grande était sa colère. D'un ton brutal et menaçant il déclara qu'il ne fallait pas jouer avec lui, qu'« il avait le pied levé sur eux et s'ils faisaient la moindre bronchade, il leur marcherait à deux pieds sur le ventre. Il ajouta que le chemin n'était pas loin de son cabinet à la Bastille ». Puis s'apaisant, il gémit : « Ces gens-là me feront mourir ! » Le 15 février, le Parlement s'inclina, malgré l'opposition d'une dizaine de ses membres menée par le fougueux abbé Pucelle. Sous la forte pression du pouvoir la Sorbonne, foyer traditionnel des idées d'Edmond Richer, fit de même.

En mai 1714, le chancelier Pontchartrain, vieux et fatigué, était las de toutes ces querelles et s'inquiétait de la décomposition du système politique. Un arrêt du conseil se préparait contre l'un des prélats « refusants », Henri Charles de Coislin, évêque de Metz, auteur d'une instruction pastorale pro-janséniste. N'approuvant pas cette mesure, il offrit sa démission. Louis l'accepta.

Ce fut Voysin qui hérita de sa charge, tout en conservant celle de secrétaire d'État à la guerre. Un pâle commis, sec, brutal, « enfoncé dans ses papiers » succédait à un grand administrateur. Jamais le poids de l'État n'avait reposé sur une si petite *camarilla* : Voysin, le père Le Tellier, le cardinal de Rohan, l'évêque de Meaux, Bissy .. Avec Pontchartrain le parti gallican perdait l'une de ses têtes les plus solides. Torcy lui-même prenait du champ et, par prudence, se cantonnait dans ses attributions des affaires étrangères. Il ne restait plus que Henri François d'Aguesseau, procureur général, qui se considérait comme le dépositaire des lois sacrées de l'État. C'était une sorte de Broussel ou de Molé réincarné, que les menaces ne détournaient pas du chemin du devoir. Les gens de robe le tenaient pour l'« homme de la nation », prêt à résister au roi. Contrairement à ce qui s'était passé pour l'édit appelant les bâtards à la succession, les parlementaires étaient en ébullition...

En août, 110 ou 112 évêques avaient expressément accepté l'instruction pastorale, les autres, une quinzaine, ayant refusé de publier la bulle ou l'ayant assortie d'explications personnelles. Mais plus on descendait vers le bas clergé, les laïcs, la masse des fidèles, plus la proportion avait tendance à s'inverser. Sur les 450 prêtres formant le diocèse de Paris, 385 s'étaient déclarés solidaires de leur archevêque contre le pape et la bulle. Bref, après l'*Unigenitus*, l'Église de France apparaissait comme un corps malade, profondément divisé, « un chaos et une tour de Babel », selon Saint-Simon. Certains, comme Noailles qui parlait de « ses » évêques, acceptaient l'idée d'un schisme. Les jansénistes de stricte obédience, ravis de se dissimuler derrière cette opposition gallicane, ne restaient pas inactifs. Ils répandaient à travers la France de volumineuses apologies du père Quesnel, tels les fameux *Hexaples* [1]. On y prônait le libre examen et le droit pour les fidèles de s'ériger en juges de la doctrine. Dans son *Témoignage de la vérité*, paru en 1714, un Oratorien, le père Vivien de la Borde, soutenait qu'il revenait au peuple chrétien par son approbation ou son rejet de décider d'une vérité dogmatique. Bref, les idées richéristes se répandaient. Dans cette poussée protestataire, il est probable que ni l'abbé de Saint-Cyran ni le Grand Arnauld n'auraient reconnu leur enfant!

Le projet de concile national

Louis XIV, à ce moment-là, n'était pas loin de vouloir jeter par-dessus bord « les maximes de France » si cela devait faciliter la disparition de l'hérésie. « Il ne s'agit point de libertés gallicanes, avait-il dit à l'avocat général Joly de Fleury, il s'agit de la religion; je n'en veux qu'une dans mon royaume, et si les libertés servent de prétexte pour en introduire d'autres, je commencerai par détruire les libertés! » Pour rétablir l'unité, ses conseillers lui suggérèrent le scénario suivant : par une déclaration il adhérerait formellement, au nom de son royaume et de son clergé, à la constitution *Unigenitus*. Le Parlement enregistrerait cette déclaration et un concile national se réunirait pour condamner l'archevêque de Paris et ses thuriféraires. Ainsi seraient préservées les libertés gallicanes, et le janse-

1. Louis COGNET, *Le Jansénisme*, Paris, 1991, p. 102-103.

nisme se trouverait définitivement écrasé. Michel Jean Amelot, marquis de Gournay, ancien ambassadeur de France en Espagne, se rendit à Rome afin d'obtenir l'adhésion de Clément XI à ce plan mirifique. Mais il était évident que le Saint-Siège ne pouvait, sans se déjuger, accepter la tenue d'un concile français traitant d'une question doctrinale de son ressort. Amelot revint bredouille [1].

S'il fallait se passer du pape, eh bien, on s'en passerait! Louis XIV, de plus en plus subjugué par ses conseillers religieux, décida en juin 1715 de prendre l'initiative de ce concile : n'était-il pas, par ses fonctions, « prêtre » et tuteur de l'Église de France, exerçant sur elle un magistère sacerdotal, à titre d'« évêque extérieur »? La date du concile fut fixée au 1er septembre. En attendant, il fallait enregister au Parlement la déclaration accompagnant la bulle. La résistance de d'Aguesseau l'irritait, car le monde parlementaire, dans son immense majorité, lui était acquis et il se doutait que la déclaration ne passerait pas. Songea-t-il alors à un coup d'éclat, en suspendant pour quelques jours les pouvoirs de son procureur général et en faisant arrêter le cardinal de Noailles? Possible.

Le jeudi 8 août, à Marly, le souverain eut une première audience avec d'Aguesseau, qui lui fit, selon Dangeau, « quelques représentations », ce dont il fut fort mécontent. Il parlait de tenir un lit de justice pour imposer sa volonté à ces nouveaux frondeurs. Le dimanche 11, d'Aguesseau fut convoqué à Versailles. Il quitta son épouse sans savoir s'il coucherait ou non en prison le soir même : « Allez, monsieur, lui dit-elle, et agissez comme si vous n'aviez ni femme ni enfants. J'aime infiniment mieux vous voir conduire à la Bastille que revenir ici désabusé. »

Le roi, conte Saint-Simon, « trouva le procureur général seul, armé des mêmes raisons et de la même fermeté. Il ne se sentait pas en état d'aller lui-même au Parlement, comme il l'avait annoncé. Quoiqu'il n'en eût pas perdu l'espérance, il n'en fut que plus outré contre le procureur général jusqu'à sortir de son naturel et en venir aux menaces de lui ôter sa charge, en lui tournant le dos ». Alla-t-il plus loin? Selon une relation anonyme de l'époque, la colère du roi aurait été telle qu'il aurait frappé du pied, tapé de sa canne une table de marbre et pris son interlocuteur au collet : « Je vous

1. Le pape finira par céder au début d'août 1715, trois semaines seulement avant la mort du roi.

ordonne de requérir l'enregistrement de ma déclaration. » Le destin ne lui laissa pas le temps de mater cette dernière rébellion.

Le déclin du système de cour

A près de soixante-dix-sept ans, Louis déclinait. Ses proches le voyaient au masque jaune et ridé de son visage – que nous a restitué, criante de vérité, la cire de Benoît, avec son nez busqué, sa bouche amère et triste. Au conseil il ne montrait plus la même ardeur. Celui qui naguère trouvait le métier de roi « délicieux » donnait l'impression que le pouvoir l'ennuyait. Ses devoirs de représentation – qu'il assumait toujours avec une parfaite dignité – semblaient le lasser, les audiences publiques le fatiguer. Même à table il avait perdu son appétit légendaire. Mme de Maintenon, qui ne pouvait plus arracher un sourire à cet époux désabusé, avait poussé au retour en grâce du flamboyant Villeroy – l'homme catastrophe qui devait prolonger ses nuisances sous le règne suivant en assumant le « gouvernement » du jeune Louis XV. Mais cet amuseur, riche des souvenirs du temps passé – « oiseau paré de divers plumages qui ne sont pas à lui », disait La Bruyère –, ne pouvait à lui seul égayer la cour.

Mme de Maintenon occupait toujours cette position ambiguë « en dehors-en dedans » qui creusait son mystère : elle n'était pas de sang royal mais elle faisait partie des meubles de la famille; elle ne faisait pas de politique, mais elle susurrait du bout des lèvres des conseils qu'une armée de solliciteurs lui suggéraient; Louis l'appelait sa « Solidité », et pourtant elle était d'« humeur volage », à en croire Saint-Simon; elle rayonnait sur les vétilles et les petites affaires, mais se contentait d'insinuer sur les grandes. Fine mouche, derrière ses voilettes sombres de veuve embéguinée, elle avait l'art de toujours garder une voie de repli. Plus que jamais le monarque se reposait sur elle, la chargeait de le distraire, de lui faire oublier les soucis et les misères, bref de le « désennuyer ». Rude besogne, qui la faisait soupirer à longueur de pages dans sa correspondance : « Il faut essuyer ses chagrins, s'il en a, mandait-elle à Mme de Glapion, ses tristesses, ses vapeurs; il lui prend quelquefois des pleurs dont il n'est pas le maître, ou bien il se trouve incommodé. Il n'a point de conversation. Il vient quelque ministre qui apporte souvent de mauvaises nouvelles. Si on veut que je sois en tiers dans ce conseil, on m'appelle; si on ne veut pas de moi, je me retire un peu plus loin... » Ce texte date de 1705, mais il aurait pu aussi bien être écrit en 1714 ou en 1715. La cour, à elle aussi, lui pesait, et Saint-Cyr lui servait d'exutoire. A défaut d'être la première dame de France, elle en était la première institutrice, rôle dans lequel elle excellait [1].

La mécanique curiale, qui avait été l'un des puissants ressorts du pouvoir louis-quatorzien, semblait grippée. Tout allait en déliquescence. Comme il arrive souvent après une longue guerre, le retour de la paix avait jeté la jeunesse dans une fringale d'amusements. Ce fut le début de ces « années folles », qui devaient se prolonger sous la Régence. La noblesse, terriblement éprouvée par le dernier conflit, supportait mal le monde vieillissant et suranné de Versailles, où la bigoterie du roi et de la veuve Scarron maintenait une atmosphère étouffante. L'immense palais, bâti pour les fêtes et les réjouissances, suait l'ennui et l'hypocrisie. Désertant en catimini les séances d'Appartement, où le roi ne faisait plus que de brèves apparitions, boudant les « Marly », les jeunes seigneurs partaient le soir souper, danser, s'amuser à Paris. Tandis que les salons du roi éclairaient un public triste et clairsemé, des bandes joyeuses conduites par Mme la Duchesse et son amant, M. de Lassay, menaient des cavalcades effrénées vers les hôtels du Marais, des faubourgs Saint-Germain ou Saint-Honoré, que Louis XIV avait eu la faiblesse de leur laisser construire. D'autres allaient se promener à Vincennes ou au Cours-la-Reine. Philippe d'Orléans passait ses soirées en compagnie de ses « roués » au Palais-Royal, où l'on se gargarisait de propos licencieux. A Sceaux, la minuscule et piquante duchesse du Maine, petite-fille du Grand Condé, trônait au milieu des beaux esprits qui l'avaient intronisée reine de la Nuit face au Roi-Soleil, qu'elle concurrençait par la féerie de ses fêtes nocturnes et de ses divertissements chorégraphiques, comme les cérémonies burlesques et précieuses de l'Ordre de la Mouche à Miel. De petites cours galantes et littéraires étaient apparues à Choisy, à Champs chez la princesse de Conti, à Anet chez Mme la Princesse, à Puteaux chez le duc de Guiche, à Petit-Bourg chez le duc d'Antin. Rue de Richelieu, le salon de Mme de Lambert

1. Jacques PRÉVOT, *La Première Institutrice de France, Madame de Maintenon*, Paris, 1981.

s'ouvrait à la bonne société. Parallèlement, la dégradation des mœurs s'accélérait. La princesse Palatine, rude gaillarde qui n'avait pourtant pas froid aux yeux, bougonnait contre les débauches de la cour, les avilissantes beuveries et les turpitudes de la haute société. Le 8 octobre 1713, Mme de Maintenon écrivait à la princesse des Ursins : « Je me garderai bien de vous faire une description des mœurs présentes, il me semble que je prêcherais contre l'amour qu'on doit avoir pour sa nation... Les maris s'accommodent des promenades nocturnes : ce sont eux qui les facilitent... Les hommes sont pires que les femmes : ce sont eux qui laissent ruiner leurs maisons, qui veulent que leurs femmes prennent du tabac, boivent, jouent, ne s'habillent plus... » Tout cela annonçait la fin d'une époque.

La maladie du roi

Mme de Maintenon, la princesse palatine, Saint-Simon, Dangeau, Jean et François Anthoine, « valets intérieurs », nous ont laissé le récit détaillé des dernières journées du roi.

Le 10 août au soir, à Versailles, Louis souffrit d'une « incommodité » aux jambes, au point d'avoir du mal à se rendre à son prie-Dieu. Le 12, les difficultés s'aggravèrent. Le lendemain matin, il dut se faire porter en chaise jusqu'à la chapelle pour assister à sa messe quotidienne. Puis il reçut l'ambassadeur du shah de Perse Hussein-Mirza, debout et sans appui, dans la salle du trône. Ce fut la dernière grande cérémonie du règne [1]. Dans l'après-midi, il sentit une vive douleur à la jambe gauche. Les jours suivants, ses maux persistèrent. Il faiblissait et n'avait plus d'appétit. Fagon ne s'émut point : il avait sentencieusement diagnostiqué une sciatique; il ne revint pas sur son opinion. Le 19 août, le souverain cessa de sortir de son appartement. Mareschal, son chirurgien, remarqua une petite noirceur inquiétante au pied. Le lendemain, on lui baigna la jambe dans une grande cuvette d'argent. C'est alors que les médecins parurent préoccupés. « Je vois bien, Messieurs, leur dit le roi,

1. Ancien percepteur d'impôts de la province d'Erivan, l'ambassadeur Mehemet Reza Beg avait déjà été reçu avec magnificence le 19 février 1715 (voir le tableau célèbre d'Antoine Coypel et la relation du marquis de Breteuil dans ses *Mémoires*, présentés par E. Lever, Paris, 1992, p. 97 et suiv.). Cet épisode est à l'origine des *Lettres persanes* de Montesquieu (1721).

que vous me trouvez mal. Je suis véritablement bien abattu, mais comment voulez-vous que je fusse autrement, souffrant jour et nuit sans relâche et ne prenant presque point de nourriture depuis le début de ma maladie, sans que vous ayez pu me donner un peu de soulagement. » Les douleurs furent plus intenses le 21 ; cependant il travailla en robe de chambre, la jambe bandée posée sur un petit tabouret.

Le jeudi 22, il s'évanouit au cours du bain d'herbe qu'on lui fit prendre de bon matin. On dut le recoucher. Les dix médecins venus de Paris à la demande de Fagon furent introduits. Ils tâtèrent le pouls royal par rang d'ancienneté et décidèrent de lui faire boire du lait d'ânesse. Ô Molière ! Se sentant incapable de paraître au balcon pour la revue de la gendarmerie, Louis XIV délégua ses pouvoirs au duc du Maine. Cette décision frappa : on y vit la preuve de ses mauvaises dispositions envers son neveu. Sans laisser voir son dépit, le duc d'Orléans se contenta d'accompagner le petit dauphin, très fier de son costume de capitaine de gendarmerie, lui nommant à la portière du carrosse le nom des unités qui passaient et des officiers qui les commandaient. Puis il se mit à la tête des deux compagnies d'Orléans et, avec une majesté qui étonna, salua du sabre l'héritier du trône. Après la revue, les officiers s'empressèrent autour de lui et boudèrent le pusillanime bâtard. « Cette revue faite par le duc du Maine d'un corps où il n'a ni part ni intérêt, écrit l'abbé Mascara, agent de la cour de Madrid, donne des idées terribles, fait naître des jalousies et des soupçons sans fin, soulève la colère et dit : *Prenez garde à vous !* Le duc du Maine a le commandement des 25 régiments suisses qui sont dans le royaume ; il a l'artillerie et d'autres corps de troupes qui dépendent de lui ; il a des gouvernements essentiels : la Guyenne et le Languedoc, et le comte de Toulouse a la mer comme grand amiral, et la Bretagne. Tout cela a déjà fait faire de sérieuses réflexions. Le roi est mal disposé pour le duc d'Orléans et Mme de Maintenon a toujours fait peu de grâce à la maison d'Orléans... »

L'étrangeté de la situation tenait au fait que Louis XIV, par faiblesse, par aveuglement, avait trop écouté les gémissements du bâtard chéri et de Mme de Maintenon. Il avait recréé autour de Louis Auguste de Bourbon, duc du Maine, une puissance quasi féodale, susceptible, comme au temps du Connétable de Bourbon, de mettre le pays à feu et à sang. Heureusement, celle-ci se trouvait dans les mains d'un prince faible, timide, manquant de caractère. Tout autre aurait été le sort du pays si le titulaire de cette puissance s'était appelé le Grand Condé...

Le jeu des dernières coteries

A ce moment, trois coteries principales divisaient la cour : celle de Sceaux, avec le duc du Maine, celle de Philippe V et celle du duc d'Orléans. Il n'y avait pour ainsi dire plus de « parti du gouvernement », les principaux ministres Torcy, Voysin, Villeroy, chef du conseil des finances, et les secrétaires d'État Pontchartrain et La Vrillière se contentant de gérer les affaires courantes, avec la bénédiction de Mme de Maintenon et du père Le Tellier. Mondaine et légère, trop sûre d'elle, la coterie du duc du Maine ne croyait pas avoir à disputer le pouvoir après la mort de Louis XIV. Elle comptait sur l'effet du testament et l'appui au Parlement d'un bon nombre de magistrats dont le premier président, Antoine de Mesmes. La seconde coterie était celle de l'ambassadeur d'Espagne, le prince de Cellamare, qui avait transformé son hôtel en un nid d'espions et un foyer d'intrigues. On s'y agitait beaucoup. Philippe V envisageait très sérieusement, à la mort de son grand-père, de s'approcher de la frontière et de s'emparer de la régence. Dans le cas où le petit dauphin décéderait, comme c'était à prévoir, vu sa santé fragile, il disputerait la couronne de France au duc d'Orléans pour la donner à l'un de ses fils. La troisième coterie était celle de Philippe d'Orléans. C'était la plus puissante, la mieux organisée. Elle groupait les amis du duc Adrien Maurice de Noailles et de son oncle, le cardinal de Noailles, l'abbé Pucelle, le chevalier de Conflans, Joachim Colbert de Croissy, évêque de Montpellier, le père Bernard de l'Oratoire... Ces conspirateurs gallicans ou jansénisants formaient un comité secret qui avait l'habitude de s'assembler au moins une fois par semaine, la nuit, au Palais-Royal, à l'hôtel de Noailles, ou dans une petite maison du bois de Boulogne. Le propre du parti du duc d'Orléans était d'attirer à lui tous les mécontents, tous les opposants. C'était un « parti attrape-tout » : à côté des ennemis jurés de la bulle on trouvait les principales têtes de l'ancienne cabale des seigneurs, comme Huxelles ou Harcourt, et, ce qui était plus surprenant, les gens du clan opposé, les survivants de la cabale des « saints ».

Le « petit troupeau » n'avait pas longtemps survécu au décès du duc de Bourgogne. Trempant sa plume dans du fiel, Saint-Simon avait écrit vainement au roi une lettre d'avertissement anonyme lui dénonçant tout ce qui n'allait pas dans le royaume : le désordre des rangs, dû à l'élévation des bâtards, l'anéantissement de tous les ordres provoqué par l'impôt du dixième, la misère des peuples, la ruine de la paysannerie, les « fleuves de sang » dont ses ministres avaient inondé l'Europe... De Cambrai, Fénelon avait tenté de resserrer les liens avec les ducs afin de préparer l'avenir. Chevreuse restait encore un homme d'influence, et Beauvillier, ne l'oublions pas, conservait son siège au conseil d'en haut. Malheureusement, le premier mourut en novembre 1712 et le second en août 1714. Quant à Fénelon, qui avait su se poster au carrefour des intrigues jésuito-romaines lors de la dernière crise janséniste et pouvait prétendre devenir premier ministre, il décéda à son tour le 7 janvier 1715. Restaient Saint-Simon et ses amis ducs et pairs, obnubilés par la ridicule affaire du bonnet qui les opposait au premier président du Parlement (ce dernier, en tant que représentant du roi, obligeait ces hauts et puissants seigneurs à se découvrir devant lui au cours des séances plénières). Ils se rallièrent à Philippe d'Orléans dans l'espoir de le convertir à leur querelle. Mais celui-ci n'était pas homme à se laisser circonvenir par un groupuscule. C'était un rassembleur, un homme d'action. Sur le plan militaire, il avait obtenu le concours du duc de Guiche, qui avait promis le soutien du régiment des gardes-françaises, moyennant 500 000 livres, de Reynold, commandant des gardes suisses, de Contades, major des gardes, de Courtanvaux, capitaine des cent-suisses, de Saint-Hilaire, responsable de l'artillerie. Le maréchal de Villars, lui-même, s'était engagé derrière lui, en échange de la promesse de la présidence du futur conseil de la guerre. Quant à Antoine Crozat et son groupe de financiers, ils étaient prêts à fournir le nerf de la guerre, ce qui, dans la conjoncture du moment, était capital et manquait aux agents espagnols. Bref, dans la dernière quinzaine d'août 1715, tout le monde à Versailles se préparait à l'inévitable et songeait au lendemain...

Le grand coucher du Soleil

Le 24 août, on s'aperçut que la jambe du roi noircissait jusqu'au pied. Il n'y avait plus de doute cette fois, c'était la gangrène. Cette certitude venait, hélas, trop tard : Louis comprit qu'il n'en réchapperait pas. Il manda le père Le Tellier et se confessa. Dimanche 25, jour de la Saint-Louis, vers dix heures du matin, les tambours et les fifres des gardes-françaises et suisses vinrent lui jouer une aubade dans la cour de marbre, sous les fenêtres de sa chambre. Après la messe, qu'il entendit avec grande ferveur, il souhaita prendre son repas en public : « J'ai vécu parmi les gens de ma cour ; je veux mourir parmi eux. Ils ont suivi tout le cours de ma vie ; il est juste qu'ils me voient finir. » Chacun remarqua son état décharné, son air fatigué, mais aussi sa grande dignité. Il fit une sieste prolongée. Lorsqu'il se réveilla, vers sept heures du soir, les médecins trouvèrent son pouls très faible. Il demanda à recevoir les derniers sacrements. Le duc de Tresmes, premier gentilhomme de la chambre, décommanda le concert des vingt-quatre violons de la musique royale qui avait été prévu et alla quérir le père Le Tellier et le cardinal de Rohan. Le cortège du saint sacrement passa par le petit cabinet : six garçons bleus du château, deux laquais de Fagon et un de Mme de Maintenon portant des flambeaux, deux chapelains tenant le dais sous lequel marchaient le cardinal de Rohan et le curé de Versailles, Claude Huchon, ainsi qu'un clerc agitant la clochette. Louis reçut l'extrême-onction et communia avec dévotion.

Après le viatique il parla avec le maréchal de Villeroy et lui annonça qu'il le nommait gouverneur du dauphin. Il eut un court entretien avec le chancelier Voysin et le contrôleur général Desmarets. Puis il fit venir Philippe d'Orléans : « Mon cher neveu, lui dit-il, j'ai fait un testament où je vous ai conservé tous les droits que vous donne votre naissance. Je vous recommande le dauphin, servez-le aussi bien et aussi fidèlement que vous m'avez servi, travaillez de votre mieux à lui conserver son royaume, comme pour vous-même ; s'il venait à manquer vous seriez le maître. Je connais votre bon cœur, votre sagesse, votre courage et l'étendue de votre esprit, je suis persuadé du soin que vous prendrez pour la bonne éducation du dauphin, et que vous n'omettrez rien pour le soulagement des peuples de son royaume. » Et, comme pris de remords à propos des mesures arrêtées en faveur du duc du Maine, il ajouta : « J'ai fait les dispositions que j'ai crues les plus sages et les plus équitables pour le bien du royaume, mais comme on ne saurait tout prévoir, s'il y a quelque chose à changer ou à réformer, l'on fera ce que l'on trouvera à propos. » Dans son compte rendu à la cour de Madrid, l'abbé Mascara estimait que les deux hommes s'étaient réconciliés : « Le roi est entièrement revenu de ses mauvaises préventions et il l'a prié d'oublier le passé. » Louis s'était-il rendu compte du danger que représentait son testament? Toujours est-il qu'il n'eut pas la volonté de le modifier [1]. C'est un désir fréquent chez les vieillards au seuil de la tombe que de partir en paix dans une famille rassemblée et réconciliée. Mû par ce louable sentiment, Louis XIV – lui, le souverain absolu! – croyait réaliser l'harmonie par le partage du pouvoir.

Il parla ensuite avec le duc du Maine et le comte de Toulouse. Apercevant les trois princes de la maison de Condé, le duc de Bourbon, le comte de Charolais et le prince de Conti, il les fit venir à son chevet et les exhorta à la sagesse en leur rappelant la « peine » que leurs aïeux lui avaient causée pendant sa minorité.

Le lundi 26, vers dix heures, Mareschal donna quelques coups de lancette dans la jambe malade et s'aperçut que la gangrène gagnait l'os. Ce fut la grande journée des adieux. La duchesse de Ventadour entra tenant le dauphin par la main : « Mon cher enfant, lui dit le mourant, vous allez être le plus grand roi du monde, n'oubliez jamais les obligations que vous avez à Dieu. Ne m'imitez pas dans les guerres; tâchez de maintenir toujours la paix avec vos voisins, de soulager votre peuple autant que vous pourrez, ce que j'ai eu le malheur de ne pouvoir faire par les nécessités de l'État. Suivez toujours les bons conseils et songez bien que c'est à Dieu à qui vous devez ce que vous êtes. Je vous donne le père Le Tellier pour confesseur; suivez ses avis et ressouvenez-vous toujours des obligations que vous avez à Mme de Ventadour [2]. » Puis

1. Le même jour il rédigea de sa main le second codicille daté par erreur du 23. Il y nommait Fleury, évêque de Fréjus, précepteur du futur roi, mais il avait la tête si embarrassée qu'il écrivit « preseur » puis « precepter » pour « précepteur ».

2. Tel est le texte que retranscrivit sur ordre de Mme de Ventadour, entre le 26 et le 31 août 1715, le maître d'écriture Gilbert pour être placé au chevet du lit du Dauphin. Il correspond à peu de chose près à celui du *Journal* des Anthoine. Dangeau, Saint-Simon, Mlle d'Aumale, l'abbé Mascara, Voltaire donnent des versions différentes et sans doute inexactes.

le roi, la larme à l'œil, lui donna sa bénédiction et l'embrassa. Au duc d'Orléans, qu'il fit rappeler, il déclara solennellement en présence des princes : « Mon neveu, je vous fais régent du royaume. Vous allez voir un roi dans le tombeau et un autre dans le berceau ; souvenez-vous toujours de la mémoire de l'un et des intérêts de l'autre. »

Après la messe Louis s'entretint avec les cardinaux Bissy et Rohan, en présence de nombreux courtisans. Il leur répéta qu'il mourait dans la religion catholique, apostolique et romaine. L'acharnement qu'il avait mis à écarter son archevêque, Mgr de Noailles, dont on venait de lui communiquer une lettre touchante, lui donnait du remords : « Vous avez pu savoir que dans toutes les affaires qui ont regardé la religion et l'Église, dit-il, je les ai protégées avec fermeté et zèle, mais dans les dernières affaires qui sont survenues depuis, je n'ai suivi que vos avis et n'ai fait que ce que vous m'avez conseillé de faire. C'est pourquoi si j'ai pu mal faire, c'est sur vos consciences, n'y en ayant point eu d'autre part et vous en répondrez devant Dieu ; pour moi, je n'ai eu que de très bonnes intentions. » Il fallait que son désarroi fût grand, comme sa peur d'être damné, pour qu'il regrettât ainsi les derniers troubles de l'Église, dont il portait la responsabilité. Fugitivement, au dernier moment, Louis baissait la garde, laissait percer sa faiblesse et son indécision de vieil homme. Les cardinaux gardant le silence, il leva le doigt au ciel : « Messieurs, c'est à ce tribunal que je vous cite. » Ceux-ci cherchèrent à apaiser ses scrupules. « C'est ce que Dieu jugera », conclut-il. Comme il avait déclaré qu'il ne haïssait pas son archevêque, Fagon et Mareschal suggérèrent une réconciliation. Louis acquiesça et demanda au chancelier de le convoquer. « Assurez-le que mon plus grand plaisir serait de mourir entre ses bras. » Ces paroles jetèrent l'embarras : Rohan, Bissy, Le Tellier et Mme de Maintenon se retirèrent dans l'embrasure d'une fenêtre et tinrent conseil. Puis ils revinrent au chevet du roi et lui dirent qu'il ne fallait pas donner, par excès de scrupule, le triomphe à l'adversaire. Noailles ne pourrait venir que s'il acceptait la bulle. Le roi admit l'objection. En raison de la condition posée, le cardinal archevêque de Paris ne vint pas.

Au dîner, le monarque demanda encore pardon à l'assistance du mauvais exemple qu'il avait donné et la remercia de sa fidélité. Aux princesses du sang il recommanda de vivre en bonne harmonie. Madame palatine eut droit à des mots affectueux : « Il m'a dit adieu, écrit-elle à la raugrave Louise, avec des paroles si tendres que je m'étonne de ne pas être tombée à la renverse sans connaissance. Il m'a assuré qu'il m'avait toujours aimée et plus que je ne le croyais moi-même, qu'il regrettait de m'avoir causé quelquefois du chagrin. »

Les ambassadeurs étrangers se tenaient à l'affût, dans l'attente de la grande nouvelle. Dans la cour de leur hôtel, une estafette à cheval se tenait prête à partir. Préparant minutieusement son « coup d'État », Philippe d'Orléans avait ordonné au lieutenant général de police d'Argenson d'arrêter tous les courriers jusqu'à la mort du roi : sage disposition qui empêchera Philippe V de mettre à exécution le plan qu'il avait conçu.

Tous reconnaissaient la piété ardente du mourant, sa grandeur d'âme, sa stoïque fermeté dépourvue d'orgueil. Trivialement, on aurait pu dire que le vieil acteur faisait son dernier numéro, si le rôle qu'il n'avait cessé de jouer sur le théâtre du monde, avec une maîtrise qui ne s'était jamais démentie, n'était devenu sa seconde nature. En grand artiste qui prend congé des spectateurs, il avait su trouver sereinement l'art de mourir.

Le 27 août, en présence de Mme de Maintenon et du chancelier, il brûla nombre de papiers Cette liquidation toucha jusqu'aux vieilles listes d'invitation pour Marly et Fontainebleau. Cependant l'état de sa jambe s'aggravait. Le lendemain, un empirique marseillais nommé Brun ou Lebrun, qui prétendait posséder un remède infaillible contre la gangrène, se présenta aux grilles du château. Fagon toisa cette « espèce de manant provincial fort grossier » et voulut l'éconduire. Mais les enfants du roi, la duchesse d'Orléans, le duc du Maine et le comte de Toulouse, en parlèrent à leur père, qui accepta de le recevoir. Il n'y avait plus rien à perdre! L'empirique fit prendre au mourant quelques gouttes d'un élixir fort puant dans un petit verre de vin de Bourgogne. Le patient parut s'en trouver mieux : il prit un bouillon et même un biscotin, mais le soir il eut une rechute, ce qui permit à Fagon de se déchaîner contre l'ignare. Vers huit heures, on redonna au roi de l'élixir et le jeudi 29 encore. Un nouveau soulagement se manifesta. Du coup les courtisans refluèrent de l'appartement du duc d'Orléans, où ils se pressaient, vers celui du monarque : « Si le roi mange encore une fois, ironisa le futur Régent, je n'aurai plus personne! » Mais la gangrène poursuivait sa course inexorable. La jambe du roi était noire et morte.

Bientôt le roi entra en agonie. Le vendredi 30 août à trois heures de l'après-midi, Mme de Maintenon, épuisée, se retira définitivement à Saint-Cyr. Le lendemain, vers dix heures et demie du soir, les moines et les prêtres récitèrent la prière des agonisants. Retrouvant sa lucidité entre deux états semi-comateux, Louis XIV mêla sa voix aux leurs. Il répéta : « ... *nunc et in hora mortis* [1] », et il murmura ces paroles qui furent les dernières : « Ô mon Dieu, venez à mon aide; hâtez-vous de me secourir. » Il passa la nuit sans connaissance. Le lendemain, au moment où l'horloge de la chapelle frappait le quart de huit heures, il expira, rendant l'âme, écrit Dangeau, « sans aucun effort, comme une chandelle qui s'éteint ».

Cette mort, il faut le dire, fut accueillie avec soulagement : ingratitude du peuple devant un règne trop long (soixante-douze ans et cent jours!) et pour qui le solennel pharaon de Versailles ne représentait plus rien de sacré. Des libelles le traitaient de « banqueroutier » et de « voleur du peuple ». Les prières publiques dans les églises rassemblèrent moins de Parisiens que la foire de Bezons dans les allées de l'Étoile, là où l'on riait et buvait sans vergogne. Le 2 septembre, le Parlement, échaudé par l'affaire de la bulle, écarta les dispositions testamentaires du vieux roi, conféra la régence pleine et entière au duc d'Orléans et récupéra en retour le droit de remontrance. Le 4, dans l'indifférence générale, on porta les entrailles du défunt à Notre-Dame. Le 6, le cardinal de Rohan remit son cœur à la maison professe des Jésuites. Dans la soirée du 9, le convoi conduisant le corps à sa dernière demeure quitta Versailles. Marchant avec une lenteur solennelle, le char funèbre, escorté par les hérauts d'armes, les gardes du corps, les mousquetaires et les chevau-légers, emprunta le pont de Sèvres, traversa le bois de Boulogne et prit la direction de Montmartre. Il arriva à Saint-Denis le lendemain à la pointe du jour. Il n'y avait personne pour contempler le spectacle étrange et fascinant de ces 800 cavaliers avançant au petit trot dans la brume du matin, un flambeau de cire blanche à la main...

1. « ... maintenant et à l'heure de notre mort » : dernières paroles de la prière « Je vous salue, Marie... »

« Dieu seul est grand! » tonna Massillon du haut de sa chaire, noyant l'éloge obligé du défunt sous la condamnation implicite d'avoir voulu de son vivant se prendre pour une icône. L'opinion, d'ailleurs, s'irritait de ces exercices oratoires, ne supportant pas que l'on pût trouver la moindre qualité à ce roi mal aimé, qu'elle avait si longtemps encensé. L'étranger mesura avec plus de discernement la portée de l'événement, qui voyait disparaître avec le fils de Louis XIII une certaine idée de la monarchie absolue. Il avait poussé celle-ci à la perfection et à l'éclat le plus brillant, mais en même temps lui avait inoculé d'inexorables germes de destruction. « Messieurs, annonça Frédéric-Guillaume Ier d'un ton grave et solennel, le Roi est mort! » Tout était dit en quelques mots. Des multiples oraisons funèbres, fleurs de la rhétorique la plus ampoulée, on nous permettra de ne retenir que celle-là, la plus concise, la plus simple, la plus profonde, la plus vraie aussi.

Conclusion

Nous voici arrivés à l'heure du bilan. Nous ne reviendrons pas sur la personnalité de Louis XIV, son sens inné de la majesté, son goût de la gloire et du paraître, son désir de plaire et de surprendre, ses générosités de prince mais aussi ses mesquineries ou ses secrètes timidités. A la vérité, on trouve en lui à la fois la brutalité toute militaire du vieux colonel de cavalerie et l'aisance, la politesse, la bienveillance naturelle de l'« honnête homme » de son temps. Sans doute est-ce cette ambivalence qui a tant fait hésiter ses biographes. Qu'il fut un grand roi et un grand homme d'État, qui le nierait? Mais le règne, comment le juger?

En général, une fois l'état des lieux établi, l'historien sort son grand livre de comptes et descend les postes de l'actif et du passif. Selon son tempérament ou son humeur, tantôt les « taches du soleil » l'emportent sur son « éclat », tantôt c'est l'inverse. A l'actif, il met l'accroissement territorial de la France (Dunkerque, la Flandre wallonne, le Hainaut français, la Franche-Comté, la basse Alsace) en y incluant, selon qu'il est mesquin ou généreux, les conquêtes de la minorité et de la jeunesse, auxquelles Louis XIV eut peu de part voire aucune (la haute Alsace en 1648, l'Artois et le Roussillon en 1659). Il ajoute naturellement Versailles et l'œuvre architecturale du Grand Siècle, l'efflorescence des lettres et des arts sous le « mécénat » de cet homme de bon goût, au jugement sûr. Au passif figurent son orgueil excessif, sa soif de gloire, son amour de la guerre, le coût en hommes et en richesses qu'ont représenté les 33 années de conflit durant les 54 ans de son règne personnel, l'image désastreuse que laissèrent en Europe la guerre de

Hollande, la dévastation du Palatinat. Pour faire bonne mesure, notre historien n'oubliera pas l'excès des dépenses somptuaires, le coût des grands chantiers, les milliers de morts inutiles du canal de Maintenon, construit à seule fin d'amener un peu d'eau aux fontaines de Versailles, enfin et surtout il ajoutera la révocation de l'édit de Nantes, les dragonnades, les échafauds, les gibets, les galères pour les opiniâtres de la R.P.R., la malheureuse insurrection des Cévennes...

Tout a été dit. Plaçons-nous dans une autre perspective, celle de l'intérêt du roi et de son royaume, *en leur temps* (et non du point de vue de la France d'aujourd'hui, de la morale moderne ou de la Déclaration des droits de l'homme...). Indiscutablement, Louis XIV a œuvré pour la grandeur de son pays. Versailles, Trianon, Marly, les chantiers du Louvre, des Tuileries, des Invalides, la vie et le faste de la cour, l'encouragement donné aux artistes ont contribué au rayonnement de la France, qui atteignit alors l'un des plus hauts degrés de civilisation, pour des dépenses qui, somme toute, n'ont pas été considérables. Les guerres? Louis a reconnu ses erreurs. Pourquoi chercher à les justifier malgré lui? La guerre de dévolution ne s'imposait pas, dès lors qu'il avait entrepris de s'entendre avec l'Empereur sur la succession espagnole. Celle de Hollande répondait à l'impétueux désir de gloire d'un souverain jeune, ardent, adulé comme César ou Alexandre : elle est la moins excusable de toutes. C'est elle qui, la première, contribua à forger la détestable image à l'extérieur. Les autres conflits sont plus discutables. Il faut tenir compte, comme l'a montré Mme Raghnild Hatton, de la conjoncture internationale, des positions géostratégiques d'États-nations en voie de formation, de l'ardeur guerrière des autres souverains, probablement plus brutaux et plus cyniques que Louis XIV, les Léopold, les Guillaume d'Orange, les Frédéric-Guillaume, les Victor-Amédée.. Les deux derniers conflits, celui de la ligue d'Augsbourg et celui de la Succession d'Espagne, ont été imposés au roi contre sa volonté, et pendant leur déroulement, à maintes reprises, celui-ci a témoigné de son désir de signer une paix de compromis, ce qui lui fut refusé. Mais comment nier que ses maladresses ont contribué à les déclencher? On peut épiloguer aussi sur la révocation de l'édit de Nantes, inique, choquante, parfaitement condamnable au regard de notre conception moderne de la tolérance et du respect des croyances. Réclamée par une opinion quasi unanime, elle n'a ni ruiné ni désorganisé l'économie, comme le répètent encore des manuels sommairement informés. Elle se comprend dans la perspective de l'unification religieuse du royaume et dans la stratégie de reconquête de la Contre-Réforme. La fin de la division religieuse était essentielle pour un pays. On oublie souvent que le tournant du XVIIe et du XVIIIe siècle (disons la période 1680-1720) correspond à la catholicisation en profondeur du pays, à l'apogée de la vague tridentine, et ceci explique cela. Partout le renouveau de la foi est manifeste C'est le moment où l'on compte le plus de pratiquants (de « messalisants » comme disent les spécialistes de la sociologie religieuse). Environ 95 % de la population française font leurs Pâques, assistent à la messe dominicale, respectent le jeûne et l'asbtinence de carême. Cette foi est bien réelle comme le montrent les demandes de messes et de fondations religieuses ou les testaments avec leurs invocations spontanées au Christ, à la Sainte-Trinité, à la Vierge Marie, à saint Joseph, aux anges gardiens... Ce renouveau s'étend aux formes de la dévotion. Grâce à sainte Marguerite-Marie Alacoque, religieuse de Paray-le-Monial qui reçoit plusieurs messages divins, le culte du Sacré-Cœur se répand à travers la Chrétienté. Pendant la même période, l'abbé de Rancé réforme la Trappe et saint Louis-Marie Grignon de Montfort, fondateur des missionnaires de la Compagnie de Marie et des Filles de la Sagesse, parcourt la Bretagne et l'ouest de la France, prolongeant l'œuvre de deux « missionnaires de l'intérieur », le père Le Nobletz et le bienheureux Julien Maunoir.

Du point de vue du pouvoir monarchique et de sa pérennité, un événement a eu des conséquences plus désastreuses que l'édit de Fontainebleau, on le souligne rarement : il s'agit de la bulle *Unigenitus* que le roi arracha à Clément XI en 1713. Au long du XVIIIe siècle ce malencontreux document fera des ravages et provoquera un terrible ébranlement social : à de larges fractions de l'opinion il fera perdre le respect de la papauté, le sens de la religion et du sacré Il soudera l'opposition populaire et parlementaire, développera la haine de Rome et des Jésuites, confondus avec celle de leur allié, le roi de France. Ce sera un même rejet de la hiérarchie religieuse et de l'ordre monarchique, du « despotisme » ecclésiastique et de la « tyrannie » des Bourbons. Dès 1715 le jansénisme gallican ou le gallicanisme jansénisant était devenu ce que

Louis XIV avait toujours redouté, un mouvement d'opposition politico-religieux, profondément subversif. Par sa faute la bulle avait réalisé ce que la Fronde, révolution passéiste, n'avait pu faire : une percée vers la « modernité » : disons-le, ce fut le premier pas décisif vers la Révolution de 1789 (l'abbé Grégoire, modèle des curés révolutionnaires et chantre de la Constitution civile du clergé, sera gallican). Pour la première fois, la nation, notamment le puissant monde des offices qui faisait corps avec elle, pensa qu'elle existait en dehors du roi, qu'elle pouvait vivre sans tête couronnée. Le monarque n'était plus l'incarnation de la nation, le centre régulateur et organisateur de la vie sociale. En 1715, l'idée républicaine s'infiltrait déjà dans ce « découplage », cette fissure qui se creusait entre la monarchie et les forces constitutives du pays. Le débat sur l'aptitude des bâtards à succéder au trône, qui se déroulera sous la Régence – débat né d'une autre décision malheureuse de Louis XIV –, ne fera qu'accentuer la crise en confortant l'idée que c'est à la nation de se prononcer en cas de vacance du pouvoir [1].

La crise gallicano-janséniste a contribué à la progressive désacralisation de la monarchie française. Le droit divin aura vécu avec Louis XIV ses dernières heures de gloire. Au XVIIIe siècle ce sera le règne du « despotisme éclairé », ce pouvoir froid, dur, rationnel, dépersonnalisé, dépouillé, si l'on peut dire, de cette douceur paternelle que donnait la royauté davidique, la royauté sacrée. Notons le paradoxe : c'est au moment où triomphe la Contre-Réforme dans toutes les couches de la société que la tête perd son aura mystique, son ancrage divin. Du point de vue de la théorie du pouvoir, cela représente une perte de puissance potentielle considérable qui explique peut-être pourquoi la royauté s'effondrera si facilement soixante-dix-sept ans plus tard.

Nous avons vu ce qu'il fallait penser de l'absolutisme louis-quatorzien : en tant que pouvoir politique, on peut dire que le roi sut remarquablement profiter des possibilités que lui offrait sa

1. Fait d'autant plus grave pour la monarchie qu'à cette époque la société d'ordres avait été vidée en partie de sa substance et que, par conséquent, l'idée de « nation » était prête elle-même à connaître sa propre mutation : celle d'une nation de « citoyens » égaux se substituant à une nation de type ancien, avec ses corps intermédiaires et ses « sujets ». Ce sera l'œuvre de l'idéologie nouvelle dans la seconde moitié du XVIIIe siècle.

sphère d'action. Il en a élargi au maximum la dimension pour donner à son gouvernement éclat, majesté et magnificence. Ce pouvoir était désormais si bien assis que le cérémonial d'État et la « mise en scène » compliquée, élaborée au fil des siècles par les Capétiens, perdirent leur raison d'être et cessèrent de jouer leur rôle intégrateur : à la fin du XVIIe siècle c'en était fini des lits de justice et des joyeuses entrées dans les « bonnes villes » en tant que mécanisme rituel d'incorporation des peuples à la monarchie. De même, les fêtes de cour avaient remplacé depuis longtemps les carrousels et les réjouissances populaires offertes par le roi.

En revanche les effets de l'absolutisme en tant que force centralisatrice et unificatrice, cherchant à étendre son emprise sur la société foisonnante de l'ancien régime sont plus difficiles à mesurer. Il est sûr que la mise en place d'une monarchie administrative fut plus longue qu'on ne l'a cru. Un ministère ou un secrétariat d'État, c'était au mieux, à la fin du siècle, quelques dizaines de commis et de collaborateurs répartis en cinq ou six bureaux. Dans les généralités, l'intendant n'était entouré que de cinq ou six subdélégués nommés et payés par lui, c'était tout. On comprend dans ces conditions la force de résistance des corps sociaux, entretenue par le conservatisme des notables et les nostalgies aristocratiques, dont l'esprit s'était perpétué à travers les formes d'expression les plus diverses, de Broussel à Fénelon en passant par Bonnesson, Rohan, Sardan et l'abbé de la Bourlie. Songeons que ce n'est qu'en 1683 que le gouvernement royal devint sédentaire avec son installation définitive à Versailles. Ce n'est qu'en 1689 qu'une intendance permanente fut installée en Bretagne. Et il faudra attendre 1693 pour que le monarque cesse de paraître à la tête de ses armées, faisant perdre ainsi au régime son caractère primitif de monarchie militaire et au roi sa nature de « roi de guerre ». Si ces mutations fondamentales eurent lieu pendant le règne de Louis XIV, leurs effets ne se feront véritablement sentir que sous le règne suivant.

Pour progresser, face à la défense en « hérisson » des groupes sociaux, le pouvoir royal dut conclure une série d'accords limités avec leurs représentants et s'appuyer sur les oligarchies pour asseoir son autorité sur les peuples. C'est un fait qu'on a généralement tendance à ignorer, parce que le roi lui-même s'est attaché à dissimuler le caractère contractuel des concessions consenties et des immunités confirmées, sous l'apparente gratuité de bienfaits librement et unilatéralement octroyés. Les nécessités financières conduisirent à des tractations souterraines avec les États et les communautés, qui consolidèrent ou renforcèrent leurs libertés locales ou corporatives moyennant remise de fonds ou vote de subsides. La suppression d'un privilège était parfois présentée comme une sanction. Ainsi, en 1662, après la révolte du Boulonnais, Colbert avait-il recommandé d'y créer une élection, mais en en excluant les communautés du « pays reconquis », « Sa Majesté voulant à la vérité châtier les séditieux mais maintenir aussi dans leurs immunités ceux qui sont demeurés dans leur devoir [1] ». En dépit des apparences, la France de Louis XIV restait donc un régime « pacté », ce qui permet de comprendre pourquoi tant d'institutions désuètes et parasitaires subsistaient. Ce n'est pas seulement en 1789 que la France ressemblait à un vieux magasin d'antiquités ! Si certaines de ces institutions étaient tombées en décadence – comme les communautés agraires ou les municipalités des bourgs et villes moyennes par manque de ressources financières –, d'autres, au contraire, avaient trouvé un regain de vitalité grâce à la politique royale (les parlements provinciaux, les magistrats des grandes villes...). Dans cet esprit, un compromis politique – tacite mais bien réel – fut passé avec les titulaires d'offices de judicature : on les laissa travailler dans leur domaine de compétence, où ils purent renforcer leurs pouvoirs, mais en contrepartie ils durent rigoureusement se tenir à l'écart des zones sensibles de la politique royale, comme la diplomatie, la guerre, la fiscalité ou la distribution des grâces. Cette volonté de compromis se retrouve avec les élites aristocratiques. La lecture de monographies locales ou régionales permet de comprendre cette alliance d'intérêts entre le roi et l'élite dirigeante pour le plus grand profit des deux [2]. Louis XIV n'a pas voulu recommencer les erreurs de la Fronde, en braquant contre lui les corps sociaux. Il a cherché à modifier l'esprit des institutions traditionnelles, à les subordonner à son pouvoir, à sa vision de la société, non à les détruire. Il a

1. Cité par Robert DESCIMON et Alain GUÉRY, « Un État des temps modernes » (*Histoire de France* de Jacques LE GOFF, *L'État et les pouvoirs*, sous la direction d'André BURGUIÈRE et Jacques REVEL, Paris, 1989, p. 185-186.

2. Voir en particulier les études de William Beik sur le Languedoc, de Jean-Pierre Bardet sur Rouen, de Jacques Maillard sur Angers, de Paul Greissler sur Strasbourg, de Robert A. Schneider sur Toulouse.

fait preuve en la matière d'une prudence plus grande que dans les affaires extérieures. La vérité qui se fait jour aujourd'hui oblige à revenir sur le vieux cliché tenace du despotisme broyeur et de la tyrannie du pouvoir royal.

Malgré sa volonté d'habiliter les bâtards à accéder à la couronne, Louis XIV, globalement, n'a pas oublié les limites que la constitution coutumière du royaume donnait à sa puissance. Il a été moins interventionniste qu'on ne l'a dit, revendiquant pour lui la plénitude du pouvoir politique, mais abandonnant le reste aux organes existants, à la seule condition qu'ils demeurent « dans leur ordre légitime et naturel ».

Ceci explique le déclin irrémédiable de la mentalité féodale, indépendante et anarchique, mais aussi la renaissance, l'éclat et la richesse de la haute aristocratie – y compris l'aristocratie provinciale – qui profita de la volonté royale d'entente pour renouveler son emprise sur le pays. La thèse de Roland Mousnier, qui fait de Louis XIV un « révolutionnaire », mérite, par conséquent, d'être sérieusement révisée. On a trop exalté l'œuvre unificatrice du monarque comme une entreprise linéaire, triomphant nécessairement des obstacles les uns après les autres. Ce fut le résultat de lents et obscurs tâtonnements, avec des retours en arrière de manière à éviter de trop bousculer les situations acquises. Souvent le gouvernement dut agir par opportunisme, sans vues à long terme. Saisi à la gorge par les problèmes financiers, il multiplia dans les vingt-cinq dernières années du règne la vente d'offices inutiles, qui satisfaisait ses besoins immédiats, mais aggravait l'indépendance d'une fonction publique déjà obérée de 45 000 offices soumis à la vénalité. « Chaque fois que Votre Majesté crée un office, ironisait Pontchartrain, Elle trouve un sot pour l'acheter! » C'était merveilleux. Mais la suprême sottise n'était-elle pas dans cette politique de Gribouille?

Encore ne convient-il pas de tomber dans l'excès contraire, comme l'ont fait certains – tel Roger Mettam et Peter Robert Campbell –, en soutenant la thèse d'un roi faible et conservateur, prisonnier de la société aristocratique et des gens d'office, n'ayant, contrairement à ses ministres, aucune vue réformatrice, s'appuyant sur les Grands à qui il distribuait les gouvernements, les évêchés ou les ambassades et laissant à la vieille noblesse ses fonctions d'encadrement local [1]. Le rôle modernisateur et « progressiste » de la monarchie ne saurait être nié. A preuve la réussite de la société de cour, la maîtrise du processus de compétition des élites, le contrôle par le roi de la mobilité sociale et de l'équilibre des tensions entre les groupes, la tutelle de l'ensemble hiérarchique des corps et des communautés, l'implantation définitive des intendants qui, au XVIIIe siècle, déposséderont les gouverneurs et tiendront la dragée haute aux parlements provinciaux ou aux collectivités locales.

La vérité est que Louis XIV a assumé le pouvoir royal dans la plénitude de son ambiguïté trifonctionnelle : il fut à la fois fédérateur, diviseur et niveleur. Il l'a fait avec brio, mieux que ses prédécesseurs et ses successeurs, mais avec les limites que comporte un tel exercice : en témoigne son incapacité à réformer le système fisco-financier, prospère sangsue accrochée aux flancs de l'État. L'absolutisme louis-quatorzien s'est heurté à des rigidités structurelles qui tenaient à sa nature. A la fois conservateur et révolutionnaire, il était insuffisamment réformateur. La création en France d'une banque royale, comme le préconisa Samuel Bernard en 1707, banque analogue à celle d'Angleterre ou d'Amsterdam, si elle avait réussi, aurait libéré le Trésor des griffes des traitants et des usuriers, démultipliant dans des proportions sans doute considérables la puissance du pouvoir (avec toutes les conséquences qu'on imagine sur le plan de l'équilibre européen).

Louis XIV a tiré le maximum du système existant, sans le renouveler, un peu comme un vieux moteur de voiture qu'on n'a pas les moyens de changer et qu'on pousse trop fort et trop longtemps. La monarchie absolutiste n'eut jamais les moyens de son ambition. Pays le plus peuplé d'Europe, disposant d'un territoire vaste et homogène, la France – contrairement à la petite Hollande ou à l'Angleterre – n'a pas été en mesure de mobiliser à plein ses propres richesses, de tourner au maximum de ses capacités. L'image du paysan français écrasé d'impôts par un pouvoir tyrannique est une légende inventée par l'historiographie du XIXe siècle à partir des stéréotypes révolutionnaires. En 1715 le contribuable français payait en moyenne deux fois et demie

1. Rober METTAM, *Power and Factions in Louis XIV's France*, Oxford, 1988. Peter Robert CAMPBELL, *Louis XIV*, Londres et New York, 1994.

moins d'impôts que son homologue britannique. A cette date, en effet, la pression fiscale représentait un équivalent de 0,70 hectolitre de grain de froment pour la France contre 1,62 de l'autre côté de la Manche [1]. La monarchie absolue, par conséquent, fut moins oppressive fiscalement que la monarchie représentative et tempérée à l'anglaise. Telle est la réalité : Louis XIV n'a pas pu ou pas su doter son pays d'un système fiscal moderne et efficace, capable de lui fournir les moyens de sa politique de grandeur. Si la France, dans son ensemble, était un pays riche – riche de la thésaurisation de l'or et de l'argent accumulés par les sujets du roi [2] –, l'État, lui, était pauvre.

Malgré les efforts du monarque et de ses proches collaborateurs, les limites structurelles se sont vite fait sentir. Le meilleur exemple en est la crise financière qui se développe au bout de deux ou trois années de guerre et qui contraint le pays à négocier la paix au rabais. Après Louis XIV la France conservera donc son archaïsme bancaire et financier, son capitalisme fiscal ses petits rentiers improductifs, ses coureurs d'offices et de pensions, sa noblesse oisive, imbue de ses privilèges, crispée sur ses droits, la lourdeur de sa société terrienne, bref son « mal français », pour reprendre l'expression fameuse d'Alain Peyrefitte. Assurément, on ne refait pas l'Histoire et il est bien possible que les habitudes, la force d'inertie des négociants et des entrepreneurs, les réticences du roi soucieux de préserver l'équilibre des corps sociaux, bref les pesanteurs socio-économiques n'aient pas permis au pays de prendre à ce moment-là le bon tournant. Pourtant, quand on considère le décollage spectaculaire de certaines régions côtières, la croissance de grands ports comme Le Havre, Nantes, Bordeaux, Marseille, Saint-Malo au début du XVIIIe siècle, on ne peut s'empêcher de penser à ce qu'auraient donné pour l'économie du royaume plus d'application et de persévérance durant cette période décisive. Au cours des années 1680-1715, la France a sans doute manqué un passage vers la modernisation économique. Désormais, les jeux sont

1. Peter MATHIAS et Patrick O'BRIEN, « Taxation in Britain and France 1715-1810. A Comparison of the Social and Economic Incidence of Taxes collected for the Central Government », *The Journal of European Economic History*, vol. 5, n° 3, 1976, p. 618-620.

2. Ce qui n'est pas incompatible avec l'extrême misère des humbles dans les campagnes et la précarité de leurs conditions d'existence, décrite par Pierre Goubert, Emmanuel Le Roy Ladurie et beaucoup d'autres

faits pour un siècle au moins et les cartes redistribuées. Regardons l'Angleterre pendant la même période : profitant d'un début d'essoufflement de ses concurrents hollandais, elle prépare sur le plan financier, commercial, industriel les bases de son extraordinaire essor en faisant preuve d'une remarquable capacité d'adaptation. Il est vrai qu'au départ elle avait de meilleurs atouts : une tradition maritime, une classe de marchands chevronnés, une aristocratie qui ne craignait pas de déroger dans l'industrie et le commerce. Partant de là, elle se dota en 1694 d'une banque, qui devint l'un des piliers de l'État, d'un conseil du commerce *(Board of Trade)*. Son système politique, né de la *Glorious Revolution*, associa les catégories sociales montantes à la gestion du pays. La relative liberté d'opinion et d'expression, le bipartisme naissant permirent aux forces vives et aux lobbies de mieux faire valoir leurs intérêts et au pays d'exprimer un choix clair. Or, c'est par ce genre de combinaison entre les institutions politiques et économiques, c'est dans leur secrète articulation, dans l'osmose qui s'est produite entre elles que s'est ouverte – Douglas North l'a montré avec sa notion de « coût de transaction [1] » – la voie de la prospérité.

Dans son obsession à assumer à lui seul le pouvoir, le roi de France, au contraire, avait coupé tous les ponts, toutes les passerelles entre l'État et la société, fermé tous les canaux de communication traditionnels (états généraux, droit de remontrance des parlements, états provinciaux, municipalités et corps de ville...). On l'a vu, même le conseil d'en haut, qui aurait pu servir de caisse de résonance aux aspirations du pays, perdit son importance après la mort de Louvois et cessa d'être l'organe des décisions principales au profit du travail du roi en solitaire et de la *liasse*. De ce point de vue, la situation était meilleure entre 1665 et 1691, période au cours de laquelle les deux clans qui campaient dans les allées du roi, le clan Colbert et le clan Louvois, influèrent sur ses décisions, tout en étant porteurs d'intérêts divergents. A défaut de choix clair, le pouvoir monarchique risquait, en effet, de tourner à vide, condamné à l'immobilisme. Le roi lui-même s'était retranché du peuple dans son palais couvert d'or Quant à l'aristocratie française, elle hésitait entre le modèle d'une élite ouverte et celui d'une caste militaire fermée, sans pouvoir vraiment opter entre ces deux voies.

1. Douglas Cecil NORTH et Robert Paul THOMAS, *L'Essor du monde occidental : une nouvelle histoire économique*, Paris, 1980.

Il serait faux de dire que la volonté de réforme fut inexistante. Des tentatives ont été faites : la capitation, le dixième, les « billets de monnoye », le conseil du commerce, mais ces essais ont fini par être récupérés et étouffés par le « système ». Toute la question est de savoir si du temps de Louis XIV la monarchie absolutiste était encore réformable.

Il serait injuste, néanmoins, de finir sur ce constat d'échec ou de semi-échec. Ce serait oublier que Louis XIV a réalisé une œuvre grande et digne d'admiration : la construction de l'État moderne. Cette création, répétons-le, s'est faite de manière originale, non par l'autocratie, l'usage d'armées disciplinées de bureaucrates aux ordres des intendants, mais par une fédération progressive des réseaux de fidélité des Grands et des clientèles des ministres, par l'intégration de l'aristocratie indépendante à l'État royal. Le roi a compensé la faiblesse de ses moyens administratifs, la vénalité des offices et l'absence d'un droit unique pour tout le royaume par la prise de contrôle de ces réseaux. Il a usé également du relais que lui offrait l'armature ecclésiastique, ces milliers de curés de campagne installés dans les paroisses (sa politique pro-catholique des dernières années avait contribué à resserrer cette profitable mais dangereuse union du trône et de l'autel, assez éloignée de la tradition capétienne). Si l'on se souvient du point de départ – la société émiettée de la Fronde, la crise de la légitimité, la France vendue à l'encan par les Grands, le triomphe des potentats locaux et le déchaînement des violences privées –, on doit admettre que le résultat a dépassé l'espérance.

Les années 1660-1670 constituent la grande césure. On est passé à ce moment-là d'une société « baroque », dominée par les nostalgies post-féodales, à une société plus rationalisée, une société « classique » qui va s'ouvrir sur la civilisation des pré-Lumières. Le roi a joué un rôle essentiel dans cette transformation : il a mis un point final aux comportements dévastateurs de la haute aristocratie, il s'est servi des clans familiaux et du patronage pour asseoir son contrôle politique sur les lignages et les réseaux périphériques. De ces clans, qui étaient loin d'être des survivances fossilisées du passé, il fit une pièce maîtresse de son système. Il sut les utiliser habilement à son profit et en capter la vitalité. Dans ce but il usa de sa fonction paternelle pour rassembler sous sa houlette ses fidèles sujets. Il voulut être un « bon maître » et se substituer aux autres « patrons ». Comme il n'était pas qu'un simple gentilhomme mais l'incarnation de l'État, en ramenant à lui toutes les fidélités il transmua automatiquement ces liens de type ancien d'homme à homme en liens nouveaux sujets-État. Cette modification de l'espace socio-politique fut la grande victoire de son règne. On peut dire qu'elle fut réalisée avec des moyens dérisoires. Avec lui l'autorité cessa de s'arrêter à la porte des corps intermédiaires et des communautés naturelles. Elle descendit jusqu'aux sources de la vie sociale, locale et familiale. A sa mort l'évolution était achevée. Le roi avait utilisé les rouages d'une société traditionnelle pour rationaliser l'autorité et fonder une société sur le service de l'État, bref pour s'ouvrir à la « modernité » en faisant du neuf avec de l'ancien.

Face à la diversité organique de la société, le souverain s'est affirmé comme principe d'unité de la nation. A Versailles comme à la tête de ses armées il a été le grand mobilisateur des énergies nationales. Aux élites aristocratiques il a proposé un système de valeurs autre que l'honneur personnel et les traditions chevaleresques. A tous, par la sublimation des liens affectifs, il a fait comprendre qu'en le servant on servait l'État, donc la patrie. Incarnant l'autorité, il a rendu celle-ci plus présente, plus concrète, faisant d'une abstraction presque métaphysique – l'État – une réalité de chair et de sang. Ainsi a-t-il habitué les Français à dépasser sa propre personne royale, toute sacrée qu'elle fût. Non, Louis XIV n'a jamais prononcé la célèbre phrase : « L'État c'est moi ! » Il a même dit le contraire aux courtisans venus l'entourer sur son lit d'agonie : « Je m'en vais, mais l'État demeurera toujours », cet État moderne qu'il a forgé, aujourd'hui sans doute accablé de défauts, hypertrophié, bureaucratisé à l'excès, facilement accusé de tous les maux, mais qui reste encore le meilleur rempart contre le retour des démons de l'intérieur comme des barbaries venues d'ailleurs. Dans le monde instable d'aujourd'hui la France ne saurait trop lui en savoir gré.

Sources et bibliographie

Une bibliographie exhaustive du règne de Louis XIV occuperait plusieurs ouvrages de la dimension de celui-ci. Éditées de 1913 à 1935, *Les Sources de l'Histoire de France pour le XVIIe siècle* d'Émile Bourgeois et Louis André, qui englobent également le règne de Louis XIII, ne comprennent pas moins de huit volumes. Depuis est venu s'ajouter un nombre considérable de travaux. Des témoignages, des documents d'archives ont été exhumés; des aspects totalement nouveaux ont été explorés. Objet fréquent de dédains, l'histoire locale s'est révélée en quelques décennies une mine de recherches fort fructueuse, ouvrant de vastes perspectives tant dans le domaine de la climatologie que de la démographie ou de l'économie. Dans le seul domaine de l'histoire politique, qui nous intéresse plus particulièrement ici, un renouvellement profond est intervenu à partir des années 1985-1986, sous l'impulsion notamment de chercheurs anglo-saxons. Chaque livraison de la *Bibliographie annuelle de l'Histoire de France* consacre ainsi plusieurs pages de notices aux livres, brochures articles savants ou de vulgarisation concernant cette période. Vu l'abondance des références nous avons dû nous limiter aux sources imprimées les plus intéressantes, aux études générales et aux monographies les plus récentes, ne conservant que quelques rares ouvrages anciens encore utiles. Cette bibliographie est à compléter sur certains points par les ouvrages signalés en notes.

SOURCES IMPRIMÉES

(collections de documents et de mémoires)

BERWICK (Jacques de Fitz-James, duc de), *Mémoires*, Paris, 1839.
BOISLILE (Arthur de), *Correspondance des contrôleurs généraux des finances avec les intendants de provinces*, 1683-1715, Paris, 1874-1893, 3 vol.

BOISLILE (Arthur de), *Mémoriaux du conseil de 1661*, Paris, 1905-1907.
BOSSUET (Jacques Bénigne), *Œuvres et correspondance*, éd. Ch. Urbain et E. Levesque, Paris, 1909-1925.
BRETEUIL (Louis Nicolas, baron de), *Mémoires*, éd. E. Lever, Paris, 1992
BRIENNE (Louis Henri de Loménie, comte de), *Mémoires*, éd. Barrière, Paris, 1916-1919, 3 vol.
BUSSY-RABUTIN (Roger de Rabutin, comte de Bussy), *Correspondance avec sa famille et ses amis (1666-1693)*, éd. Lalanne, Paris, 1858-1859.
BUSSY-RABUTIN (Roger de Rabutin, comte de Bussy), *Mémoires*, Paris, 1987.
CAYLUS (Marthe de Mursay, comtesse de), *Souvenirs*, éd. B. Noël, Paris, 1965.
CHALLES (Robert), *Mémoires*, éd. Augustin-Thierry, Paris, 1931.
CHOISY (François Timoléon, abbé de), *Mémoires pour servir à l'histoire de Louis XIV*, éd. Mongrédien, Paris, 1966.
COLBERT (Jean-Baptiste), *Lettres, instructions et mémoires*, éd. Pierre Clément, Paris, 1861-1882, 10 vol.
CONDÉ (Louis II de Bourbon, prince de), *Lettres inédites à Marie-Louise de Gonzague, reine de Pologne*, éd. E. Magne, Paris, 1920.
COSNAC (Daniel de), *Mémoires*, éd. J. de Cosnac, Paris, 1852, 2 vol.
DANGEAU (Philippe de Courcillon, marquis de), *Journal de la cour de Louis XIV*, éd. E. Soulié et Dussieux, Paris, 1854-1860, 19 vol.
DEPPING (Georges-B.), *Correspondance administrative sous le règne de Louis XIV*, Paris, 1850-1855, 4 vol.
DU BOIS (Marie), *Moi, Marie Du Bois, gentilhomme vendômois, valet de chambre de Louis XIV*, prés. F. Lebrun, Rennes, 1994.
DUMONT DE BOSTAQUET (Isaac), *Mémoires*, Paris, 1968.
FÉNÉLON (François de Salignac de la Mothe), *Écrits et lettres politiques*, Paris, 1921.
FLÉCHIER (Esprit), *Mémoires sur les grands jours d'Auvergne*, éd. Y.-M. Bercé, Paris, 1984.
FOUCAULT (Nicolas Joseph), *Mémoires*, éd. F. Baudry, Paris, 1862.
FOUQUET (Nicolas), *Les œuvres de M. Fouquet, ministre d'État, contenant son accusation, son procès et ses défenses contre Louis XIV*, Paris, 1696, 16 vol.
GOULAS (Nicolas), *Mémoires*, Paris, 1879-1882, 3 vol.
GOURVILLE (Hérault de), *Mémoires*, Paris, 1826.
GRACIAN (Baltasar), *L'Homme de cour,* traduit par Amelot de la Houssaie, Paris, 1990.
GRAMONT (Antoine III, maréchal de), *Mémoires*, Paris, 1839.
GUIFFREY (Jules), *Comptes des bâtiments du roi sous le règne de Louis XIV*, Paris, 1881-1901, 5 vol.
JOLY (Guy), *Mémoires*, Paris, 1838.
LA FARE (Charles Auguste, marquis de), *Mémoires et réflexions sur les principaux événements du règne de Louis XIV*, Paris, 1835.
LA FAYETTE (Marie-Madeleine Pioche de la Vergne, comtesse de), *Histoire de Madame Henriette d'Angleterre*, Paris, 1962.
LA FAYETTE (Marie-Madeleine Pioche de la Vergne, comtesse de), *Mémoires de la cour de France pendant les années 1688 et 1689*, Paris, 1962.

LAPORTE (Pierre de), *Mémoires*, Paris, 1839.
LA ROCHEFOUCAULD (François, duc de), *Mémoires*, Paris, 1964.
LEFEBVRE D'ORMESSON (Olivier), *Journal*, éd. A. Chéruel, Paris, 1860-1861, 2 vol.
LORET (Jean), *La Muze historique*, Paris, 1857-1878.
LOUIS XIV, *Œuvres*, éd. Grimoard-Grouvelle, Paris, 1806, 6 vol.
LOUIS XIV, *Mémoires*, Paris, éd. de 1978 (prés. Jean Longnon) et de 1992 (prés. Pierre Goubert).
MAINTENON (Françoise d'Aubigné, marquise de), *Lettres à Mme des Ursins*, Paris, 1826.
MAINTENON (Françoise d'Aubigné, marquise de), *Lettres*, éd. Langlois, Paris, 1935-1939, 5 vol.
MANCINI (Hortense..., duchesse de Mazarin, et Marie..., princesse Colonna), *Mémoires*, Paris, 1965.
MAZARIN (Cardinal Jules), *Lettres*, éd. Chéruel-d'Avenel, Paris, 1872-1906, 9 vol.
MOLÉ (Matthieu), *Mémoires*, Paris, 1855-1857, 4 vol.
MONTGLAT (François de Paule de Clermont, marquis de), *Mémoires*, Paris, 1838.
MONTPENSIER (Anne Marie Louise d'Orléans, duchesse de), *Mémoires*, éd. A. Chéruel, Paris, 1856-1859.
MOTTEVILLE (Françoise Langlois de), *Mémoires*, éd. F. Riaux, Paris, 1806, 6 vol.
ORLÉANS (Élisabeth Charlotte, duchesse d'), princesse Palatine, *Correspondance*, éd. Brunet, Paris, 1866, 2 vol.
ORLÉANS (Élisabeth Charlotte, duchesse d'), princesse Palatine, *Lettres françaises, Madame Palatine*, présent. par D. Van Der Cruysse, Paris, 1989
PATIN (Guy), *Lettres du temps de la Fronde*, Paris, 1921.
PLATELLE (Henri), présenté par, *Journal d'un curé de campagne au XVIIe siècle*, Paris, 1965.
QUINCY (Joseph Sevin, chevalier de), *Mémoires*, Paris, 1898-1901, 3 vol.
RANUZZI (Angelo), *Correspondance du nonce en France*, éd. par B. Neveu, Rome, 1973, 2 vol.
RETZ (Paul de Gondi, cardinal de), *Œuvres*, éd. A. Feuillet-A.D. Régnier, Paris, 1870-1896, 10 vol.
ROTHSCHILD (James de), *Les continuateurs de Loret. Lettres en vers de La Gravette de Mayolas, Robinet, Boursault, Perdou de Subligny, Laurent et autres* (1665-1689), Paris, 1881-1889, 3 vol.
SAINT-HILAIRE, *Mémoires*, Paris, 1903-1916.
SAINT-MAURICE (Thomas François Chabod, marquis de), *Lettres sur la cour de Louis XIV*, éd. J. Lemoine, 1911-1912, 2 vol.
SAINT-SIMON (Louis de Rouvroy, duc de), *Mémoires*, éd. A. et J. de Boislile et Lecestre, Paris, 1879-1930, 43 vol., éd. Y. Coirault, Paris, 1983-1988, 8 vol.
SÉVIGNÉ (Marie de Rabutin-Chantal, marquise de), *Correspondance*, éd. R. Duchêne, Paris, 1972-1978, 3 vol.
SOURCHES (Louis François de Bouchet, marquis de), *Mémoires sur le règne*

de Louis XIV, éd. G.-J. de Cosnac et A. Bertrand, Paris, 1892-1893, 13 vol.

SPADA (nonce Fabrizio), *Correspondance*, prés. Ségolène de Dainville-Barbiche, Rome, 1982.

SPANHEIM (Ezéchiel), *Relation de la cour de France en 1690*, Paris, 1973.

TALON (Omer), *Mémoires*, Paris, 1839.

TEMPLE (chevalier William), *Mémoires*, Paris, 1839.

TORCY (Jean-Baptiste Colbert, marquis de), *Journal inédit pendant les années 1709, 1710 et 1711*, Paris, 1884.

TORCY (Jean-Baptiste Colbert, marquis de), *Mémoires*, éd. Michaud et Poujoulat, Paris, 1839.

TURENNE (Henri de la Tour d'Auvergne, vicomte de), *Mémoires contenant l'histoire de sa vie depuis l'année 1643 jusqu'en 1659*, Paris, 1838.

VAUBAN (Sébastien Le Prestre de), *Projet d'une dîme royale*, éd. E. Le Roy Ladurie, Paris, 1992.

VALLOT (Antoine), AQUIN (Antoine d'), FAGON (Guy-Crescent), *Journal de la santé du roi de l'année 1647 à l'année 1711*, pub. par J.A. Le Roi, Paris, 1862.

VILLARS (Claude Louis Hector, maréchal de), *Mémoires et correspondance*, éd. de Voguë, Paris, 1884-1904, 6 vol.

VISCONTI (Jean-Baptiste Primi, comte de Saint-Mayol), *Mémoires sur la cour de Louis XIV*, éd. J.-F. Solnon, Paris, 1988.

WICQUEFORT (Abraham de), *Chronique discontinue de la Fronde,* prés. par Robert MANDROU, Paris, 1978.

TRAVAUX HISTORIQUES

1. OUVRAGES GÉNÉRAUX

ANTOINE (Michel), *Le dur métier de roi : études sur la civilisation politique de la France d'Ancien Régime*, préf. P. Chaunu, Paris, 1986.

BARBEY (Jean), *Être roi : Le roi et son gouvernement en France de Clovis à Louis XVI*, Paris, 1992.

BEIK (William), « Celebrating Andrew Lossky : The Reign of Louis XIV Revisited », *French Historical Studies*, vol. 17, n° 2, 1991, p. 526-541.

BÉNICHOU (Paul), *Morales du Grand Siècle*, Paris, 1948.

BILLACOIS (François), *Le duel dans la société française des* XVIe-XVIIe *siècles : essai de psychosociologie historique*, Paris, 1986.

BLOCH (Marc), *Les rois thaumaturges. Étude sur le caractère surnaturel attribué à la puissance royale, particulièrement en France et en Angleterre*, préf. J. Le Goff, Paris, nouv. éd. 1983.

BLUCHE (François), *La vie quotidienne au temps de Louis XIV*, Paris, 1984.

BLUCHE (François), sous la direction de, *Dictionnaire du Grand Siècle*, Paris, 1990.

BLUCHE (François), *L'ancien régime. Institutions et société*, Paris, 1993.

BONNEY (Richard), *L'absolutisme*, Paris, 1989.

BURGUIÈRE (André) et REVEL (Jacques), sous la direction de, *Histoire de France. L'État et les pouvoirs*, Paris, 1989, sous la dir. de J. Le Goff (chap. R. DESCIMON et A. GUÉRY, « Un État des temps modernes? »).

CAMPBELL (Peter Robert), *The Ancient Regime in France*, Oxford, 1988.

CHARTIER (Roger), *Lecteurs et lectures dans la France de l'ancien régime*, Paris, 1987.

CHAUNU (Pierre), *La civilisation de l'Europe classique*, Paris, 1984.

CORNETTE (Joël), *Absolutisme et Lumières, 1652-1789*, Paris, 1993.

COTTRET (Monique), *La vie politique en France aux XVIe, XVIIe, XVIIIe siècles*, préface de Jean Nicolas, Paris, 1991.

GENET (Jean-Philippe), sous la direction de, *L'État moderne : genèse. Bilans et perspectives*, Actes du colloque CNRS de sept. 1989, Paris, 1990.

GOUBERT (Pierre) et ROCHE (Daniel), *Les Français et l'Ancien régime*, t. I, *La société et l'État*, t. II, *Culture et société*, Paris, éd. de 1991, 2 vol.

HATTON (Ragnhild), *L'époque de Louis XIV*, Paris, 1970.

HATTON (Ragnhild), sous la direction de, *Louis XIV and Absolutism*, Londres, 1976.

HAZARD (Paul), *La crise de la conscience européenne, 1680-1715*, Paris, éd. de 1989.

LAPLANCHE (François) et GRELL (Chantal), sous la direction de, *La monarchie absolutiste et l'Histoire de France. Théories du pouvoir, propagandes monarchistes et mythologies nationales*, Actes du colloque de Sorbonne de mai 1986, Paris, 1987.

LEBRUN (François), *Le XVIIe siècle*, Paris, 1990.

LE ROY LADURIE (Emmanuel), *Histoire du climat depuis l'an mil*, Paris, éd. de 1983, 2 vol.

LE ROY LADURIE (Emmanuel), *Le territoire de l'historien*, Paris, éd. de 1977-1978, 2 vol.

LE ROY LADURIE (Emmanuel), sous la direction de, *Les monarchies*, Actes du colloque organisé par le Centre d'analyse comparative des systèmes politiques, Paris, 1986.

LE ROY LADURIE (Emmanuel), *L'ancien régime de Louis XIII à Louis XV, 1610-1770*, Paris, 1991.

MANDROU (Robert), *L'Europe absolutiste, Raison et raison d'État* (1649-1775), Paris, 1977.

MANDROU (Robert), *La France des XVIIe et XVIIIe siècles*, Paris, éd. augm. par Monique COTTRET, 1993.

MARION (Marcel), *Dictionnaire des institutions de la France au XVIIe et au XVIIIe siècles*, Paris, éd. de 1968.

MARTIN (Henri-Jean), *Livres, pouvoirs et société à Paris au XVIIe siècle, 1598-1701*, Genève, 1969, 2 vol.

MARTIN (Henri-Jean), CHARTIER (Roger), sous la direction de, *Le livre triomphant, 1660-1830*, Paris, 1984.

MÉCHOULAN (Henry), sous la direction de, *L'État baroque. Regards sur la pensée politique de la France du premier XVIIe siècle*, Paris, 1985.

MÉTHIVIER (Hubert), *L'ancien régime en France, XVe, XVIIe, XVIIIe siècles*, Paris, 1981.

MEYER (Jean), *Le poids de l'État, XVIIe-XIXe siècles*, préf. P. Chaunu, Paris, 1983.

MEYER (Jean), *La France moderne de 1515-1789*, t. III de l'*Histoire de France*, sous la direction de Jean Favier, Paris, éd. de 1993.
MOUSNIER (Roland), *Les XVIe et XVIIe siècles*, Paris, éd. de 1992.
MOUSNIER (Roland), *La monarchie absolue en Europe du Ve siècle à nos jours*, Paris, 1982.
MUCHEMBLED (Robert), *Société et mentalités dans la France moderne, XVIe-XVIIIe siècle*, Paris, 1990.
PAGES (Georges), *La monarchie d'ancien régime*, Paris, 4e éd., 1946.
PARKER (David), *The Making of French Absolutism*, Londres, 1983.
RICHET (Denis), *De la Réforme à la Révolution. Études sur la France moderne*, préf. P. Goubert, Paris, 1991.
ROCHE (Daniel), *Le siècle des Lumières en province. Académies et académiciens provinciaux (1680-1789)*, Paris, 1978.
ROTHKRUG (Lionel), *Opposition to Louis XIV. The Political and Social Origins of the French Enlightenment*, Princeton, N.J., 1965.
SAGNAC (P.) et SAINT-LÉGER (A. de), *La Prépondérance française, Louis XIV, 1661-1715*, « Peuples et Civilisations », Paris, 1944.
SÉE (Henri), *Les idées politiques en France au XVIIe siècle*, Paris, 1983.
SOCIÉTÉ DE DÉMOGRAPHIE HISTORIQUE, *La France d'ancien régime. Études réunies en l'honneur de Pierre Goubert*, Toulouse, 1984, 2 vol.
THIREAU (Jean-Louis), *Les idées politiques de Louis XIV*, Paris, 1973.
TRUCHET (Jacques), *Politique de Bossuet*, Paris, 1966.
VAN MALSSEN (P.J.W.), *Louis XIV d'après les pamphlets répandus en Hollande*, Paris, Amsterdam, 1936.
WADE (Ira Owen), *The Intellectual Origins of the French Enlightenment*, Princeton, N.J., 1971.
WILHEM (Jacques), *La vie quotidienne des Parisiens au temps du Roi-Soleil*, Paris, 1977.
YARDENI (Miriam), *Utopie et révolte sous Louis XIV*, Paris, 1980.

2. LE RÈGNE DE LOUIS XIV. GÉNÉRALITÉS

BAILLY (Auguste), *Le règne de Louis XIV*, Paris, 1946.
BLUCHE (François), *Louis XIV*, Paris, 1986.
BORDONOVE (Georges), *Louis XIV, Roi-Soleil*, Paris, 1982.
CAMPBELL (Peter Robert), *Louis XIV, 1661-1715*, Londres, New York, 1993.
CHURCH (William F.), *Louis XIV in Historical Thought. From Voltaire to the Annales School*, New York, 1976.
CORVISIER (André), *La France de Louis XIV (1643-1715). Ordre intérieur et place en Europe*, Paris, 3e éd. 1990.
CRONIN (Vincent), *Louis XIV*, Londres, 1990.
DÉON (Michel), *Louis XIV par lui-même*, Paris, 1964.
DINFREVILLE (Jacques), *Louis XIV. Les saisons d'un grand règne*, Paris, 1977.
ERLANGER, *Louis XIV*, Paris, 1965.
GAXOTTE (Pierre), *La France de Louis XIV*, Paris, éd. de 1968.
GAXOTTE (Pierre), *Louis XIV*, Paris, 1974.

GOUBERT (Pierre), *Louis XIV et vingt millions de Français*, Paris, 1966, nouv. éd. augm., 1991.
GRÈCE (Michel de), *Louis XIV, L'envers du soleil*, Paris, éd. de 1988.
LABATUT (Jean-Pierre), *Louis XIV, roi de gloire*, Paris, 1984.
LAVISSE (Ernest), *Louis XIV*, prés. par R. et S. Pillorget, Paris, éd. de 1989.
Louis XIV à Saint-Germain, 1638-1682. De la naissance à la gloire. Catalogue de l'exposition, Saint-Germain, 1988.
MANDROU (Robert), *Louis XIV en son temps*, Paris, 1973.
MÉTHIVIER (Hubert), *La France de Louis XIV. Un grand règne ?*, Paris, 1975.
MÉTHIVIER (Hubert), *Le Siècle de Louis XIV*, Paris, édit. de 1994.
METTAM (Roger), *Government and Society in Louis XIV's France*, 1977.
MITFORD (Nancy), *Le Roi-Soleil*, Paris, 1966.
MONGRÉDIEN, *Louis XIV*, Paris, 1963.
RULE (John C.), sous la direction de, *Louis XIV and the Craft of Kingship*, Ohio State U.P., 1969.
ROUJON (Jacques), *Louis XIV*, Paris, 1943, 2 vol.
SHENNAN (J.H.), *Louis XIV*, Londres, 1986.
SONNINO (Paul), sous la direction de, *The reign of Louis XIV. Essays dedicated to Andrew Lossky*, New Jersey, Londres, 1991.
VOLTAIRE, *Le siècle de Louis XIV*, Paris, éd. de 1970.
WOLF (John B.), *Louis XIV*, New York, 1968.

3. LES DÉBUTS DU RÈGNE (1643-1661)

BERCÉ (Yves-Marie), *La naissance dramatique de l'absolutisme, 1598-1661*, Paris, 1992.
BERTIÈRE (Simone), *La vie du cardinal de Retz*, Paris, 1990.
BONNEY (Richard), *Political change in France under Richelieu and Mazarin, 1624-1661*, Oxford, 1978.
CHÉROT (R.P. Henri), *La première jeunesse de Louis XIV (1649-1653) d'après la correspondance inédite du père Charles Paulin, son premier confesseur*, Lille, 1894.
CHÉRUEL (Aldolphe), *Histoire de France pendant la minorité de Louis XIV*, Paris, 1879-1880, 4 vol.
DESSERT (Daniel), *Louis XIV prend le pouvoir. Naissance d'un mythe*, Paris, 1989.
GOUBERT (Pierre), *L'avènement du Roi-Soleil, 1661*, Paris, 1967.
JARRY (Louis), *Les suites de la Fronde. La guerre des Sabotiers de Sologne et les assemblées de la noblesse, 1653-1660*, Orléans, 1880.
JOUHAUD (Christian), *Mazarinades : la Fronde des mots*, Paris, 1985.
KOSSMANN (E.H.), *La Fronde*, Leyde, 1954.
LACOUR-GAYET (Georges), *L'éducation politique de Louis XIV*, Paris, 1923.
LORRIS (Georges), *La Fronde*, Paris, 1961.
MÉTHIVIER (Hubert), *La Fronde*, Paris, 1984.
MEYER (Jean), *La naissance de Louis XIV*, Paris, 1989.
MOOTE (Aleson, Lloyd), *The Revolt of the Judges. The Parlement of Paris and the Fronde, 1648-1652*, Princeton, N.J., 1971.

PERNOT (Michel), *La Fronde*, Paris, 1994.
RANUM (Orest), *The Fronde. A French Revolution, 1648-1652*, New York, 1993.

4. PROBLÈMES INTÉRIEURS (1661-1715)

CLÉMENT (Pierre), *Histoire de Colbert et de son administration*, Paris, éd. de 1892, 2 vol.
GIRAUD (Marcel), « Crise de conscience et d'autorité à la fin du règne de Louis XIV », *Annales ESC*, 7, 1952, p. 172-190 et 293-302.
GIRAUD (Marcel), « Tendances humanitaires à la fin du règne de Louis XIV », *Revue historique*, 209, 1953, p. 217-237.
KING (James E.), *Science and Rationalism in the Government of Louis XIV, 1661-1715*, Baltimore, 1949.
LACHIVER (Marcel), *Les années de misère. La famine au temps du Grand Roi 1680-1720*, Paris, 1991.
SAINT-GERMAIN (Jacques), *La vie quotidienne en France à la fin du Grand Siècle*, Paris, 1965.

5. POLITIQUE EXTÉRIEURE

ANDRÉ (Louis), *Louis XIV et l'Europe*, Paris, 1950.
BADALO-DULONG (Claude), *Trente ans de diplomatie française en Allemagne. Louis XIV et l'électeur de Mayence : 1648-1678*, Paris, 1956.
BAUDRILLART (Mgr Alfred), *Philippe V et la cour de France*, Paris, 1890-1901, 5 vol., t. I.
BÉLY (Lucien), *Espions et ambassadeurs au temps de Louis XIV*, Paris, 1990.
BÉLY (Lucien), *Les relations internationales en Europe (XVIIe-XVIIIe siècles)*, Paris, 1992.
BÉLY (Lucien), BERCÉ (Yves-Marie), BÉRANGER (Jean), CORVISIER (André), LOUPES (Philippe), KINTZ (Jean-Pierre), MEYER (Jean) et QUATREFAGES (René), *Guerre et paix dans l'Europe du XVIIe siècle (1618-1721)*, Paris, 1991-1992, 3 vol.
BÉRANGER (Jean), « Une tentative de rapprochement entre la France et l'Empereur : le traité de partage de la Succession d'Espagne du 19 janvier 1668 », *Revue d'histoire diplomatique*, 1965, p. 291-314.
BÉRANGER (Jean), *Histoire de l'empire des Habsbourg (1273-1918)*, Paris, 1990.
BLACK (Jeremy), sous la direction de, *The Origins of War in Early Modern Europe*, Edimbourg, 1987.
BOTS (J.A.Hans), sous la direction de, *The Peace of Nijmegen. La paix de Nimègue : 1676-1678-1679*, Actes du colloque international du tricentenaire, Amsterdam, 1980.
BOUTANT (Charles), *L'Europe au grand tournant des années 1680, la succession palatine*, Paris, 1985.
COTTRET (Bernard), *La glorieuse révolution d'Angleterre, 1688*, Paris, 1988.
DARRICAU (Raymond), *Les Relations de Louis XIV et du Saint-Siège d'après*

l'histoire des négociations des ministres du Roi à la cour de Rome (1661-1670) de Jean-Yves de Saint-Prez, garde du dépôt des Archives des Affaires étrangères, Bordeaux, 1969.

HATTON (Ragnhild), sous la direction de, *Louis XIV and Europe*, Londres. 1976.

INGRAO (Charles W.), *In Quest and Crisis : Emperor Joseph I and the Habsburg Monarchy*, West Lafayette, Ind., 1979.

JOUANNA (Arlette), « Réflexions sur les relations internationales en France aux XVIe et XVIIe siècles », *French Historical Studies*, vol. 17, n° 4, 1992, p. 872-881.

KAMEN (Henry), *Spain in the later Seventeenth Century, 1665-1700*, Londres, New York, 1980.

LIVET (Georges), *L'équilibre européen. De la fin du XVe siècle à la fin du XVIIIe siècle*, Paris, 1976.

LYNCH (John), *Spain under the Habsburgs*, t. II, *Spain and America, 1598-1700*, Oxford, 1969.

NADA (John), *Carlos The Bewitched, The Last Spanish Habsburg, 1661-1700*, Londres, 1963.

PAGÈS (Georges), *Louis XIV et l'Allemagne (1661-1715)*, Paris, 1937.

PICAVET (Camille Georges), *La diplomatie française au temps de Louis XIV (1661-1715) : Institutions, mœurs et coutumes*, Paris, 1930.

POUSSOU (Jean-Pierre), *Les îles Britanniques, les Provinces-Unies, la guerre et la paix au XVIIe siècle*, Paris, 1991.

ROMAIN (P.), « Le travail des hommes de la paix au XVIIe siècle : le cas des relations entre Louis XIV et Léopold Ier de 1668 à 1673 », *Histoire, Economie et Société*, 2e trim. 1986.

ROWEN (Herbert), *The Ambassador prepares for War : The Dutch Ambassy of Arnauld de Pomponne, 1669-1671*, La Haye, 1957.

SCHAMA (Simon), *L'embarras de richesses. Une interprétation de la culture hollandaise au Siècle d'or*, Paris, trad. fr. 1991.

SONNINO (Paul), *Louis XIV's View of the Papacy (1661-1667)*, Berkeley, Los Angeles, 1966.

SONNINO (Paul), *Louis XIV and the Origins of the Dutch War*, Cambridge, 1988.

SPIELMAN (John P.), *Leopold I of Austria*, New Brunswick, 1977.

SYMCOX (Geoffrey), *Victor Amadeus II. Absolutism in the Savoyard State 1675-1730*, Londres, Berkeley, 1983.

THUILLIER (Guy), « L'Académie politique de Torcy (1712-1719) », *Revue d'histoire diplomatique*, 1983, p. 54-74.

VAN DER CRUYSSE (Dirk), *Louis XIV et le Siam*, Paris, 1991.

WILSON (Charles), *La République hollandaise des Provinces-Unies*, Paris, 1968.

ZELLER (Gaston), « La monarchie d'ancien régime et les frontières naturelles », *Revue d'Histoire moderne*, août-sept. 1933, p. 305-333.

ZELLER (Gaston), *Histoire des relations internationales. Les temps modernes II : de Louis XIV à 1789*, Paris, 1955.

ZELLER (Gaston), *Aspects de la politique française sous l'Ancien Régime*, Paris, 1964

6. GUERRES, ARMÉE, MARINE

ANDRÉ (Louis), *Michel Le Tellier et l'organisation de l'armée monarchique*, Paris, 1906, Genève, éd. de 1978.

BAXTER (Douglas Clark), *Servants of the Sword. French Intendants of the Army, 1630-1670*, Chicago, Londres, 1976.

BÉRANGER (Jean), *Turenne*, Paris, 1987.

BLANCHARD (Anne), *Les ingénieurs du Roy de Louis XIV à Louis XVI. Étude du corps des fortifications*, Montpellier, 1979.

CORNETTE (Joël), *Le roi de guerre. Essai sur la souveraineté dans la France du Grand Siècle*, Paris, 1993.

CORVISIER (André), « Les généraux de Louis XIV et leur origine sociale », *XVIIe siècle*, 1959, p. 23-53.

CORVISIER (André), *Armées et sociétés de 1494 à 1789*, Paris, 1976.

CORVISIER (André), *Louvois*, Paris, 1983.

CORVISIER (André), sous la direction de, *Histoire militaire de la France*, t. I, *Des origines à 1715* (sous la direction de Philippe CONTAMINE), Paris, 1992.

EKBERG (Carl J.), *The Failure of Louis XIV's Dutch War,* Chapell Hill, 1979.

FAUCHERRE (Nicolas), *Places fortes, bastions du pouvoir*, Paris, éd. de 1991.

GIBSON (John S.), *Playing the Scottish Card : The Franco-Jacobite Invasion of 1708*, Edimbourg, 1988.

JONES (James Rees), *Marlborough*, Cambridge, 1993.

KAMEN (Henry), *The War of Succession in Spain, 1700-1715*, Londres, 1969.

PARKER (Geoffrey), *La révolution militaire : la guerre et l'essor de l'Occident, 1500-1800*, Paris, 1993.

ROUSSET (Camille), *Histoire de Louvois et de son administration politique et militaire*, Paris, 1862-1863, 4 vol.

STURGILL (Claude L.), *Marshal Villars and the War of the Spanish Succession*, Lexington, 1965.

SYMCOX (Geoffrey), *The Crisis of French Sea Power, 1688-1697 : from the Guerre d'Escadre to the Guerre de Course*, La Haye, 1974.

TAILLEMITE (E.), GUILLAUME (P.), *Tourville et Béveziers*, Paris, 1991.

VERGÉ-FRANCESCHI (Michel), *Abraham Duquesne, huguenot et marin du Roi-Soleil,* préface de Fr. Bluche, Paris, 1992.

7. DÉMOGRAPHIE, ÉCONOMIE, FINANCES

BAYARD (Françoise), *Le monde des financiers au XVIIe siècle*, Paris, 1988.

BAYARD (Françoise) et GUIGNET (Philippe), *L'économie française aux XVIe, XVIIe, XVIIIe siècles*, préface de Pierre Deyon, Gap, 1991.

BERGER (Patrice), « Pontchartrain and the Grain Trade during the Famine of 1693 », *Journal of Modern History*, *Supplement,* 48, 1976, p. 37-86.

BONNEY (Richard), *The King's Debts : Finance and Politics in France, 1589-1661*, Oxford, 1981.

BRAUDEL (Fernand) et LABROUSSE (Ernest), sous la direction de, *Histoire économique et sociale de la France*, t. II, *Des derniers temps de l'âge seigneurial aux préludes de l'âge industriel, 1660-1789*, Paris, 1970.

COLE (Charles Woolsey), *Colbert and a Century of French Mercantilism*, New York, 1939, 2 vol.

COLE (Charles Woolsey), *French Mercantilism, 1683-1700*, New York, 1943.

DENT (Julian), *Crisis in Finance : Crown, Financiers and Society in Seventeenth-Century France*, Londres, 1973.

DESSERT (Daniel), « Pouvoir et Finance au XVIIe siècle : la fortune du cardinal Mazarin », *Revue d'Histoire moderne et contemporaine*, t. XXIII, avril-juin 1976, p. 161-181.

DESSERT (Daniel), *Argent, pouvoir et société au Grand Siècle*, Paris, 1984.

DESSERT (Daniel), « A propos de la Chambre de Justice », *Annales ESC*, 4, juil.-août 1971, p. 872-881.

DUBY (Georges), sous la direction de, *Histoire de la France rurale. L'âge classique des paysans*, t. II, par H. Neveux, J. Jacquart, E. Le Roy Ladurie..., Paris, 1975.

DUPÂQUIER (Jacques), sous la direction de, *Histoire de la population française*, t. II, *De la Renaissance à 1789*, Paris, 1991.

DUPÂQUIER (Jacques), *La population française aux XVIIe et XVIIIe siècles*, éd. de 1993.

GARNOT (Benoît), *La population française aux XVIe, XVIIe et XVIIIe siècles*, Gap, éd. de 1992.

GUÉRY (Alain), « Le roi dépensier. Le don, la contrainte et l'origine du système financier de la monarchie française d'Ancien Régime », *Annales ESC*, 6, 1984, p. 1241-1269.

HARSIN (Paul), *Crédit public et banque d'État en France du XVIe au XVIIe siecle*, Paris, 1933.

LÉVY (Claude-Frédéric), *Capitalistes et pouvoir au siècle des Lumières : les fondateurs, des origines à 1715*, t. I, Paris, 1969.

LUTHY (Herbert), *La Banque protestante en France de la révocation de l'édit de Nantes à la Révolution*, Paris, 1959-1961, 2 vol.

MORINEAU (Michel), *Incroyables gazettes, fabuleux métaux : les retours des trésors américains d'après les gazettes hollandaises, XVIe-XVIIIe siècles*, Cambridge, Paris, 1984.

PERROT (Jean-Claude), *Une histoire intellectuelle de l'économie politique*, Paris, 1992.

SAINT-GERMAIN (Jacques), *Samuel Bernard, le banquier des rois*, Paris, 1960.

SCHAEPER (Thomas J.), *The French Council of Commerce, 1700-1715*, Ohio, 1983.

SCHAEPER (Thomas J.), *The Economy of France in the Second Half of the Reign of Louis XIV*, Montréal, 1980.

8. LES GROUPES SOCIAUX

BLUCHE (François) et DURUY (Pierre), *L'anoblissement par charges avant 1789*, Paris, 1962, 2 vol.

BLUCHE (François) et SOLNON (Jean-François), *La véritable hiérarchie sociale de l'ancienne France. Le tarif de la première capitation (1695)*, Genève, 1983.

CHAUSSINAND-NOGARET (Guy), sous la direction de, *Histoire des élites en France du XVIe au XXe siècle : l'honneur, le mérite, l'argent*, Paris, 1991.

CONSTANT (Jean-Marie), *La vie quotidienne de la noblesse française aux XVIe-XVIIe siècles*, Paris, 1985.

CONTAMINE (Philippe), sous la direction de, *L'État et les aristocraties (France, Angleterre, Écosse), XIIIe-XVIIe*, Paris, 1988.

GOUBERT (Pierre), *La vie quotidienne des paysans français au XVIIe siècle*, Paris, 1982.

GUTTON (Jean-Pierre), *Domestiques et serviteurs dans la France de l'Ancien Régime*, Paris, 1981.

JOUANNA (Arlette), *Le devoir de révolte. La noblesse française et la gestation de l'État moderne, 1559-1661*, Paris, 1989.

LABATUT (Jean-Pierre), *Les noblesses européennes de la fin du XVe siècle à la fin du XVIIIe siècle*, Paris, 1978.

LABATUT (Jean-Pierre), « Patriotisme et noblesse sous le règne de Louis XIV », *Revue d'Histoire moderne et contemporaine*, t. XXIX, oct.-déc. 1982, p. 622-634.

LABATUT (Jean-Pierre), *Noblesse, pouvoir et société en France au XVIIe siècle*, Limoges, 1988.

LABATUT (Jean-Pierre), *Les ducs et pairs de France au XVIIe siècle*, Paris, 1972.

LASSAIGNE (Jean-Dominique), *Les assemblées de la noblesse de France aux XVIIe et XVIIIe siècles*, Paris, 1962.

LESPAGNOL (André), *Messieurs de Saint-Malo*, Saint-Malo, 1991.

MEYER (Jean), *Noblesse et pouvoirs dans l'Europe de l'Ancien Régime*, Paris, 1974.

MEYER (Jean), *La noblesse française à l'époque moderne (XVIe-XVIIIe siècles)*, Paris, 1991.

MOUSNIER (Roland), *Les hiérarchies sociales de 1450 à nos jours*, Paris, 1969.

MOTLEY (Mark), *Becoming a French Aristocrat. The Education of the Court Nobility, 1580-1715*, Princeton, N.J., 1990.

SCHALK (Ellery), *From Valor to Pedigree. Ideas of Nobility in France in the Sixteenth and Seventeenth Century*, Princeton, 1986.

9. INSTITUTIONS ET SOCIÉTÉ

ANTOINE (Michel), *Le Conseil du roi sous le règne de Louis XV*, Genève, Paris, 1970.

BOISSIÈRE (Jean) et MICHAUD (Claude), *L'intendance d'Orléans à la fin du XVIIe siècle Mémoire pour l'instruction du duc de Bourgogne*, Paris, 1989.

CHARMEIL (Jean-Paul), *Les Trésoriers de France à l'époque de la Fronde. Contribution à l'histoire de l'administration financière sous l'Ancien Régime*, Paris, 1964.

EMMANUELLI (François-Xavier), *L'intendance de Provence à la fin du XVIIe siècle. Mémoire pour l'instruction du duc de Bourgogne*, Paris, 1980.

EMMANUELLI (François-Xavier), *Un mythe de l'absolutisme bourbonien : L'intendance, du milieu du XVIIe siècle à la fin du XVIIIe siècle (France, Espagne, Amérique)*, Aix, 1981.

EMMANUELLI (François-Xavier), *État et pouvoirs dans la France des XVIe-XVIIIe siècles. La métamorphose inachevée*, Paris, 1992.

FRÉVILLE (Henri), *L'intendance de Bretagne (1689-1790)*, Rennes, 1953, 3 vol.

GUTTON (sous la direction de Jean-Pierre), *L'intendance du Lyonnais, Beaujolais, Forez en 1698 et en 1762*, Paris, 1992.

HAMSCHER (Albert N.), *The Parlement of Paris after the Fronde, 1653-1673*, Pittsburgh, 1976.

HAMSCHER (Albert N.), *The Conseil Privé and the Parlements in the Age of Louis XIV : A Study of French Absolutism*, Philadelphie, 1987.

HARDING (Robert), *Anatomy of Power Elite : The Provincial Governors of Early Modern France*, New Haven, Londres, 1978.

LIVET (Georges), *L'intendance d'Alsace de la guerre de Trente Ans à la mort de Louis XIV (1634-1715)*, Strasbourg, éd. de 1991.

MAJOR (J.Russel), *Representative government in Early Modern France*, New Haven, Conn., 1980.

MARCHAND (Joseph), *Un intendant sous Louis XIV. L'administration de Le Bret en Provence (1687-1704)*, Paris, 1889.

MOREIL (François), *L'intendance du Languedoc à la fin du XVIIe siècle. Mémoire pour l'instruction du duc de Bourgogne*, Paris, 1985.

MOUSNIER (Roland), sous la direction de, *Le conseil du roi de Louis XII à la Révolution*, Paris, 1970.

MOUSNIER (Roland), *La plume, la faucille et le marteau. Institutions et société en France du moyen âge à la Révolution*, Paris, 1970.

MOUSNIER (Roland), « Les concepts d'" ordres ", d'" états ", de " fidélité " et de " monarchie absolue " en France de la fin du XVe siècle à la fin du XVIIIe siècle », *Revue historique*, n° 247, 1972, p. 289-312.

MOUSNIER (Roland), *Les institutions de la France sous la monarchie absolue 1598-1789*, Paris, 1990-1992, 2 vol.

OLIVIER-MARTIN (François), *L'organisation corporative de la France d'ancien régime*, Paris, 1938.

RICHET (Denis), *La France moderne : l'esprit des institutions*, Paris, 1973.

SMEDLEY-WEILE (Anette), *Correspondance des intendants avec le contrôleur général des finances, 1677-1689 : naissance d'une administration. Inventaire analytique de la sous-série G 7*, Paris, 1989-1991, 3 vol.

SMEDLEY-WEILE (Anette), « La France entre deux guerres : l'administration des provinces de 1678 à 1689 », *Revue de la Bibliothèque Nationale*, n° 44, été 1992, p. 10-28.

TRÉNARD (Louis), *Les Mémoires des intendants pour l'instruction du duc de Bourgogne (1698) : introduction générale*, Paris, 1975.

10. CÉRÉMONIAL, PROPAGANDE, SOCIÉTÉ DE COUR

APOSTOLIDÈS (Jean-Marie), *Le Roi-Machine. Spectacle et politique au temps de Louis XIV*, Paris, 1981.

APOSTOLIDÈS (Jean-Marie), *Le Prince sacrifié. Théâtre et politique au temps de Louis XIV*, Paris, 1985.

BAYARD (Jean-Pierre), *Sacres et couronnements royaux*, Paris, 1984.

BROCHER (Henri), *A la cour de Louis XIV. Le rang et l'étiquette sous l'ancien régime*, Paris, 1934.

BURKE (Peter), *The Fabrication of Louis XIV*, New Haven, Londres, 1992.

ELIAS (Norbert), *La société de cour*, Paris, éd. de 1985.

FOGEL (Michèle), *Les cérémonies de l'information dans la France du XVIe au XVIIIe siècle*, Paris, 1989.

GIESEY (Ralph E.), *Cérémonial et puissance souveraine, France XVe-XVIIe siècles*, Paris, 1987.

HANLEY (Sarah), *Le Lit de Justice des rois de France. L'idéologie constitutionnelle dans la légende, le rituel et le discours*, 1983, trad.fr., Paris, 1991.

JACKSON (Richard A.), *Vivat Rex : histoire des sacres et couronnements en France, 1364-1825*, Strasbourg, 1984.

KANTOROWICZ (Ernst), *Les deux corps du roi. Essai sur la théologique politique au Moyen Âge*, trad. fr., Paris, 1989.

KLAITS (Joseph), *Printed Propaganda under Louis XIV, Absolute Monarchy and Public Opinion*, Princeton U.P., 1976.

LE ROY LADURIE (Emmanuel), « Auprès du roi, la Cour », *Annales ESC*, 1, 1983, p. 21-41.

LE ROY LADURIE (Emmanuel) et FITOU (Jean-François), « Hypergamie féminine et population saint-simonienne », *Annales ESC*, janv.-fév. 1991, p. 133-149.

LEVRON (Jacques), *Les courtisans*, Paris, 1960.

LEVRON (Jacques), *La vie quotidienne à la cour de Versailles aux XVIIe et XVIIIe siècles*, Paris, 1965.

MARIN (Louis), *Le portrait du roi*, Paris, 1981.

MARTIN (Michel), *Les monuments équestres de Louis XIV, une grande entreprise de propagande monarchique*, Paris, 1986.

MOINE (Marie-Christine), *Les fêtes à la cour du Roi-Soleil*, Paris, 1984.

MUHLSTEIN (Anka), *La femme-soleil, les femmes et le pouvoir, une relecture de Saint-Simon*, Paris, 1976.

NÉRAUDAU (Jean-Pierre), *L'Olympe du Roi-Soleil ou comment la mythologie et l'Antiquité furent mises au service de l'idéologie monarchique sous Louis XIV*, Paris, 1986.

RANUM (Orest), *Artisans of Glory. Writers and Historical Thought in Seventeenth Century France*, Chapel Hill, 1980.

SOLNON (Jean-François), *La Cour de France*, Paris, 1987.

11 MINISTRES, CLANS, CLIENTÈLES

ANDRÉ (Louis), *Michel Le Tellier et Louvois*, Genève, rééd. 1974.

ASCH (Ronald) et BIRKE (Adolf M.), sous la direction de, *Princes, Patronage and the Nobility : The Court at the Beginning of the Modern Age*, Oxford, 1991.

ASHER (Eugene L.), *The Resistance to the Maritime Classes : The Survival of Feudalism in the France of Colbert*, Berkeley, Los Angeles, 1960.

BÉZARD (Yvonne), *Fonctionnaires maritimes et coloniaux sous Louis XIV : les Bégon*, Paris, 1932.

BLUCHE (François), « L'origine sociale des secrétaires d'État de Louis XIV (1661-1715) », *XVIIe siècle*, n° 42-43, 1959, p. 8-22.

BOISNARD (Luc), *Les Phélypeaux : une famille de ministres sous l'ancien régime*, Paris, 1986.

BOURGEON (Jean-Louis), *Les Colbert avant Colbert. Destin d'une famille marchande*, Paris, éd. de 1986.

DENT (Julian), « The Role of Clienteles in the Financial Elite of France under Cardinal Mazarin », in *French Government and Society, 1500-1800. Essays in Memory of Alfred Cobban*, éd. John Francis Bosher, Londres, 1973.

DESSERT (Daniel) et JOURNET (Jean-Louis), « Le lobby Colbert, un royaume ou une affaire de famille? » *Annales ESC*, 6, nov-déc. 1975, p. 1303-1336.

DESSERT (Daniel), *Fouquet*, Paris, 1987.

DETHAN (Georges), *Mazarin, un homme de paix à l'âge baroque (1602-1661)*, Paris, 1981.

DORNIC (François), *Une ascension sociale au XVIIe siècle, Louis Berryer, agent de Mazarin et de Colbert*, Caen, 1968.

DULONG (Claude), *La fortune de Mazarin*, Paris, 1990.

DURAND (Yves), sous la direction de, *Hommage à Roland Mousnier. Clientèles et fidélités en Europe à l'époque moderne*, Paris, 1981.

DURAND (Yves), *Les solidarités dans les sociétés humaines*, Paris, 1987.

FEDERN, Mazarin, 1602-1661, éd. fr., Paris, 1978.

FROSTIN (Charles), « Les Pontchartrain et la pénétration commerciale française en Amérique espagnole (1690-1715) », *Revue historique*, 246, 1971, p. 307-336.

FROSTIN (Charles), « La famille ministérielle Phélypeaux : esquisse d'un profil Pontchartrain (XVIe-XVIIIe siècles) », *Annales de Bretagne*, 86, 1979, p. 117-140.

FROSTIN (Charles), « L'organisation ministérielle sous Louis XIV : cumul d'attributions et situations conflictuelles, 1690-1715 », *Revue historique de droit français et étranger*, 58, 1980, p. 201-226.

FROSTIN (Charles), « Le chancelier de France Louis de Pontchartrain, " ses " premiers présidents et la discipline des cours souveraines », *Cahier d'histoire*, 1982, p. 9-34.

GOUBERT (Pierre), *Mazarin*, Paris, 1990.

GUTH (Paul), *Mazarin*, Paris, 1972.

HICKEY (Daniel), « Tailles, clientèle et absolutisme. Le Dauphiné aux XVIe et XVIIe siècles », *Revue d'Histoire moderne et contemporaine*, XXXIX, 1992.

KETTERING (Sharon), *Patrons, Brokers and Clients in Seventeenth-Century France*, New York, Oxford, 1986.

KETTERING (Sharon), « The Decline of Great Noble Clientage during the Reign of Louis XIV », *Canadian Journal of History*, t. XXIV, 1989, p. 157-177.

LAURAIN-PORTEMER (Madeleine), *Études mazarines*, Paris, 1981.

LEFEBVRE (Pierre), « Aspects de la fidélité en France au XVIIe siècle, le cas des agents du prince de Condé », *Revue historique*, 250, 1973, p. 59-106.

LUCAY (Hélion de), *Les origines du pouvoir ministériel en France : les secrétaires d'État depuis leur institution jusqu'à la mort de Louis XV*, Paris, éd de 1976.

METTAM (Roger), *Power and Factions in Louis XIV's France*, Oxford, 1988.

MEYER (Jean), *Colbert*, Paris, 1981.

MOUSNIER (Roland), sous la direction de, *Un nouveau Colbert*. Actes du colloque pour le tricentenaire de la mort de Colbert, Paris, 1985.

MURAT (Inès), *Colbert*, Paris, 1980.

ROUSSET (Camille), *Histoire de Louvois et de son administration politique et militaire*, Paris, 1861-1863, 4 vol.

RULE (John C.), « Royal Ministers and Government Reform during the Last Decades of Louis XIV's Reign », in Claude STURGILL (éd.), *The Consortium on Revolutionary Europe 1750-1850*, p. 1-35, Gainesville, Flo., 1975.

TELLIER (Luc-Normand), *Face aux Colbert, les Le Tellier, Vauban, Turgot... et l'avènement du libéralisme*, Québec, 1987.

VILLAIN (Jean), *La fortune de Colbert*, Paris, 1994.

12. LES PROVINCES

BARDET (Jean-Pierre), *Rouen aux XVIIe et XVIIIe siècles : les mutations d'un espace social*, Paris, 1983, 2 vol.

BEIK (William), *Absolutism and Society in Seventeenth Century France. State Power and Provincial Aristocracy in Languedoc*, Cambridge, 1985.

CARRIÈRE (Charles), *Les négociants marseillais au XVIIIe siècle, contribution à l'étude des économies maritimes*, Marseille, 1973, 2 vol.

GARNOT (Benoît), *Les villes en France aux XVIe-XVIIe-XVIIIe siècles*, Paris, 1989.

GOUBERT (Pierre), *Beauvais et le Beauvaisis de 1600 à 1730 : contribution à l'histoire sociale de la France du XVIIe siècle*, Paris, nouv. éd. 1983, 2 vol.

GREISSLER (Paul), *La classe politique dirigeante à Strasbourg, 1650-1750*, Strasbourg, 1987.

HANLON (Grégory), *L'univers des gens de bien. Culture et comportement des élites urbaines en Agenais-Condomois au XVIIe siècle*, Bordeaux, 1989.

JACQUART (Jean), *La crise rurale en Ile-de-France (1550-1670)*, Paris, 1974.

LEBRUN (François), *Les hommes et la mort en Anjou aux XVIIe et XVIIIe siècles*, Paris, 1971.

LE ROY LADURIE (Emmanuel), *Les paysans du Languedoc*, Paris, nouv. éd. de 1974, 2 vol.

LOTTIN (Alain), *Chavatte, ouvrier lillois. Un contemporain de Louis XIV*, Paris, 1979.

MAILLARD (Jacques), *Le pouvoir municipal à Angers de 1657 à 1789*, Angers, 1984, 2 vol.

RANUM (Orest), *Les Parisiens du XVIIe siècle*, Paris, 1973.

ROUX (marquis de), *Louis XIV et les provinces conquises*, Paris, s.d.

SCHNEIDER (Robert A.), *Public Life in Toulouse, 1463-1789. From Municipal Republic to Cosmopolitan City*, Ithaca, N.Y., 1989.

SOLNON (Jean-François), *Quand la Franche-Comté était espagnole*, Paris, nouv. éd. 1989.

13. JUSTICE, POLICE, RÉVOLTES, CONSPIRATIONS

BERCÉ (Yves-Marie), *Histoire des croquants. Étude des soulèvements populaires au XVIIe siècle dans le sud-ouest de la France*, Genève, Paris, 1974, 2 vol.

BERCÉ (Yves-Marie), *Croquants et nu-pieds : les soulèvements paysans en France du XVIe au XIXe siècle*, Paris, 1974.

GARLAN (Yvon) et NIÈRES (Claude), *Les révoltes bretonnes de 1675, papier timbré et bonnets rouges*, Paris, 1975.

LEBIGRE (Arlette), *Les grands jours d'Auvergne. Désordres et répression au XVIIe siècle*, Paris, 1976.

LEBIGRE (Arlette), *La justice du roi*, Paris, 1988.

LEBIGRE (Arlette), *1679-1682, L'affaire des poisons*, Paris, 1989.

LE NABOUR (Eric), *La Reynie, le policier de Louis XIV*, Paris, 1991.

MALETTKE (Klaus), *Opposition und Konspiration unter Ludwig XIV. Studien zu Kritik und Widerstand gegen System und Politik des französischen Königs während der ersten Hälfte seiner persönlichen Regierung*, Göttingen, 1976.

MANDROU (Robert), *Magistrats et sorciers en France au XVIIe siècle. Une analyse de psychologie historique*, Paris, éd. de 1980.

MOUSNIER (Roland), *Fureurs paysannes. Les paysans dans les révoltes du XVIIe siècle*, Paris, 1967.

MUCHEMBLED (Robert), *Le temps des supplices. De l'obéissance sous les rois absolus, XVe-XVIIIe siècles*, Paris, 1992.

PETITFILS (Jean-Christian), *L'affaire des poisons. Alchimistes et sorciers sous Louis XIV*, Paris, 1977.

PILLORGET (René), *Les mouvements insurrectionnels en Provence entre 1596 et 1715*, Paris, 1975.

QUÉTEL (Claude), *De par le Roy. Essai sur les lettres de cachet*, Toulouse, 1981.

SAINT-GERMAIN (Jacques), *La Reynie et la police au Grand Siècle*, Paris, 1962

14. VIE RELIGIEUSE, JANSÉNISME, PROTESTANTISME

ADAM (Antoine), *Du mysticisme à la révolte, les Jansénistes au* XVIIe *siècle*, Paris, 1968.

BLET (R.P. Pierre), *Le clergé en France. Louis XIV et le Saint-Siège de 1695 à 1715*, Rome, 1989.

BOSC (Henri), *La guerre des Cévennes, 1702-1710*, Montpellier, 1985-1993, 6 vol.

CHATELLIER (Louis), *L'Europe des dévots*, Paris, 1987.

CHATELLIER (Louis), *La religion des pauvres. Les missions rurales en Europe et la formation du catholicisme moderne,* XVIe-XIXe *siècles*, Paris, 1993.

COGNET (Louis), *Le jansénisme*, Paris, éd. de 1991.

CRÉTÉ (Liliane), *Les Camisards*, Paris, 1992.

DELUMEAU (Jean), *Le catholicisme entre Luther et Voltaire*, Paris, éd. de 1992.

DEYON (Solange), *Du loyalisme au refuge : Les protestants français et leur député général entre la Fronde et la Révocation*, Arras, 1976.

GARRISSON (J.), *L'édit de Nantes et sa révocation. Histoire d'une intolérance*, Paris, 1985.

GOLDEN (Richard), *The Godly Rebellion : Parisian Curés and the Religious Fronde, 1652-1662,* Chapel Hill, 1981.

HILDESHEIMER (Françoise), *Le jansénisme en France aux* XVIIe *et* XVIIIe *siècles*, Paris, 1992.

HILDESHEIMER (Françoise), *Le jansénisme. L'histoire et l'héritage*, Paris, 1992.

JANSEN (Paule), *Le cardinal Mazarin et le mouvement janséniste français, 1653-1659*, Paris, 1967.

LABROUSSE (Élisabeth), *La révocation de l'édit de Nantes*, Paris, 1985

LEBRUN (François), *Histoire des catholiques en France. Du* XVe *siècle à nos jours*, Paris, éd. de 1985.

LÉONARD (Emile G.), *Histoire du protestantisme,* t. II, Paris, 1961.

LE ROY (Alfred), *La France et Rome de 1700 à 1715 : histoire diplomatique de la Bulle « Unigenitus » jusqu'à la mort de Louis XIV*, Paris, 1892.

MEYER (Jean), *Bossuet*, Paris, 1993.

MICHAUD (Claude), *L'Église et l'argent sous l'ancien régime. Les receveurs généraux du clergé en France aux* XVIe *et* XVIIe *siècles*, Paris, 1991.

MOURS (Samuel), *Le protestantisme en France au* XVIIe *siècle, 1598-1685*, Paris, 1967.

ORCIBAL (Jean), *Louis XIV et les protestants*, Paris, 1951.

POUJOL (Robert), *Bourreau ou martyr? L'abbé du Chaila (1648-1702). Du Siam aux Cévennes*, Montpellier, Paris, 1986.

SCOULOUDI (Irene), sous la direction de, *Huguenots in Britain and their French Background, 1550-1800*, Londres, 1987.

SCOVILLE (Warren C.), *The Persecution of the Huguenots and French Economic Development, 1680-1720*, Berkeley, 1960.

TALON (Alain), *La Compagnie du Saint-Sacrement, spiritualité et société (1629-1667)*, Paris, 1990.

TAVENEAUX (René), *Le catholicisme dans la France classique, 1610-1715*, Paris, 1980, 2 vol.
TAVENEAUX (René), *La vie quotidienne des jansénistes aux* XVIIe *et* XVIIIe *siècles*, Paris, éd. de 1985.

15. ARTS, MUSIQUE, LITTÉRATURE, ARCHITECTURE

ANTHONY (James R.), *La musique en France à l'époque baroque*, Paris, 1981.
AUTIN (Jean), *Louis XIV architecte*, Paris, 1981.
BEAUSSANT (Philippe), *Versailles, Opéra*, Paris, 1981.
BEAUSSANT (Philippe), *Lully ou le musicien du soleil*, Paris, 1992.
BENOIT (Marcelle), *L'Europe musicale au temps de Louis XIV*, Paris, 1993.
BOTTINEAU (Yves), *Versailles, miroir des princes*, Paris, 1989.
CESSAC (Catherine), *Marc-Antoine Charpentier*, Paris, 1988.
CHAUSSINAND-NOGARET (Guy), *Le château de Versailles*, Paris, 1993.
CHRISTOUT (Marie-Françoise), *Le ballet de cour de Louis XIV, 1643-1672, mises en scène*, Paris, 1967.
FERRIER-CAVERIVIÈRE (Nicole), *L'image de Louis XIV dans la littérature française de 1660 à 1715*, Paris, 1981.
HIMELFARB (Hélène), « Versailles, fonctions et légendes » in *Les lieux de mémoire*, sous la direction de Pierre Nora, t. II, *La Nation*, Paris, 1986, p. 235-292.
POMMIER (E.), « Versailles, l'image du souverain », dans *Les lieux de mémoire*, sous la direction de Pierre Nora, t. II, *La Nation* Paris, 1986, p. 193-234.
TAPIÉ (Victor-Lucien), *Baroque et classicisme*, Paris, éd. de 1980, préf. Marc Fumaroli.
VERLET (Pierre), *Le château de Versailles*, Paris, 1985.
WALTON (Guy), *Louis XIV's Versailles*, Chicago, 1986.
ZOBERMAN (Pierre), *Les panégyriques du roi prononcés à l'Académie française (1671-1689)*, Paris, 1991.

16. PERSONNAGES DU REGNE, VIE PRIVÉE DU ROI, ANECDOTES

BARKER (Nancy Nichols), *Brother to the Sun King. Philippe. Duke of Orleans*, Baltimore, 1989.
BEDJAI (Marc), « Libertins et politiques : le comte de Guiche », *Revue de la Bibliothèque Nationale*, 44, été 1992, p. 29-33.
BLUCHE (François), *Louis XIV vous parle*, Paris, 1988.
CAROLY (Michelle), *Le Corps du Roi-Soleil*, Paris, 1990.
CHANDERNAGOR (Françoise), *L'allée du roi*, Paris, 1981.
CLEMENCEAU-JACQUEMAIRE (Madeleine), *La vie sensible de Louis XIV*, Paris, 1946.
CORDELIER (Jean), *Madame de Maintenon. Une femme au Grand Siècle*, Paris, 1955.
DECKER (Michel de), *Madame de Montespan*, Paris, 1985.

DETHAN (Georges), *Gaston d'Orléans, conspirateur et prince charmant*, Paris, 1959.

DULONG (Claude), *Anne d'Autriche, mère de Louis XIV*, Paris, 1980.

DULONG (Claude), *Le mariage du Roi-Soleil*, Paris, 1986.

DULONG (Claude), *Marie Mancini, la première passion du Roi-Soleil*, Paris 1993.

HAUSSONVILLE (comte d'), *La duchesse de Bourgogne et l'alliance savoyarde sous Louis XIV*, Paris, 1899-1908, 4 vol.

KLEINMAN (Ruth), *Anne d'Autriche*, Columbus, 1985, trad. fr. 1993

LA FORCE (duc de), *Le Grand Conti*, Paris, 1948.

LAMBERT (André), *Madame de Maintenon, la reine sans couronne*, Paris, 1982.

LE MOËL (Michel), *La Grande Mademoiselle*, Paris, 1994.

LIZERAND (Georges), *Le duc de Beauvillier, 1648-1714*, Paris, 1933

MALO (Henri), *Le Grand Condé*, Paris, 1980.

MUHLSTEIN (Anka), *Cavelier de la Salle ou l'homme qui offrit l'Amérique à Louis XIV*, Paris, 1992.

PARENT (M.), *Vauban, un encyclopédiste avant la lettre*, Paris, 1982.

PETITFILS (Jean-Christian), *Le Régent*, Paris, 1986.

PETITFILS (Jean-Christian), *Lauzun ou l'insolente séduction*, Paris, 1987

PETITFILS (Jean-Christian), *Madame de Montespan*, Paris, 1988.

PETITFILS (Jean-Christian), *Louise de la Vallière*, Paris, 1990.

POISSON (Georges), *Monsieur de Saint-Simon*, Paris, 1973.

POUJOL (Robert), *Basville, roi solitaire du Languedoc. Intendant à Montpellier de 1685 à 1718*, Montpellier, 1992.

PUJO (Bernard), *Vauban*, Paris, 1991.

SAINT-GERMAIN (Jacques), *Louis XIV secret*, Paris, 1970.

STURDY (David J.), *The d'Aligres de la Rivière. Servants of the Bourbon State in the XVIIth Century*, Londres, 1986.

VAN DER CRUYSSE (Dirk), *Madame Palatine, princesse européenne*, Paris, 1988.

Index

B

C

D

G

H

I

J

K

L

M

N

P

S

T

U

V

W

Z

Table des matières

Achevé d'imprimer par N.I.I.A.G.
en août 2007
pour le compte de France Loisirs, Paris

N° d'éditeur : 49672
Dépôt légal : septembre 2007

Imprimé en Italie